© Noordhoff Uitgevers bv

Jaarverslaggeving

Dr. Peter Epe RA

Drs. Wim Koetzier

Zevende druk

Noordhoff Uitgevers Groningen/Houten

© Noordhoff Uitgevers bv

Ontwerp omslag: G2K Designers Groningen/Amsterdam
Omslagillustratie: iStockPhoto

Eventuele op- en aanmerkingen over deze of andere uitgaven kunt u richten aan: Noordhoff Uitgevers bv, Afdeling Hoger Onderwijs, Antwoordnummer 13, 9700 VB Groningen, e-mail: info@noordhoff.nl

Ofschoon iedere poging is ondernomen om de volgens de auteurswet rechthebbenden van het in dit boek opgenomen illustratiemateriaal te traceren, is dit in enkele gevallen niet mogelijk gebleken. In het onderhavige geval verzoekt de uitgever rechthebbende met hem contact op te nemen.

0 / 14

Deze uitgave is gedrukt op FSC-papier.

© 2014 Noordhoff Uitgevers bv Groningen/Houten, The Netherlands.

Behoudens de in of krachtens de Auteurswet van 1912 gestelde uitzonderingen mag niets uit deze uitgave worden verveelvoudigd, opgeslagen in een geautomatiseerd gege-vensbestand of openbaar gemaakt, in enige vorm of op enige wijze, hetzij elektronisch, mechanisch, door fotokopieën, opnamen of enige andere manier, zonder voorafgaande schriftelijke toestemming van de uitgever. Voor zover het maken van reprografische ver-veelvoudigingen uit deze uitgave is toegestaan op grond van artikel 16h Auteurswet 1912 dient men de daarvoor verschuldigde vergoedingen te voldoen aan Stichting Reprorecht (postbus 3060, 2130 KB Hoofddorp, www.reprorecht.nl). Voor het overne-men van gedeelte(n) uit deze uitgave in bloemlezingen, readers en andere compilatie-werken (artikel 16 Auteurswet 1912) kan men zich wenden tot Stichting PRO (Stichting Publicatie- en Reproductierechten Organisatie, postbus 3060, 2130 KB Hoofddorp, www.stichting-pro.nl).

All rights reserved. No part of this publication may be reproduced, stored in a retrieval system, or transmitted, in any form or by any means, electronic, mechanical, photocopying, recording, or otherwise, without the prior written permission of the publisher.

ISBN 978-90-01-82997-1
NUR 786

© Noordhoff Uitgevers bv

Woord vooraf bij de zevende druk

In het woord vooraf bij de eerste druk spraken wij de hoop uit dat *Jaarver-slaggeving* zich een plaats in het onderwijsveld zou mogen verwerven. Het heeft ons veel voldoening geschonken om te mogen constateren dat dit inderdaad gebeurd is. We zijn onze collega's in den lande erkentelijk voor het vertrouwen dat zij van meet af aan in dit boek gesteld hebben. *Jaarverslaggeving* heeft zich door de jaren heen ontwikkeld tot hét standaardwerk op het gebied van de externe verslaggeving.

Ook voor de zevende druk geldt dat de primaire doelgroep wordt gevormd door studenten aan opleidingen accountancy, bedrijfseconomie, fiscaal recht en bedrijfskunde op hbo-/wo-niveau. Ook in andere studierichtingen (bijvoorbeeld commerciële economie, management economie en recht en technische opleidingen) kan het boek ons inziens goede diensten bewijzen. Verder kan het als naslagwerk dienen voor eenieder die in de praktijk te maken heeft met jaarverslaggeving.
De externe verslaggeving begeeft zich op het grensgebied tussen bedrijfs-economie en recht. Beide invalshoeken komen aan bod: steeds worden de besproken verslaggevingsalternatieven getoetst aan zowel de verslagge-vingsprincipes van vermogens- en winstbepaling als de regelgeving. Bij de behandeling van die regelgeving wordt telkens verwezen naar de desbetref-fende International Financial Reporting Standards (IFRS) van de Internatio-nal Accounting Standards Board, de richtlijnen van de Raad voor de Jaarver-slaggeving en de artikelen in de Nederlandse wet. In de zevende druk zijn uiteraard de ontwikkelingen in de regelgeving verwerkt. Bij de bespreking van de regelgeving komen – omdat kleine rechtspersonen hun externe jaar-rekening mogen opmaken op basis van fiscale grondslagen – ook de relevan-te fiscale bepalingen aan de orde.
Ons uitgangspunt is het aanbieden van een gebruikersvriendelijk boek ge-weest. Dit hebben we vooral geprobeerd te bereiken door veel met voorbeel-den te werken die de student de volledige consequenties van een verslagge-vingsalternatief voor de balans en/of de resultatenrekening laten zien; onze ervaring is dat het beter is om een (niet al te gecompliceerd) voorbeeld te geven dat het totaal van de jaarrekening omvat, dan een voorbeeld dat slechts op afzonderlijke posten ingaat. Verder worden door middel van sche-ma's gedeelten van de theorie samengevat.
Met betrekking tot de diverse winstbepalingsstelsels is een aloud discussie-punt: uitleg met behulp van één doorlopend voorbeeld of niet? We hebben voor het eerste gekozen, omdat ons inziens de stelsels alleen dan met vrucht vergeleken kunnen worden. Het praktische bezwaar van het terugzoeken van de gegevens is ondervangen door deze op een separate kaart te vermel-den, zodat ze bij elke uitwerking onder oogbereik zijn.
Omdat de externe verslaggeving geen eiland is, worden er – waar dat rele-vant is – verbindingen gelegd naar andere vakgebieden, zoals management

© Noordhoff Uitgevers bv

accounting, financiering en belastingrecht. Van het vak bedrijfsadministratie is gebruikgemaakt door bij een aantal technisch gecompliceerde onderwerpen de relevante journaalposten te vermelden; mogelijk bevordert dit het inzicht in de problematiek.

Vanwege de snelle ontwikkelingen in het vakgebied is in aanvulling op het boek een ondersteunende website (www.jaarverslaggeving.noordhoff.nl) ontwikkeld. Drs. A. Dannenberg RA heeft zich bereid verklaard om op deze website studenten en docenten te attenderen op wijzigingen in de regelgeving.

Tijdens de worsteling met de materie hebben we van verschillende kanten steun ondervonden. In de eerste plaats gaat onze dank uit naar W.J. Hoffmann RA en prof. dr. H.P.A.J. Langendijk, die de concepten van constructieve kritiek hebben voorzien, kritiek die altijd 'to the point' was. Ook ir. drs. J.H.N. Kapteijn, drs. A. Luteyn, drs. B. Budding en drs. D. Turkenburg zijn ons van dienst geweest met waardevolle opmerkingen.
Op het docentengedeelte van de website is onder meer een pakket slides opgenomen, waarop per hoofdstuk de stof in hoofdlijnen wordt gepresenteerd; onze dank gaat uit naar A.W.J. Meershoek RA RC, die deze set heeft samengesteld.
Ten slotte zijn wij onze (oud-)Windesheim-collega's Jan Westland en Joop Witjes erkentelijk voor hun optreden als onbezoldigd adviseur.

Voorjaar 2014,
Harderwijk   Peter Epe
Zwolle   Wim Koetzier

© Noordhoff Uitgevers bv

Inhoud

© Noordhoff Uitgevers bv

© Noordhoff Uitgevers bv

Studiewijzer

De studiemethode *Jaarverslaggeving* bestaat uit een theorieboek (aangevuld met een website), een Begrippenlijst/Samenvatting en een opgavenboek.

Het theorieboek

Opbouw en inhoud
In hoofdstuk 1 wordt externe verslaggeving geplaatst in relatie tot andere (economische en niet-economische) vakgebieden en wordt de ontwikkeling in de tijd globaal weergegeven.

De externe verslaggeving kan benaderd worden vanuit de bedrijfseconomie en vanuit het recht. Deel 1 van dit boek bespreekt beide invalshoeken. De bedrijfseconomische grondslagen staan centraal in de hoofdstukken 2 en 3, waar de problematiek van het meten van vermogen en resultaat aan de orde wordt gesteld. In de hoofdstukken 4 en 5 wordt het juridische kader besproken; dit betreft de regelgeving, zoals die tot uitdrukking komt in de International Financial Reporting Standards (IFRS) van de International Accounting Standards Board, de richtlijnen van de Raad voor de Jaarverslaggeving, de Nederlandse wettelijke regels en de fiscale bepalingen. In de hiernavolgende delen komen beide benaderingen (de bedrijfseconomische én de juridische) aan bod.

In deel 2 staan de drie basisoverzichten van de externe verslaggeving centraal: balans, resultatenrekening en kasstroomoverzicht. De posten van de balans worden behandeld in de hoofdstukken 6 tot en met 9 en die van de resultatenrekening in hoofdstuk 10. Steeds wordt ingegaan op de betekenis van de betreffende post, de rubricering en de grondslag voor de waardering en de winstbepaling, alsmede op de in de toelichting op te nemen informatie. In hoofdstuk 11 wordt het kasstroomoverzicht besproken.

In deel 2 wordt uitgegaan van onveranderlijke prijzen; deze veronderstelling wordt losgelaten in deel 3. In de hoofdstukken 12 tot en met 15 worden verschillende systemen besproken die de gevolgen van prijswijzigingen op met name de inkoopmarkt in de jaarrekening tot uitdrukking brengen.

De gevolgen die concernvorming heeft voor de jaarrekening, worden uiteengezet in deel 4. Hoofdstuk 16 behandelt de waardering van kapitaalbelangen in de jaarrekening van de deelnemer, terwijl hoofdstuk 17 zich bezighoudt met de jaarrekening van het concern als geheel, de geconsolideerde jaarrekening.

Deel 5 gaat in op twee specifieke verslaggevingsproblemen: de verwerking van vreemde valuta (hoofdstuk 18) en de verwerking van de winstbelasting (hoofdstuk 19).

In het volgende overzicht is de opzet van het boek weergegeven.

Opzet van het boek

Hoofdstuk	1	Externe verslaggeving: relaties met andere vakgebieden en ontwikkeling
Deel 1		**Bedrijfseconomische en juridische grondslagen van de externe verslaggeving**
		Bedrijfseconomische invalshoek
Hoofdstuk	2	Waarde en winst
	3	Verslaggevingsprincipes van de boekhoudkundige waarde- en winstbepaling
		Juridische invalshoek
	4	Regelgevers en toezichthouders
	5	Regelgeving: materiële en formele aspecten van de publicatieplicht
Deel 2		**De basisoverzichten van de externe verslaggeving: balans, resultatenrekening en kasstroomoverzicht**
		Balans:
Hoofdstuk	6	• Vaste activa
	7	• Vlottende activa
	8	• Eigen vermogen
	9	• Vreemd vermogen
	10	Resultatenrekening
	11	Kasstroomoverzicht
Deel 3		**Winst- en vermogensbepaling in geval van prijsfluctuaties**
Hoofdstuk	12	Instandhoudingsdoelstellingen en waarderingsgrondslagen
	13	Historischekostenstelsel
	14	Vervangingswaardestelsel
	15	Overige winstbepalingsstelsels
Deel 4		**Concernvorming**
Hoofdstuk	16	Kapitaalbelangen
	17	Consolidatie
Deel 5		**Overige onderwerpen**
Hoofdstuk	18	Vreemde valuta
	19	Winstbelasting

Voor financiële instellingen (banken, verzekeringsmaatschappijen en beleggingsinstellingen) gelden specifieke verslaggevingsregels. Gezien het specialistische karakter daarvan blijven deze in dit boek onbesproken.

© Noordhoff Uitgevers bv

Illustraties

Om de aansluiting naar de verslaggevingspraktijk te versterken zijn ter illustratie fragmenten uit met name jaarrapporten van grote Nederlandse ondernemingen toegevoegd.

Website/slides

Op de bij het boek behorende website (www.jaarverslaggeving.noordhoff.nl) worden wijzigingen in de regelgeving geplaatst, die zich na het ter perse gaan van deze druk hebben voorgedaan. Daarnaast is voor de docenten een pakket slides beschikbaar, waarop per hoofdstuk de stof in hoofdlijnen wordt gepresenteerd.

Begrippenlijst/Samenvattingen

Op uitdrukkelijk verzoek van de gebruikers is een uitgave *Begrippenlijst/Samenvatting bij Jaarverslaggeving* samengesteld, waarin per hoofdstuk een overzicht wordt gegeven van de belangrijkste begrippen en samenvattingen zijn opgenomen, waarin verwijzingen staan naar het theorieboek. Deze uitgave dient als hulpmiddel naast het hoofdboek.

Het opgavenboek

Het bijbehorende opgavenboek bevat theorievragen, meerkeuzevragen, vraagstukken en casussen.

Met de *theorievragen* kan de student controleren of hij de belangrijkste begrippen beheerst. De antwoorden op deze vragen zijn in het opgavenboek opgenomen.

De *meerkeuzevragen* bestaan uit kennisvragen en toepassingsvragen. De sleutels zijn eveneens in het opgavenboek opgenomen.

Naast de meerkeuzevragen in het opgavenboek is op de website per hoofdstuk een set interactieve meerkeuzevragen te vinden, waarmee de student zelfstandig kan oefenen.

Bij de *vraagstukken* en *casussen* wordt rekenwerk gevraagd (het 'hoe'), maar wordt ook steeds gepoogd om te toetsen of het veronderstelde inzicht in de materie aanwezig is (het 'waarom'). In een aantal gevallen worden fragmenten uit een gepubliceerd jaarrapport gebruikt als basis voor de vraagstelling.

© Noordhoff Uitgevers bv

Enabling
your
business

1

Externe verslaggeving: relaties met andere vakgebieden en ontwikkeling

In dit inleidende hoofdstuk wordt eerst de plaats van de externe verslaggeving te midden van andere vakgebieden bepaald en worden de relaties aangegeven die met die andere vakgebieden bestaan (paragraaf 1.1).
In paragraaf 1.2 wordt de jaarrekening geïntroduceerd als belangrijkste me-
dium van de externe verslaggeving. Ingegaan wordt op de structuur van de
balans en de resultatenrekening en op het verband dat er tussen deze twee
overzichten bestaat. In de latere hoofdstukken zullen de posten van de jaarrekening uitgebreid aan de orde komen.
Paragraaf 1.3 behandelt in het kort de historie van de externe verslaggeving.
In paragraaf 1.4 komen de functies aan bod die de jaarrekening voor de gebruiker vervult: de verantwoordingsfunctie en de informatiefunctie. Tevens
wordt aangegeven aan welke kwaliteitskenmerken een jaarrekening moet
voldoen, wil zij deze functies goed kunnen vervullen. In paragraaf 1.5 wordt
ingegaan op het fenomeen 'creative accounting': het is voorstelbaar dat de
opstellers van de jaarrekening de positie van de onderneming anders voorstellen dan zij in werkelijkheid is.
Paragraaf 1.6 bespreekt ten slotte de ontwikkeling van onderzoek binnen het
vakgebied van financial accounting; aan de orde komen de normatieve en
de beschrijvende benadering van onderzoek, alsmede de daarbij gevolgde
methoden van deductie en inductie.

© Noordhoff Uitgevers bv

1.1 Afbakening van het vakgebied

Paragraaf 1.1.1 geeft aan dat een organisatie belanghebbenden heeft die willen beoordelen of hun doelstellingen inzake de organisatie gerealiseerd worden. In paragraaf 1.1.2 wordt een onderscheid gemaakt tussen interne en externe informatieverschaffing. Paragraaf 1.1.3 bespreekt de samenhang tussen de externe verslaggeving en andere vakgebieden.

1.1.1 Doelstellingen en belanghebbenden

Dit boek gaat over verslaggeving door organisaties. Een gangbare definitie van een organisatie is: een samenwerkingsverband van mensen en middelen dat is gericht op het realiseren van bepaalde doelstellingen.
In het kader van dit boek beperken we ons tot de productieorganisaties (waarbij productie ruim moet worden opgevat en mede handel en dienstverlening behelst).
De doelstellingen van een organisatie kunnen divers zijn, zoals:
- het behalen van winst
- het verkrijgen van een bepaalde marktpositie
- het leveren van een bijdrage aan haar maatschappelijke verantwoordelijkheden, zoals het verschaffen van werkgelegenheid en de zorg voor een schoon milieu

Al deze doelstellingen zijn veelal afgeleid van de doelstellingen van de belanghebbenden bij de organisatie. Die belanghebbenden zijn onder anderen:
- de leiding van de organisatie en haar overige werknemers
- de eigenaren van de organisatie, bijvoorbeeld de aandeelhouders
- andere feitelijke en potentiële vermogenverschaffers, zoals banken en beleggers
- afnemers en leveranciers
- de overheid, met name de fiscus
- vakbonden

De belanghebbenden willen kunnen beoordelen of hun doelstellingen met betrekking tot de organisatie worden gerealiseerd. Zij willen daarom geïnformeerd worden over het (financiële) reilen en zeilen van de organisatie. Hierbij kan een onderscheid gemaakt worden tussen interne en externe informatieverschaffing.

1.1.2 Interne en externe informatieverschaffing

Interne informatieverschaffing is gericht op de informatiebehoefte van de leiding voor het nemen van beslissingen en het beheersen van het bedrijfsproces.

Management accounting

Dit is het terrein van de *management accounting* of interne berichtgeving. Op deze vorm van informatieverschaffing zijn geen wettelijke regels van toepassing; het wordt immers als een interne aangelegenheid beschouwd op welke wijze en in welke mate de leiding geïnformeerd wil worden.

Externe informatieverschaffing is gericht op de informatiebehoefte van derden voor hun oordeelsvorming en/of besluitvorming ten aanzien van de organisatie; de informatie is mede bedoeld om verantwoording af te leggen over het gevoerde beleid. Derden zijn in principe alle genoemde belanghebbenden met uitzondering van de leiding.

Externe informatieverschaffing vindt op verschillende manieren plaats, bijvoorbeeld door middel van jaarverslaggeving, tussentijdse berichtgeving of
via een persbericht naar aanleiding van opvallende gebeurtenissen of ontwikkelingen.

Deze vorm van informatieverschaffing betreft het terrein van de *financial ac-*
counting of de externe verslaggeving. Op dit terrein bestaat wel wetgeving, omdat de wetgever het wenselijk heeft geacht dat ondernemingen financiële informatie openbaar maken (publicatieplicht). Betreffende wetgeving is te vinden in
Titel 9 van Boek 2 van het Burgerlijk Wetboek en – tezamen met enkele andere
bepalingen uit Titel 1 tot en met Titel 6 – opgenomen in appendix 1.

**Financial
accounting**

Verschillen tussen interne en externe informatieverschaffing

Tussen interne en externe informatieverschaffing zijn – naast de mate van de
bemoeienis van de wetgever – de volgende verschillen te onderkennen (zie
ook tabel 1.1):

- Intern vindt er vrijwel doorlopend informatieverschaffing plaats. De leiding heeft immers actuele informatie nodig voor het nemen van beslissingen en het beheersen van de bedrijfsprocessen. Extern is de frequentie
  van berichtgeving veel minder groot.
- Interne informatie is veelal zeer gedetailleerd, terwijl het externe belanghebbenden veel meer om het globale beeld van de organisatie gaat.
- Interne informatie is voor de leiding sneller beschikbaar dan externe informatie voor de externe belanghebbenden. Zo wordt de interne jaarrekening vrij snel na afloop van het verslagjaar door de administratie aan de
  leiding verstrekt, terwijl de externe jaarrekening later beschikbaar komt.
  Sturing van het bedrijf op basis van de interne berichtgeving vereist dat de
  cijfers actueel zijn; intern zal men dan ook vaak snelheid laten prevaleren
  boven een volledige accuraatheid. Bij de externe verslaggeving – die een
  nadrukkelijke verantwoordingsfunctie heeft – ligt dit eerder omgekeerd.

TABEL 1.1 Verschillen tussen interne en externe informatieverschaffing

	Intern	**Extern**
Wettelijke voorschriften	Nee	Ja
Frequentie	Vrijwel doorlopend	Periodiek
Detaillering	Zeer gedetailleerd	Meer globaal
Tijdstip van berichtgeving	Vrij snel na einde periode	Later
Mogelijke neiging tot 'creative accounting'	Nee, althans niet op het niveau van de centrale leiding	Ja

- Bij de externe verslaggeving kan de neiging bestaan om de 'buitenwacht'
  een ander (meestal: rooskleuriger) beeld van de financiële positie van de
  onderneming voor te spiegelen dan overeenkomt met de werkelijkheid.
  Intern is dit uiteraard niet aan de orde, althans als we het over het niveau
  van de (centrale) leiding hebben. Uiteraard is het wel voorstelbaar dat
  een lager managementechelon in de rapportages aan het hogere management de cijfers 'oppoetst'; beoordeling en beloning worden immers
  vaak afhankelijk gesteld van de getoonde financiële prestaties. Het op
  kunstmatige wijze verfraaien van de balans en de resultatenrekening staat
  bekend als 'creative accounting'. In paragraaf 1.5 komen we hierop terug.

In dit boek zal alleen de externe informatieverschaffing (en meer speciaal de jaarverslaggeving) behandeld worden.

1.1.3 Samenhang met andere vakgebieden

Hiervoor is al duidelijk gemaakt dat *management accounting* en *financial accounting* zich hebben ontwikkeld tot verschillende vakgebieden. Maar ze vertonen natuurlijk ook een grote mate van overeenkomst: beide hebben ze betrekking op het geven van (vooral financiële) informatie.

Voor het verkrijgen van die informatie steunen ze op de boekhouding van de organisatie; deze verschaft het cijfermateriaal voor de balans en de resultatenrekening en voor allerlei andere calculaties die nodig zijn.

Bedrijfsadministratie

De techniek van het boekhouden is het terrein van de *bedrijfsadministratie*. De bedrijfsadministratie is een onderdeel van de *administratieve organisatie*, die is gericht op het in goede banen leiden van de informatiestromen.

Administratieve organisatie

De informatievoorziening dient derhalve te zijn afgestemd op de eisen die de interne en externe verslaggeving stellen. De wijze waarop de benodigde gegevens worden vergaard en verwerkt, valt buiten het kader van dit boek. We gaan er hier van uit dat de benodigde informatie aanwezig is.

Er is al aangegeven dat er voor de externe verslaggeving wettelijke regels zijn; deze regels bepalen welke informatie verstrekt moet worden en schrijven soms dwingende waarderingsgrondslagen voor de balans en resultatenrekening voor. Er is dan ook een nauwe samenhang tussen financial accounting en *ondernemingsrecht*, in het bijzonder het jaarrekeningrecht, zoals dat in het Burgerlijk Wetboek is vastgelegd. Uiteraard zal in het vervolg van dit boek steeds worden aangegeven hoe de wettelijke regels ter zake luiden. Die regels sluiten overigens wel zo veel mogelijk aan bij wat bedrijfseconomen en accountants in de loop van de tijd aan normen en gebruiken ontwikkeld hebben. In figuur 1.1 is de samenhang tussen financial accounting en de andere genoemde vakgebieden weergegeven.

Ondernemingsrecht

FIGUUR 1.1 Samenhang tussen financial accounting en andere vakgebieden

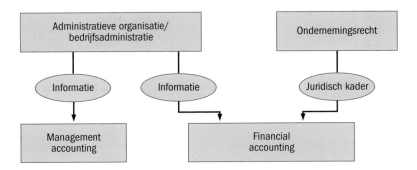

Ook de Belastingdienst heeft behoefte aan externe informatie. Deze dient immers over financiële gegevens te beschikken om aanslagen inkomstenbelasting en vennootschapsbelasting te kunnen opleggen. Hiertoe wordt een fiscale jaarrekening opgesteld. Hoewel deze in wezen tot de externe informatieverstrekking behoort, moet ze worden onderscheiden van de externe jaarrekening, omdat hier afzonderlijke regels gelden, namelijk de bepalin-

gen die in de Wet op de inkomstenbelasting en de Wet op de vennootschapsbelasting zijn vastgelegd. Hiermee komen we op het terrein van het
belastingrecht.   **Belastingrecht**
In Nederland is het gebruikelijk om ten behoeve van de fiscus een aparte
jaarrekening op te stellen, aangezien de in de belastingwet opgenomen regels kunnen verschillen van de regels die gelden voor de externe jaarrekening. Bovendien ligt het belang ook anders: de fiscale winst zal door het bedrijf normaliter zo laag mogelijk vastgesteld worden, terwijl men in de
externe jaarrekening over het algemeen het liefst een zo rooskleurig mogelijk beeld laat zien.
In hoofdstuk 4 zullen we zien dat het aan kleine ondernemingen is toegestaan om de fiscale grondslagen ook toe te passen in de externe jaarrekening. De bedoeling is om met die keuzemogelijkheid de administratieve lasten voor ondernemingen te beperken.

Samenvattend kennen we derhalve de volgende drie soorten jaarrekeningen:
1 de *interne* jaarrekening ten behoeve van de leiding
2 de *externe* jaarrekening ten behoeve van externe belanghebbenden
3 de *fiscale* jaarrekening ten behoeve van de fiscus

Ten slotte bestaan er ook raakvlakken tussen financial accounting en het vak
financiering. De jaarrekening (vooral de balans) geeft immers de financiële   **Financiering**
structuur van de onderneming weer. Tevens kunnen uit de jaarrekening verschillende kengetallen berekend worden die een indicatie geven van de rentabiliteit, de liquiditeit en de solvabiliteit van de onderneming, kernbegrip-
pen in de financieringstheorie.

1.2 De externe jaarrekening

Het belangrijkste onderdeel van de externe verslaggeving is de jaarrekening.
De jaarrekening is het geheel van de balans en winst- en verliesrekening en
de op beide stukken betrekking hebbende toelichting. Winst- en verliesrekening is de wettelijke term; in het spraakgebruik hanteert men eveneens het
begrip *resultatenrekening.* Wij zullen in dit boek gebruikmaken van de term   **Resultaten-**
resultatenrekening.   **rekening**
In paragraaf 1.2.1 worden de balans en de resultatenrekening toegelicht,
waarna in paragraaf 1.2.2 ingegaan wordt op het dwingende verband dat bestaat tussen de balans en de resultatenrekening. Paragraaf 1.2.3 bespreekt de
financiële kerngrootheden (rentabiliteit, solvabiliteit en liquiditeit) die uit de
jaarrekening kunnen worden afgeleid.
In hoofdstuk 6 tot en met 9 wordt de balans meer uitgebreid aan de orde gesteld. In hoofdstuk 10 gebeurt dat voor de resultatenrekening.
Naast de balans en de resultatenrekening treft men in gepubliceerde jaarrapporten van grote ondernemingen vrijwel altijd een kasstroomoverzicht aan.
In hoofdstuk 11 komt dit derde basisstuk van de verslaggeving aan de orde.

1.2.1 Balans en resultatenrekening
Een balans is een momentopname van de waarde van de activa en de passiva van de onderneming. Omdat het een momentopname betreft, bevat de
balans voorraad- of stockgrootheden.

De *activa* geven de investeringen ten behoeve van het productie- en verkoopproces weer. Het zijn de *economic resources* van de onderneming. Om als activum te kwalificeren dient een bedrijfsmiddel in de beschikkingsmacht van de onderneming te zijn en zal het naar verwachting economische voordelen opleveren. In hoofdstuk 6 gaan we nader in op de activeringsvoorwaarden.

Vaste en vlottende activa

De activa kunnen worden onderscheiden in *vaste* en *vlottende activa*. Dit onderscheid is met name van belang uit oogpunt van liquiditeit. Vermogen geïnvesteerd in vaste activa komt in de regel pas op lange termijn weer in geldvorm vrij; voorbeelden zijn gebouwen en machines. Vermogen geïnvesteerd in vlottende activa komt in principe op korte termijn in geldvorm vrij; voorbeelden zijn voorraden, debiteuren en liquide middelen.

De *passiva* geven het vermogen weer dat verkregen is ter financiering van de activa. Het vermogen kan worden onderverdeeld in *eigen* vermogen en *vreemd* vermogen.

Eigen vermogen

Eigen vermogen is verschaft door de eigenaren en staat voor onbepaalde tijd ter beschikking van de onderneming. Vaak wordt gesproken van *permanent vermogen*, maar die term is enigszins misleidend, omdat de eigenaren wel kunnen besluiten hun eigen vermogen terug te laten betalen; hierover is echter bij de verstrekking van het vermogen niets vastgelegd en eventuele terugbetaling berust op een afzonderlijke beslissing.

Eigen vermogen is tevens *risicodragend vermogen* of *ondernemend vermogen*: de vergoeding voor het ter beschikking stellen van eigen vermogen is afhankelijk van het presteren van de onderneming; in geval van liquidatie komen de eigenvermogenverschaffers het laatst voor terugbetaling in aanmerking. Eigen vermogen wordt niet alleen gevormd door het ter beschikking stellen van nieuw vermogen door de eigenaren, maar bijvoorbeeld ook doordat de eigenaren akkoord gaan met het inhouden van winsten.

Vreemd vermogen

Vreemd vermogen is ter beschikking gesteld door schuldeisers; het is *tijdelijk vermogen*, omdat van tevoren afspraken over terugbetaling zijn gemaakt. Vreemd vermogen is *risicomijdend* of *niet-ondernemend vermogen*: de vergoeding is in principe onafhankelijk van het presteren van de onderneming en de vreemdvermogenverschaffers komen bij liquidatie als eerste voor terugbetaling in aanmerking.

Risicomijdend wil overigens niet zeggen *risicoloos*: in geval van faillissement kunnen ook de schuldeisers met lege handen komen te staan.

Bij vreemd vermogen gaat het in de eerste plaats om schulden. De schulden worden ingedeeld in *langlopende* en *kortlopende schulden*, al naargelang de looptijd van de schuld langer of korter dan een jaar is.

Voorbeelden van langlopende schulden zijn hypothecaire leningen en obligatieleningen en van kortlopende schulden crediteuren en nog te betalen belastingen.

Voorzieningen

Een bijzondere vermogenscategorie wordt gevormd door de *voorzieningen*; het gaat hier om verplichtingen waarvan de omvang en/of het tijdstip van nakoming niet exact te bepalen zijn, maar wel redelijkerwijs te schatten. Voorzieningen worden gerekend tot het vreemd vermogen.

Een andere indeling van de balansposten is die in materiële en monetaire posten.

Materiële activa

Bij *materiële activa* als duurzame productiemiddelen (voorraden werkeenheden) en voorraden (aantallen, kilogrammen, enzovoort) gaat het om hoeveelheden die – door vermenigvuldiging met een prijsgrondslag – moeten worden vertaald in geld.

Bij *monetaire posten* als vorderingen en liquide middelen (monetaire activa) en schulden en voorzieningen (monetaire passiva) hoeft deze vertaalslag niet gemaakt te worden, omdat die al in een geldbedrag luiden.

Monetaire posten

De resultatenrekening

Een resultatenrekening is een overzicht van de opbrengsten en de kosten gedurende een bepaalde periode en geeft het over de betreffende periode behaalde resultaat weer. De resultatenrekening bevat dan ook periode- of stroomgrootheden.

Opbrengsten en kosten hoeven niet samen te vallen met ontvangsten en uitgaven. Opbrengsten zijn een reflectie van de economische prestaties die een onderneming in de betreffende periode heeft geleverd, kosten geven de waarde van de verbruikte productiemiddelen in de betreffende periode weer. Op de toerekening van kosten en opbrengsten aan periodes gaan we in hoofdstuk 3 nader in.

Koninklijke Reesink nv is actief in de groothandel in landbouwwerktuigen en doe-het-zelfartikelen en de fabricage van walserijproducten en pneumatische installaties. Het jaarrapport over 2012 bevat de volgende balans en resultatenrekening.

15:00 uur, CS Utrecht
Overal en op elk tijdstip staat Reesink voor u klaar

Geconsolideerde balans (vóór resultaatbestemming) per 31-12-2012 *in duizenden euro's*

Vaste activa			**Groepsvermogen**		
Materiële vaste activa	41.475		Eigen vermogen	74.105	
Vastgoedbeleggingen	24.570		Belang derden	−50	
Financiële vaste activa	1.692				**74.055**
		67.737			
			Voorzieningen		**11.786**
Vlottende activa					
Voorraden	63.397		**Langlopende schulden**		**14.544**
Vorderingen	27.331				
Liquide middelen	4.631		**Kortlopende schulden**		**62.711**
		95.359			
Totaal		**163.096**			**163.096**

Geconsolideerde winst- en verliesrekening over 2012   *in duizenden euro's*

Netto-omzet	185.222	
Kostprijs van de omzet	162.595 −	
Bruto-omzetresultaat		22.627
Verkoopkosten	9.292	
Algemene beheerskosten	8.717	
Bijzondere posten	229	
Som der kosten		18.238 −
Netto-omzetresultaat		4.389
Overige bedrijfsopbrengsten		2.315
Bedrijfsresultaat		6.704
Opbrengsten van vorderingen die tot de vaste activa behoren en van effecten	182	
Financieringsbaten en soortgelijke opbrengsten	343	
Waardeveranderingen van vorderingen die tot de vaste activa behoren en van effecten	3.215 −	
Financieringslasten en soortgelijke kosten	905 −	
Niet-gerealiseerde waardeveranderingen van beleggingen	2.878 −	
		6.473 −
Resultaat uit gewone bedrijfsuitoefening vóór belastingen		231
Belastingen resultaat uit gewone bedrijfsuitoefening	626 −	
Aandeel in resultaat van ondernemingen waarin wordt deelgenomen	3.922 −	
		4.548 −
Resultaat na belastingen		4.317 −
Aandeel derden in resultaat		14 −
Nettoresultaat		4.331 −

1.2.2 Het verband tussen de balans en de resultatenrekening

De balans en de resultatenrekening hangen nauw met elkaar samen, zij kunnen niet onafhankelijk van elkaar opgesteld worden. Als de balans is vastgesteld, ligt daarmee in principe ook de resultatenrekening vast, en omgekeerd.

In voorbeeld 1.1 wordt het verband tussen de balans en de resultatenrekening weergegeven.

VOORBEELD 1.1

Het verband tussen de balans en de resultatenrekening

A De verkoop van goederen met een opbrengst boven de boekwaarde

Balans				Resultatenrekening	
Debiteuren/kas	+	←-----------------------------------→		Opbrengst	+
Voorraad	−	←-----------------------------------→		Kosten	+
		Winst	+	=	Winst	+

B De afschrijving op een duurzaam productiemiddel ten laste van het resultaat

Balans				Resultatenrekening	
Vaste activa	−	←-----------------------------------→		Kosten	+
+		Winst	−	=	Winst	−

C De vorming van een voorziening ten laste van het resultaat

Balans				Resultatenrekening	
		Voorziening + ←-----------------→		Kosten	+
		Winst	−	=	Winst	−

D Een aflossing op een schuld

Balans				Resultatenrekening	
Kas	−	←-----------------------------------→		Opbrengst	ongewijzigd
		Schuld	− ←-----------------→	Kosten	ongewijzigd
		Winst	ongewijzigd	=	Winst	ongewijzigd

Uit het in voorbeeld 1.1 geschetste verband tussen de balans en de resultatenrekening vloeit voort dat de winst over een bepaalde periode op twee manieren kan worden berekend:
1 vanuit de resultatenrekening, als het verschil tussen de opbrengsten en de kosten
2 vanuit de balans, als het verschil tussen het eigen vermogen aan het eind en het eigen vermogen aan het begin van de periode (*vermogensvergelijking*)

Vermogensvergelijking

De bij 2 berekende vermogenstoename moet worden gecorrigeerd voor mutaties in de kapitaalsfeer; dit zijn de kapitaalstortingen en kapitaalonttrekkingen. Een *kapitaalstorting* is een toename van het eigen vermogen die niet als winst valt aan te merken, bijvoorbeeld de opbrengst uit een aandelenemissie. Een *kapitaalonttrekking* is een afname van het eigen vermogen die geen verlies is, bijvoorbeeld het uitkeren van dividend. Kapitaalstortingen en -onttrekkingen vinden hun oorzaak in vermogensverschuivingen tussen de onderneming en haar eigenaren.

Kapitaalstorting

Kapitaalonttrekking

Winstberekening door middel van vermogensvergelijking verloopt dus als volgt:

© Noordhoff Uitgevers bv

Eigen vermogen einde periode	€......
Eigen vermogen begin periode	€...... −
Vermogenstoename	€......
Kapitaalstortingen	€...... −
Kapitaalonttrekkingen	€...... +
Winst	€......

Rechtstreekse vermogensmutaties

Verderop in dit boek zullen we zien dat het verband tussen de balans en de resultatenrekening in sommige situaties wordt verbroken. Dit is het geval bij *rechtstreekse vermogensmutaties*, dat wil zeggen dat mutaties in het eigen vermogen niet via de resultatenrekening lopen.

1.2.3 Rentabiliteit, solvabiliteit en liquiditeit

De kernfunctie van de jaarrekening ligt op het vlak van de vermogens- en winstbepaling. Het quotiënt van winst en vermogen is de rentabiliteit, een belangrijk criterium bij het beoordelen van de financiële prestaties van de onderneming. Daarnaast kan de jaarrekening worden gebruikt voor de beoordeling van de solvabiliteit en de liquiditeit van de onderneming. We zullen deze begrippen toelichten aan de hand van voorbeeld 1.2.

VOORBEELD 1.2

Van onderneming A zijn over boekjaar 2013 gegeven de balansen per 1 januari en per 31 december, alsmede de resultatenrekening:

Balans van onderneming A per 1 januari 2013
(bedragen × €1.000)

Vaste activa	400	Eigen vermogen		300
Vlottende activa	600	Voorzieningen	200	
		Langlopende schulden	200	
		Kortlopende schulden	300	
		Vreemd vermogen		700
	1.000			1.000

Balans van onderneming A per 31 december 2013
(bedragen × €1.000)

Vaste activa	400	Eigen vermogen		375
Vlottende activa	700	Voorzieningen	210	
		Langlopende schulden	190	
		Kortlopende schulden	325	
		Vreemd vermogen		725
	1.100			1.100

Resultatenrekening van onderneming A over 2013
(bedragen × €1.000)

Opbrengsten	500
Diverse kosten	380
Bedrijfsresultaat	120
Rentelasten	20
Winst vóór aftrek van belasting	100
Belastinglast	25
Nettowinst	75

- -

Rentabiliteit
Als het resultaat wordt gerelateerd aan het vermogen waarmee dit resultaat
is behaald, verkrijgen we de rentabiliteit. De rentabiliteit kan op verschillende manieren worden uitgewerkt. We onderscheiden:
1 de rentabiliteit van het totale vermogen
2 de rentabiliteit van het eigen vermogen
3 de rentabiliteit van het vreemd vermogen

Ad 1 De rentabiliteit van het totale vermogen (RTV)
De RTV is te berekenen door de totale vermogensopbrengst (= winst vóór
aftrek van interest en vóór aftrek van belasting) uit te drukken in een percentage van het gemiddeld totaal vermogen gedurende het boekjaar.
De RTV dient ter beoordeling van de winstgevendheid van het transformatieproces; de wijze van financiering van de activa speelt hierbij geen rol.

Ad 2 De rentabiliteit van het eigen vermogen (REV)
De REV wordt berekend door de nettowinst uit te drukken in een percentage
van het gemiddeld eigen vermogen gedurende het boekjaar.
Dit is de REV na aftrek van belasting. De REV kan ook vóór aftrek van belasting worden berekend; in de teller wordt dan de winst vóór aftrek van belasting opgenomen.

Ad 3 De rentabiliteit van het vreemd vermogen (RVV)
De RVV kan worden berekend door de rentelasten uit te drukken in een percentage van het gemiddeld vreemd vermogen gedurende het boekjaar.

De rentabiliteit van het totale vermogen wordt 'verdeeld' onder de eigenvermogenverschaffers en de vreemdvermogenverschaffers. Kenmerkend hierbij is dat de RVV in principe vastligt (doordat de interestvergoeding van tevoren is vastgelegd) en dat de REV afhankelijk is van het presteren van de
onderneming, dus van de RTV. Indien de RTV hoger is dan de RVV, komt dit
verschil dan ook ten goede aan de eigenvermogenverschaffers en zal de REV   **Financiële**
vóór aftrek van belasting hoger zijn dan de RTV. Er is dan sprake van een po-   **hefboomwer-**
sitieve *'financiële hefboomwerking'.*   **king**

Over boekjaar 2013 zijn voor onderneming A de RTV, REV en RVV als volgt:

$$\text{RTV} = \frac{€120.00}{€1.050.000} \times 100\% = 11,4\%$$

© Noordhoff Uitgevers bv

$$\text{REV (na aftrek van belasting)} = \frac{€75.000}{€337.500} \times 100\% = 22,2\%$$

$$\text{RVV} = \frac{€20.000}{€712.500} \times 100\% = 2,8\%$$

Solvabiliteit

Solvabiliteit is de mate waarin de onderneming in staat is aan haar verplichtingen jegens de schuldeisers te voldoen. Bij het beoordelen daarvan staat de bufferfunctie van het eigen vermogen centraal: in geval van liquidatie krijgen de eigenvermogenverschaffers pas hun inleg terug als aan de verplichtingen jegens de schuldeisers is voldaan. Hoe groter de relatieve omvang van het eigen vermogen, des te beter de solvabiliteit.

Als indicatie van de solvabiliteit wordt daarom vaak de verhouding tussen het eigen en het totale vermogen gebruikt. In de balans per 31 december 2013 van onderneming A is deze verhouding 0,34 (€375.000/€1.100.000).

Achtergestelde lening

Overigens kan de bufferfunctie ten opzichte van de schuldeisers ook door niet-eigen vermogen vervuld worden, bijvoorbeeld door *achtergestelde leningen*: leningen waarop pas afgelost wordt als aan de verplichtingen ten opzichte van de overige schuldeisers voldaan is. Deze leningen zijn voor de overige schuldeisers wat solvabiliteitsfunctie betreft vergelijkbaar met eigen vermogen. In dit verband wordt gesproken van *garantievermogen*, als verzamelterm voor al het vermogen dat deze bufferfunctie heeft.

Garantievermogen

Voor de solvabiliteit geldt dat eenduidige normen moeilijk te geven zijn. De aard van het bedrijf speelt een belangrijke rol: voor de kapitaalintensieve – en daardoor als relatief risicovol te kenschetsen – industriële bedrijven wordt vaak als vuistregel een waarde van ten minste 1/3 genomen, terwijl men voor arbeidsintensieve ondernemingen vaak een waarde van 1/4 toereikend acht. Bovendien zal bij een hogere rentabiliteit een wat mindere solvabiliteit eerder acceptabel zijn.

Het trachten te profiteren van de hefboomwerking van de vermogensstructuur ('trading on the equity') kan een reden zijn om de solvabiliteit bewust niet te gunstig te laten zijn.

Liquiditeit

De liquiditeit geeft de mate aan waarin de onderneming in staat is aan haar lopende betalingsverplichtingen te voldoen.

De liquiditeit kan het beste worden beoordeeld aan de hand van een prognose van de verwachte ontvangsten en uitgaven voor de komende periode; we spreken dan van de *dynamische liquiditeit*.

Dynamische liquiditeit

Statische liquiditeit

Een liquiditeitsbegroting wordt in het kader van de externe verslaggeving niet verstrekt. In dat geval kan men uit de balans de *statische liquiditeit* proberen af te leiden, bijvoorbeeld door te kijken naar de verhouding tussen de vlottende activa en de kortlopende verplichtingen.

Current ratio

Dit kengetal staat bekend als de *current ratio*. De current ratio is op 31 december 2013 voor onderneming A:

$$\text{Current ratio} = \frac{\text{Vlottende activa}}{\text{Kortlopende verplichtingen}} = \frac{€700.000}{€325.000} = 2,2$$

Bij deze berekening is verondersteld dat er onder de voorzieningen geen kortlopende verplichtingen schuilen.

Als vuistregel wordt wel gezegd dat de current ratio minimaal 1,5 à 2 moet zijn. Gezien de beperkingen die aan de berekening van de current ratio ten grondslag liggen, is het echter moeilijk hiervoor een algemene norm te geven. Zo geven de cijfers uit de balans slechts een *momentopname* weer; uit de balans blijken bijvoorbeeld niet de financiële verplichtingen die kort na balansdatum ontstaan, zoals uitgaven ten behoeve van het productieproces en loonbetalingen. Verder kunnen net vóór balansdatum bepaalde activiteiten worden verricht – bijvoorbeeld het aflossen van kortlopende schulden – om op balansdatum de current ratio een beter aanzien te geven; een dergelijke activiteit staat bekend als *window dressing*. Ten slotte houdt de current ratio geen rekening met mogelijke dispositieruimte op rekening-courantkredieten.

Window dressing

1.3 Ontwikkeling van de externe verslaggeving

Alvorens nader in te gaan op de functies van de externe verslaggeving, is het goed eerst de historie ervan in vogelvlucht te bezien.
Uiteraard is er een verband tussen de ontwikkeling van het bedrijfsleven en die van de externe verslaggeving. Zowel de rechtsvorm van een onderneming als de aard van het bedrijfsproces is hierbij van belang.

In de middeleeuwen waren het vooral de Italiaanse handelshuizen die het economisch beeld bepaalden. Het is dan ook niet verwonderlijk dat het oudste gedrukte boek waarin de boekhouding (de basis voor de verslaggeving) aan de orde komt, van Italiaanse hand is: de Franciscaner monnik Luca Pacioli publiceerde in 1494 het boek *Summa de Arithmetica, Geometria Proportioni e Proportionalita*.
Onder anderen de Nederlander Simon Stevin heeft een eeuw later een belangrijke bijdrage geleverd aan de internationale verspreiding van het boekhouden. Externe verslaggeving was er in die jaren nog nauwelijks; er werd alleen 'gerapporteerd' aan de familieleden die samen de onderneming vormden. Jaarlijkse winstbepaling was niet aan de orde; pas bij overlijden werd er een berekening gemaakt van het aan de erfgenamen toekomende bedrag.
Met de opkomst van de moderne ondernemingsvormen nam de behoefte aan externe verslaggeving toe en werd ook het probleem van de jaarwinstbepaling actueler. De Vereenigde Oostindische Compagnie, in 1602 opgericht, was de eerste onderneming die vergelijkbaar was met onze huidige naamloze vennootschap. Deze rechtsvorm maakte het noodzakelijk dat er geregeld over de financiële positie gerapporteerd werd, om aan de (potentiële) beleggers de informatie te geven die zij nodig hadden voor het nemen van een aan- of verkoopbeslissing ten aanzien van de aandelen van de onderneming. Bovendien werd het nodig om over te gaan tot een periodieke winstvaststelling: aan de aandeelhouders werd regelmatig dividend uitgekeerd en daarmee deed de jaarwinstbepaling haar intrede.

Het aantal naamloze vennootschappen bleef lange tijd zeer beperkt. Tot het einde van de negentiende eeuw troffen we in Nederland bijna uitsluitend familieondernemingen aan, die als eenmanszaak of firma gedreven werden.

© Noordhoff Uitgevers bv

Met de industriële revolutie veranderde dat beeld: voor de grootschalige productie met stoomkracht die toen ingang vond, bleek het vaak noodzakelijk te zijn om buiten de familiekring aan vermogen te komen. Dat leidde tot omzetting van de firma's in naamloze vennootschappen en tot de publieke emissie van aandelen en obligaties. De hierbij behorende verplichting om de vermogenverschaffers over de financiële gang van zaken te informeren, leidde ertoe dat vrijwel alle beursgenoteerde ondernemingen hun jaarrekeningen in de openbaarheid gingen brengen. In 1928 werd de publicatieplicht van beurs-nv's wettelijk verankerd.

Aan het einde van de negentiende eeuw ontstond een nieuwe beroepsgroep: de accountants. Het idee dat het voor beleggers noodzakelijk was dat zij erop konden rekenen dat de aan hen voorgelegde informatie correct was, vond ingang na een aantal schandalen. Het bekendste Nederlandse voorbeeld hiervan was de affaire met de Afrikaansche Handelsvereeniging: de directeur – de algemeen geachte zakenman Lodewijk Pincoffs – had gedurende een aantal jaren de balansen vervalst, met als gevolg dat in verliesjaren nog steeds dividend werd uitgekeerd, waarbij het ene gat met het andere gevuld werd. Nadat in 1879 zijn bedrog was uitgekomen, vluchtte hij naar Amerika. Sindsdien werd het de gewoonte om de jaarrekening door een onafhankelijk controleur te laten beoordelen.

Eveneens werd vanaf het einde van de negentiende eeuw (met de invoering van winstbelastingen) de belastinginspecteur een belanghebbende bij de externe verslaggeving.

In de loop der jaren zijn de fiscale verslaggeving en de externe verslaggeving eigen wegen opgegaan.

In de periode na de Eerste Wereldoorlog is de theorievorming over winstbepaling in een stroomversnelling geraakt; dit werd vooral veroorzaakt door de periode van hyperinflatie in Duitsland. De gebreken van de tot dan gebruikelijke wijze van winstberekening op basis van historische kosten kwamen toen overduidelijk aan het licht. Duitse bedrijfseconomen hebben geprobeerd nieuwe winstbepalingssystemen te ontwikkelen, die ook in tijden van geldontwaarding correcte winstcijfers opleveren: Schmalenbach is de geestelijke vader van het ijzerenvoorraadstelsel en Schmidt van het vervangingswaardestelsel. Onafhankelijk van de theorievorming in Duitsland zijn deze stelsels ook in Nederland ontwikkeld door respectievelijk Volmer en Limperg. Onder de Nederlandse ondernemingen werd vooral Philips toonaangevend in de praktische toepassing van het vervangingswaardestelsel.

Na de Tweede Wereldoorlog (vooral in de jaren zestig en zeventig van de vorige eeuw) valt een 'vermaatschappelijking' van de onderneming te constateren: zij werd niet meer gezien als een instituut dat uitsluitend ten behoeve van eigenaren bestaat. In Nederland heeft dit ook zijn weerslag in de wetgeving gevonden. Uit die jaren dateert bijvoorbeeld de Wet op de Ondernemingsraden (WOR), die werknemers invloed geeft op de gang van zaken binnen de onderneming. Daarbij paste financiële verslaggeving aan de werknemers. Tevens ontstond de opvatting dat iedereen inzicht zou moeten kunnen krijgen in de financiële positie van rechtspersonen: de gedachte van een algemene publicatieplicht van jaarrekeningen kreeg in 1971 haar wettelijke grondslag, toen de Wet op de Jaarrekening van Ondernemingen (WJO) van kracht werd. Deze wet gaf indertijd alleen regels voor de externe jaarrekening van de nv, de bv, de coöperatie (toen nog coöperatieve vereniging genoemd) en de onderlinge waarborgmaatschappij.

In 1976 werd, vanwege de hercodificatie van ons burgerlijk recht, de WJO
vrijwel ongewijzigd overgenomen in het Burgerlijk Wetboek.

In de loop van de tijd is de invloed van de Europese Unie op het economisch
leven steeds groter geworden, zo ook op het gebied van de externe verslaggeving. Het ondernemingsrecht wordt in Europees verband geharmoniseerd **Harmonisatie**
via richtlijnen, die – anders dan het woord doet vermoeden – verplicht door
de lidstaten in hun wetgeving moeten worden opgenomen.

In de jaren tachtig van de vorige eeuw is onze jaarverslagwetgeving aange-
past aan de *vierde* en *zevende EG-richtlijn*. De vierde EG-richtlijn geeft regels **EG-richtlijnen**
voor de enkelvoudige (of vennootschappelijke) jaarrekening, de zevende
EG-richtlijn kent voorschriften voor de geconsolideerde jaarrekening. De
met deze twee richtlijnen bereikte mate van harmonisatie schoot echter nog
tekort voor wat betreft de beursgenoteerde ondernemingen in Europa, waarvan beleggers de financiële prestaties willen kunnen vergelijken zonder dat
zij aanpassingen moeten maken met betrekking tot verschillen in regelgeving ten aanzien van het opstellen van de jaarrekening. Daarom heeft de Europese Unie besloten de Europese beursgenoteerde ondernemingen te verplichten om vanaf 2005 hun (geconsolideerde) jaarrekening op te stellen op
basis van de *International Financial Reporting Standards* (IFRS). Deze strik- **IFRS**
te en gedetailleerde regels worden opgesteld door de International Accounting Standards Board (IASB) in Londen, een non-gouvernementele organi- **IASB**
satie, die zich al decennia bezighoudt met het op mondiaal niveau
ontwikkelen van verslaggevingsstandaarden. De niet-beursgenoteerde ondernemingen blijven vallen onder de nationale wetgeving van de lidstaten.
Om de grootste geschilpunten tussen haar richtlijnen en de IFRS weg te nemen, heeft de Europese Unie nog twee EG-richtlijnen uitgevaardigd: de *IAS
39-richtlijn* en de *moderniseringsrichtlijn*. Beide richtlijnen zijn in 2005 ge-
implementeerd in de Nederlandse wet.

Tot slot van dit historisch overzicht attenderen we erop dat de Europese
Unie op 29 juni 2013 een nieuwe EG-richtlijn (onder de voorlopige naam
EU-richtlijn 2013/34) heeft gepubliceerd ter vervanging van de eerdergenoemde vierde en zevende EG-richtlijn. Als belangrijkste drijfveren voor
deze vervanging worden een administratieve lastenverlichting voor kleine
ondernemingen en actualisering en modernisering van de voorschriften genoemd. Doel is dat deze EU-richtlijn per 1 januari 2016 is geïmplementeerd
in de Nederlandse wet.

1.4 Functies en kwaliteitskenmerken van de jaarrekening

Zoals uit het historisch overzicht in paragraaf 1.3 blijkt, evolueert de verslaggeving met de ontwikkeling van de ondernemingen en de positie daarvan
binnen de samenleving. In de literatuur worden in dat kader drie modellen
gehanteerd, namelijk:

1 het bezitsmodel
2 het klassieke of gesloten model
3 het moderne of open model

Ad 1 Het bezitsmodel
Bij het bezitsmodel is er geen sprake van een scheiding tussen leiding en eigendom.

© Noordhoff Uitgevers bv

1

Het doel van de onderneming beperkt zich voornamelijk tot het vergroten van het kapitaal van de ondernemer. De ondernemer zelf en de fiscus zijn de voornaamste belanghebbenden. In zijn algemeenheid wordt naast de fiscale jaarrekening geen externe jaarrekening opgesteld.

In Nederland vallen de eenmanszaken onder dit model. Eenmanszaken zijn niet verplicht om een jaarrekening te publiceren. Veel eenmanszaken zijn in het verleden (vooral om fiscale redenen) omgezet in bv's, waarbij er sprake is van een directeur-grootaandeelhouder. Bv's zijn wel publicatieplichtig. In de praktijk blijkt echter de belangstelling voor een gepubliceerde jaarrekening niet groot te zijn. Op Europees niveau wordt daarom overwogen om zeer kleine bv's (micro-entiteiten) vrij te stellen van publicatieplicht.

Ad 2 Het klassieke of gesloten model
Door de scheiding van leiding en eigendom zijn vele ondernemingen in het gesloten model terechtgekomen.

In tegenstelling tot de situatie bij het bezitsmodel, waar – naast de fiscus – in wezen slechts één partij belang heeft bij het financiële reilen en zeilen van de onderneming (de eigenaar), is er bij het gesloten model sprake van twee partijen, namelijk de kapitaalverschaffer en de kapitaalbeheerder.

De kapitaalverschaffer wil uiteraard weten wat er met zijn in de onderneming geïnvesteerde kapitaal is gebeurd. De functie van de jaarrekening is dan ook vooral die van verantwoording van de kapitaalbeheerder over het gevoerde beleid ten behoeve van de kapitaalverschaffers.

Centraal staat dan ook de *verantwoordingsfunctie*.

Ad 3 Het moderne of open model
Door het proces van vermaatschappelijking zijn vele ondernemingen in het open model terechtgekomen. Dit geldt in ieder geval voor de beursgenoteerde ondernemingen, die voor hun kapitaalbehoefte een beroep doen op een grote kring van beleggers.

In het open model wordt de onderneming gezien als een coalitie van meerdere partijen, zoals kapitaalverschaffers, kapitaalbeheerders, werknemers, vakbonden, overheid, potentiële beleggers en publiek. Het logische gevolg van deze ontwikkeling is dat de kapitaalbeheerder de diverse participanten of belanghebbenden informeert over de (financiële) gang van zaken binnen de onderneming. Dit betekent dat de jaarrekening – naast de verantwoordingsfunctie ten behoeve van de kapitaalverschaffers – een *informatie- of beslissingsondersteunende functie* vervult ten behoeve van de hiervoor genoemde partijen. De jaarrekening kan een hulpmiddel zijn bij beslissingen als het al of niet kopen, aanhouden of verkopen van aandelen, verstrekken van leningen door banken, leveren op krediet aan de onderneming, enzovoort.

In het open model is er niet alleen behoefte aan financiële informatie, maar ook aan niet-financiële. Dit heeft geleid tot het uitbrengen van sociale jaarverslagen (speciaal ten behoeve van de werknemers) en van milieujaarverslagen. In 1999 is de Wet Milieuverslaggeving in werking getreden, op grond waarvan bedrijven met een grote milieubelasting of met bijzondere milieurisico's verplicht zijn een milieuverslag uit te brengen.

Kwaliteitskenmerken
Om de kernfuncties (verantwoording en informatie) goed te kunnen vervullen, dient de jaarrekening informatie te bevatten die zowel relevant als betrouwbaar is.

(margin note:) Verantwoordingsfunctie

(margin note:) Informatiefunctie

Relevantie
Een jaarrekening moet cijfers opleveren waar de lezer 'iets mee kan'; hij moet er waardevolle informatie aan kunnen ontlenen. De kernfuncties van de jaarrekening in aanmerking nemend, zal de jaarrekening de gebruiker behulpzaam moeten zijn bij de verantwoordingsfunctie en de informatiefunctie.

Betrouwbaarheid
De lezer van de jaarrekening moet erop kunnen vertrouwen dat de erin verstrekte cijfers een 'getrouw beeld' geven van de financiële positie van de onderneming. Omdat hij zelf geen toegang heeft tot de achterliggende financiële feiten, moet deze betrouwbaarheid normaliter gewaarborgd worden door de externe accountant, die een verklaring over de jaarrekening afgeeft. Een belangrijk aspect van betrouwbaarheid is daarom controleerbaarheid.

In de praktijk blijkt het moeilijk (zo niet onmogelijk) te zijn om relevantie en betrouwbaarheid tegelijkertijd te optimaliseren. We zullen in hoofdstuk 2 bijvoorbeeld zien dat toepassing van het 'economisch waardebegrip' meer relevante informatie voor de gebruiker oplevert dan het 'boekhoudkundig waardebegrip'. Het economisch waardebegrip is echter veel minder betrouwbaar dan het boekhoudkundig waardebegrip.

1.5 Creative accounting

Bij externe verslaggeving gaat het om het verschaffen van informatie over de financiële positie van de onderneming aan derden. In paragraaf 1.4 hebben we gezien dat externe verslaggeving een verantwoordingsfunctie heeft en daarnaast een informatiefunctie vervult ten behoeve van de besluitvorming. Bij beide functies kan het management in de verleiding komen om de cijfers zodanig aan te passen, dat ze leiden tot de door dat management gewenste gevolgen.
In het kader van het afleggen van verantwoording is het denkbaar dat de directie het slecht presteren van de onderneming tegenover de aandeelhouders wil verbloemen. Bij de beslissingsondersteunende functie valt te denken aan het geven van een te rooskleurig beeld van de financiële positie om (aanvullende) bankleningen te verkrijgen.
In de hiervoor genoemde gevallen gaat het om het flatteren van de winst en wellicht tevens van de solvabiliteit van de onderneming. Het is echter ook denkbaar dat een onderneming de winst neerwaarts wil bijstellen. Zo kan er bijvoorbeeld in tijden van oplopende benzine- en olieprijzen maatschappelijke druk op de politiek ontstaan om de verkoopprijzen aan banden te leggen. Dit kan voor oliemaatschappijen een reden zijn om de winsten in betreffende boekjaren te drukken.
We noemen deze cijferaanpassingen 'creative accounting' of 'cooking the books'. Creative accounting ontleent in de eerste plaats zijn bestaansmogelijkheid aan het feit dat bij de winstbepaling allerlei schattingen gemaakt dienen te worden, bijvoorbeeld inzake de levensduur van activa, het betaalgedrag van debiteuren, de kans dat de onderneming een proces gaat verliezen, enzovoort. Schattingen zijn per definitie subjectief en bieden dan ook ruimte voor een optimistische of pessimistische invulling. In de tweede plaats geven wet- en regelgeving vaak de vrijheid om bij het opstellen van de jaarrekening te kiezen uit verschillende manieren om een transactie of gebeurtenis te verwerken.

Stelselwijzi-ging

Door de overstap van het ene op het andere verslaggevingsalternatief kan aanpassing van het winstcijfer bereikt worden (een *stelselwijziging*).

Naast het opwaarts of neerwaarts bijstellen van de winst, zijn er nog twee vormen van creative accounting te onderkennen:

Income smoothing

1 winstegalisatie (income smoothing)
2 'taking a bath'-strategie

Ad 1 Winstegalisatie
Vooral beleggers hechten een grote waarde aan een stabiele winstontwikkeling. Door in goede jaren het winstbedrag naar beneden toe bij te stellen en het 'afgeroomde bedrag' toe te voegen aan de winst in een (minder goed) volgend boekjaar, kan deze winstegalisatie plaatsvinden.
In figuur 1.2 wordt dit grafisch geïllustreerd.

FIGUUR 1.2 Winstegalisatie

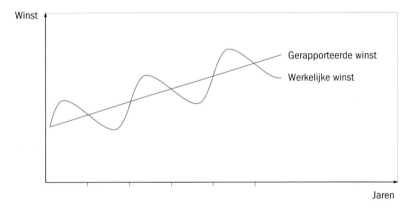

Ad 2 'Taking a bath'-strategie
Als een onderneming geconfronteerd wordt met een bijzonder slecht boekjaar, waarin een groot verlies wordt geleden, kan het management in de verleiding komen dit verlies door jaarrekeningaanpassingen nog verder te vergroten, bijvoorbeeld door extra afschrijvingen of het vormen van reorganisatievoorzieningen. De gedachtegang erachter is dat het in een slecht boekjaar naar de buitenwacht toe niet veel meer uitmaakt of een verlies €10 mln of €15 mln is. In de volgende boekjaren zal er minder hoeven te worden afgeschreven en zullen allerlei kosten afgeboekt kunnen worden van de gevormde voorziening, waardoor er ruimte wordt geschapen om weer winsten te tonen.
Deze strategie is extra aantrekkelijk als na het verliesjaar een nieuw management aantreedt, dat geen verantwoordelijkheid hoeft te nemen voor het geleden verlies, maar wel kan pronken met de winsten die daarna weer worden gepresenteerd.
In figuur 1.3 is een grafische illustratie van de taking a bath-strategie gegeven.

FIGUUR 1.3 Taking a bath-strategie

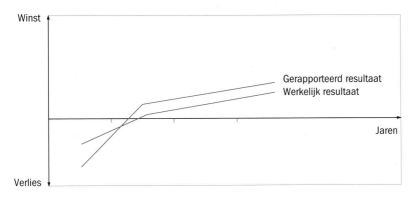

In de wetenschappelijke wereld wordt in plaats van de (negatief geladen)
term creative accounting liever gesproken van de neutralere term *winststu-*
ring of *earnings management*, door Scott in zijn boek *Financial accounting*
theory gedefinieerd als 'the choice by a manager of accounting policies so as
to achieve some specific objectives'.

Volgens de wetenschappers hoeft earnings management niet altijd negatief
beoordeeld te worden. Ze maken daarbij een onderscheid tussen het 'werkelijke winstperspectief' en het 'informatieperspectief'.

Bekeken vanuit het *werkelijk winstperspectief* is earnings management inderdaad laakbaar, omdat het verschuiven van winsten van het ene boekjaar
naar het andere boekjaar ertoe kan leiden dat het resultaat over een bepaald
boekjaar en het eigen vermogen per het einde van het boekjaar niet getrouw
worden weergegeven. Hiermee zouden managers de gebruikers kunnen
misleiden met betrekking tot het presteren van de onderneming. De vraag is
echter of dit in zijn algemeenheid kan worden gesteld. Zo heeft onderzoek
uitgewezen dat earnings management gemiddeld gezien geen groot effect
heeft op de gerapporteerde winst.

Als een onderneming bijvoorbeeld de vorm van winststuring toepast als is
weergegeven in figuur 1.2, dan zou het weleens zo kunnen zijn dat het gepresenteerde winstcijfer relevantere informatie oplevert dan de werkelijke
winst. De onderneming egaliseert immers naar de verwachte trendmatige
winst en geeft daarmee een signaal af over deze trendmatige winst. Op basis
van de werkelijke (jaarlijks sterk fluctuerend) winstcijfers zou het voor de
belegger veel lastiger zijn om een idee te vormen over de langetermijnwinst-
ontwikkeling. Voor de onderneming zou dit vervolgens het gunstige effect
hebben dat de kostenvoet van het aantrekken van vermogen daalt, door de
lagere risicoperceptie van de vermogenverschaffers. Vanuit het *informatie-*
perspectief zou winststuring dus niet afgewezen hoeven te worden.

Hoe dit ook zij, de regelgevers gaan uit van het werkelijk winstperspectief;
hun streven is erop gericht winststuring zo veel mogelijk te voorkomen, bijvoorbeeld door het stellen van strenge eisen aan de vorming van een voorziening, waarover in hoofdstuk 9 meer.

Uiteindelijk zal de accountant, als wettelijk controleur van de jaarrekening,
moeten bepalen of creative accounting is toegepast of niet. Hij moet verklaren dat de jaarrekening een getrouw beeld van het vermogen en het resul-

Winststuring
Earnings ma-
nagement

taat geeft. In laatste instantie is het de rechter (Ondernemingskamer c.q. Hoge Raad, zie paragraaf 4.3.3) die oordeelt of een bepaalde boekingswijze dit getrouwe beeld oplevert.

1.6 Wetenschappelijk onderzoek op het terrein van de externe verslaggeving

Het vakgebied financial accounting is bij uitstek een 'praktische discipline'. Het eindproduct van de externe verslaggeving – de financiële rapportage, met name de jaarrekening – vervult in de praktijk van het zakendoen een belangrijke functie.
Het waren van oudsher de boekhouders die zich verdiepten in de materie. Als de tweedeling 'art or science' toegepast wordt op financial accounting, dan wordt het vakgebied in belangrijke mate gekarakteriseerd als 'art', dat wil zeggen: als een ambachtelijke discipline, waarbij de nadruk ligt op vaardigheden.
Vanaf het begin van de twintigste eeuw is de externe verslaggeving echter ook tot wetenschappelijk studieobject geworden. In Nederland werd de bedrijfshuishoudkunde of 'bedrijfsleer' gedoceerd aan de Universiteit van Amsterdam en de Economische Hogescholen van Rotterdam en van Tilburg. Later kwamen daar andere instellingen van hoger onderwijs bij.

Normatief onderzoek

Tot aan de jaren zeventig van de vorige eeuw was er vooral sprake van *normatieve* wetenschapsbeoefening. De onderzoekers wilden met hun publicaties aanwijzingen geven aan de praktijk om de kwaliteit van de externe verslaggeving te verbeteren. Vele decennia hebben felle discussies tussen hoogleraren gewoed over het 'beste' winstbepalingssysteem.
Het door de 'Amsterdamse school' (onder leiding van Th. Limperg jr.) voorgestane vervangingswaardestelsel (zie hoofdstuk 14) werd door de 'Rotterdammers' bestreden.

Deductie

De wijze waarop de wetenschappers tot hun conclusies kwamen, was vooral *deductief*: door uit te gaan van een als waar aangenomen veronderstelling wordt door middel van logisch redeneren tot conclusies gekomen. Het winstbepalingssysteem van Limperg berust op het uitgangspunt (*postulaat*) dat handhaving van de productiecapaciteit van een onderneming gewaarborgd dient te zijn alvorens er sprake is van winst. Van daaruit verder redenerend bouwde hij zijn stelsel op. Tegenstanders probeerden aan te tonen dat het uitgangspunt onjuist was, of dat zijn conclusies niet logisch voortvloeiden uit het uitgangspunt.

Th. Limperg jr. (1879-1961) is al vanaf jonge leeftijd actief binnen de beroepsorganisatie van accountants. Hij werd in 1922 benoemd tot hoogleraar bedrijfshuishoudkunde aan de pas opgerichte faculteit Handelswetenschappen. Limperg was dé exponent van het normatieve wetenschappelijke onderzoek binnen de bedrijfseconomie: 'Elke wetenschap welke zich bezighoudt met verschijnselen waarvan de causale kennis de handelingen van de mensen kan beïnvloeden, moet noodzakelijk naast causale wetenschap ook normatieve wetenschap worden, dat wil zeggen zij moet richtinggevend worden voor het menselijke handelen.'

De normatieve richting in de externe verslaggeving is tegenwoordig nog duidelijk te herkennen in de *conceptual frameworks* die als aanbevolen raamwerk voor de financiële rapportage zijn ontwikkeld (zie paragraaf 4.2). De
heden ten dage bestaande controverse over de pro's en de contra's van *fair
value accounting* – het waarderen van balansposten tegen marktwaarde –
valt hier eveneens onder.

Als tegenhanger van de normatieve richting heeft zich de afgelopen decennia het *beschrijvende* of *empirische* onderzoek ontwikkeld. Hierbij is het doel
van de onderzoekers niet – zoals bij de normatieve benadering – om aan de
praktijk voor te schrijven hoe die de externe verslaggeving moet vormgeven,
maar om de verslaggevingspraktijk te verklaren en te voorspellen. De *positive accounting theory* gaat ervan uit dat de ondernemingsleiding haar eigen
doeleinden probeert te realiseren door middel van de externe verslaggeving.
Het streven is er dan ook niet zozeer op gericht om zo juist mogelijke informatie te geven, alswel om de eigen belangen zo goed mogelijk te dienen.

**Beschrijvend
of empirisch
onderzoek**

**Positive
accounting
theory**

Zo wordt bijvoorbeeld geprobeerd een verband te ontdekken tussen de door
de directie gekozen verslaggevingsalternatieven en de inhoud van het voor
hen geldende beloningssysteem.

Veel beschrijvend onderzoek is er ook gedaan naar de invloed van externe
verslaggeving op aandelenprijzen. Centraal daarbij staat de efficiënte markthypothese, die stelt dat alle publiekelijk beschikbare informatie in de koers-
vorming van effecten is verwerkt. De manier waarop deze informatie wordt
gepresenteerd, zou dus niet relevant zijn. Er wordt bijvoorbeeld onderzocht
of beleggers aan 'cosmetische' verbeteringen van de winst (door middel van
creative accounting) waarde hechten. Als dat het geval is, gaat de efficiënte
markthypothese niet op, want die veronderstelt dat de beleggers een dergelijke truc doorhebben.

De beschrijvende onderzoeken maken veel gebruik van *inductie*: er wordt
geprobeerd uit observaties van de werkelijkheid algemene regels af te leiden. Als uit onderzoek van de jaarrapporten van de beursgenoteerde ondernemingen in Nederland blijkt dat slecht draaiende ondernemingen relatief
vaker stelselwijzigingen toepassen dan hun gezonde concurrenten, dan kan
daaruit de algemene conclusie worden getrokken dat de financiële positie
van de onderneming een factor van betekenis is voor de manier waarop de
externe verslaggeving wordt vormgegeven.

Inductie

Bij dit soort onderzoeken spelen statistische technieken een belangrijke rol.

DEEL 1

Bedrijfseconomische en juridische grondslagen van de externe verslaggeving

© Noordhoff Uitgevers bv

2

Waarde en winst

Voor het vaststellen van het vermogen (en daarmee ook van de winst) bestaan twee fundamenteel verschillende benaderingen: het economisch waardebegrip en het boekhoudkundig waardebegrip.

Het economisch waardebegrip (paragraaf 2.1) is georiënteerd op de verkoopmarkt en leidt de waarde van een onderneming af uit de opbrengst van te produceren goederen of te verlenen diensten. Geconstateerd zal worden dat dit waardebegrip – hoewel het relevante informatie oplevert – niet voor de jaarrekening als geheel kan dienen als basis voor de externe verslaggeving, omdat de betrouwbaarheid van de verstrekte cijfers onvoldoende is. Paragraaf 2.2 bespreekt het boekhoudkundig waardebegrip, dat zijn waarderingsgrondslag in eerste instantie vindt op de inkoopmarkt.

Het economisch en het boekhoudkundig waardebegrip worden in de paragrafen 2.1 en 2.2 geïllustreerd aan de hand van een doorlopend voorbeeld. In paragraaf 2.3 worden de verkregen cijfermatige uitkomsten van dit voorbeeld met elkaar vergeleken en worden de verschillen tussen beide waardebegrippen samengevat.

Paragraaf 2.4 gaat ten slotte in op pogingen binnen de externe verslaggeving om het gebrek aan relevantie waarmee het boekhoudkundig waardebegrip kampt, te verminderen.

2.1 Het economisch waardebegrip

In paragraaf 2.1.1 wordt ingegaan op de grondslagen van het economisch waardebegrip, waarna (paragraaf 2.1.2) dit waardebegrip getoetst wordt aan twee kwaliteitscriteria van de verslaggeving: relevantie en betrouwbaarheid.

2.1.1   Grondslagen van het economisch waardebegrip

In een onderneming speelt zich een transformatieproces af: in algemene termen geformuleerd worden 'inputs' omgezet in 'outputs'. De onderneming bevindt zich tussen twee markten: de inputs worden aangeschaft op de inkoopmarkt en de outputs worden verkocht op de verkoopmarkt. Bij een industriële onderneming bijvoorbeeld bestaan de inputs uit de productiemiddelen arbeidskracht, grondstoffen en de prestaties van de duurzame productiemiddelen (zoals de machines en het bedrijfspand); de outputs zijn de vervaardigde producten. Het transformatieproces is in figuur 2.1 schematisch weergegeven.

FIGUUR 2.1 Het transformatieproces

Inkoopmarkt   *Onderneming*   *Verkoopmarkt*

Inputs ⟶ Transformatieproces ⟶ Outputs

Een onderneming ontleent waarde aan dit transformatieproces. Er wordt geïnvesteerd in productiemiddelen, omdat er wordt verwacht dat ze leiden tot waardecreatie: de (verkoop)waarde van de outputs moet hoger zijn dan de (inkoop)waarde van de opgeofferde productiemiddelen. De economen hebben daaruit de voor de hand liggende conclusie getrokken dat de waarde van een onderneming bepaald wordt door de opbrengst van de met behulp van de aanwezige inputs te produceren outputs. Preciezer gezegd: de *bedrijfswaarde* is de contante waarde van de toekomstige netto-ontvangsten of *nettokasstromen* uit hoofde van de te produceren goederen en/of diensten. Met 'netto' wordt bedoeld het verschil tussen de te realiseren verkoopontvangsten en de te verrichten exploitatie-uitgaven.

Omdat de kost voor de baat uitgaat (er dienen eerst investeringen te worden gepleegd, terwijl de verkoopontvangsten pas later plaatsvinden), dienen de netto-ontvangsten contant gemaakt te worden tegen de voor de onderneming geldende vermogenskostenvoet. Voor de bepaling van de hoogte van deze vermogenskostenvoet verwijzen we naar de management-accountingliteratuur. We zullen het bepalen van de bedrijfswaarde toelichten aan de hand van voorbeeld 2.1.

Bedrijfswaarde

Nettokasstromen

VOORBEELD 2.1

Een startende ondernemer heeft op 31 december van jaar 0 €60.000 gespaard en koopt hiervoor op 1 januari van jaar 1 een auto. Hij schat de levensduur van de auto op drie jaar en de restwaarde op nihil.
De ondernemer verhuurt de auto, wat zal leiden tot een jaarlijkse nettokasstroom van €30.000 (huurontvangsten van €40.000 minus €10.000 exploitatie-uitgaven, zoals verzekering en onderhoud). Gemakshalve veronderstellen

we dat de nettokasstroom aan het einde van elk jaar binnenvloeit. De jaarlijkse winsten worden gereserveerd en in kas gehouden. De ondernemer gaat uit van een vermogenskostenvoet van 10%.

Op basis van het economisch waardebegrip kunnen de volgende balansen opgesteld worden:

Balans per 1 januari jaar 1

Auto		Eigen vermogen	€74.606
$\dfrac{€30.000}{1,10^1} + \dfrac{€30.000}{1,10^2} + \dfrac{€30.000}{1,10^3} = €74.606$			

Balans per 31 december jaar 1

Auto		Eigen vermogen	€82.066
$\dfrac{€30.000}{1,10^1} + \dfrac{€30.000}{1,10^2} =$	€52.066		
Kas	€30.000		
	€82.066		€82.066

Balans per 31 december jaar 2

Auto		Eigen vermogen	€87.273
$\dfrac{€30.000}{1,10^1} =$	€27.273		
Kas	€60.000		
	€87.273		€87.273

Balans per 31 december jaar 2

Auto	€ –	Eigen vermogen	€90.000
Kas	€90.000		
	€90.000		€90.000

In paragraaf 1.2.2 hebben we gezien dat de winst over een periode in principe gelijk is aan de vermogenstoename (= de toename van het eigen vermogen) die zich gedurende de periode heeft voorgedaan. Toegepast op voorbeeld 2.1 levert dit de volgende winsten op:
Jaar 1: €82.066 – €74.606 = €7.460
Jaar 2: €87.273 – €82.066 = €5.207
Jaar 3: €90.000 – €87.273 = €2.727

Bovendien ontstaat er bij het starten van de onderneming direct een 'aanvangswinst': op 1 januari van jaar 1 wordt aan de onderneming een waarde toegekend van €74.606, terwijl maar €60.000 is geïnvesteerd. Deze aanvangswinst (in de vakgebieden financiering en management accounting aangeduid als de netto contante waarde) ad €14.606 vindt haar oorzaak in de omstandigheid dat bij de start van de onderneming de inkoopprijs van de productiemiddelen (€60.000) getransformeerd wordt in de bedrijfswaarde (€74.606); op dat moment wordt overgeschakeld van in- naar verkoopmarkt. Er wordt al een winst geconstateerd, terwijl de auto nog geen kilometer heeft gereden.

Indien er overigens op het moment van investeren geen aanvangswinst geconstateerd zou worden, is er sprake van een niet economisch verantwoorde investeringsbeslissing.

- -

De jaarwinsten zijn gelijk aan de gehanteerde vermogenskostenvoet maal de boekwaarde van de productiemiddelen per het begin van de periode. Op het moment van aanschaf van de productiemiddelen (in ons voorbeeld de auto) worden immers alle toekomstige nettokasstromen al in de beschouwing betrokken. Op dat moment ontstaat er – zoals we hiervoor gezien hebben – een aanvangswinst die gelijk is aan het verschil tussen de bedrijfswaarde en het investeringsbedrag. Latere winsten ontstaan alleen door het verstrijken van de tijd: de toekomstige nettokasstromen komen steeds een jaar dichterbij en hebben daardoor een hogere contante waarde.

Vorenstaande geldt uiteraard alleen als de ondernemer beschikt over 'perfect foresight' en dus op elk moment van investering precies kan voorspellen welke kasstromen zich in de toekomst als gevolg daarvan zullen voordoen. In de praktijk betekent toepassing van het economisch waardebegrip dat de kasstroomschattingen voortdurend aangepast moeten worden, met als consequentie dat er vaak sprake zal zijn van een sterk fluctuerend winstbeeld.

Indirecte en directe opbrengstwaarde

Indirecte opbrengstwaarde

De bedrijfswaarde wordt ook wel aangeduid als de *indirecte opbrengstwaarde*: 'indirect' geeft aan dat er sprake is van een afgeleide waardering, namelijk niet van de productiemiddelen die samen de onderneming vormen rechtstreeks, maar van de goederen en diensten die door de onderneming voortgebracht worden.

Directe opbrengstwaarde

Daarnaast kennen we de *directe opbrengstwaarde*, die bestaat uit de netto-opbrengst van de productiemiddelen van de onderneming, als zij door de onderneming worden verkocht in plaats van voor voortgezette bedrijfsuitoefening te worden gebruikt. De netto-opbrengst is het bedrag waartegen een productiemiddel naar verwachting verkocht kan worden onder aftrek van nog te maken kosten. Zie voor de vergelijking van de directe opbrengstwaarde met de indirecte opbrengstwaarde ook figuur 2.2.

FIGUUR 2.2 Vergelijking directe opbrengstwaarde met indirecte opbrengstwaarde

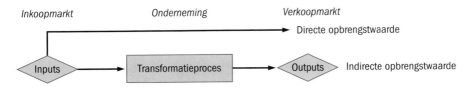

Onder normale omstandigheden is de directe opbrengstwaarde lager dan de indirecte opbrengstwaarde; indien het anders was, zou de onderneming beter opgeheven kunnen worden. Een speciale vorm van de directe opbrengstwaarde is de *liquidatiewaarde*: de waarde bij gedwongen verkoop door faillissement. Deze waarde blijkt vaak slechts een fractie van de aanschafprijs te zijn. De relevante waarde van de onderneming is derhalve de hoogste van de indirecte en directe opbrengstwaarde.

Liquidatiewaarde

De waardebepaling (en de daaruit voortvloeiende winstbepaling) op basis van de indirecte (of de lagere directe) opbrengstwaarde staat in het vakjargon bekend als het economisch winstbegrip ('economic concept of profit'). Omdat de economische winst – zoals we hiervoor hebben gezien – in feite een afgeleide is van de economische waarde, zullen wij in het vervolg spreken van het 'economisch waardebegrip', waarbij de bepaling van de economische winst is inbegrepen.

Economic concept of profit

2.1.2 Relevantie en betrouwbaarheid

In paragraaf 1.4 zijn als kwaliteitscriteria van de verslaggeving onder andere genoemd: relevantie en betrouwbaarheid.

De cijfers die het economisch waardebegrip oplevert, zijn zeer *relevant*: de essentie van een onderneming is het omzetten van productiemiddelen in te verkopen goederen of diensten. Door het vaststellen van de indirecte opbrengstwaarde kan beoordeeld worden of de onderneming in staat is tot waardecreatie: de waardesprong die ontstaat door vergelijking van de aanschafwaarde met de indirecte opbrengstwaarde (de 'aanvangswinst' uit voorbeeld 2.1).
Toepassing van het economisch waardebegrip is met name waardevol bij het nemen van managementbeslissingen, bijvoorbeeld bij de vraag omtrent uitbreiding van activiteiten of bij mogelijke overnames van andere bedrijven. Te denken valt aan de toepassing van de nettocontantewaardemethode als maatstaf bij investeringsselectie, waar in de praktijk op uitgebreide schaal gebruik van wordt gemaakt. Ook beleggers hebben behoefte aan relevante informatie, informatie over verwachte ontvangsten en uitgaven van een onderneming die een beslissing kan ondersteunen inzake het kopen, aanhouden of verkopen van aandelen.

Relevantie

Met de *betrouwbaarheid* van het economisch waardebegrip is het slechter gesteld: het is gebaseerd op de toekomstverwachtingen van de bedrijfsleiding inzake afzet, verkoopprijzen, exploitatiekosten, rentevoet, enzovoort. Indien er sprake is van een instabiele bedrijfsomgeving, kunnen de schattingen van het management ontaarden in de bekende 'slag in de lucht', met als gevolg dat de waarde- en winstbepaling is gefundeerd op drijfzand.
Dit bezwaar is al ernstig genoeg als ervan uitgegaan wordt dat het management een eerlijke poging onderneemt om de indirecte opbrengstwaarde zo goed mogelijk te schatten en probeert een reële rapportage aan de buitenwacht te verschaffen. Het gevaar is echter niet denkbeeldig dat de bedrijfsleiding een andere prioriteit heeft, namelijk het zo rooskleurig mogelijk voorstellen van de positie van de onderneming, om zodoende bijvoorbeeld tegen gunstige voorwaarden over extra financieringsmiddelen te kunnen beschikken. Dat zou ertoe kunnen leiden dat de gepubliceerde waarde en winst niet zijn gebaseerd op de feitelijke verwachtingen, maar op 'wishful thinking'.

Betrouwbaarheid

Controleer-baarheid

Een essentieel element van het kwaliteitscriterium 'betrouwbaarheid' is 'controleerbaarheid': kan een onafhankelijke derde – in casu de accountant – de juistheid en volledigheid van de cijfers controleren? Het zal duidelijk zijn dat dit bij het economisch waardebegrip niet mogelijk is. Hooguit kan de accountant andere ideeën over de toekomst hebben, maar hij kan niet aantonen dat die van de directie onjuist zijn. Dat kan pas achteraf gezegd worden, als de toekomst tot heden of verleden is geworden.

Dit gebrek aan betrouwbaarheid is er de oorzaak van dat de externe verslaggeving – in tegenstelling tot de interne – niet in eerste instantie gebaseerd kan worden op het economisch waardebegrip. De verantwoordingsfunctie die de externe verslaggeving heeft, verdraagt zich niet met de mogelijkheid dat de bedrijfsleiding haar eigen schattingen tot grondslag van waardering en winstbepaling maakt. De ongelimiteerde mogelijkheden tot creative accounting die met het economisch waardebegrip gepaard gaan, maken het minder geschikt voor het opstellen van de externe jaarrekening.

Naast het gebrek aan betrouwbaarheid kleeft er voor de externe verslaggeving nog een belangrijk bezwaar aan de economische waardebenadering of voor een af te scheiden onderdeel daarvan. Deze kan namelijk slechts een waarde geven voor de onderneming als geheel. Bij een industriële onderneming die producten voortbrengt door grondstof eerst te bewerken in machine 1 en daarna in machine 2, kan geen theoretisch onderbouwde economische waarde gegeven worden van machine 1. Deze levert geen netto-ontvangsten op zonder machine 2; omgekeerd geldt hetzelfde. Slechts de waarde van de machines 1 en 2 samen (plus de overige benodigde productiemiddelen, zoals het bedrijfspand) kan bepaald worden. In voorbeeld 2.1 is dit probleem omzeild, doordat hier sprake was van één productiemiddel (de auto) dat op zichzelf (zonder inschakeling van complementaire productiemiddelen) in staat is om opbrengsten op te leveren.
De wet- en regelgeving inzake jaarverslaggeving gaan uit van een individuele waardering van activa; een reden temeer waarom de economische waarde niet zonder meer bruikbaar is voor de externe rapportage.
Dit bezwaar is overigens gedeeltelijk te ondervangen door in de balans de individuele activa een waardering mee te geven op basis van aanschafwaarde, en door de extra waarde daarbovenop als één post ('subjectieve goodwill') in de balans op te nemen. Zie hiervoor paragraaf 2.4.

2.2 **Het boekhoudkundig waardebegrip**

De opzet van deze paragraaf is gelijk aan de vorige: in paragraaf 2.2.1 wordt ingegaan op de grondslagen van het boekhoudkundig waardebegrip en in paragraaf 2.2.2 wordt dit waardebegrip getoetst aan de criteria relevantie en betrouwbaarheid.

2.2.1 **Grondslagen van het boekhoudkundig waardebegrip**

In paragraaf 2.1.2 is geconstateerd dat het economisch waardebegrip niet in eerste instantie als uitgangspunt genomen kan worden voor de externe verslaggeving wegens het gebrek aan betrouwbaarheid. Van oudsher hebben de boekhouders en de accountants zich dan ook bediend van een fundamenteel andere benadering: het *boekhoudkundig waardebegrip*. Dit waardebegrip gaat niet uit van waardering van de onderneming als geheel, gebaseerd

Boekhoud-kundig waardebegrip

op de verkoopmarkt, maar van waardering van individuele activa, uitgaande van inkoopprijzen. De hieruit afgeleide winst staat bekend als 'accounting concept of profit'.

Accounting concept of profit

Het boekhoudkundig waardebegrip toegepast op voorbeeld 2.1 leidt tot de volgende balansopstellingen, waarbij als aanvulling is gegeven dat de auto met gelijke bedragen per jaar wordt afgeschreven. De jaarwinsten zijn bepaald via vermogensvergelijking.

Balans per 31 december jaar 0

Kas	€60.000	Eigen vermogen	€60.000

Balans per 1 januari jaar 1

Auto	€60.000	Eigen vermogen	€60.000

Balans per 31 december jaar 1

Auto	€40.000	Eigen vermogen 1/1	€60.000
Kas	€30.000	Winst jaar 1	€10.000
	€70.000		€70.000

Balans per 31 december jaar 2

Auto	€20.000	Eigen vermogen 1/1	€70.000
Kas	€60.000	Winst jaar 1	€10.000
	€80.000		€80.000

Balans per 31 december jaar 3

Auto	€ –	Eigen vermogen 1/1	€80.000
Kas	€90.000	Winst jaar 3	€10.000
	€90.000		€90.000

2.2.2 Relevantie en betrouwbaarheid

De *relevantie* van de boekhoudkundige waarde en winst is veel geringer dan die van de economische. Overduidelijk blijkt dat uit het 'gat' dat in de praktijk blijkt te bestaan tussen de beurswaarde van een onderneming en de waarde van het gerapporteerde eigen vermogen.

Relevantie

De waarde van een onderneming wordt mede bepaald door wat er in de toekomst (naar verwachting) gaat gebeuren, niet in de eerste plaats door het verleden. Verwachte veranderingen in bijvoorbeeld de smaak van de consument werken onmiddellijk door in het prospectief gerichte economische waardebegrip, maar komen pas later (als er daadwerkelijk meer of minder verkocht wordt) tot uiting in het retrospectieve boekhoudkundige waardebegrip.

**Betrouwbaar-
heid**

De *betrouwbaarheid* van het boekhoudkundig waardebegrip is groter dan
die van het economisch waardebegrip: doordat uitgegaan wordt van werkelijke afzetcijfers, gehanteerde verkoopprijzen, betaalde inkoopprijzen (of
vervangingswaarden) voor de productiemiddelen, is de waardering en
winstbepaling objectiever en daardoor veel beter controleerbaar.
Overigens blijven er in het boekhoudkundig waardebegrip nog tal van subjectieve elementen aanwezig. In ons eenvoudige auto-voorbeeld moet de
ondernemingsleiding een schatting maken van de levensduur van de onderneming en dient zij de afschrijvingskosten toe te rekenen aan de verschillende jaren.

2.3 Economisch versus boekhoudkundig: vergelijking en samenvatting

In de paragrafen 2.1 en 2.2 hebben we het economisch respectievelijk boekhoudkundig waardebegrip uitgewerkt aan de hand van voorbeeld 2.1. Vergelijken we nu de in dit voorbeeld verkregen winsten van beide waardebegrippen met elkaar, dan ontstaat het volgende beeld:

	Economisch	*Boekhoudkundig*
Aanvangswinst	€14.606	€ -
Winst jaar 1	€ 7.460	€10.000
Winst jaar 2	€ 5.207	€10.000
Winst jaar 3	€ 2.727	€10.000
	€30.000	€30.000

Hierbij valt het volgende op:
- De totale winsten over de gehele levensduur zijn aan elkaar gelijk; de totale winst wordt alleen verschillend over de jaren verdeeld.
  Het boekhoudkundig en het economisch waardebegrip verschillen ten
  opzichte van elkaar voor wat betreft de waardering van de materiële activa: het boekhoudkundig waardebegrip waardeert de individuele productiemiddelen tegen inkoopprijzen, het economisch waardebegrip
  waardeert het complex van productiemiddelen tegen de nettokasstromen
  van de met de productiemiddelen te produceren en te verkopen eindproducten. Dit leidt tot een verschil in waardering ultimo boekjaar en daarmee tot verschillende jaarwinsten.
  Aan het einde van jaar 3 zijn alle transacties afgewikkeld. Als enig actief
  komt dan op de balans de post Kas voor ten bedrage van 3 × €30.000
  (jaarlijkse nettokasstroom) = €90.000. Omdat er op dat moment geen materiële activa meer aanwezig zijn, doen zich ook geen verschillen in waardering meer voor. De totale winst over de jaren 1 tot en met 3 is daarom
  bij beide waardebegrippen gelijk aan de kastoename gedurende de gehele periode; deze bedraagt €90.000 (kassaldo ultimo jaar 3) – €60.000
  (geldbedrag dat begin jaar 1 in de onderneming is gestoken) = €30.000.
- Bij het economisch waardebegrip leveren in de toekomst verwachte netto-
  ontvangsten nú al een bijdrage aan de waarde en de winst: de 'aanvangswinst' ontstaat op het moment van investeren in productiemiddelen.
  Bij het boekhoudkundig waardebegrip ontstaat er geen winst op het moment van investeren; pas als er daadwerkelijk opbrengsten genoten

worden, wordt winst genomen. In het boekhoudkundig waardebegrip speelt het realisatieprincipe (zie paragraaf 3.3) een belangrijke rol, al heeft het belang van dit principe de laatste decennia onder invloed van gewijzigde wet- en regelgeving aan betekenis ingeboet; verderop in dit boek wordt daar uitgebreid op ingegaan.

Tot slot van deze paragraaf vatten we in tabel 2.1 de verschillen tussen het economisch en het boekhoudkundig waardebegrip in schemavorm samen:

TABEL 2.1 Verschillen tussen het economisch en het boekhoudkundig waardebegrip

	Economisch waardebegrip	Boekhoudkundig waardebegrip
Karakter	Prospectief	Retrospectief
Waarderingsobject	Het complex van productiemiddelen	Individuele activa en passiva
Waarderingsgrondslag	Indirecte opbrengstwaarde	Inkoopprijzen
Mate van subjectiviteit	Zeer groot, waarde is uitsluitend gebaseerd op schattingen	Minder groot, al blijven er wel schattingen over: bijvoorbeeld verwachte levensduur
Informatieve waarde	Geeft informatie als basis voor besluitvorming	Dient vooral verantwoordingsfunctie

2.4 De waardekloof

Rond het begin van deze eeuw zijn er binnen de externe verslaggeving ontwikkelingen in gang gezet om de relevantie van het boekhoudkundig waardebegrip te vergroten; paragraaf 2.4.1 behandelt deze overgang van het 'conventioneel' boekhoudkundig waardebegrip naar het 'modern' boekhoudkundig waardebegrip. Paragraaf 2.4.2 gaat in op de 'economic value added': het toepassen van correcties op de traditioneel berekende boekhoudkundige winst om tot een relevanter winstcijfer te komen.

2.4.1 Ontwikkelingen binnen het boekhoudkundig waardebegrip

In de voorgaande paragrafen hebben we de conclusie getrokken dat de kwaliteitskenmerken relevantie en betrouwbaarheid op gespannen voet met elkaar kunnen staan. Het economisch waardebegrip levert relevante, maar weinig betrouwbare cijfers op, terwijl het boekhoudkundig waardebegrip redelijk betrouwbaar is, maar kampt met een gebrek aan relevantie.
In de externeverslaggevingswereld zijn rond het begin van deze eeuw ontwikkelingen in gang gezet die ertoe leiden dat, binnen het kader van het boekhoudkundig waardebegrip, toch een rapportage tot stand komt die relevantere informatie voor de gebruiker bevat. De *value gap* (de kloof tussen economische en boekhoudkundige waarde) wordt kleiner gemaakt langs drie wegen.

Beter Bed Holding nv heeft bijna 1.200 winkels in Europa. De waarde van het eigen vermogen volgens de balans per 31 december 2012 bedroeg bijna €56 mln. De totale beurswaarde van de uitstaande aandelen bedroeg op diezelfde datum €288 mln. De balanswaardering is gebaseerd op het boekhoudkundig waardebegrip, de marktkapitalisatie op de gezamenlijke verwachtingen van de beleggers en dus op het economisch waardebegrip. De 'value gap' bedraagt €232 mln.

Bron: Jaarrapport Beter Bed Holding nv, 2012

Bedrijfsmiddelen worden vaker als activum erkend

Een activum kan worden omschreven (zie ook paragraaf 4.2.1) als een uit gebeurtenissen in het verleden voortgekomen middel, waarover de onderneming de beschikkingsmacht heeft en waaruit in de toekomst naar verwachting economische voordelen naar de onderneming zullen vloeien. Deze omschrijving bevat twee elementen:

1 'een zich in de beschikkingsmacht van de onderneming bevindend middel'

In de jaarverslaggeving worden traditioneel gekochte bedrijfsmiddelen als activa op de balans gezet en gehuurde niet, omdat de eerste zich wel en de laatste zich niet in de beschikkingsmacht van de onderneming bevinden. Voor diverse vormen van gebruiksoverdracht wordt beoordeeld of zij – voor wat betreft de ermee voor de gebruiker gepaard gaande economische risico's – het meest lijken op koop (dan verwerking on-balance) of op huur (dan off-balance). Zo wordt bijvoorbeeld in de leasingsfeer onderscheid gemaakt tussen financial en operational lease. Liggen de economische risico's bij de gebruiker, dan is er sprake van financial lease en dient de gebruiker het bedrijfsmiddel in de balans op te nemen. Bij operational lease daarentegen loopt de gebruiker geen economische risico's, met als gevolg dat het bedrijfsmiddel niet mag worden geactiveerd.

In internationaal verband zijn er voorstellen gelanceerd om het onderscheid tussen financial en operational lease te laten vervallen en in beide gevallen activering van het bedrijfsmiddel door de gebruiker voor te schrijven. In de voorstellen dient ieder meerjarig contract voor het gebruiken van een bedrijfsmiddel on-balance verwerkt te worden. Dit betekent dat ook gehuurde bedrijfsmiddelen in de balans dienen te worden opgenomen. Als de voorstellen worden omgezet in regelgeving, zullen derhalve *alle* vormen van gebruiksoverdracht onder de activeringsplicht gaan vallen. De gepubliceerde waarde van de activa schuift dan op in de richting van de economische waarde.

Dit zal overigens geen directe consequenties hebben voor de gepresenteerde waarde van het eigen vermogen: weliswaar neemt het balanstotaal toe, maar aan de passiefzijde van de balans zal de waarde van de in de toekomst te betalen operational lease- c.q. huurbedragen als vreemd vermogen opgenomen dienen te worden. De waarde van het gepresenteerde totale vermogen wordt wel hoger, maar niet die van het eigen vermogen.

2 'bedrijfsmiddelen die naar verwachting toekomstige voordelen zullen opleveren'

Binnen het boekhoudkundig waardebegrip speelt van oudsher het 'voorzichtigheidsprincipe' (zie paragraaf 3.6) een belangrijke rol. Indien er investeringen werden verricht waarvan het niet of onvoldoende zeker was dat ze terugverdiend zouden worden, bracht de ondernemingsleiding deze op grond van dit principe in de externe jaarrekening vaak direct ten laste van het resultaat, in plaats van ze te activeren. Dit speelde vooral bij de immateriële activa, zoals uitgaven voor onderzoek en ontwikkeling, betaalde goodwill en uitgaven voor de aankoop van merken.

In de regelgeving is het – als aan bepaalde voorwaarden wordt voldaan, zie paragraaf 6.2 – inmiddels verplicht immateriële activa te activeren. Dit leidt ertoe dat – hoewel er nog steeds veelal gewaardeerd wordt tegen aanschafprijs – de gepubliceerde ondernemingswaarde hoger wordt en opschuift in de richting van de economische waarde.

Indien bij de overname van een andere onderneming de betaalde goodwill wordt geactiveerd, zal de waarde van die onderneming in de balans van de overnemer op dat moment zelfs in principe gelijk zijn aan de economische waarde: de overnemer zal de overnameprijs die hij wil betalen, afstemmen op de economische waarde die hij aan die onderneming toekent.

Bepaalde activa worden gewaardeerd tegen opbrengstwaarde in plaats van tegen aanschafprijs

Tegenwoordig is het in de regelgeving voorgeschreven of toegelaten om bepaalde activa tegen *reële waarde* (*fair value*) te waarderen. In dat geval wordt het activum te boek gesteld voor het bedrag dat het op de verkoopmarkt zal opleveren en niet voor het bedrag dat er op de inkoopmarkt voor is betaald. Dit geldt bijvoorbeeld voor tijdelijke beleggingen van overtollige liquide middelen in beursgenoteerde aandelen. In feite wordt dan het economisch waardebegrip toegepast, omdat de beurswaarde bepaald wordt door de gezamenlijke verwachtingen van de beleggers ten aanzien van de toekomstige kasstromen van de onderneming. Verderop in dit boek zullen we nog andere activa tegenkomen die gewaardeerd moeten of mogen worden op verwachte opbrengstwaarde.

Reële waarde
Fair value

Aan het vormen van voorzieningen worden strengere eisen gesteld

Voorzieningen worden gevormd indien er sprake is van mogelijke toekomstige verplichtingen, die voortvloeien uit de huidige bedrijfsuitoefening. In het verleden hebben bedrijven de voorzieningen vaak gebruikt als buffer: door er in goede jaren extra veel aan te doteren ten laste van de winst ontstaat er een reservoir dat ingezet kan worden als de winst in slechte jaren een oppepper kan gebruiken. Dit leidt ertoe dat het vreemd vermogen (waartoe de voorzieningen behoren) te hoog en het eigen vermogen (dus per saldo de ondernemingswaarde) te laag wordt voorgesteld.

Ook hier heeft de regelgeving zich in een richting ontwikkeld die de 'gap' verkleint: aan het vormen van voorzieningen worden strengere eisen gesteld dan vroeger. Zo was het in het verleden mogelijk om reorganisatievoorzieningen te vormen als er slechts een vaag plan bij het management bestond om te gaan reorganiseren. Volgens de huidige regelgeving mag zo'n voorziening pas gevormd worden als er een concreet plan op tafel ligt dat op hoofdlijnen aan de betrokken medewerkers is kenbaar gemaakt (zie paragraaf 9.3.5).

2.4.2   Economic value added versus winst

Economic value added-techniek

In de jaren negentig van de vorige eeuw is de 'economic value added-techniek' geïntroduceerd als prestatiemetingsinstrument, die het zuiverst de door de onderneming gecreëerde 'aandeelhouderswaarde' (shareholder value) weergeeft.

In de literatuur is opgemerkt dat de term 'economic value' ten onrechte suggereert dat deze techniek uitgaat van het economisch waardebegrip. In feite gaat het om het toepassen van het boekhoudkundig waardebegrip, waarop enige correcties gemaakt worden om tot relevantere cijfers te komen. Deze correcties betreffen de volgende punten:

1 Investeringen in bedrijfsmiddelen die buiten de balans zijn gebleven, alsnog 'on balance' opnemen (met daaruit voortvloeiend extra afschrijvingskosten). Het gaat hier om huur of operational lease.
2 De vorming van voorzieningen uit de winstberekening elimineren. Dit gaat verder dan de jaarverslagregelgeving die de vorming van voorzieningen wel aan banden legt, maar niet uitsluit.
3 Behalve de interestkosten op het vreemd vermogen, ook de interestkosten op het eigen vermogen ten laste van de winst brengen. Deze correctie leidt er in feite toe dat er een berekening plaatsvindt van de uit de management accounting bekende grootheid *residual income*, en doet recht aan het feit dat een onderneming pas aandeelhouderswaarde heeft gecreëerd als de 'winst' groter is dan een normale vergoeding op het eigen vermogen. In de jaarverslagregelgeving is hiervoor geen plaats; het calculeren van vermogenskosten over het eigen vermogen is niet toegestaan.

Residual income

Subjectieve goodwill

Het verschil tussen de economische waarde en de boekhoudkundige waarde dat daarna nog resteert, wordt de *subjectieve goodwill* van de onderneming genoemd. Deze dankt haar bestaan aan het feit dat de activa – in hun samenwerkingsverband binnen de onderneming – als geheel een grotere waarde vertegenwoordigen dan de som van de waarden van de afzonderlijke bezittingen.

We merken hierbij op dat bij overname van een onderneming de goodwill zoals die besloten zit in de overnameprijs, wel in de boekhoudkundige waarde van de overnemer is opgenomen, omdat gekochte goodwill normaliter in de balans wordt opgenomen. Zelf ontwikkelde goodwill mag niet geactiveerd worden, omdat het te lastig is om de waarde daarvan te bepalen. Bovendien bestaat er in zo'n situatie het gevaar van manipulatie van de financiele cijfers door de overnemingsleiding. Dit laatste gevaar is minder aanwezig bij gekochte goodwill, omdat ervan uitgegaan kan worden dat in een zakelijke transactie niemand betaalt voor iets waaraan hij geen waarde toekent.

We sluiten dit hoofdstuk af met figuur 2.3, waarin de 'gap' tussen het boekhoudkundig en het economisch waardebegrip schematisch is weergegeven.

FIGUUR 2.3 Van boekhoudkundige waarde naar economische waarde

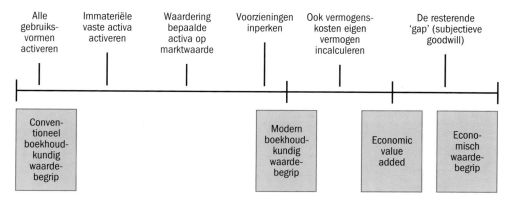

© Noordhoff Uitgevers bv

3

Verslaggevingsprincipes van de boekhoudkundige waarde- en winstbepaling

In hoofdstuk 2 is geconstateerd dat voor de externe verslaggeving uitgegaan wordt van het boekhoudkundig waarde- en winstbegrip. Hiertoe is in de loop der jaren een aantal verslaggevingsprincipes ontwikkeld die in acht moeten worden genomen bij het opstellen van de balans en resultatenrekening. We zullen deze principes in dit hoofdstuk de revue laten passeren.
In paragraaf 3.1 wordt ingegaan op de globale inhoud van deze verslaggevingsprincipes en op de verbanden die er tussen deze principes bestaan. In de daarna volgende paragrafen worden de verschillende verslaggevingsprincipes nader uitgediept.
In paragraaf 3.2 wordt uiteengezet dat bij het opstellen van de jaarrekening niet een ontvangsten-uitgavenconfrontatie relevant is, maar een vergelijking van opbrengsten en kosten.
De toerekening van de opbrengsten aan perioden wordt besproken in paragraaf 3.3 en die van de kosten in paragraaf 3.4.
Paragraaf 3.5 gaat in op de impliciete veronderstelling die aan elke jaarrekening ten grondslag ligt, namelijk dat de onderneming in de afzienbare toekomst zal blijven bestaan.
In paragraaf 3.6 komt aan de orde dat het nemen van verwachte voordelen moet worden uitgesteld tot het moment dat ze zijn gerealiseerd, terwijl verwachte nadelen al moeten worden genomen wanneer zij worden geconstateerd.
Het hoofdstuk wordt afgesloten met paragraaf 3.7, waarin het uitgangspunt dat de jaarrekening tijdsvergelijking mogelijk moet maken centraal staat.

3.1 Verslaggevingsprincipes in hun onderling verband

In hoofdstuk 2 hebben we geconstateerd dat alleen het boekhoudkundig waardebegrip een voldoende graad van betrouwbaarheid heeft om het te kunnen toepassen in de externe verslaggeving. Bij het boekhoudkundig waardebegrip worden de productiemiddelen in de balans in beginsel gewaardeerd op basis van aanschafprijzen. Daaruit vloeit voort dat er *toerekening* noodzakelijk is.

Aan de opbrengstenkant dient een norm gevonden te worden voor het vaststellen van het tijdstip waarop de aanschafprijzen van de productiemiddelen omgezet mogen worden in verkoopprijzen, als gevolg van het transformatieproces binnen de onderneming. Het *realisatieprincipe* geeft deze norm: er is sprake van realisatie als de onderneming gepresteerd heeft jegens de afnemer, dat wil zeggen als de onderneming aan haar kant van de overeenkomst met de klant heeft voldaan.

VOORBEELD 3.1

Een handelsonderneming verkoopt een partij goederen voor €50.000. Op 1 maart wordt het verkoopcontract gesloten, op 1 april worden de goederen bij de klant bezorgd, op 1 mei wordt de rekening verstuurd en op 1 juni wordt het factuurbedrag door de klant overgemaakt.

Op 1 april heeft de onderneming jegens de afnemer gepresteerd, derhalve dient op dat tijdstip de opbrengst van €50.000 genomen te worden.

Aan de kostenkant dienen de aanschafprijzen van de productiemiddelen aan perioden toegerekend te worden. Immers, niet de verwerving van productiemiddelen veroorzaakt kosten, maar het verbruik ervan. Het verbruik van de productiemiddelen dient toegerekend te worden aan de periode waarin de opbrengsten genomen worden die ontstaan zijn uit het verbruik van de productiemiddelen; dit is het *matchingprincipe*.

VOORBEELD 3.2

Een productieonderneming schaft op 1 januari 2013 een productielijn aan voor €1 mln. De verwachte levensduur is acht jaar en de verwachte restwaarde is nihil. De onderneming schrijft haar duurzame productiemiddelen af met gelijke bedragen per jaar.

In 2013 worden met de productielijn 1.000 eindproducten vervaardigd, waarvan er in dat jaar 800 worden verkocht.

De afschrijvingskosten met betrekking tot de productielijn bedragen in 2013 €1.000.000 / 8 = €125.000. Aan 2013 wordt een kostenbedrag toegerekend van 80% van €125.000 = €100.000, omdat van de in 2013 geproduceerde voorraad 80% verkocht is en daarom ook voor 80% van de productie opbrengsten genomen zijn.

Bij het toerekeningsproces wordt er stilzwijgend van uitgegaan dat de onderneming in de afzienbare toekomst zal blijven bestaan (*continuïteitsprincipe*).

Als die verwachting niet meer gewettigd is, zal waardering op basis van aan-schafprijzen niet meer aan de orde zijn en dient te worden overgeschakeld op lagere verwachte opbrengstwaardes.

Bij ondernemen is geen sprake van *perfect foresight*, verwachtingen en aan-names kunnen later blijken niet realistisch te zijn geweest. Het *voorzichtig-heidsprincipe* schrijft in deze voor dat verwachte voordelen – conform het realisatieprincipe – pas genomen worden op het moment dat de onderne-ming gepresteerd heeft, maar dat verwachte nadelen al genomen moeten worden op het moment dat ze geconstateerd worden en dat niet mag wor-den gewacht totdat ze daadwerkelijk gerealiseerd zijn.

VOORBEELD 3.2 (VERVOLG)
De productielijn staat per 31 december 2013 op de balans voor $7/8 \times$ €1.000.000 = €875.000. De vraag naar het betreffende product is echter inge-zakt en er wordt van uitgegaan dat de productielijn voor de onderneming in de komende zeven jaren nog slechts €700.000 zal terugverdienen voor de onderneming.
Het voorzichtigheidsprincipe noopt dat de onderneming de productielijn op 31 december 2013 afwaardeert tot €700.000 en op dat moment een waarde-verminderingsverlies neemt van €175.000, hoewel dit verlies nog niet gerea-liseerd is. Realisatie vindt pas plaats als in de komende jaren daadwerkelijk lagere opbrengsten gegenereerd worden.

Ingeval een investering naar verwachting niet terugverdiend wordt, houdt toepassing van het voorzichtigheidsprincipe in dat niet meer op basis van aanschafprijzen wordt gewaardeerd, maar op basis van lagere (directe of in-directe) opbrengstwaarde. Wanneer de continuïteitsveronderstelling van de onderneming niet meer te handhaven is, geldt hetzelfde, maar dan op gro-tere schaal. Alle activa worden dan afgewaardeerd naar de lagere opbrengst-waarde; in geval van faillissement is dit veelal de executiewaarde. Voorzichtigheid met betrekking tot de actiefzijde van de balans betekent dan ook het te boek stellen van activa tegen opbrengstwaardes die lager zijn dan de boekwaarden zoals die voortvloeien uit waardering op basis van aan-schafprijzen. Aan de passiefzijde van de balans uit zich het voorzichtigheids-principe door het opnemen van verplichtingen, die juridisch nog niet perfect zijn, maar op grond van een geconstateerd nadeel toch al worden genomen (*voorzieningen*).

Aangezien de winst gelijk is aan de toename van het eigen vermogen (uitge-zonderd rechtstreekse vermogensmutaties) over een periode, dienen de grondslagen die gebruikt zijn voor het opstellen van de balans per het begin van de periode hetzelfde te zijn als die per het einde van de periode. Verande-ring van grondslag heeft tot gevolg dat een toename van de winst niet alleen veroorzaakt kan zijn door beter presteren van de onderneming gedurende de periode, maar ook door die gewijzigde grondslag. Het *bestendigheidsprincipe* bepaalt dat grondslagwijzigingen alleen zijn toegestaan, als ze leiden tot een beter inzicht in de financiële positie van de onderneming en als adequaat wordt toegelicht welke gevolgen de wijziging heeft voor het eigen vermogen en het resultaat.

3

VOORBEELD 3.3

De nv Research bracht tot nu toe de ontwikkelingskosten van nieuwe producten ten laste van het resultaat in het jaar dat die kosten gemaakt werden.
Op grond van nieuwe inzichten zullen deze kosten voortaan als investering
beschouwd worden, waardoor ze als immateriële vaste activa op de balans
komen en afgeschreven worden in de periode dat de verkoopopbrengsten
van de ontwikkelde producten worden genomen.
Research zal uiteen moeten zetten wat de gevolgen van deze aanpassing van
de grondslagen zijn voor het eigen vermogen en het resultaat.

Volgtijdelijke
en gelijktijdige
bestendigheid

Naast de hiervoor besproken 'volgtijdelijke' bestendigheid (ook wel stelselmatigheid genoemd) is er ook 'gelijktijdige' bestendigheid. Deze laatste
houdt in dat binnen de jaarrekening soortgelijke posten op consistente wijze
behandeld worden. Zo is er bijvoorbeeld strijd met gelijktijdige bestendigheid als een onderneming bepaalde duurzame productiemiddelen (bijvoorbeeld het bedrijfspand) waardeert op basis van actuele inkoopprijzen en andere duurzame productiemiddelen (bijvoorbeeld de machines) op basis van
historische aankoopprijzen.

In figuur 3.1 worden de verbanden tussen de verschillende verslaggevingsprincipes schematisch weergegeven.

FIGUUR 3.1 De verbanden tussen de verschillende verslaggevingsprincipes

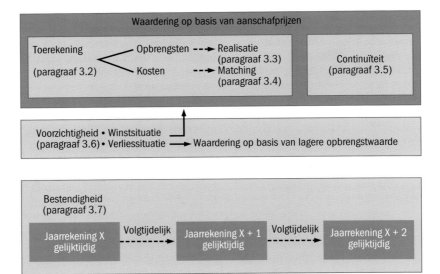

3.2 Toerekening (accrual)

De winst over de gehele levensduur van een onderneming is het verschil
tussen het eigen vermogen per het einde en het eigen vermogen per het
begin van de onderneming (afgezien van mutaties in de kapitaalsfeer, zie

paragraaf 1.2.2, en andere rechtstreekse vermogensmutaties, zie paragraaf 10.5).
Bij het bepalen van de totale winst doen zich geen waarderingsproblemen voor. De ondernemer begint immers met een geldbedrag (dat vervolgens in de onderneming wordt gestoken) en eindigt ook met een geldbedrag (de liquidatieopbrengst). Over de gehele levensduur is (afgezien van recht-streekse vermogensmutaties) de winst dan ook gelijk aan de kastoename.

Ten behoeve van de jaarwinstbepaling moet deze totale winst aan verslagjaren toegerekend worden. Voor het bepalen van de jaarwinst kan de kastoename meestal niet dienen; aan het einde van het jaar zijn er allerlei 'onafgewerkte' zaken, waardoor het kasstelsel niet meer bruikbaar is. Dit betekent dat voor de periodewinstbepaling de uit de transacties en gebeurtenissen voortvloei-ende ontvangsten en uitgaven als opbrengsten en kosten aan de verslagjaren moeten worden toegerekend.
Voor deze toerekening is bepalend de periode waarop de opbrengsten en kosten betrekking hebben en niet de periode waarin de opbrengsten in de vorm van liquide middelen zijn ontvangen c.q. de periode waarin de kosten in de vorm van liquide middelen zijn betaald: het kasstelsel wordt losgelaten en er wordt uitgegaan van het transactiestelsel ('accrual accounting').

Kasstelsel en transactiestel-sel

Het toerekeningsbeginsel maakt het winstcijfer dan ook subjectiever. In dit kader is wel eens gezegd: 'Cash is fact, profit is an opinion.'
Het gevolg van het toepassen van het toerekeningsbeginsel is dat er in de balans overloopposten (*transitoria*) verschijnen om het perioderesultaat zo goed mogelijk af te grenzen. We zullen dit met een voorbeeld illustreren.

Transitoria

VOORBEELD 3.4
Een glazenwasser huurt een ladder met toebehoren, waarmee hij voor klanten ramen lapt. Indien de huur van de ladder en de opbrengst van het wassen altijd contant zouden worden afgerekend, kan vanuit de kasmutatie de winst worden berekend.
Al snel doen zich bij de glazenwasser echter de volgende complicaties voor:
- Hij koopt een ladder; er ontstaat een uitgave, maar nog geen kosten.
- Een klant rekent niet contant af, maar belooft zo spoedig mogelijk te beta-len; er ontstaat een opbrengst, maar nog geen ontvangst.
- Een klant betaalt de glazenwasser een bedrag vooruit, waarvoor de gla-zenwasser het hele jaar de ramen zal lappen; er ontstaat een ontvangst, maar nog geen opbrengst.
- Tijdens de uitvoering van zijn werkzaamheden sneuvelt er een ruit. Hij zegt de klant toe de nota van de glaszetter te zullen voldoen; er ontstaan kosten, maar nog geen uitgaven.

Dit leidt tot de volgende posten in de balans van de glazenwasser:

Ladder	Vooruitontvangen bedragen
(uitgave, nog geen kosten)	(ontvangst, nog geen opbrengst)
Debiteuren	Te betalen nota glaszetter
(opbrengst, nog geen ontvangst)	(kosten, nog geen uitgaven)

3

Uitgaande van voorbeeld 3.4 is de balans in wezen een verzameling van nog niet afgewerkte posten en daarmee een afgeleide van de resultatenrekening. De balans is vanuit deze optiek dan ook te zien als een hulpmiddel om tot een juiste periodewinst te komen. Bij het toepassen van het toerekeningsbeginsel is de waardering van de balansposten dan ook een *dynamische waardebepaling*, een waardering in het kader van een juiste winstbepaling.

Dynamische waardebepaling

Statische waardebepaling

De dynamische waardebepaling dient te worden onderscheiden van de statische. De *statische waardebepaling* is bedoeld om de balans een juist beeld te laten geven van het vermogen.

Als een ondernemer bijvoorbeeld zijn kantoorpand afschrijft met gelijke bedragen per jaar, is dit uit oogpunt van winstbepaling (dynamisch) correct: immers, het pand levert voor de onderneming elk jaar een even grote nutsprestatie op en dus dienen de kosten evenredig aan de jaren te worden toegerekend. Als men echter (bijvoorbeeld bij een overname) de werkelijke waarde van het pand wil weten, dient er een taxatie van de waarde van het pand op dat moment plaats te vinden (statisch).

In het verleden zijn er verhitte discussies gevoerd over de vraag of één balans zowel statisch als dynamisch kan zijn, dus een juist beeld kan geven van

Monisten

zowel het vermogen als van het resultaat. De 'monisten' zijn van mening dat dit niet mogelijk is en dat de balans slechts één functie kan vervullen: óf ver-

Dualisten

mogensbepalend óf winstbepalend. De 'dualisten' achten het wel mogelijk dat een balans beide functies tegelijk vervult.

Als men het eigen vermogen als waardemaatstaf voor de onderneming beschouwt, lijken de monisten het gelijk aan hun zijde te hebben: immers, bij de overname van een onderneming kan de balans voor de bepaling van de waarde van de onderneming niet zonder meer worden gebruikt. Niet inkoopprijzen zijn dan relevant, maar opbrengstwaarden. Voor een juiste vermogensbepaling zou de balans dan opgesteld moeten worden op basis van (directe of indirecte) opbrengstwaarde.

3.3 Realisatie

In paragraaf 3.2 is aangegeven dat volgens accrual accounting ontvangsten en uitgaven getransformeerd moeten worden naar opbrengsten en kosten. De ontvangsten van een onderneming zullen voor het grootste deel bestaan uit ontvangsten uit hoofde van verkooptransacties. Bij een industriële onderneming kunnen de volgende fasen in het productie- en verkoopproces onderscheiden worden:

- inkoop
- productie
- verkoop
- levering
- facturering
- ontvangst van de verkoopprijs

Voor de toerekening van verkoopopbrengsten aan de juiste perioden is het realisatieprincipe ontwikkeld: pas op het moment dat de onderneming de verkoopprestatie voltooid heeft, dient de opbrengst genomen te worden.

Economische eigendom

Daartoe is noodzakelijk dat de onderneming de *economische eigendom* heeft overgedragen, dat wil zeggen dat het risico van waardeveranderingen van het verkochte goed definitief is overgegaan op de koper.

Bij de verkoop van goederen zal normaliter aan deze voorwaarde zijn voldaan als de goederen zijn *verkocht* en *afgeleverd*. Zolang er nog geen aflevering heeft plaatsgevonden, blijft de verkoper risico's lopen (bijvoorbeeld die van diefstal of bederf van nog bij de verkoper aanwezige voorraad, of van tekortschietende productiecapaciteit bij verkopen op bestelling).

Het kan echter zo zijn dat de verkoper ook ná aflevering nog belangrijke risico's loopt. In dat geval dient het boeken van de opbrengst uitgesteld te worden. Dit is bijvoorbeeld het geval als de afnemer een tussenhandelaar is die het recht bedongen heeft om door hem niet-doorverkochte goederen te mogen retourneren aan zijn leverancier. Ook als het gaat om technische installaties, waarbij de klant het recht heeft om eerst uitgebreid te testen of de installatie goed functioneert, dient het nemen van opbrengsten pas plaats te vinden op een moment dat ligt na dat van de aflevering.

Bij het verlenen van diensten zal in het algemeen opbrengst toegerekend moeten worden aan de perioden waarin de dienst heeft plaatsgevonden. In het geval van 'doorlopende dienstverlening' (bijvoorbeeld die van de assurantietussenpersoon), waarbij eenmalig een provisie wordt verkregen, waarvoor gedurende een aantal jaren prestaties geleverd moeten worden, zal de provisie dan ook verdeeld dienen te worden over die jaren.

Het ontvangstmoment van de verkoopprijs is dus geen criterium voor het realiseren van een transactie; we hebben bij het toerekeningsbeginsel immers al gezien dat het kasstelsel geen basis is voor de opbrengsten- en kostenverantwoording. Wel loopt de onderneming op het moment dat de vordering nog niet ontvangen is, een debiteurenrisico. Met dit risico kan bij de waardering van debiteuren rekening worden gehouden door deze niet te waarderen op de geboekte verkoopopbrengst, maar op het naar verwachting te ontvangen bedrag van de betreffende debiteuren.

In de krantenwereld komt het geregeld voor dat bedrijven onderling advertentieruimte ruilen.

Bij deze *bartertransacties* doet zich de vraag voor of daarmee opbrengsten ontstaan. De Telegraaf Media Groep (TMG) genereert jaarlijks een omzet van bijna €600 mln, door het uitgeven van dagbladen en tijdschriften, door de exploitatie van internetplatforms en door middel van radiostations. TMG is voor 40% van zijn omzet afhankelijk van advertenties. In het jaarrapport over 2012 zegt TMG over het ruilen van advertenties het volgende: 'Indien advertentieruimte wordt omgewisseld of geruild voor advertentieruimte die gelijksoortig is met betrekking tot aard en reële waarde en voor dezelfde doelgroep, wordt deze ruil niet beschouwd als een transactie die een opbrengst genereert.'

Bron: Jaarrapport Telegraaf Media Groep, 2012

Het realisatieprincipe is met name georiënteerd op het verkoopproces van de onderneming: het geeft regels voor het nemen van verkoopopbrengsten in de resultatenrekening. Voor wat betreft verwachte voordelen die niet uit dit verkoopproces voortvloeien, kan er verschillend invulling aan worden gegeven.

VOORBEELD 3.5
De Vries bv heeft tegen Jansen bv een schadeclaim van €100.000 wegens ondeugdelijke levering ingediend. Na ontkenning van de ondeugdelijke levering door Jansen start De Vries een procedure, die pas ver na balansdatum zal leiden tot een rechterlijke uitspraak.

Als volgens de advocaat van De Vries de kans 70% is dat de schadeclaim binnengehaald zal worden, zijn twee alternatieven mogelijk:
1 Op dit moment wordt door De Vries nog geen vordering opgenomen. De claim wordt dus vooralsnog niet als bate verantwoord; dat zal pas gebeuren als de rechter de claim toekent.
2 Gezien het feit dat het waarschijnlijk is dat De Vries gelijk krijgt, neemt De Vries op dit moment al een vordering in de balans en een bate in de resultatenrekening van €100.000 op.

Onder invloed van de internationale opvattingen wordt tegenwoordig voor opneming van baten die niet voortvloeien uit verkooptransacties, de opvatting gehuldigd dat het waarschijnlijk moet zijn dat het voordeel behaald zal worden, dat wil zeggen: er is een kans van meer dan 50% ('more likely than not'). Uiteraard gaat het in zulke gevallen om subjectieve kansen, gebaseerd op het oordeel van deskundigen.

More likely than not

Behalve door de hiervoor genoemde inperking, verliest het realisatieprincipe ook uit andere hoofde terrein. Tegenwoordig wordt het in een aantal specifieke situaties opzijgezet omdat strikte toepassing een onjuist beeld van de financiële prestaties van de onderneming zou kunnen geven. We noemen drie voorbeelden, die later in dit boek nog uitgebreid aan bod zullen komen.

1 Langlopende werken
Als een bouwbedrijf drie jaar aan een aangenomen werk besteedt, zou bij toepassing van het realisatieprincipe pas winst genomen mogen worden bij oplevering; immers pas dan heeft de onderneming gepresteerd en zijn de economische risico's overgedragen aan de opdrachtgever.

De lezer van een jaarrekening zou in dat geval ten onrechte de conclusie kunnen trekken dat het bouwbedrijf in het opleveringsjaar aanzienlijk beter gepresteerd heeft dan in de twee daaraan voorafgaande jaren. Tegenwoordig acht men het verantwoord om bij langlopende werken al winst te nemen (evenredig met de voortgang van het werk) voordat het werk wordt opgeleverd (zie paragraaf 7.3).

2 Effecten
Voor de waardering van beursgenoteerde aandelen die als tijdelijke belegging worden aangehouden, is uit oogpunt van realisatie de aanschafprijs de juiste waardering. Pas als de effecten met winst verkocht worden, wordt koerswinst gerealiseerd. Bij waardering tegen aanschafprijs komen de beleggingsprestaties van de onderneming echter niet uit de verf. Waardering op beurswaarde geeft een juister beeld. Het opzijzetten van het realisatieprincipe is in dit geval ook niet zeer bezwaarlijk omdat er voor het afstoten van de aandelen geen verkoopprestatie geleverd hoeft te worden (zie paragraaf 7.4.2).

3 Valutaresultaten
Indien een onderneming een vordering of schuld heeft die luidt in vreemde valuta, zou bij voordelige koersveranderingen volgens het realisatieprincipe winstneming uitgesteld dienen te worden tot de betreffende vordering of schuld is afgewikkeld. Ook hier wordt het realisatieprincipe buitenspel gezet en worden ongerealiseerde valutawinsten in het resultaat opgenomen (zie paragraaf 18.2).

3.4 **Matching**

Het matchingprincipe (ook wel het *causaliteitsbeginsel* genoemd) is de uitwerking van het toerekeningsbeginsel aan de kostenkant. Het houdt in dat de kosten zo veel mogelijk in dié periode worden verantwoord, waarin de met de uit die kosten voortvloeiende opbrengsten worden behaald.
We onderscheiden in dit verband product matching en period matching.
Bij *product matching* worden de uitgaven toegerekend aan de producten en als zodanig uiteindelijk geactiveerd onder de voorraden. Pas nadat de voorraden zijn verkocht en afgeleverd en er omzet is verantwoord, worden de onder de voorraden geactiveerde uitgaven als kosten van de omzet ten laste van het resultaat gebracht. Product matching zal worden toegepast voor zover de uitgaven rechtstreeks aan de producten zijn toe te rekenen (bijvoorbeeld grondstofkosten en directe lonen).
Er zijn echter uitgaven die niet rechtstreeks toerekenbaar zijn aan de producten, terwijl de uitgaven wel meerdere jaren dienstbaar zijn aan het productieproces. Te denken valt aan de investering in de gebouwen, waarin de exploitatie van de organisatie plaatsvindt. Bij deze uitgaven ligt period matching voor de hand.
Bij *period matching* worden de uitgaven ook in de balans geactiveerd, echter niet onder de voorraden. De geactiveerde uitgaven worden vervolgens via afschrijvingen toegerekend aan de perioden waaraan de uitgaven dienstbaar zijn. In figuur 3.2 is het verschil tussen product matching en period matching schematisch weergegeven.

**Causaliteits-
beginsel**

**Product
matching**

**Period
matching**

FIGUUR 3.2 Product matching versus period matching

Product matching

Period matching

- -

VOORBEELD 3.6

Een industriële onderneming produceert en verkoopt in jaar t respectievelijk 10.000 en 8.000 stuks eindproducten; de normale productie is 10.000 stuks. Op 1 januari jaar t heeft de onderneming geen voorraad eindproducten, terwijl de machines op dat moment een boekwaarde hebben van €400.000. De jaarlijkse afschrijvingen op de machines bedragen €100.000.

De kostprijs van het eindproduct is als volgt samengesteld:
- grondstoffen   € 70
- directe lonen   € 40
- afschrijvingen € 10   (€100.000 / 10.000)
   €120

De onderneming waardeert de voorraad eindproducten in de balans tegen het totaal van de grondstoffen en de directe lonen, dat wil zeggen €110 per stuk.

Gevraagd
a Bereken de kosten over jaar t, gesplitst naar de onderdelen van de kostprijs.
b Bepaal de balanswaarde aan het einde van jaar t van de machines en de voorraad eindproducten.

Uitwerking
a *Kosten jaar t*
   - Grondstoffen: 8.000 × €70 =   €560.000 (product matching)
   - Directe lonen: 8.000 × €40 =   €320.000 (product matching)
   - Afschrijvingen   €100.000 (period matching)
                                                    ─────────
   Totaal   €980.000

b *Activa aan het einde van jaar t*
- Machines: €400.000 − €100.000 =   €300.000
- Voorraad eindproducten: 2.000 × €110 =   €220.000
                                                         ⎯⎯⎯⎯⎯⎯
  Totaal   €520.000

De keuze van de hoogte van de voorraadwaardering (producttoerekening)
heeft gevolgen voor het vermogen en het resultaat. We zullen dit illustreren
door voorbeeld 3.6 opnieuw uit te werken, maar nu ervan uitgaande dat de
voorraad eindproducten in de balans wordt gewaardeerd tegen de grondstoffen, de directe lonen én de afschrijvingen; de afschrijvingen worden dan
niet meer als 'period costs' behandeld, maar als 'product costs'.

Uitwerking
a *Kosten jaar t*
- Grondstoffen: 8.000 × €70 =   €560.000 (product matching)
- Directe lonen: 8.000 × €40 =   €320.000 (product matching)
- Afschrijvingen: 8.000 × €10 =   € 80.000 (product matching)
                                        ⎯⎯⎯⎯⎯⎯
  Totaal   €960.000

b *Activa aan het einde van jaar t*
- Machines: €400.000 − €100.000 =   €300.000
- Voorraad eindproducten: 2.000 × €120 =   €240.000
                                                         ⎯⎯⎯⎯⎯⎯
  Totaal   €540.000

De afschrijvingen worden nu als 'product costs' toegerekend aan de voorraad eindproducten en niet – zoals in de eerste uitwerking – als 'period costs'
ten laste van het resultaat gebracht. Het gevolg hiervan is dat er een verschil
kan ontstaan tussen de afschrijvingen op de machines (€100.000) en de
afschrijvingskosten die in de resultatenrekening terechtkomen (afzet × af-
schrijvingsdeel in de voorraadwaardering), in casu €80.000. Het verschil van
€20.000 is te verklaren door de voorraadtoename van 2.000 stuks gedurende
het jaar, welke nu tegen €10 per stuk meer in de balans worden gewaardeerd,
terwijl dit in de eerste uitwerking naar de resultatenrekening werd gebracht.

- -

We hebben in voorbeeld 3.6 de werkelijke en normale productie aan elkaar
gelijk gehouden, zodat er geen bezettingsresultaten optreden. De problematiek rondom bezettingsresultaten zullen we bespreken bij de behandeling
van de voorraadwaardering in paragraaf 7.2.2.

GEHANTEERDE GRONDSLAGEN BIJ DE OPSTELLING VAN DE JAARREKENING
De jaarrekening is opgesteld op basis van historische kosten.

Materiële vaste activa
Materiële vaste activa worden gewaardeerd tegen kostprijs verminderd met
cumulatieve afschrijvingen en bijzondere waardeverminderingsverliezen.
Afschrijvingen worden ten laste van de winst- en verliesrekening gebracht
volgens de lineaire methode op basis van de geschatte gebruiksduur van
ieder onderdeel van een materieel vast actief.

Voorraden
De voorraden worden opgenomen tegen kostprijs of netto-opbrengstwaarde, indien deze lager is.
De kostprijs van de voorraden omvat de uitgaven gedaan bij verwerving van de voorraden en het naar de bestaande locatie en in de bestaande toestand brengen daarvan. De kostprijs van de voorraden gereed product en onderhanden werk omvat een redelijk deel van de indirecte kosten op basis van de normale productiecapaciteit.

Bron: Jaarrapport Imtech, 2012

3.5 Continuïteit

Bij het opstellen van de jaarrekening wordt er impliciet van uitgegaan dat de organisatie haar activiteiten in de afzienbare toekomst zal voortzetten. Alleen indien het zeker is dat dit niet het geval is, dient het continuïteitsprincipe te worden losgelaten en zal van de *going concern-grondslag* worden afgeweken.

Going concern-grondslag

Zo zal pas in een vrijwel zekere situatie van discontinuïteit (bijvoorbeeld faillissement) de continuïteitsgedachte verlaten worden en zal er moeten worden gewaardeerd op *liquidatiewaarde*. Dit betekent dat het beginsel van

Liquidatiewaarde

waardering tegen inkoopprijzen moet worden losgelaten en dat overgegaan wordt op waardering tegen directe opbrengstwaarde bij gedwongen verkoop. De liquidatiewaarde van de activa ligt vaak ver onder de waarde op basis van continuïteit. De organisatie zal waardering op liquidatiebasis zo lang mogelijk uitstellen, omdat dit door de buitenwacht als signaal zal worden gezien van een op handen zijnd faillissement. Het vertrouwen van de direct belanghebbenden zal snel weg zijn, met alle gevolgen van dien: werknemers zullen naar een andere baan uitkijken, banken draaien de kredietkraan dicht, leveranciers zullen contante betaling eisen, afnemers kopen geen producten meer, enzovoort.
Waardering op liquidatiewaarde is ongeveer gelijk aan 'het graven van het eigen graf' en zal dan ook zo lang mogelijk worden uitgesteld.

Toepassing van het continuïteitsprincipe is af te lezen uit de toegepaste waarderingsgrondslagen. Indien een onderneming bijvoorbeeld haar materiële activa waardeert op basis van historische kosten, dan blijkt daar impliciet uit dat de onderneming veronderstelt dat de werkzaamheden in de toekomst zullen worden voortgezet. In geval van discontinuïteit zouden voor materiële activa de directe opbrengstwaardes relevant zijn.

3.6 Voorzichtigheid

Op het moment dat de jaarrekening wordt opgemaakt, zullen er meestal tal van onzekerheden zijn die voortvloeien uit de bedrijfsuitoefening in de afgelopen periode; de financiële consequenties van die onzekerheden zullen pas in de toekomst duidelijk worden. We geven enige voorbeelden van die onzekerheden:
- De onderneming heeft handelsgoederen ingekocht, waarvan ze niet zeker weet of die – als gevolg van verandering in de consumentenvoorkeur – nog wel tegen een redelijke prijs afgezet kunnen worden; wellicht zal er verlies op worden geleden.

- Een ontevreden klant heeft een eis tot schadevergoeding bij de rechter ingediend; het is nog niet bekend of de rechter die schadeclaim zal toe-wijzen.
- Een afnemer die op rekening heeft gekocht, overschrijdt de betalingster-mijn; er is twijfel of hij de nota wel zal voldoen.

In dergelijke situaties zal er een beslissing genomen moeten worden of er in de jaarrekening al rekening wordt gehouden met de mogelijke verliezen die uit de onzekerheden voortvloeien.

De goed-Hollandse gedachte 'Reken je niet rijker dan je bent' beveelt aan om in geval van twijfel eerder te pessimistisch te zijn dan te optimistisch. Het is beter om een jaarrekening op te stellen waarvan achteraf gezegd wordt: 'Het was minder erg dan de jaarcijfers suggereerden', dan dat er ge-zegd wordt: 'De jaarcijfers gaven een te rooskleurig beeld.'

Deze gedachtegang heeft geleid tot de ontwikkeling van het voorzichtig-heidsprincipe, dat mogelijke voordelen op een andere manier behandelt dan mogelijke nadelen:

- *Verwachte voordelen (opbrengsten)* worden geboekt op het moment dat vol-doende zeker is dat ze behaald zijn. Voor verkoopopbrengsten geldt hierbij het *realisatie*principe, zoals in paragraaf 3.3 besproken: deze worden in de regel pas genomen als zowel verkoop als levering heeft plaatsgevonden.
- *Verwachte nadelen (verliezen)* worden genomen zodra ze *geconstateerd* worden, ook al is het verlies nog niet zeker en kan later blijken dat het achteraf allemaal wel is meegevallen.

De Macintosh Retail Groep heeft in Nederland een marktaandeel van 12% in de schoenenbranche. De groep is met ruim 450 winkels (onder andere Manfield, Scapino en Invito) in Nederland vertegenwoordigd. Daarnaast zijn er winkels in België en het Verenigd Koninkrijk.

De detailhandel merkt de gevolgen van de economische crisis. In het jaarrap-port over 2012 meldt Macintosh dat zij een bedrag van bijna €30 mln ten laste van het resultaat brengt als gevolg van het vormen van een voorziening voor verlieslatende huurcontracten: 'De dotatie aan de voorziening in 2012 hangt samen met een strategische heroriëntatie van het te hanteren businessmodel

van Macintosh Retail Group. Gebleken is dat in de huidige markt, die zich kenmerkt door een wijzigend verdienmodel, een aantal fysieke locaties nu en in de toekomst niet meer rendabel te exploiteren zijn. Derhalve is besloten om de winkelportefeuille te verkleinen en over te gaan tot de sluiting van ruim 110 niet rendabele winkels in de komende jaren.'
De dotatie aan de voorziening drukte Macintosh in 2012 nog dieper in de rode cijfers: een verlies van €126 mln op een omzet van bijna €900 mln.

Het uitgangspunt van voorzichtigheid moge op zich wel duidelijk zijn, maar een belangrijk discussiepunt blijft bestaan: wat is de precieze invulling van het begrip 'niet zeker'?

VOORBEELD 3.7

In voorbeeld 3.5 kwamen we De Vries bv tegen, die Jansen bv voor de rechter had gedaagd wegens ondeugdelijke levering. Juridisch deskundigen schatten de kans dat de rechter Jansen veroordeelt tot het betalen van €100.000 schadevergoeding op 70%.
In dit geval zal Jansen een voorziening vormen van €100.000 ten laste van het resultaat.

Maar wat te doen als de kans dat Jansen verliest op slechts 20% wordt geschat?

Indien het voorzichtigheidsprincipe zo ver wordt opgerekt, dat ook mogelijke verliezen meegenomen worden die een zeer kleine kans hebben dat ze daadwerkelijk gerealiseerd zullen worden, dan lijkt dit op het eerste gezicht een zeer loffelijk uitgangspunt; later kan alleen maar blijken dat het meevalt. Echter: het opent de deur voor winststuring: het verschuiven van winsten die in een bepaald jaar thuishoren, naar een ander jaar (zie paragraaf 1.5).

VOORBEELD 3.7 (VERVOLG)

Jansen bv heeft dit jaar een zeer goed resultaat gehad, maar verwacht dat de winst het volgende jaar aanmerkelijk lager zal uitvallen. In dat geval zou de ondernemingsleiding in de verleiding kunnen komen om – ook al schat de advocaat de kans op verlies van het proces op 20% – ten laste van de winst een voorziening te vormen. Als dan volgend jaar blijkt dat er niets betaald hoeft te worden, valt de voorziening vrij ten gunste van het resultaat van dat jaar.

Te pessimistisch zijn in een jaar (waardoor de winst te laag wordt voorgesteld) betekent per definitie dat de winst in een volgend jaar te hoog wordt voorgesteld. Het toepassen van het voorzichtigheidsprincipe kan zodoende leiden tot een onjuiste matching over de jaren.

Tegenwoordig heeft de mening postgevat dat alleen voor waarschijnlijke verliezen c.q. verplichtingen het voorzichtigheidsprincipe dient te worden ingeroepen. Dat betekent dat er een kans van meer dan 50% moet zijn, analoog aan de ontwikkelingen ten aanzien van het realisatieprincipe. De asymmetrische behandeling van mogelijke voordelen en mogelijke nadelen is dus op haar retour.

Voorzichtigheid en de afbakening van het boekjaar

De jaarrekening geeft het vermogen aan het einde van het boekjaar en het resultaat over het boekjaar weer. Het opmaken van de jaarrekening geschiedt echter na balansdatum. Gedurende de tijd (vaak enkele maanden) die verstrijkt tussen het einde van het boekjaar en het moment waarop de jaarrekening wordt opgemaakt, kunnen zich gebeurtenissen met financiële gevolgen voordoen, waarbij het de vraag is of die *gebeurtenissen na balansdatum* eventueel nog invloed hebben op de jaarrekening van het inmiddels al afgesloten boekjaar.

Indien er sprake is van in het nieuwe boekjaar bekend geworden verliezen of nadelen, zou de ondernemingsleiding in de verleiding kunnen komen deze op grond van het voorzichtigheidsprincipe nog mee te nemen in de jaarrekening van het afgesloten boekjaar. Het voorzichtigheidsprincipe dient echter alleen met terugwerkende kracht ingezet te worden als op balansdatum al een verlies geconstateerd kan worden. De oorzaak van het verlies of nadeel moet dus te vinden zijn in het inmiddels afgesloten boekjaar. De gebeurtenissen die zich na afloop van het boekjaar voordoen, moeten nader uitsluitsel geven over hoe de situatie op balansdatum feitelijk was.

Gebeurtenissen na balansdatum

VOORBEELD 3.8

In januari 2014 gaat een op 31 december 2013 door Commercia bv volwaardig geachte debiteur failliet. Het blijkt nadien dat de debiteur reeds geruime tijd grote betalingsproblemen had, hetgeen bij Commercia niet bekend was. De vordering bedraagt €250.000, terwijl vóór het opmaken van de jaarrekening blijkt dat Commercia als concurrente crediteur nog slechts €50.000 zal ontvangen. Commercia is niet verzekerd tegen kredietrisico's en had ook geen voorziening voor dubieuze debiteuren gevormd.

In dit geval geven de gebeurtenissen na balansdatum (de betalingsproblemen en het uiteindelijke faillissement van de debiteur) nadere informatie over de werkelijke waarde van de debiteur op 31 december 2013. Dit gegeven moet dan ook alsnog in de jaarrekening van 2013 worden verwerkt. Op 31 december 2013 was er al sprake van een verlies; als Commercia op 2 januari 2014 de schuldenaar gemaand had, zou er hoogstwaarschijnlijk geen betaling meer gevolgd zijn.

De post Debiteuren per 31 december 2013, en daarmee het eigen vermogen per 31 december 2013 en het resultaat over 2013, zullen moeten worden verlaagd met €200.000.

Als de gebeurtenissen na balansdatum *geen* nadere informatie geven over de feitelijke situatie op balansdatum, worden ze *niet* verwerkt in de jaarrekening over het afgelopen boekjaar.

3

VOORBEELD 3.9

In januari 2014 gaat een fabrieksgebouw met machines door brand groten-deels teniet. De schade wordt geschat op €1 mln, terwijl de verzekerings-maatschappij in verband met onderverzekering slechts €700.000 zal uitkeren. In deze situatie geeft de gebeurtenis na balansdatum geen nadere informatie over de werkelijke waarde van de activa op 31 december 2013.

De jaarrekening over 2013 wordt dan ook niet aangepast. Het verlies van €300.000 wordt gedragen door het boekjaar 2014, op 31 december 2013 was er immers nog geen verlies te constateren.

Elk jaar dient zijn eigen lasten te dragen. Dit uitgangspunt van het matching-principe kan door gebeurtenissen na balansdatum niet doorbroken worden, tenzij die gebeurtenissen een nader licht werpen op de financiële situatie zoals die op balansdatum al bestond, maar op dat moment nog niet bekend was.

3.7 Bestendigheid

Voor de gebruiker van de jaarrekening is de absolute hoogte van de gepubli-ceerde cijfers als zodanig van minder belang dan de ontwikkeling ervan in de tijd. Hij wil bijvoorbeeld kunnen zien of zich een verbetering of een ver-slechtering van de winst heeft voorgedaan ten opzichte van voorgaande ja-ren. Om een zinvolle tijdsvergelijking mogelijk te maken is het noodzakelijk dat de onderneming zich door de jaren heen bedient van dezelfde grondsla-gen voor waardering en winstbepaling; indien dat niet het geval is, wordt het moeilijk om te bepalen of een winstverandering veroorzaakt wordt door be-ter of slechter presteren, dan wel door 'cosmetische' wijzigingen.

Aangezien de externe verslaggeving een dynamisch vakgebied is en steeds in ontwikkeling blijft, kunnen opvattingen ten aanzien van de meest juiste verslaggevingswijze door de tijd heen veranderen. Dit kan ertoe leiden dat eerder gekozen grondslagen van waardering, winstbepaling of presentatie

Stelselwijzi-ging

worden gewijzigd; we spreken dan van een *stelselwijziging*.

Het is voorstelbaar om de nieuwe grondslagen alleen toe te passen op activa of passiva die na de stelselwijziging ontstaan, terwijl de op het moment van de stelselwijziging al in de balans voorkomende posten gewaardeerd blijven

Prospectieve en retro-spectieve benadering

volgens het oude stelsel. Deze *prospectieve benadering* is echter in strijd met gelijktijdige bestendigheid: op de balans zouden dan identieke posten kun-nen voorkomen, die verschillend gewaardeerd worden.

Vandaar dat de *retrospectieve benadering* gebruikt dient te worden: op het mo-ment van de stelselwijziging wordt de balans aangepast naar de situatie alsof al vanaf het begin het nieuwe stelsel gebruikt was. Er ontstaat dan op het mo-

Cumulatief effect

ment van de stelselwijziging een waardesprong: het zogenaamde *cumulatief effect* van de stelselwijziging. Dit cumulatief effect wordt niet als resultaat be-schouwd, maar rechtstreeks gemuteerd in de winstreserves. Immers, de waar-desprong stelt het verschil in winsten voor dat in de jaren voorafgaand aan de stelselwijziging zou zijn ontstaan ten opzichte van toepassing van het oude stelsel. Indien vanaf het begin het nieuwe stelsel zou zijn toegepast, zouden deze (cumulatieve) winstverschillen reeds in de winstreserves verwerkt zijn.

Jaareffect

Naast het cumulatief effect ontstaat er een *jaareffect*: het verschil in resultaat over het boekjaar als gevolg van de stelselwijziging. Dit verschil wordt uiter-aard wel opgenomen in de resultatenrekening.

VOORBEELD 3.10

Een onderneming bezit sinds 1 januari 2011 een aantal aandelen ter tijdelijke belegging. Deze worden gewaardeerd op de aanschafprijs van €1 mln.
Als gevolg van gewijzigde regelgeving schakelt zij per 1 januari 2013 over op
waardering tegen beurswaarde en worden de waardemutaties direct verwerkt in de resultatenrekening. Hierna wordt het verloop van de beurswaarde van de betreffende aandelen weergegeven.

Beurswaarde in bezit zijnde aandelen ultimo boekjaar

2011	€1.100.000
2012	€1.250.000
2013	€1.300.000

Per 1 januari 2013 ontstaat er een waardesprong doordat de aandelen
€250.000 (€1.250.000 – €1.000.000) hoger gewaardeerd worden, dit is het cumulatief effect van de stelselwijziging.
Het jaareffect van de stelselwijziging over 2013 is €50.000 positief: bij het
nieuwe systeem wordt de koersstijging van €1.300.000 – €1.250.000 als bate
in de resultatenrekening verantwoord, terwijl die bij het oude stelsel niet in
de jaarrekening 2013 zou zijn opgenomen.
Een en ander leidt tot de volgende balansmutaties in 2013:

	Activa		*Passiva*	
1-1-2013:	Effecten	+ €250.000	Winstreserves	+ €250.000
31-12-2013:	Effecten	+ € 50.000	Winst	+ € 50.000

We geven voorgaande in figuur 3.3 grafisch weer.

FIGUUR 3.3 Boekwaarde van de effecten in voorbeeld 3.10

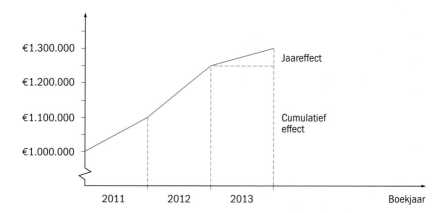

Stelselwijzigingen dienen wel te worden onderscheiden van *schattingswijzi-*   **Schattingswij-**
gingen. Stelselwijzigingen komen voort uit een 'vrijwillige' aanpassing van   **zigingen**
de jaarrekening. Bij schattingswijzigingen blijven de bestaande grondslagen
in stand, maar is het, gelet op veranderende omstandigheden, noodzakelijk
bepaalde aannames te herzien. Schattingswijzigingen worden *prospectief*
verwerkt.

- -

VOORBEELD 3.11
Van Houten bv heeft begin januari 2009 een machine gekocht voor €800.000,
met een verwachte levensduur van acht jaar en een restwaarde van nihil. De
machine wordt afgeschreven met gelijke bedragen per jaar.
Begin 2014 blijkt uit een inspectie dat de machine vanaf dat moment nog vijf
jaar mee kan.

De machine staat per 1 januari 2014 in de balans voor $3/8 \times €800.000 =$
€300.000. Aan die boekwaarde wordt niet getornd. Deze €300.000 zal vanaf
dat moment niet meer in drie jaar (de oorspronkelijk ingeschatte resterende
levensduur), maar in vijf jaar worden afgeschreven. De jaarlijkse afschrijvingen bedragen met ingang van 2014 dus €300.000 / 5 = €60.000.

In figuur 3.4 wordt voorgaande grafisch weergegeven.

FIGUUR 3.4 Verloop van de boekwaarde van de machine in voorbeeld 3.11

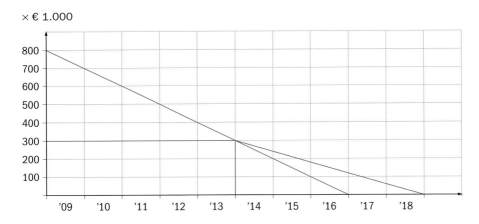

× € 1.000

- -

© Noordhoff Uitgevers bv

4

Regelgevers en toezichthouders

In paragraaf 4.1 wordt in grote lijnen geschetst welke sets van regelgeving in Nederland van toepassing zijn.

In paragraaf 4.2 passeren de op het gebied van de externe verslaggeving opererende regelgevers (de International Accounting Standards Board, de Nederlandse wetgever en de Raad voor de Jaarverslaggeving) de revue; tevens wordt ingegaan op het 'raamwerk' van uitgangspunten die zij in acht nemen bij het opstellen van regelgeving.

In paragraaf 4.3 komt het toezicht op de externe verslaggeving aan de orde; in dit kader worden de rollen behandeld van de (externe) accountant, de Autoriteit Financiële Markten en de Ondernemingskamer.

4.1 Het institutionele kader van de externe verslaggeving

In paragraaf 1.3 is de geschiedenis van de externe verslaggeving kort weergegeven. Aan het eind van dit historisch overzicht is aangegeven dat er momenteel binnen de Europese Unie twee sets van regelgeving zijn met betrekking tot de externe jaarrekening:
1 de International Financial Reporting Standards, die gelden voor beursgenoteerde ondernemingen;
2 de nationale wetgeving van de lidstaten, die geldt voor niet-beursgenoteerde ondernemingen.

International Financial Reporting Standards (IFRS)
De IFRS worden vastgesteld door de International Accounting Standards Board (IASB). De IASB is een non-gouvernementele organisatie en dus hebben de IFRS uit zichzelf geen juridische status. Daarom heeft de Europese Unie door middel van een *IAS-verordening* bepaald dat ze regelgevende kracht hebben binnen Europa. De IAS-verordening werkt *direct*, dat wil zeggen dat het niet nodig is dat lidstaten hun nationale wetgeving aanpassen. In de verordening is bepaald dat de IFRS eerst een Europese goedkeuringsprocedure moeten doorlopen. Voor dit *endorsement mechanism* wordt inhoudelijke ondersteuning geleverd door een *Technisch comité voor de financiële verslaggeving*. Pas nadat de IFRS (geheel of gedeeltelijk) zijn goedgekeurd, zijn ze van toepassing op de Europese beursgenoteerde ondernemingen. Het gevolg van het endorsement mechanism is dan ook dat er verschillen kunnen bestaan tussen de EU-versie van IFRS en de oorspronkelijke IFRS, zoals opgesteld door de IASB (*full IFRS*).

Full IFRS

Beleggers die overwegen aandelen in de biersector aan te schaffen, kunnen door de verplichte toepassing van IFRS de jaarrekeningen van brouwerijen in Europa met elkaar vergelijken, zonder rekening te hoeven houden met verschillen die veroorzaakt worden door afwijkende grondslagen. Het gaat dan bijvoorbeeld om Heineken (genoteerd aan de beurs in Amsterdam),

Anheuser-Busch Inbev (genoteerd in Brussel) of Carlsberg (genoteerd in Kopenhagen).
In veel landen buiten de Europese Unie hebben de beursautoriteiten toepassing van IFRS ook verplicht gesteld. Dit is bijvoorbeeld het geval in Zuid-Afrika, waar SAB Miller (eigenaar van Grolsch) aan de effectenbeurs van Johannesburg is genoteerd.

Nationale wetgeving
Voor de jaarrekening van *niet-beursgenoteerde* ondernemingen geldt in principe de regelgeving die door de wetgevers van de lidstaten is vastgesteld. Deze nationale regelgeving is – zoals in paragraaf 1.3 is aangegeven – gebaseerd op *EG-richtlijnen*, die geen rechtstreekse werking hebben, maar waarvan de inhoud dient te worden opgenomen in de wetgeving van de lidstaten. In Nederland zijn de richtlijnen verwerkt in *Boek 2 van Titel 9 van het Burgerlijk Wetboek*. Nederland heeft er echter voor gekozen – in overeenstemming met een in de IAS-verordening opgenomen optie – om niet-beursgenoteerde ondernemingen de mogelijkheid te geven om op vrijwillige basis te kiezen voor het IFRS-regime in plaats van voor het regime zoals neergelegd in de Nederlandse wet.
De regels zoals die zijn vastgelegd in de Nederlandse wet hebben het karakter van een 'raamwetgeving', waarbij een aantal zaken dwingend is voorgeschreven, maar waarbij ook veel is opengelaten om door het 'maatschappelijk verkeer' ingevuld te worden. De Raad voor de Jaarverslaggeving (RJ), bestaande uit opstellers, gebruikers en controleurs van jaarrapporten (zie paragraaf 4.2.3), ziet het als zijn taak om via *richtlijnen voor de jaarverslaggeving* (RJ's) deze lege plekken nader in te vullen.
Het geheel van de Nederlandse verslaggevingsvoorschriften (de Nederlandse wettelijke bepalingen plus de RJ's) wordt aangeduid als *Dutch Generally Accepted Accounting Principles* (Dutch-GAAP). **Dutch-GAAP**

In het kader van beperking van de administratieve lasten van het bedrijfsleven, mogen *kleine rechtspersonen* (zie paragraaf 5.3.1) hun jaarrekening opstellen op basis van fiscale grondslagen (artikel 396.6). Een dergelijke jaarrekening kan dan de basis vormen zowel voor het gepubliceerde jaarrapport als voor de aangifte vennootschapsbelasting. De fiscale grondslagen voor waardering en resultaatbepaling zijn opgenomen in de *Wet op de vennootschapsbelasting*, die daarbij aansluiting zoekt bij hetgeen bepaald is met betrekking tot de afdeling 'winst uit onderneming' in de inkomstenbelasting. Kiest de kleine rechtspersoon voor deze grondslagen, dan dient zij deze wel integraal toe te passen. Een jaarrekening deels opstellen op fiscale grondslagen en deels op die van de Nederlandse wet/RJ, is dus niet toegestaan. Indien de kleine rechtspersoon fiscale grondslagen toepast, moet zij daarvan melding maken in de toelichting. Overigens is op grond van artikel 396.6 het *Besluit fiscale waarderingsgrondslagen* uitgevaardigd, waarin nadere regels zijn gesteld over het gebruik van deze grondslagen.
We wijzen erop dat het toestaan van fiscale grondslagen alleen betrekking heeft op de *waardering* en *resultaatbepaling* ('valuation') en niet op de voorschriften die gelden voor het al dan niet *opnemen* in de balans ('recognition'), de *rubricering* van de posten in de jaarrekening ('presentation') en de in de *toelichting* op te nemen informatie ('disclosure').

  Valuation
  Recognition
  Presentation
  Disclosure

4

Voor deze laatste blijven de voorschriften van de Nederlandse wet/RJ onverkort gelden.

Bij de behandeling van de grondslagen voor de waardering en winstbepaling zullen we in het hele boek de vier soorten regelgeving bespreken: IFRS, RJ, de Nederlandse wet en de fiscale bepalingen.
In de Nederlandse wet is vastgelegd dat in de toelichting wordt aangegeven volgens welke voorschriften de jaarrekening is opgesteld (artikel 362.10).

In figuur 4.1 geven we het institutionele kader voor het opstellen van de jaarrekening schematisch weer.

FIGUUR 4.1 Het institutionele kader voor het opstellen van de jaarrekening

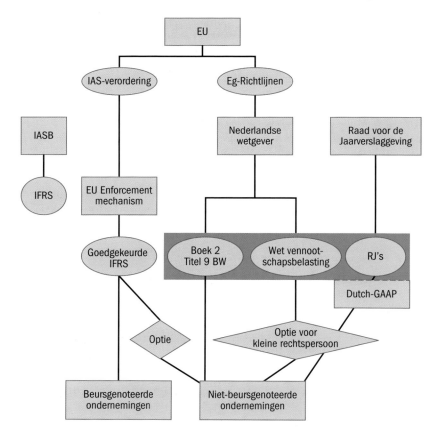

Keuzemogelijkheden
Eerder in deze paragraaf hebben we aangegeven dat de IFRS verplicht gelden voor beursgenoteerde ondernemingen en dat niet-beursgenoteerde ondernemingen ervoor kunnen kiezen om in plaats van de wettelijke regels IFRS toe te passen. Gezien de administratieve kosten die toepassing van IFRS met zich meebrengt, wordt daar in de laatste situatie slechts in een beperkt aantal gevallen gebruik van gemaakt.

Verder is het zo dat de door de Europese Unie uitgevaardigde IAS-verordening alleen verplichte werking heeft voor de *geconsolideerde jaarrekening*
van beursgenoteerde ondernemingen. Dit is de jaarrekening die een beeld
geeft van de financiële positie van het concern als geheel (de moedermaatschappij met de andere tot de groep behorende vennootschappen, zie
hoofdstuk 17). Naast een geconsolideerde jaarrekening moet door de moedermaatschappij ook een *enkelvoudige jaarrekening* (ook wel *vennootschappelijke* jaarrekening genoemd) worden opgemaakt. In deze enkelvoudige
jaarrekening komen de financiële gegevens van groepsmaatschappijen voor
onder de posten Kapitaalbelangen en Resultaat uit kapitaalbelangen (zie
hoofdstuk 16), terwijl in de geconsolideerde jaarrekening genoemde posten
zijn vervangen door de achterliggende activa en passiva, respectievelijk opbrengsten en kosten. Volgens de IAS-verordening kunnen de lidstaten bepalen dat de IFRS ook gelden voor de enkelvoudige jaarrekening of dat een onderneming op vrijwillige basis kan kiezen voor toepassing van IFRS op de
enkelvoudige jaarrekening. Ook in dit geval heeft Nederland voor het laatste
alternatief gekozen.

De door de ondernemingen te hanteren set van grondslagen in de geconsolideerde en de enkelvoudige jaarrekening is geregeld in artikel 362.8:

> 'Een rechtspersoon kan de jaarrekening opstellen volgens de door de
> International Accounting Standards Board vastgestelde en door de Eu-
> ropese Commissie goedgekeurde standaarden, mits de rechtspersoon
> daarbij alle voor hem van toepassing zijnde vastgestelde en goedge-
> keurde standaarden toepast. Een rechtspersoon die de geconsolideer-
> de jaarrekening opstelt volgens deze titel, kan niet de enkelvoudige
> jaarrekening opstellen volgens de vastgestelde en goedgekeurde stan-
> daarden. Een rechtspersoon die de geconsolideerde jaarrekening op-
> stelt volgens de in de eerste zin van dit lid genoemde standaarden, kan
> in de enkelvoudige jaarrekening de waarderingsgrondslagen toepas-
> sen die hij ook in de geconsolideerde jaarrekening heeft toegepast.'

Uit het hier geciteerde artikel blijkt het volgende:
- Als gekozen wordt voor IFRS, moeten deze voorschriften *integraal* worden toegepast: de jaarrekening mag dan dus niet deels zijn gebaseerd op
  IFRS en deels op de Nederlandse verslaggevingsvoorschriften, zoals vastgelegd in de wet en de RJ.
- Als voor de geconsolideerde jaarrekening gekozen is voor toepassing van
  de Nederlandse regelgeving, dan moet ook de enkelvoudige jaarrekening
  op basis van deze voorschriften worden opgesteld.
- Als voor de geconsolideerde jaarrekening gekozen is voor IFRS, dan kan
  voor het opstellen van de enkelvoudige jaarrekening uitgegaan worden
  van:
  - integrale toepassing van IFRS, of
  - integrale toepassing van de Nederlandse verslaggevingsvoorschriften, of
  - toepassing van IFRS voor de *waarderingsgrondslagen* en toepassing
    van de Nederlandse verslaggevingsvoorschriften voor de *presentatie*
    van de posten en de *toelichting*.

In tabel 4.1 zijn de verschillende mogelijke combinaties van toe te passen
grondslagen voor het opstellen van de geconsolideerde en enkelvoudige
jaarrekening schematisch weergegeven.

**Geconsoli-
deerde jaar-
rekening**

**Enkelvoudige
jaarrekening**

TABEL 4.1 Mogelijke combinaties geconsolideerde/enkelvoudige jaarrekening

Combinaties	Geconsolideerde jaarrekening	Enkelvoudige jaarrekening
1	Wet/RJ	Wet/RJ
2	IFRS	IFRS
3	IFRS	Wet/RJ
4	IFRS	IFRS voor de waarderingsgrondslagen en wet/RJ voor de presentatie en toelichting

We merken bij tabel 4.1 nog het volgende op:
Combinatie 1 is niet mogelijk voor beursgenoteerde ondernemingen; zij moeten immers (zoals we hiervoor hebben gezien) hun geconsolideerde jaarrekening opstellen volgens IFRS.
Combinatie 4 is door de wetgever gecreëerd om het mogelijk te maken het eigen vermogen volgens de geconsolideerde jaarrekening gelijk te doen zijn aan die volgens de enkelvoudige jaarrekening; in paragraaf 17.3.2 gaan we daar nader op in.

GRONDSLAGEN VOOR DE WAARDERING EN RESULTAATBEPALING
De geconsolideerde jaarrekening van Roto Smeets Group nv is opgesteld volgens de door de International Accounting Standards Board (IASB) vastgestelde en door de Europese Commissie goedgekeurde standaarden, de International Financial Reporting Standards (IFRS).
De vennootschappelijke jaarrekening is opgesteld op basis van Titel 9 van Boek 2 BW, waarbij gebruik wordt gemaakt van de mogelijkheid ingevolge artikel 2:362 lid 8 BW om de IFRS-grondslagen toe te passen zoals deze in de geconsolideerde jaarrekening worden toegepast.

Bron: Jaarrapport Roto Smeets Group, 2012

Indien een onderneming bij het opstellen van de jaarrekening uitgaat van IFRS, wil dat nog niet zeggen dat dan geheel voorbijgegaan kan worden aan de Nederlandse verslaggevingsvoorschriften. Dit blijkt uit artikel 362.9:

'De rechtspersoon die de jaarrekening opstelt volgens de in lid 8 bedoelde standaarden, past van deze titel slechts de afdelingen 7 tot en met 10 en de artikelen 365 lid 2, 373, 382, 382a, 383, 383b tot en met 383e, 389 leden 8 en 10, en 390 toe.'

Het moeten blijven toepassen van deze bepalingen uit de Nederlandse wet vloeit in eerste instantie voort uit het feit dat in de IFRS alleen voorschriften zijn opgenomen aangaande het opstellen van de *jaarrekening*. De regels die gelden voor de overige onderdelen van het jaarrapport (wjaarverslag en overige gegevens, zie hoofdstuk 5) blijven ook bij toepassing van IFRS te vinden in de Nederlandse wet. Datzelfde geldt voor de formele aspecten van de jaarverslaggeving (zie eveneens hoofdstuk 5), zoals de bevoegdheid tot opmaking en vaststelling van de jaarrekening en de daarbij in acht te nemen termijnen. Daarnaast blijft een aantal wettelijke jaarrekeningvoorschriften van toepassing ingeval in de IFRS ter zake geen voorschriften zijn opgenomen. Zo gelden ook voor IFRS-jaarrekeningen de in de wet opgenomen voorschriften uit hoofde van kapitaalbescherming, zoals het vormen van wettelijke reserves (dit zijn niet-uitkeerbare reserves, zie paragraaf 8.3.2); IFRS zijn niet gericht op kapitaalbescherming en kennen dergelijke voorschriften dan ook niet.

4.2 Regelgevende instanties nader bekeken

In deze paragraaf zullen we nader ingaan op de in paragraaf 4.1 genoemde regelgevers: de International Accounting Standards Board (paragraaf 4.2.1), de Nederlandse jaarverslagwetgever (paragraaf 4.2.2), de Raad voor de Jaarverslaggeving (paragraaf 4.2.3) en de Nederlandse fiscale wetgever (paragraaf 4.2.4). Behalve op de samenstelling en werking van deze regelgevende instanties, zullen we ook ingaan op het 'raamwerk' van uitgangspunten die zij in acht nemen bij het opstellen van regelgeving.

4.2.1   **International Accounting Standards Board**

In 1973 werd het International Accounting Standards Committee (IASC) op-   **IASC**
gericht als een internationale organisatie waarin nationale accountantsorganisaties (voor Nederland destijds het Nederlands Instituut van Registeraccountants, het NIVRA) samenwerkten om voorschriften te geven op het gebied van de externe verslaggeving.
Omdat in het IASC slechts door nationale beroepsorganisaties van accountants beslissingen werden genomen en de daarbij tot stand gekomen standards niet door regelgevende instanties werden afgedwongen, hadden de standards slechts het karakter van aanbevelingen en konden deze niet bogen op een afdwingbare status.

In 2000 werd de naam van het IASC veranderd in International Accounting Standards Board (IASB) en tegelijkertijd werd de structuur ingrijpend gewijzigd. De noodzaak hiertoe hing samen met de grotere rol die aan de organisatie werd toebedeeld om met ingang van 2005 als *standard setting body*   **Standard**
voor alle beursgenoteerde Europese ondernemingen op te treden. De IASB   **setting body**
maakt onderdeel uit van de International Accounting Standards Committee Foundation (IASC Foundation), een privaatrechtelijke organisatie die in Londen gevestigd is. In figuur 4.2 wordt de huidige structuur van de IASC Foundation weergegeven.

De *trustees* vormen het hoogste orgaan, dat verantwoordelijk is voor de be-   **Trustees**
leidsbepaling. Deze trustees zijn wat hun achtergrond betreft vogels van diverse pluimage, zowel wat betreft nationaliteit als beroepsgroep (accountant, bedrijfsleven, beleggingsanalist, universitair onderzoeker). De trustees benoemen de leden van de overige organen.
Het vaststellen van de standards gebeurt door de IASB, die uit 14 leden bestaat. Ieder lid heeft één stem en er wordt besloten bij meerderheid van stemmen.

FIGUUR 4.2 Structuur van de IASC Foundation

Discussion
Memorandum

Exposure
Draft

SAC

IFRIC

Alvorens een nieuwe standard in te voeren, publiceert de IASB eerst een *Discussion Memorandum*, waarop door belanghebbenden gereageerd kan worden. Vervolgens wordt er een voorlopige standard (*Exposure Draft*) vastgesteld.

De IASB wordt van advies voorzien door de Standards Advisory Council (SAC), bestaande uit 45 leden die onder andere afkomstig zijn uit nationale regelgevende organen. Het International Financial Reporting Interpretations Committee (IFRIC) bekijkt regelmatig of er onduidelijkheden zijn over de uitleg van bestaande standards en probeert in die gevallen helderheid te verschaffen via het ontwerpen van *interpretations*.

Het IASB-Framework

Framework

Als grondslag en kader voor de specifieke standards heeft de IASB het *Framework for the Preparation and Presentation of Financial Statements* ontwikkeld. We zullen de globale inhoud van dit IASB-Framework weergeven.

De jaarrekening moet – om aan de gemeenschappelijke behoeften van de gebruikers te kunnen voldoen – informatie verschaffen over de financiële positie, de financiële prestaties en de wijzigingen in de financiële positie van een onderneming. Deze informatie is nodig ter ondersteuning van het nemen van economische beslissingen (Framework, alinea 12 en 13). Het begrip 'economische beslissing' moet hierbij ruim worden opgevat. Ook de beoordeling van het beleid van of de verantwoording door de leiding wordt hieronder begrepen; dit kan immers voor een aandeelhouder aanleiding zijn om aandelen aan te houden of te verkopen (alinea 14).

Bij het opstellen van de jaarrekening moet volgens het Framework uitgegaan worden van twee grondbeginselen:
1 Het toerekeningsbeginsel (alinea 22): de uit de transacties en de gebeurtenissen voortvloeiende opbrengsten en kosten worden toegerekend aan de periode waarop zij betrekking hebben en niet aan de periode waarin de financiële afwikkeling plaatsvindt (zie paragraaf 3.1.1).
2 Het continuïteitsbeginsel (alinea 23). Bij het opstellen van de jaarrekening wordt verondersteld dat de organisatie haar activiteiten in de toekomst zal blijven voortzetten. Ook dit beginsel is al eerder aan de orde geweest (paragraaf 3.2, het continuïteitsprincipe).

De jaarrekening moet verder voldoen aan een aantal kwalitatieve kenmerken; dit zijn de eigenschappen van de informatie die deze nuttig maakt voor de gebruikers (alinea 24). De volgende kwalitatieve kenmerken worden genoemd:
- begrijpelijkheid
- relevantie
- betrouwbaarheid
- vergelijkbaarheid

Bij het voldoen aan deze kwaliteitskenmerken worden in het Framework de volgende kanttekeningen geplaatst (alinea's 43 tot en met 45):
- Als het voldoen aan de kwaliteitskenmerken alleen bewerkstelligd zou kunnen worden door een zeer tijdrovend proces, kan dit contraproductief werken omdat *tijdigheid* van berichtgeving voor de gebruiker van belang is. Dit aspect kan ertoe leiden dat terwille van de snelheid enige concessies aan bijvoorbeeld de betrouwbaarheid worden gedaan. In paragraaf 1.1.2 hebben we aangegeven dat tijdigheid een grotere rol speelt bij de interne verslaggeving dan bij de externe verslaggeving.
- De vier kwaliteitskenmerken zijn een waarborg voor de informatieve waarde van de externe verslaggeving. Informatie heeft echter alleen zin als het eruit voortvloeiende nut opweegt tegen de kosten van het 'produceren' van deze informatie. Voor de publicatieplichtige ondernemingen is dit criterium echter nauwelijks bruikbaar, omdat degenen die de informatie verstrekken, anderen zijn dan degenen die de informatie gebruiken. Het zijn de regelgevers die deze *kosten-batenanalyse* dienen te maken.

Kosten-baten-
analyse

- Het is niet altijd mogelijk om de informatie aan alle kenmerken optimaal te laten voldoen. We hebben bijvoorbeeld in hoofdstuk 2 gezien dat het economisch waardebegrip wél zeer relevante informatie oplevert, maar dat deze informatie door het subjectieve karakter van het economisch waardebegrip minder betrouwbaar is. Er zal een *afweging* van het belang van de diverse kwaliteitskenmerken plaats moeten vinden.

Daarna gaat het Framework in op de 'elementen' van de jaarrekening. Dit zijn voor de balans de activa, het vreemd vermogen en het eigen vermogen, en voor de resultatenrekening de baten en de lasten. In zeer algemene termen worden van deze grootheden definities gegeven. Zo is een *actief* (alinea 49a) 'een uit gebeurtenissen in het verleden voortgekomen middel, waarover de onderneming de beschikkingsmacht heeft en waaruit in de toekomst naar verwachting economische voordelen naar de onderneming zullen vloeien'. *Vreemd vermogen* betreft volgens het Framework (alinea 49b) 'bestaande verplichtingen van de onderneming die voortkomen uit gebeurtenissen in het verleden, waarvan de afwikkeling naar verwachting resulteert in een uitstroom uit de onderneming van middelen die economische voordelen in zich bergen'. Het *eigen vermogen* is dan (alinea 49c) 'het overblijvend belang in de activa van de onderneming na aftrek van al haar vreemd vermogen'.

Actief

Vreemd ver-
mogen

Eigen
vermogen

Overigens betekent het niet dat een post die binnen de gegeven definities wordt aangemerkt als een actief of als vreemd vermogen, dan ook automatisch op de balans terechtkomt. Voor de vraag of de verwerking 'on-balance' of 'off-balance' moet geschieden, zijn – eveneens in zeer algemene bewoordingen – afzonderlijke criteria aangelegd. Op deze criteria zullen we in deel 2 van dit boek, waar we de individuele posten van de jaarrekening behandelen, afzonderlijk ingaan.

Na de regels voor de verwerking gaat het Framework in op de waardering van de elementen in de jaarrekening.
Het Framework wordt afgesloten met enige opmerkingen over de problematiek van de vermogensinstandhouding; in hoofdstuk 12 wordt hier uitgebreid op ingegaan.

We vatten het Framework samen in het volgende overzicht.

Jaarrekening	
Doel	Informatie over (wijzigingen in) de financiële positie en de financiële prestaties ter ondersteuning van economische beslissingen
Grondbeginselen	• Toerekeningsbeginsel • Continuïteitsbeginsel
Kwalitatieve kenmerken	• Begrijpelijkheid • Relevantie • Betrouwbaarheid • Vergelijkbaarheid Beperkingen: tijdigheid, kosten-batenanalyse en afweging belang diverse kwaliteitskenmerken
Elementen	Activa, vreemd vermogen, eigen vermogen, baten, lasten: • Definities • Verwerking in de jaarrekening • Waardering
Overig	Vermogensinstandhouding

An improved conceptual framework for financial reporting
De IASB is bezig om het huidige conceptual framework te vervangen door een nieuwe. Daartoe heeft de IASB een exposure draft ontwikkeld met als titel *An improved conceptual framework for financial reporting*.
Het belangrijkste verschil met het huidige Framework is dat er in de draft onderscheid wordt gemaakt tussen *fundamentele* en *versterkende* kwalitatieve kenmerken.

Fundamentele en versterkende kwalitatieve kenmerken

De fundamentele kwalitatieve kenmerken zijn relevantie en getrouwe weergave; de laatste vervangt het huidige kwalitatieve kenmerk betrouwbaarheid. In het huidige Framework is getrouwe weergave een subkenmerk van betrouwbaarheid.
De huidige kwalitatieve kenmerken vergelijkbaarheid en begrijpelijkheid worden in de draft gerangschikt als versterkende kwalitatieve kenmerken. Volgens de draft kunnen de versterkende kwalitatieve kenmerken de kwaliteit van de financiële verslaggeving wel vergroten, maar niet bepalen. De 'verhuizing' van vergelijkbaarheid mag opmerkelijk worden genoemd, aangezien de introductie van IFRS juist gestoeld is op vergelijkbaarheid. Naast vergelijkbaarheid en begrijpelijkheid, kent de draft nog twee versterkende kwalitatieve kenmerken: tijdigheid (in het huidige Framework opgenomen onder 'beperkingen') en verifieerbaarheid.
Opvallend is verder dat voorzichtigheid (in het huidige Framework als subkenmerk van betrouwbaarheid genoemd) in de draft in het geheel niet meer is opgenomen.

De standards: IAS en IFRS

Hiervoor hebben we de standards van de IASB aangeduid als International Financial Reporting Standards (IFRS). In het verleden gingen deze door het leven onder de naam International Accounting Standards (IAS). De IASB is momenteel – in een zeer langdurig proces – bezig de bestaande IAS om te zetten in IFRS; zolang dit proces nog niet voltooid is, bestaat de regelgeving van de IASB daarom uit zowel (oude) IAS als (nieuwe) IFRS. De in dit boek aangehaalde individuele standards van de IASB zullen we dan ook verder als zodanig aanduiden. De hierbij vermelde nummers hebben betrekking op de door de Europese Unie vastgestelde en goedgekeurde standaarden die van toepassing zijn op verslagjaren die aanvangen op of na 1 januari 2014.

De doelstelling van de jaarrekening is door de IASB neergelegd in IAS 1.15:

> 'De jaarrekening moet een getrouw beeld geven van de financiële positie, de financiële prestaties en de kasstromen van een entiteit. Een getrouw beeld vereist een getrouwe weergave van de gevolgen van transacties, andere gebeurtenissen en omstandigheden, overeenkomstig de definities en opnamecriteria voor activa, verplichtingen, baten en lasten zoals in het IASB-Framework zijn uiteengezet. De toepassing van de IFRS, met waar nodig aanvullende informatie, wordt geacht te leiden tot een jaarrekening die een getrouw beeld weergeeft.'

Uit deze geformuleerde doelstelling blijkt dat de jaarrekening volgens de IASB een 'getrouw beeld' moet geven van het vermogen ultimo boekjaar en het resultaat en de kasstromen over het boekjaar.

4.2.2   Nederlandse jaarverslagwetgever

De Nederlandse wetgeving centreert zich rond het 'kapstokartikel' (artikel 362), zo genoemd, omdat alle andere wetsbepalingen hier in feite aan zijn opgehangen. Het vervult daarmee dezelfde rol als de hiervoor geciteerde IAS 1.15. In het eerste lid van artikel 362 wordt de doelstelling van de jaarrekening geformuleerd: **Kapstokartikel**

> 'De jaarrekening geeft volgens normen die in het maatschappelijk verkeer als aanvaardbaar worden beschouwd een zodanig inzicht dat een verantwoord oordeel kan worden gevormd omtrent het vermogen en het resultaat, alsmede voor zover de aard van een jaarrekening dat toelaat, omtrent de solvabiliteit en de liquiditeit van de rechtspersoon.'

We zullen op de elementen van dit artikel nader ingaan.

De '*normen die in het maatschappelijk verkeer als aanvaardbaar worden beschouwd*,' worden voor een deel in de specifieke wetsartikelen nader ingevuld, maar de bedoeling van de wet is om ook een redelijke speelruimte over te laten aan de praktijk, om daarmee flexibel op nieuwe opvattingen te kunnen inspelen. Het is met name de in paragraaf 4.2.3 te bespreken Raad voor de Jaarverslaggeving die het als zijn taak ziet om deze speelruimte in te vullen.   **Maatschappelijk aanvaardbare normen**

Volgens de wet dient aan de hand van de jaarrekening een verantwoord oordeel te kunnen worden gevormd over '*het vermogen en het resultaat*'. Door deze twee grootheden aan elkaar te relateren wordt eveneens inzicht gekregen in de rentabiliteit, voor veel gebruikers van jaarrekeningen een belangrijke grootheid om een onderneming te beoordelen.

Wordt voor vermogen en resultaat zonder beperkingen geëist dat er een verantwoord oordeel kan worden gevormd, bij 'solvabiliteit' en 'liquiditeit' is de wetgever terughoudender geweest: de jaarrekening dient inzicht in solvabiliteit en liquiditeit slechts te geven 'voor zover de aard van een jaarrekening dat toelaat'. Deze terughoudendheid houdt verband met het feit dat voor inzicht in solvabiliteit en liquiditeit eigenlijk andere informatie nodig is dan die een jaarrekening normaliter verstrekt. Een indicatie van de solvabiliteit en de liquiditeit kan uit de balans worden verkregen door diverse ratio's (zie paragraaf 1.2.3) te berekenen. Deze geven echter slechts een beeld van de toestand per balansdatum. Deze 'statische' beoordeling is niet toereikend om een getrouw beeld van de solvabiliteit en de liquiditeit te verkrijgen. Vooral bij het bepalen van de liquiditeit komt dit duidelijk tot uiting bij bedrijven die onderhevig zijn aan sterke seizoensinvloeden; hier kan liquiditeitskrapte elders in het jaar optreden, terwijl er op balansdatum geen problemen zijn. Door een overzicht van verwachte kasstromen kan de 'dynamische' liquiditeit beoordeeld worden.

Bij de solvabiliteitsbeoordeling speelt nog een rol dat het bij het opstellen van de jaarrekening gehanteerde continuïteitsprincipe een juist inzicht belemmert. De solvabiliteit is immers de mate waarin een onderneming aan haar verplichtingen jegens de schuldeisers kan voldoen. In geval van discontinuïteit (bijvoorbeeld faillissement) is voor de solvabiliteitsbeoordeling eigenlijk een jaarrekening op basis van liquidatiewaarde nodig.

Het geven van 'inzicht' (ongeclausuleerd voor vermogen en resultaat, geclausuleerd voor solvabiliteit en liquiditeit) is de kern van de jaarverslaggeving. In het vierde lid van artikel 362 wordt het belang van dit inzicht nog eens onderstreept. Hier wordt namelijk gesteld dat de rechtspersoon meer informatie moet geven dan de wet verlangt, indien het verschaffen van het inzicht dit vereist. Bovendien meldt dit lid dat de rechtspersoon zelfs van de *bijzondere* wettelijke voorschriften moet afwijken, indien dit voor het verschaffen van het inzicht noodzakelijk is. De reden van een eventuele afwijking moet in de toelichting worden vermeld, voor zover nodig onder opgaaf van de invloed ervan op vermogen en resultaat.

Bijzonderen en algemene bepalingen

Uit deze wetspassage blijkt dat de *algemene* bepalingen (waaronder die van het verschaffen van inzicht) van hogere orde zijn dan de bijzondere wetsbepalingen; dit is de 'derogerende werking' van de wet.

Derogerende werking

De huidige wetgeving – zoals in paragraaf 1.3 aangegeven, vastgelegd in Titel 9, Boek 2 van het Burgerlijk Wetboek – is opgenomen in appendix 1. Aan de wet zijn drie Algemene Maatregelen van Bestuur (AMvB) toegevoegd, namelijk:
- AMvB inzake Modellen (Besluit modellen jaarrekening, opgenomen in appendix 2)
- AMvB inzake Actuele waarde (Besluit actuele waarde, opgenomen in appendix 3)
- AMvB inzake Fiscale waarderingsgrondslagen (Besluit fiscale waarderingsgrondslagen, niet opgenomen in dit boek)

Verslaggevingsprincipes voor de waardering en winstbepaling
In hoofdstuk 3 zijn de volgende verslaggevingsprincipes besproken die in de loop van de tijd zijn ontwikkeld om als grondslag te dienen voor het opstellen van de jaarrekening:
- het toerekeningsbeginsel
- het realisatieprincipe

- het matchingprincipe
- het continuïteitsprincipe
- het voorzichtigheidsprincipe
- het bestendigheids- of stelselmatigheidsprincipe (gelijktijdig en volgtijdelijk)

De wetgever heeft deze principes – in het kader van de 'maatschappelijk aanvaardbare normen' – overgenomen. Hierna worden deze principes nog eens opgesomd, waarbij steeds het erop betrekking hebbende wetsartikel is geciteerd.

Het toerekeningsbeginsel
Artikel 362.5:

> 'De baten en lasten van het boekjaar worden in de jaarrekening opgenomen, onverschillig of zij tot ontvangsten of uitgaven in dat boekjaar hebben geleid.'

Dit artikel is ook de wettelijke grondslag voor de van het toerekeningsbeginsel afgeleide principes: het realisatieprincipe en het matchingprincipe. Overigens wordt het in het realisatieprincipe vastgelegde moment van winstrealisatie (normaliter verkoop en levering, zie paragraaf 3.3) niet in de wet genoemd.

Het continuïteitsprincipe
Artikel 384.3:

> 'Bij de waardering van activa en passiva wordt uitgegaan van de veronderstelling dat het geheel der werkzaamheden van de rechtspersoon waaraan die activa en passiva dienstbaar zijn, wordt voortgezet, tenzij die veronderstelling onjuist is of haar juistheid aan gerede twijfel onderhevig is; alsdan wordt dit onder mededeling van de invloed op vermogen en resultaat in de toelichting uiteengezet.'

Het voorzichtigheidsprincipe
Artikel 384.2:

> 'Bij de toepassing van de grondslagen wordt voorzichtigheid betracht. Winsten worden slechts opgenomen, voor zover zij op de balansdatum zijn verwezenlijkt. Verplichtingen die hun oorsprong vinden vóór het einde van het boekjaar, worden in acht genomen, indien zij vóór het opmaken van de jaarrekening zijn bekend geworden. Voorzienbare verplichtingen en mogelijke verliezen die hun oorsprong vinden vóór het einde van het boekjaar, kunnen in acht worden genomen indien zij vóór het opmaken van de jaarrekening bekend zijn geworden.'

Het bestendigheidsprincipe
Gelijktijdige bestendigheid:
Artikel 362.2:

> 'De balans met de toelichting geeft getrouw, duidelijk en stelselmatig de grootte van het vermogen en zijn samenstelling in actief- en passiefposten op het einde van het boekjaar weer.'

Artikel 362.3:

> 'De winst- en verliesrekening met de toelichting geeft getrouw, duide-
> lijk en stelselmatig de grootte van het resultaat van het boekjaar en zijn
> afleiding uit de posten van baten en lasten weer.'

Volgtijdelijke bestendigheid:
Artikel 363.4:

> 'De indeling van de balans en van de winst- en verliesrekening mag
> slechts wegens gegronde redenen afwijken van die van het vooraf-
> gaande jaar; in de toelichting worden de verschillen aangegeven en
> worden de redenen die tot deze afwijking hebben geleid, uiteengezet.'

**Formele stel-
selmatigheid**

Het hier geciteerde bestendigheidsprincipe ten aanzien van de presentatie en
rubricering van de posten wordt ook wel 'formele stelselmatigheid' genoemd.

Artikel 384.6:

> 'Slechts wegens gegronde redenen mogen de waardering van activa en
> passiva en de bepaling van het resultaat geschieden op andere grond-
> slagen dan die welke in het voorafgaande boekjaar zijn toegepast. De
> reden der verandering wordt in de toelichting uiteengezet. Tevens
> wordt inzicht gegeven in haar betekenis voor vermogen en resultaat,
> aan de hand van aangepaste cijfers voor het boekjaar of voor het voor-
> afgaande boekjaar.'

**Materiële stel-
selmatigheid**

Het hier geciteerde bestendigheidsprincipe ten aanzien van de waardering
en resultaatbepaling staat ook wel bekend als 'materiële stelselmatigheid'.

4.2.3   Raad voor de Jaarverslaggeving

De Raad voor de Jaarverslaggeving is in 1981 opgericht en is samengesteld
op 'tripartiete' basis, dat wil zeggen dat hij vertegenwoordigers kent van opstellers van jaarrapporten (bedrijfsleven), gebruikers (externe belanghebbenden) en controleurs (accountants). De Raad heeft als doel om ten behoeve van de praktijk richtlijnen te geven voor het opstellen van het
jaarrapport. In deze richtlijnen wordt een onderscheid gemaakt tussen *aanbevelingen* en *stellige uitspraken*. Aan deze laatste wordt door de Raad een
extra gewicht toegekend; ze zijn te herkennen aan vetgedrukte tekst. De in
dit boek aangehaalde richtlijnen van de Raad voor de Jaarverslaggeving zullen verder worden aangeduid als RJ's. De hierbij vermelde nummers hebben
betrekking op jaareditie 2013, die van toepassing is op verslagjaren die aanvangen op of na 1 januari 2014.

**Aanbevelin-
gen en stellige
uitspraken**

Zoals in paragraaf 4.1 is uiteengezet, laat de Nederlandse wet veel ruimte
voor een nadere invulling van de 'maatschappelijk als aanvaardbaar' te beschouwen normen. De RJ's voorzien daarin. Hoewel ze geen officiële juridische status hebben, wordt bij het opstellen van de jaarrekening wel grote
waarde gehecht aan wat de RJ's ter zake bepalen. Het belang van de RJ's
wordt ook onderkend door de Ondernemingskamer (de jaarverslaggevings-
rechter, zie paragraaf 4.3.3); zij heeft in een aantal uitspraken verwezen naar
de RJ's als het erom ging vast te stellen of bepaalde verslaggevingsalternatieven als aanvaardbaar kunnen worden beschouwd.

Bij het opstellen van de richtlijnen neemt de Raad voor de Jaarverslaggeving de IFRS als uitgangspunt, met als gevolg dat de RJ's een grote mate van overeenkomst vertonen met de IFRS-set.
Op een aantal punten zijn de wettelijke regels echter fundamenteel verschillend van de IFRS. Aangezien de RJ's een nadere invulling zijn van de wettelijke regels, kunnen zij door de wet toegelaten verslaggevingsalternatieven (*wettelijke opties*) niet beperken. In die gevallen verschillen de RJ's dan ook van de IFRS.

Wettelijke opties

In navolging van de IASB heeft ook de Raad voor de Jaarverslaggeving ervoor gekozen om een algemeen raamwerk als uitgangspunt te nemen voor de specifieke richtlijnen. Dit raamwerk – neergelegd in RJ 930 – heet het *Stramien* en is een vrijwel letterlijke vertaling van het Framework van de IASB, zoals besproken in paragraaf 4.2.1.

Stramien

4

4.2.4   Nederlandse fiscale wetgever

Zoals in paragraaf 4.1 is aangegeven, mogen kleine rechtspersonen hun jaarrekening opstellen op basis van fiscale grondslagen, zoals die zijn opgenomen in de Wet op de vennootschapsbelasting. In die wet wordt voor de fiscale winstberekening van ondernemingen met rechtspersoonlijkheid aansluiting gezocht bij de regels voor winstberekening, zoals die in de Wet op de inkomstenbelasting voorkomen.
Het *kapstokartikel* voor de fiscale winstberekening is te vinden in artikel 3.25 van de Wet op de inkomstenbelasting:

> 'De in een kalenderjaar genoten winst wordt bepaald volgens goed koopmansgebruik, met inachtneming van een bestendige gedragslijn die onafhankelijk is van de vermoedelijke uitkomst. De bestendige gedragslijn kan alleen worden gewijzigd indien goed koopmansgebruik dit rechtvaardigt.'

Goed koopmansgebruik

De fiscale rechter heeft uitgesproken dat 'goed koopmansgebruik' in principe datgene is dat in overeenstemming is met bedrijfseconomische normen. Goed koopmansgebruik is dus in beginsel in overeenstemming met de 'normen die in het maatschappelijk verkeer als aanvaardbaar worden beschouwd', zoals die voorkomen in artikel 362.1 van Titel 9, Boek 2 van het Burgerlijk Wetboek. Echter, de fiscale rechter heeft daaraan toegevoegd dat – indien zich situaties voordoen waarbij de belastingwet bepalingen bevat die niet overeenkomen met bedrijfseconomische normen – de bepalingen van de belastingwet voorgaan. Zo is het bijvoorbeeld fiscaal toegestaan om de boekwinst op de verkoop van een bedrijfsmiddel niet onmiddellijk in het resultaat op te nemen, maar uit te smeren over een aantal boekjaren (door middel van de faciliteit van de herinvesteringsreserve, zie paragraaf 6.3.8). Op grond van het realisatieprincipe dient volgens de bedrijfseconomische normen deze winst onmiddellijk bij verkoop genomen te worden. In zo'n geval wijken bij de fiscale winstberekening dan ook de bedrijfseconomische normen voor andersluidende bepalingen in de belastingwet.
Gezien het feit dat de regels voor de winstbepaling, zoals die in de belastingwet zijn vastgelegd, zeer globaal geformuleerd zijn, heeft de jurisprudentie van de fiscale rechter in belangrijke mate bijgedragen aan het concretiseren van de fiscale grondslagen voor de winstbepaling.

Goed koopmansgebruik

4.3 Toezichthouders op de externe verslaggeving

In deze paragraaf komen de rollen aan de orde van de (externe) accountant (paragraaf 4.3.1), de Autoriteit Financiële Markten (paragraaf 4.3.2) en de Ondernemingskamer (paragraaf 4.3.3).

4.3.1   De accountant

Voor een groot aantal rechtspersonen geldt een verplichting om de jaarrekening te laten controleren, dat wil onder meer zeggen dat de jaarrekening door een onafhankelijke deskundige op juistheid en volledigheid moet worden gecontroleerd. De controleplicht vloeit voort uit de functie die de jaarrekening heeft voor de externe belanghebbenden. Deze moeten erop kunnen vertrouwen dat de jaarrekening een getrouw beeld geeft van het vermogen en het resultaat.

Om aan de controleplicht te voldoen moet de rechtspersoon opdracht tot een dergelijk onderzoek verlenen aan een registeraccountant (RA) of aan een accountant-administratieconsulent (AA); zij hebben *certificerende bevoegdheid*, dat wil zeggen dat een verklaring gegeven mag worden over de getrouwheid van de jaarrekening (artikel 393.1).

Beide groepen accountants staan ingeschreven in het accountantsregister en kenden tot voor kort een eigen beroepsorganisatie (Koninklijk NIVRA, Nederlands Instituut van Registeraccountants respectievelijk NOVAA, Nederlandse Orde van Accountant-administratieconsulenten). Op 1 januari 2013 zijn beide beroepsorganisaties gefuseerd tot één organisatie: NBA (Nederlandse Beroepsorganisatie van Accountants). Elke accountant is gebonden aan gedragsregels die zijn opgenomen in de *Verordening Gedragscode*.

Accountantskantoren die controlewerkzaamheden verrichten, dienen te beschikken over een vergunning van de Autoriteit Financiële Markten (zie paragraaf 4.3.2). Op de accountantsverklaring wordt in paragraaf 5.5 nader ingegaan.

Marginalia: Registeraccountant — Accountant-administratieconsulent — Koninklijk NIVRA — NOVAA — NBA

In 1883 begint de Rotterdamse boekhoudleraar Moret, samen met vier anderen, het *Bureel voor Boekhouding Confidentia*. In een reclamefolder wordt vermeld: 'Van de werkzaamheden die ons tot dusver werden toevertrouwd en die wij nog steeds tot volle tevredenheid onze lastgevers ten uitvoer brachten, noemen we het opmaken der balans, regelmatig eens per jaar, het uitoefenen van controle op administratiën en het uitbrengen van advies,

mondeling zowel als schriftelijk, in administratieve aangelegenheden......
Inderdaad zijn reeds verschillende malen personen, die onze assistentie in-
riepen, daardoor voor groot geldelijk nadeel bewaard gebleven.'
Het Bureel is het eerste Nederlandse accountantskantoor. Door de sterke
concentratietendens in de accountantswereld, ging het Bureel op in Moret &
Limperg, vervolgens in Moret, Ernst & Young, waarvan later de naam *Ernst &
Young* en in 2013 alleen *E & Y* overbleef. *E & Y* behoort wereldwijd tot de *big
four*, met een omzet van rond de €20 mld per jaar.

4.3.2   Autoriteit Financiële Markten

De Autoriteit Financiële Markten (AFM) is een 'zelfstandig bestuursorgaan'
en valt onder de politieke verantwoordelijkheid van de minister van Financiën. De AFM is langs twee wegen betrokken bij het toezicht op de externe
verslaggeving.

1   *Controle van de controleur*
De AFM is belast met het toezicht op het functioneren van de externe accountant. Zij heeft de bevoegdheid om de cliëntendossiers van de accountantskantoren in te zien en kan de kantoren opdragen om procedures te verbeteren. Als sanctie kan zij een dwangsom opleggen of – in het
uiterste geval – de vergunning van het kantoor intrekken.
Om sancties tegen een individuele accountant te laten plaatsvinden kan
de AFM deze aangeven bij de *Accountantskamer*, een onafhankelijk
tuchtrechtelijk orgaan. Op deze tuchtrechtspraak voor accountants gaan
we in paragraaf 5.4.4 uitgebreid in.

           **Accountants-
kamer**

2   *Onderzoek jaarrapporten beursgenoteerde ondernemingen*
De AFM onderzoekt of de gepubliceerde jaarrapporten van de beursgenoteerde ondernemingen in Nederland voldoen aan de geldende verslaggevingsvoorschriften. Het gaat hierbij niet alleen om ondernemingen met
beursgenoteerde aandelen, maar ook om ondernemingen waarvan (uitsluitend) obligaties beursgenoteerd zijn.
De AFM beoordeelt steekproefsgewijs de jaarrapporten en doet daarnaast
ook thematisch onderzoek, dat wil zeggen dat bepaalde onderwerpen
(bijvoorbeeld belastingen in de jaarrekening of leasing) nader uitgediept
worden.
Indirect houdt deze tweede functie van de AFM ook controle op de accountant in, want het betreft onderzoek van jaarrapporten die (normaliter) al een goedkeurende accountantsverklaring hebben meegekregen.
Als de AFM van oordeel is dat de verslaggevingsstandaarden niet juist zijn
toegepast, kan zij de onderneming aanbevelen om tot een *restatement*
over te gaan, dat wil zeggen: een publieke mededeling te doen dat het gepubliceerde jaarrapport op onderdelen niet juist was. Als de onderneming weigert om een restatement te publiceren, kan de AFM een procedure inleiden bij de Ondernemingskamer (zie paragraaf 4.3.3).

           Restatement

4.3.3   De Ondernemingskamer

Naast de AFM kan iedere 'belanghebbende' – indien hij van mening is dat
het jaarrapport niet overeenkomstig de geldende wet- en regelgeving is opgesteld – naleving van de regels vorderen bij de Ondernemingskamer van
het Amsterdamse Gerechtshof. Tegen de uitspraken van de Ondernemingskamer kan beroep in cassatie worden ingesteld bij de Hoge Raad. De

uitspraken hebben steeds betrekking op een concrete situatie, zodat voorzichtigheid betracht moet worden bij het eraan toekennen van algemene geldigheid.

Op de vraag wie als belanghebbende kan worden beschouwd, kan geen algemeen antwoord worden gegeven. De wet heeft niet omschreven wie belanghebbenden zijn. De rechter moet steeds in een concrete situatie beslissen of de klager als belanghebbende is aan te merken.
Om als zodanig gekwalificeerd te worden moet de klager kunnen aantonen dat voor hem, als gevolg van het niet juist toepassen van de regels, nadeel is ontstaan. Dit geldt overigens niet voor aandeelhouders en werknemers met een winstrecht; zij zijn in het verleden categorisch als belanghebbende aangemerkt.
Indien de klacht naar het oordeel van de rechter gegrond is, kan hij bepalen dat het jaarrapport opnieuw opgemaakt moet worden of kan hij aanwijzingen geven voor toekomstige jaarrapporten.
Bij de Ondernemingskamer kan echter geen eis tot schadevergoeding worden ingediend. Daarvoor dient een gebruiker, die financieel nadeel heeft geleden als gevolg van een verkeerde voorstelling van zaken, een civiele procedure aan te spannen tegen het bestuur van de rechtspersoon (en/of, zoals we in paragraaf 5.4.4 zullen zien, tegen de accountant).

© Noordhoff Uitgevers bv

5

Regelgeving: materiële en formele aspecten van de publicatieplicht

In dit hoofdstuk staan de juridische aspecten van het publiceren van het jaarrapport centraal.

In paragraaf 5.1 wordt uiteengezet welke ondernemingen onderworpen zijn aan regelgeving inzake opstelling en publicatie van het jaarrapport.

Paragraaf 5.2 behandelt de wettelijk voorgeschreven onderdelen van het jaarrapport, waarna paragraaf 5.3 een overzicht geeft van de vrijstellingen die gelden voor middelgrote en kleine rechtspersonen.

De formele aspecten van de externe verslaggeving, zoals de bevoegdheids-verdeling en de in acht te nemen termijnen, worden besproken in paragraaf 5.4, terwijl de accountantscontrole in paragraaf 5.5 aan bod komt.

5.1 Toepassingsgebied

In dit hoofdstuk zullen de wettelijke bepalingen een hoofdrol spelen.
We hebben in hoofdstuk 4 gezien dat voor beursgenoteerde ondernemingen
de standards van de IASB van groot belang zijn; dit is echter alleen het geval
voor wat betreft de in de *jaarrekening* op te nemen informatie. De regels die
gelden voor de overige onderdelen van het jaarrapport (*jaarverslag* en *overige gegevens*), blijven ook voor de beursgenoteerde ondernemingen te vinden in de Nederlandse wet. Datzelfde geldt voor de formele aspecten van de
jaarverslaggeving, zoals de bevoegdheid tot opmaking en vaststelling van de
jaarrekening en de daarbij in acht te nemen termijnen.

De wetgeving is van toepassing op (artikel 360.1 en 360.3):
1 alle naamloze vennootschappen, besloten vennootschappen met beperkte aansprakelijkheid, coöperaties en onderlinge waarborgmaatschappijen
2 bepaalde verenigingen en stichtingen

Verenigingen en stichtingen vallen slechts onder de jaarverslagwetgeving als
zij 'één of meer ondernemingen instandhouden welke ingevolge de Handelsregisterwet dienen te worden ingeschreven'. Het gaat derhalve om verenigingen en stichtingen die op commerciële wijze optreden in het economisch verkeer.
Om kleine verenigingen en stichtingen niet met de bij publicatieplicht horende beslommeringen op te zadelen, is bepaald dat de wet niet van toepassing
is op de vereniging of de stichting, als de netto-omzet van het ondernemingsdeel gedurende twee opeenvolgende boekjaren maximaal €4,4 mln per jaar
is. De amateurvoetbalclub die een kantine exploiteert en de studentenvereniging die een mensa uitbaat, zullen door dit minimumomzetcriterium dan ook
normaliter niet publicatieplichtig zijn.
Als de wet eenmaal van toepassing is, eindigt de publicatieplicht pas als de
vereniging of stichting twee jaar achtereen onder de grens van €4,4 mln netto-omzet komt.
Indien verenigingen of stichtingen uit hoofde van andere wetgeving reeds
verplicht zijn een financiële verantwoording op te stellen en openbaar te
maken, vallen zij niet onder de werking van de jaarverslagwetgeving, mits
die financiële verantwoording gelijkwaardig is aan de eisen die in Titel 9,
Boek 2 van het Burgerlijk Wetboek gesteld worden. Het gaat hier onder andere om ziekenhuizen en woningbouwcorporaties.

Eenmanszaken, vennootschappen onder firma (vof's) en commanditaire
vennootschappen (cv's) vallen niet onder de jaarverslaggevingswetgeving.
Hierop is één uitzondering gemaakt: indien de beherende vennoten van een
vof of cv kapitaalvennootschappen naar buitenlands recht zijn, is de vof of
cv wél onderworpen aan Titel 9, Boek 2 van het Burgerlijk Wetboek (artikel
360.2). Dit is bijvoorbeeld het geval als twee Duitse GmbH's een Nederlandse vof oprichten.
Dat de wetgeving zich niet uitstrekt tot ondernemingen van natuurlijke personen, heeft te maken met de beperkte kring van belanghebbenden bij die
ondernemingen. Bovendien zijn bij deze ondernemingen 'zaak' en 'privé'
niet gescheiden. Het heeft dan ook weinig zin om voor de 'zaak' iets voor te
schrijven als dat 'privé' weer ongedaan gemaakt kan worden.

Een ondernemer die zijn eenmanszaak omzet in een bv, wordt dus op dat moment geconfronteerd met de plicht om financiële gegevens openbaar te maken: ook de 'eenmans-bv's' zijn publicatieplichtig.
Ondernemers die zich hieraan niet willen conformeren, zijn aangewezen op de eerdergenoemde rechtsvorm van eenmanszaak, vennootschap onder firma of commanditaire vennootschap.

In 1841 openden Clemens en August Brenninkmeijer in Sneek hun eerste winkel. C&A is uitgegroeid tot een concern met 1.500 filialen in Europa en meer dan 36.000 personeelsleden. De hoogte van de omzet en winst zijn niet bekend. C&A Nederland wordt gedreven in de vorm van een commanditaire vennootschap, die niet valt onder de jaarverslagwetgeving. De familie Brenninkmeijer staat nog steeds aan het roer en is de laatste jaren voorzichtig begonnen met meer openheid van zaken te geven.

5.2 Onderdelen van het jaarrapport

In het jaarrapport dienen wettelijk de volgende onderdelen te zijn opgenomen:
- de jaarrekening (paragraaf 5.2.1)
- het jaarverslag (paragraaf 5.2.2)
- de overige gegevens (paragraaf 5.2.3)

5.2.1 De jaarrekening
In paragraaf 1.2 is de jaarrekening omschreven als het geheel van de balans, de resultatenrekening en een toelichting op beide overzichten.
Op grond van de wet (artikel 363.6) is het 'Besluit modellen jaarrekening' uitgevaardigd; dit Besluit geeft voorschriften voor de rubricering en de benaming van de posten van balans en resultatenrekening. Het Besluit is opgenomen in appendix 2.

Besluit modellen jaarrekening

De bedragen in de jaarrekening moeten in principe in de nationale valuta worden genoteerd. Indien echter de werkzaamheid van de rechtspersoon of de internationale vertakking van de groep dat rechtvaardigt, mag de jaarrekening of alleen de geconsolideerde jaarrekening worden opgesteld in een vreemde geldeenheid (artikel 362.7).

De posten moeten in de Nederlandse taal worden omschreven, tenzij de algemene vergadering tot het gebruik van een andere taal heeft besloten (artikel 362.7). Voor de gepubliceerde jaarrekening is de keuze van een vreemde taal beperkt tot het Frans, het Duits of het Engels (artikel 394.1).

Overigens dienen ondernemingen die hun jaarrekening opstellen op basis van IFRS in de jaarrekening – naast de balans en de resultatenrekening – ook een kasstroomoverzicht (zie hoofdstuk 11) op te nemen (IAS 7.1).

Samenvoegen van posten

De jaarrekening moet *een getrouw* beeld geven van het eigen vermogen per einde boekjaar en het resultaat over het boekjaar. Dit betekent niet tot op de cent nauwkeurig. 'Getrouw' wil zeggen dat de cijfers de werkelijkheid op zodanige wijze weergeven, dat de externe belanghebbenden hun besluitvorming of oordeelsvorming in voldoende mate kunnen bepalen. Indien bijvoorbeeld de waarde van de debiteuren op balansdatum volgens de boekhouding €304.238,96 bedraagt, geeft een balanswaarde van €304.000 geen exact, maar wel een getrouw beeld van de waarde van de debiteuren.

Materialiteit

In dit licht stelt de wet (artikel 363.3) ook dat posten, indien ze van te verwaarlozen betekenis zijn voor het vereiste inzicht, mogen worden samengevoegd met andere posten. Dit is het vraagstuk van de *materialiteit*. De vraag hierbij is wanneer een post wel of niet materieel is. De wet en de IASB geven geen cijfermatige invulling, de RJ doet dat wel:

- De RJ beveelt afzonderlijke vermelding aan, indien een balanspost groter is dan 5% van het balanstotaal of groter dan 10% van het rubriekstotaal waartoe de post hoort. Indien dit echter leidt tot afzonderlijke vermelding van een post die kleiner is dan 1% van het balanstotaal, mag deze post worden samengevoegd met andere posten (RJ 115.214).
- Ten aanzien van de posten in de resultatenrekening beveelt de RJ afzonderlijke vermelding aan indien de post groter is dan 5% van de toegevoegde waarde of groter dan 10% van het rubriekstotaal waartoe de post hoort (RJ 115.215); voor het begrip toegevoegde waarde verwijzen we naar paragraaf 10.7.

Toelichting

Disclosure

De posten van de jaarrekening moeten zo goed mogelijk worden toegelicht (*disclosure*). Zowel de IASB als de Nederlandse wet eist in de toelichting vermelding:

- van de toegepaste grondslagen per post (IAS 1.112a / artikel 384.5);
- bij iedere post van de jaarrekening van het bedrag van het voorafgaande boekjaar (IAS 1.38 / artikel 363.5), dit zijn de zogenaamde *vergelijkende cijfers*. Dit om vergelijkbaarheid in de tijd mogelijk te maken. In geval van een *stelselwijziging* schrijven zowel de IASB (IAS 8.22) en de RJ (RJ 140.211) als de wet (artikel 363.5) voor dat de vergelijkende cijfers over het vorige boekjaar worden aangepast aan het nieuwe systeem. Dit betekent uiteraard niet dat de jaarrekening over het vorige boekjaar wordt aangepast; er zal een verschil ontstaan tussen de jaarrekening over het vorige boekjaar en de cijfers die over dat boekjaar ter vergelijking zijn opgenomen in de jaarrekening van dit jaar. Daarom moet de aanpassing van de vergelijkende cijfers worden toegelicht.

Vergelijkende cijfers

Inzake een stelselwijziging moet in de toelichting verder nog de volgende informatie worden opgenomen:

- De reden voor de stelselwijziging (IAS 8.29 / RJ 140.213 / artikelen 363.4 en 384.6). Een stelselwijziging mag alleen maar worden doorgevoerd als daar een *gegronde* reden voor is. De RJ heeft dit nader geoperationaliseerd door aan te geven in welke situaties het voor een onderneming verplicht (RJ 140.206) c.q. toelaatbaar (RJ 140.207) is een stelselwijziging door te voeren.
- De betekenis van de stelselwijziging voor vermogen ultimo boekjaar en resultaat over het boekjaar (IAS 8.28/29 / RJ 140.214 / artikel 384.6). Zoals in paragraaf 3.7 – waar we een voorbeeld van een stelselwijziging hebben uitgewerkt – aangegeven, wordt dit het *jaareffect* genoemd.

In paragraaf 3.7 hebben we gezien dat een stelselwijziging *retrospectief* (dat wil zeggen met terugwerkende kracht) moet worden doorgevoerd en dat het *cumulatief effect* van een stelselwijziging rechtstreeks in het eigen vermogen dient te worden verwerkt. Dit laatste is ook expliciet door de IASB en de RJ voorgeschreven (IAS 8.36 / RJ 140.208). In de wet wordt niet gesproken over de verwerking van het cumulatief effect van een stelselwijziging.

In paragraaf 3.7 hebben we – naast stelselwijzigingen – ook aandacht besteed aan *schattingswijzigingen*. Over schattingswijzigingen bestaat weinig regelgeving; ze zijn inherent aan het opstellen van een jaarrekening. De IASB (IAS 8.39) en de RJ (RJ 145.304/305) schrijven voor dat de aard van de schattingswijziging en het kwantitatieve effect op de huidige en de toekomstige perioden moeten worden vermeld indien het inzicht dit vereist. Verder schrijven de IASB en de RJ voor dat schattingswijzigingen *prospectief* (dat wil zeggen dat op moment van schattingswijzigingen de boekwaarden niet mogen worden aangepast) dienen te worden verwerkt (IAS 8.36 / RJ 145.301). De wet bevat geen bepalingen over schattingswijzigingen.

5.2.2 Het jaarverslag

Het woord jaarverslag wordt in verschillende betekenissen gebruikt. Volgens de *wet* is het jaarverslag een van de onderdelen van de te verstrekken informatie, namelijk het verslag van de directie. In het *spraakgebruik* wordt met de term 'jaarverslag' vaak gedoeld op het totaal aan op te nemen informatie. Dit is ook de betekenis die publicatieplichtige ondernemingen er zelf meestal aan geven; als dus gesproken wordt van het jaarverslag van Philips, dan wordt hier het hele 'boekwerk' mee bedoeld.

Wij zullen het begrip 'jaarverslag' steeds gebruiken in de betekenis van de wet. Wordt het hele 'boekwerk' bedoeld, dan spreken we van 'jaarrapport'. De onderdelen van het jaarrapport duiden we aan als 'jaarstukken'.

Het jaarverslag is, vergeleken met de jaarrekening, minder cijfermatig en meer verbaal van aard. Het is een verslag van de leiding en dient in de vorm van een analyse een getrouw beeld te geven van de toestand op balansdatum, van de ontwikkeling gedurende het boekjaar en van de resultaten van de rechtspersoon en van de groepsmaatschappijen waarvan de financiële gegevens in zijn jaarrekening zijn opgenomen. Indien dit voor een goed begrip van de ontwikkeling gedurende het boekjaar, de resultaten of de positie van de rechtspersoon en groepsmaatschappijen noodzakelijk is, eist de wet dat deze analyse zowel financiële als niet-financiële prestatie-indicatoren omvat, waarbij ook aandacht wordt besteed aan milieu- en personeelsaangelegenheden.

5

Tevens moet in het jaarverslag een beschrijving worden gegeven van de voornaamste risico's en onzekerheden waarmee de onderneming wordt geconfronteerd (artikel 391.1).
Verder eist de wet inzake het gebruik van financiële instrumenten, de doelstelling en het beleid hiervan; daarbij dient aandacht te worden besteed aan het beleid inzake de afdekking van risico's verbonden aan alle belangrijke voorgenomen transacties. Bovendien moet informatie worden verstrekt over de door de rechtspersoon gelopen prijs-, krediet-, liquiditeits- en kasstroomrisico's (artikel 391.3).

Naast de hiervoor genoemde informatie over het *verleden* en het *heden*, eist de wet ook informatie over de *toekomst*: in het jaarverslag worden mededelingen gedaan over de verwachte gang van zaken; daarbij dient in het bijzonder aandacht te worden besteed aan:
- de investeringen
- de financiering
- de personeelsbezetting
- de omstandigheden waarvan de ontwikkeling van de omzet en van de rentabiliteit afhankelijk is (artikel 391.2)

Toekomst-paragraaf

Het deel van het jaarverslag dat ingaat op de verwachte gang van zaken, staat bekend onder de naam 'toekomstparagraaf'. Deze informatie mag (deels) worden weggelaten indien gewichtige belangen zich tegen opname verzetten. Een onderneming zou bijvoorbeeld schade kunnen lijden indien de concurrentie op de hoogte wordt gebracht van gevoelige informatie, zoals geplande overnames.

De wet eist verder mededelingen over (artikel 391.2):
- de werkzaamheden op het gebied van onderzoek en ontwikkeling;
- hoe bijzondere gebeurtenissen, waarmee in de jaarrekening geen rekening is gehouden, de verwachtingen hebben beïnvloed;
- (alleen voor naamloze vennootschappen) het beleid van de vennootschap aangaande de bezoldiging van haar bestuurders en commissarissen en de wijze waarop dit beleid in het verslagjaar in de praktijk is gebracht.

De RJ stelt dat, mede om de jaarrekening zinvol te kunnen interpreteren – naast de hiervoor genoemde wettelijk vereiste informatie – de volgende algemene informatie dient te worden opgenomen (RJ 400.108):
- de doelstelling van de onderneming, al dan niet vastgelegd in een 'mission statement'

Mission statement
- een aanduiding van de (kern)activiteiten
- de juridische structuur
- de interne organisatiestructuur en personele bezetting
- belangrijke elementen van het gevoerde beleid

Verder kan volgens de RJ – afhankelijk van de relevantie voor de gebruikers – opname van de volgende onderwerpen van belang zijn (RJ 400.128):
- marketing en distributie
- interne beheersing van processen en procedures
- risicomanagement
- kwaliteitsbeheersing
- in- en externe informatievoorziening
- automatisering
- financiering

Ten slotte stelt de wet nog de volgende formele eisen aan het jaarverslag:
- Het mag niet in strijd zijn met de jaarrekening (artikel 391.4).
- Het moet in de Nederlandse taal zijn opgesteld, tenzij de algemene vergadering tot het gebruik van een andere taal heeft besloten (artikel 391.1).
  Voor het openbaar gemaakte jaarverslag moet gebruik worden gemaakt
  van de Nederlandse taal of van dezelfde taal die wordt gehanteerd bij de
  gepubliceerde jaarrekening (artikel 394.4). De rechtspersoon hoeft het
  jaarverslag overigens niet openbaar te maken, indien de rechtspersoon het
  te zijnen kantore ter inzage van eenieder houdt en op verzoek een afschrift
  tegen maximaal de kostprijs verstrekt. Bij toepassing hiervan moet hij wel
  een mededeling hierover doen bij het Handelsregister (artikel 394.4).

5.2.3   De overige gegevens

De wet verlangt vermelding onder de overige gegevens van onder andere
(artikel 392.1):

a De accountantsverklaring voor zover de rechtspersoon controleplichtig
   is. Indien de accountantsverklaring ontbreekt, moet er een mededeling
   aanwezig zijn waarom deze ontbreekt.

b De statutaire regeling omtrent de winstbestemming.

c De bestemming van de winst of de verwerking van het verlies. Zolang de
   bestemming c.q. de verwerking nog niet bekend is, moet het voorstel
   hieromtrent worden vermeld.

d Een lijst van namen van degenen aan wie een bijzonder statutair recht
   inzake de zeggenschap in de rechtspersoon toekomt, met een omschrijving van de aard van dat recht; dit zijn meestal houders van *prioriteitsaandelen*. Indien dit recht vertegenwoordigd is in aandelen, moet per
   houder het aantal aandelen worden vermeld. Indien de betreffende aandelen in het bezit zijn van een vennootschap, een vereniging, een coöperatie, een onderlinge waarborgmaatschappij of een stichting, moeten tevens de namen van de bestuurders daarvan worden medegedeeld (artikel
   392.3). De rechtspersoon kan wegens gewichtige redenen ontheffing bij
   de minister van Economische Zaken vragen voor alle onder dit punt genoemde informatie; deze ontheffing kan telkens voor maximaal vijf jaar
   worden verleend (artikel 392.4).
   De onder dit punt verlangde informatie hoeft niet te worden gegeven indien, in het kader van de bepalingen inzake corporate governance, deze
   informatie al is opgenomen in het jaarverslag. Voor deze laatstgenoemde
   informatieplicht kan geen ontheffing worden aangevraagd.

e Het aantal winstbewijzen en soortgelijke rechten, het aantal stemrechtloze aandelen en het aantal aandelen dat geen of slechts een beperkt
   recht geeft tot deling in de winst of reserves van de vennootschap, met
   vermelding van de bevoegdheden die zij geven.

f Gebeurtenissen na balansdatum met belangrijke financiële gevolgen
   voor de rechtspersoon of voor de in zijn geconsolideerde jaarrekening
   opgenomen maatschappijen, onder vermelding van de omvang van de
   gevolgen. Het betreft hier gebeurtenissen na balansdatum die niet in de
   jaarrekening zijn verwerkt.

g Nevenvestigingen en de landen waar de nevenvestigingen zich bevinden,
   alsmede van hun handelsnaam, indien deze afwijkt van die van de rechtspersoon.

**Prioriteitsaan-
delen**

5

In januari 2013 werden de Fyra-treinen op het hogesnelheidstraject Amsterdam-Brussel uit voorzorg stilgelegd, nadat zich technische problemen met de treinstellen hadden voorgedaan.

In de Overige gegevens van het jaarrapport over 2012 meldt NS onder andere het volgende:

'De problemen met het materieel zullen gevolgen hebben voor de kortetermijndienstverlening en zullen ook financiële consequenties hebben. Gezien de uiteenlopende scenario's om de problemen van het materieel en dientengevolge de dienstverlening het hoofd te bieden, is het in dit stadium niet mogelijk de financiële gevolgen te kwantificeren. Deze gebeurtenissen zijn niet van invloed op de feitelijke situatie van activa en verplichtingen per balansdatum. Vandaar dat mogelijke (additionele) verliezen op het HSL-Zuid contract, die voortkomen uit de recente ontwikkelingen in 2013, zullen worden verwerkt in het resultaat over het boekjaar 2013.'

Verder worden aan de overige gegevens nog de volgende eisen gesteld:
- Ze mogen niet in strijd zijn met de jaarrekening en met het jaarverslag (artikel 392.2).
- Voor de gepubliceerde overige gegevens moet gebruik zijn gemaakt van de Nederlandse taal of van dezelfde taal die wordt gehanteerd bij de gepubliceerde jaarrekening (artikel 394.4).
  Net als bij het jaarverslag mag ook bij de overige gegevens (met uitzondering van de genoemde punten onder *a*, *c*, *f* en *g*) van openbaarmaking worden afgezien, indien de rechtspersoon deze informatie ten kantore van de rechtspersoon ter inzage van eenieder houdt en op verzoek een afschrift tegen maximaal de kostprijs verstrekt. De rechtspersoon moet ook hier melding van maken bij het Handelsregister (artikel 394.4).

Voor de commerciële vereniging en stichting heeft de wet (artikel 392.5) overigens bepaald dat de statutaire regeling omtrent de resultaatbestemming en de feitelijke resultaatbestemming (de genoemde punten onder *b* en *c*) niet onder de overige gegevens dienen te worden opgenomen, maar in de toelichting op de balans en resultatenrekening (artikel 383a).

De verplaatsing van deze informatie naar de toelichting houdt verband met het feit dat bij stichtingen en verenigingen – die de winst niet mogen uitkeren aan de oprichters – grote belangstelling bestaat voor de bestemming van het resultaat. Omdat kleine rechtspersonen de overige gegevens niet openbaar hoeven te maken (zie paragraaf 5.3.1), zou dit betekenen dat zonder deze bepaling gebruikers van de jaarrekeningen van kleine verenigingen en stichtingen niet over de informatie omtrent de resultaatbestemming zouden kunnen beschikken.

We sluiten deze paragraaf af door de in het jaarrapport op te nemen informatie nog eens kort weer te geven. Zie hiervoor figuur 5.1.

FIGUUR 5.1 De in het jaarrapport op te nemen informatie

Jaarrapport

Jaarrekening
- Balans
- Resultatenrekening
- Kasstroomoverzicht
  (bij toepassing IFRS)
- Toelichting

Jaarverslag
- Toestand per balansdatum
- Gang van zaken boekjaar
- Toekomstparagraaf

Overige gegevens
- Accountantsverklaring
- Winstbestemming
- Bijzondere zeggenschapsrechten
- Winstbewijzen en beperkingen in de
  aandelenrechten
- Gebeurtenissen na balansdatum
- Nevenvestigingen

5.3 Vrijstellingen voor middelgrote en kleine rechtspersonen

De regelgevende instanties huldigen het uitgangspunt dat de omvang van een onderneming gevolgen behoort te hebben voor de informatieverstrekking. De gedachte hierachter is: hoe groter de onderneming, hoe groter het maatschappelijk belang, hoe meer informatie er verstrekt dient te worden. We zetten uiteen hoe dit uitgangspunt is uitgewerkt door de wetgever (paragraaf 5.3.1) en door de RJ en de IASB (paragraaf 5.3.2).

5.3.1   Wettelijke bepalingen

De wet kent een indeling van de rechtspersonen in 'klein', 'middelgroot' en 'groot'. Deze categorie-indeling wordt bepaald aan de hand van de volgende drie criteria (artikelen 396.1 en 397.1):

1 de waarde van de activa volgens de balans met toelichting op basis van historische kosten
2 de netto-omzet
3 het gemiddeld aantal werknemers

In tabel 5.1 worden de grenzen tussen de categorieën aangegeven.

TABEL 5.1 Indeling van rechtspersonen naar omvang

	Klein (artikel 396.1)	**Middelgroot** (artikel 397.1)	**Groot**
Waarde van de activa	Max. €4,4 mln	> €4,4 mln Max. €17,5 mln	Overige
Netto-omzet	Max. €8,8 mln	> €8,8 mln Max. €35 mln	Overige
Gemiddeld aantal werknemers	< 50	Min. 50 < 250	Overige

Bij tabel 5.1 dient het volgende te worden opgemerkt:
- Voor de indeling in een categorie geldt dat de rechtspersoon aan ten minste twee van de drie criteria moet voldoen.
- Voor de toetsing aan de criteria moet uitgegaan worden van geconsolideerde cijfers (artikelen 396.2 en 397.2). Dit geldt niet voor zogenaamde tussenholdings die gebruikmaken van artikel 408, waar onder voorwaarden vrijstelling wordt verleend van de verplichting om een geconsolideerde jaarrekening op te stellen; in dat geval wordt voor toetsing aan de criteria uitgegaan van de enkelvoudige jaarrekening. De problematiek rondom consolidatie en de diverse vrijstellingen hierbij, wordt behandeld in paragraaf 17.2.
- Bij de commerciële vereniging of stichting gelden de criteria slechts voor het ondernemingsdeel van de rechtspersoon. Zijn er binnen een vereniging of stichting meerdere ondernemingen, dan gaat het om de geconsolideerde cijfers van het totaal van die ondernemingen (artikel 398.5).
- De in tabel 5.1 vermelde cijfers kunnen bij algemene maatregel van bestuur worden aangepast (artikel 398.4).
- Ter voorkoming van de situatie dat een rechtspersoon elk jaar met andere wettelijke verplichtingen kan worden geconfronteerd, is bepaald dat hij pas onder het regime 'klein, middelgroot of groot' valt, als hij *twee* achtereenvolgende jaren aan de criteria voldoet (artikelen 396.1 en 397.1). 'Wisseling' gaat dus altijd met een jaar vertraging gepaard. Nieuw opgerichte rechtspersonen worden in de eerste twee boekjaren in die categorie ingedeeld waarin zij op grond van hun cijfers uit het eerste boekjaar thuishoren (artikel 398.1).

Het overgrote deel van de rechtspersonen bevindt zich in de categorie 'klein'. De in paragraaf 5.2 besproken regels gelden voor grote rechtspersonen. Zij moeten de daarbeschreven specificaties volgen. Voor middelgrote en kleine rechtspersonen gelden bepaalde vrijstellingen.

Deze vrijstellingen kunnen worden onderscheiden in:

- Vrijstellingen van *inrichtingsvoorschriften*, die betrekking hebben op de in de jaarstukken op te nemen informatie, zoals deze aan de aandeelhouders (of leden) worden aangeboden (onafhankelijk van de vraag of de jaarstukken ook openbaar gemaakt dienen te worden). **Inrichtings-voorschriften**
- Vrijstellingen van *publicatievoorschriften*, die betrekking hebben op de informatie die openbaar gemaakt moet worden. **Publicatie-voorschriften**

In de tabellen 5.2 en 5.3 zijn de belangrijkste vrijstellingen voor middelgrote en kleine rechtspersonen weergegeven.

TABEL 5.2 Vrijstellingen middelgrote rechtspersonen

	Inrichting	Publicatie
Balans	Geen afwijkende bepalingen	Bepaalde posten mogen worden samengevoegd
Resultatenrekening	Bepaalde posten mogen worden samengevoegd	Bepaalde posten mogen worden samengevoegd
Toelichting	Segmentatie netto-omzet hoeft niet vermeld te worden	Segmentatie netto omzet hoeft niet vermeld te worden
Jaarverslag	Er hoeft geen aandacht te worden besteed aan niet-financiële prestatie-indicatoren.	Er hoeft geen aandacht te worden besteed aan niet-financiële prestatieindicatoren.
Overige gegevens	Geen afwijkende bepalingen	Aantal elementen hoeft niet vermeld te worden

Voor een meer gedetailleerde weergave van de vrijstellingen voor middelgrote rechtspersonen verwijzen we naar artikel 397 lid 3 tot en met 8.

TABEL 5.3 Vrijstellingen kleine rechtspersonen

	Inrichting	Publicatie
Balans	Verdergaande samenvoegingen	Verdergaande samenvoegingen
Resultatenrekening	Verdergaande samenvoegingen	Geen publicatie
Toelichting	Verdergaande vrijstellingen	Verdergaande vrijstellingen
Jaarverslag	Vrijgesteld	Geen publicatie
Overige gegevens	Geen afwijkende bepalingen	Geen publicatie

Voor een meer gedetailleerde weergave van de vrijstellingen voor kleine rechtspersonen wordt verwezen naar artikel 396 lid 3 tot en met 9.

Indien de kleine rechtspersoon *geen winst beoogt*, is hij zelfs geheel vrijge-steld van publicatieplicht. De rechtspersoon moet dan wel op verzoek de be-perkte balans met toelichting overeenkomstig de inrichtingsvoorschriften kosteloos aan zijn kapitaalverschaffers op verzoek toezenden of ten kantore van de rechtspersoon ter inzage aanbieden en hieromtrent tevens een mede-deling neerleggen bij het Handelsregister (artikel 396.9). Een voorbeeld hier-van is de pensioen-bv die het rendement op het vermogen niet uitkeert, maar toevoegt aan het voor de pensioengerechtigde bestemde vermogen.
Tenslotte dient nog vermeld te worden dat de kleine rechtspersoon *niet* ver-plicht is de jaarstukken te laten controleren door een accountant (artikel 396.7).

De rechtspersoon is niet verplicht gebruik te maken van de geboden vrijstel-lingen; het is een recht. Indien hij geen gebruik van de vrijstellingen wil ma-ken, moet dit zijn besloten in de algemene vergadering, uiterlijk zes maan-den na het begin van het boekjaar (artikel 398.2).

We plaatsen nog de volgende kanttekeningen:
- Als een kleine of middelgrote rechtspersoon IFRS toepast (omdat zij beursgenoteerd is of vrijwillig heeft gekozen voor het IFRS-regime), gel-den de in deze paragraaf behandelde vrijstellingen op grond van artikel 362.9 *niet*; dit betekent ondermeer dat deze ondernemingen – ongeacht hun omvang – controleplichtig zijn.
- De indeling in 'klein', 'middelgroot' en 'groot' heeft alleen gevolgen voor de hoeveelheid informatie die verstrekt dient te worden en dus niet voor de grondslagen voor waardering en winstbepaling die gebruikt worden bij het opstellen van de jaarrekening. Daar is echter één belangrijke uit-zondering op: in paragraaf 4.1 hebben we al geconstateerd dat het alleen aan de kleine rechtspersoon is toegestaan om zijn jaarrekening op te stel-len op basis van fiscale grondslagen.
- Aan het eind van paragraaf 1.3 hebben we aangegeven dat per 1 januari 2016 EU-richtlijn 2013/34 in de Nederlandse wet moet zijn geïmplemen-teerd. In die richtlijn zijn in het kader van administratieve lastenverlichting nog maar enkele inrichtingsvoorschriften en een vrijstelling van publica-tieverplichting opgenomen voor een nieuwe categorie rechtspersonen: de *micro-ondernemingen.*

Micro-onder-nemingen

Onder een micro-onderneming wordt verstaan een rechtspersoon die aan ten minste twee van de volgende criteria voldoet: balanstotaal maxi-maal €350.000, netto-omzet maximaal €700.000 en gemiddeld aantal werknemers maximaal 10.
Uiteraard is het de vraag in hoeverre de Nederlandse wetgever deze vrij-stelling in haar wetgeving zal opnemen.

5.3.2   RJ en IASB

De RJ heeft twee bundels richtlijnen uitgevaardigd: de 'gewone' richtlijnen voor grote en middelgrote rechtspersonen en 'lichtere' richtlijnen voor klei-ne rechtspersonen. De in dit boek aangehaalde RJ's zijn de richtlijnen die gelden voor de grote en middelgrote rechtspersonen.
Voor de richtlijnen die van toepassing zijn op de kleine rechtspersonen,

Rjk-bundel

verwijzen we naar de *Rjk-bundel*, die een aftreksel is van de bundel richtlij-nen die gelden voor grote en middelgrote rechtspersonen.
De IASB kent ook een onderverdeling in voorschriften: de 'gewone' IFRS

IFRS for SMEs

voor beursgenoteerde ondernemingen en 'lichtere' IFRS voor 'Small and Medium-sized Entities' (*IFRS for SMEs*). Naar Nederlandse maatstaven gemeten is deze laatste set voorschriften bedoeld voor grote en middelgrote rechtspersonen die niet beursgenoteerd zijn.

De IFRS for SMEs kennen eenvoudigere concepten voor het opstellen van de jaarrekening dan full IFRS. Zo is er voor vaste activa bijvoorbeeld niet de verplichting tot jaarlijkse beoordeling van een bijzondere waardevermindering (impairment-test, zie paragraaf 6.3.7) en kunnen ook pensioenverplichtingen (zie paragraaf 9.3.3) op minder gecompliceerde wijze berekend worden dan in het geval van full IFRS.

Omdat de IFRS for SMEs in Nederland (nog) geen juridische status hebben, besteden we aan deze set IFRS in dit boek geen aandacht. Ze komen qua strekking echter overeen met de richtlijnen van de RJ voor grote en middelgrote rechtspersonen en als zodanig voldoen ze dan ook aan Dutch-GAAP.

⬛ **5.4** Formele aspecten van de publicatieplicht

Achtereenvolgens wordt ingegaan op de deponering van de jaarstukken (paragraaf 5.4.1), de bevoegdheidsverdeling tussen de organen van de rechtspersoon ten aanzien van de externe verslaggeving (paragraaf 5.4.2), de termijnen die in acht genomen moeten worden (paragraaf 5.4.3) en de sancties die dreigen als niet aan de publicatieplicht voldaan wordt (paragraaf 5.4.4).

5.4.1   Deponering

Publicatie in de zin van de wet houdt in dat de jaarstukken gedeponeerd worden bij het *Handelsregister* dat beheerd wordt door de Kamer van Koophandel (artikel 394.1 en 394.4). De statutaire vestigingsplaats van de rechtspersoon is bepalend voor de vraag bij welk Handelsregister de jaarstukken gedeponeerd moeten worden.

Handelsregister

De *jaarrekening* moet in ieder geval gedeponeerd worden; in de paragrafen 5.2.2 en 5.2.3 hebben we gezien dat voor het *jaarverslag* en een aantal onderdelen van de *overige gegevens* geldt dat het is toegestaan om die niet te deponeren, maar ze ten kantore van de rechtspersoon ter inzage te houden.

De minister van Economische Zaken kan op verzoek wegens gewichtige redenen ontheffing verlenen van het opmaken, het overleggen en het vaststellen van een jaarrekening (artikelen 49.6, 58.5, 101.7, 210.8 en 300.5). In dat geval hoeft er uiteraard ook niet te worden gepubliceerd; wel moet er dan een afschrift van de ontheffing ten kantore van het Handelsregister worden gedeponeerd (artikel 394.5). Een voorbeeld hiervan is de situatie dat de onderneming mogelijk binnen afzienbare tijd geliquideerd wordt (bijvoorbeeld als gevolg van een dreigend faillissement), waardoor er onzekerheid bestaat over de te hanteren waarderingsgrondslagen: uitgaan van going concern-grondslagen of van liquidatiewaarden?

In het verleden werden de jaarrapporten standaard in papieren vorm bij de Kamer van Koophandel aangeleverd. Tegenwoordig gaan steeds meer ondernemingen over op digitale deponering door middel van SBR, hetgeen staat voor *Standard Business Reporting* en ervoor zorgt dat vanuit de bedrijfsadministratie gestandaardiseerde rapportages in meerdere vormen kunnen worden samengesteld en aangeleverd. Vanuit de eigen administratie ontstaat zo één dataset die – naast het bij de Kamer van Koophandel aan te leveren jaarrapport – voor meerdere rapportagedoeleinden te gebruiken is, zoals de fiscale aangiftes vennootschapsbelasting en omzetbelasting,

Digitale deponering

kredietrapportages en rapportages over maatschappelijk verantwoord ondernemen.

Op zich is de elektronische representatie van een jaarrapport niet anders dan de papieren versie, het voordeel van de digitale versie is echter dat de onderliggende dataset kan voorzien in veel uitgebreidere gebruikersmogelijkheden. De gebruikers kunnen 'op maat' informatie selecteren uit de dataset die aan het jaarrapport ten grondslag ligt. Zo kan de ene gebruiker (bijvoorbeeld een bank) die informatie selecteren die nodig is voor een oordeel over de mate waarin de onderneming in staat is om aan haar rente- en aflossingsverplichtingen te voldoen, terwijl een andere gebruiker (bijvoorbeeld een potentiële aandeelhouder) informatie kan raadplegen betreffende de winst per aandeel en de ontwikkeling van de beurskoers van de onderneming. Met behulp van achterliggende software kan zo veel beter worden voldaan aan de informatiebehoeften van de verschillende gebruikers, terwijl de papieren versie meer één totaalpakket is waarmee alle gebruikers zich maar moeten zien te redden en van waaruit veel meer handelingen nodig zijn om tot specifieke informatie te komen.

5.4.2   Bevoegde organen

In deze paragraaf komt voor de diverse rechtspersonen aan de orde wie bevoegd is de jaarrekening op te maken en wie bevoegd is deze vast te stellen.

De jaarrekening wordt *opgemaakt* door het bestuur (artikelen 49.1, 58.1, 101.1 en 210.1, 300.1); in het geval van een nv of bv is dat dus de directie. Vervolgens wordt de jaarrekening *vastgesteld*. Deze vaststelling vindt bij de nv en de bv plaats door de Algemene vergadering van Aandeelhouders (AvA) (artikelen 101.3 en 210.3), bij de coöperatie, de onderlinge waarborgmaatschappij en de commerciële vereniging door de algemene (leden)vergadering (artikelen 58.1 en 49.3). Bij een commerciële stichting vindt de vaststelling plaats door een in de statuten aan te wijzen orgaan; als daarover in de statuten niets is bepaald, komt de vaststellingsbevoegdheid toe aan het 'toezichthoudend orgaan' en als dat er niet is, aan het bestuur (artikel 300.3). We merken op dat het vaststellen van de jaarrekening niet tot *kwijting* strekt van de bestuurders van een nv (artikel 101.3) of een bv (artikel 210.3). Dat wil zeggen dat de bestuurders niet automatisch ontheven zijn van aansprakelijkheid ten opzichte van de vennootschap. Kwijting van de bestuurders zal in een afzonderlijk besluit van de AvA vastgelegd dienen te worden. Hetzelfde geldt voor de bestuurders van een commerciële vereniging (artikel 49.3) en van een coöperatie en onderlinge waarborgmaatschappij (artikel 58.1).

5.4.3   Termijnen

Binnen vijf maanden (voor nv's en bv's, artikelen 101.1 en 210.1) c.q. zes maanden (voor coöperaties, onderlinge waarborgmaatschappijen en commerciële verenigingen en stichtingen, artikelen 58.1, 49.1 en 300.1) na afloop van het boekjaar moet de jaarrekening zijn opgemaakt en ter inzage liggen voor (de leden van) het orgaan dat met de vaststelling belast is. Op grond van bijzondere omstandigheden kan door dit orgaan deze termijn met ten hoogste zes maanden (voor nv's en bv's) c.q. vijf maanden (voor coöperaties, onderlinge waarborgmaatschappijen en commerciële verenigingen en stichtingen) verlengd worden.

De jaarrekening dient vervolgens te worden vastgesteld binnen twee maanden (nv en bv, artikel 394.2) c.q. één maand (coöperaties, onderlinge waarborgmaatschappijen en commerciële verenigingen en stichtingen, artikelen 58.1, 49.3 en 300.3) nadat zij is opgemaakt.

Tot slot moet de jaarrekening binnen acht dagen na vaststelling gepubliceerd worden (artikel 394.1). De wetgever heeft als uiterste limiet bepaald dat publicatie in ieder geval uiterlijk dertien maanden na afloop van het boekjaar dient plaats te vinden (artikel 394.3).

In tabel 5.4 geven we de belangrijkste formele bepalingen nog eens schematisch weer.

TABEL 5.4 Formele bepalingen voor de jaarrekening

		nv/bv	**Coöperatie Onderlinge waarborgmaatschappij Commerciële vereniging**	**Commerciële stichting**
Opmaken:	Door	Bestuur	Bestuur	Bestuur
	Termijn	Binnen vijf maanden na boekjaar. Eventueel verlenging met zes maanden	Binnen zes maanden na boekjaar. Eventueel verlenging met vijf maanden	
Vaststellen:	Door	AvA	Algemene vergadering	In statuten aangewezen orgaan
	Termijn	Binnen twee maanden na opmaking	Binnen één maand na opmaking	
Publiceren:	Termijn	Binnen acht dagen na vaststelling; in ieder geval binnen dertien maanden na boekjaar		

Gebeurtenissen na balansdatum

In paragraaf 3.6 hebben we gezien dat gebeurtenissen na balansdatum die zich voordoen vóór het opmaken van de jaarrekening en een nieuw licht werpen op de situatie zoals die op balansdatum bestond, dienen te worden verwerkt in de jaarrekening over het afgesloten boekjaar. Wat nu als deze gebeurtenissen zich pas voordoen nadat de jaarrekening is opgemaakt?

Voor gebeurtenissen die nadere informatie geven over de feitelijke situatie op balansdatum en zich voordoen *tussen het opmaken en het vaststellen van de jaarrekening*, verschillen de voorschriften van de IASB ten opzichte van die van de RJ en de wet. De IASB schrijft voor dat ook deze gebeurtenissen in de jaarrekening moeten worden verwerkt (IAS 10.3 en 10.8). In de inmiddels opgemaakte jaarrekening moeten dan dus nog correcties aangebracht worden. De RJ (RJ 160.202) en de wet (artikel 362.6) schrijven deze ingrijpende operatie alleen voor indien dit onontbeerlijk is voor het vereiste inzicht: alleen voor materiële gebeurtenissen moet de jaarrekening worden aangepast.

Voor gebeurtenissen die nadere informatie geven over de feitelijke situatie op balansdatum en zich voordoen *na het vaststellen van de jaarrekening*, voorziet de IASB niet in regelgeving. De RJ (RJ 160.203) en de wet (artikel 362.6) voorzien hier wel in: indien de jaarrekening in ernstige mate tekortschiet in het geven van het vereiste inzicht, moet de onderneming dit berichten aan alle partijen waaraan in eerste instantie 'foutief' is gerapporteerd. Dit betekent dat zij haar leden of aandeelhouders en de ondernemingsraad (die op grond van de Wet op de Ondernemingsraden recht heeft op een jaarrekening, zoals deze is aangeboden aan de leden of aandeelhouders) hierover moet informeren en een mededeling moet doen bij het Handelsregister waar zij haar jaarstukken openbaar heeft gemaakt. Deze mededeling moet – indien de onderneming controleplichtig is – voorzien zijn van een accountantsverklaring.

- -

VOORBEELD 5.1

Op 1 augustus 2013 heeft machinefabrikant nv Veluwe zijn jaarrapport over 2012 gedeponeerd bij het Handelsregister.

In de loop van augustus 2013 beginnen schadeclaims binnen te stromen inzake een serie machines die door Veluwe in december 2012 zijn verkocht. Na slechts luttele maanden in gebruik te zijn geweest, vertoonden de machines haarscheurtjes, die het niet verantwoord deden zijn om ze in bedrijf te houden. De schadeclaims lopen rond de €2 mln, terwijl over 2012 een winst gerapporteerd werd van €3 mln.

In dit geval schiet de jaarrekening over 2012 zodanig tekort in het verschaffen van inzicht in het eigen vermogen per 31 december 2012 en het resultaat over 2012, dat een mededeling bij het Handelsregister gedeponeerd dient te worden.

- -

In tabel 5.5 geven we een samenvatting van de verwerkingswijze van gebeurtenissen na balansdatum.

TABEL 5.5 Verwerkingswijze gebeurtenissen na balansdatum

Boekjaar X	Opmaken jaarrekening	Vaststellen jaarrekening
<---------------------------->	<---------------------------->	<----------------------------
Werpt nader licht op situatie per balansdatum	Verwerken in jaarrekening boekjaar X, indien materieel (IASB: altijd verwerken)	Mededeling in Handelsregister en aa leden/aandeelhouder ondernemingsraad, ir anders inzicht in erns mate tekortschiet
Werpt geen nader licht op situatie per balansdatum	Verwerken in jaarrekening boekjaar X+1	

Niet verwerkte gebeurtenissen na balansdatum

Gebeurtenissen na balansdatum die geen nieuw licht werpen op de situatie per balansdatum worden dus niet verwerkt in de jaarrekening van het afgesloten boekjaar. Uiteraard kunnen deze gegevens wel van belang zijn voor de gebruikers van het jaarrapport. Indien de schadeclaims in voorbeeld 5.1 betrekking zouden hebben gehad op in januari 2013 geleverde machines, zou

verwerking van dit financieel nadeel niet in de jaarrekening 2012 van onderneming Veluwe zijn verwerkt; deze informatie is echter wel relevant voor de gebruikers van het jaarrapport 2012. Daarom eisen de IASB (IAS 10.21) en de RJ (RJ 160.404) in geval van belangrijke, niet in de balans verwerkte gebeurtenissen na balansdatum, de volgende informatie in het jaarrapport (de RJ schrijft melding van deze informatie voor in de 'overige gegevens'):
- de aard van de gebeurtenis
- een schatting van de financiële gevolgen, of een mededeling dat een schatting niet mogelijk is

De wet eist inzake niet in de balans verwerkte gebeurtenissen na balansdatum:
- melding in de 'overige gegevens' voor zover deze voor de onderneming belangrijke financiële gevolgen hebben, onder vermelding van de omvang van die gevolgen (artikel 392.1g, zie ook paragraaf 5.2.3)
- melding in het jaarverslag van de invloed van deze gebeurtenissen op de verwachtingen (artikel 391.2, zie ook paragraaf 5.2.2)

5.4.4   Sancties
Indien een onderneming niet voldoet aan haar publicatieverplichtingen of een onjuist jaarrapport publiceert, kan dit juridische gevolgen hebben. We kunnen hierbij een onderscheid maken tussen strafrechtelijke, civielrechtelijke en tuchtrechtelijke sancties.

Strafrechtelijke sancties
In de *Wet op de economische delicten* is vastgelegd dat het niet voldoen aan de publicatieverplichtingen het bestuur kan komen te staan op een hechtenis van maximaal zes maanden of een boete van ten hoogste €20.250. Het *Wetboek van Strafrecht* bepaalt dat bestuurders van een onderneming die opzettelijk een 'onware' balans of resultatenrekening openbaar maken, een gevangenisstraf van ten hoogste een jaar opgelegd kunnen krijgen of een boete van ten hoogste €81.000.

Wet op de economische delicten

Wetboek van Strafrecht

Civielrechtelijke sancties
In paragraaf 4.3.3 hebben we al gezien dat belanghebbenden een vordering bij de Ondernemingskamer kunnen instellen, indien zij van mening zijn dat het jaarrapport niet conform de regelgeving is opgesteld. De Ondernemingskamer kan vervolgens bevelen dat het jaarrapport aangepast wordt. Daarnaast zijn in het *Burgerlijk Wetboek* de volgende bepalingen opgenomen die leiden tot aansprakelijkheid van de bestuurders:
- Ondernemingsbestuurders zijn hoofdelijk aansprakelijk tegenover derden voor schade die veroorzaakt wordt door een misleidende voorstelling van zaken in de jaarrekening of het jaarverslag. Deze bepaling geldt ook voor tussentijdse cijfers, zoals halfjaarberichten. De bestuurder die bewijst dat het niet aan hem te wijten is dat de misleidende informatie gepubliceerd werd, is niet aansprakelijk.
- In geval van faillissement van de onderneming zijn de bestuurders bij wanbeleid ('kennelijk onbehoorlijk bestuur') hoofdelijk aansprakelijk voor het tekort bij de vereffening. Als de onderneming geen jaarrapport heeft gepubliceerd, terwijl ze dat wel verplicht was, gaat de wet ervan uit dat er sprake is van onbehoorlijk bestuur.

Burgerlijk Wetboek

Onbehoorlijk bestuur

Tuchtrechtelijke sancties

**Wet tucht-
rechtspraak
accountants**

In de *Wet tuchtrechtspraak accountants* wordt de bevoegdheid tot sancties gegeven aan de Accountantskamer, die is verbonden aan de rechtbank Zwolle-Lelystad.

Eenieder die een klacht heeft over het beroepsmatig functioneren van de accountant, kan deze schriftelijk kenbaar maken. Om het lichtvaardig indienen van klachten te voorkomen, is een griffierecht verschuldigd dat wordt gerestitueerd als de klager in het gelijk wordt gesteld.

De voorzitter van de Accountantskamer heeft de bevoegdheid om te bepalen dat een klacht eerst wordt verwezen naar een door de beroepsorganisaties ingestelde klachtencommissie, maar klachten van principiële aard of klachten met een spoedeisend karakter worden in ieder geval rechtstreeks door de Accountantskamer in behandeling genomen. De behandeling geschiedt in beginsel in het openbaar.

Door de Accountantskamer kunnen de volgende sancties opgelegd worden:

- het geven van een waarschuwing
- het geven van een berisping
- het opleggen van een boete van maximaal €8.100
- tijdelijke doorhaling van de inschrijving in het accountantsregister voor ten hoogste een jaar
- definitieve doorhaling van de inschrijving in het accountantsregister

De tuchtrechtspraak is primair bedoeld ter handhaving van de kwaliteit en de betrouwbaarheid van het accountantsberoep; zij kan niet leiden tot schadevergoeding. Indien een gebruiker zich benadeeld voelt en de schade wil verhalen op de accountant omdat die ten onrechte een bepaalde verklaring heeft afgegeven, dient hij een civiele procedure tegen de accountant aan te spannen.

In tabel 5.6 worden de mogelijke sancties samengevat weergegeven.

TABEL 5.6 Mogelijke sancties bestuurders en accountants

Feit	Soort procedure	Van toepassing op	Maximale san
Niet voldoen aan publicatieverplichting	Strafrechtelijk	Bestuurders	Zes maanden hechtenis of €2(boete
Onware balans of resultatenrekening openbaar maken	Strafrechtelijk	Bestuurders	Een jaar gevangenisstraf €81.000 boete
Misleidende voorstelling van zaken in jaarrapport	Civielrechtelijk	Bestuurders	Hoofdelijk aansprakelijk v schade
Faillissement, geen jaarrekening gepubliceerd	Civielrechtelijk	Bestuurders	Hoofdelijk aansprakelijk v tekort
Misslagen in uitoefening accountantsberoep	Tuchtrechtelijk	Accountant	Waarschuwing berisping/boet (tijdelijke) doo

5.5 Accountantscontrole

In paragraaf 4.3.1 is aangegeven dat een groot aantal rechtspersonen controleplichtig is; dit betreft de grote en de middelgrote rechtspersonen.
Bij kleine rechtspersonen wordt – hoewel deze niet controleplichtig zijn (artikel 396.7) – vaak een accountant aangezocht om de jaarstukken samen te
stellen; dit om de geloofwaardigheid van de inhoud van de stukken (bijvoorbeeld bij kredietgesprekken met de bank) te vergroten.
Tot het verlenen van de opdracht aan een accountant is in eerste instantie de
algemene vergadering bevoegd; verleent de algemene vergadering de opdracht niet, dan is de Raad van Commissarissen het aangewezen orgaan. Indien de Raad van Commissarissen ontbreekt of deze de opdracht ook niet
verleent, is het bestuur bevoegd de opdracht te verlenen. Een eenmaal verleende opdracht aan een accountant kan worden ingetrokken door de algemene vergadering en door degene die de opdracht heeft verleend; de door
het bestuur verleende opdracht kan tevens door de Raad van Commissarissen worden ingetrokken (artikel 393.2).
Deze volgorde van organen die de opdracht kunnen verlenen en intrekken,
is door de wetgever gekozen om de accountant bij de uitvoering van zijn opdracht zo onafhankelijk mogelijk van het bestuur van de rechtspersoon te
laten functioneren.
De wet schrijft een aantal taken voor die de accountant moet uitvoeren bij
zijn onderzoek naar de jaarstukken (artikel 393.3); hij dient te controleren of:
1 *de jaarrekening* het in artikel 362.1 vereiste inzicht geeft en aan de wettelijke voorschriften voldoet
2 *het jaarverslag* overeenkomstig de wettelijke voorschriften is opgesteld
   en met de jaarrekening verenigbaar is
3 *de overige gegevens* zijn toegevoegd

De accountant geeft over de uitkomst van zijn onderzoek een schriftelijke
verklaring af: de *accountantsverklaring* (artikel 393.5). In deze verklaring
wordt onder meer vermeld of de jaarrekening naar het oordeel van de accountant een getrouw beeld geeft van de grootte en de samenstelling van het
vermogen en het resultaat. De accountant kan een afzonderlijke verklaring
afgeven voor de enkelvoudige en voor de geconsolideerde jaarrekening. In de
wet worden vier soorten accountantsverklaringen genoemd (artikel 393.6):
1 *De goedkeurende verklaring.* De accountant geeft een goedkeurende verklaring af als de jaarrekening naar zijn oordeel een getrouw beeld van de
   werkelijkheid weergeeft.
2 *De verklaring met beperking.* Er kunnen twee redenen zijn waarom de
   accountant een verklaring met beperking afgeeft:
   • Hij heeft een bedenking tegen de jaarrekening die naar zijn oordeel
     van *materieel* belang is, maar niet zodanig, dat hij meent een afkeu-
     rende verklaring te moeten geven.
   • De accountant heeft één of meer posten in de jaarrekening die van ma-
     terieel belang zijn, niet kunnen controleren. Dit kan zich bijvoorbeeld
     voordoen, indien de onderneming een buitenlandse dochtermaat-
     schappij bezit die zich in oorlogsgebied bevindt, waardoor de controle
     van die dochter niet kan plaatsvinden.
3 *De verklaring van oordeelonthouding.* De accountant geeft deze verklaring af als hij niet in staat is de jaarrekening te controleren en daarom
   geen oordeel over de jaarrekening als geheel kan vormen.

**Accountants-
verklaring**

4 *De afkeurende verklaring.* De accountant geeft een afkeurende verklaring af als hij bedenkingen tegen de jaarrekening heeft die naar zijn oordeel van *wezenlijk* belang zijn.

De accountantsverklaring moet onder de overige gegevens worden opgenomen (zie paragraaf 5.2.3).

Naast het afgeven van een accountantsverklaring ten behoeve van 'het maatschappelijk verkeer', brengt de accountant ook verslag uit aan het bestuur en aan de Raad van Commissarissen over relevante bevindingen uit zijn onderzoek (artikel 393.4). In dit verslag kan de accountant bijvoorbeeld aanbevelingen doen tot verbetering van de administratieve organisatie. Expliciet schrijft de wet voor dat in dit verslag de bevindingen van de accountant moeten worden opgenomen over de betrouwbaarheid en de continuïteit van de geautomatiseerde gegevensverwerking.

Zonder accountantsverklaring is vaststelling van de jaarrekening door het daartoe bevoegde orgaan niet mogelijk, tenzij onder de overige gegevens een wettige grond is vermeld waarom de verklaring ontbreekt (artikel 393.7).

Controlever-klaring

In het voorgaande is gesproken over de 'accountantsverklaring'; dit is ook de wettelijke term. De NBA hanteert echter de term 'controleverklaring'. Zij gebruikt deze naamgeving om duidelijker aan te geven waar het om gaat, namelijk een product dat de uitkomst is van een uitgevoerde wettelijke controle.

DEEL 2

De basisoverzichten van de externe verslaggeving: balans, resultatenrekening en kasstroomoverzicht

© Noordhoff Uitgevers bv

6
Vaste activa

6.1   **Indeling en vorm van de balans**
6.2   **Immateriële vaste activa**
6.3   **Materiële vaste activa**
6.4   **Financiële vaste activa**

In dit hoofdstuk (vaste activa), hoofdstuk 7 (vlottende activa), hoofdstuk 8 (eigen vermogen) en hoofdstuk 9 (vreemd vermogen) gaan we nader in op de balansposten, waarbij we aandacht zullen besteden aan het al dan niet opnemen in de balans, de rubricering, de waardering en de in de toelichting op te nemen informatie.

In paragraaf 6.1 worden de verschillende mogelijke presentatiewijzen van de balans behandeld, waarna enige bepalingen aan de orde komen die op alle vaste activa van toepassing zijn.
Paragraaf 6.2 gaat in op de immateriële vaste activa, die door hun 'ongrijpbare karakter' problemen opleveren ten aanzien van de vraag of ze in de balans thuishoren of niet.
In paragraaf 6.3 staan de materiële vaste activa centraal; een belangrijk vraagstuk hierbij is de afschrijvingsproblematiek.
De financiële vaste activa worden in paragraaf 6.4 besproken, met uitzondering van aandelen die in andere ondernemingen worden gehouden ten dienste van de eigen werkzaamheid; deze groep financiële vaste activa komt in hoofdstuk 16 aan bod.

6.1 Indeling en vorm van de balans

Statement of financial position

Voor wat betreft de rubricering van de posten in de balans (door de IASB 'statement of financial position' genoemd) is in de standards van de IASB slechts een beperkt aantal voorschriften opgenomen: er wordt een opsomming van posten gegeven die in ieder geval in de balans moeten worden opgenomen (IAS 1.54), terwijl voor sommige posten – hetzij in de balans, hetzij in de toelichting – een nadere onderverdeling wordt geëist (IAS 1.77/78). Een balans die is opgesteld op basis van de minimumeisen van de IASB zou er als volgt uit kunnen zien:

Activa	**Balans**	*Passiva*
Materiële vaste activa	Geplaatst kapitaal	
Vastgoedbeleggingen	Reserves	
Immateriële activa	Voorzieningen	
Financiële activa (andere dan	Handelsschulden	
vorderingen en geldmiddelen)	Belastingschulden	
Biologische activa	Overige schulden	
Voorraden		
Handelsvorderingen		
Belastingvorderingen		
Overige vorderingen		
Geldmiddelen en kasequivalenten		

Zoals uit deze balans blijkt, verplicht de IASB niet tot het maken van een onderscheid tussen enerzijds vaste en vlottende activa en anderzijds kortlopende en langlopende schulden.

De RJ kent geen zelfstandige rubricering, maar steunt hiervoor geheel op de Nederlandse wet, die een Besluit modellen jaarrekening kent. Dit Besluit – dat op grond van artikel 363.6 is uitgevaardigd – geeft modellen voor de indeling van de balans en de resultatenrekening van de nv en de bv. Deze rechtspersonen zijn aan de in de modellen voorgeschreven rubricering gehouden, zij het dat de indeling, de benaming en de omschrijving van de posten mogen worden aangepast aan de aard van het bedrijf van de rechtspersoon, voor zover dat krachtens het Besluit is toegelaten. Het Besluit modellen jaarrekening is opgenomen in appendix 2.

De wet schrijft de volgende hoofdindeling van de balans voor (artikel 364):

Activa	**Balans**	*Passiva*
Vaste activa	*Eigen vermogen*	
Immateriële vaste activa		
Materiële vaste activa	*Voorzieningen*	
Financiële vaste activa		
	Schulden	
Vlottende activa		
Voorraden		
Vorderingen	*Overlopende passiva*	
Effecten		
Liquide middelen		
Overlopende activa		

NB   De overlopende activa – bijvoorbeeld Vooruitbetaalde huren – en de overlopende passiva – bijvoorbeeld Nog te betalen huren – mogen ook worden opgenomen onder de vorderingen respectievelijk de schulden.

In het Besluit modellen jaarrekening worden vier modellen voor de balans gegeven: de modellen A tot en met D. Binnen deze modellen zijn er twee mogelijkheden voor wat betreft de presentatie:

1 De verticale opstelling of de *staffelvorm*, waarbij gekozen is voor de verkorte weergave. Dat wil zeggen dat de kortlopende schulden van de vlottende activa worden afgetrokken (de modellen A en C).   **Staffelvorm**
2 De horizontale opstelling of de *scontrovorm* (de modellen B en D).   **Scontrovorm**

De onderneming moet een keuze maken uit de modellen A en B, tenzij er sprake is van een kleine rechtspersoon. De kleine rechtspersoon heeft de keuze uit de modellen A tot en met D (artikel 1 Besluit). De modellen C en D vereisen minder vergaande specificaties dan de modellen A en B.

Zoals uit de hoofdindeling van de balans blijkt, dienen de activa onderscheiden te worden in vaste en vlottende activa; hierbij geldt als criterium of de activa bestemd zijn om de uitoefening van de werkzaamheden van de onderneming al dan niet duurzaam te dienen (artikel 364.1).

Terreinen, gebouwen, machines en dergelijke bewijzen de onderneming gedurende meerdere productie- en verkoopcycli diensten en vallen daarom onder de vaste activa, terwijl voorraden, vorderingen, liquide middelen en dergelijke tot de vlottende activa gerekend worden. In dit hoofdstuk staan de vaste activa centraal, hoofdstuk 7 gaat in op de vlottende activa.

Alvorens we in de volgende paragrafen de immateriële, de materiële en de financiële vaste activa afzonderlijk bespreken, merken we op dat de IASB in de toelichting een *mutatieoverzicht* eist van de immateriële (IAS 38.118e) en de materiële vaste activa (IAS 16.73e). De RJ (RJ 210.501 / RJ 212.702 / RJ 214.605) en de Nederlandse wet (artikel 368) stellen het mutatieoverzicht daarnaast ook verplicht voor de financiële vaste activa.   **Mutatieoverzicht**

Zo'n overzicht zou er als volgt kunnen uitzien:

	Boekwaarde bij aanvang verslagjaar
+	Investeringen
–	Desinvesteringen
–	Afschrijvingen
–	Waardeverminderingen
+	Terugneming waardeverminderingen
+/–	Herwaarderingen (in geval van waardering tegen actuele waarde)
+/–	Koersverschillen
	Boekwaarde per einde verslagjaar

De RJ en de wet eisen bij dit mutatieoverzicht nog de volgende informatie:
- Het totaal van de per einde verslagjaar geboekte afschrijvingen en waardeverminderingen (de cumulatieve afschrijvingen/waardeverminderin-

gen). Hiermee wordt impliciet informatie gegeven over de aanschafwaarden en daarmee over de relatieve ouderdom van de nog aanwezige activa. Vergelijking van de relatieve ouderdom van de activa in de tijd kan een indicatie geven van de mogelijke inhaalinvesteringen in de toekomst, waarvoor financieringsmiddelen moeten worden vrijgemaakt. Bovendien kan deze informatie worden vergeleken met dezelfde informatie van andere bedrijven die in dezelfde branche werkzaam zijn. Hieruit kan worden afgeleid of de onderneming met relatief jonge of tamelijk oude bedrijfsmiddelen werkt.

- In geval van waardering tegen actuele waarde: het totaal van de per einde verslagjaar geboekte herwaarderingen van de nog aanwezige activa (dit zijn de ongerealiseerde waardestijgingen). Hiermee wordt impliciet informatie gegeven over de waarde gebaseerd op historische kosten.

6.2 Immateriële vaste activa

In paragraaf 6.2.1 wordt een schets gegeven van immateriële vaste activa en van het verslaggevingsprobleem dat zij met zich meebrengen. De verschillende soorten immateriële vaste activa worden in afzonderlijke paragrafen behandeld:
- kosten van onderzoek en ontwikkeling (paragraaf 6.2.2)
- kosten van concessies, vergunningen en dergelijke (paragraaf 6.2.3)
- kosten van goodwill (paragraaf 6.2.4)
- overige immateriële vaste activa (paragraaf 6.2.5)

In paragraaf 6.2.6 komt de waarderingsproblematiek van immateriële vaste activa aan de orde.

6.2.1 Begripsbepaling

Immateriële vaste activa zijn activa die niet stoffelijk van aard zijn, ze zijn
Intangibles   niet 'grijpbaar' (vandaar de Engelse benaming 'intangibles').
Voor de immateriële vaste activa gelden de algemene activeringscriteria zoals die zijn omschreven in het Framework van de IASB en het Stramien van de RJ. In paragraaf 4.2 hebben we gezien dat hierin een activum wordt gedefinieerd als (alinea 49a): 'Een uit gebeurtenissen in het verleden voortgekomen middel, waarover de onderneming de beschikkingsmacht heeft en waaruit in de toekomst naar verwachting economische voordelen naar de onderneming zullen vloeien.' Voordat een bedrijfsmiddel geactiveerd dient te worden, moet volgens het Framework en het Stramien voldaan worden aan de aanvullende eis dat de kostprijs of de waarde van het bedrijfsmiddel betrouwbaar kan worden vastgesteld (alinea 83); anders zou de balans 'op drijfzand' gebouwd worden.
Een machine die in het verleden is aangeschaft, zal naar verwachting in de toekomst door productie economische voordelen opleveren en voldoet daarmee aan de definitie van een activum. Bovendien is de kostprijs of de waarde (door uit te gaan van de destijds betaalde prijs of van de actuele waarde) betrouwbaar vast te stellen. Bij machines en andere materiële vaste activa zal activering in het algemeen dan ook geen punt van discussie zijn. Bij immateriële vaste activa ligt dat anders.

VOORBEELD 6.1

Een farmaceutische onderneming heeft in de afgelopen jaren omvangrijke bedragen uitgegeven aan onderzoek naar de genezende werkzaamheid van bepaalde stoffen, aan ontwikkeling van nieuwe medicijnen en aan het testen van de ontwikkelde medicijnen.

Fundamenteel onderzoek naar nieuwe medicijnen levert soms succes op, maar veel vaker niet. Kan er van de uitgaven die hieraan besteed worden, gezegd worden dat ze 'naar verwachting economische voordelen' zullen opleveren? Waarschijnlijk niet. In de ontwikkelfase is de waarschijnlijkheid van toekomstig economisch voordeel groter.

Aan welk boekjaar moeten nu de investeringsbedragen die in de aanloopfase zijn uitgegeven, worden toegerekend? Bij de beantwoording van deze vraag komt het tot een frontale botsing tussen matching en voorzichtigheid. Het *matchingprincipe* stelt dat de uitgaven geactiveerd dienen te worden en vervolgens door middel van afschrijvingen ten laste van het resultaat moeten worden gebracht van de perioden waarin de uit de uitgaven voortvloeiende voordelen gerealiseerd worden. Het *voorzichtigheidsprincipe* schrijft voor dat in twijfelgevallen aangenomen wordt dat er geen toekomstige voordelen totstandkomen en dat de uitgaven daarom direct ten laste van het resultaat van de lopende periode moeten worden gebracht.

De IASB (IAS 38.21) en de RJ (RJ 210.201) schrijven voor dat een immaterieel vast actief in de balans dient te worden opgenomen, maar uitsluitend indien wordt voldaan aan de hiervoor genoemde activeringscriteria. Bij activering geldt dat, vanaf het moment dat het actief gereed is voor ingebruikname, stelselmatig afgeschreven dient te worden op basis van de geschatte economische levensduur (IAS 38.97 / RJ 210.401).

De RJ gaat hierbij uit van een weerlegbaar vermoeden dat de economische levensduur niet langer dan twintig jaar is; de IASB kent een dergelijke grens niet. De IASB schrijft voor dat op immateriële vaste activa met een onbepaalde gebruiksduur (dat wil zeggen dat er niet wordt afgeschreven), jaarlijks en wanneer er een aanwijzing bestaat dat het actief mogelijk een bijzondere waardevermindering heeft ondergaan, een 'impairment test' wordt uitgevoerd (IAS 38.108); de RJ beperkt de verplichte impairment test tot de situatie waarin een afschrijvingstermijn wordt gehanteerd van meer dan twintig jaar (RJ 210.419). Een impairment test houdt in dat bekeken wordt of de werkelijke waarde van het betreffende activum lager is dan de boekwaarde. Indien dit het geval blijkt te zijn, wordt naar de lagere werkelijke waarde afgewaardeerd. Op de technische uitwerking van deze impairment test gaan we in paragraaf 6.3.7 uitgebreid in.

Impairment test

De Nederlandse wet laat de keuze inzake al of niet activeren aan de onderneming. Als activering plaatsvindt, moet de in artikel 365.1 voorgeschreven rubricering worden gevolgd; zie hiervoor appendix 1.

De wet geeft aan dat – naast de reguliere, vooraf bepaalde afschrijving – sprake kan zijn van 'naar verwachting duurzame waardeverminderingen', die leiden tot een afwaardering (artikel 387.4). Ook de wet onderkent dus de situatie dat een impairment test uitgevoerd moet worden. Als bijvoorbeeld na drie jaar blijkt dat geactiveerde ontwikkelingskosten niet zullen leiden tot een commercieel succesvol product, zal de boekwaarde na reguliere afschrijvingen nog verder verlaagd moeten worden, mogelijk zelfs tot nihil.

6.2.2   Kosten van onderzoek en ontwikkeling

In voorbeeld 6.1 hebben we reeds de afweging gezien bij het al dan niet activeren van uitgaven voor research and development. Het zal duidelijk zijn dat
in bepaalde branches (geneesmiddelen, computers, elektronica enzovoort)
de inspanningen op het gebied van onderzoek en ontwikkeling van cruciaal
belang zijn voor het succes van de onderneming.

IASB en RJ maken een onderscheid tussen de *onderzoeks*fase en de *ontwik-
kel*fase. Bij de eerste is de stap naar toekomstige voordelen te groot om ze
voor activering in aanmerking te laten komen: onderzoeksuitgaven dienen
daarom direct ten laste van het resultaat te worden gebracht (IAS 38.54 / RJ
210.221). In de ontwikkelfase is er al een nieuw product dat nog geschikt gemaakt moet worden voor het op de markt brengen. In deze fase achten IASB
en RJ de waarschijnlijkheid van toekomstig economisch voordeel voldoende. De ontwikkelingskosten dienen dan ook – mits aan een aantal aanvullende voorwaarden wordt voldaan, zoals het door de onderneming kunnen
aantonen van de technische uitvoerbaarheid – te worden geactiveerd (IAS
38.57 / RJ 210.224).

Zoals in paragraaf 6.2.1 is vermeld, laat de wetgever de activeringsbeslissing
over aan de onderneming. Als de uitgaven voor research and development
direct ten laste van het resultaat worden gebracht, is daarmee voor de wet de
zaak afgedaan. Als er geactiveerd wordt, geldt een afschrijvingstermijn die is
afgestemd op de verwachte gebruiksduur (artikel 386.3). Bovendien is de

**Wettelijke
reserve**

onderneming verplicht de kosten toe te lichten en een *wettelijke reserve* te
vormen voor het geactiveerde bedrag (artikel 365.2).
Een wettelijke reserve is een reserve waaruit geen winstuitkeringen in contanten mogen worden gedaan en ten laste waarvan geen eigen aandelen
mogen worden ingekocht (zie paragraaf 8.2.2). De wettelijke reserve kan
worden gevormd uit de vrije reserves of uit de winstverdeling (ook wel

**Winstbestem-
ming**

'*winstbestemming*' genoemd). Naarmate er op de geactiveerde bedragen van
onderzoek en ontwikkeling wordt afgeschreven, valt de wettelijke reserve
vrij ten gunste van de vrije reserves.

VOORBEELD 6.2

Een onderneming besteedt in jaar 1 €5 mln aan de ontwikkeling van een
nieuw model in het productengamma. Eind jaar 1 is het project voltooid.
De onderneming activeert de ontwikkelingsuitgaven en schrijft deze met gelijke bedragen per jaar in vijf jaar af tot nihil; de afschrijving begint vanaf het
moment dat het project gebruiksklaar is.

In jaar 1 en 2 doen zich als gevolg hiervan de volgende balansmutaties voor:

Balansmutaties jaar 1 (bedragen × €1 mln)			
Immateriële vaste activa	+ 5	Wettelijke reserve	+ 5
Liquide middelen	− 5	Overige reserves	− 5

Balansmutaties jaar 2 (bedragen × €1 mln)

Immateriële vaste activa	− 1	Wettelijke reserve	− 1
		Overige reserves	+ 1
		Winst (door afschrijvingskosten)	− 1

De achtergrond van de verplichting tot het vormen van een wettelijke reserve ligt in de bescherming van schuldeisers: activering leidt (in eerste instantie) tot een hogere winst en derhalve zou er meer dividend uitgekeerd kunnen worden. Dit zou schuldeisers kunnen benadelen als het immateriële vaste actief voor hen geen verhaalsobject vormt. Het zal duidelijk zijn dat dit bij uitgaven voor onderzoek en ontwikkeling in zijn algemeenheid het geval zal zijn. In paragraaf 8.3.2 wordt nader op de wettelijke reserves ingegaan.

We merken nog op dat de beslissing inzake het al of niet activeren van uitgaven voor onderzoek en ontwikkeling vaak niet zoveel invloed heeft op de grootte van de *winst*; als een onderneming elk jaar een min of meer gelijk bedrag in het laboratorium steekt, maakt het voor het gerapporteerde resultaat weinig uit of de kosten ontstaan door directe afboeking of door afschrijving. Voor de *vermogens-* bepaling ontstaan er dan echter wel verschillen en dus zullen ook de rentabiliteit en de solvabiliteit beïnvloed worden: bij niet-activeren is er een kleiner (eigen) vermogen en daarmee een hogere rentabiliteit en een lagere solvabiliteit.

Naast de hiervoor genoemde voorwaarden aan activering, verlangt de wet in het *jaarverslag* (zie paragraaf 5.2.2) informatie over de werkzaamheden op het gebied van onderzoek en ontwikkeling (artikel 391.2). Deze informatie moet altijd worden gegeven, onafhankelijk van de vraag of deze uitgaven geactiveerd worden.

6.2.3   Kosten van concessies, vergunningen en dergelijke

Deze immateriële zaken zijn 'harder' dan de in paragraaf 6.2.2 besproken kosten van onderzoek en ontwikkeling. Er zijn immers schriftelijke overeenkomsten waaruit blijkt dat naar de onderneming toekomstige voordelen zullen vloeien, bijvoorbeeld door het recht dat verkregen is om in een bepaald gebied olie te winnen of in een bepaalde stad een taxi te mogen exploiteren. Tot deze groep immateriële vaste activa behoren ook octrooien, uitgaverechten en rechten tot het voeren van een merk.

Al deze immateriële activa komen slechts voor activering in aanmerking, als ze van derden zijn *gekocht*. Voor *zelf ontwikkelde* merken, logo's, uitgaverechten en klantenbestanden geldt dat de kosten daarvan niet kunnen worden gesepareerd van de kosten ter ontwikkeling van het totaal van de onderneming en daarom mogen ze niet worden geactiveerd (IAS 38.63/64 / RJ 210.229/230); ook de wet geeft expliciet aan dat alleen *verworven* rechten mogen worden geactiveerd (artikel 365.1c).
Gezien het 'harde' karakter van deze gekochte immateriële vaste activa, heeft de wet geen nadere wettelijke voorwaarden gesteld als ze 'onbalance' verwerkt worden.

In de praktijk komt het vooral bij uitgaverechten veelvuldig voor dat er in het geheel niet op afgeschreven wordt. Dit wordt door de uitgeverijen verdedigd met de stelling dat uitgaverechten geen eindige levensduur hebben. In plaats van systematische afschrijvingen toe te passen, wordt jaarlijks (of soms meerdere malen per jaar) een impairment test uitgevoerd.

6.2.4   Kosten van goodwill

Goodwill als zodanig is niet-identificeerbaar, maar zit 'verscholen' in de hele onderneming. Men spreekt in dit verband van een 'hidden asset'. De Amerikanen definiëren goodwill als 'favorable attitudes towards the firm'. Hieronder vallen de goede klantenkring, reputatie, vestigingsplaats enzovoort. Goodwill is dan ook niet afzonderlijk te verkopen; hij kan alleen overgedragen worden als de hele onderneming verkocht wordt.

Hidden asset

Er is onderscheid te maken tussen gekochte goodwill en zelf ontwikkelde goodwill.
Gekochte goodwill is het verschil tussen de verkrijgingsprijs en de nettovermogenswaarde van de overgenomen onderneming. De nettovermogenswaarde is het aandeel in het eigen vermogen (intrinsieke waarde) van de overgenomen onderneming, uitgaande van de waarderingsgrondslagen van de overnemer.

*Gekochte goodwill en zelf ontwikkelde goodwill
Nettovermogenswaarde*

Deze nettovermogenswaarde dient op het moment van overname te worden bepaald aan de hand van de reële waarde van de afzonderlijke vermogensbestanddelen; indien de boekwaarden – zoals die voorkomen in de balans van de overgenomene – niet overeenstemmen met deze 'fair values', moet hiervoor een aanpassing worden gemaakt. In hoofdstuk 16 gaan we uitgebreid in op de fair-valuebepaling bij een overname.

VOORBEELD 6.3

A koopt alle aandelen van B voor een bedrag van €1,5 mln. A kent aan B een nettovermogenswaarde toe van €1,1 mln.
De door A betaalde goodwill is €1,5 mln – €1,1 mln = €400.000.

In voorbeeld 6.3 is voor het aandelenpakket een bedrag in contanten betaald. De verkrijging kan ook plaatsvinden via een 'aandelenruil'; in dat geval is de verkrijgingsprijs de (beurs)waarde van de door de deelnemer uit te geven aandelen, die worden geruild voor de aandelen in de over te nemen onderneming.
In paragraaf 16.6 bespreken we de verwerking van gekochte goodwill in de jaarrekening.

Zelf ontwikkelde goodwill mag van zowel de IASB (IAS 38.48) en de RJ (RJ 210.216) als de wet (artikel 365.1d) niet worden geactiveerd. Dit om dezelfde reden als aangegeven in paragraaf 6.2.3 bij de daar behandelde groep immateriële vaste activa.

Het activeringsverbod voor zelf ontwikkelde goodwill schept grote problemen bij het uitvoeren van de eerdergenoemde impairment test. Bij deze test dient in theorie te worden bepaald hoeveel de resterende waarde is van de destijds bij de overname betaalde goodwill. De goodwill die door de overgenomen onderneming is gecreëerd na het moment van overname moet daarin dus niet worden meegenomen. Het zal duidelijk zijn dat een scheiding tussen beide soorten goodwill in de praktijk moeilijk te maken zal zijn.

6.2.5   Overige immateriële vaste activa

Naast de in voorgaande paragrafen besproken immateriële vaste activa zijn er nog andere denkbaar, zoals oprichtings- en emissiekosten, voorbereidings- en aanloopkosten, en de kosten van 'human capital'.

Oprichtings- en emissiekosten

De wet opent uitdrukkelijk de mogelijkheid om oprichtings- en emissiekosten te activeren (artikel 365.1a). Het gaat dan bijvoorbeeld om notariskosten, bankprovisie, advieskosten en dergelijke.

Als deze kosten geactiveerd worden, moeten ze in maximaal vijf jaar worden afgeschreven (artikel 386.3). Verder gelden dezelfde voorwaarden als bij activering van onderzoeks- en ontwikkelingskosten: ze moeten worden toegelicht en er dient een wettelijke reserve te worden gevormd ter grootte van het geactiveerde bedrag (artikel 365.2).

Oprichtings- en emissiekosten voldoen niet aan de criteria van immateriële vaste activa zoals in paragraaf 6.2.1 door de IASB en de RJ geformuleerd; zij leveren immers geen toekomstige economische voordelen op. Binnen de voorschriften van de IASB komen zij dan ook niet voor activering in aanmerking. De RJ is daarin minder stellig: hij beveelt aan deze kosten niet te activeren (RJ 210.103). Voor emissiekosten schrijft de RJ expliciet voor deze rechtstreeks ten laste van het agio te boeken of – indien en voor zover het agio ontoereikend is – ten laste van de overige reserves te brengen (RJ 240.219).

Voorbereidings- en aanloopkosten

Voorbereidings- en aanloopkosten (ook wel 'initiële kosten' genoemd) zijn de kosten die komen na de ontwikkeling, als het product al in exploitatie is genomen. Voorbeelden hiervan zijn de kosten van extra uitval in de aanloopperiode, de kosten van een introductiereclame en van het opzetten van een distributiestructuur.

Initiële kosten

De IASB en de RJ laten niet toe dat deze kosten worden geactiveerd (IAS 38.69 / RJ 210.235). De wet laat zich in deze niet over activering uit. Indien ze in de balans worden opgenomen, zouden ze kunnen worden gerubriceerd onder de ontwikkelingskosten. Een nadeel daarvan is dat de onderneming dan een wettelijke reserve moet vormen (zie paragraaf 6.2.2).

Kosten van 'human capital'

Van grote betekenis voor de winstgevendheid van de onderneming zijn de 'human resources'. Wie aan een directeur vraagt wat de belangrijkste bijdrage aan het succes van zijn onderneming is, zal vaak als antwoord krijgen: 'De kwaliteit van mijn medewerkers'. Deze kwaliteit is echter in de balans niet terug te vinden: van de onderneming als samenwerking tussen kapitaal en arbeid staan alleen de kapitaalgoederen in de balans vermeld. Het niet-activeren van 'human capital' veroorzaakt voor een belangrijk deel het in hoofdstuk 2 geconstateerde verschil tussen de marktwaarde van de onderneming en de boekwaarde van het gerapporteerde eigen vermogen.

Human resources

Een voor de hand liggend bezwaar tegen activering van de productiefactor arbeid is dat de onderneming hiervan – in tegenstelling tot de kapitaalgoederen – geen eigenaar is, of om in de termen te spreken van de definitie van het begrip activum: de onderneming heeft niet de beschikkingsmacht over de productiefactor arbeid. Daarom is het ook dat de IASB (IAS 38.15) en de

RJ (RJ 210.114) niet toestaan dat overgegaan wordt tot activering. Ook de uitgaven voor scholing van het personeel moeten direct ten laste van het resultaat worden gebracht (IAS 38.69 / RJ 210.235). De wet laat zich in deze niet over activering uit.

Een van de uitzonderingen op het niet-activeren van de waarde van de medewerkers betreft de verslaggeving van betaaldvoetbalorganisaties. De prijs die betaald is voor van andere clubs gekochte spelers, mag worden geactiveerd en afgeschreven over de looptijd van het contract. Spelers 'uit eigen kweek' verschijnen dan ook niet in de balans, hoewel het theoretisch te verdedigen zou zijn om de opleidingskosten te activeren.

VERGOEDINGSSOMMEN

Transfer- en tekengelden en bijkomende kosten inzake spelerscontracten waarvoor een bindende overeenkomst is aangegaan, worden geactiveerd als 'vergoedingssommen' tot ten hoogste de aan derden gedane uitgaven verminderd met de afschrijvingen en bijzondere waardeverminderingen. De afschrijvingen vinden lineair plaats over de looptijd van het contract. Per balansdatum wordt door de directie voor ieder contract beoordeeld of sprake is van duurzame waardevermindering.

Vergoedingen bij verlenging van contracten worden op dezelfde wijze verwerkt als transfer- en tekengelden, tenzij de aard anders is.

Bron: Jaarrapport AFC Ajax nv, 2012/2013

Tot slot van deze paragraaf vatten we de regelgeving inzake immateriële vaste activa (uitgezonderd gekochte goodwill, zie hiervoor paragraaf 16.6) samen in tabel 6.1.

TABEL 6.1 Regelgeving inzake immateriële vaste activa (uitgezonderd gekochte goodwill)

Kosten	IASB/RJ		Wet	
	Activeren	Afschrijven	Activeren	Afschrijven
Onderzoek Ontwikkeling	Mag niet Moet (onder voorwaarden)	Economische Levensduur	Mag[1] Mag[1]	Verwachte gebruiksduur
Concessies, vergunningen en dergelijke	Moet (zelf ontwikkeld mag niet)	Economische levensduur	Mag (zelf ontwikkeld mag niet)	Geen regels
Zelf ontwikkelde goodwill	Mag niet		Mag niet	
Oprichting en emissie	IASB: Mag niet RJ: Bij voorkeur niet		Mag[1]	Maximaal vijf jaar
Initiële kosten	Mag niet		Geen wetgeving	
Human capital	Mag niet		Geen wetgeving	

1 Onder de voorwaarden dat de kosten worden toegelicht en er ter grootte van de geactiveerde bedragen een wettelijke reserve wordt gevormd.

6.2.6 Waarderingsgrondslag

De IASB geeft als waarderingsgrondslag voor de immateriële activa twee mogelijkheden: historische kosten (IAS 38.74) en reële waarde (IAS 38.75). Onder reële waarde wordt verstaan het bedrag waarvoor een actief kan worden verhandeld tussen terzake goed geïnformeerde partijen, die tot een transactie bereid en onafhankelijk van elkaar zijn (IAS 38.8).

Als voorwaarde voor waardering op reële waarde stelt de IASB dat er een *actieve markt* moet bestaan waaruit de reële waarde kan worden afgeleid. Dit zal veelal niet het geval zijn, omdat er vaak sprake is van 'unieke' activa. In zo'n geval wordt het bepalen van de reële waarde al gauw 'nattevingerwerk'. De IASB geeft dan ook expliciet aan dat er voor bijvoorbeeld muziek- en filmrechten, octrooien en handelsmerken geen actieve markt bestaat, omdat elk van deze activa enig is in zijn soort (IAS 38.78). Hoewel deze immateriële activa worden gekocht en verkocht, worden de contracten onderhandeld tussen individuele kopers en verkopers en vinden transacties relatief weinig plaats. Om die reden vormt de prijs die betaald is voor een bepaald actief, geen indicatie van de reële waarde van een soortgelijk actief. Bovendien zijn de prijzen vaak niet beschikbaar voor het publiek, zo stelt de IASB. Als voorbeelden waar wel sprake is van een actieve markt, noemt de IASB overdraagbare taxivergunningen, visvergunningen en productiequota's.

Het verschil tussen de reële waarde en de waarde op basis van de historische kosten wordt verwerkt in een herwaarderingsreserve (IAS 38.85; zie ook paragraaf 8.3.1 en hoofdstuk 14).

De door de wet en (in het verlengde daarvan) de RJ toegelaten waarderingsgrondslagen voor immateriële vaste activa komen globaal overeen met die van de IASB; volgens de Nederlandse verslaggevingsvoorschriften moet gewaardeerd worden op basis van verkrijgingsprijs (als het gaat om gekochte immateriële activa) of vervaardigingsprijs (als het gaat om zelf vervaardigde immateriële activa) of op actuele waarde (artikel 384.1 / RJ 210.301).

Op grond van de wet (artikel 384.4) is het 'Besluit actuele waarde' van kracht, dat nadere inhoud geeft aan toepassing van actuele waarde. Het Besluit is opgenomen in appendix 3. Artikel 6 van dit Besluit geeft aan dat een actief slechts tegen actuele waarde kan worden gewaardeerd indien voor het actief een *liquide markt* bestaat. In de Nota van toelichting op het Besluit wordt voor het begrip liquide markt aangeknoopt bij de door de IASB gegeven definitie van een actieve markt: de desbetreffende activa zijn homogeen, er zijn regelmatig kopers en verkopers te vinden en de transactieprijzen zijn publiekelijk bekend. Het Besluit stelt dat, indien immateriële vaste activa worden gewaardeerd tegen actuele waarde, daarvoor de vervangingswaarde in aanmerking komt (artikel 7). De vervangingswaarde wordt in artikel 2 van het Besluit gedefinieerd als het bedrag dat nodig zou zijn om in de plaats van een actief dat bij de bedrijfsuitoefening is of wordt gebruikt, verbruikt of voortgebracht, een ander actief te verkrijgen of te vervaardigen dat voor de bedrijfsuitoefening een in economisch opzicht gelijke betekenis heeft.

De begrippen reële waarde (van de IASB) en vervangingswaarde (van het Besluit) zullen tot dezelfde uitkomst leiden, als er sprake is van een directe verkoop van de ene onderneming aan de andere onderneming, dat wil dus zeggen, zonder dat de 'tussenhandel' ingeschakeld wordt. Wat voor de verkopende onderneming de verkoopwaarde (reële waarde) is, is voor de kopende onderneming de actuele aankoopprijs (vervangingswaarde). Alleen de met de transactie gepaard gaande kosten kunnen een (gering) verschil teweegbrengen tussen beide waarden.

Actieve markt

Liquide markt

Net als bij de IASB, wordt het verschil tussen de vervangingswaarde en de historische kostprijs verwerkt in een herwaarderingsreserve (artikel 390.1).

VOORBEELD 6.4

Een industriële onderneming koopt in de loop van 2013 voor een bepaald product een productiequotum van 100.000 stuks voor €200.000.
Op 31 december 2013 is de quotumprijs €2,10 per stuk.

De onderneming heeft – zowel bij toepassing van de regels van de IASB als die van de Nederlandse verslaggevingsvoorschriften – op 31 december 2013 de volgende twee mogelijke verwerkingswijzen:
1 Het quotum wordt in de balans opgenomen voor het in 2013 betaalde bedrag van €200.000.
2 Het quotum wordt in de balans opgenomen voor €210.000, met opname van €10.000 in een herwaarderingsreserve.

Fiscaal komen alleen historische kosten als waarderingsgrondslag in aanmerking. Dit vloeit voort uit artikel 3.30.1 van de Wet op de inkomstenbelasting: 'De afschrijving op goederen die voor het drijven van een onderneming worden gebruikt (bedrijfsmiddelen), wordt jaarlijks gesteld op het gedeelte van de nog niet afgeschreven aanschaffings- of voortbrengingskosten dat aan het kalenderjaar kan worden toegerekend'. Alleen voor langlopende werken geldt een uitzondering: deze groep activa dient gewaardeerd te worden tegen de historische kosten vermeerderd met een winstopslag, hetgeen neerkomt op waardering tegen verkoopwaarde (zie paragraaf 7.3.3).
Het voorgaande betekent dat een kleine rechtspersoon die op grond van artikel 396.6 opteert voor fiscale grondslagen in voorbeeld 6.4 het quotum op 31 december 2013 in de balans moet opnemen voor €200.000 en dat een herwaarderingsreserve niet aan de orde kan zijn.

6.3 Materiële vaste activa

Nadat in paragraaf 6.3.1 is aangegeven welke objecten vallen onder de materiële vaste activa en hoe ze gerubriceerd dienen te worden, gaat paragraaf 6.3.2 in op de vraag of geleasde en in huurkoop gebruikte productiemiddelen in de balans moeten worden opgenomen. De daaropvolgende vier paragrafen bespreken de afschrijvingsproblematiek: na een theoretische benadering van de afschrijvingen (paragraaf 6.3.3) worden enige standaardafschrijvingsmethoden uiteengezet (paragraaf 6.3.4) en wordt bekeken welke invloed een ideaalcomplex op de afschrijvingen heeft (paragraaf 6.3.5); de voorschriften ten aanzien van afschrijvingen komen in paragraaf 6.3.6 aan bod. In paragraaf 6.3.7 staat de verwerking van gebeurtenissen na de aanschaf centraal. In paragraaf 6.3.8 komt ten slotte de waarderingsproblematiek aan de orde.

6.3.1 Begripsbepaling en rubricering

Bij materiële vaste activa gaat het om stoffelijke duurzame productiemiddelen, zoals terreinen, gebouwen, machines, gereedschappen en inventaris, die gedurende meerdere perioden c.q. productieprocessen dienstbaar zijn. Deze productiemiddelen zijn te beschouwen als voorraden werkeenheden, waarbij de voorraad afneemt door gebruik en/of tijdsverloop.

Bij materiële vaste activa zal er – in tegenstelling tot de situatie bij immateri-
ele vaste activa – meestal wel voldoende waarschijnlijkheid zijn van toekomstige economische voordelen. Dat onderdeel van het activeringscriterium
zal dan ook weinig problemen opleveren. Het tweede onderdeel van het activeringscriterium – 'een zich in de beschikkingsmacht van de onderneming
bevindend middel' – kan wel stof tot discussie opleveren. In ieder geval zullen gekochte bedrijfsmiddelen op de balans worden gezet (*on-balance*) en
gehuurde bedrijfsmiddelen niet (*off-balance*), omdat de eerste zich wel en
de laatste zich niet in de beschikkingsmacht van de onderneming bevinden.
De in de balans opgenomen duurzame productiemiddelen worden vervolgens – op grond van het matchingprincipe – via afschrijvingen toegerekend
aan die perioden of productieprocessen waaraan zij dienstbaar zijn. Een uitzondering op de regel dat er wordt afgeschreven, wordt gevormd door terreinen, omdat zij normaliter niet aan slijtage onderhevig zijn.
Uit doelmatigheidsoverwegingen worden materiële vaste activa met een geringe waarde vaak niet geactiveerd, maar direct ten laste van het resultaat
gebracht. 'Gering' is uiteraard een relatief begrip; het is afhankelijk van de
omvang van de onderneming.

**On- en off-
balance**

De in de Nederlandse wet voorgeschreven rubricering van de materiële vaste activa is vastgelegd in artikel 366.1; zie hiervoor appendix 1.

6.3.2   Leasing en huurkoop
Bij *leasing* is de leasemaatschappij (de lessor) eigenaar van het betreffende
bedrijfsmiddel. Op basis daarvan zou leasing door de gebruiker (de lessee)
niet in de balans verwerkt dienen te worden. Een dergelijke juridische benadering heeft echter plaatsgemaakt voor een economische: als bepaalde vormen van gebruiksoverdracht weliswaar geen juridische eigendom voor de
gebruiker met zich meebrengen, maar er wel toe leiden dat de gebruiker dezelfde economische risico's loopt als een eigenaar, zal de gebruiker tot activering over moeten gaan. Hiertoe maken we een onderscheid tussen operational en financial lease.

Bij *operational lease* wordt een gebruikscontract gesloten dat op korte termijn opzegbaar is. De onderhoudskosten van het productiemiddel zijn voor
rekening van de leasemaatschappij. Operational lease is in feite een duur
woord voor huur en dient dus off-balance te worden verwerkt: zij is slechts
op de resultatenrekening terug te vinden in de vorm van leasekosten; wel
moet in de toelichting melding worden gemaakt van de financiële verplichtingen die uit deze leasevorm voortvloeien (IAS 17.56 / RJ 292.210 / artikel
381.1, zie ook paragraaf 9.5.2).
Van operational lease wordt veelal gebruikgemaakt als het gaat om productiemiddelen die snel verouderen, zoals computers. Ook de 'auto van de zaak'
is vaak via deze leasevorm verkregen.

**Operational
lease**

Bij *financial lease* is er een contract dat wordt gesloten voor een tijdsduur
die is afgestemd op de vermoedelijke economische levensduur van het te
leasen object; dit contract is tussentijds niet opzegbaar. De onderhoudskosten zijn voor rekening van de gebruiker.
Dit betekent dat de gebruiker bij financial lease in wezen dezelfde risico's
loopt als een koper: hij heeft het risico van economische veroudering (als er
een beter productiemiddel op de markt komt, zit hij nog vast aan het oude)
en het risico van tegenvallende onderhoudskosten.

**Financial
lease**

Ook wat de opbrengstenkant betreft verkeert de gebruiker in dezelfde positie als een koper: hij kan gedurende de economische levensduur beschikken over het object.

Risks and rewards

De *risks and rewards* van de gebruiker stemmen overeen met die van een koper; dit wordt ook wel aldus uitgedrukt: de gebruiker heeft de *economische* (niet de juridische) *eigendom* van het object.

Economische eigendom

Financial lease wordt veel toegepast bij zware transportmiddelen, zoals vrachtauto's en vliegtuigen.

Omdat financial lease ongeveer dezelfde gevolgen heeft als koop, schrijven de IASB (IAS 17.20) en de RJ (RJ 292.201) voor dat zij on-balance verwerkt dient te worden: het bedrijfsmiddel wordt geactiveerd en er wordt gedurende de gebruiksperiode op afgeschreven. De wet gaat niet expliciet in op de verwerking van financial lease, maar op grond van het in artikel 362.1 neergelegde inzichtsvereiste wordt algemeen aangenomen dat ook de wet opname in de balans verplicht stelt.

In figuur 6.1 is het voorgaande samengevat.

FIGUUR 6.1 De verwerking van koop, lease en huur van vaste activa

In de praktijk is de vraag of een leasecontract 'economische eigendom' oplevert, vaak moeilijk te beantwoorden. Elk leasecontract is in principe uniek. De IASB geeft onder meer de volgende voorbeelden van situaties waarin sprake is van financial lease (IAS 17.10):

1 De gebruiker heeft aan het einde van de looptijd een koopoptie tegen een prijs die aanzienlijk lager is dan de verwachte reële waarde; in zo'n geval geldt dat – ook al is het contract tussentijds opzegbaar – de gebruiker 'een dief van zijn eigen portemonnee' zou zijn als hij het contract niet tot het eind uit zou dienen en de koopoptie niet zou verzilveren.

2 Het leasecontract heeft betrekking op het grootste deel van de economische levensduur van het object.

3 De contante waarde van de te betalen termijnen is (nagenoeg) gelijk aan de contante aanschafprijs van het object.

4 Het object is zodanig specifiek, dat alleen de huidige gebruiker er zonder grote aanpassingen nut aan kan ontlenen.

De RJ heeft deze situaties van voorbeelden overgenomen en vervolgens aan de punten 2 en 3 een nadere kwantitatieve invulling gegeven (RJ 292.120): er is sprake van financial lease als het leasecontract betrekking heeft op ten minste 75% van de economische levensduur (2) en ook als de contante waarde van de termijnen ten minste 90% van de contante aanschafprijs bedraagt (3).

Bij financial lease zijn er niet alleen gevolgen voor de actiefzijde van de balans. Het is tevens een financieringsinstrument: de ondernemer krijgt de beschikking over een productiemiddel, waarvoor hij in termijnen kan betalen.

De analogie met koop doortrekkend, moet financial lease dus dezelfde gevolgen voor de jaarrekening hebben als de koop van een productiemiddel met de bijbehorende lening ter financiering van de koopsom.

Aan de passiefzijde van de balans zal dan ook een schuld aan de leasemaatschappij worden opgenomen ter grootte van de hoofdsom van de leasetermijnen. Deze schuld komt overeen met de contante aanschafprijs van het duurzaam productiemiddel.

Bij betaling van een leasetermijn wordt deze in het geval van financial lease gesplitst in een rente- en een aflossingsdeel. De rente gaat als kosten naar de resultatenrekening, terwijl de aflossing in mindering op de schuld wordt gebracht. Er is in feite sprake van een *annuïteitenlening*: de som van rente en aflossing vormt periodiek een vast bedrag.

Annuïteitenlening

Indien er sprake is van een huurkoopovereenkomst, komt de verwerking overeen met die bij financial lease, omdat ook bij huurkoop het economisch risico bij de gebruiker van het object ligt. Het verschil met financial lease is dat bij huurkoop automatische eigendomsoverdracht aan de gebruiker plaatsvindt na betaling van de laatste termijn. Bovendien dient er bij huurkoop een aanbetaling plaats te vinden.

Huurkoop

In voorbeeld 6.5 wordt de administratieve verwerking van leasing geïllustreerd.

- -

VOORBEELD 6.5

Een onderneming schaft op 1 januari van jaar 1 een machine aan via een financialleasecontract. De contante prijs van de machine bij koop bedraagt €50.000.

De onderneming betaalt aan de leasemaatschappij gedurende vijf jaar een leasetermijn van €13.190 aan het einde van elk jaar. De rente wordt gesteld op 10% per jaar.

De onderneming schrijft de machine met gelijke bedragen van €10.000 per jaar in vijf jaar af.

Op 1 januari van jaar 1 maakt de onderneming van het sluiten van het leasecontract de volgende journaalpost:

0 Machine	€50.000	
Aan 0 Leaseverplichtingen		€50.000

Van de afschrijving en de betaling van de leasetermijn worden in jaar 1 de volgende journaalposten gemaakt:

4 Afschrijvingskosten	€10.000	
Aan 0 Machine		€10.000

9 Rentekosten	€ 5.000	(10% van €50.000)
0 Leaseverplichtingen	€ 8.190	(€13.190 − €5.000)
Aan 1 Liquide middelen		€13.190

Dit leidt aan het eind van jaar 1 tot de volgende posten in de jaarrekening:

Balans per 31 december jaar 1

Machine	€40.000	Leaseverplichting	€41.810

Resultatenrekening over jaar 1

Afschrijvingskosten	€10.000
Rentekosten	€ 5.000

In de volgende tabel is het verloop van de leaseverplichtingen weergegeven, waarbij de termijnen worden gesplitst in rente en aflossing. De rente wordt steeds berekend door het rentepercentage toe te passen op de schuldrest per het begin van het jaar; de aflossing is het verschil tussen de termijnen en de berekende rente.

Verloop van de leaseverplichtingen (bedragen in euro's)

Jaar	Termijn	Rente	Aflossing	Schuldrest ultimo
1	13.190	5.000	8.190	41.810
2	13.190	4.181	9.009	32.801
3	13.190	3.280	9.910	22.891
4	13.190	2.289	10.901	11.990
5	13.190	1.199	11.991	-

Overigens komt het bij financial lease vaak voor dat de termijnen aan het begin en niet – zoals hiervoor steeds aangenomen – aan het eind van de periode voldaan moeten worden. In feite vindt er dan – net als bij huurkoop – ook een aanbetaling plaats die kan worden beschouwd als eerste aflossing.

Indien er – bij overigens dezelfde gegevens – sprake zou zijn van operational lease, zou jaarlijks alleen de volgende journaalpost worden gemaakt:

4 Leasekosten	€13.190	
Aan 1 Liquide middelen		€13.190

Zoals uit voorbeeld 6.5 blijkt, is operational lease uit oogpunt van *solvabiliteits*presentatie te prefereren boven financial lease; bij deze laatste neemt het vreemd vermogen immers toe.

Sale-and-lease-back-constructie

Uit *liquiditeits*oogpunt wordt vaak de sale-and-lease-backconstructie toegepast: een onderneming verkoopt een duurzaam productiemiddel aan een leasemaatschappij en least dit meteen weer terug. In geval van financial lease dient een eventueel positief verschil tussen de verkoopopbrengst en de boekwaarde van het duurzaam productiemiddel dat wordt behaald, niet onmiddellijk te worden genomen, maar uitgesmeerd te worden over de leaseperiode (IAS 17.59 / RJ 292.402). We wijzen erop dat de boekwaarde van het duurzaam productiemiddel als gevolg van de sale-and-lease-backconstructie niet kan worden aangepast; in de economische eigendomsverhoudingen is immers geen verandering opgetreden. Het uitsmeren van het genoemd positief resultaat vindt daarom impliciet plaats door afschrijving op basis van de oude (lagere) boekwaarde in plaats van op basis van de op moment van sale-and-lease-back geldende (hogere) reële waarde.

Indien een sale-and-lease-back leidt tot operational lease, wordt het boekresultaat dat als gevolg van deze transactie ontstaat, direct in de resultatenrekening verantwoord, althans als de verkoopprijs gelijk is aan de reële waarde (IAS 17.61 / RJ 292.404). Is dit laatste niet het geval, dan dient als volgt gehandeld te worden: het verschil tussen de reële waarde en de boekwaarde wordt direct als resultaat verantwoord, terwijl het verschil tussen de verkoopprijs en de reële waarde wordt uitgesmeerd over de leaseperiode.

De wet schrijft overigens voor dat, indien op de balans materiële vaste activa met een beperkt zakelijk of persoonlijk duurzaam genotsrecht voorkomen, dit moet worden vermeld (artikel 366.2). De onderneming moet daarom in de toelichting aangeven van welke activa zij niet de juridische eigendom heeft, zoals in geval van financial lease en huurkoop.

Deze informatie is met name van belang voor de schuldeisers, omdat deze activa niet kunnen dienen als verhaalsobject ten behoeve van hun vorderingen.

De boekwaarde van de materiële vaste activa gefinancierd via huurkoop en financial lease – en waarvan de onderneming derhalve niet de juridisch eigenaar is – bedraagt €52 miljoen (2011: €9 miljoen).

Bron: Jaarrapport AkzoNobel, 2012

Toekomstmuziek

De huidige regelgeving, waarbij het onderscheid tussen financial lease en operational lease centraal staat, heeft het belangrijke nadeel dat ondernemingen de niet altijd even heldere grens tussen beide leasevormen kunnen gebruiken om contracten, die eigenlijk financial lease inhouden, te presenteren als operational lease. Deze handelwijze flatteert de gepresenteerde solvabiliteit, omdat er in de balans geen verplichtingen aan de leasemaatschappij worden opgenomen.

Daarom heeft de IASB het voornemen om de leasestandaard aan te passen. In de voorgestelde regelgeving zal elke meerjarige huur of lease in de balans dienen te worden opgenomen. Het onderscheid financial lease – operational lease heeft voor de verwerking in de jaarrekening dan geen betekenis meer. Als voor een pand een driejarig huurcontract wordt afgesloten, dan zal onder de voorgestelde regelgeving een huurrecht in de balans als activum worden opgenomen tegen de contante waarde van het huurrecht. Daartegenover wordt aan de passiefzijde van de balans een verplichting aan de verhuurder opgenomen voor hetzelfde bedrag. Vervolgens wordt afgeschreven op het huurrecht en worden interestkosten opgenomen in verband met de schuld. Alle meerjarige gebruiksrechten zullen dus worden behandeld op de wijze zoals die op dit moment nog alleen voor financial lease geldt.

6.3.3   Afschrijvingen: een theoretische benadering

Een investering in een duurzaam productiemiddel levert voor de onderneming gedurende meerdere jaren nut op. We hebben in paragraaf 6.3.1 al

gezien dat de investeringsuitgave op grond van het matchingprincipe dan
ook niet direct als kosten mag worden beschouwd; het productiemiddel
dient geactiveerd te worden, waarna via afschrijvingen de kosten worden
toegerekend aan de jaren waarin het productiemiddel dienstbaar is.
Het totaal af te schrijven bedrag is het verschil tussen de aanschafprijs en de
geschatte restwaarde. Vervolgens moet dit bedrag worden verdeeld over de
gebruiksjaren. Daarbij dienen twee vragen beantwoord te worden:
1 Hoe lang is de vermoedelijke levensduur van het productiemiddel?
2 Op welke wijze moet het totale afschrijvingsbedrag over de gebruiksjaren
   verdeeld worden?

Aan de hand van voorbeeld 6.6 zullen we laten zien hoe *in theorie* voorgaande vragen beantwoord dienen te worden en vervolgens hoe men er *in de
praktijk* mee omgaat.

- -

VOORBEELD 6.6
Een taxibedrijf schaft een taxi aan voor €50.000.
Restwaarde na 1 jaar: €23.000
Restwaarde na 2 jaar: €15.000
Restwaarde na 3 jaar: €10.000
Restwaarde na 4 jaar: nihil (de taxi is dan rijp voor de sloop)

	Geschatte kilometers	Geschatte complementaire kosten
1e jaar:	80.000	€25.000
2e jaar:	75.000	€31.000
3e jaar:	70.000	€34.500
4e jaar:	60.000	€40.000

De complementaire kosten zijn alle met het duurzaam productiemiddel samenhangende kosten, behalve de afschrijvingen. In dit voorbeeld valt te
denken aan de kosten van verzekering, brandstof en onderhoud. Ook de interestkosten van het vermogensbeslag dat de taxi met zich meebrengt, kunnen als complementaire kosten worden beschouwd.

1 *Berekening van de economische levensduur*
   De economische levensduur is de gebruiksduur die tot de meest effici-
   ente aanwending van de taxi leidt. De technische levensduur is vier jaar,
   maar het is niet gezegd dat het verstandig is de auto helemaal 'op te rij-
   den'. De economische levensduur is de gebruiksduur die tot de laagste
   kosten per kilometer leidt.
   In de volgende tabel zijn deze kosten per kilometer berekend.

Berekening van de kosten per kilometer

Taxi wordt gebruikt gedurende	Totale afschrijving (in euro's)	Totale complementaire kosten (in euro's)	Totale kosten (in euro's)	Totaal aantal km's	Kosten per km (in euro's)
1 jaar	27.000	25.000	52.000	80.000	0,650
2 jaar	35.000	56.000	91.000	155.000	0,587
3 jaar	40.000	90.500	130.500	225.000	0,580
4 jaar	50.000	130.500	180.500	285.000	0,633

Volgens deze berekening is de economische levensduur drie jaar. We zijn uitgegaan van buitengebruikstelling na volle jaren. Een nog lagere kostprijs per km zou te vinden kunnen zijn bij een gebruiksduur van bijvoorbeeld drie jaar en twee maanden.

2 *Verdeling van het totale afschrijvingsbedrag*
Vervolgens komt de vraag aan de orde hoe het totaal af te schrijven bedrag ad €50.000 – €10.000 = €40.000 over de drie gebruiksjaren dient te worden verdeeld.
Hiertoe kan de volgende figuur worden opgesteld.

Opbouw van de kostprijswaarde van de prestaties

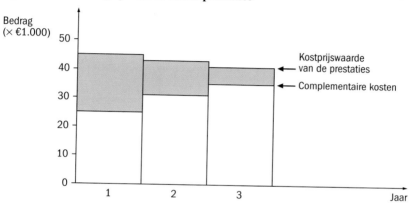

De *kostprijswaarde* van de prestaties die de taxi elk jaar levert, is berekend door de kosten per km (€0,58) te vermenigvuldigen met het jaarlijkse aantal kilometers.
De *nettowaarde* van de prestaties is dan het verschil tussen de kostprijswaarde en de complementaire kosten; dit geeft het theoretisch-juiste afschrijvingsbedrag per jaar weer.
De jaarlijkse afschrijvingen zijn dan:

Jaar	Kostprijswaarde van de prestaties	Complementaire kosten	Afschrijving
1	80.000 × €0,58 = €46.400	€25.000	€21.400
2	75.000 × €0,58 = €43.500	€31.000	€12.500
3	70.000 × €0,58 = €40.600	€34.500	€ 6.100

6.3.4   Standaardafschrijvingsmethoden
In de praktijk is het lastig om van tevoren al betrouwbare schattingen te maken over het verloop van de kostprijswaarde van de prestaties en de complementaire kosten. Daarom zijn er standaardafschrijvingsmethoden ontwikkeld, waarbij slechts de volgende grootheden geschat dienen te worden: de economische levensduur en de restwaarde.

We zullen deze methoden behandelen aan de hand van het voorbeeld van
de taxi, waarbij dus uitgegaan wordt van:

Aanschafprijs   €50.000
Restwaarde   €10.000
Economische levensduur   3 jaar

Daarna zullen we de uitkomsten van deze standaardmethoden toetsen aan
de theoretisch juiste bedragen.

We kennen de volgende vijf standaardafschrijvingsmethoden:
1   afschrijven met een vast percentage van de aanschafprijs
2   afschrijven met een vast percentage van de boekwaarde
3   afschrijven volgens de sum-of-the-year's-digitsmethode
4   afschrijven volgens de annuïteitenmethode
5   afschrijven naar rato van het gebruik

Ad 1 Afschrijven met een vast percentage van de aanschafprijs

Lineaire methode

Dit wordt ook wel de 'lineaire methode' genoemd; de jaarlijkse afschrijvingen zijn gelijk.

$$\text{Jaarlijkse afschrijving: } \frac{€50.000 - €10.000}{3} = €13.333$$

Ad 2 Afschrijven met een vast percentage van de boekwaarde
Bij deze methode dalen de jaarlijkse afschrijvingen, omdat het percentage
wordt toegepast op de steeds dalende boekwaarde.
Het te gebruiken percentage kan worden berekend door middel van de volgende formule:

$$100 \times \left(1 - \sqrt[N]{\frac{R}{A}}\right)$$

waarin:
N = gebruiksduur
R = restwaarde
A = aanschafprijs

Het afschrijvingspercentage wordt dan:

$$100 \times \left(1 - \sqrt[3]{\frac{10.000}{50.000}}\right) = 42\%$$

Jaar	Afschrijvingen	Boekwaarde ultimo
1	€ 21.000	€ 29.000
2	€ 12.180	€ 16.820
3	€ 7.064	€ 9.756

Een groot bezwaar van de boekwaardemethode is dat het afschrijvingspercentage sterk wordt beïnvloed door de verwachte restwaarde. Indien die nul is, zal het percentage noodzakelijkerwijs 100 zijn, omdat er anders altijd een restwaarde overblijft.

Een variant van de boekwaardemethode die dit bezwaar ondervangt, is de *double-declining-balancemethode*: hierbij wordt het percentage gesteld op het dubbele van wat het bij de lineaire methode zou zijn. Vervolgens wordt dit op de boekwaarde toegepast.

Double-decli-ning-balance-methode

Bij de lineaire methode is het percentage 27 ($\frac{€13.333}{€50.000} \times 100$). Het toe te pas-

sen percentage bij double-declining-balance is dan 54%.

Jaar	Afschrijvingen	Boekwaarde ultimo
1	€ 27.000	€ 23.000
2	€ 12.420	€ 10.580
3	€ 5.713	€ 4.867

Bij deze variant legt men zich niet van tevoren op een bepaalde restwaarde vast.

Ad 3 Afschrijven volgens de sum-of-the-year's-digitsmethode
Deze methode wordt ook wel de 'jaarwegingsmethode' genoemd; ook hierbij dalen de jaarlijkse afschrijvingen.
Elk gebruiksjaar krijgt een wegingsfactor gelijk aan de resterende levensduur; de afschrijvingen worden vervolgens aan de jaren toegerekend naar verhouding van de toegekende wegingsfactoren.

Jaarwegings-methode

De wegingsfactoren zijn als volgt over de jaren verdeeld:
jaar 1: wegingsfactor 3
jaar 2: wegingsfactor 2
jaar 3: wegingsfactor 1

Afschrijvingen:
jaar 1: $\frac{3}{6} \times €40.000 = €20.000$
jaar 2: $\frac{2}{6} \times €40.000 = €13.333$
jaar 3: $\frac{1}{6} \times €40.000 = € 6.667$

Ad 4 Afschrijven volgens de annuïteitenmethode
Bij deze methode vormen afschrijving en rente jaarlijks een vast bedrag, de annuïteit. Omdat – door daling van de boekwaarde – de rente jaarlijks afneemt, stijgt de jaarlijkse afschrijving. Voor de berekening van de annuïteit maken we gebruik van de techniek van de financiële rekenkunde.

Als het taxibedrijf uitgaat van een rentevoet van 10%, wordt de annuïteit:

$$€40.000 \times \frac{1}{a_{\overline{3}|10}} + €10.000 \times 10\%$$

$$= €40.000 \times 0,40211 + €1.000$$
$$= €17.084$$

Jaar	Annuïteit	Rente	Afschrijving	Boekwaarde ultimo
1	€17.084	€5.000	€12.084	€37.916
2	€17.084	€3.792	€13.292	€24.624
3	€17.084	€2.462	€14.622	€10.002

De rente wordt berekend door het rentepercentage toe te passen op de boekwaarde per het begin van het jaar (= de boekwaarde ultimo het voorafgaande jaar); de afschrijving is dan het verschil tussen de annuïteit en de berekende rente.

Ad 5 Afschrijven naar rato van het gebruik
Deze methode onderscheidt zich van de hiervoor behandelde methoden in die zin dat de hoogte van de afschrijvingen pas na afloop van een verslagjaar bekend is, terwijl bij de hiervoor besproken methoden het verloop van de afschrijvingen vooraf wordt bepaald. Bovendien laten de afschrijvingen bij een onregelmatig activiteitenniveau een grillig verloop zien.

$$\text{Afschrijving jaar 1:} \frac{80.000}{225.000} \times €40.000 = €14.222$$

$$\text{Afschrijving jaar 2:} \frac{75.000}{225.000} \times €40.000 = €13.333$$

$$\text{Afschrijving jaar 3:} \frac{70.000}{225.000} \times €40.000 = €12.444$$

In figuur 6.2 is het verloop van de afschrijvingen gedurende de gebruiksduur bij de onder 1 tot en met 4 behandelde afschrijvingsmethoden – toegepast op het voorbeeld – grafisch weergegeven.

FIGUUR 6.2 Verloop van de jaarlijkse afschrijvingen

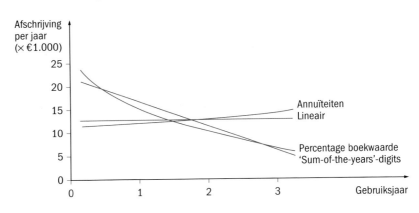

Als we nu deze afschrijvingsmethoden vergelijken met de theoretischjuiste, dan kunnen we constateren dat de jaarlijkse afschrijvingen een dalend verloop moeten hebben. Als de kostprijswaarde van de prestaties vermindert en de complementaire kosten toenemen in de loop der jaren, dan neemt de nettowaarde van de jaarlijkse prestaties van het productiemiddel geleidelijk af. De afschrijvingen zullen dan ook elk jaar kleiner dienen te worden.

Bij dalende afschrijvingen spreken we gewoonlijk van *degressief afschrijven*; dit spraakgebruik is overigens niet helemaal juist, omdat degressief volgens de letter betekent dat er sprake is van 'een meer dan evenredige daling'. **Degressief afschrijven**

Bij de meeste productiemiddelen is het logisch om te veronderstellen dat de waarde van de prestaties afneemt: in het voorbeeld van de taxi wordt dat bijvoorbeeld veroorzaakt door langere stilstand als gevolg van pech of onderhoud. Bovendien nemen de complementaire kosten in de loop van de tijd in de regel toe, bijvoorbeeld wegens toenemend onderhoud en brandstofverbruik. Verder kan een belangrijke factor zijn (daar is in het voorbeeld geen rekening mee gehouden) dat er nieuwe types op de markt verschijnen die efficiënter zijn door bijvoorbeeld lager brandstofverbruik: dit vermindert de prestatiewaarde van de huidige taxi.

Bij productiemiddelen waarvoor vorenstaande geldt, zou degressieve afschrijving gewenst zijn. Dit betekent afschrijving volgens de boekwaardemethode of de sum-of-the-year's-digitsmethode.

Afschrijven volgens de annuïteitenmethode moet worden afgewezen: niet alleen vanwege de ingewikkeldheid, maar vooral omdat ze leidt tot stijgende (in het spraakgebruik *progressieve*) afschrijvingen. **Progressief afschrijven**

Afschrijven naar rato van gebruik kan op zijn plaats zijn, indien een productiemiddel alleen door benutting en niet door tijdsverloop slijt. Dit zou bijvoorbeeld kunnen gelden voor een mijn of een olieveld.

In de praktijk blijkt echter dat vrijwel altijd wordt afgeschreven volgens de lineaire methode.

6.3.5   Invloed van een ideaalcomplex op de afschrijvingen

Een ideaalcomplex is aanwezig als een onderneming in het bezit is van een aantal identieke duurzame productiemiddelen die onderling gelijkmatig in leeftijd verschillen. Bij een ideaalcomplex maakt het voor de winstbepaling niet uit welke afschrijvingsmethode wordt gevolgd: de totale jaarlijkse afschrijvingen zijn in alle gevallen gelijk. We zullen dit illustreren aan de hand van voorbeeld 6.7 door de lineaire methode en de sum-of-the-year's-digitsmethode (s.o.y.d.-methode) toe te passen op een ideaalcomplex.

- -

VOORBEELD 6.7

Dezelfde gegevens als in voorbeeld 6.6:

Aanschafprijs	€50.000
Restwaarde	€10.000
Gebruiksduur	3 jaar

We veronderstellen nu dat het taxibedrijf op 1 januari beschikt over één nieuwe taxi, één 1 jaar oude taxi en één 2 jaar oude taxi.

Jaarlijkse afschrijvingen	Lineair	S.O.Y.D.
Taxi 1 (de jongste taxi)	€13.333	€20.000
Taxi 2	€13.333	€13.333
Taxi 3	€13.333	€ 6.667
Totaal	€40.000	€40.000

Voor de winstbepaling maakt het inderdaad niets uit welke methode wordt gevolgd: de totale jaarlijkse afschrijvingen bedragen steeds €40.000.
Voor de vermogensbepaling maakt de keuze van de methode echter wel verschil; dit kunnen we zien door hierna de boekwaarde van de taxi's per het einde van een jaar bij de twee methoden met elkaar te vergelijken.

Boekwaarde 31 december	Lineair	S.O.Y.D.
Taxi 1	€36.667	€30.000
Taxi 2	€23.333	€16.667
Taxi 3	€10.000	€10.000
Totaal	€70.000	€56.667

6.3.6   Regelgeving inzake afschrijvingen

In de regelgeving worden geen aanwijzingen gegeven welke afschrijvingsmethode moet worden toegepast; de IASB (IAS 16.50) en de RJ (RJ 212.426) geven slechts aan dat er systematisch over de verwachte gebruiksduur moet worden afgeschreven, terwijl de wet (artikel 386.4) voorschrijft dat op vaste activa met een beperkte gebruiksduur jaarlijks wordt afgeschreven volgens een stelsel dat op de verwachte gebruiksduur is afgestemd: er wordt wel aangegeven dat er afgeschreven moet worden, maar niet op welke wijze. De IASB (IAS 16.52) en de RJ (RJ 212.429) geven expliciet aan dat het feit dat de waarde van het actief is gestegen, geen reden is om afschrijvingen achterwege te laten. Een kantoorpand dat bijvoorbeeld geacht wordt dertig jaar mee te gaan, kan 'tussentijds' aanzienlijke waardestijgingen te zien geven, maar uiteindelijk is de waarde na dertig jaar nihil, en dus moet er afgeschreven worden.
De enige restrictie van de wet is dat de afschrijvingen onafhankelijk van het resultaat moeten worden vastgesteld (artikel 386.1). Met dit voorschrift wordt geprobeerd te voorkomen dat de onderneming de afschrijvingen – zoals dat tot de jaren vijftig van de vorige eeuw vrij gebruikelijk was – als sluitpost van de resultatenrekening gebruikt om het resultaat te sturen; in een wat zorgelijk jaar kan het immers aantrekkelijk zijn minder dan normaal af te schrijven, terwijl er in een goed jaar ruimte is om meer af te schrijven.
Alledrie de regelgevers schrijven voor dat de gehanteerde afschrijvingsmethode in de toelichting wordt uiteengezet (IAS 16.73 / RJ 212.701 / artikel 386.2).

Ook in de fiscale regelgeving is geen keuze voor een bepaalde afschrijvingsmethode opgenomen. De fiscale rechter heeft er zich wel over uitgesproken. Uit de jurisprudentie blijkt dat het in overeenstemming met goed koopmansgebruik is om degressief af te schrijven op bedrijfsmiddelen die in de begin-jaren meer nut opleveren dan in latere jaren. Lineaire afschrijving dient fis-caal te worden toegepast als het nut elk jaar hetzelfde is. Dit laatste is volgens de rechter van toepassing op de meeste bedrijfspanden. De overige vaste ac-tiva kunnen degressief worden afgeschreven; dat is ook in het belang van de belastingplichtige, want door degressieve afschrijving worden belastingver-plichtingen naar latere jaren verschoven.

Om investeringen in milieuvriendelijke bedrijfsmiddelen aan te moedigen, is in de belastingwet de faciliteit van *willekeurige afschrijving milieu-investe-ringen* opgenomen. Bedrijfsmiddelen die op de 'milieulijst' zijn opgenomen, mogen – los van de feitelijke levensduur – worden afgeschreven in elk door de onderneming gewenst tempo.

Willekeurige afschrijving milieu-inves-teringen

6.3.7 Gebeurtenissen na aanschaf

Als de investering in het bedrijfsmiddel eenmaal gepleegd is en de afschrij-vingsmethode is vastgesteld, kunnen zich nadien nog gebeurtenissen voordoen die invloed hebben op de jaarrekening. We zullen drie zaken bespreken:
1 het uitvoeren van onderhoud of verbetering
2 het constateren van een bijzondere waardevermindering
3 het constateren van een gewijzigde levensduur

Onderhoud versus verbetering

Bij het doen van uitgaven voor in gebruik zijnde materiële vaste activa moet onderscheid gemaakt worden tussen uitgaven voor verbetering en voor on-derhoud.

Dit onderscheid is soms moeilijk te maken. Er kan van verbetering worden gesproken indien er bijvoorbeeld sprake is van capaciteitsuitbreiding en/of verlenging van de verwachte gebruiksduur. Uitgaven voor verbetering wor-den geactiveerd, terwijl die voor onderhoud rechtstreeks ten laste van het resultaat worden gebracht.

Bij bedrijfspanden, schepen, vliegtuigen en dergelijke vindt periodiek (bij-voorbeeld eens in de vijf jaar) 'groot onderhoud' plaats. Uit IAS 16.13, 16.14 en 16.43 kan worden afgeleid dat het de IASB voorstaat dat uitgaven voor groot onderhoud beschouwd worden als investeringen die geactiveerd wor-den en vervolgens afgeschreven. Deze methode leidt ertoe dat op het mo-ment van aanschaf van een bedrijfsmiddel een bedrag van de kostprijs afge-splitst moet worden dat betrekking heeft op het groot onderhoud voor de eerste jaren.

Groot onderhoud

VOORBEELD 6.8

Een rederij brengt op 1 januari 2013 een nieuw containerschip in de vaart. Bouwsom: €30 mln. Het schip gaat naar verwachting twintig jaar mee. Eens in de vijf jaar zal groot onderhoud ('survey') uitgevoerd moeten worden; de kosten hiervan zullen per keer naar verwachting €2 mln bedragen.

De bouwsom van €30 mln wordt gesplitst in €28 mln en €2 mln. Voor de eer-ste vijf jaar is het groot onderhoud als het ware al uitgevoerd; dit bedrag wordt in vijf jaar afgeschreven. De afschrijvingstermijn voor de resterende €28 mln is twintig jaar.

Dit leidt tot de volgende posten in de jaarrekening over 2013 (uitgaande van lineaire afschrijving en een restwaarde van nihil):

Boekwaarde per 31 december 2013		Afschrijvingskosten over 2013	
€28 mln × 19/20 =	€26,6 mln	€28 mln × 1/20 =	€1,4 mln
€2 mln × 4/5 =	€ 1,6 mln	€2 mln × 1/5 =	€0,4 mln
	€28,2 mln		€1,8 mln

Componenten-benadering

Omdat de kostprijs van een bedrijfsmiddel uit twee componenten bestaat (in voorbeeld 6.8 het schip zelf en het groot onderhoud), wordt gesproken van de *componentenbenadering*.

De RJ laat de componentenbenadering eveneens toe, maar biedt ook nog twee alternatieve verwerkingswijzen (RJ 212.445):
1 Het vormen van een voorziening voor groot onderhoud.
   Jaarlijks wordt dan een evenredig gedeelte van de geschatte uitgaven voor groot onderhoud aan een voorziening toegevoegd, waarop de daadwerkelijke uitgaven te zijner tijd in mindering worden gebracht. In voorbeeld 6.8 zou dit betekenen dat jaarlijks €400.000 ten laste van het resultaat aan de voorziening wordt gedoteerd; de bouwsom ad 30 mln wordt dan in zijn geheel over twintig jaar afgeschreven, hetgeen leidt tot een jaarlijkse afschrijvingslast van €30 mln × 1/20 = €1,5 mln.
   Overigens is de voorzieningenbenadering in strijd met een van de voorwaarden die de RJ zelf aan een voorziening stelt (zie paragraaf 9.2.2), namelijk dat er sprake dient te zijn van een op balansdatum bestaande verplichting.
2 De uitgaven voor groot onderhoud worden direct ten laste van het resultaat gebracht. In voorbeeld 6.8 zouden de jaarlijkse afschrijvingslasten ook dan €1,5 mln bedragen.
   Deze methode is in strijd met het matchingprincipe: het is niet juist om de kosten van groot onderhoud uitsluitend toe te rekenen aan het jaar waarin dat onderhoud plaatsvindt; alle jaren hebben immers bijgedragen aan de noodzaak tot groot onderhoud.

De wet laat zich niet expliciet uit over de groot-onderhoudproblematiek. De vorming van een voorziening voor groot onderhoud is echter op grond van artikel 374.1 toegestaan; in paragraaf 9.2.2 gaan we daar nader op in.

Bijzondere waardeverminderingen

Naast het boeken van de reguliere afschrijvingen, kan het voorkomen dat – door onvoorziene omstandigheden – overgegaan moet worden tot een incidentele waardevermindering:

Realiseerbare waarde

• De IASB (IAS 36.9) en de RJ (RJ 121.202) stellen dat jaarlijks per balansdatum dient te worden beoordeeld of er aanwijzingen zijn dat een vast actief aan een bijzondere waardevermindering onderhevig kan zijn. Indien dergelijke indicaties aanwezig zijn, moet de rechtspersoon de *realiseerbare waarde* van het actief schatten: de hoogste van de directe opbrengstwaarde en de bedrijfswaarde. Voor de begrippen directe opbrengstwaarde en bedrijfswaarde verwijzen we naar paragraaf 2.1.1. Indien de realiseerbare waarde lager is dan de boekwaarde, moet worden afgewaardeerd tot de lagere realiseerbare waarde. We zullen deze 'impairment test' toelichten aan de hand van voorbeeld 6.9.

Impairment test

- De wet schrijft voor dat bij de waardering van de vaste activa rekening wordt gehouden met een vermindering van hun waarde, indien deze naar verwachting duurzaam is (artikel 387.4).

VOORBEELD 6.9

Een onderneming heeft op 1 januari jaar 1 een machine aangeschaft voor €600.000. De machine wordt in vijf jaar met jaarlijks gelijke bedragen afgeschreven. De directe opbrengstwaarde (dus ook de restwaarde) is op ieder moment nihil, omdat het uitsluitend inzetbaar is voor één specifieke activiteit. De producten die met de machine worden vervaardigd, worden afgezet in Europa en in de Verenigde Staten.
Eind jaar 1 wordt bekend dat in de Verenigde Staten een verbod is uitgevaardigd voor de verkoop van de producten die met de machine worden geproduceerd, waardoor een belangrijk deel van de potentiële afzet wegvalt. Na het bekend worden van dit gegeven maakt de ondernemingsleiding de volgende schatting van de nog te verwachten nettokasstromen (bedragen × €1):

	Jaar 2	Jaar 3	Jaar 4	Jaar 5
Verkoopontvangsten	500.000	525.000	550.000	575.000
Exploitatie-uitgaven	390.000	404.000	416.900	428.590
Nettokasstromen	110.000	121.000	133.100	146.410

Indien we er gemakshalve van uitgaan dat de jaarlijkse nettokasstromen aan het eind van het jaar plaatsvinden en dat de relevante vermogenskostenvoet voor de onderneming 10% bedraagt, dan is de bedrijfswaarde aan het eind van jaar 1:

$$\frac{€110.000}{1,10^1} + \frac{€121.000}{1,10^2} + \frac{€133.100}{1,10^3} + \frac{€146.410}{1,10^4} = €400.000$$

De realiseerbare waarde van de machine, zijnde de hoogste van de bedrijfswaarde (€400.000) en de directe opbrengstwaarde (nihil), is eind jaar 1 €400.000. Deze realiseerbare waarde is lager dan de op dat moment geldende boekwaarde ad €480.000 (€600.000 × 4/5). Dit betekent dat de machine eind jaar 1 afgewaardeerd moet worden tot €400.000. De resultatenrekening over jaar 1 wordt dan belast met €120.000 aan afschrijvingen en €80.000 als gevolg van een bijzondere waardevermindering.

Door af te waarderen tegen de realiseerbare waarde worden de gedurende de resterende levensduur te verwachten verliezen in één keer genomen. De afschrijvingen in de jaren 2 tot en met 5 zullen nu niet meer €120.000 per jaar bedragen, maar €400.000 × 1/4 = €100.000 per jaar.

De IASB (IAS 36.110) en de RJ (121.602) geven aan dat, indien eenmaal ten aanzien van een vast actief een bijzonder waardeverminderingsverlies is verantwoord, jaarlijks per balansdatum dient te worden nagegaan of er aanwijzingen bestaan dat het verlies niet meer bestaat of is verminderd. Het destijds verantwoorde bijzondere waardeverlies moet (gedeeltelijk) worden teruggenomen indien er sinds de verantwoording van het laatste bijzonder waardeverminderingsverlies een wijziging heeft plaatsgevonden in de schattingen die gebruikt worden om de realiseerbare waarde van het actief te bepalen (IAS 36.114 / RJ 121.605).

In dat geval wordt de boekwaarde ten gunste van het resultaat opgehoogd tot de nieuw bepaalde realiseerbare waarde. Bij deze ophoging mag de boekwaarde niet uitkomen boven de boekwaarde zoals die zou zijn geweest, indien er in het verleden geen bijzondere waardevermindering zou zijn verantwoord (IAS 36.117 / RJ 121.608).

Indien in voorbeeld 6.9 eind jaar 2 de realiseerbare waarde als gevolg van gewijzigde schattingen wordt bepaald op €370.000, wordt de machine eind jaar 2 in de balans opgenomen voor €360.000 (€600.000 × 3/5). In de resultatenrekening over jaar 2 komen dan een afschrijvingslast ten bedrage van €100.000 en een bate uit hoofde van terugneming bijzondere waardevermindering ad €60.000 (€360.000 – €300.000) voor.

De jaarlijkse afschrijvingen in de jaren 3 tot en met 5 komen nu weer uit op het oorspronkelijke niveau van €360.000 × 1/3 = €120.000.

In voorbeeld 6.9 konden we voor de machine eind jaar 1 een bijzondere waardevermindering verantwoorden, omdat de nettokasstromen aan de machine konden worden toegerekend. Is dit laatste niet mogelijk, dan kan ook geen realiseerbare waarde van het betreffende activum worden vastgesteld. In dat geval moet de realiseerbare waarde van de *kasstroomgenererende eenheid* waartoe het actief behoort worden bepaald, waarna deze wordt vergeleken met de boekwaarde van die eenheid (IAS 36.66 / RJ 121.501). Dit is bijvoorbeeld het geval bij geactiveerde goodwill.

Kasstroom-genererende eenheid

Roto Smeets Group (RSG) opereert in de drukkersbranche, een bedrijfstak die de gevolgen van de economische crisis voelt. Teruglopende afzet bij uitgevers, besparingen op het reclamedrukwerk in het bedrijfsleven en structurele

overcapaciteit hebben ertoe geleid dat drukkerijen in zwaar weer verkeren.
In de toelichting op de jaarrekening over 2012 meldt Roto Smeets:

'Op elke rapportage datum beoordeelt RSG of er aanwijzingen zijn dat een
actief aan een bijzondere waardevermindering onderhevig is. Indien dergelijke indicaties aanwezig zijn dient de realiseerbare waarde van het actief te
worden geschat. Ultimo 2012 is de boekwaarde van de netto activa hoger
dan de marktkapitalisatie van RSG. Gezien de aanhoudende overcapaciteit
in de grafische industrie, het economisch klimaat en de ontwikkeling van
het resultaat over 2012 is geconcludeerd dat aanwijzingen bestaan dat activa
mogelijk aan een bijzondere waardevermindering onderhevig zijn. Op basis
van deze aanwijzing heeft RSG een impairment test uitgevoerd voor alle kasstroomgenererende eenheden, te weten Print Productions Nederland, Print
Productions Buitenland (Antok) en Marketing Communications.
De realiseerbare waarde van de kasstroomgenererende eenheden is bepaald
op basis van de indirecte opbrengstwaarde dan wel de directe opbrengstwaarde minus verkoopkosten. De indirecte opbrengstwaarde is bepaald op
basis van de contante waarde van de aan de eenheid toe te rekenen geschatte toekomstige kasstromen. In de berekening van de indirecte opbrengstwaarde wordt rekening gehouden met een restwaarde na de projectperiode.
De gehanteerde disconteringsvoet na belasting voor de bepaling van de indirecte opbrengstwaarde is 9% (2011: 9%).'
Deze impairment test heeft geleid tot het nemen van een bijzondere waardevermindering op de machines en installaties van €26 mln, naast reguliere
afschrijvingen van €17 mln.
Roto Smeets boekte daardoor over 2012 een verlies van €29 mln.

Levensduurveranderingen
Een andere vraag die zich na de aanschaf kan voordoen, is wat er dient te gebeuren indien er een wijziging optreedt in de oorspronkelijk geschatte levensduur. In zo'n geval is er sprake van een schattingswijziging en niet van
een stelselwijziging.

- -

VOORBEELD 6.10
Een onderneming schrijft een machine met een aanschafprijs van €240.000
over een verwachte gebruiksduur van acht jaar af met gelijke bedragen per
jaar tot een restwaarde van nihil.
Na vier jaar blijkt dat de verwachte gebruiksduur moet worden bijgesteld tot
zes jaar.

Er is tot nu toe €120.000 (4 × €30.000) afgeschreven, terwijl dit bij nader inzien €160.000 (4 × €40.000) had moeten zijn.

De IASB (IAS 8.36 en 8.38) en de RJ (RJ 145.301/302) geven voor deze situatie
aan dat de gewijzigde inschatting van de levensduur zowel invloed heeft op
de huidige periode als op toekomstige perioden. Dit betekent dat de boekwaarde niet mag worden aangepast en dat de huidige boekwaarde van
€120.000 (€240.000 × 4/8) in de jaren 5 en 6 met €60.000 per jaar moet worden afgeschreven.

- -

Men kan zich afvragen of deze verwerkingswijze leidt tot een getrouwe weergave van vermogen en resultaat. In een vorige richtlijn schreef de RJ voor in deze situatie de boekwaarde aan te passen en het daardoor ontstane resultaat direct te nemen; op deze wijze wordt 'schoon schip' gemaakt en wordt verder gegaan met een (naar de inzichten van nu) juiste boekwaarde van de machine. Toegepast op ons voorbeeld zou de boekwaarde dan ten laste van het resultaat neerwaarts worden bijgesteld tot €80.000 (€240.000 × 2/6) en zou de afschrijving in zowel jaar 5 als in jaar 6 €40.000 bedragen.

Het omgekeerde kan zich uiteraard ook voordoen: de verwachte gebruiksduur is te laag ingeschat.
Stel dat in voorbeeld 6.10 na vier jaar blijkt dat de verwachte gebruiksduur in plaats van op acht jaar moet worden gesteld op tien jaar.
In dat geval moet de boekwaarde van €120.000 in de jaren 5 tot en met 10 met €20.000 per jaar worden afgeschreven.

6.3.8   Waarderingsgrondslag
De waarderingsproblematiek valt te onderscheiden in twee vragen:
1   Welke kosten worden meegenomen in de waardering?
2   Welke prijsgrondslag wordt gebruikt?

Ad 1 In de waardering op te nemen kosten
Bij *gekochte* bedrijfsmiddelen zullen – naast de inkoopprijs – ook de bijkomende kosten worden geactiveerd. Hierbij valt te denken aan de transport- en de installatiekosten of aan betaalde omzetbelasting, indien de onderneming niet btw-plichtig is. Wanneer de onderneming dit wel is, kan de betaalde omzetbelasting worden verrekend met de af te dragen omzetbelasting en vormt zij geen kostenpost voor de onderneming.
Als het gaat om *zelfvervaardigde* activa, is het de vraag in hoeverre – naast de directe kosten – ook indirecte kosten voor activering in aanmerking komen.
De IASB en de RJ verbieden expliciet administratie- en andere algemene overheadkosten te activeren (IAS 16.19 / RJ 212.304).
De wet staat een ruimere activering toe: zij geeft aan dat minimaal de directe kosten moeten worden geactiveerd; hiernaast mag ook een redelijk deel van de indirecte kosten in de balans worden opgenomen (artikel 388.2).
Volgens alledrie de regelgevers mag ook in de waardering worden opgenomen de rente op schulden over het tijdvak dat aan de vervaardiging van het actief kan worden toegerekend. Rente over het eigen vermogen betreft geen uitgave en komt derhalve niet voor activering in aanmerking. Indien rente over vreemd vermogen wordt geactiveerd, moet dit in de toelichting worden vermeld.

Ad 2 De prijsgrondslag
De IASB geeft voor de materiële vaste activa twee mogelijke waarderingsgrondslagen: historische kosten (IAS 16.30) en – indien deze betrouwbaar kan worden bepaald – reële waarde (IAS 16.31).
De IASB geeft aan dat de reële waarde dient te worden bepaald aan de hand van marktconforme gegevens, die voor bijvoorbeeld terreinen en gebouwen door erkende taxateurs kunnen worden bepaald (IAS 16.32).
Kan de reële waarde van materiële vaste activa niet worden bepaald, bijvoorbeeld vanwege het specifieke karakter van het actief en door het ont-

breken van een actieve markt, dan dient de reële waarde te worden bepaald op basis van een schatting van de toekomstige opbrengsten (derhalve: de indirecte opbrengstwaarde) of op basis van de vervangingswaarde (IAS 16.33).
Het verschil tussen de reële waarde en de waarde op basis van historische kosten wordt verwerkt in een herwaarderingsreserve (IAS 16.39; zie ook paragraaf 8.3.1 en hoofdstuk 14).

Door de wet en (in het verlengde daarvan) de RJ mogen materiële vaste activa worden gewaardeerd op historische kosten of op actuele waarde (artikel 384.1 / RJ 212.401).
In paragraaf 6.2.6 hebben we gezien dat het 'Besluit actuele waarde' nadere inhoud geeft aan toepassing van actuele waarde. Het Besluit onderscheidt vier actuelewaardebegrippen (artikel 1.2):
1 vervangingswaarde
2 bedrijfswaarde
3 opbrengstwaarde
4 marktwaarde

Ad 1 Vervangingswaarde

De vervangingswaarde wordt – zoals we in paragraaf 6.2.6 hebben gezien – gedefinieerd als het bedrag dat nodig zou zijn om in plaats van een actief dat bij de bedrijfsuitoefening is of wordt gebruikt, verbruikt of voortgebracht, een ander actief te verkrijgen of te vervaardigen dat voor de bedrijfsuitoefening een in economisch opzicht gelijke betekenis heeft (artikel 2).
Het Besluit stelt dat, indien materiële vaste activa worden gewaardeerd tegen actuele waarde, daarvoor de vervangingswaarde in aanmerking komt (artikel 7).
Het verschil tussen de vervangingswaarde en de historische kostprijs wordt verwerkt in een herwaarderingsreserve (artikel 390.1; zie ook paragraaf 8.3.1 en hoofdstuk 14).

Ad 2 Bedrijfswaarde

De bedrijfswaarde is de contante waarde van de aan een actief of samenstel van activa toe te rekenen geschatte toekomstige kasstromen die kunnen worden verkregen met de uitoefening van het bedrijf (artikel 3).
Het Besluit geeft aan dat waardering van de materiële vaste activa tegen bedrijfswaarde dient te geschieden indien en zolang deze lager is dan de vervangingswaarde (artikel 7). Dit betekent dat dan wordt overgegaan op indirecte opbrengstwaarde.

Ad 3 Opbrengstwaarde

De opbrengstwaarde is het bedrag waartegen een actief maximaal kan worden verkocht, onder aftrek van nog te maken kosten (artikel 5).
Het Besluit schrijft voor dat de materiële vaste activa tegen opbrengstwaarde moeten worden gewaardeerd indien de onderneming heeft besloten de activa te verkopen (artikel 7): gewaardeerd wordt dan op de directe opbrengstwaarde.

Ad 4 Marktwaarde

De marktwaarde is in het kader van waardering van de materiële vaste activa niet relevant en komt aan de orde in paragraaf 6.4 (financiële vaste activa).

6

Algemeen

De geconsolideerde jaarrekening 2012 van Accell Group nv is opgesteld in overeenstemming met de door de International Accounting Standards Board (IASB) vastgestelde en door de Europese Commissie goedgekeurde standaarden die van toepassing zijn op 31 december 2012.

Materiële vaste activa

Bedrijfsgebouwen en bedrijfsterreinen worden gewaardeerd tegen de reële waarde op herwaarderingsdatum. De reële waarde wordt bepaald door erkende onafhankelijke taxateurs aan de hand van beschikbare marktgegevens. De herwaardering wordt door middel van een directe vermogensmutatie aan de herwaarderingserserve toegevoegd.

Bron: Jaarrapport Accell Group, 2012

Algemeen

De jaarrekening 2012 is opgesteld in overeenstemming met de voorschriften van Titel 9 boek 2 BW en de van toepassing zijn de Richtlijnen voor de Jaarverslaggeving.

Materiële vaste activa

Bedrijfsgebouwen en terreinen worden conform het Besluit actuele waarde gewaardeerd op vervangingswaarde. De vervangingswaarde is het bedrag dat nodig zou zijn om in de plaats van een actief dat bij de bedrijfsuitoefening is of wordt gebruikt of voortgebracht, een ander actief te verkrijgen of te vervaardigen dat voor de bedrijfsuitoefening een in economisch opzicht gelijke betekenis heeft. Wijzigingen in de waardering worden direct in het eigen vermogen gemuteerd, totdat voor betreffend actief de reserve herwaardering volledig is aangewend.

Bron: Jaarrapport Koninklijke Reesink nv, 2012

Herinvesteringsreserve

Fiscaal moet worden gewaardeerd op basis van historische kosten. In de belastingwetgeving komt de faciliteit van de *herinvesteringsreserve* voor. Bij toepassing van deze faciliteit worden boekwinsten bij verkoop van bepaalde bedrijfsmiddelen, zoals machines en transportmiddelen, opgenomen in een herinvesteringsreserve en derhalve op het moment dat deze boekwinst zich voordoet, niet belast. Bij aankoop van een nieuw activum wordt de herinvesteringsreserve afgeboekt op de aanschafprijs van dat nieuwe bedrijfsmiddel, waardoor de afschrijvingsbasis van het nieuwe activum lager wordt. Feitelijk wordt de behaalde boekwinst daarmee dus uitgesmeerd over de boekjaren waarin het nieuwe bedrijfsmiddel wordt afgeschreven. De herinvesteringsreserve biedt dan ook uitstel van belastingbetaling. Kleine rechtspersonen die ervoor kiezen om de jaarrekening op te stellen op basis van fiscale grondslagen, moeten een op balansdatum aanwezige herinvesteringsreserve als afzonderlijke component van het eigen vermogen presenteren; dit is vastgelegd in het Besluit fiscale waarderingsgrondslagen.

6.4 **Financiële vaste activa**

De in de Nederlandse wet voorgeschreven rubricering van financiële vaste
activa is vastgelegd in artikel 367; zie hiervoor appendix 1.

We kunnen de financiële vaste activa in twee hoofdgroepen onderscheiden:
1 Aandelen die ten dienste van de eigen werkzaamheden in andere ondernemingen worden gehouden; deze groep financiële vaste activa zullen
   worden besproken in hoofdstuk 16.
2 Schuldvorderingen en aandelen die ter duurzame belegging worden aangehouden, bijvoorbeeld om te zijner tijd te kunnen voldoen aan in eigen
   beheer gehouden pensioenverplichtingen.

Voor de *schuldvorderingen ter duurzame belegging* dient volgens de voorschriften inzake 'financiële instrumenten' van de IASB (IAS 39) een onderscheid gemaakt te worden tussen vorderingen die tot het einde van de looptijd
worden aangehouden ('held to maturity') en vorderingen waarbij de mogelijkheid bestaat dat ze tussentijds afgestoten worden ('available for sale').
De vorderingen die tot het einde van de looptijd aangehouden worden, dienen gewaardeerd te worden op *geamortiseerde kostprijs*; dit is de verkrijgingsprijs, rekening houdend met een eventueel agio of disagio.

**Financiële
instrumenten**

**Held to
maturity**

**Available for
sale**

**Geamortiseer-
de kostprijs**

VOORBEELD 6.11
Een onderneming koopt op 2 januari 2013 1.000 5%-obligaties van €1.000
nominaal, in verband met het zekerstellen van een in eigen beheer gehouden pensioenverplichting. De resterende looptijd is tien jaar; de couponrente wordt elk jaar per 31 december voldaan.
Aangezien de marktrente op het moment van koop 7% is, bedraagt de aankoopprijs €859.500 (de contante waarde van de jaarlijkse interest van
€50.000 en de aflossing van €1 mln; disconteringsvoet 7%).
De obligaties worden opgenomen onder de financiële vaste activa voor een
bedrag van €859.500.

Op 31 december 2013 (na ontvangst van de couponrente ad €50.000 over
2013) is de contante waarde toegenomen tot €869.700; dit is de waardering
waarvoor de obligaties per 31 december 2013 in de balans worden opgenomen. In de resultatenrekening over 2013 wordt dan een rentebate opgenomen van €60.200 (€50.000 genoten interest plus de opwaardering van de
obligaties ad €10.200). Het rendement op de obligaties komt daarmee uit op
de disconteringsvoet die geldt ten tijde van de koop (7%) toegepast op de
verkrijgingsprijs (€859.500).
Omdat de obligaties tot het einde van de looptijd zullen worden aangehouden, is een wijziging van de marktrente na aankoopdatum niet relevant;
deze beïnvloedt immers alleen het bedrag dat ontvangen zou worden bij
tussentijdse verkoop.

Om een schuldvordering als 'held to maturity' te mogen aanmerken, dient
de ondernemingsleiding zowel de intentie te hebben om de stukken tot het
einde van de looptijd aan te houden, alsook de mogelijkheid te hebben om
dit te realiseren. Als de financiële positie zodanig is, dat voor toekomstige

uitgaven zeker een beroep moet worden gedaan op de opbrengst van een tussentijdse verkoop, mag de vordering niet aangemerkt worden als 'held to maturity'.

Reële waarde

De schuldvorderingen waarbij de mogelijkheid bestaat dat ze tussentijds afgestoten worden, dienen gewaardeerd te worden op *reële waarde*, waarbij de waardemutaties rechtstreeks in het eigen vermogen moeten worden verwerkt. Voor rentedragende waardepapieren dient de verdiende interest in de resultatenrekening te worden verantwoord. Hierdoor wordt voorkomen dat reële waardeveranderingen die uitsluitend worden veroorzaakt door het verloop van de tijd (in feite de aangegroeide interest) tijdelijk in het eigen vermogen worden opgenomen.

Op moment van verkoop van de vordering worden de cumulatieve waardeveranderingen die in het eigen vermogen zijn opgenomen, overgeboekt naar de resultatenrekening. Bij deze groep vorderingen heeft een wijziging van de marktrente dus wel directe gevolgen voor de waardering van de vordering en daarmee uiteindelijk ook voor het resultaat.

Voor beursgenoteerde schuldvorderingen is de reële waarde eenvoudig te bepalen door uit te gaan van de officiële noteringen. Voor onderhands verstrekte leningen is dit veel moeilijker. Indien de reële waarde niet betrouwbaar is te schatten, dient gewaardeerd te worden tegen geamortiseerde kostprijs.

Het zal duidelijk zijn dat bij *aandelenbeleggingen* de categorie 'held to maturity' ontbreekt, omdat die geen eindige looptijd kennen. Er zal dan ook gewaardeerd dienen te worden op reële waarde, voor zover deze betrouwbaar te bepalen is. Is dit laatste niet het geval, dan moet gewaardeerd worden op aanschafprijs.

- -

VOORBEELD 6.12

Een bv koopt op 31 december 2012 aandelen A voor €100.000. Het is de bedoeling dat deze aandelen in 2016 zullen worden verkocht, om de opbrengst te gebruiken voor de financiering van groot onderhoud aan het bedrijfspand.

In 2013 wordt op de aandelen €5.000 dividend ontvangen; de marktwaarde bedraagt op 31 december 2013 €120.000. Gemakshalve gaan we ervan uit dat vanaf 2014 tot aan de verkoop in 2016 zich geen verdere waardeveranderingen voordoen en dat er ook geen dividend meer ontvangen wordt.

Ervan uitgaande dat de marktwaarde van de aandelen A betrouwbaar is vast te stellen, maakt de bv de volgende journaalposten:

Van het ontvangen dividend en de waardestijging in 2013

1 Liquide middelen	€ 5.000	
Aan 9 Financiële baten		€ 5.000
0 Effecten	€ 20.000	
Aan 0 Herwaarderingsreserve		€ 20.000

Van de verkoop in 2016

1 Liquide middelen	€120.000	
Aan 0 Effecten		€120.000

| 0 Herwaarderingsreserve | € 20.000 | |
| Aan 9 Financiële baten | | € 20.000 |

In het geval dat de marktwaarde van de aandelen A niet betrouwbaar is vast te stellen, zal gewaardeerd moeten worden op aanschafprijs en worden de boekingen:

In 2013

| 1 Liquide middelen | € 5.000 | |
| Aan 9 Financiële baten | | € 5.000 |

In 2016

1 Liquide middelen	€120.000	
Aan 0 Effecten		€100.000
Aan 9 Financiële baten		€ 20.000

In figuur 6.3 wordt het verloop van de boekwaarden gebaseerd op geamortiseerde kostprijs en reële waarde schematisch weergegeven.

FIGUUR 6.3 Verloop boekwaarden gebaseerd op geamortiseerde kostprijs en reële waarde

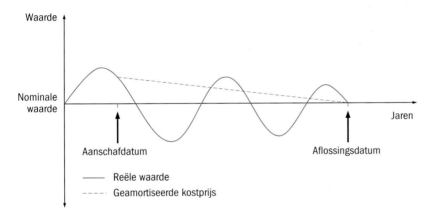

De Nederlandse wet staat voor schuldvorderingen en aandelen die als vaste activa beschouwd worden, twee waarderingsgrondslagen toe (artikel 384.1): de *historische kostprijs* en de *actuele waarde*. **Historische kostprijs**

Bij waardering op historische kostprijs ligt het voor de hand – hoewel de wet het niet voorschrijft – dat rekening wordt gehouden met eventueel agio door afwijkende marktrente. Dit kan op de volgende twee manieren geschieden: **Actuele waarde**

1 door met behulp van de financiële rekenkunde de geamortiseerde kostprijs te berekenen (zoals in voorbeeld 6.11 is gebeurd); dit wordt wel de *effectieve rentemethode* genoemd. **Effectieve rentemethode**

2 door het agio of disagio als overlooppost in de balans op te nemen en deze vervolgens lineair over de resterende looptijd te verdelen. De RJ staat *lineaire amortisatie* alleen maar toe indien het niet tot belangrijke verschillen leidt ten opzichte van het toepassen van de effectieve rentemethode (RJ 273.201). **Lineaire amortisatie**

De RJ schrijft voor beursgenoteerde aandelen expliciet voor dat deze tegen reële waarde gewaardeerd dienen te worden (RJ 226.204).

Indien wordt gewaardeerd tegen actuele waarde, komt daarvoor volgens het Besluit actuele waarde in aanmerking de marktwaarde (artikel 10).

Onder de marktwaarde wordt verstaan het bedrag waarvoor een actief kan worden verhandeld tussen ter zake goed geïnformeerde partijen, die tot een transactie bereid en onafhankelijk van elkaar zijn (artikel 4).

Deze omschrijving komt overeen met het door de IASB gedefinieerde begrip reële waarde (zie paragraaf 6.2.6).

Indien niet direct een betrouwbare marktwaarde is aan te wijzen (zoals bij niet-beursgenoteerde waardepapieren), dient de marktwaarde benaderd te worden door deze (artikel 10):

a af te leiden uit de marktwaarde van zijn bestanddelen of van een soortgelijk instrument indien voor de bestanddelen ervan of voor een soortgelijk instrument wel een betrouwbare markt is aan te wijzen; of

b te benaderen met behulp van algemeen aanvaarde waarderingsmodellen en waarderingstechnieken.

In geval van de onder b omschreven afleiding eist de wet vermelding in de toelichting van de aannames die daaraan ten grondslag liggen (artikel 381a).

Voor de verwerking van de waardeveranderingen van tegen actuele waarde opgenomen schuldvorderingen en aandelen, biedt de wet twee mogelijkheden (artikelen 390.1 en 384.7):

1 (voor zover er sprake is van per saldo waardevermeerderingen) opname in een herwaarderingsreserve;

2 verwerking in de resultatenrekening. Bij deze verwerking dient in geval van activa waarvoor geen frequente marktnoteringen bestaan, een herwaarderingsreserve te worden opgenomen ter grootte van de ongerealiseerde waardestijgingen.

Toegepast op voorbeeld 6.12 zijn de boekingen van de bv bij deze opties als volgt:

1 In geval van opname van de waardestijging in een herwaarderingsreserve:

Van het ontvangen dividend en de waardestijging in 2013

1 Liquide middelen	€ 5.000	
Aan 9 Financiële baten		€ 5.000

0 Effecten	€ 20.000	
Aan 0 Herwaarderingsreserve		€ 20.000

Van de verkoop in 2016

1 Liquide middelen	€120.000	
Aan 0 Effecten		€120.000

0 Herwaarderingsreserves	€ 20.000	
Aan 0 Overige reserves / 9 Financiële baten		€ 20.000

Met het maken van deze laatste journaalpost lopen we vooruit op de stof: in paragraaf 8.3.1 zullen we bij de bespreking van de herwaarderingsreserve zien dat gerealiseerde waardestijgingen niet in de herwaarderingsreserve mogen blijven worden opgenomen, maar moeten worden overgeboekt naar een vrije reserve of naar de resultatenrekening.

2 In geval van verwerking van de waardestijging in de resultatenrekening:

In 2013

1 Liquide middelen	€ 5.000	
Aan 9 Financiële baten		€ 5.000
0 Effecten	€ 20.000	
Aan 9 Financiële baten		€ 20.000

In 2016

1 Liquide middelen	€120.000	
Aan 0 Effecten		€120.000

Indien de aandelen A niet ter beurze zijn genoteerd, worden de volgende aanvullende journaalposten gemaakt:

In 2013

0 Overige reserves	€ 20.000	
Aan 0 Herwaarderingsreserve		€ 20.000

In 2016

0 Herwaarderingsreserve	€ 20.000	
Aan 0 Overige reserves		€ 20.000

Fiscaal komen alleen historische kosten als waarderingsgrondslag in aanmerking. Dit betekent dat een kleine rechtspersoon die opteert voor fiscale grondslagen in voorbeeld 6.12 de aandelen op 31 december 2013 in de balans moet opnemen voor €100.000 en er in de resultatenrekening over 2013 een financiële bate van €5.000 aan dividend en in de resultatenrekening over 2016 een financiële bate van €20.000 aan boekwinst op de verkoop van de aandelen wordt opgenomen.

© Noordhoff Uitgevers bv

7

Vlottende activa

7

7.1 **Begripsbepaling en rubricering**
7.2 **Voorraden**
7.3 **Langlopende werken**
7.4 **Overige vlottende activa**

Paragraaf 7.1 zet uiteen welke posten vallen onder de vlottende activa.
In paragraaf 7.2 staan de voorraden centraal; besproken wordt welke kosten
in de voorraadwaardering worden opgenomen en tegen welke prijsgrondslag dat dient te geschieden.
Paragraaf 7.3 gaat in op een bijzondere categorie voorraden, de langlopende
onderhanden werken, die enige specifieke verslaggevingsproblemen met
zich meebrengen.
Ten slotte behandelt paragraaf 7.4 de overige vlottende activa: vorderingen,
effecten en liquide middelen.

7.1 Begripsbepaling en rubricering

In paragraaf 6.1 hebben we gezien dat de onderscheiding tussen vaste en vlottende activa gebaseerd is op het antwoord op de vraag: 'Is er sprake van een duurzame verbondenheid van het activum met de onderneming?' Als het antwoord ontkennend is, is er sprake van vlottende activa.

De IASB en de RJ hebben dit criterium als volgt geoperationaliseerd. Er is sprake van een vlottend activum als aan een van de volgende voorwaarden wordt voldaan (IAS 1.66 / RJ 190.206):
- Het is de verwachting dat het activum zal worden gerealiseerd, verkocht of gebruikt binnen de normale productiecyclus van de onderneming.
- Het activum wordt primair gehouden voor de verkoop en deze verkoop zal naar verwachting binnen een jaar plaatsvinden.
- Het activum bestaat uit liquide middelen of een equivalent van liquide middelen dat niet beperkt is in zijn aanwendbaarheid.

Op grond van het voorgaande valt het onderhanden werk van een aannemer onder de vlottende activa, ook al vindt oplevering pas over twee jaar plaats; er wordt immers voldaan aan de eerstgenoemde voorwaarde.

7.2 Voorraden

Nadat in paragraaf 7.2.1 is aangegeven welke soorten voorraden kunnen worden onderscheiden, wordt in paragraaf 7.2.2 besproken welke kosten in de voorraadwaardering moeten c.q. mogen worden opgenomen. In paragraaf 7.2.3 worden in aansluiting daarop de fundamenteel verschillende systemen van absorption costing en direct costing aan de orde gesteld. Behalve van de vraag welke kosten geactiveerd worden, hangt de voorraadwaardering ook af van de prijsgrondslag die gebruikt wordt; deze laatste is het onderwerp van paragraaf 7.2.4.

7.2.1   Soorten voorraden

De in de Nederlandse wet voorgeschreven rubricering van voorraden is vastgelegd in artikel 369; zie hiervoor appendix 1.

Voorraden kunnen *in de eerste plaats* onderscheiden worden naar het stadium in de ondernemingscyclus waarin ze zich bevinden. Zo kennen we bij een productieonderneming:
- grond- en hulpstoffen; het verschil tussen beide is dat de eerste 'opgaat' in het gereed product en de tweede niet
- onderhanden werk en halffabrikaat
- gereed product

Bij handelsondernemingen komt uiteraard maar één soort voorraad voor: de handelsgoederen.

In figuur 7.1 is de logistieke stroom van genoemde voorraden bij productie- en handelsondernemingen weergegeven.

FIGUUR 7.1 Logistieke stroom van voorraden

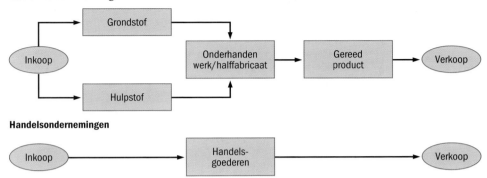

Indien opdrachten aangenomen worden, waarvan de uitvoering meerdere jaren in beslag neemt (zoals in de wegen- en scheepsbouw), schept dit enige bijzondere problemen voor de verwerking van de post 'Onderhanden werk'. We wijden aan deze categorie voorraden daarom een afzonderlijke paragraaf (paragraaf 7.3).

Ten aanzien van voorraden kan *in de tweede plaats* een onderscheid worden gemaakt tussen de technische en de economische voorraad. De *technische voorraad* is de werkelijk in het bedrijf aanwezige voorraad, de *economische voorraad* is de voorraad waarover de onderneming prijsrisico loopt. De economische voorraad bestaat uit de technische voorraad, vermeerderd met nog te ontvangen inkopen en verminderd met nog uit te voeren, reeds afgesloten verkopen.

Technische voorraad

Economische voorraad

In paragraaf 4.2 hebben we gezien dat er volgens het Framework van de IASB en het Stramien van de RJ pas sprake is van een activum als onder meer de onderneming de beschikkingsmacht over het betreffende productiemiddel heeft. Dit betekent dat alleen de technische voorraad voor activering in aanmerking komt. De RJ heeft expliciet aangegeven dat het niet is toegestaan om de economische voorraad in de balans op te nemen (RJ 220.204). Hoewel het dus niet toegestaan is lopende in- en verkooporders in de balans op te nemen, dient op balansdatum wel onderzocht te worden of hierin verliezen schuilen (IAS 37.66 / RJ 252.404). Stel dat een groothandelaar op balansdatum een inkoopcontract heeft lopen van 20.000 stuks met een contractprijs van €10, terwijl de netto-opbrengstwaarde €8 per eenheid bedraagt. In de orderpositie schuilt dan een verlies van 20.000 × (€10 − €8) = €40.000; dit verlies wordt genomen door op balansdatum ten laste van het resultaat een voorziening te vormen.

Verlieslatende contracten

Voor lopende verkoopcontracten wordt het verlies – voor zover levering uit technische voorraad mogelijk is – bepaald door de contractprijzen te vergelijken met de balanswaarde van deze technische voorraad, terwijl voor de overige nog te leveren goederen vergelijking plaatsvindt met de actuele inkoopprijs op balansdatum; in beide gevallen dient rekening gehouden te worden met nog te maken afleveringskosten.

Indien de risico's worden afgedekt via transacties op de termijnmarkt, is het vormen van een voorziening voor lopende in- en verkoopcontracten niet aan de orde.

Bij ondernemingen die handelen in wereldmarktproducten, zoals koffie, suiker of tabak, die vaak al voor de oogst 'op stam' gekocht worden, kunnen de prijsrisico's zeer aanzienlijk zijn.

In een procedure over de jaarrekening van Douwe Egberts heeft de Hoge Raad in 1979 bepaald dat, indien de voor de grondstoffen (in casu koffie) te betalen prijzen een groot deel van de kostprijs van het gereed product uitmaken en in belangrijke mate het resultaat beïnvloeden, de onderneming niet mag volstaan met een jaarrekening op basis van de technische voorraad. De Hoge Raad oordeelde dat er ook informatie gegeven dient te worden over de rechten en de verplichtingen die voortvloeien uit lopende in- en verkoopcontracten.

7.2.2   In de voorraad te activeren kosten

Ten aanzien van de voorraadwaardering doen zich twee vragen voor:
1   Welke kosten dienen in de voorraad geactiveerd te worden?
2   Wat is de prijsgrondslag die daarbij gehanteerd wordt?

Deze paragraaf en paragraaf 7.2.3 gaan in op de eerste vraag; de kwestie van de prijsgrondslag komt in paragraaf 7.2.4 aan bod.

Voor wat betreft de kosten die in de voorraadwaardering opgenomen dienen te worden, komen de voorschriften van de IASB (IAS 2.10), de RJ (RJ 220.304/305) en de wet (artikel 388) in grote lijnen met elkaar overeen.
Bij *gekochte* voorraden (dit betreft meestal grondstoffen en handelsgoederen) dienen in de balanswaardering opgenomen te worden de inkoopprijs en de bijkomende kosten. Bij deze laatste kan gedacht worden aan invoerrechten, transportkosten, magazijnkosten en dergelijke.
Voor *zelfgeproduceerde* voorraden (halffabrikaten en gereed product) geldt dat in de voorraadwaardering *moeten* worden opgenomen:
• de gebruikte grond- en hulpstoffen
• de overige kosten die rechtstreeks aan de vervaardiging kunnen worden toegerekend

In de voorraadwaardering *mogen* worden opgenomen:
• Een redelijk deel van de indirecte kosten. Indirecte kosten worden ook wel 'overheadkosten' genoemd; het zijn kosten die niet rechtstreeks aan het product zijn toe te rekenen, bijvoorbeeld de kosten van het bedrijfspand, van de administratie en van directie en toezichthoudend personeel.
• De rente op schulden over het tijdvak dat aan de vervaardiging van het actief kan worden toegerekend. Indien rente wordt geactiveerd, moet dit in de toelichting worden vermeld. We hebben eerder al gezien dat het slechts is toegestaan betaalde rente over vreemd vermogen te activeren; gecalculeerde rente over eigen vermogen betreft geen uitgave en komt derhalve niet voor activering in aanmerking.

Ten aanzien van de waardering van zelfvervaardigde voorraad geeft de regelgeving dus een minimum- en een maximumpositie aan: er moet minimaal gewaardeerd worden tegen de directe kosten, terwijl het aan de onderneming wordt overgelaten om ook indirecte kosten op te nemen.
We wijzen in dit verband nog even op het bij de behandeling van het matchingprincipe (paragraaf 3.1.3) geïntroduceerde begrip 'product matching'. Bij kosten die in de voorraadwaardering worden opgenomen (de 'product costs'), is sprake van product matching.

Overigens geven de IASB (IAS 2.16) en de RJ (RJ 220.311) expliciet aan dat opname van verkoopkosten in de voorraadwaardering niet is toegestaan.

VOORBEELD 7.1

Een ambachtelijke klompenmaker gebruikt €5 aan hout voor het maken van één paar klompen. Zijn werkplaats heeft hij gehuurd voor €1.000 per maand. Normaliter vervaardigt hij 250 paar klompen per maand. Een gepensioneerde die nog wat te doen wil hebben, gaat voor de klompenmaker de winkels langs om ze te verkopen. Hij krijgt daarvoor €1 per verkocht paar.
We kunnen nu de kostprijs van een paar klompen als volgt bepalen:

Grondstofkosten (hout)			€5
Huurkosten:	$\dfrac{€1.000}{250}$	=	€4
			———
Fabricagekostprijs			€9
Verkoopkosten			€1
			———
Commerciële kostprijs			€10

Gezien de besproken regelgeving is de minimale waardering per paar €5 en de maximale €9.

Een bedrijf heeft dus een redelijke bandbreedte bij de keuze van de hoogte van de waardering van zelfvervaardigde voorraden. Deze keuze heeft gevolgen voor de vermogens- en de winstbepaling. Een hogere balanswaardering betekent automatisch een hoger vermogen. Of dit ook een hoger resultaat oplevert, is afhankelijk van de vraag of de voorraadhoeveelheid in de betreffende periode is toe- of afgenomen.
De in de voorraadwaardering opgenomen kosten komen pas ten laste van het resultaat op het moment dat de producten worden verkocht: bij een voorraadtoename worden deze 'product costs' naar de toekomst 'doorgeschoven'.
De gevolgen van verschillen in de voorraadwaardering voor vermogen en resultaat zullen we illustreren aan de hand van voorbeeld 7.2.

VOORBEELD 7.2

We bouwen voort op de gegevens uit voorbeeld 7.1. Verder is het volgende bekend:
• De verkoopprijs is €12 per paar.
• Voor januari en februari gelden de volgende cijfers:

	Januari	**Februari**
Productie	300 paar	200 paar
Verkoop	275 paar	225 paar

Het in een bepaalde maand voor de productie benodigde hout wordt aan het begin van de desbetreffende maand ingekocht.

• De balans per 1 januari van de klompenmaker ziet er als volgt uit:

Balans per 1 januari			
Kas	€2.500	Eigen vermogen	€2.500

• Alle transacties worden direct per kas afgewikkeld; winsten worden gereserveerd.

Gevraagd
De balansen ultimo januari en februari en de resultatenrekening over deze maanden als uitgegaan wordt van een voorraadwaardering van:
a €5 per paar.
b €9 per paar.

Uitwerking
a Waardering tegen €5 per paar

Balans ultimo januari			
Voorraad 25 × €5	€ 125	Eigen vermogen 1/1	€2.500
Kas[1]	€3.025	Winst januari	€ 650
	€3.150		€3.150

	1	Saldo 1/1	€2.500	
		Verkopen: 275 × €12 =	€3.300	+
		Inkoop hout: 300 × €5 =	€1.500	−
		Huur werkplaats	€1.000	−
		Provisie verkoper: 275 × €1 = €	275	−
			€3.025	

Resultatenrekening over januari				
Opbrengst verkopen:	275 × €12 =		€3.300	
Kostprijs verkopen:	275 × € 5 =		€1.375	(Product costs)
			€1.925	
Brutowinst				
Huurkosten		€1.000		
Provisie verkoper		€ 275		
			€1.275	
Winst			€ 650	

Balans ultimo februari

Voorraad	–	Eigen vermogen 1/2	€3.150
Kas[1]	€3.500	Winst februari	€ 350
	€3.500		€3.500

1	Saldo 1/2	€3.025	
	Verkopen: 225 × €12 =	€2.700	+
	Inkoop hout: 200 × €5 =	€1.000	–
	Huur werkplaats	€1.000	–
	Provisie verkoper: 225 × €1 = €	225	–
		€3.500	

Resultatenrekening over februari

Opbrengst verkopen:	225 × €12 =		€2.700	
Kostprijs verkopen:	225 × € 5 =		€1.125	(Product costs)
			€1.575	
Brutowinst				
Huurkosten		€1.000		
Provisie verkoper		€ 225		
Winst			€1.225	
			€ 350	

b Waardering tegen €9 per paar

Balans ultimo januari

Voorraad: 25 × €9 =	€ 225	Eigen vermogen 1/1	€2.500
Kas	€3.025	Winst januari	€ 750
	€3.250		€3.250

Resultatenrekening over januari

Opbrengst verkopen:	275 × €12 =	€3.300	
Kostprijs verkopen:	275 × € 9 =	€2.475	(Product costs)
Brutowinst		€ 825	
Provisie verkoper		€ 275	
Transactieresultaat		€ 550	
Bezettingsresultaat	(300 − 250) × €4 =	€ 200	+
Winst		€ 750	

Balans ultimo februari

Voorraad	–	Eigen vermogen 1/2	€3.250
Kas	€3.500	Winst februari	€ 250
	€3.500		€3.500

Resultatenrekening over februari

Opbrengst verkopen:	225 × €12 =	€2.700	
Kostprijs verkopen:	225 × €9 =	€2.025	(Product costs)
Brutowinst		€ 675	
Provisie verkoper		€ 225	
Transactieresultaat		€ 450	
Bezettingsresultaat	(200 – 250) × €4 =	€ 200 +	
Winst		€ 250	

- -

**Bezetting-
sresultaat**

Bij waardering tegen €9 per paar komt er zowel in januari als in februari een *bezettingsresultaat* voor. Dit resultaat ontstaat doordat de huurkosten als product costs zijn beschouwd; de huur van €1.000 moet betaald worden, ongeacht of er die maand veel of weinig klompen gemaakt worden; het zijn dus constante kosten.

In de voorraadwaardering is een bedrag van €4 per paar opgenomen als dekking voor de huurkosten. Die €4 is gebaseerd op een normale maandproductie van 250 paar. Indien de werkelijke productie afwijkt van de normale, is er een overdekking (er wordt meer geactiveerd dan normaal) of een onderdekking (er wordt minder geactiveerd dan normaal).

In januari was de productie 300 paar: dit geeft een activering onder de voorraden van €1.200 aan huurkosten. Dit is €200 meer dan de betaalde huur, hetgeen leidt tot een positief bezettingsresultaat van €200.

In februari werden er 200 paar geproduceerd: er wordt dan €800 aan huurkosten onder de voorraden geactiveerd, er is sprake van een negatief bezettingsresultaat van €200.

In de praktijk van de jaarverslaggeving wordt het bezettingsresultaat overigens niet als aparte post op de resultatenrekening getoond, maar verwerkt in de kostprijs van de verkopen.

Vergelijken we de winsten bij beide waarderingen met elkaar, dan ontstaat het volgende beeld:

	Waardering tegen €5	*Waardering tegen €9*
Januari	€ 650	€ 750
Februari	€ 350	€ 250
	€1.000	€1.000

Deze vergelijking leidt tot de volgende opmerkingen:
- Het verschil in winst van €100 per maand wordt veroorzaakt door het verschil in behandeling van de huurkosten: bij waardering tegen €5 worden ze niet (period costs) en bij waardering tegen €9 worden ze wel (product costs) onder de voorraden geactiveerd.

  Bij *voorraadtoename* neemt de totale waarde van de voorraad bij een hogere waardering per eenheid meer toe dan bij een lagere waardering; dit betekent een grotere toename van het eigen vermogen en daarmee een hogere winst.

  Voorraadtoename

  In januari steeg de voorraad met 25 paar klompen: de winst bij waardering tegen €9 is daarmee €100 (25 × €4) hoger dan bij waardering tegen €5.

  Bij *voorraadafname* is het omgekeerde het geval: een hogere voorraadwaardering per eenheid leidt tot een grotere afname van de totale waardering van de voorraad, daardoor een grotere afname van het eigen vermogen en dus een lagere winst.

  Voorraadafname

  In februari daalde de voorraad met 25 paar klompen: de winst bij waardering tegen €9 is dan €100 lager dan bij waardering tegen €5. In het algemeen kan het verschil in resultaat bij verschil in waardering van de voorraad derhalve worden verklaard uit de *voorraadmutatie vermenigvuldigd met het verschil in waardering per eenheid product*.
- De hoogte van de voorraadwaardering heeft gevolgen voor de toerekening van de kosten in de tijd; verschillen in voorraadwaardering kunnen leiden tot verschuivingen van kosten en daarmee van resultaten in de tijd. Over de gehele levensduur gemeten, compenseren deze verschillen elkaar; indien de voorraad volledig is verkocht, zijn immers alle kosten, onafhankelijk van de voorraadwaardering, ten laste van het resultaat gebracht. Dit blijkt ook uit ons voorbeeld: ultimo februari is de gehele voorraad verkocht, zodat de totale winst over januari en februari bij beide waarderingen aan elkaar gelijk is (€1.000).

7.2.3 Absorption costing versus direct costing

Voorraadwaardering tegen de integrale fabricagekostprijs (in het gehanteerde voorbeeld €9) wordt in de Engelstalige literatuur gewoonlijk aangeduid als *absorption costing*.

Tegenover deze methode is in de Verenigde Staten het systeem van *direct costing* ontwikkeld. De naam 'direct costing' is enigszins misleidend: het gaat hierbij namelijk niet om de vraag of kosten al of niet direct aan de productie zijn toe te rekenen. De Nederlandse (weinig gebruikte) term is 'variabelekostencalculatie'; deze geeft beter aan waar het om gaat: er wordt gewaardeerd tegen de variabele productiekosten; de constante kosten komen ten laste van het resultaat in de periode waarin ze ontstaan zijn. Bij de constante kosten wordt period matching toegepast.

Variabele kosten (zoals grondstofkosten) zijn kosten die variëren met het activiteitenniveau. Constante kosten worden (binnen de capaciteitsgrenzen) niet beïnvloed door het activiteitenniveau.

In ons voorbeeld geeft de voorraadwaardering van €5 dus de directcostingbenadering weer.

In de management-accountingliteratuur zijn uitgebreide beschouwingen te vinden over de pro's en de contra's van beide systemen.

Zo vinden de aanhangers van direct costing dat de constante kosten moeten worden beschouwd als capaciteitskosten die moeten worden toegerekend aan de periode dat deze capaciteit ter beschikking staat, en niet aan de peri-

**Dekkings-
bijdrage**

ode waarin de productie wordt verkocht. De constante kosten zijn voor de onderneming een gegeven en moeten worden goedgemaakt door het verschil tussen de omzet en de variabele kosten; dit verschil wordt 'dekkingsbijdrage' ('contribution margin') genoemd.

De voorstanders van direct costing wijzen er verder op dat, met name in een situatie van afzetstagnatie, bij toepassing van absorption costing het resultaat kunstmatig op peil kan worden gehouden door het activeren van bezettingsverliezen. Door de productie op het normale niveau te houden worden bezettingsverliezen vermeden: de constante kosten van de voorraadtoename worden dan geactiveerd, terwijl deze bij aanpassing van de productie aan de afzet als bezettingsverliezen op de resultatenrekening zouden verschijnen. Indien we in het voorbeeld van de klompenmaker veronderstellen dat er in januari niets wordt verkocht, is er bij toepassing van absorption costing in die maand toch nog een winst behaald van €200: de huurkosten ad €1.000 worden volledig in de voorraad 'weggestopt' en daarmee buiten de resultatenrekening gehouden. Bovendien wordt er door de hogere dan normale productie nog €200 extra geactiveerd (het positieve bezettingsresultaat), wat leidt tot de winst van €200.
Bij toepassing van direct costing zou er in januari een verlies zijn ontstaan van €1.000: het bedrag van de huurkosten wordt dan immers als period costs ten laste van het resultaat gebracht.
Bij absorption costing kan de winst dan ook door een hogere of lagere productie worden 'gestuurd'; daarmee is dit systeem van waardering en winstbepaling vatbaar voor creative accounting.
Overigens geldt het vermijden van bezettingsverliezen bij absorption costing niet onverkort: indien de voorraden slecht verkoopbaar zijn, dient op grond van de minimumwaarderingsregel (zie paragraaf 7.2.4) de voorraad afgewaardeerd te worden tot lagere opbrengstwaarde: het verlies komt dan toch tot uiting. Anderzijds valt ten faveure van absorption costing aan te voeren dat ook de constante kosten gemaakt worden ten behoeve van de productie. Als de klompenmaker uit ons voorbeeld ervoor kiest om in januari te produceren en in februari te verkopen, zou het onredelijk zijn om hem in januari een verlies aan te rekenen; alle kosten dienen de productie en zijn dus 'product costs'. Uit het oogpunt van winstbepaling valt voor beide opvattingen wat te zeggen.

Wat betreft de vermogensbepaling dreigt het gevaar dat bij toepassing van direct costing niet voldaan wordt aan het voorschrift dat minimaal de rechtstreeks aan de productie toe te rekenen kosten geactiveerd moeten worden. Als namelijk de situatie zich voordoet dat bepaalde constante kosten als direct aangemerkt dienen te worden, moeten deze worden geactiveerd, terwijl direct costing ze rechtstreeks ten laste van het resultaat boekt.
Vaak zullen variabele kosten tevens direct zijn: grondstofkosten bijvoorbeeld variëren met het activiteitenniveau en zijn ook rechtstreeks aan de productie toe te rekenen.
Daarnaast zijn constante kosten veelal indirect: de kosten van het bedrijfspand, van directie en van administratie worden (binnen de capaciteitsgrenzen) niet beïnvloed door de bedrijfsdrukte; ze zijn ook niet direct toerekenbaar aan de productie. Het kan echter voorkomen dat constante kosten direct zijn: een machine die slechts voor de fabricage van één product wordt ingezet en tijdsevenredig wordt afgeschreven, levert directe en tevens constante kosten op.

We sluiten de behandeling van absorption en direct costing af met een sche-
matische weergave van de verwerking van de huurkosten uit voorbeeld 7.2
bij beide systemen. Zie figuur 7.2.

FIGUUR 7.2 Verwerking van de huurkosten bij toepassing van
absorption en direct costing uit voorbeeld 7.2

Direct costing
Huur als 'period costs' (voorraadwaardering €5 per paar)

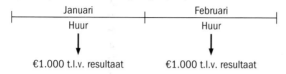

Absorption costing
Huur als 'product costs' (voorraadwaardering €9 per paar)

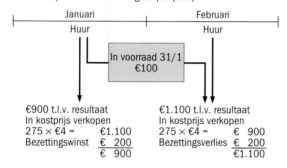

Fiscaal is het aantrekkelijk de voorraden zo laag mogelijk te waarderen. Een
relatief lage voorraadwaardering betekent immers een relatief laag fiscaal
eigen vermogen en daarmee een relatief lage fiscale winst. Dit betekent dat
de belasting over de winst naar de toekomst wordt verschoven, hetgeen een
rentevoordeel oplevert. Uitstel van belastingbetaling geeft bovendien speelruimte in de financiering.

Voorraden moeten fiscaal echter zo veel mogelijk op integrale fabricagekosten
worden gewaardeerd. Zo moeten – naast de verwerkte gronden hulpstoffen
en de directe loonkosten – ook de onderhouds- en afschrijvingskosten op machines, fabrieksinventarissen en gereedschappen worden geactiveerd.
Slechts het zogenaamde 'constante deel van de algemene kosten' mag buiten de voorraadwaardering blijven; hierbij kan worden gedacht aan:
• onderhouds- en afschrijvingskosten op fabrieksgebouwen, kantoren en
  kantoorinventarissen
• kosten van directie en administratie

7.2.4   Waarderingsgrondslag van voorraden
De IASB schrijft als grondslag voor de voorraadwaardering de historische
kostprijs voor (IAS 2.9). De wet (artikel 384.1) en in het verlengde daarvan de
RJ (RJ 220.301) laten zowel waardering op historische kosten als op actuele
waarde toe.

Fiscaal komt alleen de historische kostprijs als waarderingsgrondslag in aanmerking.

Historische kosten

Gekochte voorraden worden bij toepassing van historische kosten gewaardeerd tegen de *verkrijgingsprijs*.

Wanneer er sprake is van soortgelijke of onderling vervangbare goederen en de voorraad is opgebouwd uit hoeveelheden die gekocht zijn tegen verschillende prijzen, kan waardering tegen historische kosten tot meerdere uitkomsten leiden. Er dient dan een aanname te worden gemaakt over het verloop van de voorraad. In hoofdstuk 13 komen we hier uitgebreid op terug.

Zelfgeproduceerde voorraden worden bij toepassing van historische kosten gewaardeerd tegen de *vervaardigingskosten*.

Bij toepassing van historische kosten moeten de voorraden worden afgewaardeerd naar de verwachte opbrengstwaarde, indien deze op balansdatum lager is dan de historische kosten; alle drie de regelgevers schrijven dit voor.

Minimumwaarderingsregel

Dit staat bekend als de *minimumwaarderingsregel*: er wordt gewaardeerd tegen de laagste van de historische kostprijs en de verwachte opbrengstwaarde. Dit kan bijvoorbeeld het geval zijn, indien voorraden eindproducten of handelsvoorraden door mindere verkoopbaarheid incourant raken.

De wet geeft de mogelijkheid (niet de verplichting) om bij de waardering van vlottende activa rekening te houden met een op korte termijn te verwachten buitengewone waardevermindering (artikel 387.3). Deze bepaling doorbreekt in feite het matchingprincipe, dat voorschrijft dat 'elk jaar zijn eigen lasten moet dragen'. In paragraaf 3.6 hebben we uiteengezet dat gebeurtenissen na balansdatum slechts dan leiden tot aanpassing van de waardering op balansdatum, als deze gebeurtenissen een nader licht werpen over de feitelijke situatie op balansdatum. De RJ beveelt daarom aan om deze wettelijke optie niet toe te passen (RJ 160.205 en 220.327).

Indien de waardevermindering ophoudt te bestaan, dient de afboeking weer teruggenomen te worden (artikel 387.5).

Actuele waarde

Actuele waarde is alleen toegestaan voor ondernemingen waarop de voorschriften van de IASB niet van toepassing zijn.

We hebben eerder gezien dat bij toepassing van actuele waarde het Besluit actuele waarde in werking treedt.

Voor de voorraden stelt het Besluit (artikel 8) dat deze op vervangingswaarde worden gewaardeerd; indien echter de opbrengstwaarde lager is dan de vervangingswaarde, moet op grond van voorzichtigheid worden afgewaardeerd tot opbrengstwaarde. Indien niet mag worden aangenomen dat voorraden zullen worden vervangen, worden zij tegen opbrengstwaarde gewaardeerd. Het verschil tussen de actuele waarde en de historische kostprijs wordt verwerkt in een herwaarderingsreserve (artikel 390.1; zie ook paragraaf 8.3.1 en hoofdstuk 14).

VOORRADEN

Voorraden worden gewaardeerd tegen de kostprijs of de netto-opbrengstwaarde, indien deze lager is. De netto-opbrengstwaarde is de geschatte verkoopprijs in het kader van de normale bedrijfsvoering, verminderd met de geschatte kosten van voltooiing en de geschatte kosten die nodig zijn om de verkoop te realiseren. De kostprijs bevat de kosten van aankoop en bewerking en andere kosten die ontstaan voor het brengen van de voorraden naar hun huidige locatie en staat. De kosten van voorraden anders dan die waarvoor een specifieke identificatie van kosten passend is, worden toegedeeld door gebruik van de gewogen gemiddelde kostprijs. Financieringslasten worden niet in de kostprijs verwerkt.

Bron: Jaarrapport Aalberts Industries, 2012

7.3 Langlopende werken

In paragraaf 7.3.1 wordt geschetst welke bijzondere verslaggevingsproblemen zich voordoen bij langlopende werken. Op deze problemen wordt in de paragrafen 7.3.2 (verwerking van termijnen) en 7.3.3 (toerekening van de winst) nader ingegaan.

7.3.1 Specifieke verslaggevingsproblemen

Langlopende werken worden vaak uitgevoerd op basis van contracten met een vaste aanneemsom; dit betekent dat het risico van calculatie- en efficiencyverschillen ligt bij de opdrachtnemer. Bij werken op regiebasis, waar wordt afgerekend op basis van de werkelijk gemaakte kosten, ligt dit risico bij de opdrachtgever.

In artikel 369 van de Nederlandse wet wordt aangegeven dat (langlopende) onderhanden werken worden opgenomen onder de voorraden. Wat in paragraaf 7.2 is behandeld, geldt daarom in eerste instantie ook voor deze groep activa. Er doen zich echter twee bijzondere problemen voor die bij de in paragraaf 7.2 behandelde voorraden niet optreden. In de eerste plaats is het gebruikelijk dat de opdrachtgever van een langlopend werk al tussentijds gedeelten van de totale aanneemsom voldoet. De vraag doet zich daarom voor hoe deze termijnen in de jaarrekening verwerkt worden. In de tweede plaats kan erover getwist worden of bij een meerjarig werk onverkort aan het realisatieprincipe moet worden vastgehouden. In dezen is de algemene opvatting dat het – als aan bepaalde voorwaarden is voldaan – beter is om al gedurende de voortgang van het werk 'winst te nemen'. In de volgende paragrafen zullen we deze kwesties uitvoeriger bespreken.

7.3.2 Verwerking van termijnen

Voor de verwerking van de door de opdrachtnemer gedeclareerde termijnen komen in beginsel twee wijzen in aanmerking:

1 Opname op de passiefzijde van de balans. Ze worden dan opgenomen onder de kortlopende schulden als vooruitgefactureerd aan de opdrachtgever voor een nog niet opgeleverd werk; het geeft aan dat tegenover de facturering een leveringsplicht staat.
2 In mindering op de actiefpost Onderhanden werk.

Het passiveren van de termijnen heeft de voorkeur, indien zij betrekking hebben op nog te verrichten werkzaamheden. De termijnen worden dan vooruitontvangen, zodat er sprake is van afnemerskrediet; dit komt bijvoorbeeld voor in de scheepsbouw. Door de termijnen te passiveren wordt een beter inzicht gegeven in de financiering van de onderneming. Het in mindering brengen van de termijnen op de balanspost Onderhanden werk komt in aanmerking indien hiervoor werkzaamheden zijn verricht.

De laatste verwerkingswijze heeft voor de onderneming het voordeel dat de solvabiliteit optisch beter wordt: de gedeclareerde termijnen vallen als kortlopende schulden (= vreemd vermogen) immers weg. Bovendien leidt het lagere balanstotaal tot een verbetering van de gepresenteerde rentabiliteit van het totale vermogen. Verder komt de onderneming door het lagere balanstotaal eerder in aanmerking voor indeling in de categorie van een kleine of middelgrote rechtspersoon, wat recht geeft op een aantal vrijstellingen op grond van de omvang van de rechtspersoon (zie paragraaf 5.3).

De IASB gaat in IAS 11 – onder de veronderstelling dat het gaat om termijnen voor verrichte werkzaamheden – impliciet uit van het in mindering brengen van de termijnen op de balanspost Onderhanden werk.

De RJ beveelt deze methode aan (RJ 221.409). De wet biedt echter de mogelijkheid om alle gedeclareerde termijnen als schuld te presenteren (artikel 375.1c).

7.3.3   Winsttoerekening

Voor het verdelen van de winst op een langlopend werk over de jaren zijn er in beginsel twee mogelijkheden:
1 winstneming bij oplevering
2 tussentijdse winstneming

Winstneming bij oplevering

Strikte toepassing van het realisatieprincipe zou ertoe leiden dat de winst wordt genomen op moment van oplevering; dan heeft immers zowel verkoop als levering plaatsgevonden.

Een argument voor toepassing van deze methode is dat er bij de bepaling van de winst geen schattingen hoeven te worden gemaakt: informatie over de werkelijke kosten en opbrengsten is immers bekend. Overigens dient hierbij opgemerkt te worden dat er in verliessituaties wel schattingen gemaakt moeten worden ter bepaling van de hoogte van de voorziening die hiervoor moet worden opgenomen.

Een belangrijk nadeel van deze methode is dat de periodewinst geen afspiegeling is van het activiteitenniveau gedurende de periode. Indien de oplevering van langlopende werken onregelmatig in de tijd plaatsvindt, kan er bij een egaal activiteitenniveau een fluctuerend winstbeeld ontstaan.

Tussentijdse winstneming

Tussentijdse winstneming komt aan het hiervoor genoemde bezwaar tegemoet; bij deze methode wordt de winst overeenkomstig de voortgang genomen. Dit wordt verwezenlijkt door het onderhanden werk in de balans te waarderen tegen een (conform de voortgang evenredig) deel van de uiteindelijke opbrengst van het werk; met een strikte toepassing van het voorzichtigheids- en het realisatieprincipe wordt dus de hand gelicht: winsten worden al genomen terwijl het hele werk nog niet is (op)geleverd.

In de praktijk worden bij toepassing van tussentijdse winstneming voor de bepaling van de voortgang van het werk op balansdatum verschillende berekeningen toegepast; dit betekent dat er binnen deze methode meerdere uitwerkingen mogelijk zijn. Een veelgehanteerde uitwerking is om de voortgang op een bepaald moment te meten aan de verhouding tussen de reeds gemaakte kosten en de totale verwachte kosten.

De IASB (IAS 11.22) en de RJ (RJ 221.301) stellen dat, indien het resultaat van een onderhanden project op betrouwbare wijze kan worden ingeschat, de projectopbrengsten en projectkosten in de resultatenrekening dienen te worden verwerkt naar rato van de verrichte prestaties per balansdatum. Deze methode wordt gewoonlijk de 'percentage of completion method' genoemd. Kan het resultaat van een onderhanden project *niet* op betrouwbare wijze worden ingeschat, dan worden (tot oplevering) alleen de projectopbrengsten ter grootte van de aan de periode toe te rekenen projectkosten in de resultatenrekening opgenomen (IAS 11.32 / RJ 221.314); deze variant op de percentage of completion method wordt wel aangeduid als de 'percentage of completion method with zero profit' of kortweg als de 'zero profit method'. Er wordt dan tussentijds dus geen winst verantwoord. Deze methode wordt ook vaak aangeduid als de 'completed contract method', maar dat is feitelijk niet juist. Bij toepassing van de completed contract method wordt niet alleen de winst, maar worden ook de opbrengsten en kosten pas bij oplevering verantwoord.

Percentage of
completion
method

Percentage of
completion
method with
zero profit
Completed
contract
method

Volgens de IASB en de RJ dient aan de volgende voorwaarden te zijn voldaan om vast te stellen of het resultaat van een onderhanden project op basis van een aanneemcontract op betrouwbare wijze kan worden ingeschat (IAS 11.23 / RJ 221.302):
- de totale projectopbrengsten kunnen op betrouwbare wijze worden bepaald;
- het is waarschijnlijk dat de economische voordelen met betrekking tot het onderhanden project naar de rechtspersoon zullen toevloeien;
- zowel de kosten om het project af te maken als de mate waarin het project is voltooid per balansdatum kunnen op betrouwbare wijze worden bepaald; en
- de kosten toe te rekenen aan het onderhanden project zijn duidelijk te onderscheiden en op betrouwbare wijze te bepalen, zodat de werkelijk bestede kosten vergeleken kunnen worden met de voorcalculatie of eerdere schattingen.

Met betrekking tot een regiecontract dient aan de volgende voorwaarden te zijn voldaan om vast te stellen of het resultaat van een onderhanden project op betrouwbare wijze kan worden ingeschat (IAS 11.24 / RJ 221.303):
- het is waarschijnlijk dat de economische voordelen met betrekking tot het onderhanden project naar de rechtspersoon zullen toevloeien; en
- de kosten toe te rekenen aan het onderhanden project, al dan niet verrekenbaar op basis van het contract, zijn duidelijk te onderscheiden en op betrouwbare wijze te bepalen.

Een uitzondering op het RJ-voorschrift om de percentage of completion method toe te passen, wanneer de winst op de reeds verrichte prestaties op betrouwbare wijze kan worden bepaald, doet zich voor in een van de volgende situaties (RJ 221.316):
- Indien er sprake is van een stroom van projecten waarvan de looptijden overwegend korter zijn dan één jaar.
- Indien er sprake is van een gelijkmatige stroom van projecten van stabiele omvang, waarvan de gereedkoming een patroon van regelmatige spreiding vertoont (een 'ideaalcomplex' van projecten).

Voorwaarde voor afwijking van de percentage of completion method in een van deze situaties is dat dit geen materiële invloed heeft op vermogen en resultaat.

De IASB-voorschriften bevatten deze uitzondering niet; ook in genoemde situaties zal de percentage of completion method moeten worden toegepast. De Nederlandse wet bevat geen specifieke bepalingen over langlopende werken. Dit betekent dat de algemene bepalingen voor voorraden van toepassing zijn. De waarderingsgrondslag van voorraden (artikel 384.1: historische kosten of actuele waarde, zie paragraaf 7.2.4) laat geen ruimte voor het meenemen van een winstopslag. Bovendien schrijft de wet in artikel 384.2 voorzichtigheid en realisatie voor (zie paragraaf 4.2.2). Dit zou betekenen dat de percentage of completion method door de wet niet wordt toegestaan. Zo'n vaart loopt het echter niet. We hebben in paragraaf 4.2.2 gezien dat artikel 362.4 voorschrijft dat van de wettelijke bepalingen moet worden afgeweken, indien het inzicht in het vermogen of het resultaat dit vereist. Gezien de algemene opvatting dat de percentage of completion method een beter inzicht geeft, kan deze dus in overeenstemming met de wettelijke regels worden beschouwd.

Fiscaal is de percentage of completion method verplicht gesteld; dit betekent dat belastingbetaling op winstgevende projecten niet meer kan worden uitgesteld tot op het moment van oplevering. Hiermee doorbreekt de fiscale wetgever met betrekking tot langlopende werken met de hoofdregel dat gewaardeerd dient te worden op historische kosten.

We zullen toepassing van IASB- en RJ-voorschriften illustreren aan de hand van voorbeeld 7.3.

VOORBEELD 7.3

De balans van een bouwonderneming ziet er per 1 januari jaar 1 als volgt uit:

Balans 1 januari jaar 1 (bedragen × €1.000)			
Kas	1.500	Eigen vermogen	1.500

De onderneming neemt begin jaar 1 een werk aan waarvan het volgende is gegeven:
- De aanneemsom is €1,1 mln; aan het einde van jaar 1 en jaar 2 worden termijnen gedeclareerd en ontvangen van respectievelijk €500.000 en €600.000.
- De geschatte duur is 2 jaar.
- De geschatte kosten: €1 mln (eenvoudigheidshalve allemaal kasuitgaven).
- Eind jaar 1 is er voor €600.000 kosten aan het werk besteed.
- De uitvoering van het werk verloopt geheel volgens planning.

De onderneming brengt de gedeclareerde termijnen in mindering op de post Onderhanden werk.

Gevraagd
De balans ultimo jaar 1 en 2 bij toepassing van:

a de zero profit method;
b de percentage of completion method, waarbij de voortgang van het werk
wordt bepaald door de reeds bestede kosten in verhouding tot de totale
verwachte kosten.

Uitwerking
a Zero profit method

Balans 31 december jaar 1 (bedragen × €1.000)

Onderhanden werk			Eigen vermogen 1/1	1.500
• Bestede kosten	600		Winst jaar 1	–
• Gedeclareerde termijnen	500 –			
		100		
Kas: 1.500 – 600 + 500 =		1.400		
		1.500		1.500

Balans 31 december jaar 2 (bedragen × €1.000)

Onderhanden werk	–	Eigen vermogen 1/1	1.500
Kas: 1.400 – 400 + 600 =	1.600	Winst jaar 2	100
	1.600		1.600

b Percentage of completion method

Balans 31 december jaar 1 (bedragen × €1.000)

Onderhanden werk			Eigen vermogen 1/1	1.500
• Opbrengstwaarde	600[1]		Winst jaar 1	60
• Gedeclareerde termijnen	500 –			
		160		
Kas		1.400		
		1.560		1.560

$$1\ \frac{€600.000}{€1.000.000} \times €1.100.000$$

Balans 31 december jaar 2 (bedragen × E1.000)

Onderhanden werk	–	Eigen vermogen 1/1	1.560
Kas	1.600	Winst jaar 2	40
	1.600		1.600

Zoals eerder is opgemerkt, staat toepassing van de percentage of completion method op gespannen voet met het voorzichtigheids- en realisatieprincipe. In voorbeeld 7.3 wordt in jaar 1 een winst op het werk genomen ter grootte van €60.000, terwijl het werk naar verwachting pas eind jaar 2 zal worden opgeleverd.

De hoogte van de winst wordt in belangrijke mate bepaald door de kosten-begroting (€400.000) voor jaar 2. Indien in dat jaar de werkelijk aan het werk bestede kosten €500.000 zouden zijn, is het resultaat op het hele werk nihil. Omdat in jaar 1 al een winst is genomen van €60.000, moet er in jaar 2 een verlies ter grootte van ditzelfde bedrag worden verantwoord. Het risico van misschattingen zal zo veel mogelijk moeten worden beperkt door rekening te houden met toekomstige kostenontwikkelingen.
Uit het voorgaande blijkt dat bij toepassing van de percentage of completion method de verantwoorde winst in grote mate afhankelijk is van schattingen van het management. Hier schuilt dan ook het gevaar dat het management zich laat verleiden tot winststuring. Indien in voorbeeld 7.3 de onderneming in jaar 1 relatief slecht draait, kan het aantrekkelijk zijn de kostenbegroting voor dit werk voor jaar 2 lager aan te houden dan ze in werkelijkheid ver-wacht. Het resultaat in jaar 1 wordt dan geflatteerd weergegeven. Draait de onderneming in jaar 1 relatief goed, dan is het denkbaar dat het manage-ment tegenovergesteld handelt.

We zijn tot nu toe uitgegaan van een situatie waarin winst wordt voorzien. Het kan natuurlijk ook zo zijn dat op een bepaald moment de verwachting bestaat dat er op een werk verlies zal worden geleden. De IASB (IAS 11.36) en de RJ (RJ 221.323) stellen uitdrukkelijk dat verwachte verliezen onmid-dellijk in de resultatenrekening worden verwerkt.

- -

VOORBEELD 7.4

Er wordt uitgegaan van dezelfde gegevens als in voorbeeld 7.3, met dien ver-stande dat er aan het einde van jaar 1 voor €800.000 (€200.000 boven de be-groting) aan het werk is besteed. Verwacht wordt dat de rest van de uitvoe-ring volgens plan zal verlopen.
Met de kennis die aan het einde van jaar 1 aanwezig is, wordt er op het werk een verlies voorzien van €100.000 (€1,1 mln aanneemsom min €1,2 mln bij-gestelde verwachte totale kosten). Het verwachte verlies moet volledig in jaar 1 worden verantwoord. Dit verlies wordt verwerkt door het in mindering te brengen op de balanspost Onderhanden werk.
De zero profit method en de percentage of completion method leiden in een verliessituatie tot dezelfde uitwerking.
De balans ziet er in dat geval per 31 december van jaar 1 en 2 als volgt uit:

Balans 31 december jaar 1 (bedragen × €1.000)

Onderhanden werk			Eigen vermogen 1/1	1.500
• bestede kosten	800		Winst jaar 1	−100
• verwacht verlies	− 100			
• gedeclareerde termijnen	− 500			
		200		
Kas: 1.500 − 800 + 500 =		1.200		
		1.400		1.400

Balans 31 december jaar 2 (bedragen × €1.000)

Onderhanden werk	–	Eigen vermogen 1/1	1.400
Kas: 1.200 – 400 + 600 =	1.400	Winst jaar 2	–
	1.400		1.400

In tabel 7.1 is de samenstelling van de balanspost Onderhanden werk weergegeven.

TABEL 7.1 Samenstelling van de balanspost Onderhanden werk

	Zero profit	Percentage of completion
Project naar verwachting winstgevend	Tot nu toe bestede kosten – Gedeclareerde termijnen	Tot nu toe bestede kosten + Winst conform voortgang – Gedeclareerde termijnen
Project naar verwachting verlieslatend	Tot nu toe bestede kosten – Verwacht verlies – Gedeclareerde termijnen	

Opmerking: De gedeclareerde termijnen kunnen ook gepassiveerd worden in plaats van ze in mindering te brengen op de post Onderhanden werk.

Balanspresentatie
In het voorgaande hebben we de langlopende werken gerubriceerd onder de *voorraden*; deze presentatie is voorgeschreven door de Nederlandse wet (artikel 369). Onder IFRS mogen langlopende werken echter niet onder de voorraden worden gerubriceerd, maar dient presentatie te geschieden als *vordering* of als schuld (IAS 11.42/44): de contracten waarvan de waarde van het verrichte werk (gemaakte kosten ± genomen resultaat) de gedeclareerde termijnen overtreffen, worden opgenomen onder de vorderingen en de contracten waarvan de gedeclareerde termijnen de waarde van het verrichte werk overtreffen, worden opgenomen onder de schulden. Uit deze voorschriften vloeit voort dat de vordering of schuld per individueel project dient te worden bepaald en dat derhalve een negatieve uitkomst van project A niet kan worden gecompenseerd met een positieve uitkomst van project B. De RJ schrijft voor dat een per saldo positief bedrag in de balans wordt gepresenteerd als aparte post tussen de voorraden en de vorderingen en een per saldo negatief bedrag (ook als het negatieve saldo is ontstaan door verwachte verliezen) – net als bij de IASB – wordt gerubriceerd onder de schulden.

In tegenstelling tot de IASB mag (hoewel de *individuele* benadering de voorkeur verdient) het saldo van de onderhanden projecten op *collectieve* basis plaatsvinden (RJ 221.409/410). Bij de collectieve benadering wordt een negatief bedrag van het ene project gecompenseerd met een positief bedrag van het andere project.

Individuele en collectieve benadering

Boskalis houdt zich bezig met oer-Hollandse activiteiten als baggeren, havenaanleg en (via dochterbedrijf Smit) slepersdiensten. Paradepaardje is de aanleg van de tweede Maasvlakte, samen met Van Oord. Daardoor krijgt Rotterdam er 100 ha aan extra haventerreinen bij. De tweede Maasvlakte is bereikbaar via weg en spoorlijn en is toegankelijk voor de grootste containerschepen.

Boskalis gebruikt de percentage of completion method voor de waardering van onderhanden werken. In de toelichting op de jaarrekening over 2012 staat: 'Onderhanden werken worden gewaardeerd tegen de kostprijs van het verrichte werk, vermeerderd met het naar rato van de voortgang gerealiseerde deel van de verwachte eindewerkresultaten en verminderd met de gedeclareerde termijnen, vooruitbetalingen en eventuele verliesvoorzieningen.' Voor zover dit bedrag positief is, wordt het in de balans onder de activa opgenomen als *Te vorderen van opdrachtgevers*, voor zover het negatief is onder de passiva als *Verschuldigd aan opdrachtgevers*.

Het volgende overzicht is eveneens afkomstig uit de toelichting op de jaarrekening 2012 (bedragen luidend in duizenden Euro's):

Te vorderen van en verschuldigd aan opdrachtgevers

	31-12-2012	31-12-2011
Cumulatief bestede kosten plus naar rato van de voortgang genomen winst minus voorziening voor verliezen	4.770.427	4.741.275
Gefactureerde termijnen	4.794.765	4.843.683
Vooruitbetalingen	89.302	152.120
Gefactureerde termijnen en vooruitbetalingen	4.884.067	4.995.803
Saldo	−113.640	−254.528
Te vorderen van opdrachtgevers	239.253	234.353
Verschuldigd aan opdrachtgevers	−352.893	−488.881
Saldo	−113.640	−254.528

In deze paragraaf hebben we stilgestaan bij de verwerking van onderhanden werken in de balans; in paragraaf 10.6 gaan we in op de verwerking in de resultatenrekening.

▬▬ **7.4** Overige vlottende activa

In deze paragraaf worden achtereenvolgens besproken de vorderingen (paragraaf 7.4.1), de effecten (paragraaf 7.4.2) en de liquide middelen (paragraaf 7.4.3).

7.4.1   Vorderingen

De in de Nederlandse wet voorgeschreven rubricering van vorderingen is vastgelegd in artikel 370.1; zie hiervoor appendix 1.

In paragraaf 6.4 hebben we gezien dat vorderingen door de IASB worden aangemerkt als 'financiële instrumenten'. De tot de vlottende activa horende vorderingen (met name ontstaan als gevolg van levering van goederen of diensten op rekening) zullen meestal vallen in de categorie 'held to maturity' en moeten derhalve worden gewaardeerd op geamortiseerde kostprijs, zijnde de verkrijgingsprijs rekening houdend met een eventueel agio of disagio (IAS 39.46a). Aangezien bij handelsvorderingen normaliter geen sprake is van agio of disagio, komt de geamortiseerde kostprijs overeen met de dan door de RJ voorgeschreven waarderingsgrondslag: nominale waarde (RJ 222.201/202).

Uiteraard zal op de geamortiseerde kostprijs c.q. nominale waarde een voorziening voor dubieuze debiteuren in mindering moeten worden gebracht voor het risico dat de uitstaande bedragen niet (geheel) zullen worden ontvangen (zie ook paragraaf 9.3.4).

Volgens de Nederlandse wet moet gewaardeerd worden op historische kostprijs of op actuele waarde (artikel 384.1). De wet geeft verder aan dat waardeverminderingen van activa in aanmerking genomen moeten worden (artikel 387.1), zodat dit zal leiden tot een waardering die overeenkomt met die van de IASB en de RJ. Bovendien staat de wet toe dat op balansdatum niet alleen rekening gehouden wordt met reeds opgetreden waardeverminderingen, maar ook met op korte termijn te verwachten buitengewone waardedalingen (artikel 387.3). In de waardering van een debiteur per 31 december 2013 zou dus ook een verslechtering van de financiële positie van de debiteur verwerkt mogen worden die zich op balansdatum nog niet heeft voorgedaan, maar die verwacht wordt in januari 2014. Zoals in paragraaf 7.2.4 aangegeven, acht de RJ dit in strijd met het matchingprincipe, omdat er in dit geval sprake is van een gebeurtenis die geen nadere informatie geeft over de feitelijke situatie op balansdatum.

Fiscaal wordt normaliter gewaardeerd op nominale waarde onder aftrek van een voorziening voor dubieuze debiteuren.

Veel bedrijven maken bij het debiteurenbeheer gebruik van een *factormaat-schappij*. Deze biedt de volgende drie diensten aan:

Factormaat-schappij

1 Overneming van de debiteurenadministratie en -incasso. Dit heeft geen gevolgen voor de post Vorderingen op handelsdebiteuren.
2 Overneming van het risico van non-betaling; hierbij is sprake van een kredietverzekering. In dit geval zal de voorziening dubieuze debiteuren kunnen verdwijnen, indien er geen eigen risico voor de onderneming is.

Meestal zal dit eigen risico wel ingebouwd worden; dan is er nog wel een voorziening nodig, maar deze kan veel kleiner van omvang zijn.

3 Bevoorschotting van de debiteuren; de factormaatschappij financiert in dat geval de debiteurenportefeuille.

Als dit plaatsvindt in combinatie met 2, komen er helemaal geen handels-debiteuren meer voor in de balans: bij elke verkoop op rekening ontstaat dan een vordering op de factormaatschappij die op korte termijn voldaan zal worden. We merken hierbij nog op dat het afvoeren van een post De-biteuren alleen mag geschieden als daadwerkelijk het economisch risico (nagenoeg) geheel is overgedragen op de factormaatschappij.

7.4.2 Effecten

Bij de behandeling van de financiële vaste activa in paragraaf 6.4 zijn we al effecten tegengekomen. Daar ging het echter om effecten die bestemd waren om duurzaam te worden aangehouden. Hier gaat het om effecten die wor-den aangehouden als tijdelijke belegging van overtollige liquide middelen.

Held for trading

De IASB rekent deze groep financiële instrumenten tot de categorie 'held for trading'. Voor deze groep effecten is in IAS 39 bepaald dat gewaardeerd dient te worden op reële waarde, waarbij de waardemutaties direct in de resulta-tenrekening worden opgenomen (*fair value through profit and loss*).

In figuur 7.3 vatten we de IASB-voorschriften ten aanzien van effecten (zie ook paragraaf 6.4) schematisch samen.

FIGUUR 7.3 IASB-voorschriften ten aanzien van effecten

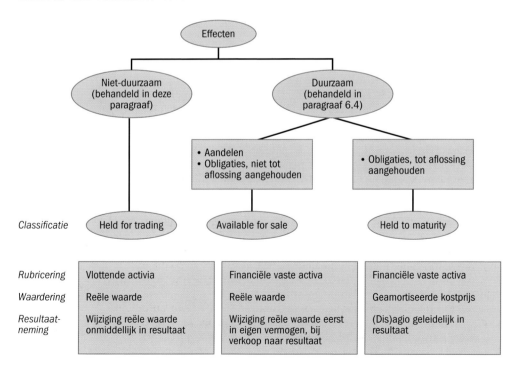

De RJ volgt voor tijdelijke beleggingen de IASB en geeft voor (beursgenoteerde en niet-beursgenoteerde) aandelen en obligaties die deel uitmaken van een handelsportefeuille expliciet aan dat gewaardeerd dient te worden tegen de reële waarde, met opname van de waardemutaties in de resultatenrekening (RJ 226.203).

De Nederlandse wet geeft inzake effecten die tot de vlottende activa worden gerekend, de volgende verwerkingsmogelijkheden (artikel 384.1):
1 waardering op aanschafprijs (met afboeking naar lagere marktwaarde uit hoofde van voorzichtigheid, artikel 387.2);
2 waardering op actuele waarde, zijnde de marktwaarde (artikel 10 Besluit actuele waarde); hierbij kunnen de waardeveranderingen naar keuze worden opgenomen in de resultatenrekening of worden verwerkt in een herwaarderingsreserve (artikelen 384.7 en 390.1).

De door de wet geboden mogelijkheid om te waarderen op aanschafprijs verschaft de ondernemingsleiding de mogelijkheid tot winststuring.
We zullen dit toelichten aan de hand van voorbeeld 7.5.

VOORBEELD 7.5
Een onderneming heeft op 1 juli 2013 ter tijdelijke belegging aandelen gekocht voor €500.000. Op 31 december 2013 is de beurswaarde gestegen tot €600.000.
Indien het eigen resultaat van de onderneming over 2013 voldoende hoog is naar de zin van het management, zal eind 2013 besloten worden om de aandelen niet te verkopen. Er wordt dan een buffer van €100.000 opgebouwd die gebruikt kan worden om het resultaat in 2014 (of in latere jaren) op te krikken.
Indien het eigen resultaat over 2013 teleurstelt, zal eind 2013 besloten worden om de aandelen te verkopen (en ze eventueel dezelfde dag weer terug te kopen); het resultaat over 2013 neemt dan met €100.000 toe.
In de regelgeving van de IASB en de RJ is een dergelijke winststuring niet mogelijk: of de aandelen eind 2013 nu wel of niet verkocht worden, het resultaat uit de belegging bedraagt in beide gevallen €100.000.

Fiscaal moeten de tot de vlottende activa gerekende effecten worden gewaardeerd op aanschafprijs.

We wijzen erop dat onder de effecten niet alleen *primaire* financiële instrumenten vallen (zoals aandelen en obligaties), maar ook *secundaire* financiële instrumenten; tot deze tweede groep behoren effecten die zijn afgeleid van primaire instrumenten (vandaar de meestal voor deze groep gehanteerde term 'derivaten'). Hieronder vallen bijvoorbeeld aandelenopties, renteswaps en termijncontracten.   **Primaire en secundaire financiële instrumenten**

Derivaten

Door waardering op reële waarde c.q. marktwaarde, vindt er een 'automatische' *demping van resultaatfluctuaties* plaats, als een onderneming uit oogpunt van risicobeperking bij een primair financieel instrument ook een secundair instrument heeft aangeschaft.   **Demping resultaatfluctuaties**

VOORBEELD 7.6

Een onderneming bezit ter tijdelijke belegging 20.000 aandelen A. De huidige beurskoers is €25. Om het risico van koersdaling af te dekken koopt zij 200 putopties A voor €180 per stuk. De uitoefenprijs is €24.

Enige tijd later is de beurskoers van het aandeel A gezakt tot €20 en de beurswaarde van de opties gestegen tot €450.
In deze periode bedraagt het boekresultaat:

op de aandelen:	20.000 × (€20 – €25)	=	€100.000 –
op de opties:	200 × (€450 – €180) =		€ 54.000 +
totaal			€ 46.000 –

In paragraaf 18.3 zullen we nader ingaan op de samenhang tussen de waardering van een primair financieel instrument (een vordering of een schuld in vreemde valuta) en een daarbij behorend derivaat (een transactie op de valutatermijnmarkt c.q. een valutaoptie).

7.4.3   Liquide middelen

Onder liquide middelen worden niet alleen kasmiddelen, maar ook tegoeden op bank- en girorekeningen opgenomen. Ze worden gewaardeerd op nominale waarde.

© Noordhoff Uitgevers bv

8

Eigen vermogen

In paragraaf 8.1 bespreken we de rubricering van het eigen vermogen. Paragraaf 8.2 zet uiteen hoe het door de aandeelhouders gestorte kapitaal in de balans dient te worden opgenomen en hoe de verwerking is van inkoop, intrekking en afstempeling van aandelen. Tevens wordt ingegaan op de verslaggeving over aan personeelsleden verstrekte aandelenopties.
De verschillende vormen van reserves passeren de revue in paragraaf 8.3.
Paragraaf 8.4 behandelt het splitsen van het eigen vermogen in een gebonden deel, dat wil zeggen eigen vermogen dat niet voor uitkering in aanmerking komt, en een vrij deel.

8.1 Rubricering van het eigen vermogen

In paragraaf 4.2.1 is de definitie van het eigen vermogen gegeven, zoals die in het Framework van de IASB en het Stramien van de RJ voorkomt: 'Het overblijvend belang in de activa van de onderneming na aftrek van al haar vreemd vermogen'.

Het eigen vermogen van een onderneming is dus het verschil tussen de activa enerzijds en de schulden en de voorzieningen anderzijds. Het is een saldopost, waarvan de hoogte wordt bepaald door de waardering van de activa, de schulden en de voorzieningen. Hieruit vloeit voort dat het eigen vermogen geen zelfstandige waarderingsgrondslag heeft.

Het eigen vermogen kan uit verschillende bronnen zijn ontstaan, bijvoorbeeld uit de inbreng door eigenaren, winstreservering en herwaardering van activa.

De IASB kent geen uitgebreide regels voor de onderverdeling van het eigen vermogen. Voorgeschreven is dat in de balans in ieder geval een afzonderlijke post Kapitaal en reserves wordt opgenomen (IAS 1.54) en dat deze post – hetzij in de balans, hetzij in de toelichting – nader wordt onderverdeeld in verschillende categorieën, zoals kapitaal, agio en reserves (IAS 1.78).

De Nederlandse wet (en de RJ die zich daarbij aansluit) geven een gedetailleerde rubricering (artikel 373.1 / RJ 240.201):

a   het geplaatste kapitaal
b   agio
c   herwaarderingsreserves
d   andere wettelijke reserves, onderscheiden naar hun aard
e   statutaire reserves
f   overige reserves
g   niet-verdeelde winsten

Hiernaast noemt de wet in artikel 389.8 nog de post Reserve omrekeningsverschillen (translation reserve), waarin valutaresultaten worden opgenomen die voortvloeien uit de omrekening van in vreemde valuta luidende deelnemingen (zie paragraaf 18.4.3).

De kleine rechtspersoon die ervoor kiest de jaarrekening op te stellen volgens fiscale grondslagen, moet een op balansdatum bestaande herinvesteringsreserve (zie paragraaf 6.3.8) als afzonderlijke component van het eigen vermogen presenteren; dit is bepaald in het Besluit fiscale waarderingsgrondslagen.

Mutatieoverzicht

Per post van het eigen vermogen dient in de toelichting een mutatieoverzicht te worden opgenomen. Deze eis wordt door zowel de IASB en de RJ als de wet gesteld (IAS 1.106 / RJ 240.237 / artikel 378.1).

Mutatieoverzicht eigen vermogen (in duizenden euro's)

I. Geplaatst Kapitaal

Stand per 31 december 2011	211
Aandelenemissie	20
Stockdivident	7
Optie-uitoefening en aandelenregeling	1
Stand per 31 december 2012	**239**

II. Agioreserve

Stand per 31 december 2011	14.565	
Aandelenemissie	30.788	
Stockdividend	−7	
Optie-uitoefening en aandelenregeling	−547	
Stand per 31 december 2012		**44.799**

III. Herwaarderingsreserve

Stand per 31 december 2011	7.800	
Herwaardering land en gebouwen	−2.515	
Mutatie belastinglatentie	519	
Realisatie herwaarderingsreserve	−109	
Stand per 31 december 2012		**5.695**

IV. Hedgingreserve

Stand per 31 december 2011	−126	
Reële waardeaanpassing financiële instrumenten	−11.067	
Mutatie belastinglatentie	2.767	
Stand per 31 december 2012		**−8.426**

V. Omrekeningsreserve

Stand per 31 december 2011	−3.613	
Valutaresultaat op omrekening buitenlandse activiteiten	656	
Stand per 31 december 2012		**−2.957**

VI. Overige wettelijke reserve

Stand per 31 december 2011	2.233	
Mutatie immateriële vaste activa	−293	
Overige mutaties	44	
Stand per 31 december 2012		**1.984**

VII. Overige reserves

Stand per 31 december 2011	153.299	
Mutatie resultaat 2011	40.277	
Dividenduitkering 2011	−10.978	
Waardering van op aandelen gebaseerde betalingen	257	
Realisatie herwaarderingsreserve	109	
Mutatie immateriële vaste activa	293	
Overige mutaties	−48	
Stand per 31 december 2012		**183.209**

VIII. Resultaat boekjaar

Stand per 31 december 2011	40.277	
Mutatie resultaat 2011	−40.277	
Resultaat boekjaar 2012	23.167	
Stand per 31 december 2012		**23.167**

Totaal eigen vermogen per 31 december 2012		**247.710**

Bron: Jaarrapport Accell group, 2012

Alvorens we naar de bespreking van de afzonderlijke posten van het eigen vermogen gaan, maken we nog de volgende opmerkingen:

- Het zal duidelijk zijn dat de wettelijke bepalingen omtrent de rubricering van het eigen vermogen vooral geschreven zijn voor de nv en de bv. Coöperaties, onderlinge waarborgmaatschappijen, verenigingen en stichtingen kennen geen in aandelen verdeeld kapitaal. Zij zullen in plaats van de posten 'Geplaatst kapitaal' en 'Agio' dan ook een andere term dienen te gebruiken voor het vermogen dat permanent is ingebracht; voor de hand ligt om dit aan te duiden als 'kapitaal'.

Wettelijke reserves

Gebonden eigen vermogen

- Een belangrijk verschilpunt tussen de regelgeving van de IASB enerzijds en de Nederlandse wet (gevolgd door de RJ) anderzijds, is dat door de wet in bepaalde situaties voorgeschreven wordt dat *wettelijke reserves* gevormd moeten worden. Dit zijn reserves waarvan de wet bepaalt dat deze niet uitgekeerd mogen worden. Ze behoren tot het *gebonden eigen vermogen* van de onderneming. Deze wettelijke reserves vinden hun ontstaansgrond in de wens van de wetgever om kapitaalbescherming voor schuldeisers te creëren, dat wil zeggen een garantie aan schuldeisers te geven dat de bufferfunctie van het eigen vermogen intact blijft. De IASB kent geen bepalingen inzake kapitaalbescherming en derhalve ook geen wettelijke reserves.

Enkelvoudige balans

Geconsolideerde balans

- We wijzen erop dat de opsplitsing van het eigen vermogen in posten alleen betrekking heeft op de *enkelvoudige* (of *vennootschappelijke*) balans; dit is de balans die opgemaakt wordt door een juridische entiteit, zoals een nv of een bv. Als er sprake is van een concern, waarvan verschillende ondernemingen deel uitmaken, wordt daarnaast een *geconsolideerde* balans opgemaakt. In de geconsolideerde balans wordt het eigen vermogen normaliter als een ongedeelde post gepresenteerd, zie hiervoor paragraaf 17.3.1.

◼ 8.2 Geplaatst kapitaal en agio

Paragraaf 8.2.1 definieert de verschillende begrippen ten aanzien van aandelenkapitaal. Paragraaf 8.2.2 geeft aan hoe inkoop van eigen aandelen en intrekking en afstempeling van aandelen in de jaarrekening verwerkt dienen te worden. Paragraaf 8.2.3 behandelt de informatieverstrekking over aan personeelsleden gegeven aandelenopties.

8.2.1   Kapitaalbegrippen

Bij het kapitaal van een nv of een bv kan onderscheid gemaakt worden tussen de begrippen maatschappelijk, geplaatst en gestort kapitaal.

Maatschappelijk kapitaal

- Het *maatschappelijk* kapitaal is het nominaal bedrag aan aandelenkapitaal dat volgens de statuten maximaal mag worden uitgegeven.

Geplaatst kapitaal

- Het *geplaatste* kapitaal is het daadwerkelijk uitgegeven deel van het maatschappelijk kapitaal.

Gestort kapitaal

- Het *gestorte* kapitaal is het door de aandeelhouders op het geplaatste kapitaal gestorte bedrag.

De relatie tussen deze begrippen is als volgt weer te geven.

Maatschappelijk kapitaal	€.....
– Aandelen in portefeuille	€.....
= Geplaatst kapitaal	€.....
– Aandeelhouders nog te storten	€.....
= Gestort kapitaal	€.....

Bij een nv dient het maatschappelijke, geplaatste en gestorte kapitaal ten minste €45.000 te zijn (artikel 67.2/3). Ten minste eenvijfde deel van het maatschappelijk kapitaal van een nv moet zijn geplaatst (artikel 67.4). Tot voor kort golden er ook minimumeisen aan het kapitaal van een bv; deze zijn echter onlangs afgeschaft.

De IASB geeft geen voorschriften ten aanzien van de vraag welk kapitaalbegrip gebruikt dient te worden voor opname in de balans.

In paragraaf 8.1 hebben we gezien dat de wet in principe opname van het *geplaatste* kapitaal aangeeft. Voorwaarde hiervoor is wel dat de aandelen zijn volgestort. Is dit niet het geval, dan wordt het *gestorte* kapitaal vermeld of –indien de onderneming de aandeelhouders van nietgestorte aandelen heeft gesommeerd om aan hun stortingsverplichting te voldoen – het *gestorte en opgevraagde* kapitaal (artikel 373.2). In de laatste situatie wordt het opgevraagde kapitaal afzonderlijk opgenomen onder de vorderingen (artikel 370.1d).

Indien in de balans het gestorte kapitaal of het gestorte en opgevraagde kapitaal is opgenomen, moet in de toelichting melding worden gemaakt van het geplaatste kapitaal (artikel 373.2).

We zullen een en ander toelichten aan de hand van voorbeeld 8.1.

- -

VOORBEELD 8.1

Een nv is per 1 januari jaar 1 opgericht met de uitgifte van 50.000 aandelen à €10 nominaal tegen 100%. De aandelen worden voor 25% volgestort. De openingsbalans en de toelichting zien er dan als volgt uit:

Balans per 1 januari jaar 1

Liquide middelen	€125.000	Gestort aandelenkapitaal	€125.000

Toelichting

Het geplaatste aandelenkapitaal bedraagt 50.000 aandelen à €10 = €500.000.

Op 1 januari jaar 3 wordt 20% van het nog te storten aandelenkapitaal opgevraagd. De balans en toelichting zien er dan per die datum – afgezien van andere mutaties – als volgt uit:

Balans per 1 januari jaar 3

Liquide middelen	€125.000	Gestort en opgevraagd	
Vorderingen[1]	€ 75.000	aandelenkapitaal	€200.000
	€200.000		€200.000

1   50.000 × €10 × 75% × 20% = €75.000

Toelichting
Het geplaatste aandelenkapitaal bedraagt 50.000 aandelen à €10 = €500.000.

Op 1 april jaar 3 wordt het opgevraagde kapitaal door de aandeelhouders gestort. Na die storting geven de balans en toelichting – weer afgezien van andere mutaties – het volgende beeld:

Balans per 1 april jaar 3

Liquide middelen	€200.000	Gestort aand`elenkapitaal	€200.000

Toelichting
Het geplaatste aandelenkapitaal bedraagt 50.000 aandelen à €10 = €500.000.
Indien nu in de loop van jaar 5 het resterende niet-gestorte aandelenkapitaal
is opgevraagd en door de aandeelhouders gestort, ziet de balans er per 31
december jaar 5 – weer afgezien van andere mutaties – als volgt uit:

Balans per 31 december jaar 5

Liquide middelen	€500.000	Geplaatst aandelenkapitaal	€500.000

Omdat het geplaatste aandelenkapitaal in de balans is opgenomen, kan vermelding in de toelichting achterwege blijven.

- -

Agio

Als de opbrengst van een aandelenemissie hoger is dan de nominale waarde
van de uitgegeven aandelen, ontstaat er *agio*. De som van het gestorte kapitaal en het agio geeft het bedrag aan dat door de aandeelhouders bij de uitgifte van de aandelen aan de onderneming is betaald.

8.2.2 Inkoop van eigen aandelen; intrekking en afstempeling

Inkoop van eigen aandelen

Onder *inkoop van eigen aandelen* vallen niet alleen de aandelen of certificaten van aandelen die de rechtspersoon zelf inkoopt, maar ook die door een
dochtermaatschappij worden ingekocht. Inkoop van eigen aandelen is alleen toegestaan, indien de aandelen zijn volgestort (artikel 98.1/207.1).
Eigen aandelen kunnen bijvoorbeeld worden ingekocht om optierechten
van werknemers te kunnen laten uitoefenen of om de winst per aandeel te
verhogen. Beursgenoteerde ondernemingen gaan soms tot inkoop over om
de beurskoers tijdelijk te steunen.
De ingekochte eigen aandelen hebben het karakter van aandelen in porte-
feuille. De wetgever staat wantrouwend tegenover deze inkoop: er verdwijnt
immers eigen vermogen en daarmee een vorm van zekerheid voor de
schuldeisers. Voor de nv is daarom een maximum aan de inkoop van eigen
aandelen gesteld van 50% van het geplaatste kapitaal (artikel 98.2).

Ingekochte eigen aandelen vertegenwoordigen geen stemrechten en hebben daarom voor de rechtspersoon geen zelfstandige waarde; ze komen
daarom niet voor activering in aanmerking.

Het gevolg van het feit dat ingekochte eigen aandelen niet worden geactiveerd, is dat ze in mindering gebracht dienen te worden op het eigen vermogen. Het eigen vermogen vermindert dus met de verkrijgingsprijs van de ingekochte eigen aandelen.

De wet spreekt zich niet uit over de vraag op welke post van het eigen vermogen de ingekochte eigen aandelen in mindering moeten worden gebracht, maar bepaalt wel dat ze niet in mindering mogen worden gebracht op het kapitaal (artikel 373.3). Eveneens kunnen ze niet in mindering komen op de wettelijke reserves, gezien het karakter van deze reserves. Het gevolg hiervan is dat de ingekochte eigen aandelen in mindering dienen te worden gebracht op de vrije reserves. De RJ schrijft dit ook voor, waarbij de voorkeur lijkt uit te gaan naar afboeking op de post Overige reserves (RJ 240.214). De IASB noemt niet een bepaalde post van het eigen vermogen waarop de eigen aandelen in mindering moeten worden gebracht (IAS 32.33); derhalve mag de verkrijgingsprijs dan ook als een afzonderlijke negatieve post binnen het eigen vermogen worden verantwoord.

Wanneer ingekochte eigen aandelen op een later tijdstip weer worden uitgegeven (*heruitgifte* van aandelen), wordt de opbrengst – spiegelbeeld aan de inkoop – rechtstreeks in het eigen vermogen gemuteerd; hiervoor dient dezelfde post te worden gebruikt als waarop de ingekochte eigen aandelen destijds in mindering zijn gebracht (RJ 240.215).

Heruitgifte

Winsten of verliezen uit 'handel' in eigen aandelen worden dus niet in de resultatenrekening opgenomen. De IASB verbiedt dit ook expliciet (IAS 32.33)

Het geplaatste kapitaal kan worden verminderd door intrekking van de aandelen of door afstempeling (vermindering van de nominale waarde per aandeel).

Bij *intrekking* wordt het door de aandeelhouders gestorte kapitaal terugbetaald.

Intrekking

Zijn de aandelen bij inkoop van eigen aandelen in principe tijdelijk in bezit van de onderneming, bij intrekking kunnen ze niet meer worden uitgegeven. Er is dan als het ware sprake van een negatieve emissie: het gestorte kapitaal en het agio zullen verminderd worden.

- -

VOORBEELD 8.2

De balans van een onderneming ziet er als volgt uit:

Balans (bedragen × €1)

Diverse activa	900.000	Aandelenkapitaal	200.000
		Agio	100.000
		Wettelijke reserves	50.000
		Overige reserves	150.000
		Vreemd vermogen	400.000
	900.000		900.000

De aandelen zijn nominaal €10 per stuk.

De onderneming koopt 2.000 aandelen van haar aandeelhouders voor in totaal €50.000.
In geval van inkoop van eigen aandelen ziet de balans er na de koop als volgt uit:

Balans, na inkoop eigen aandelen (bedragen × €1)

Diverse activa	850.000	Aandelenkapitaal	200.000
		Agio	100.000
		Wettelijke reserves	50.000
		Overige reserves[1]	100.000
		Vreemd vermogen	400.000
	850.000		850.000

1 De verkrijgingsprijs van de ingekochte aandelen is in mindering gebracht op de overige reserves; het mag ook in mindering worden gebracht op het agio.

Indien er sprake is van intrekking, luidt de balans als volgt:

Balans, na intrekking (bedragen × €1)

Diverse activa	850.000	Aandelenkapitaal	180.000
		Agio	70.000
		Wettelijke reserves	50.000
		Overige reserves	150.000
		Vreemd vermogen	400.000
	850.000		850.000

Afstempeling

Afstempeling vindt meestal plaats in crisissituaties die nopen tot een financiele reorganisatie. De aandeelhouders geven een gedeelte van hun rechten prijs. De afboeking van het gestorte kapitaal doet het gecumuleerde verlies (gedeeltelijk) verminderen.

8.2.3 Verstrekking van personeelsopties

Personeelsoptieregelingen worden ingezet om de betrokkenheid van werknemers bij hun onderneming te vergroten. De werknemer krijgt met zijn optie het recht om gedurende of aan het einde van een vooraf overeengekomen periode aandelen in de onderneming van de werkgever te kopen, tegen een vooraf vastgestelde prijs (de *uitoefenprijs*).

Uitoefenprijs

Deze uitoefenprijs wordt meestal vastgesteld op de waarde van het aandeel ten tijde van de toekenning van de optie. Het voordeel dat voortvloeit uit de optie is afhankelijk van de waardeontwikkeling van het achterliggende aandeel gedurende de uitoefenperiode. De werknemer wordt op deze wijze gestimuleerd om bij te dragen aan verbetering van het resultaat van de onderneming. Opties kunnen worden verstrekt aan het (top)management, maar ook aan het personeel uit lagere geledingen.

We lichten de verwerking van personeelsopties in de jaarrekening toe aan de hand van voorbeeld 8.3.

VOORBEELD 8.3

Een onderneming verstrekt op 31 december 2013 in het kader van een personeelsoptieregeling aan elk van de 1.000 werknemers een optie die het recht geeft om op 2 januari 2017 twintig aandelen in de onderneming te kopen voor €15 per aandeel. De uitoefenprijs komt overeen met de huidige beurskoers van het aandeel. De nominale waarde per aandeel is €1.

We stellen dat de ontwikkeling van de beurskoers van het aandeel als volgt zal zijn:

Ultimo 2014	€18
Ultimo 2015	€14
Ultimo 2016	€24

Op het eerste gezicht lijkt het voor de hand te liggen om pas een mutatie in de jaarrekening te maken op het moment dat de opties uitgeoefend worden. Tot die tijd is er immers geen toename van het aandelenkapitaal. In die gedachtegang zal op 2 januari 2017 de volgende journaalpost worden gemaakt (ervan uitgaande dat alle opties worden uitgeoefend, hetgeen voor de hand ligt aangezien de beurskoers hoger is dan de uitoefenprijs):

1 Liquide middelen	$(1.000 \times 20 \times €15)$	€300.000	
Aan 0 Aandelenkapitaal	$(1.000 \times 20 \times € \ 1)$		€ 20.000
Aan 0 Agio	$(1.000 \times 20 \times €14)$		€280.000

Vroeger was dit ook de gebruikelijke verwerkingswijze. Het bezwaar hiervan is echter dat er in feite een vermenging plaatsvindt van werknemersrelaties en aandeelhoudersrelaties.

Vanuit *werknemers*oogpunt bekeken is het voordeel dat de optie oplevert een vorm van loon. De onderneming had er bijvoorbeeld ook voor kunnen kiezen om in plaats van opties een bedrag in geld als dertiende maand uit te keren.

In dat geval zou de winst automatisch met een extra bedrag als loonkosten belast zijn.

Vanuit *aandeelhouders*perspectief bezien had de onderneming, als zij op 2 januari 2017 een aandelenemissie zou hebben gepleegd, een bedrag per aandeel kunnen 'ophalen' van €24. Door het verstrekken van de opties is dat slechts €15.

Door voorgaande verwerkingswijze worden de loonkosten én het agio in feite te laag voorgesteld.

In de regelgeving komen twee verwerkingsmethoden voor, die aan deze bezwaren tegemoetkomen:
1 de reëlewaardemethode
2 de intrinsiekewaardemethode

Reëlewaarde-
methode

De IASB schrijft toepassing van de reëlewaardemethode voor (IFRS 2.16). Het bepalen van de reële waarde is eenvoudig als er sprake is van beursgenoteerde opties. Is dat niet het geval, dan kan gebruikgemaakt worden van waarderingsmodellen, zoals het Black & Scholes-model (IFRS 2 Appendix B). Als het niet mogelijk is om de reële waarde betrouwbaar vast te stellen, mag als benadering gebruikgemaakt worden van de intrinsiekewaardemethode (IFRS 2.24).

De RJ schrijft inzake personeelsopties voor dat een keuze dient te worden gemaakt voor verwerking hetzij op basis van de reële waarde, hetzij op basis van de intrinsieke waarde van de aandelenoptie (RJ 275.314).

We zullen beide methoden uiteenzetten aan de hand van voorbeeld 8.3. Wellicht ten overvloede vermelden we eerst nog dat de reële waarde van een optie bestaat uit twee componenten:

Intrinsieke
waarde

- De *intrinsieke waarde*, dit is de waarde op een bepaald tijdstip gebaseerd op het voordeel dat de optiehouder zou realiseren als hij op dat tijdstip zijn optie zou uitoefenen en bestaat derhalve uit het (positieve) verschil tussen de beurskoers van het achterliggende aandeel en de uitoefenprijs.

Tijdswaarde

- De *tijdswaarde* of *verwachtingswaarde*, dit is de extra waarde van de optie (bovenop de intrinsieke waarde) gebaseerd op de mogelijkheid dat de koersfluctuaties van het achterliggende aandeel in de resterende uitoefenperiode zodanig zullen zijn, dat er nog meer voordeel zal ontstaan. De tijdswaarde is niet zelfstandig te berekenen, maar is af te leiden uit het verschil tussen de beurswaarde van een optie en de intrinsieke waarde. De lengte van de resterende uitoefenperiode en de volatiliteit van het aandeel zijn bepalende factoren voor de tijdswaarde.

Ad 1 Reëlewaardemethode
We gaan ervan uit dat de reële waarde van de personeelsopties uit voorbeeld 8.3 op 31 december 2013 €200 bedraagt (per optie die recht geeft op de aankoop van 20 aandelen).

Over het jaar 2013 wordt bij de reëlewaardemethode een bedrag van 1.000 × €200 = €200.000 als loonkosten ten laste van het resultaat gebracht. Aangezien deze loonkosten niet gepaard gaan met een betaling in geld, wordt dit bedrag rechtstreeks gemuteerd in de (overige) reserves.

De journaalpost van de verwerking luidt daarom als volgt:

4 Loonkosten	€200.000	
Aan 0 Overige reserves		€200.000

De IASB en de RJ stellen dat waardeveranderingen ná de toekenningsdatum *niet* dienen te worden verwerkt (IFRS 2.23 / RJ 275.204). Bij de reëlewaardemethode worden derhalve eenmalig (op het moment van toekennen van de opties) de daarmee gepaard gaande loonkosten bepaald.

Op het moment dat de opties worden uitgeoefend (2 januari 2017), wordt het op de overige reserves geboekte bedrag weer afgeboekt van die reserves; het agio fungeert als sluitpost. De journaalpost luidt derhalve:

1 Liquide middelen	(1.000 × 20 × €15)	€300.000	
0 Overige reserves		€200.000	
Aan 0 Aandelenkapitaal	(1.000 × 20 × €1)		€ 20.000
Aan 0 Agio			€480.000

Ad 2 Intrinsiekewaardemethode

Bij de intrinsiekewaardemethode is het niet noodzakelijk de reële waarde van de opties te kennen; alleen de intrinsieke waarde wordt in de beschouwing betrokken. Een tweede verschilpunt met de reëlewaardemethode is dat er op *iedere* balansdatum en op de afwikkeldatum loonkosten geboekt worden (IFRS 2.24 / RJ 275.314).

Aangezien op het moment van toekennen van de opties de uitoefenprijs van de opties gelijk is aan de waarde van de achterliggende aandelen, is de intrinsieke waarde per 31 december 2013 nihil: over 2013 worden dan ook geen loonkosten geboekt.

Ultimo 2014 is de intrinsieke waarde van een optie 20 × (€18 − €15) = €60, journaalpost:

4 Loonkosten	(1.000 × €60)	€60.000	
Aan 0 Overige reserves			€60.000

Eind 2015 is de koers van het aandeel teruggezakt naar €14. Aangezien een optie een recht tot koop van achterliggende aandelen inhoudt en geen plicht, kan de intrinsieke waarde niet lager dan €0 zijn.

Eind 2015 worden negatieve loonkosten geboekt ter grootte van €60.000, het bedrag dat in 2014 als loon werd opgenomen, maar dat achteraf (op basis van de koers van het aandeel ultimo 2015) geen bevoordeling van de werknemers vormde, journaalpost:

0 Overige reserves	€60.000	
Aan 4 Loonkosten		€60.000

Eind 2016 is de intrinsieke waarde van een optie 20 × (€24 − €15) = €180. Over 2016 wordt een bedrag van €180.000 als loonkosten geboekt, journaalpost:

4 Loonkosten	(1.000 × €180)	€180.000	
Aan 0 Overige reserves			€180.000

Het bedrag aan loonkosten dat in totaal in de overige reserves is gemuteerd, wordt op het moment van uitoefening van de opties weer teruggeboekt, journaalpost op 2 januari 2017:

1 Liquide middelen	(1.000 × 20 × €15)	€300.000	
0 Overige reserves		€180.000	
Aan 0 Aandelenkapitaal	(1.000 × 20 × € 1)		€ 20.000
Aan 0 Agio			€460.000

In de toelichting op de jaarrekening moet volgens IASB de volgende informatie met betrekking tot personeelsopties worden verstrekt (IFRS 2.45):

- Het aantal aan het begin van het boekjaar nog niet uitgeoefende opties.
- Het aantal in het boekjaar verleende opties met de belangrijkste voorwaarden, zoals het aantal daarbij behorende aandelen, de uitoefenprijzen en de resterende looptijd.
- Het aantal gedurende het boekjaar uitgeoefende opties, met vermelding van het bij die uitoefening behorende aantal aandelen, de uitoefenprijzen en de beurskoersen op moment van uitoefening. Hierbij moet tevens worden aangegeven of voor de uitoefening van de opties eigen aandelen zijn ingekocht of dat er nieuwe aandelen zijn geplaatst.

- Het aantal aan het einde van het boekjaar nog niet uitgeoefende opties met vermelding van de belangrijkste daarbij behorende voorwaarden.

De door de RJ in de toelichting vereiste informatie komt hier min of meer mee overeen (RJ 275.508).

De Nederlandse wet spreekt zich niet uit over de verwerking van personeelsopties; wel schrijft hij informatie in de toelichting voor die vrijwel geheel overeenkomt met hetgeen de IASB en de RJ eisen (artikel 383d). De wettelijke toelichtingsvereisten gaan in één opzicht verder dan die van de andere regelgevers: de vereiste informatie moet worden verstrekt voor iedere bestuurder afzonderlijk en voor het overige personeel gezamenlijk.

We sluiten de bespreking van de verwerking van personeelsopties af met de volgende kanttekening:

Aandelen-verwatering

In voorbeeld 8.3 heeft de onderneming nieuwe aandelen uitgegeven om te voldoen aan de uitoefening van de opties. Nadeel hiervan is dat er dan 'aandelenverwatering' optreedt: de uitoefening leidt tot een verlaging van de beurskoers (uitoefening zal alleen plaatsvinden als de uitoefenprijs lager is dan de beurskoers, die daardoor naar beneden wordt getrokken) en van de winst per aandeel (de winst wordt over meer aandelen verdeeld). De onderneming kan deze verwatering voorkomen door – in plaats van nieuwe aandelen uit te geven – eerst (bestaande) eigen aandelen in te kopen om deze vervolgens bij uitoefening van de opties weer uit te geven. Voor de verwerking van de inkoop en daaropvolgende heruitgifte van aandelen verwijzen we naar paragraaf 8.2.2.

8.3   Reserves

Naast het door de aandeelhouders ingebrachte kapitaal (gestort kapitaal en agio) bestaat het eigen vermogen uit reserves en niet-verdeelde winsten; afzonderlijk zullen worden besproken de herwaarderingsreserves (paragraaf 8.3.1), de andere wettelijke reserves (paragraaf 8.3.2), de statutaire reserves (paragraaf 8.3.3), de overige reserves (paragraaf 8.3.4) en de niet-verdeelde winsten (paragraaf 8.3.5).

8.3.1   Herwaarderingsreserves

In de hoofdstukken 6 en 7 hebben we gezien dat het in sommige gevallen (onder meer bij immateriële en materiële vaste activa) verplicht en in sommige gevallen (bij een aantal financiële instrumenten) toegestaan is om waardestijgingen van op actuele waarde c.q. reële waarde gewaardeerde activa op te nemen in een herwaarderingsreserve.

VOORBEELD 8.4

Een onderneming schaft op 1 januari 2013 een pand aan voor €500.000. Het pand wordt in vijfentwintig jaar afgeschreven met gelijke bedragen per jaar tot een restwaarde van nihil.

De onderneming gaat voor de waardering en winstbepaling van de materiële vaste activa uit van actuele waarde. Eenvoudigheidshalve gaan we er in dit voorbeeld van uit dat de onderneming geen inhaalafschrijvingen toepast (zie hiervoor paragraaf 14.3.2).

Op 1 juli 2013 wordt de waarde van het pand getaxeerd op €563.500.

De boekwaarde op 1 juli 2013 (vóór taxatie) bedraagt €500.000 × 24,5/25 = €490.000.
De waardestijging van €73.500 (€563.500 – €490.000) wordt geboekt in een herwaarderingsreserve; hiervan wordt de volgende journaalpost gemaakt:

0 Pand	€73.500	
Aan 0 Herwaarderingsreserve		€73.500

Verlaging van de herwaarderingsreserve komt in de volgende situaties aan de orde:
- Waardedaling van activa die op actuele waarde c.q. reële waarde worden gewaardeerd; deze worden van een aanwezige herwaarderingsreserve afgeboekt.
- Omzetting van de herwaarderingsreserve in kapitaal (artikel 390.2).
- Realisatie van de herwaarderingsreserve door afschrijving of verkoop van de activa waarop de herwaarderingsreserve betrekking heeft. Dit vloeit voort uit artikel 390.3, waarin is bepaald dat in de herwaarderingsreserve maximaal het verschil tussen de boekwaarde op basis van actuele waarde en die op basis van historische kosten wordt opgenomen. Dit betekent in voorbeeld 8.4 dat eind 2013 de door afschrijving over het tweede halfjaar 2013 gerealiseerde herwaardering ad €1.500 (€73.500 × 0,5/24,5) moet worden overgeboekt, naar bijvoorbeeld de post Overige reserves.

Uit de bepalingen inzake de herwaarderingsreserve vloeit voort dat het saldo van deze post de *ongerealiseerde* waardestijging van de nog in de onderneming aanwezige activa weergeeft. De herwaarderingsreserve is daarmee een wettelijke reserve, dat wil zeggen een reserve waarvan de wet bepaalt dat deze niet uitgekeerd mag worden. Zoals hiervoor aangegeven, mag de (ongerealiseerde) herwaarderingsreserve wel in aandelen worden uitgekeerd.

De IASB laat overboeking van de gerealiseerde herwaarderingsreserve naar een andere reserve toe (van de post Revaluation surplus naar de post Retained earnings), maar legt de onderneming hiertoe geen verplichting op (IAS 16.41 en 38.87). Wel verbiedt de IASB uitdrukkelijk om een vrijval van de herwaarderingsreserves ten gunste van het resultaat te laten vallen. De wet (en in navolging hiervan de RJ) staan deze verwerkingswijze wel toe, al dient het bedrag ervan wel in een afzonderlijke post te worden opgenomen (artikel 390.4 / RJ 240.222).

Voor rechtstreeks in het eigen vermogen verwerkte waardestijging van financiële instrumenten die dienen voor het afdekken van in vreemde valuta luidende kasstromen (cashflow hedges, zie paragraaf 18.3) wordt in de praktijk, in de plaats van herwaarderingsreserve, ook wel gebruikgemaakt van de benaming 'hedgingreserve'.

In hoofdstuk 14 gaan we nog uitgebreid in op de herwaarderingsreserve.

8.3.2   Andere wettelijke reserves

In deze paragraaf worden de wettelijke reserves besproken die naast de (on-gerealiseerde) herwaarderingsreserve nog kunnen voorkomen. We hebben in paragraaf 8.1 al aangegeven dat het begrip 'wettelijke reserves' (of ruimer gesteld: 'niet-uitkeerbare reserves') bij de IASB niet voorkomt. We zullen hier dan ook alleen de regelgeving van de wet en de RJ behandelen.
Wel herhalen we hier onze opmerking uit paragraaf 4.1 dat op grond van ar-tikel 362.9 de wettelijke bepalingen inzake kapitaalbescherming ook gelden voor rechtspersonen die hun jaarrekening opstellen op basis van IFRS.

De wet spreekt van *andere* wettelijke reserves, omdat de (ongerealiseerde) herwaarderingsreserve (en een eventuele hedgingreserve) – zoals hiervoor in paragraaf 8.3.1 is aangegeven – en de in paragraaf 8.1 genoemde post Re-serve omrekeningsverschillen ook een wettelijke reserve is.
In onder meer de volgende situaties dient afzonderlijk een wettelijke reserve gevormd te worden:

- Bij de activering van kosten die verband houden met de oprichting en met de uitgifte van aandelen en bij de activering van kosten van onder-zoek en ontwikkeling. We hebben dit reeds geconstateerd in paragraaf 6.2. Er moet een wettelijke reserve worden gevormd ter grootte van het geactiveerde bedrag. Naarmate op de activa wordt afgeschreven, valt de wettelijke reserve weer vrij.
- Bij niet-uitgekeerde winsten van deelnemingen die worden gewaardeerd volgens de vermogensmutatiemethode, waarbij uitkering door de deelne-mende onderneming niet kan worden bewerkstelligd. Deze wettelijke re-serve wordt behandeld in hoofdstuk 16.
- Bij het kopen van aandelen uit een emissie van een nv, waarbij de stor-tingsplicht wordt voldaan door inbreng anders dan in geld en de waarde van de inbreng niet is gecertificeerd door een deskundige (artikel 94a.6f). Dit betekent dat tegenover de geactiveerde aandelen een wettelijke re-serve staat.

Zoals in paragraaf 6.2.2 is aangegeven, kunnen wettelijke reserves worden gevormd uit de vrije reserves of uit de winstverdeling.
Indien zowel de vrije reserves als de winst over het boekjaar onvoldoende ruimte laten voor vorming van de wettelijke reserve, dient het tekort in min-dering te worden gebracht op de post Overige reserves (RJ 240.230); daar-mee geeft een eventueel negatief bedrag van de overige reserves de hoogte aan van de winst die in de toekomst moet worden behaald, alvorens de on-derneming tot dividenduitkering mag overgaan.

- -

VOORBEELD 8.5
Een bv heeft in de balans per 31 december 2013 onder de immateriële vaste activa een bedrag van €1 mln aan ontwikkelingskosten opgenomen. In de balans per 1 januari 2013 waren geen ontwikkelingskosten geactiveerd.
Per 31 december 2013 hebben de overige reserves (de enige vrije reserve van de bv) een omvang van €600.000, terwijl de winst over 2013 €250.000 be-draagt.

De bv zal per 31 december 2013 in verband met geactiveerde ontwikkelings-kosten een wettelijke reserve moeten vormen ad €1 mln. Daartoe worden de overige reserves volledig aangesproken en wordt de gehele winst over 2013

benut. Het restant (€150.000) wordt ten laste van de overige reserves gebracht.
In de balans per 31 december 2013 komen dan de volgende (relevante) posten van het eigen vermogen voor:

Balans per 31 december 2013 (bedragen × €1)

Wettelijke reserve	1.000.000
Overige reserves	− 150.000

Zoals in paragraaf 8.1 is uiteengezet, is de achtergrond van de wettelijke reserve
gelegen in de bescherming van de schuldeisers, die belang hebben bij de instandhouding van het eigen vermogen als solvabiliteitsbuffer. In de gevallen
waarin een wettelijke reserve is voorgeschreven, is het vermogen vaak besloten
in activa die niet of moeilijk in liquide middelen zijn om te zetten. Bij ontbreken
van een wettelijke reserve zou het gevaar kunnen dreigen dat door uitkering
aan de aandeelhouders de solvabiliteit van de onderneming in gevaar komt.

Op luchthaven Schiphol starten en landen jaarlijks zo'n 420.000 vliegtuigen,
die 50 miljoen passagiers vervoeren en 1.500.000 ton vracht.
NV Luchthaven Schiphol gebruikt zowel in de geconsolideerde jaarrekening
als in de enkelvoudige jaarrekening voor de waardering en winstbepaling de
IFRS, zoals aanvaard door de EU. In paragraaf 4.1 hebben we al gezien dat
ook bij toepassing van IFRS de kapitaalbeschermingseisen – zoals die in Titel 9, Boek 2 van het Burgerlijk Wetboek zijn vastgelegd – tot uitdrukking dienen te komen in de presentatie van het enkelvoudig eigen vermogen.
In de toelichting op de jaarrekening 2012 wordt het volgende vermeld.

'In de enkelvoudige balans worden enkele wettelijke reserves aangehouden, die in de geconsolideerde balans onderdeel uitmaken van de ingehouden winst. Deze reserves beperken de uitkeerbaarheid van het eigen vermogen. Het betreft de herwaarderingsreserve vastgoed, de reserve immateriële activa en de reserve deelnemingen. De twee laatstgenoemde reserves zijn samengevoegd onder de overige wettelijke reserves.

De *herwaarderingsreserve* (BW2 titel 9 artikel 390.1) wordt aangehouden voor positieve ongerealiseerde veranderingen in de reële waarde van individuele vastgoedbeleggingen (onroerend goed en terreinen) gehouden door vennootschappen die onderdeel uitmaken van Schiphol Group. Dotaties aan deze reserve geschieden uit de winstbestemming, rekening houdend met vennootschapsbelasting. Bij verkoop van vastgoedbeleggingen vallen de in de herwaarderingsreserve besloten herwaarderingen van de betreffende objecten vrij ten gunste van de overige reserves.

De *reserve immateriële activa* (BW2 titel 9 artikel 365.2) wordt aangehouden in verband met de activering van kosten van onderzoek en ontwikkeling software door vennootschappen die onderdeel uitmaken van Schiphol Group. In de *reserve deelnemingen* (BW2 titel 9 artikel 389.6) wordt het aandeel in het positieve resultaat uit deelnemingen en in rechtstreekse vermogensvermeerderingen verantwoord. Deelnemingen waarvan het cumulatief resultaat niet positief is, worden daarbij niet in aanmerking genomen. De reserve wordt verminderd met de uitkeringen van dividend, rechtstreekse vermogensverminderingen en uitkeringen die Schiphol Group zonder beperkingen kan bewerkstelligen.'

De in de toelichting genoemde herwaarderingsreserve, voortvloeiend uit toepassing van vervangingswaarde / reële waarde, is besproken in paragraaf 8.3.1 en wordt nader uitgewerkt in hoofdstuk 14. De reserve immateriële activa, die gevormd dient te worden in geval van activering van uitgaven voor onderzoek en/of ontwikkeling, is besproken in paragraaf 6.2.2. De reserve deelnemingen zal in paragraaf 16.5 aan de orde komen.

8.3.3   Statutaire reserves

Statutaire reserves zijn reserves, waarvan de vorming is geregeld door statutaire bepalingen. Zo kan in de statuten zijn vastgelegd dat jaarlijks een bepaald percentage van de winst aan de reserves moet worden toegevoegd. In de praktijk komt dit overigens weinig voor. Meestal is in de statuten bepaald dat de Algemene vergadering van Aandeelhouders kan beschikken over de winst; de op grond hiervan gereserveerde (gehele of gedeelte van de) winst wordt dan opgenomen onder de post Overige reserves. Statutaire reserves zijn – omdat behalve de vorming ook de vrijval is vastgelegd in de statuten – niet vrij uitkeerbaar (artikelen 105.2 en 216.1).

8.3.4   Overige reserves

De overige reserves zijn vrij uitkeerbaar.
Wellicht ten overvloede wijzen we er in dit verband op dat het bestaan van (vrije) reserves niet automatisch een gunstige liquiditeitspositie van de onderneming met zich meebrengt.

Formele reserves

De reserves zoals die aan de passiefzijde van de balans voorkomen, zijn *formele reserves*. Dat wil zeggen dat ze een overschot boven het gestorte kapitaal weergeven. Dat overschot behoeft zich niet in de kas te bevinden, het kan ook in de overige actiefposten van de balans zijn geïnvesteerd.

Een winstgevende, snel expanderende onderneming die alle winst herinves-
teert in het bedrijf, zal over grote (formele) reserves beschikken, maar kan
tegelijkertijd met liquiditeitsproblemen te kampen hebben. Indien er echt
sprake is van een 'pot met geld' – oftewel van een hogere dan met het oog op
de normale bedrijfsuitoefening noodzakelijke hoeveelheid liquiditeiten –
wordt gesproken van *materiële reserves.*
Figuur 8.1 geeft het verschil tussen formele en materiële reserves weer.

**Materiële
reserves**

FIGUUR 8.1 Verschil tussen formele en materiële reserves

8.3.5   Niet-verdeelde winsten

Onder de post Niet-verdeelde winst wordt afzonderlijk opgenomen de winst
over het afgesloten boekjaar; eventueel kunnen er tevens winsten uit voorgaande boekjaren in zijn begrepen die – bijvoorbeeld door afronding – niet
zijn verdeeld.
Indien de balans zou zijn opgesteld ná voorgestelde winstverdeling, zou de
post Niet-verdeelde winst vervangen zijn door een toename van de post
Winstreserves en/of Te betalen dividend. Bezwaar hiervan is dat dan al een
schuld (het te betalen dividend) wordt gepresenteerd, die op balansdatum
nog niet bestaat. Pas tijdens de Algemene vergadering (van Aandeelhouders) wordt immers over het dividend een beslissing genomen. De IASB
geeft daarom aan dat dividenden die na balansdatum worden voorgesteld of
gedeclareerd in de balans niet als een verplichting mogen worden gepresenteerd (IAS 10.12). Om dezelfde reden heeft het de voorkeur van de RJ de balans vóór voorgestelde winstbestemming op te stellen (RJ 160.208). Kiest de
onderneming er echter voor de balans op te maken ná voorgestelde winstbestemming, dan moet het dividend in de balans worden verwerkt als separate component van het eigen vermogen of onder de schulden.
De wet staat zowel een balans vóór als een balans ná voorgestelde winstverdeling toe (artikel 362.2). In het opschrift van de balans dient te worden aangegeven of de bestemming van het resultaat in de balans is verwerkt (artikel
362.2 en artikel 11 Besluit modellen jaarrekening). Is de bestemming van het
resultaat niet verwerkt, dan moet in de balans het resultaat na belasting afzonderlijk worden vermeld als laatste post van het eigen vermogen.
Op grond van liquiditeits- en solvabiliteitsbeoordeling heeft opstelling van de
balans ná winstbestemming de voorkeur. Uit liquiditeitsoogpunt moet immers rekening gehouden worden met het feit dat het voorgestelde dividend
zeer waarschijnlijk zal worden uitgekeerd, terwijl uit oogpunt van solvabiliteit
het eigen vermogen gezien wordt als vermogen dat voor lange termijn aan de
onderneming is gebonden.

De vraag dient zich vervolgens aan op welke wijze *verliezen* dienen te worden verwerkt. Zij doen het eigen vermogen verminderen en moeten daarom
van dat eigen vermogen worden afgeboekt.
Als posten van het eigen vermogen, waarop de verliezen kunnen worden afgeboekt, komen de niet-verdeelde winsten, de overige reserves, het agio en –
indien de statuten dat toelaten – de statutaire reserves in aanmerking.

Verliezen

Wanneer deze posten zijn uitgeput, kan het restant het beste als aftrekpost op het totale eigen vermogen worden opgevoerd.

8.4 Gebonden en vrij eigen vermogen

In de regelgeving van de wet en de RJ speelt het onderscheid tussen gebonden en vrij eigen vermogen een grote rol. De kapitaalbeschermingsregels ten behoeve van schuldeisers zijn hiervoor verantwoordelijk. Het gebonden deel van het eigen vermogen wordt gevormd door:

- het kapitaal
- de (ongerealiseerde) herwaarderingsreserve
- de andere wettelijke reserves
- de statutaire reserves

De wet schrijft voor dat ter grootte van het gebonden deel van het eigen vermogen geen eigen aandelen mogen worden ingekocht (artikel 98.2/207.2) en geen uitkeringen in de vorm van dividenden mogen worden gedaan (artikel 105.2/216.1).

Het vrije deel van het eigen vermogen is vrij uitkeerbaar en bestaat uit:

- het agio
- de overige reserves
- de niet-verdeelde winst indien de balans na winstbestemming is opgesteld

Indien de balans is opgesteld vóór winstbestemming, hangt het van het voorstel tot winstverdeling af of de post Niet-verdeelde winst wel als vrije reserve bestempeld mag worden. Mogelijk moet er ten laste van de winstbestemming nog een wettelijke of statutaire reserve worden gevormd.

We sluiten deze paragraaf af met voorbeeld 8.6, waarin de mutaties in en de wettelijke rubricering van het eigen vermogen worden geïllustreerd.

VOORBEELD 8.6

NV A is in 2005 opgericht met de uitgifte van 100 aandelen à €1.000 nominaal tegen €1.250 per aandeel (de aandelen zijn volgestort).

In 2011 heeft de volgende kapitaalsvergroting plaatsgevonden: 50 aandelen à €1.000 nominaal tegen 100% (de aandelen werden voor 25% volgestort).

In de jaren tot en met 2012 heeft de nv – op grond van besluiten van de Algemene vergadering van Aandeelhouders – in totaal €335.000 van de winsten aan de reserves toegevoegd.

In 2013 hebben de volgende voor dit voorbeeld relevante gebeurtenissen plaatsgevonden:

- Van het nog te storten aandelenkapitaal is een derde opgevraagd.
- NV A heeft (voor het eerst in haar bestaan) kosten gemaakt voor onderzoek (€50.000) en ontwikkeling (€100.000). NV A brengt kosten voor onderzoek ten laste van het resultaat en activeert ontwikkelingskosten. De ontwikkelingskosten worden vanaf 1 juli 2013 in vijf jaar met gelijke bedragen per jaar afgeschreven.
- NV A heeft €125.000 geactiveerd voor kosten ter zake van verwerving van vergunningen, waarop nog niet is afgeschreven.

- NV A heeft 5 eigen aandelen ingekocht voor in totaal €15.000.
- NV A heeft een winst behaald van €300.000; er is nog geen voorstel tot winstverdeling gedaan.

Gevraagd

Geef het eigen vermogen per 31 december 2013 weer, gespecificeerd naar de afzonderlijke posten conform de wettelijke eisen. Splits tevens het eigen vermogen in een gebonden deel en een vrij deel.

Uitwerking

Eigen vermogen per 31 december 2013

Gestort en opgevraagd aandelenkapitaal
- emissie 2005:
  100 aandelen × €1.000 =   €100.000
- emissie 2011:
  50 aandelen × €1.000 × 25% =   € 12.500
- opgevraagd:
  50 aandelen × €1.000 × 25% =   € 12.500
                                                                        €125.000

Agio
- emissie 2005: 100 aandelen × €250 =   € 25.000
  Andere wettelijke reserves[1]
- geactiveerde ontwikkelingskosten:
  €100.000 – €10.000 (20% × 6/12 × €100.000) =   € 90.000

Overige reserves
- gereserveerde winsten   €335.000
- naar wettelijke reserve wegens
  geactiveerde ontwikkelingskosten   € 90.000 –
- inkoop eigen aandelen   € 15.000 –
                                                                        €230.000

Niet-verdeelde winsten
- winst 2013   €300.000

Totaal   €770.000

Gebonden deel:
- Gestort en opgevraagd aandelenkapitaal   €125.000
- Andere wettelijke reserves   € 90.000
                                                                        €215.000

Vrij deel:
- Agio   € 25.000
- Overige reserves   €230.000
- Niet-verdeelde winsten   €300.000
                                                                        €555.000

Totaal   €770.000

1   Voor de geactiveerde kosten ter zake van verwerving van vergunningen hoeft geen wettelijke reserve te worden gevormd.

© Noordhoff Uitgevers bv

9

Vreemd vermogen

Hoofdstuk 9 sluit de bespreking van de balansposten af met het onderwerp vreemd vermogen.
In paragraaf 9.1 wordt het vreemd vermogen – uitgaande van de mate van onzekerheid die aan de betalingsverplichting is verbonden – opgesplitst in schulden, voorzieningen en niet uit de balans blijkende verplichtingen.
Paragraaf 9.2 gaat in op enige algemene aspecten van voorzieningen en behandelt de regelgeving daarover.
In paragraaf 9.3 komen enige veelvoorkomende voorzieningen aan bod.
De schulden worden besproken in paragraaf 9.4.
Ten slotte is paragraaf 9.5 gewijd aan verplichtingen die niet in de balans worden opgenomen, maar in de toelichting vermeld worden.

9.1 Begripsbepaling en onderverdeling

In paragraaf 4.2.1 is de definitie van vreemd vermogen gegeven, zoals die in het Framework van de IASB en het Stramien van de RJ voorkomt: 'bestaande verplichtingen van de onderneming die voortkomen uit gebeurtenissen in het verleden, waarvan de afwikkeling naar verwachting resulteert in een uit-stroom uit de onderneming van middelen die economische voordelen in zich bergen.'
We kunnen het vreemd vermogen indelen naar de mate van onzekerheid die verbonden is aan de betalingsverplichting.

Schulden

Bij *schulden* is er sprake van een zekere verplichting, waarvan het bedrag vaststaat. Er is dus geen onzekerheid ten aanzien van de afwikkeling.

Voorzieningen

Bij *voorzieningen* is er wel onzekerheid. Deze onzekerheid kan gelegen zijn in de vraag of er überhaupt wel een verplichting is, maar ook in de vraag om welk bedrag het gaat. De eerste situatie doet zich bijvoorbeeld voor als de onderneming er ernstig rekening mee houdt dat er een proces tegen haar zal worden aangespannen, maar waarbij dit op balansdatum nog niet is ge-beurd. In het tweede geval valt te denken aan een tegen de onderneming in-gesteld rechtsgeding, waarbij de klager in het gelijk is gesteld, maar waar de rechter nog geen uitspraak heeft gedaan over het bedrag van de door de on-derneming te betalen schadevergoeding.

Niet uit de ba-lans blijkende verplichting

Indien er slechts een kleine kans is dat de verplichting zich zal voordoen of indien een redelijke schatting van de hoogte ervan niet mogelijk is, mag er geen 'on-balance' verwerking plaatsvinden. Wel kan het in dat geval zinvol zijn om over deze mogelijke *niet uit de balans blijkende verplichting* in de toelichting nadere informatie op te nemen.

Ter wille van het inzicht in de liquiditeit van de onderneming dient het vreemd vermogen te worden gesplitst naar looptijd (zie ook paragraaf 1.2.1). Bij *kortlopend* vreemd vermogen gaat het om verplichtingen die binnen een normale productie- en verkoopcyclus worden afgewikkeld, zoals schulden aan handelscrediteuren. Is de kredietduur langer dan deze cyclus, dan is er sprake van *langlopend* vreemd vermogen, zoals bijvoorbeeld een obligatie-lening. In de praktijk wordt voor het onderscheid meestal een tijdscriterium van twaalf maanden gehanteerd.

9.2 Algemene aspecten van voorzieningen

In paragraaf 9.2.1 wordt ingegaan op de essentie van voorzieningen en wordt het verschil aangegeven tussen voorzieningen, reserves en schulden. Para-graaf 9.2.2 bespreekt de regelgeving aangaande voorzieningen.

9.2.1   Het karakter van voorzieningen

We zullen het lastige terrein van de voorzieningen introduceren met een voorbeeld.

- -

VOORBEELD 9.1

Een producent van keukenapparatuur verkoopt in 2012 voor €100 mln aan de groothandel. In 2013 komen garantieclaims ad €5 mln binnen ten aan-zien van de in 2012 verkochte apparatuur.

Indien de fabrikant in 2012 €100 mln opbrengst zou nemen en in 2013 €5 mln kosten wegens garantieverplichtingen, zou dit strijdig zijn met zowel het voorzichtigheids- als het matchingprincipe.

Het *voorzichtigheidsprincipe* schrijft voor dat verliezen genomen dienen te worden op het moment van constatering. De fabrikant weet dat er bij elke verkoop een bepaalde kans is dat daarop garantieclaims binnenkomen. Hij kan dus statistisch al een verlies constateren bij verkoop en moet op dat moment het verlies nemen.

Volgens het *matchingprincipe* dienen de kosten te worden toegerekend aan de juiste jaren; dit zijn de jaren waarin de oorzaak van die kosten is gelegen. De oorzaak van de garantieclaims is gelegen in de verkopen; de kosten dienen daarom niet te worden genomen in de jaren waarin de claims moeten worden nagekomen, maar in de jaren waarin de apparaten verkocht zijn.

Om aan beide principes recht te doen zal de fabrikant in 2012 een garantievoorziening moeten vormen ten laste van het resultaat; de grootte van de benodigde voorziening zal op balansdatum moeten worden ingeschat. Bij nakoming van de claims in 2013 worden de daaruit voortvloeiende verplichtingen afgeboekt van de voorziening en derhalve niet van de winst.

Schematisch zijn de mutaties in de voorziening en de gevolgen hiervan voor het resultaat in de volgende figuur weergegeven.

Gevolgen van mutaties in de post Voorzieningen

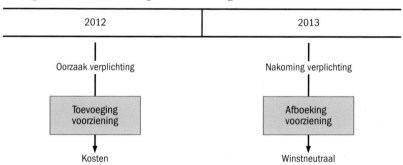

Uiteraard kan later blijken dat de schatting die ten grondslag lag aan de toevoeging van de voorziening, verkeerd was. In dat geval verloopt de nakoming van de verplichting niet winstneutraal: bij een te kleine toevoeging wordt een deel van de nakoming ten laste van de winst gebracht en bij een te grote toevoeging valt een deel van de voorziening vrij ten gunste van de winst.

Uit voorbeeld 9.1 blijkt het karakter van voorzieningen: het gaat om op balansdatum aanwezige risico's voor bepaalde verplichtingen waarvan de oorzaak vóór balansdatum ligt en waarvan de omvang onzeker is, maar wel redelijkerwijs is te schatten.

Voorzieningen worden gerekend tot het vreemd vermogen; in de balans worden ze als aparte categorie geplaatst tussen het eigen vermogen en de schulden.

We zullen de voorzieningen naar beide kanten proberen af te grenzen: naar het eigen vermogen (meer speciaal de reserves) en naar de schulden.
- Het kernverschil tussen voorzieningen en *reserves* is dat voorzieningen gevormd worden voor toekomstige specifieke verplichtingen die voortvloeien uit bedrijfsactiviteiten in het huidige boekjaar. Reserves dienen als buffer voor verplichtingen die uit toekomstige oorzaken ontstaan. Bij reserves is meestal sprake van een buffer voor algemene risico's.

  Bestemmings-reserve

  Soms wordt een reservering al 'geoormerkt' door aan te geven waarvoor deze benut zal worden. In dat geval spreken we van een *bestemmingsreserve* (bijvoorbeeld voor een geplande opening van een filiaal); deze heeft dus een specifieke oorzaak. Het onderscheid met een voorziening blijft ook dan te vinden in het feit dat het bij een bestemmingsreserve niet gaat om een verplichting die voortvloeit uit het huidige boekjaar.
- Het verschil tussen voorzieningen en *schulden* volgt uit de mate van juridische concreetheid: bij schulden is er nu al sprake van een (veelal contractueel vastgelegde) betalingsverplichting, die is geconcretiseerd naar bedrag en tijdstip van betaling. Bij voorzieningen is er slechts sprake van een geschat bedrag en/of een geschat tijdstip van nakoming.

In paragraaf 1.5 hebben we al aangegeven dat voorzieningen vatbaar zijn voor creative accounting. Het bepalen van de grootte van de toevoeging aan een voorziening berust op schattingen: deze toevoegingen zijn subjectief.

Winstegalisa-tie

Het gevaar is dan ook niet denkbeeldig dat via de voorzieningen *winstegalisatie* wordt bedreven. Vooral de grote beursgenoteerde ondernemingen hechten eraan om over de jaren een gelijkmatig winstbeeld te laten zien. Door in goede jaren extra grote bedragen aan de voorziening te doteren en in slechte jaren extra kleine bedragen, zou deze winstegalisatie bereikt kunnen worden. In figuur 9.1 wordt dit geïllustreerd.

FIGUUR 9.1 Realiseren van winstegalisatie via voorzieningen

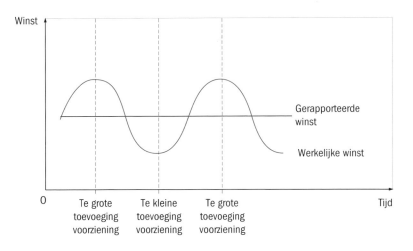

Statisch en dynamisch

Voorzieningen voor veelvoorkomende verplichtingen of risico's (zoals garanties of wanbetaling door debiteuren) kunnen op twee manieren worden bepaald:

1 Er wordt een schatting gemaakt van de verliezen die op balansdatum waarschijnlijk geacht worden. In geval van bijvoorbeeld een voorziening voor dubieuze debiteuren betekent dit dat de uitstaande vorderingen per balansdatum worden beoordeeld op de mate van waarschijnlijkheid van oninbaarheid. Dit is de *statische methode*.
2 Aan de hand van een bepaalde activiteitenindicator wordt de toevoeging aan de voorziening in het boekjaar bepaald. Zo kan voor de voorziening voor dubieuze debiteuren het bedrag van de verkopen op rekening als basis dienen door hiervan een op ervaringscijfers gebaseerd percentage aan de voorziening toe te voegen. Dit is de *dynamische methode*.

Bij de dynamische methode bestaat er geen rechtstreeks verband tussen de hoogte van de voorziening per balansdatum en het geschatte risico per balansdatum. De toevoeging aan de voorziening (en daarmee de bedragen die ten laste van het resultaat worden gebracht) zullen bij de dynamische methode meestal een minder grillig verloop hebben dan bij de statische methode.

9.2.2 Regelgeving inzake voorzieningen

De IASB en de RJ zijn ervoor beducht dat voorzieningen misbruikt worden ten behoeve van winstegalisatie. Daarom stellen zij – naast de vereisten van een oorzaak vóór balansdatum en de mogelijkheid de omvang redelijkerwijs in te kunnen schatten – twee extra voorwaarden aan het opnemen van een voorziening die wegens mogelijke verplichtingen wordt opgenomen (IAS 37.14 / RJ 252.201):
1 De rechtspersoon heeft een in rechte afdwingbaar of feitelijke verplichting.
Bij een *in rechte afdwingbare* verplichting is er een achterliggende overeenkomst, een wettelijke bepaling of een rechterlijke uitspraak.
Een *feitelijke* verplichting is niet juridisch afdwingbaar, maar door handelingen of uitlatingen in het verleden heeft de rechtspersoon zodanige verwachtingen gewekt, dat er geen ander alternatief is dan deze na te komen.

In rechte afdwingbare en feitelijke verplichtingen

VOORBEELD 9.2
Een autobedrijf geeft op verkochte occasions zes maanden schriftelijke garantie. Het is echter bij iedereen bekend dat auto's ook gratis worden gerepareerd als ze een mankement vertonen tussen zes maanden en een jaar na aanschaf.
Zonder afbreuk aan zijn goede reputatie te doen, kan het bedrijf daar niet meer van afstappen.
Er kan nu een voorziening worden gevormd die is gebaseerd op een jaar garantie; de eerste zes maanden betreffen een in rechte afdwingbare verplichting, de zes maanden daarna een feitelijke.

----

2 Het is waarschijnlijk dat voor de afwikkeling van die verplichting een uitstroom van middelen noodzakelijk is.
Met 'waarschijnlijk' wordt aangegeven dat de kans dat er financiële gevolgen voor de onderneming zijn groter is dan 50% ('more likely than not'). Uiteraard gaat het bij voorzieningen niet om *objectieve kansen* (zoals de kans van 0,0000000001705 op zes goed in de Lotto), maar om *subjectieve kansen*, waarover elke schatter zijn eigen mening kan hebben.

Objectieve en subjectieve kansen

De IASB en de RJ schrijven voor dat de statische methode gebruikt wordt bij het bepalen van de omvang van de voorzieningen. Dit blijkt uit het voorschrift dat de voorziening gebaseerd dient te zijn op de beste schatting van de bedragen die noodzakelijk zijn om de bestaande verplichtingen op balansdatum af te wikkelen (IAS 37.36 / RJ 252.301).

Het kan voorkomen dat er wel mogelijke verplichtingen zijn, maar dat die niet als voorziening in de balans worden opgenomen. Dit is het geval als:
- de kans op minder dan 50% wordt geschat;
- het bedrag niet betrouwbaar kan worden vastgesteld.

In deze gevallen vindt vermelding in de toelichting plaats, tenzij er slechts een geringe mogelijkheid is dat de verplichting zich daadwerkelijk zal voordoen (IAS 37.86 / RJ 252.508).

VOORBEELD 9.3

Tegen een onderneming lopen op balansdatum vier processen:
- Proces 1 gaat over een schadeclaim van een klant. De advocaat van de onderneming acht het aannemelijk dat dit proces verloren wordt en acht een te betalen schadevergoeding van rond de €100.000 waarschijnlijk.
- Proces 2 draait om mogelijke oneerlijke concurrentie. Ook dit proces zal waarschijnlijk verloren worden, maar over de te betalen schadevergoeding valt nog niets te zeggen; dat is op dit moment nog 'nattevingerwerk'.
- Proces 3 gaat om een geschil met een oud-werknemer die de onderneming heeft aangeklaagd wegens opgelopen letsel als gevolg van een bedrijfsongeval. De deskundigen zijn hier vol goede moed, ze schatten de kans op een gunstige uitspraak voor de onderneming op 80%.
- Proces 4 is een procedure die is opgestart door een omwonende van de onderneming in verband met vermeende stankoverlast. Uit rapporten blijkt echter dat daarvan geen sprake is. Dit proces zal dan ook zo goed als zeker gewonnen worden.

Als voorziening zal opgenomen worden €100.000 uit hoofde van proces 1. In de toelichting zal melding gemaakt worden van de risico's uit hoofde van de processen 2 en 3.
Over proces 4 hoeft niet gerapporteerd te worden.

Volgens de wet worden in de balans voorzieningen opgenomen tegen naar hun aard duidelijk omschreven verplichtingen, die op balansdatum als waarschijnlijk of vaststaand worden beschouwd, maar waarvan niet bekend is in welke omvang of wanneer zij zullen ontstaan. Tevens kunnen voorzieningen worden opgenomen tegen uitgaven, die in een volgend boekjaar zullen worden gedaan, voor zover het doen van die uitgaven zijn oorsprong mede vindt vóór het einde van het boekjaar en de voorziening strekt tot gelijkmatige verdeling van lasten over een aantal boekjaren (artikel 374.1).

De door de wet in de eerste zin van artikel 374.1 genoemde voorzieningen voldoen aan de door de IASB en de RJ gestelde voorwaarden om als voorziening te worden aangemerkt. Voor de in de tweede zin genoemde voorzieningen is dit niet het geval. Het standaardvoorbeeld van onder deze categorie vallende voorzieningen ter 'gelijkmatige verdeling van lasten over een aantal boekjaren' is de voorziening voor groot onderhoud, zoals besproken in paragraaf 6.3.7. Deze voorziening, die dus op grond van de wet niet verplicht is maar wel is toegestaan, voldoet niet aan de door de IASB en de RJ gestelde eis dat er sprake moet zijn van een op balansdatum bestaande, in rechte afdwingbare of feitelijke verplichting. De IASB staat een voorziening voor groot onderhoud dan ook niet toe. Zoals we in paragraaf 6.3.7 gezien hebben, laat de RJ deze voorziening wel toe.

Ten aanzien van de presentatie van voorzieningen gelden verder de volgende wettelijke bepalingen:
- In de toelichting moet aangegeven worden in welke mate de voorzieningen als langlopend zijn te beschouwen (artikel 374.3). Dit in verband met het inzicht dat de jaarrekening in de liquiditeit moet geven.
- De voorziening voor latente belastingverplichtingen en de voorziening voor pensioenverplichtingen moeten afzonderlijk worden opgenomen (artikel 374.4).
- De voorzieningen moeten worden gesplitst naar hun aard en als zodanig nauwkeurig worden omschreven (artikel 374.3). Dit betekent dat, naast de afzonderlijke vermelding van de voorziening voor latente belastingen en de voorziening voor pensioenverplichtingen, ook de overige voorzieningen nader moeten worden toegelicht.

In het Zinkwit-arrest (naar aanleiding van een klacht tegen de jaarrekening 1993 van de Koninklijke Maastrichtse Zinkwit-Maatschappij) uit 1995 heeft de Ondernemingskamer een belangrijke uitspraak gedaan inzake de informatie die in de jaarrekening over voorzieningen gegeven moet worden. Veel ondernemingen volstonden daarvóór met het vermelden van de stand van de voorzieningen per het begin en het einde van het boekjaar. Alleen de mutaties die per saldo optraden werden zo openbaar, waardoor de post Voorzieningen in feite een 'black box' was. De Ondernemingskamer oordeelde dat – indien het relatieve belang van een voorziening dit vereist – de totale mutatie van de voorziening wordt opgesplitst in:
- de toevoegingen ten laste van de resultatenrekening
- de betalingen ten laste van de voorziening
- de vrijval ten gunste van de resultatenrekening

Bovendien bepaalde zij dat niet volstaan mag worden met een ongesplitste vermelding van een relatief grote post 'Overige voorzieningen'. Deze post dient te worden gespecificeerd naar soort voorzieningen.

De fiscale regels voor het treffen van voorzieningen zijn ingevuld door de fiscale rechter. Een cruciale rechterlijke uitspraak daarbij is het *Baksteenarrest* (zo genoemd omdat het de winstbepaling van een steenfabriek tot onderwerp heeft). In dit arrest heeft de fiscale rechter een ommezwaai gemaakt: eerder oordeelde hij altijd dat het voor het vormen van een voorziening noodzakelijk is dat er op balansdatum een achterliggende rechtsverhouding aanwezig is. Deze eis komt overeen met het begrip 'juridische verplichting' zoals dat in de regelgeving van de IASB en de RJ geformuleerd is.
Sinds het baksteenarrest heeft de fiscale rechter deze eis losgelaten; het is nu voldoende dat de voorziening is gebaseerd op 'feiten en omstandigheden' die zich vóór balansdatum hebben voorgedaan.

Baksteen-arrest

In het Baksteenarrest ging het om de vraag of de steenfabrikant voor een op vrijwillige basis toegezegde bijdrage aan een saneringsfonds voor de baksteenindustrie een voorziening mocht vormen. Hoewel deze bijdrage niet juridisch afdwingbaar was, stond de belastingrechter de voorziening toch toe. Daarmee is de mogelijkheid om in de jaarrekening op fiscale grondslag voorzieningen te vormen aanzienlijk verruimd.

Voor wat betreft de mate van waarschijnlijkheid die benodigd is voor het vormen van fiscale voorzieningen, worden door de fiscale rechters de begrippen 'redelijke mate van zekerheid' en 'behoorlijke kans' gebezigd. Het is uiteraard moeilijk om die begrippen kwantitatief in te vullen.

VOORZIENINGEN

De mutaties zijn als volgt te specificeren:

(× €1.000)	Pensioenen	Latente belasting-verplichting	Herstruc-turering	Overige	Totaal
Stand per 1 januari 2012	390	1.020	8.103	8.042	17.555
Dotatie	449		11.273	1.932	13.654
Verwerving		199			199
Aanwending en vrijval		− 239	− 6.225	− 539	− 7.003
Valuta-omrekenings-verschillen		15		25	40
Stand per 31 december 2012	839	995	13.151	9.460	24.445

De voorzieningen hebben overwegend een kortlopend karakter, met uitzondering van de voorziening voor latente belastingverplichtingen en pensioenen.

De voorziening voor pensioenen betreft voornamelijk de actuariële waarde van de in eigen beheer gehouden pensioenverplichtingen.

De voorziening voor latente belastingverplichtingen heeft hoofdzakelijk betrekking op de verschillen tussen de commerciële en fiscale waardering van in 2007 tot en met 2010 geacquireerde groepsmaatschappijen.

De voorziening voor herstructurering is opgenomen voor verwachte uitgaven in verband met de integratie en herstructurering van activiteiten van diverse groepsmaatschappijen. De voorziening is voornamelijk getroffen voor kosten op het gebied van afvloeiing personeel en optimalisatie van het aantal locaties.

Onder de overige voorzieningen zijn opgenomen voorzieningen voor risico's met betrekking tot bodemvervuiling, verlieslatende contracten met afnemers, voorzieningen op eiercontracten en claims in verband met productaansprakelijkheid. De dotatie in 2012 heeft voornamelijk betrekking op voorzieningen voor eiercontracten in België.

Bron: Jaarrapport Koninklijke Coöperatie Agrifirm U.A., 2012

 **9.3** **Enige veelvoorkomende voorzieningen**

In deze paragraaf wordt stilgestaan bij een aantal veelvoorkomende voorzieningen:
- voor risico's uit claims, geschillen en rechtsgedingen (paragraaf 9.3.1)
- voor milieurisico's (paragraaf 9.3.2)
- voor pensioenverplichtingen en voor vervroegd uittreden van personeel (paragraaf 9.3.3)
- voor activa (paragraaf 9.3.4)
- voor reorganisaties (paragraaf 9.3.5)

De voorziening voor garantieverplichtingen en de voorziening voor groot onderhoud zijn al in paragraaf 9.2.1 respectievelijk 9.2.2 besproken, terwijl de voorziening voor lopende in- en verkoopcontracten in paragraaf 7.2.1 aan de orde is geweest. De voorziening voor latente belastingverplichtingen wordt behandeld in hoofdstuk 19.

9.3.1 Voorziening voor risico's uit claims, geschillen en rechtsgedingen

In deze situaties moet een schatting worden gemaakt voor de hieruit voortvloeiende verplichtingen (inclusief eventuele proceskosten). Uiteraard is hierbij de schuldvraag c.q. aansprakelijkheid van groot belang.
Indien een redelijke schatting niet te maken is, dient geen voorziening te worden gevormd; wel is in dat geval uiteenzetting van een en ander in de toelichting op zijn plaats.

9.3.2 Voorziening voor milieurisico's

Indien geconstateerd wordt dat aan de eigen activa milieuschade is aangericht (bijvoorbeeld vervuiling van bedrijfsterreinen), dient voor de geschatte schoonmaakkosten een voorziening getroffen te worden. Verder lopen met name industriële bedrijven het risico dat door productieprocessen milieuschade wordt aangericht, waarvoor men kan worden aangesproken.
Bij de vorming van een eventuele voorziening voor deze (mogelijke) verplichtingen doen zich de volgende problemen voor:
- De hoogte van de schade is vaak uitermate moeilijk te schatten.
- In veel gevallen is het niet duidelijk wie uiteindelijk aansprakelijk is.

Onzekerheid hierover kan ertoe leiden dat geen voorziening wordt gevormd; wel is in dat geval vermelding in de toelichting noodzakelijk van de risico's die de onderneming loopt.

9.3.3 Voorzieningen voor pensioenverplichtingen en voor vervroegd uittreden van personeel

Werknemers bouwen gedurende de arbeidsperiode pensioenrechten op. Het tijdvak waarin de onderneming de opbrengst van de arbeidsprestaties geniet, verschilt van dat waarin de werknemer het pensioen ontvangt. Het matchingprincipe schrijft voor dat kosten worden toegerekend aan de periode waarin de uit de kosten voortvloeiende opbrengsten worden genoten. Daarom dienen de kosten van pensioenregelingen toegerekend te worden aan de arbeidsperiode van de werknemers.
In Nederland is het (op grond van de Pensioen- en Spaarfondsenwet) verplicht toegezegde pensioenrechten onder te brengen bij een afzonderlijk pensioenfonds of bij een levensverzekeringsmaatschappij. Dit om te waar-

borgen dat de pensioenrechten van werknemers buiten de risicosfeer van de onderneming worden gebracht.

De IASB heeft in IAS 19 een ingewikkelde set voorschriften neergelegd inzake de verwerking van pensioenverplichtingen in de jaarrekening.

We zullen in deze paragraaf in hoofdlijnen de belangrijkste bepalingen bespreken.

In de regelgeving van de IASB is het voor de vraag of er een voorziening voor pensioenverplichtingen in de balans dient te worden opgenomen, van belang wat de kwalificatie van de door de onderneming gehanteerde pensioenregeling is.

Toegezegde-bijdragerege-ling

Bij een *toegezegdebijdrageregeling* ('defined contribution plan') heeft de onderneming zich vastgelegd op het betalen van vooraf overeengekomen premies aan een levensverzekeringsmaatschappij of een pensioenfonds. Het risico dat de betaalde bijdragen achteraf gezien niet hoog genoeg waren om het benodigde pensioen uit te keren, ligt bij de verzekeringsmaatschappij c.q. het pensioenfonds. De onderneming kan niet verplicht worden om aanvullende bijdragen te storten.

De verwerking in de jaarrekening is in dat geval eenvoudig: de onderneming kan volstaan met het ten laste van het resultaat brengen van de betaalde premies. Een voorziening wordt niet gevormd.

Toegezegd-pensioenrege-ling

Bij een *toegezegdpensioenregeling* ('defined benefit plan') is er een andere risicoverdeling tussen onderneming en levensverzekeraar/pensioenfonds. Het risico dat de betaalde bijdragen niet toereikend zijn om aan de pensioenverplichtingen te voldoen, ligt nu niet geheel bij de verzekeraar, maar voor een kleiner of groter deel bij de onderneming. Deze laatste kan verplicht worden om 'bijstortingen' te doen als het noodzakelijk is.

In dat geval kan de onderneming niet volstaan met het ten laste van het resultaat brengen van de betaalde premies. Daarnaast moet zij op balansdatum berekenen of zij nog een mogelijke aanvullende verplichting heeft, uit hoofde van het feit dat de reguliere bijdragen niet toereikend zullen zijn (de

Toereikend-heidstoets

toereikendheidstoets). Deze aanvullende verplichting wordt dan als pensioenvoorziening in de balans opgenomen.

Voor het bepalen van de hoogte van de op te nemen voorziening, worden twee grootheden met elkaar vergeleken:

1 De contante waarde van de toegekende pensioenaanspraken op balansdatum. De contante waarde wordt hierbij bepaald op actuariële grondslag. Dat wil zeggen dat rekening gehouden wordt met levenskansen.
2 De reële waarde van de beleggingen die de verzekeraar per balansdatum aanhoudt voor de toegekende pensioenen.

- -

VOORBEELD 9.4

Onderneming X heeft de pensioenen van haar werknemers ondergebracht bij pensioenfonds Y. X betaalt jaarlijks €300.000 pensioenpremie.

De contante waarde van de pensioenaanspraken van de werknemers van X is per 31 december 2013 €5 mln (31 december 2012: €4,6 mln). De reële waarde van de beleggingen van Y die betrekking hebben op de pensioenen van de werknemers van X, bedraagt per 31 december 2013 €4,5 mln (31 december 2012: €4,45 mln).

Als er sprake is van een *toegezegdebijdrageregeling*, neemt X geen voorziening op; de jaarlijks te betalen premie ad €300.000 wordt ten laste van het resultaat gebracht.

Als er sprake is van een *toegezegdpensioenregeling*, moet X per 31 december 2012 een pensioenvoorziening van €150.000 opnemen (€4,6 mln − €4,45 mln) en per 31 december 2013 van €500.000 (€5 mln − €4,5 mln). In 2013 wordt een bedrag van €650.000 als pensioenlasten in de resultatenrekening verantwoord, bestaande uit een premiebetaling van €300.000 en een toename van de pensioenvoorziening van €350.000.

- -

Het kan ook voorkomen dat de contante waarde van de toegekende pensioenaanspraken lager is dan de reële waarde van de beleggingen. In die situatie is het bij een toegezegdpensioenregeling onder bepaalde voorwaarden toegestaan het verschil als actiefpost (vordering op levensverzekeraar/pensioenfonds) in de balans op te nemen.

In verreweg de meeste gevallen wordt een pensioenregeling onder IAS 19 aangemerkt als een toegezegdpensioenregeling. In feite wordt bij deze regeling door de balans van het pensioenfonds c.q. de levensverzekeraar 'heen geprikt' en de aan de werknemers toegezegde pensioenen als eigen verplichtingen van de onderneming gezien.
De RJ geeft aan dat het is toegestaan voor de verwerking van pensioenen in de jaarrekening uit te gaan van de voorschriften van de IASB of zelfs van die van de Verenigde Staten (US GAAP), mits deze voorschriften integraal en consistent worden toegepast (RJ 271.101). Wordt niet van de *risicobenadering* van de IASB of de US GAAP uitgegaan, dan gelden de voorschriften van de RJ (vastgelegd in RJ 271) die uitgaan van een *verplichtingenbenadering*, waarbij geen onderscheid wordt gemaakt tussen toegezegdebijdrage- en toegezegdpensioenregeling. In de balans wordt alleen een voorziening voor pensioenverplichtingen opgenomen indien de onderneming op balansdatum een in rechte afdwingbare of feitelijke verplichting heeft aan de pensioenuitvoerder (het pensioenfonds of de levensverzekeraar) of de werknemer; bovendien moet het – conform de eisen die in het algemeen aan een voorziening worden gesteld – waarschijnlijk zijn dat voor de afwikkeling van die verplichting een uitstroom van middelen noodzakelijk is en moet er een betrouwbare schatting kunnen worden gemaakt van de omvang van de verplichting (RJ 271.307).

Risico- en verplichtingenbenadering

Van een *in rechte afdwingbare* verplichting is sprake indien op grond van pensioenovereenkomsten of CAO-afspraken op balansdatum een verplichting bestaat die nog niet heeft geleid tot een verplichting jegens de pensioenuitvoerder.
Zo kan het bijvoorbeeld zijn dat in de CAO is vastgelegd dat het salaris over een periode van drie jaar met 2% per jaar zal stijgen. Voor de als gevolg van deze toegezegde salarisverhoging op balansdatum (nog aan de pensioenuitvoerder) te betalen pensioenpremies zal de onderneming een voorziening moeten vormen. Deze 'inhaalpremie' wordt vaak *backservice* genoemd. Een backservice zal zich ook voordoen bij eindloonregelingen ('final pay'). Stel dat een werknemer een pensioenregeling heeft die is gebaseerd op het laatstverdiende salaris. Hij is op zijn vijfentwintigste in dienst getreden en krijgt na elke tien dienstjaren een salarisverhoging. Er dient op die momenten telkens een inhaal plaats te vinden over de pensioenopbouw in de afgelopen jaren, om deze aan te passen aan de gestegen pensioengrondslag (zie ook figuur 9.2). De backservicelast wordt gedoteerd aan de voorziening voor pensioenverplichtingen; bij betaling van de inhaalpremies wordt de voorziening verminderd.

Backservice

FIGUUR 9.2 Weergeve backserviceverplichtingen

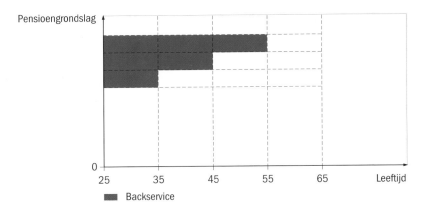

Bij voorgaande verwerkingswijze van backserviceverplichtingen wordt het boekjaar waarin een salarisverhoging wordt toegerekend, belast met back-servicekosten die in feite op eerdere boekjaren betrekking hebben. Op die manier wordt geen recht gedaan aan het matchingprincipe. De RJ staat daarom toe voor salarisverhogingen die op balansdatum niet zijn toegezegd, maar die wel worden verwacht nu al een voorziening voor pensioenver-plichtingen op te nemen (*coming backservice*).

Coming backservice

Van een *feitelijke* verplichting is sprake indien de onderneming pensioen-verwachtingen bij de werknemers heeft gewekt die verder gaan dan de hui-dige pensioenovereenkomst of CAO-afspraken. Van een feitelijke verplich-ting is eveneens sprake wanneer de onderneming het stellige voornemen heeft om een bestaande pensioenregeling te verbeteren of aan te vullen.

Naast de pensioenvoorschriften, behandelt de RJ in RJ 271 afzonderlijk de regelingen voor vervroegde uittreding van personeel (VUT) en andere non-activiteitsregelingen. Voor deze verplichtingen schrijft de RJ voor dat op ba-lansdatum een voorziening wordt opgenomen voor in ieder geval de ver-plichtingen jegens (RJ 271.402):
- de personeelsleden die reeds hebben geopteerd voor gebruikmaking van de regeling;
- de personeelsleden die onder de bestaande regeling kunnen opteren voor vervroegde uittreding, maar dat nog niet hebben gedaan; en
- de personeelsleden die nog niet kunnen opteren, maar dat tijdens de looptijd van de bestaande regeling in de toekomst wel kunnen doen.

De IASB maakt geen onderscheid tussen vervroegd uittreden en pensione-ring, maar geeft één (hiervoor besproken) set van regels, waarbij gesproken wordt over 'vergoedingen na uitdiensttreding'.

De wet gaat niet inhoudelijk op de pensioenproblematiek in. Er is – zoals we in paragraaf 9.2.2 hebben gezien – slechts bepaald dat een voorziening voor pensioenverplichtingen afzonderlijk moet worden opgenomen (artikel 374.4).

9.3.4 Voorzieningen voor activa

De wet stelt dat waardeverminderingen van een actief niet door vorming van een voorziening tot uitdrukking mogen worden gebracht (artikel 374.2). Bedoeld wordt dat zij niet aan de passiefzijde van de balans opgenomen mogen worden, maar in mindering op de betreffende actiefpost gebracht moeten worden. Dit geldt bijvoorbeeld voor voorzieningen voor dubieuze debiteuren en incourante voorraden. Overigens is er in deze situatie formeel geen sprake van een voorziening; er is immers geen (in rechte afdwingbare of feitelijke) verplichting, maar sprake van een mogelijk verlies als gevolg van het feit dat debiteuren niet zullen betalen c.q. voorraden die onverkoopbaar worden.

Beter is het in deze voorbeelden dan ook niet te spreken (zoals in de praktijk gebruikelijk is) van een voorziening, maar van een afwaardering voor dubieuze debiteuren c.q. incourante voorraden.

Oranjewoud nv is de holding van de ingenieursbureaus Oranjewoud en Antea en van Strukton, een bouwbedrijf dat zich onder andere richt op de aanleg van railinfrastructuur.

Per 31 december 2012 had Oranjewoud van handelsdebiteuren een bedrag van €336 miljoen tegoed, 30% van het balanstotaal. De toelichting op de jaarrekening 2012 meldt het volgende:

'De beoordeling van de inbaarheid is afhankelijk van het klantprofiel, individueel bepaald op basis van risico-inschatting door het management. De voorziening voor oninbare debiteuren is in de balans in mindering gebracht op de handelsdebiteuren.'

Van het uitstaande bedrag is per 31 december 2012 voor een bedrag van €130 miljoen de betalingstermijn verstreken.

Oranjewoud geeft het volgende overzicht van het verloop van de voorziening oninbare debiteuren (bedragen luiden in duizenden euro's):

	31-12-2012	31-12-2011
Voorziening per 1 januari	(9.566)	(1.584)
Dotatie voor het jaar	(3.095)	(8.923)
Afgeboekt	1.125	718
Ongebruikt tegengeboekte bedragen	524	–
Deconsolidatie	3.758	–
Overig	(922)	223
	(8.176)	(9.566)

9.3.5 Voorziening voor reorganisatie

In de situatie waarin is besloten een reorganisatie door te voeren, dient een voorziening te worden getroffen voor de verwachte kosten. Hierbij kan gedacht worden aan advieskosten, afvloeiingskosten van personeel – dat nog moet worden doorbetaald, terwijl al geen prestaties meer worden geleverd – en aan waardeverminderingen van vaste activa en voorraden. In het laatste geval zal op grond van artikel 374.2 afboeking op de activa waarop de waardevermindering betrekking heeft, moeten plaatsvinden; zoals we hiervoor hebben gezien, wordt in dit artikel immers gesteld dat waardeverminderingen van activa niet door de vorming van een voorziening tot uiting mogen worden gebracht.

In het verleden hebben ondernemingen dankbaar gebruikgemaakt van de voorziening voor reorganisatie ten behoeve van de in paragraaf 9.2.1 gememoreerde winststuring, het verschuiven van winsten van het ene jaar naar het andere jaar. Immers, slechts een (meer of minder vaag) voornemen van de bedrijfsleiding om te gaan reorganiseren was voldoende om een voorziening te vormen. Voor de in paragraaf 1.5 vermelde 'taking a bath'-strategie (het kunstmatig vergroten van het verlies in een toch al slecht jaar, om het volgende jaar met een schone lei te beginnen) speelt de reorganisatievoorziening een grote rol.

In het kader van de tendens om winststuring zo veel mogelijk tegen te gaan, hebben de IASB en de RJ de eisen die gesteld worden aan deze voorziening, aangescherpt: er dient een gedetailleerd reorganisatieplan door de bedrijfsleiding te zijn opgesteld; bovendien moet de bedrijfsleiding op balansdatum al met de uitvoering zijn begonnen of de hoofdlijnen van het plan bekend hebben gemaakt aan de betrokken werknemers (IAS 37.72 / RJ 252.413).

9.4 Schulden

Nadat in paragraaf 9.4.1 de rubricering en de waarderingsgrondslag van de schulden is vermeld, wordt in paragraaf 9.4.2 besproken op welke manier informatie gegeven moet worden over bijzondere leningsvoorwaarden.

9.4.1   Rubricering en waardering

De IASB schrijft voor de schulden in de balans op te splitsen in (IAS 1.54, zie ook paragraaf 6.1):

- handelsschulden
- belastingschulden
- overige schulden

De rubricering volgens de Nederlandse wet (en de RJ die zich daarbij aansluit) is vastgelegd in artikel 375.1; zie hiervoor appendix 1.

De IASB geeft er de voorkeur aan de schulden in de balans gesplitst te presenteren in langlopende en kortlopende schulden; indien dit onderscheid niet wordt gemaakt, moeten de schulden in volgorde van hun liquiditeit worden gepresenteerd (IAS 1.60). De wet (en daarbij de RJ) staat deze vrijblijvendheid niet toe: langlopende en kortlopende schulden moeten apart in de balans worden opgenomen; op elk van de twee groepen schulden dient de in appendix 1 gegeven rubricering te worden toegepast (artikel 375.2 en de balansmodellen). Daarnaast moet in de toelichting de rentevoet van langlopende schulden vermeld worden, alsmede het bedrag van de langlopende schulden die een resterende looptijd van langer dan vijf jaar hebben (artikel 375.2).

Hierbij dient zich de vraag aan hoe gehandeld dient te worden als er sprake is van een langlopende lening die in termijnen afgelost moet worden.
De standards van de IASB laten geen ruimte het binnen een jaar af te lossen bedrag onder de langlopende schulden te rubriceren. De RJ en de wet geven deze mogelijkheid wel, al geeft de RJ hierbij aan dat rubricering onder de kortlopende schulden de voorkeur verdient (RJ 254.308). Indien rubricering onder de langlopende schulden plaatsvindt, moet in de toelichting het bedrag vermeld worden dat binnen een jaar moet worden afgelost (artikel 375.6).

Schulden worden in het algemeen gewaardeerd op nominale waarde, tenzij er sprake is van *agio* of *disagio*: het positieve c.q. negatieve verschil tussen het bij plaatsing van een lening ontvangen bedrag en het in toekomst af te lossen bedrag. (Dis)agio doet zich voor als de onderneming een lening aankondigt tegen een bepaalde rente, maar tevens bepaalt dat de uitgiftekoers boven of beneden de nominale waarde wordt vastgesteld als de marktrente bij uitgifte afwijkt van de voor de lening vastgestelde rente. Agio en disagio zijn dus correcties op het vastgestelde rentepercentage.

Agio en disagio

Er kunnen twee methoden gebruikt worden om met (dis)agio om te gaan:
1   waardering van de schuld tegen geamortiseerde kostprijs;
2   waardering van de schuld tegen nominale waarde en afzonderlijke waardering van het (dis)agio. Het (dis)agio wordt vervolgens afgeschreven over c.q. toegerekend aan de looptijd van de lening.

We zullen beide methoden toelichten met behulp van voorbeeld 9.5.

- -

VOORBEELD 9.5

Een onderneming kondigt aan een 10-jarige 7%-obligatielening van nominaal €10 mln uit te geven. De lening zal in haar geheel na tien jaar worden

afgelost, rentebetaling vindt jaarlijks achteraf plaats. In het prospectus is vermeld dat de uitgiftekoers wordt aangepast als de marktrente op moment van
uitgifte afwijkt van de nominale rente van 7%.

Bij uitgifte blijkt de marktrente voor dit soort obligaties 7,25% te zijn.
De onderneming zal de uitgiftekoers nu moeten aanpassen. De op moment
van uitgifte contant gemaakte rente- (€700.000 per jaar) en aflossingsverplichtingen (€10 mln eind jaar 10), leveren een bedrag op van (afgerond)
€9.826.000. De uitgiftekoers zal dus 98,26% bedragen: er is sprake van een
disagio van €10.000.000 − €9.826.000 = €174.000.

Bij waardering tegen *geamortiseerde kostprijs* worden de volgende journaalposten gemaakt:

Bij uitgifte

1 Liquide middelen	€9.826.000	
Aan 0 Obligatielening		€9.826.000

Na 1 jaar

9 Interestlasten	€ 712.385	(7,25% × €9.826.000)
Aan 1 Liquide middelen	€ 700.000	(7% × €10 mln)
Aan 0 Obligatielening	€ 12.385	(oprenting lening)

In geval van waardering op *nominale waarde* zijn de boekingen:

Bij uitgifte

1 Liquide middelen	€9.826.000	
0 Disagio	€ 174.000	
Aan 0 Obligatielening		€10.000.000

Na 1 jaar

Van de betaling van de interest:

9 Interestlasten	€ 700.000	
Aan 1 Liquide middelen		€ 700.000

Van de afschrijving op het disagio (uitgaande van de lineaire methode):

9 Interestlasten	€ 17.400	(€174.000 × 1/10)
Aan 0 Disagio		€ 17.400

**Financiële in-
strumenten**

De IASB beschouwt schulden als *financiële instrumenten* en verplicht tot
waardering op basis van geamortiseerde kostprijs (IAS 39). Dit is ook de theoretisch juiste methode: het (dis)agio wordt systematisch over de looptijd
van de lening ten laste respectievelijk ten gunste van het resultaat gebracht.
De Nederlandse wet staat evenwel toe om (dis)agio afzonderlijk in de balans
op te nemen, gevolgd door – uiterlijk tot de aflossing – jaarlijkse afschrijving
respectievelijk vrijval (artikelen 375.5 en 386.5).
Fiscaal worden schulden (of er nu (dis)agio is of niet) normaliter gewaardeerd op nominale waarde.

9.4.2   Bijzondere leningsvoorwaarden

In deze paragraaf besteden we aandacht aan de verslaggeving van enige bijzondere leningsvoorwaarden; aan de orde komen converteerbare obligatieleningen, aan leningen gestelde zekerheden, achtergestelde leningen en ontwikkelingskredieten.

Converteerbare obligatieleningen

Een *converteerbare obligatielening* is een lening waarbij de obligatiehouders het recht hebben om onder bepaalde voorwaarden hun stukken in te wisselen voor aandelen.

Converteerbare obligatielening

Volgens de IASB dient een converteerbare obligatielening gedeeltelijk als vreemd en gedeeltelijk als eigen vermogen te worden gepresenteerd (IAS 32.28/29). We zullen dit illustreren aan de hand van voorbeeld 9.6.

VOORBEELD 9.6

Een onderneming geeft een 5%-converteerbare obligatielening uit, verdeeld in 200.000 stukken van €100. De marktrente voor vergelijkbare obligaties zonder conversierecht bedraagt 7%.
De beginwaardering van de converteerbare obligatie is op grond van de voorschriften van de IASB als volgt:
- Vreemd vermogen:
  De contante waarde aan interest (jaarlijks €1 mln) en aflossing (eind jaar 10 €20 mln), waarbij de disconteringsvoet gelijk is aan de marktrente van gewone obligaties (7%). Dit geeft een bedrag van €17.190.580 dat onder de schulden wordt opgenomen.
- Eigen vermogen:
  Als agio wordt opgenomen: €20.000.000 − €17.190.580 = €2.809.420.

De RJ beveelt de door de IASB voorgeschreven verwerkingswijze aan (RJ 290.813), maar staat ook toe dat de hoofdsom van de lening (in voorbeeld 9.6 €20 mln) in zijn geheel als schuld onder het vreemd vermogen wordt opgenomen.
De wet doet geen uitspraak over de verwerking van converteerbare obligatieleningen; wel moet in de toelichting informatie worden gegeven over de conversievoorwaarden (artikel 375.7).

Zekerheden

Kredieten worden meestal niet 'blanco' verstrekt aan een onderneming. De geldgever eist waarborgen dat de lening terugbetaald zal worden. We spreken dan van *zekerheden*. Sterke zekerheden zijn bijvoorbeeld de zakelijke zekerheden, die op de activa van de kredietverkrijgende onderneming gevestigd worden: hypotheek op de onroerende zaken en verpanding van inventarisgoederen, voorraden en vorderingen.

Zekerheden

Een minder vergaande bescherming voor de crediteur wordt gegeven door *hypotheekclausules*. Bij de *positieve hypotheekclausule* belooft de geldnemer aan de geldgever om op diens verzoek tot vestiging van hypotheek over te gaan. De *negatieve hypotheekclausule* houdt in dat de geldnemer belooft om ten behoeve van geen enkele schuldeiser hypotheek te vestigen, zodat bij faillissement de opbrengst van de bedrijfspanden beschikbaar blijft voor in principe alle schuldeisers.

Positieve en negatieve hypotheekclausule

Uiteraard is het voor (potentiële) schuldeisers die een beeld willen krijgen van de solvabiliteit van de onderneming, onontbeerlijk dat zij inzicht krijgen in de gevestigde zekerheden. Vandaar dat de RJ en de wet voorschrijven dat in de toelichting aangegeven wordt welke zekerheden zijn verstrekt (RJ 254.404 / artikel 375.3). De IASB noemt deze verplichting niet.

Achtergestelde leningen

Achtergestelde lening

Bij het vestigen van zekerheden bedingen schuldeisers een sterkere positie dan hun collega-crediteuren. Het omgekeerde kan zich ook voordoen: bij een *achtergestelde lening* worden interest en aflossing pas voldaan als de verplichtingen ten opzichte van de andere schuldeisers zijn nagekomen. Achtergestelde leningen maken deel uit van het garantievermogen (zie paragraaf 1.2.3), een belangrijke grootheid bij de solvabiliteitsbeoordeling. De RJ en de wet eisen daarom dat in de toelichting aangegeven wordt in hoeverre schulden zijn achtergesteld bij andere schulden, met vermelding van de aard van de achterstelling (RJ 254.405 / artikel 375.4). De IASB noemt deze verplichting niet.

Ontwikkelingskredieten

**Ontwikke-
lingskredieten**

Een bijzondere categorie schulden vormen de *ontwikkelingskredieten*: deze worden door of namens de overheid verstrekt aan ondernemingen ter financiering van innovatieve activiteiten. Alleen indien het nieuw ontwikkelde product een succes wordt, moet de lening terugbetaald worden.
De IASB en de wet doen geen uitspraak over de verwerking van ontwikkelingskredieten. De RJ schrijft voor deze kredieten zichtbaar aan de actiefzijde in mindering te brengen op de ermee samenhangende post binnen de immateriële vaste activa. Per saldo verschijnt daar dan een bedrag van nihil (RJ 274.111). Omdat het krediet nu is 'weggestreept' tegen de gemaakte kosten, komen eventuele terugbetalingen van het ontwikkelingskrediet te zijner tijd ten laste van het resultaat.

9.5 Niet uit de balans blijkende verplichtingen

Niet alle verplichtingen van een onderneming komen in de balans voor. In paragraaf 9.2.2 hebben we gezien dat – indien de kans op een mogelijke verplichting op minder dan 50% wordt geschat of het bedrag van de verplichting niet betrouwbaar kan worden vastgesteld – deze niet in de balans dient te worden opgenomen. In dat geval zal zij wel in de toelichting moeten worden vermeld, tenzij er slechts een geringe mogelijkheid is dat de verplichting zich daadwerkelijk zal voordoen.
Vermelding in de toelichting is expliciet in de regelgeving bepaald voor:
- voorwaardelijke verplichtingen (paragraaf 9.5.1)
- pro memorie-verplichtingen (paragraaf 9.5.2)

9.5.1 Voorwaardelijke verplichtingen

Voorwaardelijke verplichtingen hoeven – zoals de naam aangeeft – slechts nagekomen te worden, indien aan een bepaalde voorwaarde voldaan wordt. Een belangrijke ontstaansgrond voor dit soort verplichtingen is het (mede) aansprakelijk zijn voor de schulden van een ander. Binnen dat kader vallen de garantie, de borgtocht en hoofdelijke aansprakelijkheid.

**Garanties
Borgtochten**

Bij *garanties* (in de juridische betekenis van het woord) en *borgtochten* belooft de onderneming te voldoen aan een verplichting als de oorspronkelijke

schuldenaar deze verplichting niet nakomt. Een garantie is sterker dan een
borgtocht. Bij een garantie moet op eerste verzoek van de schuldeiser betaald worden als de oorspronkelijke schuldenaar in gebreke blijft; bij een
borgtocht kan daar eerst over geprocedeerd worden.

Bij *hoofdelijke aansprakelijkheid* kan de schuldeiser naar believen een van
de schuldenaren voor het volle bedrag aanspreken. Dit laatste doet zich in
de praktijk veel voor:

**Hoofdelijke
aansprakelijk-
heid**

- De vennoten van een vennootschap onder firma zijn hoofdelijk aansprakelijk voor de schulden van de firma. In de praktijk komt het vaak voor
  dat nv's en bv's samenwerkingsverbanden in firmavorm gieten.
- Concerndochters publiceren meestal zelf geen jaarrekening; de belangrijkste voorwaarde voor deze vrijstelling (zie paragraaf 17.2) is dat de
  moedermaatschappij zich hoofdelijk aansprakelijk stelt voor de schulden
  van die dochters.

Indien de rechtspersoon zich op een van de genoemde manieren aansprakelijk heeft gesteld voor de schulden van anderen, moet dit in de toelichting
worden vermeld (IAS 37.86 / RJ 252.108 / artikel 376); uiteraard is dit alleen
noodzakelijk indien er in de balans geen voorziening ter zake is opgenomen.

9.5.2   Pro memorie-verplichtingen

Pro memorie-verplichtingen vloeien voort uit overeenkomsten waarvan de
prestatie en tegenprestatie na balansdatum plaatsvinden. Voorbeelden zijn:
- meerjarige huurovereenkomsten
- operational-leasecontracten
- materiële vaste activa in bestelling
- langlopende inkoopcontracten

Voor de verslaggeving zijn er twee alternatieven denkbaar:
1 Zowel het recht dat voortvloeit uit de overeenkomst in de balans opnemen (activeren), als de verplichting (passiveren).
2 Noch het recht, noch de verplichting opnemen.

In geval van meerjarige huurovereenkomsten en operational-leasecontracten hebben we in paragraaf 6.3.2 gezien dat activering niet mag plaatsvinden
omdat de gebruiker de economische eigendom niet heeft.

Bij materiële vaste activa in bestelling en langlopende inkoopcontracten
vindt normaliter geen activering plaats, omdat er nog geen levering heeft
plaatsgevonden en er derhalve geen sprake is van 'beschikkingsmacht' van
de activa.

Passivering van de verplichtingen heeft bij alle vier genoemde voorbeelden
het bezwaar dat de dan op de passiefzijde van de balans opgenomen post
geen financieringsfunctie vervult.

In beginsel worden dus noch de rechten noch de aangegane verplichtingen
in de balans opgenomen. Voor bijvoorbeeld solvabiliteits- en liquiditeitsbe-
oordeling is kennis hierover echter noodzakelijk. Vandaar dat de RJ (RJ
252.108) en de wet (artikel 381.1) voorschrijven dat vermeld moet worden
tot welke belangrijke, niet in de balans opgenomen, financiële verplichtingen de onderneming voor de toekomstige jaren is verbonden. In de
standards van de IASB beperkt de voorgeschreven vermelding van meerjarige financiële verplichtingen zich tot operational lease (IAS 17.35).

© Noordhoff Uitgevers bv

PROTECTING PEOPLE

10
Resultatenrekening

Net als dat bij de balans het geval is, zijn er ook bij de opstelling van de resultatenrekening verschillende presentatiewijzen mogelijk; deze worden geïntroduceerd in paragraaf 10.1 en nader behandeld in paragraaf 10.2 (de categorische en de functionele resultatenrekening).
Paragraaf 10.3 vermeldt enige specifieke voorschriften ten aanzien van de resultatenrekening.
Sommige winsten en verliezen worden door bijvoorbeeld de omvang als 'bijzondere resultaten' aangemerkt of vloeien niet voort uit de normale be-drijfsuitoefening ('buitengewone resultaten'); in paragraaf 10.4 komen de verwerking en presentatie van deze resultaten aan de orde.
Paragraaf 10.5 behandelt rechtstreekse vermogensmutaties: wijzigingen in het eigen vermogen die niet worden opgenomen in de resultatenrekening.
Paragraaf 10.6 bespreekt aan de hand van een voorbeeld de verwerking van langlopende werken in de resultatenrekening.
In paragraaf 10.7 gaan we ten slotte nader in op het begrip 'toegevoegde waarde', een belangrijke maatstaf voor de macro-economische betekenis van een onderneming.

10.1 Keuzemogelijkheden bij de opstelling van de resultatenrekening

In paragraaf 1.2.2 hebben we het verband besproken tussen de balans en de resultatenrekening. Daar hebben we geconstateerd dat, als de balans is vastgelegd, daarmee (afgezien van rechtstreekse vermogensmutaties, zie paragraaf 10.5) ook de resultatenrekening vastligt. Dit blijkt ook uit de definities van baten en lasten, zoals die in het Framework van de IASB en het Stramien van de RJ zijn gegeven:

Baten

'*Baten* zijn tijdens de verslagperiode opgetreden toenames van economische voordelen in de vorm van een instroom van nieuwe of verhoging van bestaande activa, dan wel afnemingen van verplichtingen, een en ander resulterend in de toename van het eigen vermogen, anders dan door bijdragen van deelhebbers daarin' (alinea 70a).

Lasten

'*Lasten* zijn afnemingen van economische voordelen gedurende de verslagperiode in de vorm van een uitstroom of uitputting van activa, dan wel het ontstaan van verplichtingen, een en ander resulterend in de afname van het eigen vermogen, anders dan door uitkeringen aan deelhebbers daarin' (alinea 70b).

In paragraaf 6.1 is aangegeven dat de IASB voor de rubricering van de balansposten slechts een beperkt aantal voorschriften geeft. Dit geldt ook voor de resultatenrekening (door de IASB 'income statement' genoemd): er wordt alleen een opsomming van een aantal posten gegeven die in ieder geval moeten worden opgenomen (IAS 1.82), terwijl daarbij de kosten moeten worden

Kostensoorten
Bedrijfs-
functies

gesplitst naar *kostensoorten*, zoals grondstofkosten, loonkosten en afschrijvingen (IAS 1.102, de *categorische* resultatenrekening) of naar *bedrijfsfuncties*, zoals de productie, de verkoop- en de algemene beheersfunctie (IAS 1.103, de *functionele* resultatenrekening).

De RJ kent – zoals in paragraaf 6.1 al is vermeld – geen zelfstandige rubricering, maar steunt hiervoor geheel op die zoals vastgelegd in de Nederlandse wet, die te vinden is in Titel 9, Boek 2 van het Burgerlijk Wetboek en in het Besluit modellen jaarrekening (hierna te noemen 'Besluit').

In het Besluit worden zes modellen voor de resultatenrekening gegeven, de modellen E tot en met J. Binnen deze modellen zijn er wat betreft *de presentatie* twee mogelijkheden:

1 de verticale opstelling of de staffelvorm (de modellen E, F, I en J); deze wordt in de praktijk het meest toegepast;
2 de horizontale opstelling of de scontrovorm (de modellen G en H); de lasten worden dan debet en de baten credit gepresenteerd.

Bovendien heeft de onderneming – net als bij toepassing van de voorschriften van de IASB – binnen deze modellen de keuze de kosten te splitsen naar kostensoorten (de modellen E, G en I) of naar bedrijfsfuncties (de modellen F, H en J).

De onderneming kan kiezen uit de modellen E tot en met H, tenzij er sprake is van een kleine rechtspersoon; deze kan kiezen uit de modellen E tot en met J (artikel 1 Besluit). De modellen I en J vereisen minder vergaande specificaties dan de modellen E tot en met H.

10.2 Categorisch versus functioneel

In paragraaf 10.2.1 gaan we nader in op de categorische resultatenrekening en in paragraaf 10.2.2 op de functionele resultatenrekening.

10.2.1 De categorische resultatenrekening

In tabel 10.1 geven we een indeling van een categorische resultatenrekening, zoals die past binnen IAS 1.

TABEL 10.1 De categorische resultatenrekening (in euro's)

Netto-omzet		....
Mutatie voorraad gereed product en onderhanden werk		....
Geactiveerde productie voor het eigen bedrijf		....
Overige bedrijfsopbrengsten		....
Som der bedrijfsopbrengsten		....
Kosten van grond- en hulpstoffen	....	
Kosten uitbesteed werk en andere externe kosten	....	
Lonen en salarissen	....	
Sociale lasten	....	
Afschrijvingen op (im)materiële vaste activa	....	
Bijzondere waardeverminderingen en overige bijzondere resultaten	....	
Overige bedrijfskosten	....	
Som der bedrijfslasten		....
Bedrijfsresultaat		....
Financiële baten en lasten		....
Resultaat vóór aftrek van belasting		....
Belastinglast		....
Resultaat uit kapitaalbelangen		....
Nettowinst		....

De in tabel 10.1 weergegeven indeling verdraagt zich ook met de Nederlandse wettelijke regels, met uitzondering van de in paragraaf 10.4 te bespreken buitengewone resultaten.

Bij de categorische resultatenrekening worden niet – zoals te verwachten zou zijn – de omzet en de kosten van de *omzet* tegenover elkaar gesteld. In plaats daarvan worden de omzet en de kosten van de *productie* weergegeven. Om aansluiting tussen die twee te verkrijgen wordt er een extra 'opbrengsten'-post toegevoegd: de kostprijswaarde van de *mutatie voorraad gereed product en onderhanden werk*. In voorbeeld 10.1 wordt een en ander geïllustreerd.

VOORBEELD 10.1

Een onderneming fabriceert een product met de volgende kostprijs:

Grondstoffen	2 kg à €10 =	€20
Direct loon	1 uur à €50 =	€50

€70

In het jaar worden 10.000 eenheden vervaardigd, daarvan worden er 7.000 à €100 verkocht.
De volgende opstelling van de resultatenrekening zou nu voor de hand liggen:

Netto-omzet:	7.000 × €100 =	€700.000
Kosten van grond- en hulpstoffen:	7.000 × € 20 =	€140.000
Lonen en salarissen:	7.000 × € 50 =	€350.000
Bedrijfsresultaat		€210.000

Volgens de regelgeving dient de presentatie echter als volgt te geschieden:

Netto-omzet:	7.000 × €100 =	€700.000
Mutatie voorraad gereed product:	3.000 × € 70 =	€210.000
Som der bedrijfsopbrengsten		€910.000
Kosten van grond- en hulpstoffen:	10.000 × €20 = €200.000	
Lonen en salarissen:	10.000 × €50 = €500.000	
Som der bedrijfslasten		€700.000
Bedrijfsresultaat		€210.000

Het voordeel van deze laatste presentatie is dat de waarde van de productie (of die nu verkocht is of niet) uit de resultatenrekening kan worden afgeleid.

Bij de categorische resultatenrekening maken we nog de volgende opmerkingen:
- De post Geactiveerde productie voor het eigen bedrijf heeft betrekking op de bedrijfskosten ten behoeve van de eigen werkzaamheden, bijvoorbeeld de productie van materiële vaste activa.
- De post **Bedrijfsresultaat** is een belangrijke grootheid, die de 'operationele winst' van de onderneming weergeeft: de winst van het productieproces, zonder dat rekening is gehouden met de wijze van financiering. Bij vergelijking van verschillende ondernemingen kan het bedrijfsresultaat als zuivere maatstaf gebruikt worden, omdat de financieringsverhoudingen hier niet van invloed op zijn.

Bedrijfsresultaat

10.2.2   De functionele resultatenrekening

In tabel 10.2 geven we een indeling van een functionele resultatenrekening, zoals die past binnen IAS 1.

TABEL 10.2 De functionele resultatenrekening (in euro's)

Netto-omzet		....
Kostprijs van de omzet		....
		———
Bruto-omzetresultaat		....
Verkoopkosten	....	
Algemene beheerskosten	....	
	———	
Som der kosten		....
		———
Netto-omzetresultaat		....
Overige bedrijfsopbrengsten		....
		———
Bedrijfsresultaat		....
Financiële baten en lasten		....
		———
Resultaat vóór aftrek van belasting		....
Belastinglast		....
Resultaat uit kapitaalbelangen		....
		———
Nettowinst		....

Ook de in tabel 10.2 weergegeven indeling verdraagt zich – met uitzondering van de in paragraaf 10.4 te bespreken buitengewone resultaten – met de Nederlandse wettelijke voorschriften.

10.3 ## Specifieke voorschriften

In deze paragraaf behandelen we de in de toelichting op te nemen uitsplitsing van een aantal posten van de jaarrekening (paragraaf 10.3.1) en de informatieverschaffing inzake personeel en externe accountant (paragraaf 10.3.2).

10.3.1   Segmentatie

Een jaarrekening geeft de buitenwacht een *totaalbeeld* van de grootte en samenstelling van het vermogen per einde boekjaar en van het resultaat over het boekjaar. De jaarrekening verschaft echter geen inzicht in de rendementen en risico's per ondernemingsactiviteit. Om in deze informatiebehoefte te voorzien, hebben de IASB en de RJ bepaald dat in de toelichting gesegmenteerde informatie wordt opgenomen per *operationeel segment* (IFRS 8.5 / RJ 350.304): een activiteit van de rechtspersoon:

a dat opbrengsten kan genereren en kosten maakt;
b waarvan de resultaten regelmatig worden beoordeeld door het bestuur, om beslissingen te nemen over toe te kennen middelen en om de financiële prestaties te evalueren; en
c waarover afzonderlijke financiële informatie beschikbaar is.

De onderneming dient per operationeel segment informatie op te nemen over het behaalde resultaat, activa, voorzieningen en schulden (IFRS 8.23 / RJ 350.314); voor de mate van detail van deze informatie knopen de IASB en de RJ aan bij de intern aan de ondernemingsleiding verstrekte informatie, de zogenoemde *management approach*. De IASB en de RJ hebben er dus niet

Management approach

voor gekozen om een uitgebreide segmentatieset voor te schrijven, maar
verlangen van de onderneming dat zij de interne informatie (uiteraard tot
bepaalde hoogte) voor de buitenwacht openbaar maakt.

De wet eist alleen een segmentatie van de netto-omzet, en wel naar bedrijfstak (artikel 380.1) en naar geografisch gebied (artikel 380.2).
De minister van Economische Zaken kan desgevraagd ontheffing verlenen
van deze verplichting, als de onderneming als gevolg van publicatie van de
gesegmenteerde informatie nadeel zou kunnen ondervinden (artikel 380.3).
Dit zou bijvoorbeeld het geval kunnen zijn als deze informatie van grote betekenis is voor concurrerende bedrijven.
Overigens zijn kleine (artikel 396.5) en middelgrote rechtspersonen (artikel
397.4) vrijgesteld van de wettelijke verplichting tot segmentatie.

**Fiscaal niet of
beperkt af-
trekbare kos-
ten**

Kleine rechtspersonen die hun jaarrekening opmaken op basis van fiscale
grondslagen kunnen worden geconfronteerd met de fiscale regels inzake
niet of *beperkt aftrekbare kosten* (artikelen 3.14 en 3.15 Wet op de inkomstenbelasting).
Geheel niet aftrekbaar zijn bijvoorbeeld aan het bedrijf opgelegde boetes.
Een transportonderneming die het rijtijdenbesluit overtreedt en daarvoor
een boete krijgt, zal op basis van bedrijfseconomische normen de boete als
bedrijfskosten beschouwen en de resultatenrekening met het boetebedrag
belasten (net zoals hij de extra omzet door het langere doorrijden ten gunste
van de resultatenrekening brengt). Fiscaal is de extra omzet wel winst, maar
mag de boete niet ten laste van het resultaat gebracht worden.
Beperkt aftrekbaar zijn bijvoorbeeld de kosten van studiereizen en het bij-
wonen van congressen en seminars. Deze kosten zijn alleen aftrekbaar boven een in de wet vastgelegd drempelbedrag.
In de jaarrekening voor publicatiedoeleinden die op fiscale grondslagen wordt
opgemaakt, dienen *alle* kosten verantwoord te worden; er dient echter een
splitsing te worden gemaakt in fiscaal *wel* en fiscaal *niet* aftrekbare bedragen.

10.3.2   Informatie over personeel en externe accountant

De wet vereist vermelding van het gemiddeld aantal personeelsleden, ingedeeld op een wijze die is afgestemd op de inrichting van het bedrijf (artikel
382). Er zou bijvoorbeeld een onderverdeling conform de organisatiestructuur gegeven kunnen worden.
In de categorische resultatenrekening (zie tabel 10.1 in paragraaf 10.2.1)
komen de lonen en de sociale lasten afzonderlijk voor. Onder de sociale
lasten worden mede de pensioenlasten begrepen; de wet geeft aan dat deze
afzonderlijk (in de toelichting) moeten worden vermeld (artikel 377.3f). In
de functionele resultatenrekening zijn de personeelslasten niet zichtbaar;
daarom moeten in dat geval het loonbedrag, de sociale lasten en de pensioenlasten in de toelichting worden weergegeven (artikel 382).

Bovendien moet in de toelichting informatie worden verstrekt over de loonkosten (inclusief pensioenlasten) van de bestuurders en commissarissen.
Het gaat hierbij om het gezamenlijke bedrag voor (oud-)bestuurders enerzijds
en (oud-)commissarissen anderzijds. Deze vermelding mag – uit privacy-
overwegingen – achterwege blijven als de bedragen te herleiden zijn tot één
persoon (artikel 383.1).
Voor naamloze vennootschappen geldt een nog verdergaande informatieplicht (artikelen 383b en 383c): bij deze rechtspersonen moet per individuele

(oud-)bestuurder en (oud-)commissaris vermeld worden hoeveel hun beloning bedraagt, gesplitst in regulier salaris, winstdelings- en bonusbetalingen
en beloningen uit hoofde van personeelsoptieregelingen.
Naast informatieverschaffing over de *personeels*beloning, moeten grote
rechtspersonen in de toelichting melding maken van de totale *externe ac-*
*countants*kosten die in het betreffende boekjaar ten laste van het resultaat
zijn gebracht (artikel 382a).

We merken hierbij op dat de in deze paragraaf vermelde wettelijk verplichte
informatieverschaffing ook vrijwel geheel geldt voor ondernemingen die
hun jaarrekening opstellen op basis van IFRS (zie hiervoor artikel 362.9).

De beursgenoteerde onderneming Aalberts Industries is een naamloze
vennootschap en is derhalve verplicht in het jaarrapport informatie te verstrekken over de beloning van haar individuele (oud-)bestuurders en (oud-)
commissarissen.
In de (categorische) resultatenrekening 2012 van Aalberts Industries komt
de post Personeelskosten voor ten bedrage van ruim 557 miljoen euro, in
de toelichting is dit bedrag gespecificeerd weergegeven naar de subposten
Lonen en salarissen, Sociale verzekeringen, Pensioenkosten en Overige
personeelskosten.

Over de individuele beloning van de directie meldt de toelichting het volgende:
'De heer W.A. Pelsma (CEO) ontving een jaarsalaris van €529.000, een variabele beloning ten bedrage van €95.000 en een pensioenbijdrage van €71.000.
Per jaareinde bedroeg het aantal door hem gehouden aandelen Aalberts Industries nv 64.730 stuks. Het aantal voorwaardelijke performance-aandelen
bedroeg per jaareinde 20.000 en zijn toegekend in 2011, waarvan €96.000 ten
laste van het resultaat in 2012 is gekomen.
De heer J. Aalberts (President) ontving een jaarsalaris van €529.000 en een
variabele beloning ten bedrage van €95.000. Per jaareinde bedroeg het aantal door hem gehouden aandelen Aalberts Industries nv 14.363.198 stuks.
De heer J. Eijgendaal (CFO) ontving een jaarsalaris van €480.000, een variabele beloning ten bedrage van €87.000 en een pensioenbijdrage van
€92.000. Per jaareinde bedroeg het aantal door hem gehouden aandelen
Aalberts Industries nv 112.120 stuks. Het aantal voorwaardelijke performance-aandelen bedroeg per jaareinde 20.000 stuks en zijn toegekend in
2011, waarvan €98.000 ten laste van het resultaat in 2012 is gekomen.'

De toelichting maakt verder melding van de volgende vaste beloningen
(luidende in euro's) van de leden van de Raad van Commissarissen:

R.J.A. van der Bruggen	40.000
M.C.J. van Pernis	40.000
H. Scheffers	50.000
W. van de Vijver	40.000

10.4   Gewone, bijzondere en buitengewone resultaten

In de regelgeving wordt een onderscheid gemaakt tussen gewone, bijzondere en buitengewone resultaten.
Gewone resultaten vloeien voort uit de normale bedrijfsuitoefening.
Bijzondere resultaten vloeien ook voort uit de normale bedrijfsuitoefening,
maar verdienen het om apart vermeld te worden, vanwege bijvoorbeeld het
incidentele karakter of de grote omvang.
Buitengewone resultaten vloeien niet voort uit de gewone bedrijfsuitoefening.

We zullen de drie soorten resultaten toelichten aan de hand van voorbeeld
10.2.

VOORBEELD 10.2
Een transportbedrijf is gespecialiseerd in ritten naar Oost-Europa. De
vrachtauto's worden met gelijke bedragen per jaar in acht jaar afgeschreven.
Aan het eind van 2013 wordt geconstateerd dat de overcapaciteit in de trans-
portsector een zodanige druk op de ritprijzen veroorzaakt dat de realiseerbare waarde van de auto's lager is dan de boekwaarde. Als gevolg hiervan
wordt een extra afboeking gepleegd, bovenop de reguliere afschrijvingen.
Een vijftal auto's van het bedrijf, die in konvooi op weg waren in Oost-Europa en geparkeerd stonden naast een bergrivier, zijn verloren gegaan als gevolg van een plotselinge stijging van de waterstand. De schade kan niet ver-
haald worden op de verzekeringsmaatschappij.

De reguliere afschrijvingen maken deel uit van het gewone resultaat, de extra afboeking is een bijzonder resultaat en de kosten van de verloren gegane
vrachtauto's vormen een buitengewoon resultaat, aangezien er geen verband is met de normale bedrijfsuitoefening.

Inzicht in het karakter van de resultaten is van belang bij extrapolatie van
historische winsten naar de toekomst, omdat verwacht zou mogen worden
dat bijzondere en buitengewone resultaten zich beperken tot het boekjaar in
kwestie en niet representatief zijn voor toekomstige winsten.

De IASB erkent, naast gewone resultaten, alleen bijzondere resultaten: in IAS
1.97 is gesteld dat de aard en het bedrag van 'bijzondere' baten en lasten afzonderlijk dienen te worden vermeld, indien zij materieel zijn. In een resultatenrekening die volgens IFRS is opgesteld, mogen dus geen buitengewone
resultaten voorkomen: in IAS 1.87 is expliciet aangegeven dat een onderneming noch in de resultatenrekening noch in de toelichting baten of lasten als
Extraordinary buitengewone posten (*extraordinary items*) mag presenteren. De gedachte-
items gang daarbij is dat bijvoorbeeld het transportbedrijf uit voorbeeld 10.2 door
zijn activiteiten ook het risico van vernietiging van de vrachtauto's door een
natuurramp oproept. In de visie van de IASB vloeien alle gebeurtenissen
waarmee een onderneming te maken krijgt, voort uit de gewone bedrijfsuitoefening.

De RJ geeft als definitie van bijzondere resultaten: 'baten of lasten die
voortvloeien uit gebeurtenissen of transacties die behoren tot de gewone

bedrijfsuitoefening, maar op grond van de aard, omvang of het incidentele karakter afzonderlijk dienen te worden toegelicht, teneinde een goed inzicht te geven in het resultaat uit gewone bedrijfsuitoefening van de rechtspersoon en met name de ontwikkeling daarin' (RJ 270.403).

De RJ noemt de volgende omstandigheden die aanleiding kunnen zijn voor een vermelding als bijzondere post (RJ 270.405):

- het verwerken van een waardevermindering op voorraden, of op bepaalde immateriële of materiële vaste activa, alsmede de terugneming van dergelijke waardeverminderingen;
- lasten voortvloeiend uit reorganisaties of samenhangend met discontinuïteit, alsmede de terugneming van dergelijke lasten;
- winst of verlies bij afstoting van materiële vaste activa of langetermijnbeleggingen;
- resultaten in verband met beëindiging van bedrijfsactiviteiten;
- het financiële gevolg van een schikking in het kader van een juridische procedure;
- het financiële effect van een terugneming van een voorziening die niet is verbruikt.

De RJ kent daarnaast ook buitengewone resultaten, die worden omschreven als 'baten of lasten die voortvloeien uit gebeurtenissen of transacties die duidelijk zijn te onderscheiden van de activiteiten in het kader van de gewone bedrijfsuitoefening van de rechtspersoon en daarom naar verwachting zelden zullen voorkomen' (RJ 270.403). Als voorbeelden van buitengewone resultaten noemt de RJ resultaten die voortvloeien uit nationalisaties of onteigeningen en nadelen als gevolg van kapitaalvernietiging door natuurrampen, zoals aardbevingen en overstromingen (RJ 270.409).

De wet gaat niet in op bijzondere resultaten. In het Besluit modellen jaarrekening wordt alleen in het categorisch model afzonderlijke vermelding in de resultatenrekening geëist van de post Bijzondere waardevermindering van vlottende activa. In de wettelijke indeling van de resultatenrekening speelt het onderscheid tussen gewone en buitengewone resultaten wel een belangrijke rol (zie artikel 377 en Appendix 2). De wet definieert buitengewone resultaten als die baten en lasten die niet uit de gewone uitoefening van het bedrijf van de rechtspersoon voortvloeien en geeft aan dat deze baten en lasten naar aard en omvang dienen te worden toegelicht, tenzij ze van ondergeschikt belang zijn voor de beoordeling van het resultaat (artikel 377.7).

We besluiten deze paragraaf met tabel 10.3 waarin we de regelgeving inzake gewone, bijzondere en buitengewone resultaten schematisch samenvatten.

TABEL 10.3 Regelgeving gewone, bijzondere en buitengewone resultaten

	Gewone resultaten	Bijzondere resultaten	Buitengewone resultaten
Vloeit voort uit gewone bedrijfsuitoefening	Ja	Ja	Nee
Afzonderlijke toelichting	Nee	Ja	Ja
Erkend door IASB	Ja	Ja	Nee
Erkend door RJ	Ja	Ja	Ja
Erkend door Nederlandse wet	Ja	Nee	Ja

10.5 Rechtstreekse vermogensmutaties

In de resultatenrekening worden opbrengsten en kosten opgenomen.
Er zijn echter ook gebeurtenissen die, net zoals opbrengsten en kosten, de
omvang van het eigen vermogen beïnvloeden, maar geen resultaat vormen.
Deze gebeurtenissen dienen – buiten de resultatenrekening om – rechtstreeks
in het eigen vermogen (de reserves) gemuteerd te worden. Dit gebeurt in de
volgende gevallen:

- mutaties in de kapitaalsfeer, zoals de opbrengst uit een aandelenemissie
  of de uitkering van dividend;
- het cumulatief effect van een stelselwijziging (zie de paragrafen 3.7 en
  5.2.1);
- waardemutaties als gevolg van toepassing van actuele waarde die in een
  herwaarderingsreserve worden verwerkt (zie onder meer paragraaf 8.3.1
  en hoofdstuk 14);
- koersverschillen die voortvloeien uit de omrekening van deelnemingen
  die luiden in een vreemde valuta, als de 'closing-rate method' wordt
  gebruikt (zie onder meer paragraaf 18.4.3);
- mutaties in de voorziening voor latente belastingverplichtingen, voor
  zover betrekking hebbend op herwaardering van activa, als gevolg van
  veranderingen in het belastingtarief (zie paragraaf 19.7).

In figuur 10.1 geven we het verschil tussen de verwerking van resultaten en
die van rechtstreekse vermogensmutaties schematisch weer.

FIGUUR 10.1 Verwerking van resultaten en rechtstreekse vermogensmutaties

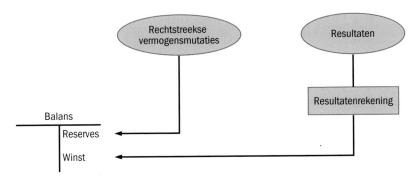

Indien er zich in een boekjaar geen rechtstreekse vermogensmutaties voordoen, is de winst gelijk aan de toename van het eigen vermogen. In zo'n geval wordt (afgezien van mutaties in de kapitaalsfeer) gesproken van 'clean
surplus accounting'. Indien er wel rechtstreekse vermogensmutaties zijn
('dirty surplus accounting'), gaat deze gelijkheid verloren.

Clean surplus accounting

Dirty surplus accounting

Comprehensive income statement

Vooral in de Angelsaksische landen hecht men daarom veel waarde aan het
comprehensive income statement: een overzicht van de wijzigingen in het eigen vermogen als gevolg van zowel resultaten als rechtstreekse vermogensmutaties die niet uit de kapitaalsfeer voortvloeien.

De IASB stelt opname van het 'comprehensive income' verplicht en laat de onderneming daarbij de volgende keuze om daar informatie over te verstrekken (IAS 1.81):

1 Er wordt een overzicht van het totaalresultaat (*statement of comprehensive income*) opgenomen, waarin beide componenten van het totaalresultaat worden gepresenteerd: de behaalde resultaten en de baten en lasten die rechtstreeks in het eigen vermogen zijn verwerkt.

2 Er worden twee overzichten opgenomen: eerst een traditionele resultatenrekening (*income statement*), gevolgd door een overzicht van het totaalresultaat waarin het resultaat over het boekjaar op één regel is opgenomen en aangevuld wordt met een postgewijze weergave van de baten en lasten die rechtstreeks in het eigen vermogen zijn verwerkt (*other comprehensive income*).

De RJ schrijft alleen voor ondernemingen die een geconsolideerde jaarrekening moeten opmaken (zie hoofdstuk 17) opname van een *overzicht van het totaalresultaat* voor, welke qua presentatie overeenkomt met de laatste hiervoor weergegeven optie van de IASB (RJ 265.201). De RJ beveelt hierbij aan dit overzicht – naast de geconsolideerde balans, resultatenrekening en kasstroomoverzicht – te presenteren als het vierde basisoverzicht van de externe verslaggeving (RJ 265.202).

Overzicht totaalresultaat

De wet kent geen vergelijkbare bepaling, maar de informatie over rechtstreekse vermogensmutaties is in ieder geval af te leiden uit de door de wet (en trouwens ook door de IASB en RJ) vereiste opname van een mutatieoverzicht van de posten van het eigen vermogen (zie paragraaf 8.1).

10

Koninklijke Ten Cate nv, met een jaarlijkse omzet van ruim een miljard euro, is wereldleider op het gebied van technisch textiel. Het bedrijf ontwikkelt en produceert materialen die onder andere gebruikt worden in beschermende kleding, in zonweringen en in industriële toepassingen. Ook wordt kunstgras voor sportvelden vervaardigd.

In het jaarrapport over 2012 wordt het volgende comprehensive income statement gegeven.

Geconsolideerd overzicht totaalresultaat

Over het boekjaar eindigend op 31 december, in miljoenen euro	2012	2011
Resultaat na winstbelasting en geassocieerde deelnemingen	16,4	58,3
Valutaomrekeningsverschillen voor buitenlandse activiteiten	−3,8	3,8
Effectief deel van veranderingen in de afdekkingsreserve	0,6	−0,9
Actuariële resultaten pensioenen	−18,0	−14,1
Niet-gerealiseerd resultaat na winstbelasting	−21,2	−11,2
Totaalresultaat na belasting	−4,8	47,1
Totaalresultaat toe te rekenen aan:		
Minderheidsbelang	−5,9	−0,3
Aandeelhouders van Koninklijke Ten Cate nv	1,1	47,4

Drie soorten vermogensmutaties worden rechtstreeks in het eigen vermogen verwerkt.

De *valutaomrekeningsverschillen voor buitenlandse activiteiten* vloeien voort uit de toepassing van de *closing-rate method* bij het omrekenen in euro's van de jaarrekening van buitenlandse deelnemingen. Deze problematiek wordt in paragraaf 18.4 besproken.

Hedge accounting betreft de verwerking van afdekkingstransacties om valuta- of renterisico's te verminderen. Bij een *cashflow hedge* ontstaan resultaten die in eerste instantie rechtstreeks in de reserves verwerkt worden. Dit onderwerp komt in paragraaf 18.3 aan de orde.

Ten slotte worden door Ten Cate de actuariële resultaten pensioenen, voortvloeiend uit bijvoorbeeld aanpassingen in de rekenrente, rechtstreeks in het eigen vermogen verwerkt.

10.6 Verwerking van langlopende werken in de resultatenrekening

In paragraaf 7.3.3 hebben we gezien dat bij langlopende werken winst genomen kan worden bij oplevering (zero profit method) of naargelang de voortgang van het werk (percentage of completion method). Daar zijn de gevolgen van beide methoden voor de balans gegeven. Nu zullen we aan de hand van voorbeeld 10.3 aangeven hoe de verwerking in de resultatenrekening plaatsvindt: in paragraaf 10.6.1 de zero profit method en in paragraaf 10.6.2 de percentage of completion method. We zullen voor beide methoden zowel de categorische als de functionele resultatenrekening uitwerken. In paragraaf 10.6.3 bespreken we de regelgeving ter zake.

- -

VOORBEELD 10.3

We nemen de gegevens van voorbeeld 7.3 als uitgangspunt. Gemakshalve worden deze hier nog eens gegeven:

De balans van een bouwonderneming ziet er per 1 januari jaar 1 als volgt uit:

Balans 1 januari jaar 1 (bedragen × €1.000)			
Kas	1.500	Eigen vermogen	1.500

De onderneming neemt begin jaar 1 een werk aan waarvan het volgende is gegeven:

- Aanneemsom €1,1 mln; aan het einde van jaar 1 en jaar 2 worden termijnen gedeclareerd en ontvangen van respectievelijk €500.000 en €600.000.
- Geschatte duur: 2 jaar.
- Geschatte kosten: €1 mln (eenvoudigheidshalve allemaal kasuitgaven).
- Eind jaar 1 is er voor €600.000 kosten aan het werk besteed.
- De uitvoering van het werk verloopt geheel volgens planning.

De onderneming brengt de gedeclareerde termijnen in de balans in mindering op de post 'Onderhanden werk'.

In geval van toepassing van de percentage of completion method wordt de voortgang van het werk bepaald door de reeds bestede kosten in verhouding tot de totale verwachte kosten.

- -

10.6.1   Zero profit method

Bij toepassing van de zero profit method zijn er – indien gebruikgemaakt wordt van de *categorische* resultatenrekening – twee mogelijke presentatiewijzen, waarvan de uitwerking afhankelijk is van de definitie van het begrip netto-omzet.

Bij *de eerste variant* wordt – zolang het werk onderhanden is – de kostprijswaarde van het gedurende het boekjaar verrichte werk als netto-omzet genomen. In het jaar van oplevering bedraagt de netto-omzet dan de aanneemsom verminderd met de al in voorgaande boekjaren verantwoorde netto-omzet. De post Mutatie onderhanden werk is bij deze variant niet relevant, omdat er bij deze presentatiewijze (fictief) van uitgegaan wordt dat elk jaar een stuk van het totale werk opgeleverd wordt.
We merken hierbij nog op dat het declareren van termijnen geen invloed heeft op opbrengsten en kosten.

Categorische resultatenrekening (bedragen × €1)

	jaar 1	*jaar 2*
Netto-omzet	600.000	500.000
Mutatie onderhanden werk	nihil	nihil
Som der bedrijfsopbrengsten	600.000	500.000
Som der bedrijfslasten	600.000	400.000
Nettowinst	nihil	100.000

Bij *de tweede variant* wordt de gehele aanneemsom bij oplevering van het werk als netto-omzet verantwoord en wordt er tussentijds geen netto-omzet gepresenteerd. In dat geval komt de post Mutatie onderhanden werk wel voor; omdat er nu pas bij oplevering netto-omzet wordt verantwoord, wordt immers niet verondersteld dat op balansdatum een deel van het werk is opgeleverd. In deze post wordt – zolang het werk onderhanden is – de kostprijswaarde van het gedurende het boekjaar verrichte werk opgenomen, met terugneming in het jaar van oplevering van de eerder verantwoorde bedragen.

Categorische resultatenrekening (bedragen × €1)

	jaar 1	jaar 2
Netto-omzet	nihil	1.100.000
Mutatie onderhanden werk	+ 600.000	− 600.000
Som der bedrijfsopbrengsten	600.000	500.000
Som der bedrijfslasten	600.000	400.000
Nettowinst	nihil	100.000

In de *functionele* resultatenrekening komt de netto-omzet overeen met de eerste variant van de categorische resultatenrekening.

Functionele resultatenrekening (bedragen × €1)

	jaar 1	jaar 2
Netto-omzet	600.000	500.000
Kostprijs van de omzet	600.000	400.000
Nettowinst	nihil	100.000

10.6.2 Percentage of completion method

Bij toepassing van de percentage of completion method zijn er – indien gebruikgemaakt wordt van de *categorische* resultatenrekening – net als bij de zero profit method twee mogelijke presentatiewijzen, waarvan de uitwerking afhankelijk is van de definitie van het begrip netto-omzet.

Bij *de eerste variant* wordt de opbrengstwaarde van het gedurende het verslagjaar verrichte werk als netto-omzet genomen en komt de post Mutatie onderhanden werk niet voor. De netto-omzet in jaar 1 bedraagt dan €660.000 (zie voorbeeld 7.3). In jaar 2 wordt dan de rest van de netto-omzet geboekt (€440.000, dit is de aanneemsom verminderd met de reeds aan jaar 1 toegerekende netto-omzet).

Categorische resultatenrekening (bedragen × €1)

	jaar 1	jaar 2
Netto-omzet	660.000	440.000
Mutatie onderhanden werk	nihil	nihil
Som der bedrijfsopbrengsten	660.000	440.000
Som der bedrijfslasten	600.000	400.000
Nettowinst	60.000	40.000

Bij *de tweede variant* wordt de gehele aanneemsom bij oplevering van het werk als netto-omzet verantwoord en komt de post Mutatie onderhanden werk wel voor.

Categorische resultatenrekening (bedragen × €1)

	jaar 1	jaar 2
Netto-omzet	nihil	1.100.000
Mutatie onderhanden werk	+ 660.000	− 660.000
Som der bedrijfsopbrengsten	660.000	440.000
Som der bedrijfslasten	600.000	400.000
Nettowinst	60.000	40.000

De tweede variant heeft als belangrijk bezwaar dat er een vertekend beeld ontstaat van de verhouding tussen winst en netto-omzet; er wordt tussentijds winst genomen zonder dat er netto-omzet genomen wordt.

Indien gebruik wordt gemaakt van de *functionele* resultatenrekening, wordt als netto-omzet de opbrengstwaarde van het gedurende het verslagjaar verrichte werk genomen.

Functionele resultatenrekening (bedragen × €1)

	jaar 1	jaar 2
Netto-omzet	660.000	440.000
Kostprijs van de omzet	600.000	400.000
Nettowinst	60.000	40.000

10.6.3   Regelgeving

Zoals in paragraaf 10.1 aangegeven, staan de IASB, de RJ en de Nederlandse wet presentatie van zowel de categorische als de functionele resultatenrekening toe.

De IASB stelt in IAS 11 echter uitdrukkelijk dat in de resultatenrekening 're-
venues' gepresenteerd dienen te worden. Aangezien in IAS 1.102 de post
Mutatie onderhanden werk als een correctiepost op de kosten is bedoeld, is
bij hantering van de categorische resultatenrekening alleen de in de paragrafen 10.6.1 en 10.6.2 beschreven *eerste* variant toegestaan en moeten de
opbrengsten dus als netto-omzet worden gepresenteerd.

De RJ en de wet laten alle in de vorige paragrafen beschreven presentatiewijzen toe. Dit omdat de post Mutatie onderhanden werk in de Nederlandse
wet is aangemerkt als een opbrengstpost. De RJ geeft dit bij hantering van de
categorische resultatenrekening ook expliciet aan door te vermelden dat
projectopbrengsten als zowel netto-omzet als wijziging in onderhanden projecten mogen worden gepresenteerd (RJ 221.401).

10.7 Toegevoegde waarde

Als we het economische belang van een onderneming voor een land willen
meten, zou bijvoorbeeld de omzet als maatstaf gebruikt kunnen worden. Die
maatstaf is echter weinig informatief: handelsondernemingen behalen hun
omzet met veel minder inzet van productiefactoren dan industriële ondernemingen. Het economisch belang van een productiebedrijf met een omzet
van €1 mln is groter dan dat van een handelsbedrijf met dezelfde omzet.
Ook de winst is geen goede maatstaf: een onderneming die verlies lijdt, heeft
toch wel een bepaalde economische betekenis, bijvoorbeeld het verschaffen
van werkgelegenheid.

Wat we zoeken is een grootheid die aangeeft hoeveel inkomen er door het
bedrijf gegenereerd wordt ten behoeve van de verschillende betrokkenen.
Bij een onderneming zijn meerdere participanten betrokken, die allemaal
hun deel bijdragen aan het succes van de onderneming en ook allemaal een
beloning daarvoor ontvangen. Die *participanten* zijn (naast de eigenaren):

Participanten

- de personeelsleden (die arbeidskracht ter beschikking stellen);
- de vreemdvermogenverschaffers (die vermogen ter beschikking stellen);
- de overheid (die de algemene voorwaarden schept waarbinnen de onderneming kan functioneren).

Het begrip 'toegevoegde waarde' sluit aan bij deze opvatting: het geeft het
totale inkomen aan dat de onderneming genereert ten behoeve van de hiervoor genoemde participanten.

Zijn bij het nettowinstbegrip de betaalde lonen een kostenpost (onderdeel
van de winst*bepaling*), bij de toegevoegde waarde vormen ze onderdeel van
de winst*verdeling*.

Bij het nettowinstbegrip worden de personeelsleden in feite als 'outsiders'
behandeld, bij de toegevoegde waarde maken ze onderdeel uit van de onderneming. In figuur 10.2 is een en ander weergegeven.

Door de posten in de categorische resultatenrekening wat anders te groepe-
ren, kan de toegevoegde waarde als tussentelling verkregen worden; zie
hiervoor tabel 10.4.

FIGUUR 10.2 Relatie tussen de onderneming en haar participanten

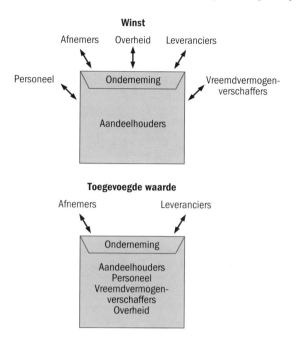

De verdeling van de toegevoegde waarde over de participanten is dus als volgt:

Participanten	*Beloning*
1 Personeel	Lonen en salarissen
	Sociale lasten
2 Vreemdvermogenverschaffers	Financiële lasten
3 Overheid	Belastinglast
4 Eigenvermogenverschaffers	Nettowinst

Aan de personeelsleden is als beloning ook het bedrag van de sociale lasten toegerekend; dit bedrag krijgen ze niet onmiddellijk in handen, maar in de vorm van aanspraken op latere uitkeringen bij werkloosheid, arbeidsongeschiktheid, enzovoort.

Aan de eigenvermogenverschaffers is de hele nettowinst toegerekend, ongeacht of deze wordt uitgekeerd. Ingehouden winst komt niet direct in contanten ter beschikking aan de eigenaren, maar verhoogt wel de waarde van hun onderneming: bij beursgenoteerde ondernemingen komt dit tot uiting in stijging van de beurskoers. Sommigen vinden dat de onderneming zelf ook als participant dient te worden gezien, die de ingehouden winst krijgt toegerekend. In dat geval bestaat de beloning van de eigenvermogenverschaffers alleen uit het uitgekeerde dividend.

TABEL 10.4 Hergroepering van de categorische resultatenrekening ter presentatie van de toegevoegde waarde (in euro's)

Netto-omzet	....	
Mutatie voorraad gereed product en onderhanden werk	....	
Geactiveerde productie voor het eigen bedrijf	....	
Overige bedrijfsopbrengsten	....	
	———	
Som der bedrijfsopbrengsten		....
Kosten van grond- en hulpstoffen	....	
Kosten uitbesteed werk en andere externe kosten	....	
Afschrijvingen op (im)materiële vaste activa	....	
Bijzondere waardeverminderingen en overige bijzondere resultaten	....	
Overige bedrijfskosten	....	
Financiële baten	....	
	———	
Netto toegevoegde waarde		....
Lonen en salarissen	....	
Sociale lasten	....	
Financiële lasten	....	
Belastinglast	....	
	———	
		....
		———
Nettowinst		....

Ten slotte nog de volgende opmerkingen over het begrip 'toegevoegde waarde':

Netto toegevoegde waarde

Brutobegrip

- Hiervoor zijn we uitgegaan van de *netto* toegevoegde waarde; de afschrijvingen zijn namelijk in mindering gebracht bij de berekening. Bij het *bruto*begrip maken ze onderdeel uit van de toegevoegde waarde. Het nettobegrip is het meest zuiver: afschrijvingen vormen immers de weerslag van transacties die met leveranciers (van vaste activa) zijn aangegaan.
- De IASB, de RJ en de Nederlandse wet kennen geen verplichting tot het opnemen van een overzicht toegevoegde waarde. In de praktijk van de jaarverslaggeving komt het overzicht van toegevoegde waarde niet veel voor.

© Noordhoff Uitgevers bv

11

Kasstroomoverzicht

11.1 Functies en status van kasstroomoverzichten
11.2 Rubricering van het kasstroomoverzicht
11.3 Voorbeeld van een kasstroomoverzicht

Vrijwel alle grote ondernemingen publiceren naast balans en resultatenrekening ook een kasstroomoverzicht, dat aangeeft op welke wijze kasmiddelen zijn verkregen en hoe ze zijn aangewend. Voor de ondernemingen die hun jaarrekening opstellen op basis van IFRS, is opname van een kasstroomoverzicht verplicht.

Nadat in paragraaf 11.1 het belang van zo'n overzicht is behandeld, wordt aangegeven wat de positie van het kasstroomoverzicht is in het geheel van het jaarrapport.

Vervolgens wordt in paragraaf 11.2 de wijze van opstelling besproken; in het verlengde daarvan wordt ingegaan op het verschil tussen de directe en de indirecte methode.

Ten slotte wordt in paragraaf 11.3 aan de hand van een voorbeeld een kasstroomoverzicht volgens beide methoden uitgewerkt.

⓫.❶ Functies en status van kasstroomoverzichten

Traditioneel vormen de balans en de resultatenrekening de basisstukken van de externe verslaggeving. Ze zijn gericht op het verschaffen van informatie over vermogen en resultaat.

De resultatenrekening wordt beheerst door het toerekeningsbeginsel ('accrual principle'): per periode worden de opbrengsten en kosten bepaald, die niet noodzakelijkerwijs samenvallen met de ontvangsten en uitgaven in dezelfde periode. In paragraaf 3.2 hebben we al geconstateerd dat het transformeren van kasstromen naar opbrengsten en kosten heeft geleid tot subjectievere informatie: 'Cash is fact, profit is an opinion'.

Aan de beide traditionele basisstukken wordt – door de grotere ondernemingen – vrijwel altijd een derde toegevoegd: het kasstroomoverzicht, dat als het ware weer teruggaat naar de objectieve gegevens van de kasmutatie.

Een kasstroomoverzicht is een overzicht van geldmiddelen die in de verslagperiode beschikbaar zijn gekomen en van het gebruik dat van deze middelen is gemaakt.

Het kasstroomoverzicht is geen vervanger van de resultatenrekening; voor de beoordeling van het presteren van de onderneming blijft het toerekeningsbeginsel onontbeerlijk. Als in een onderneming in een bepaald jaar de kasmiddelen zijn afgenomen, wil dat niet zeggen dat het bedrijf slecht heeft gedraaid: er kan een investering zijn gedaan (wel uitgave/geen kosten) of er kan een grote order zijn opgeleverd die pas volgend jaar betaald zal worden (wel opbrengst/geen ontvangst).

Functies

De primaire functie van een kasstroomoverzicht is het geven van inzicht in de investeringsactiviteiten van een onderneming gedurende de verslagperiode en van de financiering daarvan.

Daarnaast is het kasstroomoverzicht zeer nuttig voor het verkrijgen van inzicht in de liquiditeit en solvabiliteit van de onderneming. In paragraaf 4.2.2 hebben we gezien dat de balans en de resultatenrekening voornamelijk inzicht geven in het vermogen en het resultaat; omtrent de liquiditeit en de solvabiliteit kan uit de balans slechts een indicatie worden verkregen door diverse ratio's te berekenen (zie paragraaf 1.2.3). Deze geven echter een beeld van de toestand per balansdatum. Met name voor de beoordeling van de liquiditeit zou een overzicht van verwachte kasstromen voorhanden moeten zijn.

Hoewel het in het jaarrapport opgenomen kasstroomoverzicht betrekking heeft op het afgesloten boekjaar, kan het bovendien inzicht geven (voorspellende waarde) in het vermogen van de onderneming om geldstromen te genereren, de 'cash generating capacity' van de onderneming.

Cash generating capacity

Status

De IASB stelt opneming van een kasstroomoverzicht voor iedere onderneming verplicht, waarbij het dient te worden gepresenteerd als een integraal onderdeel van de jaarrekening (IAS 7.1).

De RJ schrijft opname van een kasstroomoverzicht alleen voor grote en middelgrote rechtspersonen voor, terwijl het bovendien achterwege mag blijven indien het kapitaal van de rechtspersoon direct of indirect volledig wordt verschaft door een andere rechtspersoon die zelf een gelijkwaardig kasstroomoverzicht opstelt dat is opgenomen in een geconsolideerde jaarrekening; in de toelichting dient dan te worden aangegeven waar die geconsolideerde jaarrekening te verkrijgen is (RJ 360.104).

De reden van deze vrijstelling is dat in deze situatie de rechtspersoon een 100%-groepsmaatschappij is en dat daarom de financiering en het kasmiddelenbeheer veelal geïntegreerd zal zijn in het beleid van de groep. Ook de RJ beschouwt het kasstroomoverzicht als een onderdeel van de jaarrekening (RJ 360.101).

In de Nederlandse wet zijn geen bepalingen opgenomen inzake opneming van een kasstroomoverzicht.

In de fiscale aangifte wordt opname van het kasstroomoverzicht niet gevraagd. In het buitenland is het kasstroomoverzicht vaak een verplicht onderdeel van de jaarrekening.

11.2 Rubricering van het kasstroomoverzicht

Het kasstroomoverzicht dient ingedeeld te worden in drie categorieën (IAS 7.10 / RJ 360.201):
- operationele activiteiten (de bedrijfsuitoefening)
- investeringsactiviteiten
- financieringsactiviteiten

De operationele activiteiten vormen de kurk waarop de onderneming drijft. Uit de hoeveelheid middelen die hieruit vrijkomen, blijkt of de onderneming op eigen kracht investeringen kan doen (interne of geïnduceerde financiering) of dat zij daarvoor (mede) op vermogensverschaffers is aangewezen (externe of autonome financiering). Zie ook figuur 11.1.

FIGUUR 11.1 Kasstromen

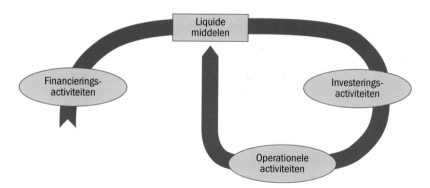

Bij het samenstellen van het onderdeel 'operationele activiteiten' kan op twee manieren te werk worden gegaan, namelijk via de directe en de indirecte methode.

Bij de *directe methode* ontleent men de kasstromen rechtstreeks aan de geregistreerde mutaties in de liquide middelen. Het kasstroomoverzicht is dan in feite een samengevat kas/bank/giroboek. **Directe methode**

Bij de *indirecte methode* wordt het (bedrijfs)resultaat als uitgangspunt genomen; vervolgens worden correcties aangebracht voor verschillen tussen opbrengsten en ontvangsten en kosten en uitgaven. In dit geval is het kasstroomoverzicht meer een balansmutatiestaat, aangevuld met enige gegevens uit de resultatenrekening. **Indirecte methode**

In een bijlage bij IAS 7 is een voorbeeld gegeven van het opstellen van een kasstroomoverzicht; de IASB geeft overigens expliciet aan dat deze bijlage geen onderdeel uitmaakt van IAS 7. In de door de Europese Unie vastgestelde en goedgekeurde standaarden is deze bijlage niet opgenomen. De RJ heeft het door de IASB gegeven voorbeeld enigszins aangepast overgenomen en beveelt aan bij de opstelling van het kasstroomoverzicht zoveel mogelijk de in het voorbeeld gehanteerde structuur toe te passen (RJ 360.202). In tabel 11.1 is deze aanbevolen structuur weergegeven, zowel voor een overzicht volgens de directe methode als voor een overzicht volgens de indirecte methode. Zoals uit de tabel blijkt, verschillen de directe en de indirecte methode van elkaar tot de regel 'kasstroom uit bedrijfsoperaties'; voor het overige zijn beide methoden aan elkaar gelijk. We wijzen er verder op – omdat er sprake is van een voorbeeld – dat er in het kasstroomoverzicht posten voor kunnen komen die in tabel 11.1 niet zijn genoemd.

TABEL 11.1 Door de RJ aanbevolen structuur van de directe en de indirecte methode van het kasstroomoverzicht (in euro's)

Kasstroomoverzicht volgens de directe methode			Kasstroomoverzicht volgens de indirecte methode			
Kasstroom uit operationele activiteiten			**Kasstroom uit operationele activiteiten**			
Ontvangsten van afnemers	...		Bedrijfsresultaat		...	
Betalingen aan leveranciers en werknemers	...		Aanpassingen voor:			
	___		Afschrijvingen		...	
			Mutaties voorzieningen		...	
			Veranderingen in netto-werkkapitaal exclusief liquide middelen:			
			• Mutatie voorraden	...		
			• Mutatie handelsvorderingen	...		
			• Mutatie handelscrediteuren	...		
				___		
					...	
					___	
Kasstroom uit bedrijfsoperaties	...		Kasstroom uit bedrijfsoperaties		...	
Ontvangen interest	...		Ontvangen interest		...	
Ontvangen dividend	...		Ontvangen dividend		...	
Betaalde interest	...		Betaalde interest		...	
Betaalde winstbelasting	...		Betaalde winstbelasting		...	
Kasstromen vanwege buitengewone resultaten	...		Kasstromen vanwege buitengewone resultaten		...	
	___				___	
Kasstroom uit operationele activiteiten		...	Kasstroom uit operationele activiteiten			...

Kasstroom uit investerings-activiteiten			Kasstroom uit investeringsac-tiviteiten		
Verwerving groepsmaatschap-pijen	...		Verwerving groepsmaatschap-pijen	...	
Investeringen in (im)materiële vaste activa	...		Investeringen in (im)materiële vaste activa	...	
Desinvesteringen (im)materi-ele vaste activa	...		Desinvesteringen (im)mate-riële vaste activa	...	
Kasstroom uit investeringsac-tiviteiten		...	Kasstroom uit investeringsacti-viteiten		...
Kasstroom uit financierings-activiteiten			**Kasstroom uit financierings-activiteiten**		
Ontvangsten uit aandelene-missies	...		Ontvangsten uit aandelenemis-sies	...	
Ontvangsten uit langlopende schulden	...		Ontvangsten uit langlopende schulden	...	
Aflossingen langlopende schulden	...		Aflossingen langlopende schul-den	...	
Betaald dividend	...		Betaald dividend	...	
Kasstroom uit financieringsac-tiviteiten		...	Kasstroom uit financieringsac-tiviteiten		...
Nettokasstroom		...	Nettokasstroom		...
Koers- en omrekeningsver-schillen op geldmiddelen		...	Koers- en omrekeningsver-schillen op geldmiddelen		...
Toename geldmiddelen		...	Toename geldmiddelen		...

NB De post Koers- en omrekeningsverschillen kan ontstaan indien er kasstromen zijn die luiden in vreemde valuta; de verwerking van vreemde valuta in de jaarrekening wordt besproken in hoofdstuk 18.

Voor het toepassen van de directe methode pleit dat deze de kasstromen weergeeft zoals zij zich binnen de onderneming voordoen. Er wordt daadwerkelijk aangegeven op welke wijze de liquide middelen zijn verkregen en op welke wijze ze zijn aangewend. Bovendien levert alleen een kasstroomoverzicht volgens de directe methode nieuwe (dat wil zeggen: in de rest van de jaarrekening nog niet gegeven) informatie op.

Bezwaar van de indirecte methode is dat de operationele kasstroom niet naar oorzaken verklaard wordt: afschrijvingen leveren geen kasgeld op en toevoegingen aan een voorziening geen uitgave. Het voordeel van de indirecte methode daarentegen is dat de gebruiker van een jaarrapport met behulp van balansmutaties, resultatenrekening en toelichting in principe zelf een kasstroomoverzicht kan samenstellen.

De IASB en de RJ spreken hun voorkeur uit voor de directe methode, omdat dit theoretisch de meest zuivere vorm is (IAS 7.19 / RJ 360.210).
De RJ beveelt bij toepassing daarvan wel aan om in de toelichting de aansluiting tussen (bedrijfs)resultaat en kasstroom uit bedrijfsoperaties inzichtelijk te maken (RJ 360.211). Dit betekent dat dan in feite de indirecte methode eveneens gegeven wordt. In IAS 7 komt deze aanbeveling niet voor.
In de praktijk passen vrijwel alle grote Nederlandse ondernemingen de indirecte methode toe. De reden hiervoor is dat de directe methode erg bewerkelijk is; de administraties van de verschillende onderdelen van de onderneming moeten immers volledig op elkaar zijn afgestemd om het kasstroomoverzicht te produceren. De indirecte methode kent dit bezwaar niet; deze kan immers – zoals we hiervoor hebben gezien – eenvoudig worden afgeleid uit de andere onderdelen van de jaarrekening.

Bij de door de RJ aanbevolen structuur van het kasstroomoverzicht plaatsen we de volgende opmerkingen:

Geldmiddelen
- Onder het begrip 'geldmiddelen' verstaat de RJ niet alleen het kasgeld, maar ook tegoeden op bankrekeningen, wissels en cheques, direct opeisbare deposito's en beleggingen die zonder beperkingen en zonder materieel risico van waardevermindering als gevolg van de transactie kunnen worden omgezet in geldmiddelen (RJ 360.102).
Hieruit blijkt dat kortlopende bankkredieten (bijvoorbeeld rekeningcourantkrediet) niet als negatieve geldmiddelen mogen worden beschouwd. Als argumentatie kan hiervoor worden aangedragen dat bankkredieten in eerste instantie een financieringsfunctie hebben.
De IASB geeft in deze aan dat – indien kortlopend bankkrediet een integraal onderdeel uitmaakt van het kasstroombeheer van de onderneming – dit ook tot de geldmiddelen wordt gerekend (IAS 7.8).
- Betaalde interest wordt beschouwd als een onderdeel van de kasstroom uit operationele activiteiten, terwijl betaald dividend onder de kasstroom uit financieringsactiviteiten, wordt gerangschikt. Men kan zich afvragen of dit consequent is. In een eerdere richtlijn beschouwde de RJ beide uitgavenposten als behorende tot de kasstroom uit operationele activiteiten. Overigens is het toegestaan betaalde en ontvangen interest niet onder te brengen bij de kasstroom uit operationele activiteiten, maar onder die uit financieringsactiviteiten (RJ 360.213).
De IASB geeft meer ruimte voor classificatie van interest en dividend:
  - Betaalde dividenden kunnen worden opgenomen onder de operationele activiteiten om als hulpmiddel voor gebruikers te dienen bij het bepalen van het vermogen van een onderneming om dividenden te betalen uit de kasstromen uit operationele activiteiten, maar zij mogen ook worden gerangschikt onder de financieringsactiviteiten, omdat zij de kosten vertegenwoordigen voor het verkrijgen van financiële middelen (IAS 7.34).
  - Betaalde interest en ontvangen interest en dividenden mogen in alledrie de categorieën worden ingedeeld (IAS 7.33): opname onder de operationele activiteiten mag, omdat ze mede bepalend zijn voor het resultaat van de onderneming; indeling als investerings- respectievelijk financieringskasstroom is verdedigbaar, omdat zij de kosten vertegenwoordigen voor het verkrijgen van rendement op beleggingen of van financiële middelen.
- Kasstromen uit buitengewone resultaten zijn in tabel 11.1 opgenomen in de kasstroom uit operationele activiteiten. De RJ stelt echter dat deze – af-

hankelijk van hun aard – deel uitmaken van kasstromen uit operationele activiteiten, investeringsactiviteiten of financieringsactiviteiten (RJ 360.208). Zoals we in paragraaf 10.4 hebben gezien, kent de IASB geen buitengewone resultaten.

Niet-kastransacties en -gebeurtenissen

Waar geen kasstroom is, is ook geen post in het kasstroomoverzicht. Dat wil zeggen dat niet-kastransacties daarbuiten blijven. Financial lease bijvoorbeeld (zie paragraaf 6.3.2) leidt op het moment van het afsluiten van het contract in de balans tot een toename van de post Materiële vaste activa en van de post Leaseverplichtingen. In het kasstroomoverzicht dient dan dus noch melding gemaakt te worden van een kasstroom uit investeringsactiviteiten, noch van een kasstroom uit financieringsactiviteiten. Bij betaling van een leasetermijn is er wel een kastransactie die in het kasstroomoverzicht verwerkt wordt in de kasstroom uit financieringsactiviteiten (voor het aflossingsdeel) en in de kasstroom uit operationele activiteiten (voor het interestdeel). Ook herwaarderingen van activa (zie onder meer paragraaf 8.3.1) en ongerealiseerde koers- en omrekeningsverschillen (zie hoofdstuk 18) zijn geen kasstromen en komen dan ook niet in het kasstroomoverzicht voor.

Verband tussen kasstroomoverzicht en de grondslagen van waardering en winstbepaling

Tot slot van deze paragraaf wijzen we erop dat de plaats van opname van een kasmutatie in het kasstroomoverzicht afhankelijk is van de door de onderneming gekozen grondslagen van waardering en winstbepaling. We zullen dit illustreren aan de hand van de verwerking van de kosten van groot onderhoud.

Stel dat een onderneming eens in de vijf jaar groot onderhoud aan haar bedrijfspanden pleegt en dat de laatste grootonderhoudsbeurt begin januari 2013 is uitgevoerd, kosten: €100.000.

In paragraaf 6.3.7 hebben we gezien dat de RJ voor het uitvoeren van groot onderhoud drie verwerkingswijzen toelaat:

1 De uitgaven voor groot onderhoud worden geactiveerd, gevolgd door jaarlijkse afschrijvingen (als onderdeel van de componentenbenadering). We gaan ervan uit dat de onderneming afschrijft met jaarlijks gelijke bedragen tot nihil.
2 Het vormen van een voorziening voor groot onderhoud. We gaan er gemakshalve van uit dat de grootonderhoudsbeurt die voor begin 2018 gepland staat eveneens €100.000 zal vergen.
3 De uitgaven van groot onderhoud worden direct ten laste van het resultaat gebracht.

De lasten van het groot onderhoud worden bij de verschillende verwerkingsopties als volgt in het kasstroomoverzicht over 2013 opgenomen.

Ad 1 Activeren en afschrijven

Directe methode	Indirecte methode	
Kasstroom uit operationele activiteiten		
	Bedrijfsresultaat	€ 20.000 –
	Aanpassingen voor:	€ 20.000 +
	Afschrijvingen	
		€ 0

Kasstroom uit investeringsactiviteitenw		
Investeringen in materiële vaste activa	€100.000 –	Investeringen in materiële vaste activa	€100.000 –

Ad 2 Vormen van een voorziening

Directe methode		**Indirecte methode**	
Kasstroom uit operationele activiteiten			
Betalingen aan leveranciers	€100.000 –	Bedrijfsresultaat	€ 20.000 –
		Aanpassingen voor:	€ 80.000 –
		Mutaties voorzieningen (*)	
			€100.000 –
(*) Stand 1 januari 2013	€100.000 –		
Stand 31 december 2013	€ 20.000 –		
Afname	€ 80.000		

Ad 3 Direct ten laste van het resultaat

Directe methode		**Indirecte methode**	
Kasstroom uit operationele activiteiten			
Betalingen aan leveranciers	€100.000 –	Bedrijfsresultaat	€ 100.000 –

⓫.❸ Voorbeeld van een kasstroomoverzicht

Per 1 januari 2013 ziet de balans van een handelsonderneming er als volgt uit.

Balans per 1 januari 2013 (bedragen × €1.000)

Materiële vaste activa			*Eigen vermogen*		
Bedrijfspand	420		Aandelenkapitaal	100	
Bestelauto's	175		Agio	100	
			Overige reserves	255	
		595	Onverdeelde winst 2012	70	
Vlottende activa					
Voorraad P					525
2.500 stuks à 100	250				
Debiteuren	80		*Voorzieningen*		
Liquide middelen	55		Rechtsgeding		40
			Langlopende schulden		
		385	$9\frac{1}{2}$%-hypothecaire le-ning		225
			Kortlopende schulden		
			Crediteuren	100	
			Te betalen belasting	90	
					190
		980			980

In 2013 vinden de volgende gebeurtenissen plaats:
- Handelstransacties:
  - ingekocht 20.000 stuks P à €100 = €2.000.000 (hiervan is ultimo 2013 €1.800.000 betaald);
  - verkocht 19.000 stuks P à €150 = €2.850.000 (hiervan is ultimo 2013 €2.775.000 ontvangen).
- In 2013 zijn de vorderingen uit hoofde van debiteuren en de kortlopende schulden per 1 januari 2013 ontvangen c.q. voldaan.
- Verdeling van de winst over 2012:
  - In contanten uitgekeerd dividend €45.000
  - Gereserveerd €25.000
- Gekocht en betaald eind december in verband met capaciteitsproblemen: opslagloods voor €120.000.
- Verkocht à contant begin januari een bestelauto voor de boekwaarde ad €10.000. Eveneens begin januari een nieuwe bestelauto (contante aankoopprijs €65.000) verkregen via financial lease. In 2013 is aan leasetermijnen een bedrag betaald van €16.000, waarvan €6.000 interest.
- Afschrijvingen:
  - Pand: 4% van de aanschafwaarde ad €500.000;
  - Bestelauto's: 40% van de boekwaarde.
- Uitgegeven €50.000 nominaal aandelenkapitaal tegen 250%.
- Betaald aan lonen €655.000.
- De post Voorziening rechtsgeding heeft betrekking op een proces, aangespannen door een ex-werknemer. De rechter heeft in 2013 nog geen uitspraak gedaan; wel heeft de onderneming in 2013 €10.000 aan de voorziening toegevoegd, omdat de te betalen schadevergoeding bij nader inzien naar verwachting hoger zal zijn dan oorspronkelijk geraamd.
- Afgelost 2 januari €25.000 op de hypothecaire lening; op die datum is tevens de interest voor een jaar vooruitbetaald.
- Tarief vennootschapsbelasting 25%; er zijn geen verschillen tussen bedrijfseconomische en fiscale winstberekening.

Voor we het kasstroomoverzicht over 2013 gaan opstellen, geven we voor alle duidelijkheid eerst de resultatenrekening over 2013 en de balans ultimo 2013.

Resultatenrekening over 2013

Opbrengst verkopen:	19.000 × €150 =		€2.850.000
Kostprijs verkopen:	19.000 × €100 =	€1.900.000	
Lonen en salarissen		€ 655.000	
Afschrijvingskosten:			
• Bedrijfspand:	4% van €500.000 =	€ 20.000	
• Bestelauto's:	40% van €230.000 =	€ 92.000	
Overige bedrijfskosten:			
• Toevoeging voorziening rechtsgeding		€ 10.000	
		————	
Som der bedrijfslasten			€2.677.000
			————
Bedrijfsresultaat			€ 173.000
Financiële lasten:	$9\frac{1}{2}$% van €200.000 + €6.000 =		€ 25.000
			————
Winst vóór aftrek van belasting			€ 148.000
Belastinglast:	25% van €148.000 =		€ 37.000
			————
Nettowinst			€ 111.000

Balans per 31 december 2013 (bedragen × €1.000)

Materiële vaste activa				*Eigen vermogen*		
Bedrijfspand	420			Aandelenkapitaal:		
	– 20	(afschrijving)		100 + 50 =	150	
	+ 120	(investering)		Agio:		
				100 + 75 =	175	
			520	Overige reserves		
Bestelauto's	175			255 + 25 =	280	
	– 92	(afschrijving)		Onverdeelde winst 2013	111	
	– 10	(desinvestering)				
	+ 65	(investering)				716
			138	*Voorzieningen*		
				Rechtsgeding: 40 + 10 =		50
			658	*Langlopende schulden*		
Vlottende activa				$9\frac{1}{2}$%-hypothecaire lening:		
Voorraad P	250			225 – 25	200	
	+ 2.000	(inkopen)		Leaseverplichtingen:		
	– 1.900	(kostprijs verkopen)		65 – 10 =	55	
			350			255
Debiteuren				*Kortlopende schulden*		
	2.850	(verkopen)		Crediteuren:		
	– 2.775	(ontvangen)		2.000 (inkopen) – 1.800 (betaald) =		
					200	
			75	Te betalen belasting	37	
Liquide middelen			175[1]			
						237
			600			
			1.258			1.258

1 Zie de hierna opgenomen berekening

Berekening liquide middelen (in euro's)

Beginsaldo 55.000
Ontvangsten:
- Debiteuren 1/1/2013   80.000
- Verkopen 2013   2.775.000
- Verkoop bestelauto   10.000
- Aandelenemissie   125.000

         2.990.000   +

Uitgaven:
- Crediteuren 1/1/2013   100.000
- Te betalen belasting 1/1/2013   90.000

- Dividend   45.000
- Inkopen 2013   1.800.000
- Aanschaf opslagloods   120.000
- Aflossing lening   25.000
- Interest lening   19.000
- Lonen   655.000
- Leasetermijn   16.000

	2.870.000	−
Eindsaldo	175.000	

We stellen nu het kasstroomoverzicht over 2013 op, eerst volgens de directe en daarna volgens de indirecte methode.

Kasstroomoverzicht volgens de directe methode (in euro's)

Kasstroom uit operationele activiteiten

Ontvangen van afnemers	2.855.000	+
Betalingen aan leveranciers en werknemers	2.555.000	−
Betaalde interest	25.000	−
Betaalde winstbelasting	90.000	−

	185.000	+

Kasstroom uit investeringsactiviteiten

Investeringen in materiële vaste activa	120.000	−
Desinvesteringen materiële vaste activa	10.000	+

	110.000	−

Kasstroom uit financieringsactiviteiten

Ontvangsten uit aandelenemissie	125.000	+
Aflossing langlopende schulden	25.000	−
Aflossing leaseverplichtingen	10.000	−
Betaald dividend	45.000	−

	45.000	+
Toename geldmiddelen in 2013	120.000	

Controle:

Saldo liquide middelen 31 december 2013	175.000
Saldo liquide middelen 1 januari 2013	55.000
Toename geldmiddelen in 2013	120.000

Kasstroomoverzicht volgens de indirecte methode (in euro's)

Kasstroom uit operationele activiteiten

Bedrijfsresultaat	173.000	+
Aanpassingen voor:		
- Afschrijvingen	112.000	+
- Mutatie voorzieningen	10.000	+

- Veranderingen in nettowerkkapitaal:
  - Toename voorraden   100.000 –
  - Afname debiteuren   5.000 +
  - Toename crediteuren   100.000 +

	5.000 +	
Betaalde interest	25.000 –	
Betaalde winstbelasting	90.000 –	
		185.000 +

Kasstroom uit investeringsactiviteiten

Investeringen in materiële vaste activa	120.000 –	
Desinvesteringen materiële vaste activa	10.000 +	
		110.000 –

Kasstroom uit financieringsactiviteiten

Ontvangsten uit aandelenemissie	125.000 +	
Aflossing langlopende schulden	25.000 –	
Aflossing leaseverplichtingen	10.000 –	
Betaald dividend	45.000 –	
		45.000 +

Toename geldmiddelen in 2013	120.000

Cashflow

Binnen de financieringstheorie wordt veel gebruikgemaakt van het begrip *cashflow*, het Engelse woord voor kasstroom; meestal wordt er echter een andere betekenis aan gegeven dan die van werkelijke kasstroom.
Volgens de gangbare definitie is cashflow gelijk aan nettowinst (na aftrek van belastingen) + afschrijvingen. De cashflow is dan in feite een eenvoudige benadering van de werkelijke operationele kasstroom: nettowinst is het saldo van opbrengsten en kosten, de kasmutatie het saldo van ontvangsten en uitgaven. Het belangrijkste verschil tussen kosten en uitgaven wordt meestal gevormd door de afschrijvingen, vandaar dat die bij de berekening van de cashflow bij de nettowinst opgeteld dienen te worden.

De cashflow in het voorbeeld van deze paragraaf bedraagt €111.000 (nettowinst) + €112.000 (afschrijvingen) = €223.000

AND International Publishers ontwikkelt en produceert digitale kaarten die worden gebruikt in smartphones, autonavigatie, fleet management en andere toepassingen.
In het jaarrapport over 2012 is het volgende kasstroomoverzicht opgenomen.

Kasstroomoverzicht (*in duizenden euro's*)	2012	2011
Bedrijfsresultaat	1.722	(13.375)
Aanpassingen voor:		
Afschrijvingen materiële vaste activa	28	46
Afschrijvingen immateriële vaste activa	171	85
Op aandelen gebaseerde beloningsreserve	-	53
Bijzondere waardevermindering immateriële vaste activa	-	10.855
Mutaties werkkapitaal:		
Mutatie handels- en overige vorderingen	13	1.241
Mutatie toegezegd-pensioenregeling	(4)	(15)
Mutatie voorzieningen	-	(125)
Mutatie handels- en overige verplichtingen	1.353	242
Kasstroom uit operationele activiteiten	3.283	(993)
Financieringsbaten/(lasten)	56	59
Betaalde winstbelastingen	(15)	(28)
Nettokasstroom uit operationele activiteiten	**3.324**	**(962)**
Geactiveerde ontwikkelingskosten	-	(354)
Investeringen in materiële vaste activa	(61)	(25)
Kasstroom uit investeringsactiviteiten	**(61)**	**(379)**
Langlopende schulden	(24)	378
Kasstroom uit financieringsactiviteiten	**24**	**378**
Mutatie in liquide middelen	**3.239**	**(963)**
Beginsaldo liquide middelen	1.093	2.179
	4.332	1.216
Wisselkoerswijzigingen in vreemde valuta	(97)	(123)
Eindsaldo liquide middelen	4.235	1.093

In 2011 is het bedrijfsresultaat veel sterker negatief dan de netto kasstroom uit operationele activiteiten. Oorzaak hiervan is een impairment van de cartografische database, waarbij een bijzondere waardevermindering is geboekt van €10.855.000; dit bedrag deed de winst verminderen, maar had geen invloed op de kasstroom.
In 2012 zien we eveneens een groot verschil tussen bedrijfsresultaat en netto kasstroom uit operationele activiteiten. De *mutatie handels- en overige verplichtingen* heeft geleid tot een positieve kasstroom van €1.353.000. Uit de toelichting blijkt dat het hier gaat om vooruitgefactureerde bedragen, waarbij AND dus al betalingen van afnemers heeft ontvangen, maar nog geen prestatie heeft geleverd.

DEEL 3

Winst- en vermogensbepaling in geval van prijsfluctuaties

© Noordhoff Uitgevers bv

12

Instandhoudings-doelstellingen en waarderingsgrondslagen

12.1 Elementen van een winstbepalingsstelsel
12.2 Regelgeving inzake winstbepalingsstelsels
12.3 Introductie van het centrale voorbeeld

In de hoofdstukken 12 tot en met 15 staat de winstbepaling bij prijsfluctuaties centraal. Hoofdstuk 12 heeft een inleidend karakter.

In paragraaf 12.1 wordt aangegeven dat er bij een winstbepalingsstelsel twee keuzes gemaakt moeten worden. De eerste betreft het bedrag dat aan het eind van de periode in de onderneming gelaten dient te worden alvorens er sprake is van winst; dit betreft een keuze uit de instandhoudingsdoelstellingen nominalisme, substantialisme en handhaving van de koopkracht van het eigen vermogen. De tweede keuze is die van de waarderingsgrondslag van de materiële activa.

Paragraaf 12.2 geeft in een samenvattend overzicht per activum aan welke waarderingsgrondslagen (en instandhoudingsdoelstellingen) door enerzijds de IASB en anderzijds de Nederlandse wet en de RJ worden voorgeschreven. Ook wordt in deze paragraaf ingegaan op de fiscale voorschriften ter zake.

Paragraaf 12.3 bevat het centrale voorbeeld dat in de volgende hoofdstukken als rode draad dient bij de uitleg van de diverse stelsels.

12.1 Elementen van een winstbepalingsstelsel

Een winstbepalingsstelsel is opgebouwd uit twee elementen: de instand-houdingsdoelstelling, die het onderwerp vormt van paragraaf 12.1.1, en de waarderingsgrondslag, die in paragraaf 12.1.2 besproken wordt.

12.1.1 De instandhoudingsdoelstelling

In paragraaf 1.2.2 is gesteld dat (vanuit de balans bezien) de winst over een periode gelijk is aan het bedrag waarmee het eigen vermogen over die periode is toegenomen (afgezien van mutaties in de kapitaalsfeer en andere rechtstreekse vermogensmutaties). We zijn daar uitgegaan van een stabiel prijsniveau. Indien er echter in de betreffende periode sprake is van prijsfluctuaties, is het maar de vraag of de gehele vermogenstoename als winst kan worden beschouwd.

In algemene termen is winst in dit kader te definiëren als het bedrag dat aan het einde van een periode aan de onderneming kan worden onttrokken, zodanig dat die onderneming daarna weer in dezelfde positie is als aan het begin van de periode.

Om de winst te kunnen bepalen, moet dus eerst gedefinieerd worden welk bedrag aan het einde van de periode in de onderneming dient te blijven om haar in dezelfde positie te houden als waarin zij zich aan het begin van de periode bevond. Dit bedrag is afhankelijk van de gekozen *instandhoudings- of handhavingsdoelstelling* van de onderneming.

We zullen deze problematiek inleiden met een eenvoudig voorbeeld.

VOORBEELD 12.1

Een handelaar begint op 1 januari een onderneming met €1.000 kasgeld. Daarvan koopt hij op 2 januari 1.000 stuks handelsgoederen à €1. Op 31 januari verkoopt hij zijn hele voorraad à contant voor €1.500.

Indien we afzien van prijsveranderingen op de inkoopmarkt, levert dit de volgende balansen op:

Balans per 1 januari			
Kas	€1.000	Eigen vermogen	€1.000

Balans per 2 januari			
Voorraad	€1.000	Eigen vermogen	€1.000

Balans per 31 januari			
Kas	€1.500	Begin eigen vermogen	€1.000
		Winst	€ 500
	€1.500		€1.500

Als de winst van €500 uit de kas gehaald wordt en uitgekeerd, is weer precies de situatie per 1 januari hersteld.

Stel nu dat op 20 januari de inkoopprijs van de handelsgoederen uit voorbeeld 12.1 stijgt naar €1,20. Nu hangt het van de gekozen instandhoudingsdoelstelling af hoeveel de winst bedraagt.

De *nominalistische* winstopvatting houdt in dat de onderneming weer in dezelfde positie is, als in *geld* gemeten de beginsituatie hersteld is. Bij toepassing van het nominalisme blijft de winst €500. Volgens deze zienswijze is elk overschot boven het nominale eigen vermogen winst. Het nominalisme houdt bij de winstbepaling geen rekening met de gevolgen van prijswijzigingen van de voorraad productiemiddelen. Het feit dat in voorbeeld 12.1 de inkoopprijs van de voorraad op 20 januari stijgt tot €1,20, heeft geen invloed op de winst.

Nominalisme

Het *substantialisme* stelt dat de onderneming in hoeveelheid productiemiddelen (de substantie) gemeten weer in de beginsituatie dient te zijn, alvorens er sprake is van winst. De instandhoudingsdoelstelling is het *complex van de materiële activa* van de onderneming.
Begin januari kon de handelaar uit voorbeeld 12.1 beschikken over 1.000 stuks handelsgoederen. Volgens het substantialisme dient hij eind januari weer in de positie te zijn om over die 1.000 stuks te kunnen beschikken. Dit betekent dat er €1.200 in de onderneming moet worden gelaten om de beginhoeveelheid te kunnen terugkopen.
Bij het substantialisme is niet ieder overschot boven het begin eigen vermogen winst; een gedeelte van dat overschot is gebonden aan de onderneming om vervanging van het complex van de materiële activa tegen gestegen prijzen te waarborgen.

Substantialisme

De balans per 31 januari kan er bij toepassing van het substantialisme als volgt uitzien:

Balans per 31 januari			
Kas	€1.500	Begin eigen vermogen	€1.000
		Extra eigen vermogen gebonden aan de onderneming	€ 200
		Winst	€ 300
	€1.500		€1.500

We kunnen het verschil tussen de nominalistische en de substantialistische winstopvatting ook benaderen vanuit de resultatenrekening:
- Bij het nominalisme is de winst van €500 het verschil tussen de opbrengst (€1.500) en de betaalde inkoopprijs (€1.000).
- Volgens het substantialisme is de winst van €300 het verschil tussen de opbrengst en het bedrag dat op moment van verkoop betaald moet worden ter vervanging van de verkochte hoeveelheid goederen (€1.200).

Het verschil tussen beide winstbedragen is het bedrag waarmee de inkoopprijs is gestegen tussen het moment van inkoop en dat van verkoop. Deze inkoopprijsstijging wordt het in de betreffende periode gerealiseerde *voorraadresultaat* (*holding-gain*) genoemd. Het betreft het volgtijdelijke prijsverschil op de inkoopmarkt.

Voorraadresultaat of holding-gain

Het substantialisme rekent de voorraadresultaten niet tot de winst, omdat ze aan de onderneming gebonden zijn. Anders gezegd: het substantialisme rekent slechts gelijktijdige verschillen tussen in- en verkoopprijzen tot de winst.

Bij toepassing van het nominalisme maken de gerealiseerde voorraadresultaten onderdeel van de winst uit.

Een en ander is uitgebeeld in figuur 12.1.

FIGUUR 12.1 Verschil in winstberekening tussen het nominalisme en het substantialisme

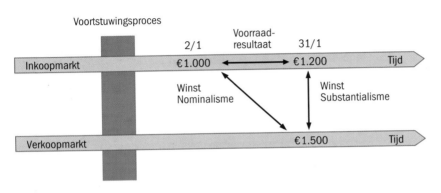

Bij het substantialisme worden de prijsveranderingen van de in de onderneming aangehouden materiële activa buiten het resultaat gehouden; het gaat hierbij dus om *specifieke* prijsveranderingen.

Het substantialisme vindt zijn oorsprong in het begin van de jaren twintig van de vorige eeuw. Duitsland, verliezer van de Eerste Wereldoorlog, wordt geconfronteerd met enorme uitgaven als gevolg van de demobilisatie, de verzorging van de oorlogsslachtoffers en de pensioenen van de weduwen. De Weimar-republiek laat de bankbiljettenpersen op volle toeren draaien. Gevolg: hyperinflatie. In november 1923 kost een kilo boter 6.000.000.000 Reichsmark. In zo'n situatie schiet het nominalisme hopeloos tekort als winstberekeningssysteem. Het ijzerenvoorraadstelsel (te bespreken in hoofdstuk 13) en het vervangingswaardestelsel (hoofdstuk 14) zijn ontwikkeld als antwoord op deze ontwikkeling. De Duitse hoogleraren Schmalenbach en Schmidt zijn de voorvechters van het substantialisme geweest.

Een andere invalshoek is om niet de onderneming als uitgangspunt te nemen, maar de eigenaren van de onderneming. Zij hebben door investering in de onderneming afgezien van consumptie. Vanuit die optiek is er sprake van winst, indien de koopkracht van het door de eigenaren in de onderneming geïnvesteerde vermogen is toegenomen, zodat hiermee aan het einde van de periode meer geconsumeerd zou kunnen worden dan aan het begin van de periode.

Dit leidt tot de instandhoudingsdoelstelling van *de handhaving van de koopkracht van het eigen vermogen*. Als maatstaf hiervoor zou een algemeen prijsindexcijfer (bijvoorbeeld dat voor de gezinsconsumptie) genomen kunnen worden, dat de prijsontwikkeling van een pakket goederen en diensten weergeeft. Het gaat hier niet – zoals bij het substantialisme – om specifieke prijsveranderingen, maar om mutaties van het algemeen prijspeil. Voorbeeld 12.2 toont een balans die conform deze doelstelling is opgesteld.

Koopkracht-handhaving eigen vermogen

VOORBEELD 12.2
We gaan uit van dezelfde gegevens als in voorbeeld 12.1.
Indien in januari het algemeen prijspeil met 5% is gestegen, is er boven het begin eigen vermogen €50 aan de onderneming gebonden om de koopkracht in stand te houden.
De balans ziet er dan per 31 januari als volgt uit:

Balans per 31 januari		
Kas	€1.500	Begin eigen vermogen	€1.000
		Extra eigen vermogen gebonden	
		aan de onderneming	€ 50
		Winst	€ 450
	€1.500		€1.500

Samengevat zijn de volgende instandhoudingsdoelstellingen denkbaar:
- handhaving van het eigen vermogen in euro's (het nominalisme)
- handhaving van het complex van materiële activa (het substantialisme)
- handhaving van de koopkracht van het eigen vermogen

12

Het Framework van de IASB en het Stramien van de RJ (zie de paragrafen
4.2.1 en 4.2.3) onderscheiden in dit kader financiële en fysieke vermogensinstandhouding (alinea 104). Deze raamwerken geven aan dat *financiële vermogensinstandhouding* kan worden gemeten, hetzij in nominale geldeenheden,
hetzij in eenheden constante koopkracht; hieronder vallen het nominalisme
en de handhaving van de koopkracht van het eigen vermogen. *Fysieke vermogensinstandhouding* heeft betrekking op de productiecapaciteit van de
onderneming en komt overeen met het substantialisme.

**Financiële
vermogensin-
standhouding**

**Fysieke ver-
mogensin-
standhouding**

Overigens dient bedacht te worden dat, als gesteld is dat de winst het bedrag
is dat uitgekeerd kan worden nadat aan de eisen van de instandhoudingsdoelstelling is voldaan, daarmee niet gezegd is dat dit bedrag ook daadwerkelijk uitgekeerd zal worden. Dat laatste is geen kwestie van winst*bepaling*,
maar van winst*bestemming*: uitkeren of reserveren.
De winst is het bedrag dat uitgekeerd *zou kunnen* worden.

**Winstbestem-
ming**

12.1.2   Waardering van de materiële activa

Met het kiezen van de instandhoudingsdoelstelling is het winstbepalingsstelsel nog niet compleet. Er dient namelijk nog een keuze te worden gemaakt uit de mogelijke waarderingsgrondslagen van de materiële activa;
hierbij gaat het om hoeveelheden die vertaald moeten worden in geld.
In de voorbeelden 12.1 en 12.2 hebben we dit probleem buiten beschouwing
gelaten, door te eindigen met alleen kasgeld. Kasgeld is een monetair activum; bij monetaire activa (naast liquide middelen ook de vorderingen) hoeft
geen vertaalslag gemaakt te worden, omdat deze al in een geldbedrag luiden. Dit geldt ook voor monetaire passiva als voorzieningen en schulden.

Bij materiële activa (duurzame productiemiddelen en voorraden goederen)
zijn echter wel verschillende waarderingsgrondslagen mogelijk.
Indien de handelaar uit ons voorbeeld eind januari nog over een voorraad
zou beschikken, zou hij deze per eenheid in beginsel kunnen waarderen op:
- De werkelijk betaalde inkoopprijs, meestal aangeduid als de *historische
  kostprijs* of historische uitgaafprijs; in casu €1.
- De op balansdatum actuele inkoopprijs, ook aangeduid als de *vervangingswaarde*; in casu €1,20.
- (Minder voor de hand liggend:) de werkelijk betaalde inkoopprijs, vermenigvuldigd met een factor die de stijging van het algemeen prijspeil weergeeft; de *voor inflatie gecorrigeerde historische kostprijs*; in casu €1,05.
- De *geschatte verkoopprijs*, ofwel de *reële waarde*; in casu €1,50.
  Bij toepassing van deze waarderingswijze wordt de prijsgrondslag niet
  meer gekozen op de inkoopmarkt, maar op de verkoopmarkt; hiermee
  wordt het realisatieprincipe verlaten. We hebben in de paragrafen 6.4
  en 7.4 al gezien dat bijvoorbeeld voor bepaalde financiële instrumenten
  (zoals beleggingen) een dergelijke waardering passend kan zijn, omdat zij
  op elk gewenst moment verkocht kunnen worden, en het uitgangspunt
  van realisatie dus zijn betekenis verliest.

Samenhang tussen waarderingsgrondslagen

In een aantal gevallen komen verschillende waarderingsgrondslagen met
elkaar overeen; we geven hiervan twee situaties.

Verkoopprijs en vervangingswaarde

We hebben in paragraaf 6.2.6 al opgemerkt dat de verkoopprijs (nagenoeg) kan samenvallen met de vervangingswaarde. Als er sprake is van een directe transactie tussen twee partijen, zonder dat de 'tussenhandel' wordt ingeschakeld, zal de prijs die totstandkomt vanuit het gezichtspunt van de verkoper de verkoopprijs zijn en vanuit het gezichtspunt van de koper de vervangingswaarde.

Verkoopprijs, directe opbrengstwaarde en indirecte opbrengstwaarde

Voor 'zelfstandige vruchtendragers' (activa die zelfstandig, zonder 'samenwerking' met andere activa, inkomsten kunnen genereren) houdt waardering tegen verkoopprijs tegelijkertijd waardering in op de in paragraaf 2.1.1 uiteengezette grondslagen van directe opbrengstwaarde en indirecte opbrengstwaarde. Een onderneming die ter belegging gehouden aandelen verkoopt op de effectenbeurs, realiseert de verkoopprijs en daarmee de directe opbrengstwaarde. Aangezien de beurskoers een weerspiegeling is van de verwachtingen van de gezamenlijke beleggers inzake de toekomstige ontvangsten van het aandeel, is deze ook gelijk aan de indirecte opbrengstwaarde.

WAARDERINGSGRONDSLAGEN VOOR DE BALANS

Materiële vaste activa

De materiële vaste activa worden gewaardeerd tegen kostprijs, onder aftrek van cumulatieve afschrijvingen en cumulatieve bijzondere waardeverminderingen.

Voorraden

De voorraden gereed product, handelsgoederen en grond- en hulpstoffen worden gewaardeerd tegen de laagste waarde van de kostprijs of de opbrengstwaarde.
De kostprijs van de voorraden omvat alle inkoopkosten, conversiekosten en andere kosten om de voorraden op hun huidige locatie en in hun huidige staat te brengen.

Bron: Jaarrapport Roto Smeets Group, 2012

WAARDERINGSGRONDSLAGEN

Materiële vaste activa

Bedrijfsgebouwen en terreinen worden conform het Besluit actuele waarde gewaardeerd op vervangingswaarde dan wel lagere bedrijfswaarde of (bij besluit tot verkoop) opbrengstwaarde. De vervangingswaarde is het bedrag dat nodig zou zijn om in de plaats van een actief dat bij de bedrijfsuitoefening is of wordt gebruikt of voortgebracht, een ander actief te verkrijgen of te vervaardigen dat voor de bedrijfsuitoefening een in economisch opzicht gelijke betekenis heeft.

Voorraden
De voorraden walserijproducten, waarvan de waarde sterk onderhevig is
aan de prijsschommelingen van de basismaterialen, zijn gewaardeerd tegen
vervangingswaarde.

Bron: Jaarrapport Koninklijke Reesink nv, 2012

Theoretisch zijn er dus $4 \times 3 = 12$ combinaties van instandhoudingsdoelstelling en waarderingsgrondslag mogelijk. Niet alle mogelijke combinaties hebben echter tot bestaande winstbepalingsstelsels geleid.
In tabel 12.1 geven we de (in het verleden) ontwikkelde combinaties weer.

TABEL 12.1 Winstbepalingsstelsels

Waarderingsgrondslag	Instandhoudingsdoelstelling		
	Nominalisme	Substantialisme	Handhaving koopkracht eigen vermogen
Historische kostprijs	Historische-kostenstelsel[1]		
Vervangingswaarde	Modern nominalisme	Vervangingswaardestelsel	Stelsel-Bakker
Voor inflatie gecorrigeerde historische kostprijs			General price-level accounting
Geschatte verkoopprijs	Reëlewaarde-stelsel		

1 Afhankelijk van de nadere invulling kan het historischekostenstelsel een (deels)
substantialistische invulling krijgen.

We zullen in de hoofdstukken 13, 14 en 15 de in tabel 12.1 vermelde stelsels
(met uitzondering van het reëlewaardestelsel dat al in de paragrafen 6.4 en
7.4 is besproken) individueel behandelen. In hoofdstuk 13 zullen we het historischekostenstelsel bespreken; dit stelsel wordt in de praktijk van de jaarverslaggeving verreweg het meest toegepast. Vervolgens komt in hoofdstuk
14 het vervangingswaardestelsel aan bod en in hoofdstuk 15 ten slotte de
overige winstbepalingsstelsels.

12.2 Regelgeving inzake winstbepalingsstelsels

In de hoofdstukken 6 en 7 hebben we per activum aangegeven welke grondslagen van waardering en winstbepaling door de IASB enerzijds en door de
Nederlandse wet en de RJ anderzijds worden voorgeschreven. In tabel 12.2
geven we hiervan bij wijze van samenvatting een overzicht.

TABEL 12.2 Samenvattend overzicht van de per activum door de regelgevers
voorgeschreven winstbepalingsstelsels

	IASB	Nederlandse wet/RJ
Immateriële vaste activa	Historischekostenstelsel Reëlewaardestelsel[1]	Historischekostenstelsel Vervangingswaardestelsel
Materiële vaste activa	Historischekostenstelsel Reëlewaardestelsel[1]	Historischekostenstelsel Vervangingswaardestelsel
Financiële vaste activa[2]	Historischekostenstelsel Reëlewaardestelsel	Historischekostenstelsel Reëlewaardestelsel
Voorraden	Historischekostenstelsel[3]	Historischekostenstelsel[3] Vervangingswaardestelsel
Effecten (vlottend)	Reëlewaardestelsel	Historischekostenstelsel[4] Reëlewaardestelsel

1 Met dien verstande dat de waardestijgingen niet tot de winst worden gerekend,
   maar worden opgenomen in een herwaarderingsreserve; derhalve wordt de
   winst niet nominalistisch, maar substantialistisch bepaald.
2 Voor bepaalde financiële vaste activa geldt een afwijkende grondslag: de nettovermogenswaarde.
   In hoofdstuk 16 wordt hier nader op ingegaan.
3 Voor langlopende werken geldt het reëlewaardestelsel.
4 Alleen toegelaten door de Nederlandse wet.

Fiscaal geldt voor alle in tabel 12.2 genoemde activa dat voor de waardering
en winstbepaling uitgegaan moet worden van het historischekostenstelsel.
Alleen voor de onder de voorraden vallende langlopende werken geldt dat
gewaardeerd moet worden tegen opbrengstwaarde, hetgeen in feite neerkomt op het reëlewaardestelsel.

12.3 Introductie van het centrale voorbeeld

De in de hoofdstukken 13, 14 en 15 te behandelen stelsels zullen besproken
worden aan de hand van één centraal voorbeeld. Op die manier is steeds
een cijfermatige vergelijking mogelijk. Om 'terugzoek'problemen te voorkomen zijn de gegevens van het centrale voorbeeld ook opgenomen op de
plastic insteekkaart, zodat deze bij elke uitwerking onder handbereik zijn.
Uiteraard zullen niet alleen de winstbepalingsaspecten onder de loep genomen worden. Een winstbepalingsstelsel is per definitie ook een waarderingsstelsel. We zullen ook steeds stilstaan bij de gevolgen voor de waardering van
de activa, en daarmee voor de grootte van het eigen vermogen. Bovendien
zullen we nagaan in hoeverre de stelsels passen binnen het kader van de Nederlandse regelgeving en zal worden bekeken of ze fiscaal zijn geaccepteerd.

- -

CENTRAAL VOORBEELD
De gegevens luiden als volgt:

Een handelsonderneming is op 1 januari opgericht. Per *1 februari* ziet de balans er als volgt uit:

Balans per 1 februari (bedragen × €1)			
Bestelauto	39.000	Aandelenkapitaal	40.000
Voorraad Q	8.000	Lening	10.000
Kas	3.000		
	50.000		50.000

De bestelauto is op 1 januari voor €40.000 gekocht en wordt in veertig maanden lineair tot nihil afgeschreven.
In januari is de nieuwprijs van deze auto niet veranderd; op 2 februari stijgt de nieuwprijs naar €50.000.
De voorraad Q ter grootte van 800 stuks is op 1 februari ingekocht à €10 per eenheid.
Gemakshalve gaan we ervan uit dat de lening renteloos is en dat in februari niet wordt afgelost.

In februari worden de volgende transacties uitgevoerd:

10/2 Inkoop	400 stuks Q à €13
15/2 Verkoop	800 stuks Q à €16
20/2 Inkoop	300 stuks Q à €14,50

Het verloop van de inkoopprijs van Q was als volgt:

Geheel januari	€10
1 februari tot en met 5 februari	€10
6 februari tot en met 16 februari	€13
17 februari tot en met 27 februari	€14,50
Vanaf 28 februari	€15

Alle transacties zijn eind februari afgewikkeld.

Het verloop van het algemeen prijsindexcijfer was als volgt:

Januari	100
1 februari tot en met 14 februari	100
Vanaf 15 februari	110

De ijzeren voorraad c.q. normale voorraad is 800 stuks.

© Noordhoff Uitgevers bv

13

Historischekostenstelsel

In dit hoofdstuk wordt het historischekostenstelsel besproken; dit stelsel wordt in de Nederlandse praktijk het meest gebruikt.

In paragraaf 13.1 wordt ingegaan op de waardering van de (materiële) vaste activa op basis van historische kosten.

Binnen het historischekostenstelsel zijn verschillende varianten gangbaar wat betreft de volgorde waarin voorraden goederen worden geacht verkocht te zijn; deze worden in paragraaf 13.2 behandeld.

Een winstbepalingsstelsel is per definitie tevens een waarderingsstelsel; paragraaf 13.3 gaat hier nader op in.

In paragraaf 13.4 zal blijken dat prijsdalingen niet behandeld kunnen worden als negatieve prijsstijgingen; hier speelt namelijk de minimumwaarderingsregel een rol.

Het hoofdstuk wordt afgerond met de voorschriften van de regelgevers inzake toepassing van historische kosten (paragraaf 13.5).

13

13.1 Toepassing van historische kosten op de vaste activa

Het historischekostenstelsel baseert zich op werkelijk betaalde prijzen en is als zodanig vrij van schattingen.

Ten aanzien van de duurzame productiemiddelen levert toepassing van dit stelsel weinig problemen op. De waardering geschiedt tegen de oorspronkelijk betaalde prijs verminderd met de reeds gedane afschrijvingen, die gebaseerd zijn op de oorspronkelijke aanschafprijs. Eventuele stijgingen van de vervangingswaarde worden niet via hogere afschrijvingen in mindering op de winst gebracht; het resultaat wordt dan ook op nominalistische wijze berekend.

13.2 Toepassing van historische kosten op de voorraden

Bij de voorraden is de uitwerking van het historischekostenstelsel complexer. Binnen het kader van het historischekostenstelsel kunnen er verschillende aannames gehanteerd worden ten aanzien van het verloop van de voorraad.

De volgende varianten zijn ontwikkeld:
- fifo (= first in first out, paragraaf 13.2.1)
- gemiddelde inkoopprijs (paragraaf 13.2.2)
- lifo (= last in first out, paragraaf 13.2.3)

In paragraaf 13.2.4 zullen we ingaan op het 'ijzervoorraadstelsel', een kunstgreep om 'schijnwinsten' buiten het resultaat te houden.

13.2.1   Fifo

Bij de fifo-methode geldt de boekhoudkundige veronderstelling dat de eerst ingekochte goederen ook weer het eerst worden verkocht (first in first out).

- -

CENTRAAL VOORBEELD

De balans ultimo februari en de resultatenrekening over februari zien er als volgt uit:

Balans ultimo februari

Bestelauto:				Aandelenkapitaal	€40.000
$\frac{38}{40} \times €40.000$ =		€38.000		Lening	€10.000
Voorraad Q:				Winst februari	€ 3.800
400 × €13 =	€ 5.200				
300 × €14,50 =	€ 4.350				
		€ 9.550			
Kas:					
Stand 1/2	€ 3.000				
− 400 × €13 =	€ 5.200				
+ 800 × €16 =	€12.800				
− 300 × €14,50 =	€ 4.350				
		€ 6.250			
		€53.800			€53.800

Resultatenrekening over februari

Opbrengst verkopen:	800 × €16 =	€12.800
Kostprijs verkopen:	800 × €10 =	€ 8.000
Transactieresultaat		€ 4.800
Afschrijvingskosten:	$\frac{1}{40} \times €40.000 =$	€ 1.000
Winst		€ 3.800

Door de kosten te baseren op in het verleden betaalde prijzen worden de, als gevolg van latere prijsverhogingen, optredende waardestijgingen van de in de onderneming aanwezige voorraad productiemiddelen (de voorraadresultaten) tot de winst gerekend.
Let wel, voorraadresultaten hebben dus niet alleen betrekking op goederenvoorraden, maar ook op duurzame productiemiddelen: deze kunnen worden opgevat als voorraden werkeenheden.

In februari worden de volgende voorraadresultaten gerealiseerd:
* Op de voorraad Q door verkoop 800 × (€13 − €10) = €2.400. Tussen het moment van inkoop en dat van verkoop is de inkoopprijs van de verkochte goederen van €10 naar €13 gestegen.
* Op de bestelauto via afschrijvingen €250. De nieuwprijs van de bestelauto is begin februari tot €50.000 gestegen. Wil vervanging van de auto gewaarborgd blijven, dan zou per maand uitgaande van nieuwe prijzen

$€1.250 \left(\dfrac{€50.000}{40}\right)$ in plaats van €1.000 afgeschreven moeten worden.

- -

De gerealiseerde voorraadresultaten worden tot de winst gerekend; er is dan ook sprake van een nominalistische winstbepaling.

We hebben in paragraaf 12.1.1 echter gezien dat deze voorraadresultaten aan de onderneming gebonden zijn om vervanging van de productiemiddelen mogelijk te maken. Indien ze worden uitgekeerd, is het gevaar aanwezig van uitholling van de voorraad productiemiddelen en daarmee uitholling van de onderneming. In het bedrijfseconomisch jargon worden voorraadresultaten dan ook aangeduid als *schijnwinsten*. Dit bezwaar – dat inherent is aan het nominalisme – wordt door het substantialisme ondervangen door de voorraadresultaten uit de winst te elimineren.

Schijnwinsten

Wat betreft de voorraden is het mogelijk om, binnen het kader van het historischekostenstelsel, de in de winst opgenomen voorraadresultaten te verkleinen door een andere aanname over het verloop van de voorraad te doen. Dit zullen we in de volgende paragrafen uitwerken.

13.2.2   Gemiddelde inkoopprijs

Bij de gemiddelde-inkoopprijsmethode wordt als basis voor de waardering en winstbepaling de gewogen gemiddelde inkoopprijs van de voorraad genomen. Deze wordt dus na iedere inkoop aangepast.

CENTRAAL VOORBEELD

Het verloop van de gemiddelde inkoopprijs is in het centrale voorbeeld als volgt te berekenen:

1/2 – 9/2:	€10
10/2 –19/2: $(800 \times €10 + 400 \times €13) / 1.200 =$	€11
Vanaf 20/2: $(400 \times €11 + 300 \times €14{,}50) / 700 =$	€12,50

Dit leidt tot de volgende balans ultimo februari en resultatenrekening over februari:

Balans ultimo februari

Bestelauto	€38.000	Aandelenkapitaal	€40.000
Voorraad Q:		Lening	€10.000
700 × €12,50 =	€ 8.750	Winst februari	€ 3.000
Kas	€ 6.250		
	€53.000		€53.000

Resultatenrekening over februari

Opbrengst verkopen		€ 12.800
Kostprijs verkopen:	800 × €11 =	€ 8.800
Transactieresultaat		€ 4.000
Afschrijvingskosten		€ 1.000
Winst		€ 3.000

Vergeleken met fifo is de winst in het centrale voorbeeld nu €800 lager. De oorzaak hiervan is dat de kostprijs van de verkopen niet wordt bepaald door

de oudste inkopen, maar door het gewogen gemiddelde van de inkopen.
Omdat de prijzen in de tijd zijn gestegen, komt de kostprijs van de verkopen
hoger en daarmee de winst lager uit. Van het gerealiseerde voorraadresultaat ad €2.400 is nu €800 uit de winst geëlimineerd.
De voorraadresultaten worden daarmee nog grotendeels tot de winst gerekend: de winstberekening is daarom als overwegend nominalistisch te beschouwen.

13.2.3   Lifo

Bij de lifo-methode wordt uitgegaan van de boekhoudkundige veronderstelling
dat de laatst ingekochte goederen het eerst worden verkocht (last in first out).
We onderscheiden twee varianten, namelijk individueel- en collectief-lifo.

Individueel-lifo
Bij individueel-lifo wordt per transactie bekeken welke voorraad op het moment van verkoop het meest recent is ingekocht; deze voorraad wordt dan
geacht te zijn verkocht. Men spreekt ook wel van *lifo per transactie*.

- -

CENTRAAL VOORBEELD
Individueel-lifo toegepast op het centrale voorbeeld geeft de volgende
uitwerking:

Balans ultimo februari				
Bestelauto		€38.000	Aandelenkapitaal	€40.000
Voorraad Q:			Lening	€10.000
400 × €10 =	€4.000		Winst februari	€ 2.600
300 × €14,50 =	€4.350			
		€ 8.350		
Kas		€ 6.250		
		€52.600		€52.600

Resultatenrekening over februari		
Opbrengst verkopen		€12.800
Kostprijs verkopen:	400 × €13 + 400 × €10 =	€ 9.200
Transactieresultaat		€ 3.600
Afschrijvingskosten		€ 1.000
Winst		€ 2.600

- -

De winst in het centrale voorbeeld is nu €1.200 lager dan die bij fifo. Dit betekent dat van het gerealiseerde voorraadresultaat €1.200 uit de winst is geëlimineerd.
Hieruit blijkt dat individueel-lifo een tamelijk substantialistische werking
kan hebben. De mate waarin dat het geval is, hangt af van de timing van de
in- en verkopen. Wanneer bij stijgend prijsniveau bij verkoop geput kan
worden uit recente inkopen, zal de werking sterk substantialistisch zijn: de
kostprijs van de verkopen benadert immers de vervangingswaarde. Indien
tegenover de verkopen echter weinig of geen recente inkopen staan, wordt

geput uit oude inkopen met lagere inkoopprijzen; de winstberekening heeft
dan een meer nominalistische werking.
Als de in- en verkopen redelijk met elkaar in de pas lopen, zal het systeem
overwegend substantialistisch werken. Men dient echter te bedenken dat
die werking alleen betrekking heeft op voorraden; we spreken daarom van
partieel substantialisme (wel voor de voorraden, niet ten aanzien van duurzame productiemiddelen).

**Partieel sub-
stantialisme**

Collectief-lifo

Bij collectief-lifo wordt aangenomen dat de laatst in de betreffende periode
ingekochte voorraden in die periode zijn verkocht, ongeacht de volgorde
van in- en verkopen. Dit wordt ook wel *lifo per periode* genoemd.
Collectief-lifo vormt het exacte spiegelbeeld van fifo: bij fifo worden per definitie de oudste voorraden verkocht en blijven de meest recente over; bij collectief-lifo worden – bekeken vanuit verslaggevingsmoment – de meest recente inkopen verkocht en blijven de oudste over.

CENTRAAL VOORBEELD

Collectief-lifo levert, bij toepassing op maandbasis, de volgende uitwerking
op:

Balans ultimo februari

Bestelauto	€38.000	Aandelenkapitaal	€ 40.000
Voorraad Q:	€ 7.000	Lening	€ 10.000
700 × €10 =	€ 6.250	Winst februari	€ 1.250
Kas			
	€51.250		€ 51.250

Resultatenrekening over februari

Opbrengst verkopen				€12.800
Kostprijs verkopen:	300 × €14,50 =	€4.350		
	400 × €13 =	€5.200		
	100 × €10 =	€1.000		
				€10.550
Transactieresultaat				€ 2.250
Afschrijvingskosten				€ 1.000
Winst				€ 1.250

Het zal duidelijk zijn dat de volgorde van collectief-lifo 'fysiek' onmogelijk is:
in de verkopen worden voorraden opgenomen die pas later ingekocht worden. Administratief vormt dit uiteraard geen beletsel.
Collectief-lifo is overigens niet zozeer bedoeld om winsten per transactie te
bepalen, maar als *periodewinstbepalingssysteem*: de kostprijs wordt dan in
totaliteit voor een bepaalde periode bepaald door deze af te leiden uit het
verband tussen beginvoorraad, inkopen en eindvoorraad.
Toegepast op het centrale voorbeeld is de berekening van de kostprijs aan de
hand van dit verband over februari als volgt:

**Periodewinst-
bepalings-
systeem**

Waarde beginvoorraad	€ 8.000	
Inkopen: 400 × €13 + 300 × €14,50 =	€ 9.550	+
	€17.550	
Waarde eindvoorraad	€ 7.000	–
Kostprijs verkopen februari	€10.550	

Indien de eindvoorraad groter is dan de beginvoorraad, ontstaan er dus *lifo-schijven*, bestaande uit de beginvoorraad en oudste inkopen van de desbetreffende periode. Indien per einde van een volgende verslagperiode de eindvoorraad kleiner is dan de beginvoorraad, worden de schijven weer (deels) afgebouwd. Conform de volgorde 'last in first out' vervallen dan de meest recent gevormde schijven.

Lifo-schijven

Zoals uit het voorbeeld blijkt, werkt collectief-lifo sterk substantialistisch: voor zover de eindvoorraad niet groter is dan de beginvoorraad, wordt gewaardeerd tegen dezelfde prijs als de beginvoorraad; alle prijsstijgingen hiervan worden op deze wijze buiten de voorraadwaardering en daarmee buiten de winst gehouden.

De substantialistische werking is het sterkst wanneer de eindvoorraad steeds gelijk is aan de beginvoorraad. Er valt eenvoudig na te rekenen dat, indien in ons voorbeeld ultimo februari de voorraad zou zijn aangevuld tot 800 stuks door 100 eenheden extra in te kopen (tegen een marktprijs van €15), de winst nog eens €500 lager zou zijn.

Overigens heeft collectief-lifo – net als individueel-lifo – alleen betrekking op voorraden en niet op duurzame productiemiddelen: het is eveneens partieel substantialistisch.

13.2.4 Het ijzerenvoorraadstelsel

In de jaren twintig van de vorige eeuw werd Duitsland – na het verlies van de Eerste Wereldoorlog – geconfronteerd met een hyperinflatie. De Reichsmark verloor per dag ontzaglijk aan waarde. De gebreken van het nominalisme traden toen overduidelijk aan de dag. Uit die tijd dateert de anekdote van de spijkerhandelaar die bij elke verkoop enorme winsten boekte en die winsten ook aan de onderneming onttrok, maar daarna steeds minder spijkers kon terugkopen voor de volgende handelscyclus. Uiteindelijk hield hij één spijker over. Er is toen door de Duitse hoogleraar Schmalenbach een methode ontwikkeld om de voorraadresultaten wat betreft de goederenvoorraad geheel uit te schakelen: het ijzerenvoorraadstelsel. De *ijzeren voorraad* is de voorraad die noodzakelijk is om de normale bedrijfsactiviteiten uit te kunnen oefenen. Ten aanzien van deze voorraad worden de voorraadresultaten geheel geëlimineerd door deze voor een vaste prijs ('festwert') in de balans op te nemen. Als vaste prijs wordt de voor de ijzeren voorraad betaalde inkoopprijs (historische kostprijs) genomen. Bij oplopend prijspeil wordt er op de ijzeren voorraad dan ook geen winst geconstateerd. Voor de ijzeren voorraad is het stelsel daarmee substantialistisch. Omdat het ijzerenvoorraadstelsel alleen wordt toegepast op voorraden, is ook dit stelsel partieel substantialistisch.

Ijzeren voorraad

De omvang van de ijzeren voorraad is geen statisch gegeven; hij kan worden verhoogd of verlaagd indien de bedrijfsactiviteiten toe- of afnemen.
De ijzeren voorraad kan dus uit verschillende 'schijven' bestaan.
Bij verhoging van de ijzeren voorraad wordt de extra schijf gewaardeerd tegen de prijs die voor de uitbreiding betaald is.

VOORBEELD 13.1

De opbouw van de ijzeren voorraad van een bepaalde onderneming ziet er ultimo jaar t + 11 als volgt uit:

Invoering jaar t:	$10.000 \times €10 =$	€100.000
Uitbreiding jaar t + 6:	$3.000 \times €15 =$	€ 45.000
Uitbreiding jaar t + 11:	$2.000 \times €19 =$	€ 38.000
Waardering	15.000	€183.000

Bij verlaging van de ijzeren voorraad ligt het voor de hand uit de schijven te putten volgens de lifo-volgorde; er valt dan een deel van de zich in de voorraad bevindende stille reserve vrij.
Stel dat in dit voorbeeld de ijzeren voorraad in jaar t + 13 wordt verlaagd tot 12.000 stuks.

De samenstelling van de ijzeren voorraad wordt dan als volgt:

Eerste schijf	$10.000 \times €10$	€100.000
Tweede schijf	$2.000 \times €15$	€ 30.000
Waardering	12.000	€130.000

Surplus

De *werkelijke* voorraad kan uiteraard afwijken van de ijzeren voorraad. Indien de werkelijke voorraad groter is dan de ijzeren voorraad, spreken we van een *surplus*. Een surplus is niet noodzakelijk voor de normale bedrijfsactiviteiten en hoeft dan ook niet te worden vervangen. Wat betreft het surplus kan de winst daarom nominalistisch worden berekend. Dit wordt gerealiseerd door het surplus te waarderen tegen de historische kostprijs. Voor de bepaling van de historische kostprijs wordt gebruikgemaakt van de fifo-volgorde, dat wil zeggen dat het surplus gewaardeerd wordt tegen de meest recent betaalde inkoopprijzen.

Manco

Is de werkelijke voorraad kleiner dan de ijzeren voorraad, dan is er sprake van een *manco*. Om te waarborgen dat dit manco opgeheven kan worden, dient er een afwaardering plaats te vinden ter grootte van het manco × de op dat moment geldende inkoopprijs.

Het is in een mancosituatie mogelijk dat de voorraadwaardering negatief wordt. Indien de ijzerenvoorraadprijs in een ver verleden is vastgesteld, zal deze veelal ver onder de actuele inkoopprijs liggen waartegen het manco wordt afgewaardeerd. De afwaardering van het mancodeel kan dan de ijzerenvoorraadwaarde overschrijden.

Zie voor de waardering van de voorraad ook figuur 13.1.

FIGUUR 13.1   Voorraadwaardering bij toepassing van het ijzerenvoorraadstelsel

CENTRAAL VOORBEELD

Als we het ijzerenvoorraadstelsel toepassen op ons centrale voorbeeld en we beschouwen de beginvoorraad van 800 stuks als de ijzeren voorraad, dan geeft dit de volgende uitkomst:

Balans ultimo februari

Bestelauto		€38.000	Aandelenkapitaal	€40.000
Voorraad Q:			Lening	€10.000
800 × €10 =	€8.000		Winst februari	€ 750
100 × €15 =	−€1.500			
Kas		€ 6.500		
		€ 6.250		
		€50.750		€50.750

Resultatenrekening over februari

Opbrengst verkopen		€12.800
Kostprijs verkopen		
Waarde beginvoorraad	€ 8.000	
Inkopen: 400 × €13 + 300 × €14,50 =	€ 9.550 +	
	€17.550	
Waarde eindvoorraad	€ 6.500 −	
		€11.050
Transactieresultaat		€ 1.750
Afschrijvingskosten		€ 1.000
Winst		€ 750

De kostprijs verkopen is niet te berekenen door de afzet te vermenigvuldigen met de kostprijs per eenheid, omdat de voorraad niet per eenheid, maar in totaliteit wordt gewaardeerd. De kostprijs verkopen moet daarom berekend worden uit het verband tussen beginvoorraad, inkopen en eindvoorraad.

Resumerend kunnen we ten aanzien van de winstbepaling volgens het historischekostenstelsel in tijden van prijsstijging het volgende stellen:
- Bij de voorraden zullen er voorraadresultaten optreden die gedeeltelijk uitgeschakeld kunnen worden, als in plaats van fifo, de gemiddelde inkoopprijs of lifo gebruikt wordt. De voorraadresultaten worden volledig (voor wat betreft de ijzeren voorraad) geëlimineerd als het ijzerenvoorraadstelsel wordt toegepast.
- De voorraadresultaten die zich bij de vaste activa voordoen, worden niet uitgeschakeld. Gezien het langere tijdsverloop bij deze activa kunnen deze voorraadresultaten zeer aanzienlijk zijn.

13.3 Vermogensbepaling

De jaarrekening dient niet alleen een getrouw beeld van het resultaat te geven, maar ook van het (eigen) vermogen. De waarde van het vermogen is afhankelijk van de waardering van de activa en de passiva.
In tijden van prijsstijging schuilen er bij toepassing van historische kosten
Stille reserves   *stille reserves* in de materiële activa: ze staan in de balans voor een lager bedrag dan de op dat moment geldende inkoopprijs.

Voor de *voorraden* geldt dat de grootte van deze stille reserves afhankelijk is van de aanname over het verloop van de voorraad.
Bij fifo bestaat de voorraad uit de meest recente inkopen en zal de stille reserve relatief gering zijn. Hier speelt ook de omloopsnelheid van de voorraad een rol: naarmate deze hoger is, zal de stille reserve kleiner zijn; de periode tussen de meest recente inkopen en het balansmoment is dan immers klein.

Bij achtereenvolgens de gemiddelde inkoopprijs, individueel- en collectief-lifo zijn in de situatie van prijsstijgingen de stille reserves steeds groter. Bij het ijzerenvoorraadstelsel hebben we gezien dat de voorraadwaardering op de balans zelfs negatief kan zijn.
Het vervelende is dan ook dat, hoe beter bij een methode de voorraadresultaten uit de winst worden geëlimineerd, hoe slechter die methode scoort ten aanzien van de vermogensbepaling; zie hiervoor ook figuur 13.2.

FIGUUR 13.2 Vergelijking van historischekostprijsvarianten ten aanzien van de winst- en vermogensbepaling in geval van stijgende prijzen

| | | | Ind. | Coll. | IJzeren |
	Fifo	Gip	lifo	lifo	voorraad
Winstbepaling: Eliminatie voorraadresultaten	Slecht				Goed
Vermogensbepaling: Eliminatie stille reserves	Goed				Slecht

Over de vermogensbepaling ten aanzien van de voorraad nog de volgende opmerkingen:

- De uitvinder van het ijzerenvoorraadstelsel, Schmalenbach, achtte de slechte vermogensbepalende capaciteiten van zijn stelsel geen bezwaar: hij ging uit van de monistische balansopvatting (zie paragraaf 3.2). Volgens de monisten is een balans óf winstbepalend óf vermogensbepalend, maar kan hij onmogelijk 'twee heren dienen'.
- Indien een onderneming bij toepassing van lifo of het ijzerenvoorraadstelsel een betere vermogenspresentatie wil geven, zou dat kunnen door op balansdatum de voorraad op te waarderen naar de actuele inkoopprijs en het verschil te boeken op bijvoorbeeld een post Reserve waardestijgingen of door de actuele waarde in de toelichting op te nemen.

Wat betreft de *vaste activa* zal het duidelijk zijn dat bij prijsstijgingen aanzienlijke stille reserves kunnen ontstaan. Een belangrijke factor hierbij is de tijd gedurende welke een activum in het bezit is (zie voorbeeld 13.2).

VOORBEELD 13.2

Op een industrieterrein zijn ultimo 1998 twee identieke bedrijfshallen gebouwd en opgeleverd voor elk €100.000.

Bij bedrijf A, dat een van die hallen toen kocht en nog steeds in zijn bezit heeft, staat die hal (bij lineaire afschrijving in dertig jaar tot nihil) eind 2013 voor €50.000 op de balans.

Bij bedrijf B, dat de andere hal in 2013 net voor balansdatum van de oorspronkelijke eigenaar kocht voor €150.000, staat die hal eind 2013 voor dat bedrag te boek.

13.4 Prijsdaling

Tot nu toe zijn we uitgegaan van een periode van prijsstijging. In geval van dalende prijzen kan het historischekostenstelsel niet analoog worden toegepast, omdat we te maken krijgen met de *minimumwaarderingsregel*. Eerder hebben we gezien dat de balanswaardering van de activa naar beneden toe dient te worden bijgesteld als de *netto-opbrengstwaarde* lager is. Stel dat in ons centrale voorbeeld de vraag naar het goed Q ineens zodanig vermindert, dat de zich per eind februari op de balans bevindende voorraad slechts voor naar schatting €10 per stuk kan worden verkocht.

De voorraad dient dan afgewaardeerd te worden naar 700 × €10 = €7.000; deze afboeking komt ten laste van het resultaat.

Minimum-
waarderings-
regel

Netto-op-
brengstwaarde

Acomo is een holding met groepsmaatschappijen die handelen in voedings-grondstoffen, zoals zonnebloempitten, specerijen, kokos, noten, zuidvruchten en thee.

Per 31 december 2012 bedroeg de voorraad ruim €117 miljoen, 45% van het balanstotaal. De kostprijs van de omzet bedraagt meer dan 90% van de totale kosten.

In de toelichting op de jaarrekening over 2012 wordt inzake de grondslagen voor de waardering en winstbepaling het volgende vermeld:

'Voorraden worden opgenomen tegen kostprijs of lagere netto-opbrengst-waarde. Hierbij wordt de FIFO-methode gehanteerd. De kostprijs van gereed product en halffabrikaten zijn inclusief directe arbeidskosten en overige directe kosten alsmede een evenredig deel van de algemene productiekosten (gebaseerd op de normale bezetting), maar exclusief financieringskosten. Netto-opbrengstwaarden zijn gebaseerd op geschatte verkoopprijzen bij normale bedrijfsuitoefening minus de verwachte van toepassing zijnde variabele verkoopkosten.'

De minimumwaarderingsregel geldt ook voor de vaste activa. Toepassing is daar echter lastiger: vaste activa zijn niet, zoals voorraden, bestemd om verkocht te worden; ze worden gebruikt in de onderneming.

Afboeking naar lagere directe opbrengstwaarde is daarom niet relevant, tenzij die hoger is dan de indirecte opbrengstwaarde (ook wel bedrijfswaarde genoemd).

De Ondernemingskamer heeft dit in het arrest-Jongeneel bevestigd. Jongeneel voerde een extra afschrijving door op haar onroerend goed, omdat de getaxeerde verkoopwaarde lager was dan de waarde op basis van historische kosten. De Ondernemingskamer oordeelde de afboeking als niet juist, omdat uitgaande van 'going concern' de verkoopwaarde niet relevant is.

Realiseerbare waarde Voor de vaste activa moet bekeken worden of de *realiseerbare waarde* (dit is de hoogste van de directe en de indirecte opbrengstwaarde, zie paragraaf 6.3.7) lager is dan de boekwaarde op historischekostenbasis.

13.5 Regelgeving inzake historische kosten

In de paragrafen 6.3.8 (materiële vaste activa) en 7.2.4 (voorraden) is aangegeven dat zowel de IASB en de RJ als de Nederlandse wet historische kosten als waarderingsgrondslag toelaten.

Ten aanzien van de aanname van het voorraadverloop in geval van onderling vervangbare goederen, stelt de IASB dat in aanmerking komen de fifo-volgorde en de methode van de gemiddelde inkoopprijs (IAS 2.25); dit betekent dat de IASB toepassing van de lifo-volgorde en het ijzerenvoorraadstelsel niet toestaat. Zoals eerder in dit hoofdstuk is aangegeven, geschiedt de balanswaardering bij deze laatste twee systemen veelal tegen inkoopprijzen uit een ver verleden, met als gevolg dat er in de balans (grote) stille reserves ontstaan. Toepassing van lifo en het ijzerenvoorraadstelsel staat daarmee dan ook op gespannen voet met de eis dat de balans een getrouw beeld geeft van het (eigen) vermogen.

De RJ stelt dat het bij de voorraadwaardering gaat om opname in de balans van de *werkelijke* voorraad (RJ 220.301); dit lijkt erop dat ook de RJ uit dien hoofde zowel lifo als het ijzerenvoorraadstelsel niet aanvaardbaar acht: deze systemen gaan immers uit van inkoopprijzen die betrekking hebben op voorraden die al (lang) verkocht zijn. In richtlijn 220.317 gaat de RJ nader in op de lifo-methode en met name op collectief-lifo: gewezen wordt op het hiervoor genoemde, dat lifo leidt tot het gedeflatteerd weergeven van het eigen vermogen. Toch gaat de RJ niet zover dat het lifo-systeem wordt verboden, maar beveelt hij toepassing aan van fifo of van gemiddelde inkoopprijzen. Wordt toch lifo gehanteerd, dan eist de RJ – om het onvoldoende inzicht in het vermogen te compenseren – opname in de toelichting van de volgende informatie (RJ 220.507):

a De wijze waarop de lifo-methode wordt gehanteerd (individueel of collectief).

b De voorraadwaardering indien deze zou zijn gebaseerd op fifo, gemiddelde inkoopprijzen of actuele waarde voor zover dit leidt tot belangrijke verschillen in het eigen vermogen.

Binnen de Nederlandse wet is lifo – naast fifo en gemiddelde inkoopprijzen – expliciet toegestaan; aangegeven wordt dat de waardering van gelijksoortige bestanddelen van voorraden mag geschieden met toepassing van gewogen gemiddelde prijzen, van de regels 'eerst in, eerst uit' (fifo), 'laatst in, eerst uit' (lifo), of van soortgelijke regels (artikel 385.2). Deze bepaling ligt eraan ten grondslag dat de RJ de lifo-methode ook niet kan verbieden; de RJ kan immers nooit wettelijke opties verbieden. Het ijzerenvoorraadstelsel wordt door de wet niet genoemd.

In de paragrafen 6.3.7 (materiële vaste activa) en 7.2.4 (voorraden) is al aangegeven dat de in paragraaf 13.3 besproken minimumwaarderingsregel verankerd is in de regelgeving van zowel de IASB en de RJ als de Nederlandse wet, en derhalve moet worden toegepast.

De fiscale wetgeving schrijft toepassing van historische kosten voor. De belastingrechter heeft expliciet gesteld dat ook het ijzerenvoorraadstelsel toegepast mag worden op goederen die 'soortgelijk of althans soortverwant' zijn. Dit betekent dat fiscaal alle in dit hoofdstuk behandelde historischekostenvarianten zijn toegestaan. Aangezien het ijzerenvoorraadstelsel (voor wat betreft de ijzeren voorraad) voorraadresultaten geheel elimineert, is dit in tijden van prijsstijging belastingtechnisch het aantrekkelijkste stelsel.

© Noordhoff Uitgevers bv

14

Vervangingswaardestelsel

14.1   Essentie van het vervangingswaardestelsel
14.2   Bepalen van de vervangingswaarde
14.3   De normalevoorraadgedachte
14.4   Regelgeving inzake het vervangingswaardestelsel
14.5   Toepassing van het vervangingswaardestelsel in de praktijk

In dit hoofdstuk wordt het vervangingswaardestelsel besproken, dat is ontwikkeld als reactie op de tekortkomingen die het historischekostenstelsel in tijden van prijsveranderingen heeft. Deze tekortkomingen betreffen zowel de winst- als de vermogensbepaling.

In paragraaf 14.1 wordt de kern van het vervangingswaardestelsel toegelicht. De problemen die het vaststellen van de vervangingswaarde kan opleveren, komen in paragraaf 14.2 aan de orde.

Het vervangingswaardestelsel, zoals dat oorspronkelijk is ontwikkeld, kent een extra dimensie, namelijk de normalevoorraadgedachte. De gevolgen van het toepassen daarvan staan centraal in paragraaf 14.3.

Nadat de regelgeving inzake het vervangingswaardestelsel is vermeld (paragraaf 14.4), wordt ten slotte in paragraaf 14.5 bekeken in hoeverre het vervangingswaardestelsel (nog) in de praktijk wordt toegepast.

14.1 Essentie van het vervangingswaardestelsel

In hoofdstuk 13 hebben we geconstateerd dat het historischekostenstelsel in tijden van prijsstijging de volgende tekortkomingen heeft:
- Bij de winstbepaling worden gerealiseerde voorraadresultaten tot de winst gerekend, hoewel ze in feite aan de onderneming gebonden zijn, omdat bij uitkering het gevaar aanwezig is van uitholling van de voorraad productiemiddelen.
- Bij de vermogensbepaling schuilen in de activa stille reserves, waardoor het vermogen gedeflatteerd wordt weergegeven.

Wel hebben we in hoofdstuk 13 gezien dat er methoden zijn die ten aanzien van de goederenvoorraad de voorraadresultaten geheel (ijzerenvoorraadstelsel voor wat betreft de ijzeren voorraad) of gedeeltelijk (gemiddelde inkoopprijs en lifo) elimineren. Juist deze methoden leiden echter tot grotere stille reserves en daarmee tot een slechtere vermogenspresentatie.
Bij het historischekostenstelsel wordt in tijden van prijsstijging de rentabiliteit dan ook te hoog voorgesteld: de winst (teller) wordt te hoog weergegeven en het vermogen (noemer) te laag.

Het vervangingswaardestelsel slaagt erin om zowel de voorraadresultaten uit de winst te elimineren, als de stille reserves uit de waardering te halen. Zowel voor de waardering als voor de winstbepaling wordt uitgegaan van de vervangingswaarde; dit is de actuele prijs op de inkoopmarkt.
Herwaarderingsreserve Een cruciale rol wordt vervuld door de *herwaarderingsreserve*: bij prijsstijgingen op de inkoopmarkt van de activa wordt de waardering van de activa aan het nieuwe prijspeil aangepast. Deze opwaardering wordt echter niet als winst beschouwd, maar geboekt op de herwaarderingsreserve. In figuur 14.1 is dit weergegeven.

FIGUUR 14.1 Verwerking van een prijswijziging bij toepassing van het vervangingswaardestelsel

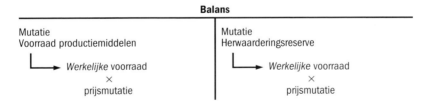

De herwaarderingsreserve stelt hiermee het bedrag van de vermogensstijging van de onderneming voor dat niet uitgekeerd mag worden, maar gebonden is aan de onderneming. De nominalistische gedachte 'elk overschot boven het begin eigen vermogen is winst', wordt hiermee losgelaten.

Omdat de boekwaarde van de activa aan het gestegen prijspeil is aangepast, wordt bij verkoop (goederenvoorraad) of verbruik (duurzame productiemiddelen) de actuele inkoopprijs als grondslag voor de kosten in de resultatenrekening genomen. Voorraadresultaten worden daarmee buiten de winst gehouden; het vervangingswaardestelsel is dan ook substantialistisch.

We merken hierbij op dat bij prijsdalingen ook de voorraad*verliezen* buiten het resultaat worden gehouden: deze worden immers afgeboekt van een eerdergevormde herwaarderingsreserve. Mocht de herwaarderingsreserve door prijsdalingen uitgeput raken, dan worden verdere prijsdalingen ten laste van het resultaat gebracht.

CENTRAAL VOORBEELD

We zullen nu ons centrale voorbeeld uitwerken volgens het vervangingswaardestelsel.

Op de balans komen ultimo februari de volgende posten voor:

Bestelauto
Deze wordt gewaardeerd tegen (een evenredig gedeelte) van de op dat moment geldende nieuwprijs.
Dit is $\frac{38}{40} \times €50.000 = €47.500$.

Voorraad Q
Deze wordt gewaardeerd tegen de vervangingswaarde van $700 \times €15 = €10.500$.

Herwaarderingsreserve bestelauto
Begin februari stijgt de inkoopprijs van de bestelauto met 25%. Volgens het vervangingswaardestelsel dient de boekwaarde van de bestelauto op dat moment met 25% verhoogd te worden. Dit bedrag wordt aan de passiefzijde verwerkt op de herwaarderingsreserve.

Balansmutatie 2 februari

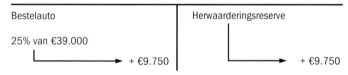

Dit leidt tot de volgende journaalpost:

0 Bestelauto	€9.750	
Aan 0 (Ongerealiseerde) Herwaarderingsreserve		€9.750

Op de herwaarderingsreserve wordt het extra bedrag geboekt dat nodig is om bij prijsstijging vervanging van de materiële activa te waarborgen. Het bedrag op deze balanspost is het bedrag dat extra (dat wil zeggen boven de historische kosten) te zijner tijd ten laste van het resultaat gebracht dient te worden. We spreken dan van 'realisatie' van de waardestijging en daarmee van de herwaarderingsreserve.

Vanaf februari wordt op de bestelauto op basis van nieuwe prijzen maandelijks €1.250 (€48.750/39) afgeschreven. Dit is €250 meer dan volgens oude prijzen het geval zou zijn geweest: de herwaarderingsreserve wordt zo maandelijks voor €250 gerealiseerd.

Ultimo februari worden dan de volgende journaalposten gemaakt:
van de afschrijving:

4 Afschrijvingskosten	€1.250	
Aan 0 Bestelauto		€1.250

van de realisatie van de herwaarderingsreserve als gevolg van deze afschrijving:

0 (Ongerealiseerde) Herwaarderingsreserve	€250	
Aan 0 (Gerealiseerde) Herwaarderingsreserve		€250

Herwaarderingsreserve voorraad Q
Op 6 februari stijgt de inkoopprijs van €10 naar €13. Op dat moment is de voorraad 800 stuks.

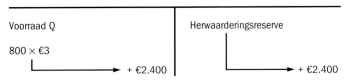

Balansmutatie 6 februari

Dit geeft de volgende journaalpost:

7 Voorraad Q	€2.400	
Aan 0 (Ongerealiseerde) Herwaarderingsreserve		€2.400

Voor de voorraad vindt realisatie plaats doordat bij verkoop de actuele inkoopprijs in plaats van de historische kosten als kostprijs van de verkopen genomen wordt.

Op 15 februari worden er 800 stuks verkocht. De kostprijs op basis van vervangingswaarde is dan €10.400 (800 × €13). Voor de volgorde van verkoop wordt ervan uitgegaan dat de oudste voorraden het eerst worden verkocht (dit is de fifo-volgorde); de historische kostprijs van de verkochte voorraad is dus €10; de herwaarderingsreserve wordt voor 800 × (€13 − €10) = €2.400 gerealiseerd.

Van deze verkoop wordt voor wat betreft de kostenkant de volgende journaalpost gemaakt:

8 Kostprijs verkopen	€10.400	
Aan 7 Voorraad Q		€10.400

Van de realisatie van de herwaarderingsreserve als gevolg van de verkoop:

0 (Ongerealiseerde) Herwaarderingsreserve	€2.400	
Aan 0 (Gerealiseerde) Herwaarderingsreserve		€2.400

Op 17 februari stijgt de inkoopprijs verder naar €14,50. De voorraad is op dat moment 400 stuks.

Balansmutatie 17 februari

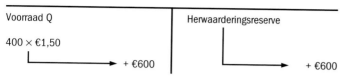

Journaalpost:

7 Voorraad Q   €600
Aan 0 (Ongerealiseerde) Herwaarderingsreserve   €600

Ten slotte stijgt de inkoopprijs op 28 februari tot €15. De voorraad is dan 700 stuks.

Balansmutatie 28 februari

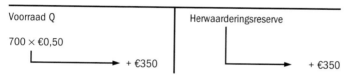

Journaalpost:

7 Voorraad Q   €350
Aan 0 (Ongerealiseerde) Herwaarderingsreserve   €350

De op 17 en 28 februari aanwezige goederen zijn eind februari nog onverkocht.
Dit betekent dat de op deze data ontstane herwaarderingsreserve van in totaal €950 ultimo februari nog geheel ongerealiseerd is.
Vanuit de op balansdatum aanwezige voorraad is dit bedrag als volgt te specificeren:

Aankoopdata	Stuks	Vervangingswaarde		Inkoopprijs		
10 februari	400 ×	(€15	–	€13)	=	€800
20 februari	300 ×	(€15	–	€14,50)	=	€150
						€950

Het voorgaande levert de volgende balans ultimo februari en resultatenrekening over februari op:

Balans ultimo februari (bedragen × €1)

Bestelauto	47.500	Aandelenkapitaal	40.000
Voorraad Q	10.500	Herwaarderingsreserve	
Kas	6.250	• Gerealiseerd:	
		– Bestelauto	250
		– Voorraad Q	2.400
		• Ongerealiseerd:	
		– Bestelauto	9.500
		– Voorraad Q	950
		Lening	10.000
		Winst februari	1.150
	64.250		64.250

Resultatenrekening over februari (bedragen × €1)

Opbrengst verkopen	12.800
Kostprijs verkopen	10.400
Transactieresultaat	2.400
Afschrijvingskosten	1.250
Winst	1.150

- -

Het verschil in winst tussen het vervangingswaardestelsel en het historische-kostenstelsel (uitgaande van de fifo-variant) wordt gevormd door de in de betreffende periode *gerealiseerde* herwaardering:

Winst op basis van vervangingswaarde		€1.150
Gerealiseerde voorraadresultaten in februari:		
• Bestelauto	€ 250	
(= verschil in afschrijvingskosten)		
• Voorraad Q	€2.400	
(= verschil in kostprijs verkopen)		
		€2.650 +
Winst op basis van historische kosten (fifo)		€3.800

Het verschil in de grootte van het eigen vermogen (vóór winstuitkering) is gelijk aan de *ongerealiseerde* herwaardering per balansdatum:

Eigen vermogen op basis van vervangingswaarde		€54.250
Ongerealiseerde voorraadresultaten:		
(= verschil in boekwaarde)		
• Bestelauto	€9.500	
• Voorraad Q	€ 950	
		€10.450 –
Eigen vermogen op basis van historische kosten (fifo)		€43.800

Voor de uitwerking van het historischekostenstelsel (uitgaande van fifo) wordt verwezen naar paragraaf 13.2.1.

De splitsing van de herwaarderingsreserve in een gerealiseerd en een ongerealiseerd deel geeft verder inzicht in het gebonden en het vrij uitkeerbare deel van het eigen vermogen. In paragraaf 8.3.1 hebben we immers gezien dat de ongerealiseerde herwaarderingsreserve niet in contanten uitkeerbaar is en daarmee is te beschouwen als aan de onderneming gebonden eigen vermogen. De gerealiseerde herwaardering – die overigens wettelijk niet onder de post Herwaarderingsreserve mag worden gepresenteerd (zie de paragrafen 8.3.1 en 14.5) – daarentegen is vrij uitkeerbaar.

Uit het voorgaande moge duidelijk zijn geworden dat uitkering van de gerealiseerde herwaardering in strijd is met de substantialistische winstopvatting; de gehele herwaardering is immers gebonden aan de onderneming om vervanging te waarborgen.

Overigens moet ook bij toepassing van het vervangingswaardestelsel de *minimumwaarderingsregel* in acht worden genomen. Als bij de voorraad de netto-opbrengstwaarde naar verwachting lager is dan de vervangingswaarde, dient naar dit lagere bedrag afgewaardeerd te worden. Deze afwaardering dient ten laste van het resultaat gebracht te worden en niet te worden afgeboekt van de herwaarderingsreserve: er zal immers vervangen moeten worden tegen vervangingswaarde. We gaan er daarbij van uit dat deze lagere netto-opbrengstwaarde incidenteel was; zou ze structureel zijn, dan is vervanging niet rationeel.

Bij vaste activa moet bekeken worden of de realiseerbare waarde (de hoogste van de directe en de indirecte opbrengstwaarde) lager is.

**Minimum-
waarderings-
regel**

De Accell Group, met een jaarlijkse omzet van zo'n €770 miljoen, opereert in de fietsenmarkt en voert in Nederland merken als Batavus, Sparta en Koga. Het concern is ook actief in andere Europese landen en in de Verenigde Staten. In de Tour de France rijdt de FDJ-ploeg op fietsen van Lapièrre, een groepsmaatschappij van Accell.

Accell past in haar jaarrekening vervangingswaarde toe. De toelichting op de jaarrekening 2012 vermeldt: 'Bedrijfsgebouwen en terreinen worden gewaardeerd tegen de reële waarde op herwaarderingsdatum, zijnde de actuele waarde, rekening houdend met de verstreken gebruiksduur......... De reële waarde wordt bepaald door erkende onafhankelijke taxateurs aan de hand van beschikbare marktgegevens.'

In het mutatieoverzicht van het eigen vermogen is het volgende overzicht opgenomen.

III. Herwaarderingsreserve

De herwaarderingsreserve wordt gevormd bij herwaardering van bedrijfsgebouwen en terreinen tegen reële waarde, rekening houdend met uitgestelde
belastingverplichtingen.

(in duizenden euro's)	
Stand per 31 december 2011	7.800
Herwaardering land en gebouwen	2.515 −
Mutatie belastinglatentie	519
Realisatie herwaarderingsreserve	109 −
Stand per 31 december 2012	5.695

De vervangingswaarde van de bedrijfsgebouwen en terreinen is gedaald: er
is voor een bedrag van ruim €2,5 miljoen negatief geherwaardeerd. Dit bedrag is afgeboekt van de herwaarderingsreserve. In de toelichting staat: 'Indien bedrijfsgebouwen en terreinen dienen te worden afgewaardeerd, wordt
dit ten laste van het resultaat verantwoord. Echter, indien en voor zover de
afwaardering een, in een voorgaande periode, ten gunste van de herwaarderingsreserve verantwoorde herwaardering terugneemt, wordt de afwaardering ten laste van de herwaarderingsreserve verantwoord.'
De realisatie van de herwaarderingsreserve door afschrijving en/of desin-
vestering is overgeboekt naar de overige reserves. De als gevolg van toepassing van het vervangingswaardestelsel ontstane voorziening voor belastinglatenties zal in hoofdstuk 19 worden besproken.
Accell gebruikt historische kosten voor de waardering van de overige vaste
activa en de voorraden.

14.2 Bepalen van de vervangingswaarde

Het waarderingsprobleem is bij het vervangingswaardestelsel groter dan bij
het historischekostenstelsel; bij het laatste hoeft men slechts de facturen van
de leveranciers voor de dag te halen om te weten tegen welk bedrag de productiemiddelen op de balans voor moeten komen. Uiteraard speelt bij de
vaste activa nog wel de afschrijvingsproblematiek.
Bij het vervangingswaardestelsel dient men zich steeds af te vragen: wat zou
ik op dit moment voor de productiemiddelen moeten betalen?
In ons centrale voorbeeld is deze vraag gemakkelijk te beantwoorden: zowel
van de voorraden handelsgoederen als van de bestelauto zijn marktprijzen
voorhanden. Indien er bijvoorbeeld ook een bedrijfspand in eigendom is,
wordt de zaak al gecompliceerder. Daarvan zal de vervangingswaarde geschat moeten worden. Om elk jaar alleen voor dit doel een taxateur te laten
komen zal op bezwaren stuiten. Een 'second best'-oplossing kan dan zijn een
bepaalde specifieke index (bijvoorbeeld van de bouwkosten) te gebruiken.
Echt problematisch wordt de waardering in de situatie van *technisch niet-
identieke vervanging*. Door de technologische ontwikkelingen komt vervanging door eenzelfde productiemiddel als het oude steeds minder voor. Bij

**Technisch
niet-identieke
vervanging**

vervanging kiest men veelal voor het nieuwste type dat op dat moment op de markt is. Hierbij dient echter nadrukkelijk gesteld te worden dat het vervangingswaardestelsel als uitgangspunt neemt de inkoopprijs van een vervangend productiemiddel, als *op dit moment* vervangen zou worden. Het spreekt zich dus niet uit over de vraag hoe in de toekomst de feitelijke vervanging zal geschieden.

VOORBEELD 14.1
Een onderneming beschikt over een computersysteem van het type A. Vervanging is pas over drie jaar aan de orde. Op dit moment is er al een nieuwer type B op de markt, over drie jaar is er waarschijnlijk type C.
De vervangingswaarde van het huidige computersysteem dient gebaseerd te zijn op de prijs van type B. Een complicatie kan overigens zijn dat type B wellicht betere prestaties (grotere geheugencapaciteit, snellere verwerkingstijd) levert dan A. De meerwaarde van die betere prestaties zou dan geëlimineerd moeten worden bij het bepalen van de vervangingswaarde van A. Praktisch zal dit nauwelijks uitvoerbaar zijn.

De problemen die optreden bij het bepalen van de vervangingswaarde worden vaak als argument gebruikt om niet het vervangingswaardestelsel, maar het historischekostenstelsel te gebruiken.
In feite doet zich hier dezelfde soort controverse voor als bij de afweging tussen het boekhoudkundig en economisch waardebegrip (zie hoofdstuk 2): enerzijds is er de *relevantie* van het desbetreffende waardebegrip, anderzijds de *mate van subjectiviteit* en daarmee samenhangend de vraag of het winstcijfer controleerbaar is. Bij toepassing van de vervangingswaarde moeten er meer schattingen gemaakt worden dan bij het historischekostenstelsel. Een jaarrekening op basis van vervangingswaarde verschaft echter meer relevante informatie. De woorden van Keynes navolgend zou men kunnen stellen: het is beter tot een ongeveer juiste waardering te komen (vervangingswaarde), dan tot een precies foute (historische kosten).

14.3   De normalevoorraadgedachte

Paragraaf 14.3.1 gaat in op de theoretische onderbouwing van de normalevoorraadgedachte. De gevolgen van het toepassen ervan worden behandeld in de paragrafen 14.3.2 (inhaalafschrijvingen) en 14.3.3 (speculatieresultaten). Paragraaf 14.3.4 geeft aan wat de invloed van het diversiteitsverschijnsel op de benodigde inhaalafschrijvingen is.

14.3.1   Theoretische achtergrond

Het vervangingswaardestelsel is in Nederland – in navolging van Schmidt in Duitsland – rond 1920 ontwikkeld door de accountant en hoogleraar Th. Limperg jr.
Naast de uitgangspunten, zoals die in paragraaf 14.1 zijn behandeld, kent Limperg nog een extra dimensie. Hij beschouwt als winst het bedrag dat aan de eigenaren van de onderneming uitgekeerd zou kunnen worden, zonder daarbij de onderneming als inkomensbron aan te tasten. De productiecapaciteit van de onderneming dient aan het einde van een periode dus veiligge-

14

Verteerbaar inkomen

steld te zijn; het meerdere is winst en kan desgewenst uitgekeerd worden.
Winst is *verteerbaar inkomen*.

Handhaving van de productiecapaciteit wordt bereikt door zo veel vermogen aan de onderneming te binden dat altijd beschikt kan worden over een 'normale' hoeveelheid productiemiddelen.

Normale voorraad

Deze *normale voorraad* ligt 'onder de klem van de vervanging'. De *normale-voorraadgedachte* heeft niet alleen – zoals de term kan suggereren – betrekking op voorraden, maar ook op duurzame productiemiddelen. Ook deze zijn immers te beschouwen als voorraden (namelijk van werkeenheden).

De opvatting van Limperg leidt vrijwel altijd tot een ander winstbedrag dan de uitwerking van het vervangingswaardestelsel zoals die in paragraaf 14.1 is gegeven.

VOORBEELD 14.2

Een onderneming beschikt over een machine die destijds is gekocht voor €100.000 en waarvan de restwaarde op nihil is gesteld.

Een dag voordat de machine buiten gebruik gesteld wordt en zal worden vervangen door een nieuwe, bericht de leverancier dat hij de prijs van deze machine verhoogd heeft tot €120.000.

Volgens de uitwerking van het vervangingswaardestelsel in paragraaf 14.1 is het totale afschrijvingsbedrag op deze machine €100.000. Immers, op het moment van prijsstijging ontstaat er geen herwaardering meer, omdat de boekwaarde dan al tot nihil is afgeschreven.

Voor de aanschaf van een nieuwe machine is echter €120.000 nodig. De onderneming dient voor haar bedrijfsuitoefening altijd over een machine te beschikken; deze hoort daarom tot de 'normale voorraad' productiemiddelen.

In de opvatting van Limperg dient dan ook €20.000 op de herwaarderingsreserve te worden vastgehouden.

Een analoge redenering kan worden gehouden ten aanzien van de goederenvoorraad. Indien een handelsonderneming toevallig op het moment dat de inkoopprijs van de handelsgoederen stijgt, een voorraad van nihil heeft, zou er volgens de uitwerking van het vervangingswaardestelsel in paragraaf 14.1 geen herwaarderingsreserve ontstaan. Ervan uitgaande dat de onderneming over een bepaalde normale hoeveelheid handelsgoederen moet kunnen beschikken, zou volgens de opvatting van Limperg de herwaarderingsreserve bijgeboekt moeten worden met het bedrag dat noodzakelijk is om vervanging van de normale voorraad goederen te waarborgen.

Volgens Limperg moet dus op de herwaarderingsreserve de prijswijziging van de *normale* voorraad productiemiddelen worden gemuteerd, terwijl aan de actiefzijde van de balans de activa worden aangepast aan de prijswijziging van de *werkelijke* voorraad productiemiddelen. Dit betekent dat er op het moment van prijswijziging een resultaat ontstaat indien op dat moment de werkelijke voorraad afwijkt van de normale (zie ook figuur 14.2).

FIGUUR 14.2 Verwerking van een prijswijziging bij toepassing van
de normalevoorraadgedachte

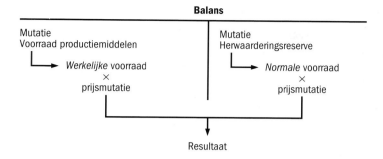

Dit resultaat kan zich op twee manieren voordoen:
1 als inhaalafschrijving, bij prijsveranderingen van de duurzame productiemiddelen (zie paragraaf 14.3.2)
2 als speculatieresultaat, bij prijsveranderingen van de goederenvoorraad (zie paragraaf 14.3.3)

14.3.2   Inhaalafschrijvingen

We zullen nu de inhaalafschrijvingen uitwerken aan de hand van het centrale voorbeeld.

- -

CENTRAAL VOORBEELD

Op 2 februari wordt de waardering van de bestelauto met 25% van de boekwaarde van €39.000 verhoogd: toename €9.750.
Om vervanging van de auto te waarborgen wordt op de herwaarderingsreserve 25% van de nieuwwaarde van €40.000 geboekt: toename €10.000.

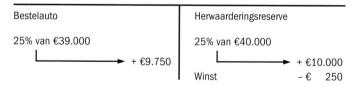

Het resultaat van –€250 ontstaat door een inhaalafschrijving: in januari is €1.000 afgeschreven op basis van de toen geldende vervangingswaarde van €40.000. Door latere stijging van deze vervangingswaarde naar €50.000 (€1.250 afschrijving per maand) is er in januari €250 te weinig afgeschreven. Dit wordt hersteld via een inhaaloperatie op het moment van prijsstijging. De afschrijving op de reeds verbruikte werkeenheden (de *mancopositie*) wordt dus aangepast aan de gestegen prijzen. Een inhaalafschrijving is derhalve te omschrijven als de waardestijging van de reeds verbruikte werkeenheden, in dit voorbeeld 25% van €1.000 = €250.

Mancopositie

14

De journaalpost van de prijsstijging luidt nu als volgt:

0 Bestelauto	€9.750	
9 Inhaalafschrijving	€ 250	
Aan 0 (Ongerealiseerde) Herwaarderingsreserve		€9.750
Aan 0 (Gerealiseerde) Herwaarderingsreserve		€ 250

Zoals uit de journaalpost blijkt, is de herwaarderingsreserve direct voor €250
gerealiseerd, dit vanwege de inhaalafschrijving: deze wordt immers direct
ten laste van het resultaat gebracht.

We hebben al eerder gezien dat de ongerealiseerde herwaarderingsreserve
ten bedrage van €9.750 gerealiseerd wordt op het moment dat de boekwaar-
destijging van de bestelauto via de reguliere afschrijvingen ten laste van het
resultaat wordt gebracht: maandelijks is dit €250 (€9.750/39). Ten aanzien
van de bestelauto is de verdere uitwerking dan ook gelijk aan die van het
vervangingswaardestelsel zoals in paragraaf 14.1 behandeld.
Voor de volledigheid herhalen we de journaalposten:
van de afschrijving:

4 Afschrijvingskosten	€1.250	
Aan 0 Bestelauto		€1.250

van de realisatie van de herwaarderingsreserve als gevolg van de afschrijving:

0 (Ongerealiseerde) Herwaarderingsreserve	€250	
Aan 0 (Gerealiseerde) Herwaarderingsreserve		€250

Indien de bestelauto nu aan het eind van zijn levensduur moet worden
vervangen en de vervangingswaarde dan nog steeds €50.000 is, wordt dit
bedrag als volgt verkregen:

Uit afschrijving op basis van historische kosten	€40.000
Via extra reguliere afschrijving als gevolg van de boekwaardestijging op 2 februari	€ 9.750
Door middel van de inhaalafschrijving	€ 250

	€50.000

Opgemerkt wordt nog dat bij daling van de prijs van een duurzaam productiemiddel de inhaalafschrijving negatief wordt en derhalve een winst oplevert. Op basis van de nieuwe prijzen is er in het verleden immers meer afgeschreven dan nodig is voor de vervanging; dit kan dan worden gecorrigeerd
door het te veel afgeschrevene nu als bate ten gunste van het resultaat te
brengen.
In figuur 14.3 is de verwerking van een prijswijziging van een duurzaam productiemiddel bij toepassing van de normalevoorraadgedachte nog eens samengevat weergegeven.

FIGUUR 14.3 Verwerking van een prijswijziging van een duurzaam productiemiddel

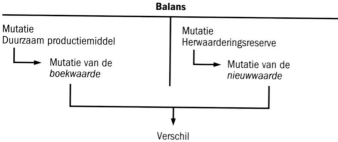

14.3.3 Speculatieresultaten

We zullen nu het centrale voorbeeld uitwerken voor de voorraad Q.

CENTRAAL VOORBEELD

We gaan er nu van uit dat de onderneming steeds over 800 stuks voorraad wil kunnen beschikken; dit is dus de normale voorraad. Op de herwaarderingsreserve wordt dan bij elke prijswijziging de prijsmutatie van de normale voorraad geboekt.

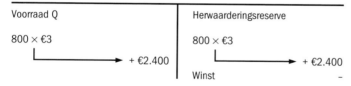

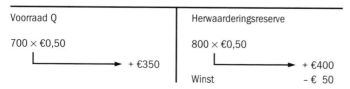

Voor de voorraden is de verwerking analoog aan de duurzame productie-middelen.

Op het moment van een prijsverandering wordt de voorraadwaardering aangepast met de *werkelijke* voorraad × de prijsmutatie, terwijl de herwaarderingsreserve wordt gemuteerd met de *normale* voorraad × de prijswijziging. Indien de werkelijke voorraad op het moment van de prijsmutatie afwijkt van de normale, ontstaat er een resultaat; dit wordt het speculatieresultaat genoemd. Er kan sprake zijn van speculatieverliezen en speculatiewinsten.

Speculatieverliezen

Speculatieverliezen doen zich in de volgende situaties voor:

- Indien bij een prijsstijging de werkelijke voorraad kleiner is dan de normale voorraad (we spreken dan van een *negatieve speculatieve voorraad*): de onderneming verzuimde tijdig de voorraad weer op het normale peil te brengen; daardoor zal vervanging tegen hogere prijzen dienen te geschieden. In ons voorbeeld is hiervan op 17 februari en op 28 februari sprake.

Negatieve speculatieve voorraad

- Wanneer er sprake is van een prijsdaling terwijl de werkelijke voorraad groter is dan de normale (er is dan sprake van een *positieve speculatieve voorraad*); in zo'n geval was het beter geweest de vervangende inkopen nog even uit te stellen.

Positieve speculatieve voorraad

Speculatieverliezen worden onmiddellijk genomen.

Speculatiewinsten

Speculatiewinsten ontstaan als bij:

- prijsstijging de werkelijke voorraad groter is dan de normale;
- prijsdaling de werkelijke voorraad kleiner is dan de normale.

In die gevallen is goed geanticipeerd op prijsveranderingen.

Speculatiewinsten worden pas genomen als ze zijn gerealiseerd, dat wil zeggen op het moment dat de positieve speculatieve voorraad wordt verkocht (eerste situatie) of de negatieve speculatieve voorraad door inkoop wordt aangevuld (tweede situatie).

Verder wordt in geval van een positieve speculatieve voorraad verondersteld dat bij verkoop eerst de speculatieve voorraad wordt verkocht en dan pas de normale: de positieve speculatieve voorraad is immers niet gebonden aan de onderneming en wordt daarom geacht het eerst te worden verkocht. We hebben al aangegeven (paragraaf 14.1) dat we er voor de volgorde van de verkopen van uitgaan dat de oudste voorraad het eerst wordt verkocht (de fifo-volgorde).

CENTRAAL VOORBEELD

Van het totaal van de prijsstijgingen in ons centrale voorbeeld wordt de volgende journaalpost gemaakt:

7 Voorraad Q	€3.350	
9 Speculatieverliezen	€ 650	
Aan 0 (Ongerealiseerde) Herwaarderingsreserve		€3.350
Aan 0 (Gerealiseerde) Herwaarderingsreserve		€ 650

Net als bij de bestelauto het geval was, stelt de €4.000, die in totaal wegens de voorraad op de herwaarderingsreserve is geboekt, het bedrag voor dat aan de onderneming is gebonden om vervanging te waarborgen. Dit bedrag dient dan ook ten laste van het resultaat te worden gebracht.

De speculatieverliezen worden onmiddellijk ten laste van het resultaat gebracht; de herwaarderingsreserve wordt dus op het moment van prijsstijging direct voor het bedrag van de speculatieverliezen gerealiseerd. Verder vindt realisatie plaats op het moment van verkoop van de in prijs gestegen voorraad.

De op 6 februari in waarde gestegen voorraad wordt op 15 februari in zijn geheel verkocht.

De journaalposten die nu volgen zijn hetzelfde als in paragraaf 14.1; volledigheidshalve geven we ze hier nog een keer:

8 Kostprijs verkopen	€10.400	
Aan 7 Voorraad Q		€10.400

0 (Ongerealiseerde) Herwaarderingsreserve	€ 2.400	
Aan 0 (Gerealiseerde) Herwaarderingsreserve		€ 2.400

(dit is weer het verschil tussen de kostprijs op basis van vervangingswaarde en die op basis van historische kosten)

De op 17 en 28 februari aanwezige in prijs gestegen goederen zijn ultimo februari nog onverkocht. Dit betekent dat de op deze momenten geboekte herwaarderingsreserve ten bedrage van €950 ultimo februari nog ongerealiseerd is.

In figuur 14.4 is de verwerking van de voorraden in geval van een prijswijziging bij toepassing van de normalevoorraadgedachte schematisch weergegeven.

Een en ander leidt voor het centrale voorbeeld tot de volgende balans ultimo februari en resultatenrekening over februari:

Balans ultimo februari (bedragen × €1)

Bestelauto	47.500	Aandelenkapitaal	40.000
Voorraad Q	10.500	Herwaarderingsreserve	
Kas	6.250	• Gerealiseerd:	
		– Bestelauto	500
		– Voorraad Q	3.050
		• Ongerealiseerd:	
		– Bestelauto	9.500
		– Voorraad Q	950
		Lening	10.000
		Winst februari	250
	64.250		64.250

FIGUUR 14.4 Verwerking van een prijswijziging van de voorraad goederen

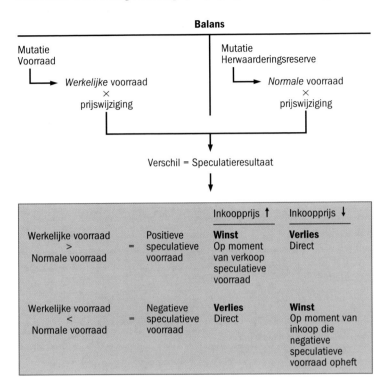

Resultatenrekening over februari (bedragen × E1)

Opbrengst verkopen		12.800
Kostprijs verkopen		10.400
Transactieresultaat		2.400
Afschrijvingskosten (reguliere afschrijving)		1.250
Winst op basis van vervangingswaarde (conform paragraaf 14.1)		1.150
Correcties als gevolg van toepassing van de normalevoorraadgedachte:		
• Speculatieverliezen	650	
• Inhaalafschrijving	250	
		900
Winst		250

De winst is €900 lager dan die bij het vervangingswaardestelsel zoals behandeld in paragraaf 14.1. Dit wordt veroorzaakt door het totaal van de speculatieverliezen en de inhaalafschrijving, die in paragraaf 14.1 niet voorkwamen. Dit bedrag van €900 is volgens de opvattingen van Limperg nodig om – naast de realisatie van de in waarde gestegen aanwezige voorraad productiemiddelen – aanvulling tot normale voorraad te waarborgen en wordt daarom ten laste van de winst extra toegevoegd aan de (gerealiseerde) herwaarderingsreserve.

Er is een verband te leggen tussen de kostprijs van de verkopen op basis van het vervangingswaardestelsel met toepassing van de normalevoorraadgedachte en de kostprijs van de verkopen berekend volgens het ijzerenvoorraadstelsel. In paragraaf 13.2.4 hebben we gezien dat het ijzerenvoorraadstelsel de voorraadresultaten van de *ijzeren* voorraad geheel uit de winst elimineert. Bij het vervangingswaardestelsel – zoals in deze paragraaf uitgewerkt – gebeurt hetzelfde, maar dan van de *normale* voorraad. Indien de ijzeren voorraad gelijk is aan de normale voorraad (zoals in het centrale voorbeeld het geval is), hebben deze stelsels ten aanzien van de voorraden dezelfde substantialistische werking en zal de kostprijs van de verkopen gelijk zijn. Toegepast op het centrale voorbeeld:

Kostprijs verkopen op basis van vervangingswaarde	€ 10.400
Speculatieresultaten	€ 650
Kostprijs volgens het ijzerenvoorraadstelsel (zie paragraaf 13.2.4)	€ 11.050

Een dergelijk verband is niet aanwezig bij de duurzame productiemiddelen. Het ijzerenvoorraadstelsel wordt immers alleen toegepast op voorraden, terwijl de afschrijvingen worden bepaald op basis van historische kosten: prijsstijgingen worden niet buiten de winst gehouden.
Het vervangingswaardestelsel daarentegen gaat voor de afschrijvingen uit van actuele prijzen en houdt daarmee ook de voorraadresultaten op de duurzame productiemiddelen buiten het resultaat.

14.3.4   Het diversiteitsverschijnsel
In paragraaf 14.3.2 hebben we kennisgemaakt met het fenomeen 'inhaalafschrijving'.
Inhaalafschrijvingen zijn theoretisch noodzakelijk als er sprake is van één activum of van meerdere activa die alle op hetzelfde moment zijn aangeschaft en op hetzelfde moment zullen worden vervangen. Er is dan geen sprake van diversiteit in leeftijd en levensduur.
Indien er echter meerdere activa van dezelfde soort zijn, die op verschillende momenten zijn aangeschaft, zal de totale vermogensbehoefte in de tijd een stabieler verloop vertonen en wordt de noodzaak tot het doen van inhaalafschrijvingen minder. Indien de diversiteit van aanschaf zodanig perfect wordt, dat er een ideaalcomplex (zie paragraaf 6.3.5) ontstaat, kunnen inhaalafschrijvingen in sommige gevallen achterwege blijven.

- -

VOORBEELD 14.3
Een onderneming bezit op 1 januari van jaar t één nieuwe bestelauto, één 1 jaar oude bestelauto en één 2 jaar oude bestelauto. De auto's zijn alle aangeschaft voor €40.000 en worden in drie jaar met gelijke bedragen per jaar tot nihil afgeschreven.
Telkens wordt op 1 januari de oudste auto vervangen door een nieuwe. Op 2 januari stijgt de nieuwwaarde van een auto met 25% tot €50.000.
Op 1 januari (na vervanging) bedraagt de boekwaarde van de auto's €80.000 (€40.000 + €26.667 + €13.333). Door de stijging van de nieuwwaarde wordt de boekwaarde verhoogd met €20.000 (25% van €80.000).

Als gevolg van deze aanpassing worden de afschrijvingen direct aangepast aan de gestegen prijzen; deze worden nu jaarlijks in totaal €50.000 (€50.000 ×

3 auto's / 3 jaar). Dit is precies voldoende om op 1 januari van het volgend jaar een nieuwe auto te kunnen kopen; inhaalafschrijvingen zijn nu niet nodig. Aan de herwaarderingsreserve hoeft slechts de stijging van de *boek*waarde te worden toegevoegd.

Inhaalafschrijvingen kunnen bij een ideaalcomplex achterwege blijven als de prijsstijging nét na het moment van vervanging optreedt. De voorraad is dan gelijk aan de normale voorraad; op dat moment is er geen mancovoorraad werkeenheden. Dit is wel het geval als de prijsstijging later in de tijd optreedt: inhaalafschrijving zal dan wel noodzakelijk zijn; de hoogte hiervan is afhankelijk van de mancopositie.

Stel dat de prijsstijging niet op 2 januari maar op 1 juli plaatsvindt.
De afschrijving over het hele jaar wordt nu:

- 1/1 t/m 30/6: €40.000 × 3 / 3 × 0,5 =   €20.000
- 1/7 t/m 31/12: €50.000 × 3 / 3 × 0,5 =   €25.000

  €45.000

Om nu op 1 januari van het volgend jaar een nieuwe bestelauto te kunnen kopen is een inhaalafschrijving nodig van €50.000 – €45.000 = €5.000.
Dit kan ook weer worden berekend vanuit de mancopositie. Na vervanging op 1 januari van de oudste bestelauto is de normale voorraad werkeenheden aangevuld.
Tot het moment van prijsstijging op 1 juli is er een halve bestelauto afgeschreven ($3 \times \frac{1}{3} \times \frac{1}{2}$). Op 1 juli is er dus een mancopositie van een halve auto. We hebben eerder al gezien dat de inhaalafschrijving te berekenen valt door de mancopositie te vermenigvuldigen met de prijsstijging, ofwel 0,5 × €10.000 = €5.000.

- -

14.4 Regelgeving inzake het vervangingswaardestelsel

Er bestaan ten aanzien van het gebruik van het vervangingswaardestelsel enige verschillen tussen de regelgeving van de IASB enerzijds en die van de RJ en de Nederlandse wet anderzijds (zie ook tabel 14.1).
In de *eerste* plaats is – zoals we in de hoofdstukken 6 en 7 gezien hebben – *het toepassingsgebied* anders: volgens de IASB is de mogelijkheid om het vervangingswaardestelsel toe te passen beperkt tot de immateriële en de materiële vaste activa. Voorraden dienen gewaardeerd te worden op historische kosten. De RJ en de wet staan vervangingswaarde ook toe voor voorraden.
In de *tweede* plaats is de *invulling* van het begrip actuele waarde verschillend. Het hiervoor genoemde verschil in toepassingsgebied houdt hiermee verband: de IASB beschouwt – zoals we al een aantal keren hebben aangegeven – de reële waarde (zijnde de verkoopwaarde) als actuele waarde. De wet en de RJ gaan voor de invulling van de actuele waarde uit van het 'Besluit actuele waarde'. In de paragrafen 6.3.8 en 7.2.4 hebben we gezien dat dit Besluit aangeeft dat bij toepassing van actuele waarde normaliter moet worden gewaardeerd op vervangingswaarde.
Verkoopprijs en vervangingswaarde zullen nagenoeg samenvallen als het gaat om een rechtstreekse transactie tussen partijen. Als onderneming A haar pand verkoopt aan onderneming B, is de totstandgekomen prijs voor A

de verkoopprijs en voor B de vervangingswaarde. Makelaarsprovisie en dergelijke veroorzaken kleine verschillen tussen de twee waarden.

Voor voorraden handelsgoederen geldt echter wel een fundamenteel verschil tussen verkoopprijs en vervangingswaarde. Indien de IASB ook voor handelsgoederen waardering op reële waarde zou toestaan, dan zou dit betekenen dat een handelsonderneming nooit winst zou maken: het hele verschil tussen aankoop- en verkoopprijs zou dan immers in de herwaarderingsreserve zitten. Vandaar dat voorraden door de IASB uitgesloten zijn van waardering op actuele waarde.

In de *derde* plaats zijn – zoals we in paragraaf 8.3.1 gezien hebben – de voorschriften in geval van *realisatie* van de herwaarderingsreserve anders: de IASB verplicht in dat geval niet tot afboeking van de herwaarderingsreserve, de RJ en de wet verplichten daartoe wel.

In de *vierde* plaats zijn – zoals eveneens in paragraaf 8.3.1 besproken – de regels anders in geval van *vrijval* van de herwaarderingsreserve: volgens de IASB dient overboeking plaats te vinden naar een andere post van het eigen vermogen; de RJ en de wet staan daarnaast ook toe dat de vrijval ten gunste van het resultaat wordt gebracht.

In de *vijfde* en laatste plaats valt er nog een verschil te constateren ten aanzien van de vraag in hoeverre *de invloed van belastingheffing* in de herwaarderingsreserves tot uiting dient te komen. De IASB schrijft voor dat er een voorziening voor latente belastingverplichtingen gevormd wordt; de RJ en de wet leggen hiervoor geen verplichting op, al geeft de RJ wel aan een sterke voorkeur te hebben voor vorming van een voorziening. Op dit laatste punt wordt in paragraaf 19.4.2 nader ingegaan.

TABEL 14.1 Verschillen gebruik actuele waarde IASB en RJ/wet

IASB	RJ/wet
Mag toegepast worden op immateriële vaste activa en materiële vaste activa	Mag toegepast worden op immateriële vaste activa, materiële vaste activa en voorraden
Als actuele waarde wordt beschouwd de reële waarde	Als actuele waarde geldt in principe de vervangingswaarde
In geval van realisatie hoeft de herwaarderingsreserve niet te worden afgeboekt	In geval van realisatie moet de herwaarderingsreserve worden afgeboekt
Herwaarderingsreserve mag niet vrijvallen ten gunste van het resultaat	Herwaarderingsreserve mag vrijvallen ten gunste van het resultaat
Vorming voorziening latente belastingverplichtingen verplicht	Vorming voorziening latente belastingverplichtingen niet verplicht

Uit het voorgaande (en het vermelde in paragraaf 8.3.1) mag duidelijk zijn geworden dat de uitwerking van het vervangingswaardestelsel in ons centrale voorbeeld door de regelgeving niet onverkort is toegelaten: artikel 390.3 schrijft immers voor dat de gerealiseerde herwaarderingsreserve wordt overgeboekt, naar bijvoorbeeld de post Overige reserves. Dit geldt niet alleen voor de ondernemingen die voor het opstellen van hun jaarrekening de Nederlandse verslaggevingsvoorschriften hanteren, maar ook voor die ondernemingen die daarvoor (verplicht of vrijwillig) uitgaan van IFRS. In paragraaf 4.1 hebben we immers gezien dat artikel 362.9 voorschrijft dat artikel 390 ook toegepast moet worden voor die ondernemingen die hun jaarrekening opstellen op basis van IFRS.

Ten aanzien van hantering van de minimumwaarderingsregel zijn de regelgevers eensgezind: in de paragrafen 6.3.7 (materiële vaste activa) en 7.2.4 (voorraden) is al aangegeven dat de in paragraaf 14.1 besproken minimumwaarderingsregel verankerd is in de regelgeving van zowel de IASB en de RJ als de Nederlandse wet en derhalve moet worden toegepast.

Fiscaal is het vervangingswaardestelsel niet toegestaan: afgezien van mutaties in de kapitaalsfeer wordt iedere nominale toename van het eigen vermogen als winst aangemerkt.

14.5 Toepassing van het vervangingswaardestelsel in de praktijk

Nederland heeft (dank zij Limperg) een lange traditie wat betreft het toepassen van het vervangingswaardestelsel. Vooral Philips is hierbij toonaangevend geweest door in de loop der jaren haar jaarrekening volgens een aantal varianten van het vervangingswaardestelsel op te stellen. De *Philips-varianten* hebben zich jarenlang in de warme belangstelling van accountants mogen verheugen.

Philips-varianten

Tot in het begin van de jaren negentig van de vorige eeuw werd door de beursgenoteerde ondernemingen in vrij grote mate gebruik van vervangingswaarde gemaakt. Vaak was dit slechts een partiële toepassing, dat wil zeggen dat de jaarrekening deels op historische kosten en deels op vervangingswaarde was gebaseerd, bijvoorbeeld waardering van de materiële activa op historischekostenbasis en resultaatbepaling op vervangingswaarde, of toepassing van vervangingswaarde voor duurzame productiemiddelen en van historische kosten voor de voorraden. In paragraaf 3.1 hebben we gezien dat partiële toepassing in strijd is met de eis van gelijktijdige bestendigheid. In de laatste decennia is een groot aantal van deze ondernemingen (waaronder Philips) overgestapt op het historischekostenstelsel. De belangrijkste drijfveer hiertoe was de verdergaande Europese eenwording. In de rest van Europa is het gebruik van het historischekostenstelsel vrijwel algemeen. Voor de Nederlandse multinationals die vervangingswaarde gebruikten, werd het steeds moeilijker om uit te leggen waarom hun winst en rentabiliteit optisch lager lagen dan die van hun buitenlandse collega's. Verder speelde de afnemende inflatie een rol; de noodzaak tot het toepassen van het vervangingswaardestelsel werd minder gevoeld.

Toepassing van actuele waarde is echter niet uitgeroeid; vandaag aan de dag maakt nog een redelijk aantal ondernemingen hiervan gebruik, hetzij in de balans en resultatenrekening, hetzij als aanvullende informatie in de toelichting ingeval de balans en resultatenrekening zijn opgesteld op basis van historische kosten.

Algemene en specifieke prijsveranderingen

Overigens kunnen zich bij een vrijwel ontbrekende inflatie (= stijging van het algemeen prijspeil) grote *specifieke prijsveranderingen* voordoen; juist die laatste zijn van belang voor de onderneming. Zo heeft een onderneming als de Koninklijke Shell Groep – ook in tijden met een zeer geringe inflatie – elk jaar zeer grote voorraadresultaten als gevolg van prijsfluctuaties op de oliemarkt.

© Noordhoff Uitgevers bv

15

Overige winstbepalingsstelsels

15.1   Het moderne nominalisme
15.2   Het stelsel-Bakker
15.3   General price-level accounting

In dit hoofdstuk ronden we de problematiek van de winstbepaling in geval van een fluctuerend prijsniveau af. Enige stelsels worden behandeld die meer theoretisch dan praktisch van aard zijn.

Paragraaf 15.1 bespreekt het 'moderne nominalisme', dat winstbepaling op nominalistische grondslag combineert met vermogensbepaling op basis van vervangingswaarde.

Het stelsel-Bakker (paragraaf 15.2) houdt zowel rekening met specifieke prijsstijgingen (voor de waardering van de materiële activa), als met de stijging van het algemeen prijsniveau (voor de instandhouding van de koopkracht van het eigen vermogen).

In paragraaf 15.3 bespreken we het general price-level accounting model, een stelsel waarbij de posten van de jaarrekening worden weergegeven in koopkrachteenheden geldend ultimo boekjaar.

15.1 Het moderne nominalisme

Bij het moderne nominalisme wordt de winst berekend op nominalistische grondslag, terwijl voor de balanswaardering uitgegaan wordt van vervangingswaarde. Binnen deze combinatie bestaan twee uitwerkingen, afhankelijk van het al dan niet toepassen van het realisatieprincipe: de Nederlandse invulling – die hantering van het realisatieprincipe als uitgangspunt heeft – wordt besproken in paragraaf 15.1.1, terwijl paragraaf 15.1.2 ingaat op de Amerikaanse invulling, die het realisatieprincipe loslaat.

15.1.1   De Nederlandse invulling

Het vervangingswaardestelsel gaat uit van het intact laten van de productiecapaciteit van de onderneming. Een deel van de vermogenstoename die optreedt, dient bij gestegen prijzen geherinvesteerd te worden om vervanging te waarborgen, en kan dus niet tot de (uitkeerbare) winst worden gerekend. De moderne nominalisten (in Nederland vooral Van Straaten en Traas) maken bezwaar tegen het normatieve element dat aldus in de winstbepaling geïntroduceerd wordt. Zij zijn van mening dat de beslissing over de vraag of er vermogen in de onderneming dient te worden vastgehouden, niet ligt bij

Winstbestemming

de winst*bepaling,* maar bij de winst*bestemming.* Zij achten de winst berekend volgens historische kosten de juiste. Dit betekent dat de winst overeenkomt met die volgens het historischekostenstelsel (voor het verloop van de voorraad wordt uitgegaan van de fifo-volgorde).

Niettemin achten zij ook de vervangingswaarde relevant, maar dan niet zozeer voor de winstbepaling, maar voor de vermogensbepaling.
In deze optiek dient de balans op basis van vervangingswaarde opgesteld te worden. Indien men uit de balans een enigszins betrouwbaar beeld wil krijgen van de vermogenspositie van de onderneming, is volgens de moderne nominalisten waardering van de activa tegen vervangingswaarde geboden. Dit houdt in dat de actiefzijde van de balans gelijk is aan die van het vervangingswaardestelsel (zie hoofdstuk 14).

Aansluiting tussen de balans en de resultatenrekening wordt bereikt door het in de desbetreffende periode gerealiseerde deel van de herwaardering over te brengen naar het resultaat. Op de post Herwaardering blijft dan de per balansdatum ongerealiseerde herwaardering staan.

De gerealiseerde en ongerealiseerde herwaardering komen overeen met de bedragen van de gerealiseerde en ongerealiseerde herwaarderingsreserve bij toepassing van het vervangingswaardestelsel zonder hantering van de normalevoorraadgedachte (zie paragraaf 14.1).

Hierna is de resultatenrekening weergegeven zoals die er bij dit stelsel uitziet:

Opbrengst	€........
Kosten op basis van vervangingswaarde	€........ –
Vervangingswaardewinst	€........
In periode gerealiseerde herwaardering	€........ +
Historischekostenwinst	€........

Different concepts of profit for different purposes

Deze opstelling heeft als additioneel voordeel dat gebruikers van de jaarrekening zelf een keuze kunnen maken uit het voor hen relevante winstbegrip ('different concepts of profit for different purposes').

We zullen nu het moderne nominalisme uitwerken voor ons centrale voorbeeld, waarbij we voor de berekening van de bedragen verwijzen naar de hiervoor genoemde plaatsen uit voorgaande hoofdstukken.

CENTRAAL VOORBEELD

Het moderne nominalisme volgens de Nederlandse invulling levert de volgende balans ultimo februari en resultatenrekening over februari op:

Balans ultimo februari (bedragen × €1)

Bestelauto	47.500	Aandelenkapitaal	40.000
Voorraad Q	10.500	Ongerealiseerde her-	
Kas	6.250	waardering	
		• Bestelauto	9.500
		• Voorraad Q	950
		Lening	10.000
		Winst februari	3.800
	64.250		64.250

Resultatenrekening over februari (bedragen × €1)

Opbrengst verkopen	€12.800
Kostprijs verkopen op basis van vervangingswaarde	€10.400 −
Afschrijvingskosten op basis van vervangingswaarde	€ 1.250 −
Vervangingswaardewinst	€ 1.150
Gerealiseerde herwaardering:	
• Bestelauto	250
• Voorraad Q	2.400
	2.650 +
Historischekostenwinst	3.800

1 Vergelijk ook paragraaf 13.2.1

Binnen IFRS is dit stelsel niet onverkort toegestaan: in paragraaf 7.2.4 hebben we immers gezien dat voorraden niet op actuele waarde mogen worden gewaardeerd; voor wat betreft de verwerking van materiële vaste activa lijken er geen problemen.

In de RJ en de Nederlandse wet zijn geen specifieke bepalingen opgenomen die zich keren tegen dit systeem van waardering en winstbepaling.

Fiscaal is de Nederlandse invulling van het moderne nominalisme geen wettelijk toegelaten systeem. Eerder hebben we immers al gezien dat de fiscale wetgever het historischekostenstelsel voorschrijft. Overigens is het de vraag of de fiscus – aangezien de winst op basis van historische kosten en derhalve nominalistisch wordt bepaald – bezwaar tegen dit stelsel zal hebben.

15.1.2 De Amerikaanse invulling

De geestelijke vaders van het moderne nominalisme zijn de Amerikaanse hoogleraren Edwards en Bell. Hun gedachten over winstbepaling hebben zij uiteengezet in het in 1961 uitgegeven werk *The Theory and Measurement of Business Income*. Het woord 'modern' in 'modern nominalisme' kan dan ook voor enige verwarring zorgen. Het was een reactie op de toentertijd gebruikelijke wijze van waardering en winstbepaling, die was gebaseerd op historische kosten met toepassing van de fifo-volgorde voor de voorraden (zoals uitgewerkt in paragraaf 13.2.1). Deze wijze van waardering en winstbepaling werd wel aangeduid als het 'traditioneel nominalisme'.

Traditioneel nominalisme

Het verschil tussen de opvattingen van Edwards en Bell en de Nederlandse invulling van het moderne nominalisme ligt in het al of niet toepassen van het realisatieprincipe. Volgens de Nederlandse opvatting (die voorzichtigheid hoog in het vaandel heeft) wordt alleen de in de periode *gerealiseerde* waardestijging van de activa tot de winst gerekend.

Edwards en Bell rekenen de in de periode *opgetreden* waardestijgingen van de activa tot de winst, ongeacht of die waardestijgingen gerealiseerd zijn. Dit houdt in dat de post Herwaardering op de balans geheel verdwijnt.

De resultatenrekening ziet er dan als volgt uit:

Opbrengst	€....
Kosten op basis van vervangingswaarde	€.... −
Current operating profit Vervangingswaardewinst ('current operating profit')	€....
Holding gains In periode opgetreden herwaardering ('holding gains')	€.... +
Business profit Winst ('business profit')	€....

Edwards en Bell hanteren geen normalevoorraadgedachte (er komen dus geen inhaalafschrijvingen en speculatieresultaten voor): de current operating profit komt overeen met de winst op basis van het vervangingswaardestelsel, zoals behandeld in paragraaf 14.1; de holding gains hebben betrekking op de op moment van prijswijzigingen aanwezige materiële activa.

Volgens Edwards en Bell kan met deze winstberekening een zinvolle beoordeling worden gemaakt van het resultaat van de onderneming en van de ondernemingsleiding.

- De current operating profit geeft de actuele marktpositie van de onderneming weer; dit resultaat laat immers het gelijktijdig prijsverschil zien tussen de in- en verkoopmarkt.
- De holding gains worden door Edwards en Bell gezien als een maatstaf voor de beoordeling van het voorraadbeleid; het geeft volgens hen aan of de ondernemingsleiding tijdig posities heeft ingenomen door een goede inschatting van het prijsverloop.

- -

CENTRAAL VOORBEELD

Het stelsel van Edwards en Bell toegepast op ons centrale voorbeeld leidt tot de volgende uitwerking:

Balans ultimo februari

Bestelauto	€ 47.500	Aandelenkapitaal	€ 40.000
Voorraad Q	€ 10.500	Lening	€ 10.000
Kas	€ 6.250	Winst februari	€ 14.250
	€ 64.250		€ 64.250

Resultatenrekening over februari

Opbrengst verkopen			€12.800
Kostprijs verkopen op basis van vervangingswaarde			€10.400 –
Afschrijvingskosten op basis van vervangingswaarde			€ 1.250 –
Current operating profit			€ 1.150
Holding gains			
• Bestelauto	2 februari: 25% van €39.000 =	€ 9.750	
• Voorraad Q	6 februari: 800 × €3 =	€ 2.400	
	17 februari: 400 × €1,50 =	€ 600	
	28 februari: 700 × €0,50 =	€ 350	
			€13.100 +
Business profit			€14.250

Het zal duidelijk zijn dat dit winstbegrip toegepast op de materiële activa in de praktijk voor de jaarverslaggeving niet is toegestaan: ongerealiseerde waardestijgingen worden immers tot het resultaat gerekend.
Ten aanzien van de fiscale toepassing geldt dezelfde opmerking als die we aan het eind van paragraaf 15.1.1 bij de Nederlandse invulling van het moderne nominalisme hebben gemaakt.

We sluiten deze paragraaf af met de volgende opmerkingen:
• De grondlegger van de Nederlandse invulling van het moderne nominalisme is Van Straaten. Hij zou echter – wellicht met meer recht – ook beschouwd kunnen worden als degene die het reëlewaardestelsel het licht heeft doen zien. Van Straaten zag namelijk als ideaal een winstberekening op basis van de verkoopwaarde van de activa. Omdat deze verkoopwaarde echter nog niet bekend is, nam hij als benadering daarvoor de vervangingswaarde, onder de veronderstelling dat normaliter de verkoopwaarde in ieder geval niet lager is dan de vervangingswaarde.
• In paragraaf 12.1.2 zijn we al ingegaan op de samenhang tussen de vervangingswaarde en de verkoopwaarde (reële waarde). Voor bijvoorbeeld effecten geldt dat deze twee waarden (afgezien van aan- en verkoopprovisie) samenvallen. Gezien het feit dat het juist voor effecten is toegestaan (en in een aantal gevallen zelfs is voorgeschreven) om voor de waardering en winstbepaling de beurskoers als uitgangspunt te nemen, betekent dit dat het moderne nominalisme zoals ontwikkeld door Edwards en Bell zich een plaats heeft verworven in de regelgeving. Toepassing blijft echter wel beperkt tot financiële instrumenten, voor andere activa (met uitzondering van langlopende werken) geldt dat het realisatieprincipe door de regelgeving gehandhaafd wordt.

15.2 Het stelsel-Bakker

De hoogleraar O. Bakker heeft een winstbepalings- en waarderingsstelsel ontwikkeld dat rust op de volgende pijlers:
- Waardering van de materiële activa geschiedt tegen vervangingswaarde.
- Als instandhoudingsdoelstelling geldt de handhaving van de koopkracht van het eigen vermogen.

Specifiek en algemeen prijspeil

Wat betreft de waardering van de materiële activa wordt dus rekening gehouden met het *specifieke* prijspeil; wat betreft de benodigde grootte van het eigen vermogen wordt rekening gehouden met het *algemene* prijspeil. Indien (wat meestal het geval zal zijn) de specifieke prijsontwikkeling anders verloopt dan de algemene, ontstaat er daardoor een resultaat. Zie hiervoor ook figuur 15.1.

FIGUUR 15.1 De verwerking van prijswijzigingen bij toepassing van het stelsel-Bakker

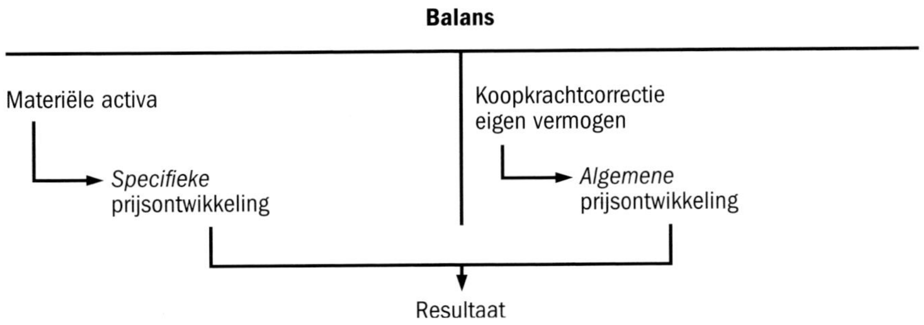

Balans

Materiële activa	Koopkrachtcorrectie eigen vermogen

→ *Specifieke* prijsontwikkeling

→ *Algemene* prijsontwikkeling

Resultaat

Indien dit resultaat positief is, dient het realisatieprincipe te worden toegepast. Indien de opwaardering van de activa groter is dan de benodigde koopkrachtcorrectie van het eigen vermogen, wordt het verschil alleen als winst beschouwd voor zover er een gerealiseerde waardestijging is. In geval van een negatief resultaat wordt dit direct genomen.
Bakker hanteert geen normalevoorraadgedachte: er komen geen inhaalafschrijvingen en speculatieresultaten voor.

Hierna is de jaarrekening volgens het stelsel-Bakker weergegeven. Bij dit stelsel is het eenvoudiger om eerst de resultatenrekening op te stellen.

Resultatenrekening

Koopkrachtcorrectie eigen vermogen	€......	Calculatorische bedrijfswinst	€......
Ongerealiseerde waardestijging (voor zover deze de koopkrachtcorrectie eigen vermogen te boven gaat)	€......	Gerealiseerde waardestijging	€......
		Ongerealiseerde waardestijging	€......
Saldo winst	€......		
	€......		€......

Balans

Materiële activa		Eigen vermogen	€......
(gewaardeerd tegen vervan-		Koopkrachtcorrectie eigen	
gingswaarde)	€......	vermogen	€...... +
Monetaire activa	€......	Te corrigeren eigen vermogen	____
		volgende periode	€......
		Ongerealiseerde waardestij-	
		ging (involgende perioden	
		te realiseren)	€......
		Monetaire passiva	€......
		Saldo winst	€......
	€......		€......

We zullen nu ons centrale voorbeeld uitwerken volgens het stelsel-Bakker.

- -

CENTRAAL VOORBEELD

De *calculatorische bedrijfswinst* die bij dit stelsel berekend wordt, is de winst op basis van vervangingswaarde (zie paragraaf 14.1) en komt daarmee dus ook overeen met de current operating profit van Edwards en Bell (zie paragraaf 15.1.2). We hebben dit bedrag in genoemde paragrafen vastgesteld op €1.150.

We hebben eerder al gezien dat zich in februari de volgende waardestijgingen voordeden:

Bestelauto
2 februari: 25% van €39.000 = €9.750

Hiervan is in februari door afschrijving €250 (€9.750/39) gerealiseerd en ultimo februari nog €9.500 ongerealiseerd.

Voorraad Q 6 februari: 800 × €3 = €2.400
17 februari: 400 × €1,50 = €600
28 februari: 700 × €0,50 = €350

Voor het verbruik van de voorraden wordt weer uitgegaan van de fifo-volgorde. De waardestijging van 6 februari is dan door verkoop op 15 februari volledig gerealiseerd en die van 17 en 28 februari zijn ultimo februari nog ongerealiseerd.

Dit leidt ultimo februari tot het volgende beeld:

	Gerealiseerd	Ongerealiseerd
Bestelauto	€ 250	€ 9.500
Voorraad Q	€2.400	€ 950
	€2.650	€10.450

Om de koopkracht van het eigen vermogen in stand te houden, wordt het koopkrachtverlies van het eigen vermogen ten laste van het resultaat aan het eigen vermogen toegevoegd.

Het koopkrachtverlies over februari is 10% van €40.000 = €4.000.

Dit geeft de volgende journaalpost:

9 Koopkrachtcorrectie eigen vermogen (resultatenrekening)	€4.000	
Aan 0 Koopkrachtcorrectie eigen vermogen (balans)		€4.000

We hebben al gezien dat Bakker het realisatieprincipe hanteert. Daarom corrigeert hij de ongerealiseerde waardestijging op de resultatenrekening voor zover deze de koopkrachtcorrectie van het eigen vermogen te boven gaat. Dit is een bedrag van €10.450 – €4.000 = €6.450.
Hiervan wordt de volgende journaalpost gemaakt:

9 Ongerealiseerde waardestijging (resultatenrekening)	€6.450	
Aan 0 Ongerealiseerde waardestijging (balans)		€6.450

Mocht de koopkrachtcorrectie groter zijn dan de ongerealiseerde waardestijging, dan komt de hiervoor vermelde journaalpost met een bedrag van €0 voor.

De balans ultimo februari en resultatenrekening over februari zien er dan als volgt uit:

Resultatenrekening over februari (bedragen × €1)

Koopkrachtcorrectie eigen vermogen	4.000	Calculatorische bedrijfswinst	1.150
		Gerealiseerde waardestijging	2.650
Ongerealiseerde waardestijging	6.450	Ongerealiseerde waardestijging	10.450
Winst	3.800		
	14.250		14.250

Balans ultimo februari (bedragen × €1)

Bestelauto	47.500	Aandelenkapitaal	40.000
Voorraad Q	10.500	Koopkrachtcorrectie eigen vermogen	4.000
Kas	6.250	Ongerealiseerde waardestijging	6.450
		Lening	10.000
		Winst februari	3.800
	64.250		64.250

In dit geval is de winst in februari dus gelijk aan die volgens het historische-kostenstelsel met toepassing van de fifo-methode (zie paragraaf 13.2.1).
Dit zou niet het geval zijn indien de koopkrachtcorrectie groter zou zijn dan de op balansdatum ongerealiseerde waardestijgingen: dit meerdere wordt dan immers direct ten laste van het resultaat gebracht. Indien het algemeen prijspeil bijvoorbeeld niet met 10%, maar met 30% was gestegen, zou het koopkrachtverlies (30% van €40.000 = €12.000) €1.550 groter zijn dan de ongerealiseerde waardestijging: de winst wordt dan €3.800 – €1.550 = €2.250. In volgende perioden zal de winst wel naar beneden afwijken van het historischekostenstelsel. Op balansdatum is nog €10.450 aan ongerealiseerde waardestijging aanwezig; dit bedrag wordt bij het historischekostenstelsel

op moment van realisatie volledig tot de winst gerekend, bij het stelsel-Bakker is daar nog maar €6.450 van over: de koopkrachtcorrectie is er immers al ten laste van gebracht.

Binnen IFRS is het stelsel-Bakker niet onverkort toegestaan: eerder hebben we immers al geconstateerd dat voorraden niet op actuele waarde mogen worden gewaardeerd. In de RJ en de Nederlandse wet zijn geen bepalingen opgenomen tegen het gebruik van dit stelsel.

Fiscaal is het stelsel niet geaccepteerd; in paragraaf 14.5 hebben we gezien dat de fiscus uitgaat van een nominalistische winstberekening: de ten laste van de winst gebrachte koopkrachtcorrectie op het eigen vermogen is derhalve fiscaal niet mogelijk.

15.3 General price-level accounting

Zoals we in paragraaf 14.2 hebben gezien, wordt tegen het vervangingswaardestelsel vaak als bezwaar aangevoerd dat het erg lastig is (en soms zelfs onmogelijk) om voor de materiële activa de actuele inkoopprijs te bepalen. Er wordt wel algemeen erkend dat het historischekostenstelsel in tijden van prijsstijging tekortschiet, maar om in de plaats daarvan het vervangingswaardestelsel te gebruiken stuit op de praktische bezwaren van de bepaling van de vervangingswaarde.

Als een soort compromis is in de Angelsaksische landen het systeem van general price-level accounting (GPLA-model) ontstaan. In Nederland is het ook wel bekend onder de naam 'aangepast historischekostenstelsel'. Dit geeft aardig aan waar het om gaat: uitgangspunt is de jaarrekening op basis van historische kosten; hierin worden alle (nietmonetaire) posten als het ware 'geïndexeerd'. Dat wil zeggen: ze worden vermenigvuldigd met een indexcijfer dat de stijging van het algemeen prijspeil weergeeft. De jaarrekening wordt hiermee herrekend naar koopkrachteenheden geldend ultimo van de verslagperiode.

Aangepast historischekostenstelsel

Enerzijds wordt dus rekening gehouden met prijsfluctuaties, anderzijds is het niet nodig om specifieke vervangingsprijzen te achterhalen; het volstaat om het prijsindexcijfer van bijvoorbeeld de gezinsconsumptie over het desbetreffende jaar te weten.

Wat de balans betreft, worden de materiële activa en het eigen vermogen aangepast; hun historischekostenwaardering wordt vermenigvuldigd met de volgende factor:

$$\frac{\text{prijsindex aan het einde van de periode}}{\text{prijsindex op het ontstaansmoment}}$$

Voor de materiële activa geeft de aldus herrekende waarde de oorspronkelijk geïnvesteerde koopkracht weer, uitgedrukt in geldeenheden per balansdatum. De materiële activa worden dus 'geherwaardeerd' op basis van de algemene prijsontwikkeling; alleen als de algemene prijsontwikkeling ongeveer overeenkomt met de specifieke prijsverandering, is er sprake van een getrouwe weergave van het vermogen.

Doordat het eigen vermogen eveneens deze correctie ondergaat, is de instandhoudingsdoelstelling het handhaven van de koopkracht van het eigen vermogen.

Ook de posten van de resultatenrekening worden vermenigvuldigd met de
genoemde factor.

**Koopkracht-
resultaat op de
monetaire
positie**

In de resultatenrekening ontstaat een aparte post 'Koopkrachtresultaat op de
monetaire positie', die zijn oorzaak vindt in het feit dat de monetaire posten op
de balans niet worden aangepast; ze zijn immers al uitgedrukt in geldeenheden
per balansmoment. In tijden van inflatie 'smelten' de monetaire activa weg door
de geldontwaarding. Dit leidt tot een koopkrachtverlies. Anderzijds is het voor-
delig om monetaire passiva (= vreemd vermogen) aan te houden: deze worden
straks afgerekend met 'lichtere' euro's; daardoor ontstaat een koopkrachtwinst.

We zullen nu het GPLA-model uitwerken aan de hand van ons centrale
voorbeeld.

- -

CENTRAAL VOORBEELD

We nemen de balans ultimo februari en de resultatenrekening over februari
van het historischekostenstelsel met toepassing van de fifo-volgorde (zie paragraaf 13.2.1) als uitgangspunt.
Gemakshalve herhalen we die hier.

Balans ultimo februari

Bestelauto		€ 38.000	Aandelenkapitaal	€ 40.000
Voorraad Q:			Lening	€ 10.000
400 × €13 =	€5.200		Winst februari	€ 3.800
300 × €14,50 =	€4.350			
		€ 9.550		
Kas		€ 6.250		€ 53.800
		€ 53.800		

Resultatenrekening over februari

Opbrengst verkopen	€12.800
Kostprijs verkopen	€ 8.000
Transactieresultaat	€ 4.800
Afschrijvingskosten	€ 1.000
Winst	€ 3.800

De uitwerking voor het GPLA-model is dan:

Balans ultimo februari

Bestelauto:		Aandelenkapitaal	€40.000
€38.000 × 110/100 =	€41.800	Koopkrachtcorrectie	
Voorraad Q:		eigen vermogen:	
€5.200 × 110/100 =	€ 5.720	10% van €40.000	€ 4.000
€4.350 × 110/110 =	€ 4.350	Lening	€10.000
Kas	€ 6.250	Winst februari	€ 4.120
	€58.120		€58.120

De tweede tranche van de voorraad blijft hetzelfde gewaardeerd als op basis van historische kosten: die voorraad is op 20 februari gekocht, het algemeen prijspeil is daarna niet meer gewijzigd.

Resultatenrekening over februari

Opbrengst verkopen	€12.800 × 110/110 =		€12.800
Kostprijs verkopen	€ 8.000 × 110/100 =	€ 8.000	
Afschrijvingskosten	€ 1.000 × 110/100 =	€ 1.000	
		———	
			€ 9.900
Winst			———
Brutowinst			€ 2.900
Koopkrachtresultaat monetaire positie			€ 1.220 [1]
			———
			€ 4.120

1 Zie de hierna gegeven berekening.

Koopkrachtresultaat monetaire positie
Op de positie van 1 februari:

Kas	€ 3.000
Lening	€10.000
	———
	– € 7.000

Koopkrachtresultaat: €7.000 × $\left(\frac{110}{100}\right)$ × – 1) =   + € 700

Op de wijzigingen gedurende 1 t/m 14 februari:

Inkoop 10 februari: 400 × €13 = €5.200
Koopkrachtresultaat: €5.200 × $\left(\frac{110}{100}\right)$ × – 1) =   + € 520
       ———

Totaal koopkrachtresultaat   €1.220

Op de overige mutaties in de monetaire positie (de verkoop op 15 februari en de inkoop op 20 februari) wordt geen koopkrachtresultaat behaald, omdat zich na deze mutaties geen wijzigingen in het algemeen prijspeil meer hebben voorgedaan.

- -

In Nederland is men nooit warm gelopen voor het GPLA-model; in het verleden is het stelsel slechts door een enkele onderneming (onder andere de Koninklijke Shell Groep) als aanvullende informatie in de toelichting opgenomen.
In de Verenigde Staten is het eind 1979 voor grote ondernemingen verplicht gesteld in de historischekostenjaarrekening aanvullende informatie op te nemen over winst volgens het GPLA-model; deze verplichting is enkele jaren later weer ingetrokken.

Het grootste bezwaar dat tegen het GPLA-model ingebracht kan worden, is dat het 'vlees noch vis' is; de waardering van de materiële activa geeft noch de historische kosten, noch de vervangingswaarde weer. Bij dit model staan deze te boek voor 'de actuele waarde die ze gehad zouden hebben als de specifieke prijsontwikkeling van de activa hetzelfde was geweest als de algemene prijsontwikkeling'. Indien het algemene prijsindexcijfer groter is dan het specifieke, zijn de materiële activa overgewaardeerd; is het omgekeerde het geval, is er sprake van onderwaardering. Hiernaast is als nadeel de bewerkelijkheid van het systeem te noemen: bij het opmaken van meerjarenoverzichten moeten alle bedragen van voorgaande jaren herrekend worden naar de prijsindex ultimo van de periode.

Hier staan de volgende voordelen tegenover:

- De objectiviteit: zowel de jaarrekening die als basis dient (historische kosten) als de prijsindexcijfers zijn controleerbaar.
- Alle bedragen zijn in dezelfde meeteenheid uitgedrukt; dit vergroot de vergelijkbaarheid in de tijd.

Het GPLA-model is in Nederland niet toegestaan; de IASB, de RJ en de wet laten als waarderingsgrondslag voor inflatie gecorrigeerde historische kosten niet toe.

Ook fiscaal is het GPLA-model niet toegestaan.

DEEL 4

Concernvorming

© Noordhoff Uitgevers bv

16
Kapitaalbelangen

De hoofdstukken 16 en 17 hebben als onderwerp 'concernverslaggeving'. In hoofdstuk 16 staat de problematiek centraal van de verwerking van kapitaal-belangen in de jaarrekening van de deelnemende onderneming.

Paragraaf 16.1 gaat aan de hand van een voorbeeld in op de verschillende waarderingsgrondslagen die voor kapitaalbelangen denkbaar zijn.

In paragraaf 16.2 bespreken we de gevolgen van onderlinge leveranties tussen de concernonderdelen voor de waardering en winstbepaling van kapi-taalbelangen.

Vervolgens worden de voorschriften ter zake van de regelgevers vermeld: in paragraaf 16.3 die van de IASB en in paragraaf 16.4 die van de wet (die worden nagevolgd door de RJ).

Paragraaf 16.5 beschrijft de situaties waarin een wettelijke reserve voor deel-nemingen moet worden gevormd.

De verwerking van gekochte goodwill in de jaarrekening is het onderwerp van paragraaf 16.6; zowel positieve als negatieve goodwill komen aan de orde.

In paragraaf 16.7 wordt opgesomd welke (aanvullende) informatieverplich-tingen voortvloeien uit het aanhouden van kapitaalbelangen.

16.1 **Mogelijke waarderingsgrondslagen**

Als een onderneming participeert in het eigen vermogen van een andere onderneming, heeft zij daarin een kapitaalbelang. Bij een kapitaalbelang in een nv of bv bezit de houder van het belang dus aandelen in die nv of bv.
Bij de waardering van het kapitaalbelang kan een onderscheid gemaakt worden tussen een rechtstreekse waardering van de aandelen zelf en een waardering van de achterliggende activa en verplichtingen die door die aandelen vertegenwoordigd worden. We komen dan tot vijf mogelijke waarderingsgrondslagen:
1   Rechtstreekse waardering kapitaalbelang:
    a aanschafprijs
    b actuele waarde
    c reële waarde.
2   Waardering achterliggende activa en verplichtingen:
    a nettovermogenswaarde
    b equitymethode.

We zullen deze waarderingsgrondslagen toelichten aan de hand van voorbeeld 16.1. Bespreking van de genoemde grondslagen vindt achtereenvolgens plaats in de paragrafen 16.1.1 tot en met 16.1.5.

VOORBEELD 16.1
A neemt op 1 januari 2013 tegen contante betaling van €4 mln 40% van de aandelen van B over. De balans van B ziet er op dat moment als volgt uit:

Balans B per 1 januari 2013 (bedragen × €1)

Pand	5.000.000	Aandelenkapitaal	1.000.000
Voorraad	4.000.000	Algemene reserve	4.000.000
		Schulden	4.000.000
	9.000.000		9.000.000

B behaalt over 2013 een winst van €1,8 mln en keert in de loop van 2013 een interimdividend uit van €500.000.

Per 31 december 2013 luidt de balans van B als volgt:

Balans B per 31 december 2013 (bedragen × €1)

Pand	4.500.000	Aandelenkapitaal	1.000.000
Voorraad	4.200.000	Algemene reserve	3.500.000
Liquide middelen	1.300.000	Winst 2013	1.800.000
		Schulden	3.700.000
	10.000.000		10.000.000

Aan het 40%-belang in B wordt door A per 31 december 2013 een waarde toegekend van €5 mln.

16.1.1   Aanschafprijs

Bij waardering tegen aanschafprijs wordt het kapitaalbelang te boek gesteld voor het betaalde bedrag. De waardering verandert later niet meer, tenzij zich een duurzame waardedaling voordoet; in dat geval dient afboeking naar lagere werkelijke waarde plaats te vinden.
Als resultaat uit het kapitaalbelang wordt het gedeclareerde dividend verantwoord.

In voorbeeld 16.1 leidt dit tot de volgende boekingen:

Van de aankoop per 1 januari 2013

0 Kapitaalbelang	€4.000.000	
Aan 1 Liquide middelen		€4.000.000

Van de mutaties over 2013

1 Liquide middelen	€ 200.000	
	(40% van €500.000)	
Aan 9 Resultaat uit kapitaalbelang		€ 200.000

Waardering tegen aanschafprijs heeft als sterk punt dat er een objectieve waardemaatstaf gebruikt wordt. Er zijn echter ook nadelen:
- Een stijging van de werkelijke waarde van het kapitaalbelang komt in de boekwaarde niet tot uiting, waardoor er na verloop van tijd een grote stille reserve in de post Kapitaalbelang kan schuilen.
- De op moment van overname betaalde goodwill blijft in principe permanent geactiveerd in de balanspost Kapitaalbelang. Goodwill is het verschil tussen de aanschafprijs en de nettovermogenswaarde van het kapitaalbelang (zie de paragrafen 6.2.4 en 16.6). Alleen als de onderneming waaraan kapitaal wordt verschaft niet alle winsten uitkeert, zal de nettovermogenswaarde van het kapitaalbelang de aanschafprijs benaderen en uiteindelijk mogelijk overschrijden; in dat geval wordt de goodwill dus van de balans 'verdreven'.
- Als de houder een zodanig groot aandelenpakket in zijn bezit heeft dat hij invloed op het dividendbeleid kan uitoefenen, bestaat het gevaar dat er door de houder van het pakket aan winststuring gedaan wordt: in jaren dat de winst uit eigen bedrijfsactiviteiten van de houder tegenvalt, kan deze zich een extra groot dividend laten uitkeren, terwijl in goede jaren wordt afgezien van dividenduitkering. Schommelingen in het totale resultaat van de houder worden dan kunstmatig afgezwakt.

16.1.2   Actuele waarde

Bij toepassing van actuele waarde wordt een waardeverandering van het kapitaalbelang aan de passiefzijde van de balans verwerkt in de post Herwaarderingsreserve. Ook hier wordt het gedeclareerde dividend als resultaat uit het kapitaalbelang verantwoord.

Boekingen voorbeeld 16.1:

Van de aankoop per 1 januari 2013

0 Kapitaalbelang	€4.000.000	
Aan 1 Liquide middelen		€4.000.000

Van de mutaties over 2013

1 Liquide middelen	€ 200.000	
0 Kapitaalbelang	€1.000.000	
Aan 9 Resultaat uit kapitaalbelang		€ 200.000
Aan 0 Herwaarderingsreserve		€1.000.000

Waardering op actuele waarde zorgt ervoor dat er zich geen stille reserves in de post Kapitaalbelang bevinden. Echter, het bepalen van de actuele waarde is niet eenvoudig. Bij beursgenoteerde ondernemingen kan de beursprijs hiertoe dienen, maar in andere gevallen zal er sprake zijn van een schatting die gebaseerd is op een veelheid van (vaak arbitraire) veronderstellingen. Omdat de waardestijging in de herwaarderingsreserve wordt verwerkt, wordt de winst niet beïnvloed door deze subjectiviteit.

We merken nog op dat – ervan uitgaande dat het kapitaalbelang duurzaam bedoeld is – de beurswaarde in feite geen relevante waarderingsgrondslag is.

16.1.3   Reële waarde

In geval van aandelen zullen de reële waarde (dit is de verkoopwaarde) en de actuele waarde (dit is de vervangingswaarde) in principe samenvallen. Bij toepassing van reële waarde wordt de waardeverandering van het kapitaalbelang echter als winst beschouwd en niet verwerkt in een herwaarderingsreserve. Het resultaat uit het kapitaalbelang bestaat daarmee uit de som van het gedeclareerde dividend en de waardemutatie van het kapitaalbelang.

Journaalposten voorbeeld 16.1:

Van de aankoop per 1 januari 2013

0 Kapitaalbelang	€4.000.000	
Aan 1 Liquide middelen		€4.000.000

Van de mutaties over 2013

1 Liquide middelen	€ 200.000	
0 Kapitaalbelang	€1.000.000	
Aan 9 Resultaat uit kapitaalbelang		€1.200.000

Als reële waarde wordt gebruikt, heeft de schatting van de waarde van het kapitaalbelang per einde boekjaar wel invloed op de winst.

16.1.4   Nettovermogenswaarde

De methode van nettovermogenswaarde heeft als uitgangspunt dat 'door de aandelen heen wordt gekeken' naar de achterliggende activa en verplichtingen die verworven zijn met het kapitaalbelang. Het kapitaalbelang wordt gewaardeerd op het bedrag waarvoor de activa en verplichtingen per saldo in de balans van de deelnemer zouden zijn opgenomen, als hij niet de aandelen had verworven, maar rechtstreeks die activa en verplichtingen.

Als de koper van het belang een bedrag betaalt dat geen betrekking heeft op een aanwezige post, is er sprake van goodwill. Deze goodwill wordt als aparte post in de balans van de houder opgenomen.

In voorbeeld 16.1 is het – om de nettovermogenswaarde te kunnen toepassen – noodzakelijk te onderzoeken hoe het overnamebedrag van €4 mln is bepaald.

We veronderstellen dat een makelaar vastgesteld heeft dat het pand van B op 1 januari 2013 een waarde vertegenwoordigt van €7 mln; de resterende levensduur van dit pand is tien jaar en het wordt door B met gelijke bedragen per jaar afgeschreven tot een restwaarde van nihil. Volgens de accountant van A is de boekwaarde van de voorraad gelijk aan de werkelijke waarde. Als A niet 40% van de aandelen, maar (dit is uiteraard een gedachtenconstructie) 40% van de activa en verplichtingen van B had overgenomen, had hij deze als volgt in zijn eigen balans opgenomen:

Activa:	Pand	40% van €7.000.000 =	€2.800.000
	Voorraad	40% van €4.000.000 =	€1.600.000
			€4.400.000

Passiva:	Schulden	40% van €4.000.000 =	€1.600.000

Per saldo:			€2.800.000

Het saldobedrag van €2,8 mln is de waardering van het kapitaalbelang in B. Er is €4 mln voor de aandelen betaald; het verschil ad €1,2 mln heeft betrekking op een vergoeding voor de waarde van B die niet in de balans is terug te vinden; dit bedrag wordt onder de immateriële vaste activa als goodwill opgenomen.

Van de aankoop per 1 januari 2013 wordt geboekt:

Goodwill	€1.200.000	
0 Kapitaalbelang	€2.800.000	
Aan 1 Liquide middelen		€4.000.000

Ter bepaling van latere wijzigingen in de nettovermogenswaarde en de resultaten uit het kapitaalbelang, zal A in zijn boekhouding een afzonderlijke administratie moeten bijhouden van de balans en resultatenrekening van B, gebaseerd op de grondslagen van waardering en winstbepaling van A. De 'herrekende' openingsbalans van B – waarin de activa en verplichtingen worden opgenomen voor de fair value – ziet er in de administratie van A per 1 januari 2013 als volgt uit:

Balans Kapitaalbelang B per 1 januari 2013 (bedragen × €1)

Pand	7.000.000	Aandelenkapitaal	1.000.000
Voorraad	4.000.000	Algemene reserve	6.000.000
		Schulden	4.000.000
	11.000.000		11.000.000

Bij deze herrekende openingsbalans maken we de volgende opmerkingen:
- Het verschil tussen de fair value en de boekwaarde van de activa en verplichtingen (in casu het verschil tussen €7 mln en €5 mln van het pand) is

opgenomen in de post Algemene reserve. Vaak wordt gedacht dat dit verschil moet worden verwerkt in een herwaarderingsreserve. Bedacht dient echter te worden dat er bij een overname geen sprake is van herwaarderen van activa, maar dat de koopprijs wordt toegerekend aan de bij de koop verkregen identificeerbare activa en verplichtingen. In ons voorbeeld wordt het pand van B dan ook niet geherwaardeerd, maar wordt alleen maar geconstateerd dat A voor het pand – indien het afzonderlijk zou zijn verkregen – €2 mln meer betaald zou moeten hebben dan de enkelvoudige balans van B op het koopmoment aangeeft.
- Voor alle duidelijkheid wijzen we erop dat deze balans slechts de functie vervult van hulpmiddel voor A, ter bepaling van de nettovermogenswaarde van het kapitaalbelang in B. De 'officiële' balans van B is die zoals gegeven aan het begin van voorbeeld 16.1.

Voor het bepalen van de waardering van B per 31 december 2013, dienen we de analogie tussen het houden van een kapitaalbelang en de rechtstreekse overname van activa en verplichtingen voort te zetten.
Op het eerste gezicht zou de waardering van B 40% van het eigen vermogen volgens de balans van B op 31 december 2013 zijn. Echter, het 'zichtbaar eigen vermogen' van B dient ook nu gecorrigeerd te worden:
1 Er moet rekening gehouden worden met het feit dat de overnameprijs gebaseerd is op de werkelijke waarde van de activa en verplichtingen. Als A in voorbeeld 16.1 het pand zelf had overgenomen, was hij voor de bepaling van de afschrijvingskosten uitgegaan van €7 mln. De waardering van het kapitaalbelang dient dan ook op dit bedrag te zijn gebaseerd.
2 Er dient rekening gehouden te worden met eventuele verschillen in gebruikte grondslagen voor het opstellen van de jaarrekening die zouden kunnen bestaan tussen A en B; zo zou A bijvoorbeeld een ander afschrijvingssysteem of een andere berekeningsmethodiek voor de hoogte van de voorzieningen kunnen hanteren dan B. We gaan er in voorbeeld 16.1 eenvoudigheidshalve van uit dat deze verschillen zich niet voordoen.

De waardering van het kapitaalbelang is per 31 december 2013 derhalve als volgt te berekenen:

Activa:	Pand	40% van 9/10 × €7.000.000 =	€2.520.000
	Voorraad	40% van €4.200.000 =	€1.680.000
	Liquide middelen	40% van €1.300.000 =	€ 520.000
			€4.720.000
Passiva:	Schulden	40% van €3.700.000 =	€1.480.000
Per saldo:			€3.240.000

Over 2013 wordt het volgende geboekt:

1 Liquide middelen	€200.000	
0 Kapitaalbelang [1]	€440.000	
Aan 9 Resultaat uit kapitaalbelang		€640.000

1 €3.240.000 – €2.800.000 = €440.000

Het winstbedrag is als volgt te herleiden uit de door B gepresenteerde winst:

Aandeel A in 'zichtbare winst' B: 40% × €1.800.000 = €720.000
Hogere afschrijvingen:
  40% × 1/10 × (€7.000.000 – €5.000.000) = € 80.000

———
€640.000

Bij toepassing van de nettovermogenswaarde wordt het resultaat uit het kapitaalbelang niet beïnvloed door de hoogte van het dividend. Immers, bij dividenduitkering nemen de liquide middelen bij de houder van het belang toe, maar daalt de nettovermogenswaarde van het kapitaalbelang met hetzelfde bedrag.

We hebben hiervoor geconstateerd dat bij toepassing van de nettovermogenswaarde normaliter goodwill ontstaat. Voor de verwerking van betaalde goodwill zijn verschillende methoden denkbaar, zie hiervoor paragraaf 16.6.2. Indien in voorbeeld 16.1 verondersteld wordt dat de betaalde goodwill in twintig jaar tot nihil wordt afgeschreven met gelijke bedragen per jaar, dan wordt nog de volgende boeking gemaakt:

9 Winst (afschrijvingskosten) €60.000 (€1.200.000 / 20)
Aan 0 Goodwill €60.000

Per saldo bedraagt de winst over 2013 uit hoofde van het kapitaalbelang dus €640.000 – €60.000 = €580.000.

Vermogensmutatiemethode
Bij toepassing van nettovermogenswaarde wordt de waardering van het kapitaalbelang aangepast aan de mutaties in het eigen vermogen van de onderneming waarin wordt deelgenomen; de nettovermogenswaarde wordt daarom ook wel aangeduid als een vorm van de *vermogensmutatiemethode*.

*Vermogens-
mutatie-
methode*

De volgende mutaties in het eigen vermogen van het kapitaalbelang kunnen zich voordoen:
• resultaten van het kapitaalbelang
• gedeclareerde dividenden
• rechtstreekse vermogensmutaties

De eerste twee mutaties zijn we in voorbeeld 16.1 tegengekomen. Rechtstreekse vermogensmutaties zouden daar ook in voorgekomen zijn als A voor de waardering en winstbepaling uit zou zijn gegaan van actuele waarde. De waardeveranderingen van de activa van de onderneming waarin wordt deelgenomen, worden dan verwerkt in de post Herwaarderingsreserve kapitaalbelang. Wordt door de deelnemende vennootschap het historischekostenstelsel toegepast, dan komen deze mutaties (na realisatie) in het resultaat uit kapitaalbelang tot uiting.

In voorbeeld 16.1 kan A van de balanspost Kapitaalbelang B het volgende *mutatieoverzicht* over 2013 opstellen:

*Mutatieover-
zicht*

Stand per 1 januari 2013	€2.800.000
Resultaat	€ 640.000 +
Dividend	€ 200.000 −
Stand per 31 december 2013	€3.240.000

We sluiten deze paragraaf af met de volgende opmerking:
Het kan zijn dat bij toepassing van nettovermogenswaarde door geaccumu-leerde verliezen de waardering van een kapitaalbelang op een negatief be-drag zou uitkomen. In dat geval wordt het op nihil gewaardeerd. Daarnaast dient dan onderzocht te worden of de deelnemer het risico loopt om aange-sproken te worden voor schulden van de onderneming waarin wordt deelge-nomen. Dit doet zich vaak voor als laatstgenoemde onderneming tevens een *dochtermaatschappij* (zie paragraaf 16.4.1) is: dochtermaatschappijen zijn namelijk vrijgesteld van publicatieverplichtingen als de moedermaatschap-pij zich onder meer hoofdelijk aansprakelijk stelt voor de schulden van de dochter (zie paragraaf 17.2).
Als de dochtermaatschappij kampt met een negatief eigen vermogen en de moedermaatschappij zich hoofdelijk aansprakelijk heeft gesteld voor haar schulden, zal de moeder in haar balans een voorziening op dienen te nemen voor de mogelijke financiële gevolgen van deze garantiestelling. De grootte hiervan zou gesteld kunnen worden op het bedrag aan negatief eigen ver-mogen van de dochter, maar waarschijnlijk zal dit niet genoeg zijn: als het komt tot liquidatie, zal de opbrengst van de activa waarschijnlijk veel min-der bedragen dan de 'going concern'waarde.
Indien de moedermaatschappij in deze situatie een vordering heeft op de dochter, zal in eerste instantie afboeking plaatsvinden op de vordering en het restant afzonderlijk worden gepassiveerd onder de voorzieningen.

16.1.5   Equitymethode
De equitymethode kent hetzelfde basisidee als de methode van de nettover-mogenswaarde: er wordt door de aandelen heengekeken naar de achterlig-gende activa en verplichtingen. Het verschil met nettovermogenswaarde is dat de betaalde goodwill niet als aparte post in de balans wordt opgenomen, maar onderdeel uitmaakt van de post Kapitaalbelang, die daarmee bestaat uit twee componenten: de nettovermogenswaarde en de betaalde goodwill. Een kapitaalbelang wordt derhalve in eerste instantie tegen aanschafprijs opgenomen.

Van de aankoop per 1 januari 2013 wordt in voorbeeld 16.1 de volgende boeking gemaakt:

| 0 Kapitaalbelang | €4.000.000 | |
| Aan 1 Liquide middelen | | €4.000.000 |

De waardering van het belang per 31 december 2013 is eenvoudig af te lei-den uit de berekeningen die bij de methode van nettovermogenswaarde ge-maakt zijn: €3.240.000 (boekwaarde kapitaalbelang bij nettovermogens-waarde) + €1.140.000 (boekwaarde goodwill bij nettovermogenswaarde) = €4.380.000. We zijn er hierbij van uitgegaan dat ook in dit geval de goodwill in twintig jaar met gelijke bedragen per jaar wordt afgeschreven tot een rest-waarde van nihil.

Boeking *over 2013*:

1 Liquide middelen	€200.000	
0 Kapitaalbelang [1]	€380.000	
Aan 9 Resultaat uit kapitaalbelang		€580.000

Het resultaat uit het kapitaalbelang komt overeen met dat volgens nettovermogenswaarde, met dien verstande dat bij de equitymethode de afschrijving op de betaalde goodwill al in het resultaat uit het kapitaalbelang is verwerkt:

Nettovermogenswaarde:	Resultaat uit kapitaalbelang	€640.000
	Afschrijving goodwill	€ 60.000 –
Equitymethode:	Resultaat uit kapitaalbelang	€580.000

16.2 Onderlinge leveranties

Als er transacties plaatsvinden tussen de deelnemer en de onderneming waarin wordt deelgenomen, kan zich een extra complicatie voordoen bij de bepaling van de waardering van het kapitaalbelang, en derhalve bij de bepaling van het resultaat uit het kapitaalbelang dat de deelnemer laat zien. Deze complicatie treedt op als het kapitaalbelang gewaardeerd wordt tegen nettovermogenswaarde of als gebruikgemaakt wordt van de equitymethode. We onderscheiden twee soorten onderlinge transacties: een leverantie van de deelnemer aan de onderneming waarin wordt deelgenomen, wordt een *downstream-sale* genoemd, terwijl een leverantie andersom wordt aangeduid als een *upstream-sale*.
We zullen de problematiek uiteenzetten aan de hand van voorbeeld 16.2.

Downstream-sale

Upstream-sale

- -

VOORBEELD 16.2
Aan de jaarrekening 2013 van Hattem bv zijn de volgende gecomprimeerde balansen per 31 december 2012 en 31 december 2013 en resultatenrekening over 2013 ontleend.

Balans Hattem bv per 31 december 2012 (bedragen × €1)

Vaste activa	2.500.000	Aandelenkapitaal	500.000
Vlottende activa	1.500.000	Winstreserve	1.000.000
		Winst 2012	200.000
		Schulden	2.300.000
	4.000.000		4.000.000

Balans Hattem bv per 31 december 2013 (bedragen × €1)

Vaste activa	2.300.000	Aandelenkapitaal	500.000
Vlottende activa	1.900.000	Winstreserve	1.200.000
		Winst 2013	300.000
		Schulden	2.200.000
	4.200.000		4.200.000

1 €4.380.000 – €4.000.000 = €380.000

© Noordhoff Uitgevers bv

Resultatenrekening Hattem bv over 2013 (bedragen × €1)		
Omzet		10.000.000
Overige bedrijfsopbrengsten		500.000
		10.500.000
Loonkosten	4.000.000	
Afschrijvingskosten	2.000.000	
Overige kosten	4.200.000	
		10.200.000
Winst		300.000

Zalk bv neemt op 1 januari 2013 alle aandelen van Hattem over. De werkelijke waarde van de balansposten van Hattem komt overeen met de boekwaarde.
Zalk waardeert Hattem tegen nettovermogenswaarde.
De grondslagen voor de waardering en winstbepaling van Zalk en Hattem zijn aan elkaar gelijk; beide schrijven de materiële vaste activa af met gelijke bedragen per jaar tot een restwaarde van nihil.

De gegeven balans per 31 december 2013 en de resultatenrekening over 2013 van Hattem zijn vooralsnog weergegeven zonder dat er sprake is van onderlinge leveranties met Zalk. Voor die situatie zou Zalk in haar enkelvoudige balans per 31 december 2013 Hattem opnemen voor €2 mln (€500.000 + €1.200.000 + €300.000) en in haar resultatenrekening over 2013 een resultaat uit kapitaalbelang Hattem presenteren van €300.000.
We zullen nu de problematiek van de onderlinge leveranties inbrengen, waarbij we eerst uitgaan van een downstream-sale en daarna van een up-stream-sale.

Downstream-sale
Begin 2013 verkoopt Zalk een van haar panden (met een boekwaarde van €500.000) aan Hattem voor de reële waarde van €600.000. De resterende levensduur van het pand wordt geschat op twintig jaar.
De boekwinst ad €100.000 (€600.000 – €500.000) die Zalk maakt op het pand, is formeel gezien gerealiseerd. Er heeft eigendomsoverdracht van het pand plaatsgevonden, als gevolg waarvan de transactie in de enkelvoudige jaarrekening van zowel Zalk als Hattem dient te worden verwerkt. De vraag is echter of deze boekwinst feitelijk wel als gerealiseerd kan worden aangemerkt: er is immers niet verkocht aan een onafhankelijke derde, zodat er in wezen slechts sprake is van een papieren winst. Om die reden heeft de RJ (RJ 260) bepaald dat op de waardering van het kapitaalbelang en de hoogte van het resultaat uit het kapitaalbelang correcties moeten worden gemaakt om de geboekte intercompany-resultaten te elimineren.

De balans per 31 december 2013 en de resultatenrekening over 2013 van Hattem zien er – nu rekening houdend met de koop van het pand van Zalk – als volgt uit:

Balans Hattem bv per 31 december 2013 (bedragen × €1)

Vaste activa[1]	2.870.000	Aandelenkapitaal	500.000
Vlottende activa[2]	1.300.000	Winstreserve	1.200.000
		Winst 2013	270.000
		Schulden	2.200.000
	4.170.000		4.170.000

1 €2.300.000 + €600.000 × 19/20 = €2.870.000
2 €1.900.000 – €600.000 = €1.300.000

Resultatenrekening Hattem bv over 2013 (bedragen × €1)

Omzet		10.000.000
Overige bedrijfsopbrengsten		500.000
		10.500.000
Loonkosten	4.000.000	
Afschrijvingskosten[1]	2.030.000	
Overige kosten	4.200.000	
		10.230.000
Winst		270.000

1 €2.000.000 + €600.000 ×1/20 = €2.030.000

Volgens de voorschriften van de RJ moet Zalk over 2013 het volgende mutatieoverzicht van het kapitaalbelang in Hattem opmaken:

Boekwaarde 1 januari 2013[1]		€1.700.000
Resultaat uit kapitaalbelang volgens jaarrekening Hattem	€270.000	
Af: Verkoopwinst pand	€100.000 –	
Bij: Realisatie door afschrijving[2]	€ 5.000 +	
Resultaat uit kapitaalbelang		€ 175.000
Boekwaarde 31 december 2013		€1.875.000

1 Aandelenkapitaal	€ 500.000	
Winstreserve	€1.000.000	
Winst 2012	€ 200.000	
Nettovermogenswaarde	€1.700.000	

2 €100.000 × 1/20 = €5.000
   (Naarmate op het pand afgeschreven wordt, kan de boekwinst geleidelijk
   ten gunste van het resultaat van Zalk worden gebracht.)

Door als resultaat uit kapitaalbelang €175.000 te tonen, heeft Zalk bewerkstelligd dat de verkoop van het pand geen invloed heeft op haar winst. Dit
bedrag plus de verkoopwinst ad €100.000 die Zalk (onder de post Overige

bedrijfsopbrengsten) in haar resultatenrekening opneemt, plus de lagere afschrijving door de verkoop van het pand ad €25.000 (€500.000 × 1/20), komt
overeen met het resultaat uit kapitaalbelang Hattem dat zonder onderlinge
leverantie zou zijn gepresenteerd (€300.000).

Upstream-sale
We veronderstellen nu dat Hattem begin 2013 een pand (met een boekwaarde van €500.000) aan Zalk verkoopt voor de reële waarde van €600.000. De
resterende levensduur van het pand wordt eveneens geschat op twintig jaar.
Zalk zal nu over 2013 het volgende mutatieoverzicht van het kapitaalbelang
in Hattem opmaken:

Boekwaarde 1 januari 2013		€1.700.000
Resultaat uit kapitaalbelang volgens jaarrekening Hattem[1]	€425.000	
Af: Verkoopwinst pand	€100.000 −	
Bij: Realisatie door afschrijving	€ 5.000 +	
	‾‾‾‾‾‾‾‾	
Resultaat uit kapitaalbelang		€ 330.000
		‾‾‾‾‾‾‾‾
Boekwaarde 31 december 2013		€2.030.000

1 Resultaat 2013 zonder rekening te houden met de verkoop van het pand	€300.000	
Boekwinst verkoop pand	€100.000 +	
Lagere afschrijvingen: €500.000 × 1/20 =	€ 25.000 +	
	‾‾‾‾‾‾‾‾	
	€425.000	

Door als resultaat uit kapitaalbelang €330.000 te tonen, zorgt Zalk er weer
voor dat de verkoop van het pand geen invloed heeft op haar winst. Dit bedrag verminderd met de extra afschrijving ad €30.000 (€600.000 × 1/20) als
gevolg van de koop van het pand, komt weer overeen met het resultaat uit
kapitaalbelang Hattem dat zonder onderlinge leverantie zou zijn gepresenteerd ten bedrage van €300.000.

- -

Indien er sprake zou zijn van een niet-100%-kapitaalbelang, blijft de elimi-
natie van de verkoopwinst en de extra afschrijving beperkt tot het bedrag dat
overeenkomt met het relatieve belang van de deelnemer in de onderneming
waarin wordt deelgenomen.

Waardering tegen aanschafprijs
Voor de situatie dat een kapitaalbelang wordt gewaardeerd tegen aanschafprijs voorziet de RJ niet in regelgeving, hoewel in geval van een downstream-
sale de hiervoor besproken problematiek zich eveneens voordoet. De in voorbeeld 16.2 door Zalk per saldo verantwoorde intercompanywinst ad €125.000
(€100.000 boekwinst + €25.000 lagere afschrijving) kan in geval van waardering tegen aanschafprijs niet op de waardering van het kapitaalbelang en op
het resultaat uit kapitaalbelang in mindering worden gebracht. Voorstelbaar
is om deze winst bijvoorbeeld via de volgende journaalpost te elimineren:

9 Correctie intercompany-winst   €125.000
Aan 1 Overlopende passiva   €125.000

16.3   **Regelgeving van de IASB**

De IASB maakt een onderscheid tussen drie soorten kapitaalbelangen:
1 Subsidiaries
2 Associates
3 Financial assets.

Ad 1 Subsidiaries

Een *subsidiary* is een belang waarin beslissende zeggenschap op het financi-   **Subsidiary**
ele en operationele beleid uitgeoefend kan worden ('power to control', IAS
27.4 en 28.2). Hiervan is normaliter sprake als meer dan de helft van de gewone aandelen gehouden wordt of (bijvoorbeeld door middel van prioriteitsaandelen) het recht bestaat om het bestuur te benoemen en te ontslaan.
Subsidiaries moeten gewaardeerd worden tegen *aanschafprijs* of *reële waarde* (IAS 27.38).

Ad 2 Associates

Van een *associate* is sprake als invloed van betekenis op het financiële en   **Associate**
operationele beleid ('significant influence') met het gehouden belang kan
worden uitgeoefend (IAS 28.2). Van een associate zijn uitgesloten subsidia-
ries en *joint ventures*: maatschappijen waarin krachtens een regeling tot sa-   **Joint venture**
menwerking met andere aandeelhouders samen overheersende zeggen-
schap kan worden uitgeoefend.
De IASB gaat ervan uit dat invloed van betekenis aanwezig is bij een bezit
van minimaal 20% van de stemrechten (IAS 28.6). Dit is echter een vuistregel, die opzij gezet kan worden als de onderneming aannemelijk maakt dat
zij met bijvoorbeeld 10% van de stemrechten toch aan het criterium 'invloed
van betekenis' voldoet.

Ten aanzien van de berekening van het percentage ten behoeve van het 'vermoeden van invloed van betekenis' merken we nog het volgende op:
1 Als een kapitaalbelang 'indirect' (dat wil zeggen: via een andere onderneming) gehouden wordt, telt dit belang mee als dit loopt via een subsidiary.

VOORBEELD 16.3
De kapitaalbelangen tussen de rechtspersonen A, B en C, waarbij de kapitaalbelangen de zeggenschapsverhoudingen weerspiegelen, zijn weergegeven in de volgende figuur.

Kapitaalbelangen c.q. zeggenschapsverhoudingen tussen A, B en C

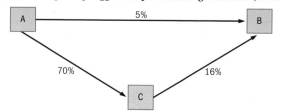

A heeft 70% van de stemrechten in C, waarmee C een subsidiary van A is. Daarmee heeft A 21% (5% direct en 16% indirect via C) van de stemrechten in B: er is een vermoeden van invloed van betekenis van A in B.

----

2 Op ingekochte eigen aandelen kunnen geen stemrechten worden uitge-oefend; deze tellen daarom niet mee bij het bepalen van de 20%-grens.

VOORBEELD 16.4
A bezit 19% van de aandelen van B, terwijl B 10% eigen aandelen heeft inge-kocht.
De kapitaalbelangen weerspiegelen de zeggenschapsverhoudingen.

Aan ingekochte eigen aandelen zijn geen stemrechten verbonden; A bezit daarom ruim 21% (19/90 × 100%) van de stemrechten in B, zodat er sprake is van een vermoeden van invloed van betekenis van A in B.

Wat betreft de waarderingsgrondslag verschillen de voorschriften voor de enkelvoudige en de geconsolideerde jaarrekening. In de enkelvoudige jaar-rekening komen – net als bij subsidiaries – in aanmerking *aanschafprijs* en *reële waarde* (IAS 27.38); in de geconsolideerde jaarrekening (zie hoofdstuk 17) dient gewaardeerd te worden volgens de *equitymethode* (IAS 28.13). Overigens mag bij toepassing van IFRS de equitymethode niet worden toe-gepast overeenkomstig in paragraaf 16.1.5 besproken: de IASB staat geen systematische afschrijvingen op betaalde goodwill toe; in plaats daarvan geldt dat goodwill gewaardeerd wordt tegen het op de overnamedatum op-genomen bedrag verminderd met – als gevolg van een of meerdere uitge-voerde impairment testen – eventuele geaccumuleerde bijzondere waarde-verminderingsverliezen (zie paragraaf 16.6.2).

DEELNEMINGEN
Deelnemingen waarin TKH invloed van betekenis heeft op het financiële en operationele beleid, maar waarover zij geen zeggenschap heeft, worden in de geconsolideerde balans gewaardeerd volgens de 'equitymethode', maar niet lager dan nihil, tenzij TKH verplicht is verliezen ten dele of geheel aan te zuiveren.
De equitymethode houdt in dat het aandeel in de winst of het verlies van de deelneming wordt opgenomen in het resultaat. Het belang in de deelneming wordt bepaald op het TKH-aandeel in de netto-activa van de deelneming, samen met de bij overname betaalde goodwill, en verminderd met een eventuele bijzondere waardevermindering.

Bron: Jaarrapport TKH-Group, 2012

Ad 3 Financial assets
Een financial asset wordt gedefinieerd als een kapitaalbelang, niet zijnde een subsidiary, joint venture of een associate (IAS 32.4); financial assets be-treffen derhalve een restcategorie.

Financial assets vallen onder de in de paragrafen 6.4 en 7.4.2 besproken financiële instrumenten. Daar hebben we gezien dat deze groep aandelen behoren tot de categorie 'available for sale' (indien ze bedoeld zijn om duurzaam te worden aangehouden) of tot de categorie 'held for trading' (indien het gaat om het rendabel maken van tijdelijk overtollige liquide middelen). In beide gevallen dient gewaardeerd te worden op *reële waarde*, tenzij de reële waarde niet betrouwbaar is vast te stellen; in dit laatste geval moet gewaardeerd worden op aanschafprijs.

We vatten de regelgeving van de IASB met betrekking tot kapitaalbelangen samen in tabel 16.1.

TABEL 16.1 Regelgeving van de IASB inzake kapitaalbelangen

	Mate van zeggenschap	Grootte kapitaalbelang	Waarderingsgrondslag	
			Enkelvoudig	Geconsolideerd
Subsidiary	Beslissend	Meer dan 50% (of via prioriteitsaandelen)	Aanschafprijs of reële waarde	N.v.t.
Associate	Invloed van betekenis	Ten minste 20%	Aanschafprijs of reële waarde	Equitymethode
Finacial asset	Geen invloed van betekenis	Minder dan 20%	Reële waarde (indien niet betrouwbaar vast te stellen: aanschafprijs)	Reële waarde (indien niet betrouwbaar vast te stellen: aanschafprijs)

16.4 Regelgeving van de wet (en de RJ)

In paragraaf 16.4.1 gaan we in op de wettelijke definities van de begrippen 'dochtermaatschappij', 'deelneming' en 'belegging'. In paragraaf 16.4.2 worden de wettelijk voorgeschreven waarderingsgrondslagen voor kapitaalbelangen besproken, waarna in paragraaf 16.4.3 de fiscale waardering van deelnemingen aan de orde komt.

16.4.1   Dochtermaatschappij, deelneming en belegging
De wet omschrijft een *dochtermaatschappij* van een rechtspersoon als (artikel 24a.1):

Dochtermaat-schappij

- een rechtspersoon waarin de rechtspersoon of één of meer van zijn dochtermaatschappijen, al dan niet krachtens overeenkomst met andere stemgerechtigden, alleen of samen meer dan de helft van de stemrechten in de algemene vergadering kunnen uitoefenen;
- een rechtspersoon waarvan de rechtspersoon of één of meer van zijn dochtermaatschappijen lid of aandeelhouder zijn en, al dan niet krachtens overeenkomst met andere stemgerechtigden, alleen of samen meer dan de helft van de bestuurders of van de commissarissen kunnen benoemen of ontslaan.

Voldoet een rechtspersoon aan een van genoemde kwalificaties, dan wordt zij aangemerkt als een dochtermaatschappij. Dit betekent dat een rechtspersoon dus twee (of meer) 'moeders' kan hebben. Indien van een onderneming de gewone aandelen (die stemrechten geven op de Algemene vergadering van Aandeelhouders) in het bezit zijn van A en de prioriteitsaandelen die recht geven de directie te benoemen, in handen zijn van B, is de onderneming een dochtermaatschappij van zowel A als B.

Uit de wettelijke omschrijving valt op te maken dat een dochtermaatschappij van een dochtermaatschappij tevens dochtermaatschappij van de moeder is (zie voorbeeld 16.5).

VOORBEELD 16.5

Stel dat er tussen de rechtspersonen A, B, C en D sprake is van de volgende zeggenschapsverhoudingen:

A   →   B   →   C   →   D
    55%   55%   55%

In deze situatie is:
- B een dochtermaatschappij van A;
- C een dochtermaatschappij van A en B;
- D een dochtermaatschappij van A, B en C.

Ook niet-rechtspersonen kunnen een dochtermaatschappij van een rechtspersoon zijn. De wet stelt namelijk met een dochtermaatschappij gelijk: 'een onder eigen naam optredende vennootschap waarin de rechtspersoon of één of meer van zijn dochtermaatschappijen als vennoot volledig aansprakelijk is voor de schulden van de vennootschap' (artikel 24a.2).

Voorbeelden zijn:
- Een vennootschap onder firma (vof), waarin de rechtspersoon als vennoot optreedt: in een vof zijn er immers alleen beherende vennoten en die zijn hoofdelijk aansprakelijk voor de schulden.
- Een commanditaire vennootschap, waarin de rechtspersoon als beherend vennoot optreedt.

Deelneming Van een *deelneming* is sprake indien het kapitaalbelang gelijktijdig voldoet aan de volgende drie kenmerken (artikel 24c.1):
1 Het kapitaalbelang is voor eigen rekening, dan wel voor rekening van een dochtermaatschappij; dit betekent dat een deelneming van een dochtermaatschappij eveneens een deelneming van de moedermaatschappij is.
2 Het kapitaalbelang is duurzaam bedoeld.
3 Het kapitaalbelang is ten dienste van de eigen werkzaamheid.

Bij het verwerven van een deelneming verwacht de overnemer dus dat daarvan een positieve invloed zal uitgaan op zijn eigen bedrijfsuitoefening.

Wettelijk vermoeden van een deelneming De wet gaat ervan uit dat een kapitaalbelang van ten minste 20% een deelneming oplevert (het *wettelijk vermoeden van een deelneming*, artikel 24c.1). Ook dit is slechts een vuistregel die weerlegbaar is: indien bijvoorbeeld bij een kapitaaldeelname van 20% of meer aangetoond kan worden dat het belang niet alle genoemde kenmerken bezit, is er geen sprake van een deelneming. Ten aanzien van de berekening van het percentage ten behoeve van het wettelijk vermoeden van een deelneming, gelden dezelfde opmerkingen als die

we in paragraaf 16.3 gemaakt hebben bij het door de IASB aangelegde criterium 'invloed van betekenis' (zie de voorbeelden 16.3 en 16.4):
- Als een kapitaalbelang 'indirect' (dat wil zeggen: via een andere onderneming) gehouden wordt, telt dit belang mee als dit loopt via een dochtermaatschappij.
- Ingekochte eigen aandelen tellen niet mee bij het bepalen van de
  20%-grens (artikel 24d.1).

Een rechtspersoon kan ook een deelneming hebben in een niet-rechtsper-
soonlijkheid bezittende vennootschap. Dit doet zich voor indien de deelnemer (rechtstreeks of via een dochtermaatschappij):
a daarin als vennoot jegens schuldeisers volledig aansprakelijk is voor de
   schulden; of
b daarin anderszins vennoot is teneinde met die vennootschap duurzaam
   verbonden te zijn ten dienste van de eigen werkzaamheid (artikel 24c.2).

Een *belegging* wordt door de wet niet gedefinieerd. Dit betekent dat een ka-   **Belegging**
pitaalbelang dat niet als deelneming wordt gekwalificeerd, automatisch als
belegging is aan te merken. Voorbeelden hiervan zijn aangeschafte aandelen
om tijdelijk overtollige liquide middelen rendabel te maken of om te zijner
tijd te kunnen voldoen aan in eigen beheer gehouden pensioenverplichtingen jegens een directeur-grootaandeelhouder.

16.4.2   Waarderingsgrondslag voor kapitaalbelangen

Het in de vorige paragraaf gemaakte onderscheid tussen deelnemingen en
beleggingen is bepalend voor de toe te passen waarderingsgrondslag van
een kapitaalbelang.

Voor de waardering van *deelnemingen* worden deze onderverdeeld in deelnemingen *met* en *deelnemingen zonder invloed van betekenis* op het zakelijk   **Invloed van**
en financieel beleid. Ook voor deze onderverdeling geldt een wettelijk ver-   **betekenis**
moeden: indien de deelnemer (rechtstreeks of via een dochtermaatschap-
pij) 20% of meer van de stemrechten bezit, wordt geacht dat invloed van betekenis wordt uitgeoefend (artikel 389.1).
Deelnemingen met invloed van betekenis moeten gewaardeerd worden tegen *nettovermogenswaarde* (artikel 389.1); voor deelnemingen zonder invloed van betekenis is de waarderingsgrondslag *aanschafprijs* of *actuele
waarde* (artikel 384.1).

Op de verplichting om deelnemingen met invloed van betekenis op het zakelijk en financieel beleid te waarderen tegen nettovermogenswaarde, gelden twee uitzonderingen:
1 Het kan zijn dat de deelnemer onvoldoende gegevens ter beschikking
   heeft om de nettovermogenswaarde van een deelneming vast te stellen.
   Zo kan het voorkomen dat ontwikkelingen in het land van vestiging verhinderen dat alle gegevens worden verkregen die nodig zijn om de nettovermogenswaarde te bepalen.
   Doet zich dit voor, dan mag de deelneming worden gewaardeerd op een
   andere wijze dan de nettovermogenswaarde (artikel 389.3). De RJ geeft als
   invulling aan deze 'andere wijze' het *zichtbaar eigen vermogen* (RJ   **Zichtbaar ei-**
   214.310/311): het aandeel in de waarde van het eigen vermogen volgens de   **gen vermogen**
   grondslagen van de deelneming, oftewel het aandeel in de waarde van het
   eigen vermogen, zoals dat voorkomt op de balans van de deelneming zelf.

© Noordhoff Uitgevers bv

Toegepast op voorbeeld 16.1 wordt het belang in B op 1 januari 2013 in de balans van A opgenomen voor 40% van €5 mln (€1 mln aandelenkapitaal + €4 mln algemene reserve) = €2 mln. Omdat de deelnemer voor de bepaling van het resultaat nu niet uitgaat van zijn eigen grondslagen, maar van die van de deelneming, is het resultaat uit deelneming over 2013 bij deze methode gelijk aan (het evenredig deel van) het resultaat van de deelneming zelf, in voorbeeld 16.1: 40% × €1.800.000 = €720.000.

De methode van zichtbaar eigen vermogen is – net als de nettovermogenswaarde – een vorm van de vermogensmutatiemethode.

2 Van de waarderingsgrondslag van nettovermogenswaarde mag worden afgeweken indien daar een gegronde reden voor is (artikel 389.9).

De reden moet in de toelichting worden vermeld. Een reden kan zijn de internationale verstrengeling van de groep waar een deelnemer onderdeel van uitmaakt. Stel dat een Nederlandse deelnemer zelf dochtermaatschappij is van een in het buitenland gevestigde moedermaatschappij en dat die moedermaatschappij haar deelnemingen waardeert tegen aanschafprijs. Voor de Nederlandse deelnemer wordt dit algemeen als gegronde reden gezien om ook zijn deelnemingen op aanschafprijs te waarderen.

De Sligro Food Group nv exploiteert supermarkten (EMTĒ) en houdt zich bezig met het leveren van voedingswaren aan horeca, bedrijfsrestaurants, pompshops en dergelijke. In 2012 was de omzet bijna €2,5 miljard.

Sligro Food Group nv is de concernholding en bezit 100% van de aandelen van Sligro Food Group Nederland bv. Het belang wordt gewaardeerd tegen nettovermogenswaarde. In de toelichting op de jaarrekening over 2012 wordt het volgende mutatieoverzicht van de deelneming in de bv gegeven.

DEELNEMINGEN

Dit heeft betrekking op de 100%-dochtervennootschap Sligro Food Group Nederland bv. Het verloop kan als volgt weergegeven worden (bedragen luiden in duizenden euro's):

	2012	2011
Stand begin boekjaar	531.660	490.354
Resultaat	69.546	78.207
Op aandelen gebaseerde betalingen	449	693
Nettoresultaat rechtstreeks verwerkt in het eigen vermogen	(6.588)	(4.122)
Ingekochte eigen aandelen	(3.311)	(3.472)
Dividend	(46.000)	(30.000)
Stand einde boekjaar	**545.756**	**531.660**

De *op aandelen gebaseerde betalingen* vloeien voort uit optieregelingen. De waarde van de opties wordt als loonkosten geboekt, maar aangezien er geen kasuitgave is, worden de algemene reserves met hetzelfde bedrag verhoogd. Het *nettoresultaat rechtstreeks verwerkt in het eigen vermogen* betreft onder andere waardeveranderingen in cashflow hedges, die pas op een later tijdstip als resultaat genomen zullen worden (zie paragraaf 18.3) en actuariële resultaten in het kader van pensioenregelingen.

Ten aanzien van de wettelijk voorgeschreven waarderingsgrondslag van *beleggingen* is het van belang of deze duurzaam bedoeld zijn of niet.
In het eerste geval is er sprake van financiële vaste activa en mag voor de waardering gekozen worden uit aanschafprijs of actuele waarde, in het tweede geval wordt de belegging onder de vlottende activa gerangschikt en mag eveneens worden gewaardeerd tegen aanschafprijs of actuele waarde (artikel 384.1). Zoals in paragraaf 7.4.2 is uiteengezet, schrijft de RJ voor aandelen en obligaties die deel uitmaken van een handelsportefeuille in de laatste situatie echter voor deze te waarderen op reële waarde (RJ 226.203).
In figuur 16.1 geven we de wettelijke voorschriften schematisch weer.

FIGUUR 16.1 Wettelijke waarderingsgrondslagen kapitaalbelangen

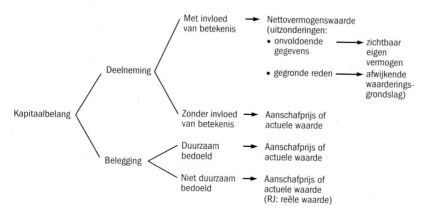

© Noordhoff Uitgevers bv

16.4.3   Fiscale waardering van deelnemingen

Fiscaal dienen deelnemingen gewaardeerd te worden op aanschafprijs. Dit betekent dat gekochte goodwill (zie paragraaf 16.6) fiscaal permanent geactiveerd blijft in de post Deelnemingen (in geval van positieve goodwill) of impliciet direct in mindering wordt gebracht op de nettovermogenswaarde van de deelneming (in geval van negatieve goodwill). Het is toegestaan om deelnemingen af te waarderen naar lagere bedrijfswaarde c.q. lagere beurskoers.

Deelnemings-vrijstelling

Voor ondernemingen die onder de vennootschapsbelasting vallen, zal de waarderingsmethode normaliter geen invloed op de fiscale winst hebben, omdat krachtens de *deelnemingsvrijstelling* (artikel 13 Wet op de vennootschapsbelasting) voor- en nadelen uit een deelneming niet belast c.q. niet aftrekbaar zijn.
De achtergrond van de deelnemingsvrijstelling is het voorkomen van dubbele belasting; zonder deze faciliteit zou uitgekeerde winst zowel bij de deelneming als bij de deelnemer belast worden.
Door de deelnemingsvrijstelling ontstaat er bij de deelnemende onderneming een verschil tussen de bedrijfseconomische en fiscale winst (zie hiervoor hoofdstuk 19).
In fiscale zin is in het algemeen een deelneming aanwezig wanneer voor ten minste 5% in het aandelenkapitaal wordt deelgenomen.

16.5   Wettelijke reserve deelnemingen

In voorbeeld 16.1 is bij toepassing van de vermogensmutatiemethode (paragraaf 16.1.4) de waarde van het kapitaalbelang over 2013 per saldo toegenomen met het uit dat belang verantwoorde resultaat minus het door de deelnemer ontvangen dividend. De toename van de post Kapitaalbelang is daarmee gelijk aan de winst die door de onderneming waarin wordt deelgenomen is gereserveerd. In paragraaf 16.4.2 hebben we gezien dat toepassing van de vermogensmutatiemethode door de Nederlandse wet is voorgeschreven voor deelnemingen waarin invloed van betekenis kan worden uitgeoefend op het zakelijk en financieel beleid. In de standards van de IASB komt de vermogensmutatiemethode (althans als toepassing in de enkelvoudige jaarrekening) niet voor. We beperken ons daarom in deze paragraaf tot die jaarrekeningen waarop de Nederlandse verslaggevingsvoorschriften van toepassing zijn. Overigens kent de IASB ook geen in deze paragraaf te bespreken post Wettelijke reserve deelnemingen.

Bij toepassing van de vermogensmutatiemethode laat de deelnemer dus een resultaat uit deelneming zien dat zich (voor zover niet uitgekeerd) bij de deelneming bevindt. De deelnemer zou het winstbedrag uit hoofde van de deelneming kunnen uitkeren aan haar eigenaren, zonder die winst zelf in contanten te hebben ontvangen. Indien zijn invloed op het dividendbeleid zo groot is, dat uitkering op elk moment bewerkstelligd kan worden, is er geen probleem. Indien dat niet het geval is, zou het strijdig met het voorzichtigheidsprincipe zijn om winst – waarover de deelnemer zelf niet beschikt – door hem te laten uitkeren.
Ter bescherming van de schuldeisers van de deelnemende onderneming heeft de wetgever daarom bepaald dat de onderneming een wettelijke reserve moet vormen ter grootte van de verantwoorde winst, voor zover de

deelneming geen dividenden in contanten heeft gedeclareerd en dit ook niet door de deelnemer is te bewerkstelligen (artikel 389.6). Dit is de *wettelijke reserve deelnemingen.*

Wettelijke reserve deelnemingen

Indien zonder beperking uitkering van de winsten van een deelneming kan worden bewerkstelligd, hoeft er geen wettelijke reserve te worden gevormd: in geval van meerderheidsdeelnemingen (deelnemingen met meer dan 50% zeggenschap) hoeft er normaliter dan ook geen wettelijke reserve te worden gevormd.

In de volgende situaties kan uitkering van de winsten niet worden bewerkstelligd:
- in geval van minderheidsdeelnemingen;
- wanneer een deelneming onvoldoende liquide middelen bezit of onvoldoende vrije reserves heeft;
- indien wettelijke regelingen of politieke omstandigheden bij buitenlandse deelnemingen uitkering geheel of gedeeltelijk verhinderen.

In de paragrafen 6.2.2 en 8.3.2 hebben we gezien dat de wettelijke reserve kan worden gevormd uit de vrije reserves (meestal de overige reserves) of uit de winstbestemming.

Aangezien in voorbeeld 16.1 B een minderheidsdeelneming is van A, zal A eind 2013 een wettelijke reserve moeten vormen ter grootte van €440.000 (bij toepassing van nettovermogenswaarde) of €720.000 – €200.000 = €520.000 (bij toepassing van zichtbaar eigen vermogen).

In aanvulling op de eerder gemaakte journaalposten wordt door A dan nog de volgende journaalpost gemaakt:

0 Overige reserves	€440.000 c.q. €520.000	
Aan 0 Wettelijke reserve		€440.000 c.q. €520.000

Overigens is het toegestaan de wettelijke reserve deelnemingen om te zetten in kapitaal: de wettelijke reserve mag niet in contanten, maar dus wel in aandelen worden uitgekeerd.

In artikel 389.6 is expliciet aangegeven dat 'deelnemingen waarvan het cumulatief resultaat sedert de eerste waardering niet positief is, bij de bepaling van de wettelijke reserve niet in aanmerking worden genomen'. Dit betekent dat de wettelijke reserve per *individuele* deelneming moet worden bepaald en dat voor de bepaling van de hoogte derhalve niet uitgegaan mag worden van het *totaal* van de deelnemingen. Bij toepassing van deze *collectieve methode* (ook wel *saldomethode* genoemd) zouden de ingehouden winsten van de ene deelneming kunnen worden gecompenseerd met verliezen van een andere deelneming; dit laatste is dus wettelijk niet toegestaan.

Individuele en collectieve methode

Indien de vermogensmutatiemethode wordt gebruikt, behoeft aanpassing van de waarde van de deelneming niet alleen plaats te vinden door winstinhouding van die deelneming. Er kunnen zich ook *rechtstreekse vermogensmutaties* voordoen. Dit is bijvoorbeeld het geval, indien bepaalde resultaten van de deelneming niet via de resultatenrekening lopen, maar direct bijgeboekt worden ten gunste van of afgeboekt worden ten laste van de reserves (zie paragraaf 10.5).

Rechtstreekse vermogensmutatie

De wet geeft expliciet aan dat ook voor rechtstreekse vermogensmutaties aanpassing van de wettelijke reserve plaats moet vinden.

16.6 Gekochte goodwill

Paragraaf 16.6.1 geeft aan welk deel van het aankoopbedrag van een deelneming als goodwill wordt aangemerkt. De goodwill zal meestal een positief bedrag zijn; deze situatie bespreken we in paragraaf 16.6.2. Incidenteel kan het voorkomen dat er sprake is van negatieve goodwill of *badwill*. Hierop wordt in paragraaf 16.6.3 nader ingegaan.

16.6.1 Begripsbepaling

In paragraaf 6.2.4 hebben we gekochte goodwill gedefinieerd als het verschil tussen de verkrijgingsprijs en de nettovermogenswaarde van de overgenomen onderneming. Wordt de deelneming (wegens het ontbreken van de benodigde gegevens, zie paragraaf 16.4.2) gewaardeerd op zichtbaar eigen vermogen, dan wordt het verschil tussen de verkrijgingsprijs en het zichtbaar eigen vermogen als goodwill aangemerkt.

De verkrijgingsprijs kan bestaan uit de volgende elementen:
- Het bedrag in contanten dat voor het aandelenpakket betaald wordt.
- In geval van een 'aandelenruil': de (beurs)waarde van de door de deelnemer uit te geven aandelen, die worden geruild voor de aandelen in de overgenomen onderneming.
- Een combinatie van cash en aandelen.

Earn-outregeling

Niet altijd is de verkrijgingsprijs op moment van overname een gegeven, maar wordt er afgesproken dat – afhankelijk van de gerealiseerde resultaten van de overgenomen onderneming ná de overname – nog nabetalingen zullen plaatsvinden, dan is er sprake van een *earn-outregeling*. In dat geval zal de overnemer – ervan uitgaande dat de nabetalingen betrouwbaar zijn te schatten – op moment van overname een voorziening moeten opnemen voor de geschatte nabetalingen, zodat hier bij de bepaling van de goodwill rekening mee wordt gehouden.

Indien nadien de daadwerkelijke nabetalingen afwijken van de opgenomen voorziening, leidt dit (achteraf) tot herziening van de verkrijgingsprijs en daarmee tot aanpassing van de goodwill.

Overigens worden vaak bedragen als goodwill aangemerkt, die dat niet zijn, zoals blijkt uit voorbeeld 16.6.

VOORBEELD 16.6

Een groot levensmiddelenconcern koopt alle aandelen van een frisdrankenproducent op. De fair value van de gebouwen, machines, enzovoort (minus het vreemd vermogen) is €10 mln. De koopprijs van het aandelenpakket is €30 mln.

Op het eerste gezicht lijkt de goodwill €20 mln; van de koop zou het levensmiddelenconcern – uitgaande van de Nederlandse verslaggevingsvoorschriften – dan de volgende journaalpost maken:

0 Goodwill	€20.000.000	
0 Deelneming	€10.000.000	
Aan 1 Liquide middelen		€30.000.000

Zeer waarschijnlijk wordt er echter vooral betaald voor het merk dat door de frisdrankenproducent gevoerd wordt. Het eigen vermogen is daarom in feite veel groter dan €10 mln, omdat er ook immateriële activa in de vorm van merknamen zijn.

Stel dat de waarde van het overgenomen merk wordt geschat op €15 mln. Dit bedrag dient 'afgesplitst' te worden van de goodwill en opgenomen te worden onder de balanspost Deelneming; de journaalpost wordt dan:

0 Goodwill	€ 5.000.000	
0 Deelneming	€25.000.000	
Aan 1 Liquide middelen		€30.000.000

16.6.2   Positieve goodwill

In paragraaf 6.2.1 hebben we gezien dat de IASB voorschrijft dat immateriële vaste activa stelselmatig worden afgeschreven over de geschatte economische levensduur. Gekochte goodwill vormt hierop een uitzondering. In paragraaf 16.3 hebben we gezien dat in de enkelvoudige jaarrekening subsidiaries en associates moeten worden gewaardeerd tegen aanschafprijs of reële waarde en dat in de geconsolideerde jaarrekening associates gewaardeerd dienen te worden volgens de equitymethode; dit betekent dat de betaalde goodwill in deze gevallen onderdeel uitmaakt van het kapitaalbelang en niet afzonderlijk wordt gepresenteerd onder de immateriële vaste activa.
De betaalde goodwill dient daarbij te worden gewaardeerd tegen het op de overnamedatum opgenomen bedrag verminderd met – als gevolg van een of meerdere uitgevoerde impairment testen – eventuele geaccumuleerde bijzondere waardeverminderingsverliezen (IFRS 3.54 en de van IFRS 3 integraal onderdeel uitmakende appendix B.63a).

De Nederlandse verslaggevingsvoorschriften bieden drie mogelijkheden om gekochte goodwill in de jaarrekening te verwerken (artikel 389.7 / RJ 216.218):
1   direct afboeken van het eigen vermogen (in casus: de vrije reserves);
2   ineens ten laste brengen van het resultaat;
3   activeren als immaterieel vast activum, gevolgd door jaarlijkse afschrijvingen ten laste van het resultaat.

Direct afboeken van de vrije reserves

Deze methode – die de opvatting dat goodwill een zekere waarde vertegenwoordigt, negeert – heeft een gunstige werking op de rentabiliteitscijfers omdat enerzijds het resultaat niet wordt belast, terwijl anderzijds het eigen vermogen direct met de betaalde goodwill wordt verminderd.
Deze manier van verwerken is in strijd met de algemene regel dat alle lasten eens in de kostensfeer moeten worden betrokken. Ze leidt tot het merkwaardige verschijnsel dat de rentabiliteit optisch beter wordt naarmate meer wordt betaald voor de deelneming. Met andere woorden, hoe slechter het onderhandelingsresultaat, des te beter de gepresenteerde rentabiliteit. Deze

methode levert dan ook – met name bij grote overnemers – rentabiliteitscijfers op waar weinig waarde aan mag worden gehecht.
Overigens leidt de onmiddellijke afboeking op het eigen vermogen tot een negatieve invloed op de getoonde solvabiliteit.

Indien bij aankoop van een deelneming de betaalde goodwill van de reserves wordt afgeboekt, eist de bestendigheid dat bij verkoop van die deelneming op overeenkomstige wijze wordt gehandeld.

VOORBEELD 16.7
P koopt alle aandelen van Q op 1 december van jaar 1 voor €1 mln. P waardeert Q op nettovermogenswaarde, die op het moment van overname €600.000 bedraagt. P boekt de betaalde goodwill van €400.000 af van de vrije reserves.
De koop blijkt al snel niet te passen binnen de ondernemingsstrategie van P: op 1 maart van jaar 2 wordt Q voor €1,1 mln verkocht. De nettovermogenswaarde is op dat moment nog steeds €600.000.

De boekwinst op deze verkoop bedraagt €1.100.000 – €600.000 = €500.000. Indien P dit bedrag volledig in de resultatenrekening opneemt, is er sprake van creative accounting. De destijds rechtstreeks van de reserves afgeboekte goodwill ad €400.000, dient nu ook direct op de reserves bijgeboekt te worden. De overige €100.000 boekwinst wordt in het resultaat verantwoord.

Bij de bepaling van het bedrag dat direct bijgeboekt dient te worden op de vrije reserves, speelt de tijdsduur dat de deelneming in bezit van de onderneming is geweest, een rol. Naarmate deze periode langer is, is de destijds betaalde goodwill voor een groter bedrag afgeschreven en vertegenwoordigt de boekwinst voor een groter deel goodwill die door de onderneming zelf is gekweekt.
De RJ schrijft daarom voor dat bij verkoop van een deelneming binnen een jaar na verwerving het gehele bedrag van de ten laste van het eigen vermogen gebrachte positieve goodwill dient te worden teruggenomen, bij verkoop binnen twee jaar ten minste 80%, binnen drie jaar ten minste 60%, enzovoort (RJ 214.341). Indien in voorbeeld 16.7 P deelneming Q niet op 1 maart van jaar 2, maar op 1 maart van jaar 3 had verkocht met een boekwinst van €500.000, had ten minste €320.000 (80% van €400.000) direct bijgeboekt moeten worden op de vrije reserves en was maximaal €180.000 opgenomen in de resultatenrekening.

GOODWILL
Goodwill is het verschil tussen de verkrijgingsprijs van verworven ondernemingen en het aandeel van SHV in de nettovermogenswaarde van deze ondernemingen op het moment van verkrijging, vermeerderd met de externe kosten direct verband houdende met deze verwerving. Goodwill wordt in het jaar van verkrijging ten laste van het eigen vermogen gebracht.
Bij verkoop van een onderneming wordt de goodwill, die in het verleden direct ten laste van het eigen vermogen is gebracht, teruggenomen en ten laste van de verkoopwinst verantwoord.

Bron: Jaarrapport SHV, 2012

Ineens ten laste brengen van het resultaat
Wordt de goodwill ineens ten laste van het resultaat gebracht, dan heeft dit
in het jaar van aankoop een sterk negatieve werking op het resultaat, terwijl
het resultaat in volgende jaren geen wijziging meer ondergaat. Dit leidt tot
een grillig verloop van het resultaat over de jaren. Met uitzondering van de
rentabiliteit in het jaar van aankoop, is de uitwerking op rentabiliteit en solvabiliteit gelijk aan die bij de eerste methode.
Bij deze manier van verwerken wordt aan het voorzichtigheidsprincipe
voorrang gegeven. Goodwill wordt echter betaald omdat men door de overname een hogere rentabiliteit verwacht. Op grond van het matchingprincipe
verdient het daarom de voorkeur de hiervoor betaalde goodwill ten laste van
het resultaat te brengen gedurende de jaren waarin de extra rentabiliteit
wordt behaald. De RJ stelt dan ook dat het ineens ten laste van het resultaat
brengen van goodwill in het algemeen niet zal voldoen aan het wettelijk vereiste inzicht van vermogen en resultaat (RJ 216.218).

**Activeren als immaterieel vast activum, gevolgd door jaarlijkse afschrij-
vingen ten laste van het resultaat**
De RJ stelt dat het activeren en afschrijven van goodwill leidt tot toerekening
van kosten van een acquisitie aan de voordelen die de acquisitie met zich
meebrengt; de RJ beveelt deze methode dan ook aan (RJ 216.218).
De RJ hanteert als afschrijvingstermijn de economische levensduur, waarbij
wordt uitgegaan van een weerlegbaar vermoeden dat de economische levensduur niet langer is dan twintig jaar (RJ 216.221).
De wet gaat uit van een afschrijvingstermijn van de verwachte gebruiksduur
(artikel 386.3). De afschrijvingsperiode mag echter slechts langer dan vijf
jaar zijn, indien de goodwill aan een aanzienlijk langer tijdvak kan worden
toegerekend. Is dit het geval, dan moet de langere afschrijvingstermijn worden vermeld, evenals de motivering van de afwijking van de vijfjaarstermijn.

In het buitenland is activering vrijwel overal verplicht; met de door de wet
toegelaten mogelijkheid om betaalde goodwill rechtstreeks van het eigen
vermogen af te boeken of ineens als resultaat te nemen, nemen we in Nederland een uitzonderingspositie in.

16.6.3   Negatieve goodwill
De oorzaak van negatieve goodwill is vrijwel altijd dat de verwachte rentabiliteit bij de overgenomen onderneming lager is dan die doorgaans in de betreffende branche wordt behaald. Er zal daarom nagegaan moeten worden
of er bij de overgenomen onderneming reorganisaties uitgevoerd moeten
worden om deze weer tot 'bloei' te laten komen: zo kan het nodig zijn dat er
activa buiten gebruik gesteld worden en/of dat er personeel moet afvloeien
om een normale rentabiliteit te halen. De noodzaak tot buitengebruikstelling van activa zal invloed hebben op de aan die activa toe te kennen waarde. Verder zal voor afvloeiing van personeel bij de overgenomen onderneming een reorganisatievoorziening dienen te worden gevormd, welke de
nettovermogenswaarde verder zal verminderen.
Is de nettovermogenswaarde dan nog hoger dan de verkrijgingsprijs, dan is
er sprake van een *lucky buy*: er is minder betaald dan de aan de onderne-   **Lucky buy**
ming toegekende waarde.

De IASB schrijft voor dat negatieve goodwill direct ten gunste van het resultaat moet worden gebracht (IFRS 3.34).

Overigens geldt deze verwerkingswijze alleen voor de geconsolideerde jaarrekening, waar – zoals we in paragraaf 16.3 hebben gezien – associates gewaardeerd moeten worden volgens de equitymethode. In de enkelvoudige jaarrekening worden subsidiaries en associates gewaardeerd op aanschafprijs of reële waarde, als gevolg waarvan negatieve goodwill impliciet direct in mindering is gebracht op de nettovermogenswaarde van het kapitaalbelang.

De RJ schrijft voor dat negatieve goodwill afzonderlijk als overlooppost in de balans dient te worden opgenomen (RJ 216.235).
Voor zover de negatieve goodwill betrekking heeft op verwachte toekomstige verliezen en lasten waarmee rekening is gehouden in het overnameplan en die betrouwbaar kunnen worden vastgesteld, maar die nog geen identificeerbare verplichting vormen op de overnamedatum, dient dit gedeelte van de negatieve goodwill ten gunste van de resultatenrekening te worden gebracht, naarmate deze verliezen en lasten zich voordoen.

Lucky buy

Het restant van de negatieve goodwill (dit betreft het gedeelte dat aan te merken is als de hiervoor genoemde 'lucky buy') dient volgens de RJ als volgt te worden verwerkt:
- Voor zover de negatieve goodwill hoger is dan de reële waarde van de niet-monetaire activa, wordt deze direct ten gunste van het resultaat gebracht.
- Voor zover de negatieve goodwill niet hoger is dan de reële waarde van de niet-monetaire activa, wordt deze stelselmatig ten gunste van de resultatenrekening gebracht naar rato van het gewogen gemiddelde van de resterende levensduur van de verworven afschrijfbare activa.

VOORBEELD 16.8
X neemt op 1 januari 2013 alle aandelen over van Y voor €10 mln. De balans van Y ziet er op die datum als volgt uit:

Balans Y per 1 januari 2013 ($\times$ €1)

Gebouwen	3.000.000	Aandelenkapitaal	1.000.000
Inventaris	1.000.000	Overige reserves	14.000.000
Debiteuren	15.000.000	Overige passiva	5.000.000
Liquide middelen	1.000.000		
	20.000.000		20.000.000

Toelichting
De balans is representatief voor de bepaling van de fair value.
De resterende levensduur van de gebouwen is tien jaar en die van de inventaris twee jaar.
Er is bij Y geen sprake van verwachte toekomstige verliezen.

De door X betaalde goodwill bedraagt €10 mln – €15 mln = – €5 mln.
Deze negatieve goodwill ad €5.000.000 (zijnde een 'lucky buy') wordt in tweeën opgedeeld:
- Het bedrag dat hoger is dan de reële waarde van de gebouwen en inventaris: €5 mln – €4 mln = €1 mln. Dit bedrag wordt op 1 januari 2013 ten gunste van het resultaat gebracht.

- Het bedrag dat niet hoger is dan de reële waarde van de gebouwen en inventaris, zijnde €4 mln. Voor de wijze van toerekening van dit bedrag over de jaren moet eerst de gewogen gemiddelde resterende levensduur van de gebouwen en inventaris worden berekend: $\dfrac{3 \times 10 + 1 \times 2}{4} = 8$ jaar.

  Van dit deel van de negatieve goodwill wordt aan elk van de jaren 2013 tot en met 2020 $\dfrac{4\ \text{mln}}{8} = €500.000$ ten gunste van het resultaat gebracht.

In de wet zijn geen voorschriften opgenomen inzake de verwerking van negatieve goodwill.

We sluiten deze paragraaf af met tabel 16.2, waarin de regels voor de verwerking van goodwill zijn samengevat.

TABEL 16.2 Samenvattend overzicht van de regels voor de verwerking van goodwill

	Positieve goodwill		Negatieve goodwill	
	Eerste verwerking	Later	Eerste verwerking	Later
IASB	Activeren	Impairment test	Ten gunste van resultaat	N.v.t.
Wet	Activeren	Jaarlijks afschrijven	Geen voorschriften	Geen voorschriften
	Afboeken van de vrije reserves	N.v.t.		
	Ten laste van het resultaat	N.v.t.		
RJ	Activeren[1]	Jaarlijks afschrijven	Passiveren	Vrijval volgens bepaalde systematiek
	Afboeken van de vrije reserves	N.v.t.		
	Ten laste van het resultaat	N.v.t.		

1 Voorkeursoptie

16.7 Informatieverschaffing

Zowel de IASB (IFRS 3.60 en appendix IFRS 3 B64) als de Nederlandse wet (artikel 379.1) schrijven voor dat in de toelichting van de jaarrekening van de deelnemer nadere informatie moet worden verstrekt over kapitaalbelangen van 20% of meer (en voor de Nederlandse situatie tevens over vennootschappen, waarin de deelnemer jegens de schuldeisers volledig aansprakelijk is voor de schulden).
Op deze 'lijst van kapitaalbelangen' moet per belang onder andere de volgende informatie worden opgenomen:

- de naam
- de vestigingsplaats
- het aandeel in het geplaatste kapitaal c.q. de stemrechten

Daarnaast moet een onderneming die zelf deel uitmaakt van een groep, de volgende informatie in de toelichting opnemen (IAS 1.138 / artikel 379.3):
- de naam en de vestigingsplaats van de maatschappij die aan het hoofd van de groep staat;
- de naam en de vestigingsplaats van de maatschappijen die de financiële gegevens van de onderneming opnemen in hun openbaar te maken geconsolideerde jaarrekening.

Voor de Nederlandse situatie is nog het volgende van belang:
- Het deel van de toelichting dat de hiervoorgenoemde vermeldingen bevat, mag ook afzonderlijk worden gedeponeerd bij het handelsregister, mits beide onderdelen van de toelichting naar elkaar verwijzen (artikel 379.5).
- Indien er gegronde vrees bestaat dat door vermelding van de verlangde informatie ernstig nadeel zou kunnen ontstaan, kan bij de minister van Economische Zaken van deze verplichtingen ontheffing worden gevraagd (artikel 379.4). De ontheffing kan telkens voor ten hoogste vijf jaar worden verleend en moet in de toelichting worden vermeld.

© Noordhoff Uitgevers bv

17

Consolidatie

17.1	**Enkelvoudige en geconsolideerde jaarrekening**
17.2	**Regelgeving inzake consolidatie**
17.3	**De consolidatietechniek**
17.4	**De consolidatie van niet-100%-kapitaalbelangen**
17.5	**Omgekeerde overnames**

Hoofdstuk 16 handelde over de gevolgen van concernvorming voor de jaarrekening van de 'moedermaatschappij'. In dit hoofdstuk behandelen we de 'geconsolideerde jaarrekening', de jaarrekening van het concern als geheel. Nadat het verschil tussen een enkelvoudige en een geconsolideerde jaarrekening is aangegeven (paragraaf 17.1), worden in paragraaf 17.2 de voorschriften van de regelgevers inzake consolidatie besproken; aangegeven wordt onder andere wie een geconsolideerde jaarrekening dient op te stellen en welke ondernemingen in de consolidatie moeten worden betrokken.

In paragraaf 17.3 wordt aan de hand van een aantal voorbeelden uitgelegd hoe enkelvoudige jaarrekeningen 'ineengeschoven' kunnen worden tot een geconsolideerde jaarrekening en welke correctieboekingen daarbij noodzakelijk zijn.

Gaat het in paragraaf 17.3 om 100%-kapitaalbelangen, in paragraaf 17.4 komen de extra complicaties aan de orde die zich voordoen bij te consolideren niet-100%-belangen.

We besluiten dit hoofdstuk (paragraaf 17.5) met de 'omgekeerde overname': een aandelenruil waarbij het lijkt alsof een kleine onderneming een grote onderneming overneemt.

17.1 Enkelvoudige en geconsolideerde jaarrekening

Enkelvoudige jaarrekening

In hoofdstuk 16 is de verwerking van kapitaalbelangen in de jaarrekening van de deelnemende onderneming behandeld. Die jaarrekening was een *enkelvoudige* of *vennootschappelijke jaarrekening*, dat wil zeggen de jaarrekening van één afzonderlijke rechtspersoon.

Indien een onderneming deelneemt in het kapitaal van andere ondernemingen, geeft de enkelvoudige jaarrekening vaak onvoldoende inzicht in de samenstelling van het (eigen) vermogen en het resultaat van de onderneming. Dit kan worden geïllustreerd met de volgende enkelvoudige jaarrekening van een onderneming die haar activiteiten heeft ondergebracht in werkmaatschappijen:

Balans per 31 december jaar t (bedragen × €1 mln)

Materiële vaste activa	2	Eigen vermogen	10
Kapitaalbelangen	14	Voorzieningen	2
Vorderingen op kapitaalbe-	5	Schulden	8
langen		Winst jaar t	2
Overige activa	1		
			22
	22		

Resultatenrekening over jaar t (bedragen × €1 mln)

Resultaten uit kapitaalbelangen		2,4
Afschrijvingen	0,2	
Diverse overige kosten	0,2	
		0,4
Nettowinst		2,0

Geconsolideerde jaarrekening

Om een beter inzicht te krijgen in de samenstelling van de posten Kapitaalbelangen en Resultaten uit kapitaalbelangen is het noodzakelijk een jaarrekening voor het concern samen te stellen; we spreken dan van een *geconsolideerde jaarrekening*: een jaarrekening waarin alle activa, passiva, baten en lasten van de ondernemingen die een concern vormen, als één geheel worden opgenomen.

De geconsolideerde jaarrekening wordt opgenomen in het jaarrapport van de moedermaatschappij. Dit betekent dat we in het jaarrapport van een 'concernmoeder' twee jaarrekeningen aantreffen:
- de enkelvoudige jaarrekening van de moeder
- de geconsolideerde jaarrekening van het concern

17.2   Regelgeving inzake consolidatie

In deze paragraaf bespreken we de voorschriften van de regelgevers inzake consolidatie: in paragraaf 17.2.1 die van de IASB en in paragraaf 17.2.2 die van de wet (die worden nagevolgd door de RJ). We bespreken deze voorschriften aan de hand van voorbeeld 17.1. In paragraaf 17.2.3 gaan we in op de fiscale regeling inzake consolidatie: de fiscale eenheid.

VOORBEELD 17.1

De structuur van het concern AH is weergegeven in de volgende figuur:

Structuurschema van het AH-concern

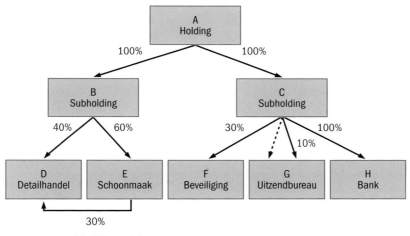

- - - - - - = Prioriteitsaandelen

In het structuurschema is bij elke vennootschap de door haar uitgeoefende activiteit vermeld, alsmede het kapitaalbelang dat door een ander concernonderdeel wordt gehouden. De getoonde deelnamepercentages geven tevens de mate van zeggenschap weer. De stippellijn van C naar G geeft aan dat C in het bezit is van prioriteitsaandelen, waarmee alle directieleden van G kunnen worden benoemd en ontslagen.

De vraag is nu welke ondernemingen verplicht zijn een geconsolideerde jaarrekening op te stellen en welke ondernemingen dan in de consolidatie moeten worden betrokken.

17.2.1   Regelgeving van de IASB

De IASB schrijft voor dat *moedermaatschappijen* een geconsolideerde jaarrekening opnemen, waarbij al hun *subsidiaries* in de consolidatie worden betrokken (IAS 27.9).   **Subsidiaries**

In paragraaf 16.2 hebben we gezien dat als subsidiary wordt beschouwd een kapitaalbelang waarin beslissende zeggenschap op het financiële en operationele beleid uitgeoefend kan worden. Beslissende zeggenschap kan voortvloeien uit het houden van meer dan de helft van de gewone aandelen, maar bijvoorbeeld ook door het houden van prioriteitsaandelen, waardoor de meerderheid van de directieleden benoemd c.q. ontslagen kan worden.

Op grond hiervan kunnen we concluderen dat holding A uit voorbeeld 17.1 – naast zichzelf – de vennootschappen B, C, D, E, G en H in de consolidatie dient te betrekken. F is geen subsidiary, want daarin kan geen beslissende zeggenschap worden uitgeoefend.

Concernonderdeel D wordt wel geconsolideerd, omdat daarin een totaalbelang van 70% wordt gehouden; immers, het belang van E in D van 30% telt volledig mee, omdat dit loopt via een subsidiary. Ook G dient in de consolidatie te worden opgenomen, omdat door het bezit van de prioriteitsaandelen 'control' kan worden uitgeoefend.
De vraag kan gesteld worden of het wel zinvol is om H in de consolidatie te betrekken; de bankiersactiviteiten van dit concernonderdeel zijn namelijk sterk afwijkend van de activiteiten van de overige concernonderdelen. Voor de gebruiker van de geconsolideerde jaarrekening zou dit wellicht verwarrend kunnen werken. Echter, de IASB staat niet toe dat concernmaatschappijen met afwijkende bedrijfsactiviteiten buiten de consolidatie worden gelaten. In de toelichting dient zodanige informatie te worden verstrekt, dat verwarring bij de lezer wordt voorkomen (IAS 27.17).

De *sub*(of *tussen*)*holdings* B en C zijn in principe *niet* verplicht voor hun 'subgroep' (BDE respectievelijk CGH) een geconsolideerde jaarrekening te publiceren, omdat deze subgroepen al in de geconsolideerde jaarrekening van A zijn opgenomen (IAS 27.10).
Deze vrijstelling geldt onder twee voorwaarden:
1 De betreffende subholding mag niet aan een effectenbeurs genoteerd zijn.
2 De geconsolideerde jaarrekening van het grotere geheel waarin de subgroep is opgenomen (in voorbeeld 17.1 in de geconsolideerde jaarrekening van A) dient te voldoen aan de IASB-voorschriften.

17.2.2　Regelgeving van de wet (en de RJ)

Groepshoofden

Groepsmaatschappijen

In de Nederlandse wet is bepaald dat *groepshoofden* een geconsolideerde jaarrekening moeten opnemen, waarbij alle *groepsmaatschappijen* worden geconsolideerd (artikel 406.1).
De wet omschrijft groepsmaatschappijen als 'rechtspersonen en vennootschappen die met elkaar in een groep zijn verbonden' (artikel 24b).
Een groep wordt verder omschreven als 'een economische eenheid waarin rechtspersonen en vennootschappen organisatorisch zijn verbonden'.

Er is dus volgens de wet een groep als er sprake is van een economische eenheid en van een organisatorische band.

Economische eenheid

Organisatorische band

Centrale leiding

Een aanwijzing voor het bestaan van een *economische eenheid* kan zijn dat er sprake is van gemeenschappelijk beleid, waarbij de onderdelen van de groep zich laten leiden door het totale groepsbelang. Van een *organisatorische band* kan worden gesproken, indien er een hiërarchie is van één of meer beleidsbepalende ondernemingen waaruit *centrale leiding* wordt gegeven en die daarmee beslissende zeggenschap kunnen uitoefenen, en beleidsafhankelijke ondernemingen die zich hebben te schikken naar de leiding van het groepshoofd.

Het groepsmaatschappijbegrip, zoals dat door de wet is gedefinieerd, komt overeen met het begrip subsidiary van de IASB. In paragraaf 17.2.1 hebben we gezien dat op grond van de IASB-voorschriften in voorbeeld 17.1 holding A – naast zichzelf – de vennootschappen B, C, D, E, G en H in de consolidatie moet betrekken. Dit is ook het geval bij toepassing van de Nederlandse wet.

De wet geeft in een aantal situaties aan dat een groepsmaatschappij buiten de consolidatie *mag* blijven. Dit is het geval indien:

- het gaat om groepsmaatschappijen waarvan de gezamenlijke betekenis te verwaarlozen is op het geheel (artikel 407.1a);
- het groepsmaatschappijen betreft waarvan de nodige gegevens tegen onevenredige kosten of met grote vertraging te verkrijgen of te ramen zijn (artikel 407.1b);
- er sprake is van groepsmaatschappijen waarin het belang slechts wordt gehouden om het te vervreemden (artikel 407.1c).

Op grond van artikel 406.2 dienen *subholdings* in beginsel eveneens een geconsolideerde jaarrekening op te maken. Net als bij de IASB geldt hiervoor echter een *vrijstelling* indien voldaan wordt aan de in artikel 408 gestelde voorwaarden (zie hiervoor appendix 1). Deze wettelijke voorwaarden komen globaal overeen met de voorwaarden die de IASB ter zake stelt (zie paragraaf 17.2.1).

Subholding

Vrijstelling

Indien een tussenholding gebruikmaakt van deze vrijstelling, moet zij dit in de toelichting melden (artikel 408.3).

In paragraaf 5.3.1 hebben we al opgemerkt dat bij ondernemingen die gebruikmaken van artikel 408, voor de toetsing aan de criteria om als kleine, middelgrote of grote rechtspersoon aangemerkt te worden, uitgegaan wordt van enkelvoudige cijfers (artikelen 396.2 en 397.2).

Naast de vrijstelling voor subholdings kent de wet een vrijstelling van de consolidatieplicht voor *kleine groepen*: er hoeft geen geconsolideerde jaarrekening te worden opgesteld indien de geconsolideerde cijfers van de groep niet groter zijn dan de grenzen van een kleine rechtspersoon (zie paragraaf 5.3.1), geen van de in de consolidatie te betrekken ondernemingen effecten heeft uitstaan die zijn toegelaten tot de handel op een effectenbeurs en er geen bezwaar is gemaakt door ten minste 10% van de leden of door de houders van ten minste 10% van het geplaatste kapitaal (artikel 407.2).

Kleine groepen

Vrijstellingen op grond van groepsverhoudingen

Hiervóór hebben we de wettelijke vrijstellingen inzake consolidatie behandeld. Naast deze vrijstellingen zijn er ook vrijstellingen met betrekking tot de enkelvoudige jaarrekening die hun oorzaak vinden in groepsverhoudingen. Onderscheid wordt gemaakt tussen vrijstelling voor de moeder en vrijstellingen voor groepsmaatschappijen.

Vrijstelling voor de moeder (artikel 402)

De moeder moet een geconsolideerde jaarrekening opstellen, die in principe de financiële gegevens bevat van haarzelf en die van haar groepsmaatschappijen.

De wet bepaalt nu dat, indien de financiële gegevens van de moeder zelf zijn opgenomen in de geconsolideerde jaarrekening, ze voor haar enkelvoudige jaarrekening kan volstaan met een verkorte resultatenrekening: deze hoeft dan slechts het resultaat uit deelnemingen ná belastingen en het overig resultaat ná belastingen te bevatten.

In de toelichting op de geconsolideerde jaarrekening moet de gebruikmaking van deze vrijstelling worden vermeld.

Vennootschappelijke winst- en verliesrekening (in duizenden euro's)	2011	2010
Resultaat uit deelnemingen in groepsmaatschappijen na belastingen	20.216	– 37.102
Overige baten en lasten na belastingen	10.247	4.546
Nettoresultaat	30.463	– 32.556

Aangezien de resultaten van Koninklijke Wegener nv zijn betrokken in de consolidatie, is de vennootschappelijke winst- en verliesrekening in verkorte vorm opgenomen (onder toepassing van artikel 402, Titel 9, Boek 2 BW).

Bron: Jaarrapport Wegener, 2011

Vrijstelling voor groepsmaatschappijen (artikel 403)
Een groepsmaatschappij kan onder voorwaarden gebruikmaken van de volgende vier vrijstellingen:
1 Zij kan volstaan met de volgende vereenvoudigde jaarrekening:

Balans

Vaste activa	Eigen vermogen
Vlottende activa	Voorzieningen
	Schulden

Resultatenrekening

Resultaat uit gewone bedrijfsuitoefening na belasting
Saldo overige baten en lasten na belasting

2 Zij heeft geen controleplicht.
3 Zij hoeft de jaarrekening niet openbaar te maken.
4 Zij hoeft geen jaarverslag en overige gegevens op te stellen.

Wil een groepsmaatschappij gebruikmaken van deze vergaande vrijstellingen, dan moet voldaan zijn aan de volgende voorwaarden:
• De leden of aandeelhouders moeten jaarlijks schriftelijk verklaren met de vrijstellingen in te stemmen.
• De financiële gegevens van de betreffende rechtspersoon moeten zijn geconsolideerd door een andere rechtspersoon of vennootschap, die gevestigd is in de Europese Unie en waarvan de geconsolideerde jaarrekening voldoet aan de eisen van de 7de EG-richtlijn of van die van de IASB.

- De geconsolideerde jaarrekening – voor zover niet gesteld of vertaald in het Nederlands – is gesteld of vertaald in het Frans, Duits of Engels.
- De rechtspersoon of vennootschap die de financiële gegevens van de betreffende rechtspersoon heeft geconsolideerd, moet schriftelijk verklaren zich hoofdelijk *aansprakelijk* te stellen voor de uit rechtshandelingen voortvloeiende schulden van die rechtspersoon. **Aansprakelijkheidsverklaring**
  Deze voorwaarde is opgenomen, omdat schuldeisers van een groepsmaatschappij belang hebben bij een enkelvoudige jaarrekening, bijvoorbeeld om te kijken hoeveel verhaal de activa van die groepsmaatschappij in geval van insolventie bieden. Door de aansprakelijkheid van de moeder wordt het bezwaar van het ontbreken van een enkelvoudige jaarrekening opgeheven.
- De instemmingsverklaring van de aandeelhouders, de aansprakelijkheidsverklaring en de geconsolideerde jaarrekening van de moeder moeten worden gedeponeerd bij het Handelsregister.
- De moeder die de financiële gegevens van de betreffende rechtspersoon heeft geconsolideerd, vermeldt in de toelichting voor welke rechtspersonen een aansprakelijkheidsverklaring is afgegeven (artikel 414.5).

De hiervoor genoemde aansprakelijkstelling kan worden ingetrokken door deponering van een daartoe strekkende verklaring bij het Handelsregister (artikel 404.1). De aansprakelijkheid blijft dan echter bestaan voor schulden ontstaan vóór de datum van de intrekking (artikel 404.2).

AANSPRAKELIJKHEID
In verband met de aanvaarding van hoofdelijke aansprakelijkheid door de vennootschap ingevolge artikel 403, lid 1, Boek 2, Titel 9 van het Burgerlijk Wetboek ten behoeve van de meeste Nederlandse groepsmaatschappijen, is door die groepsmaatschappijen gebruikgemaakt van de ontheffingsmogelijkheden van de voorschriften met betrekking tot publicatie van hun jaarrekening.

Bron: Jaarrapport Aalberts Industries, 2012

We sluiten deze paragraaf af met de volgende opmerkingen:
- Tussen de begrippen 'dochtermaatschappij' (zie paragraaf 16.4.1) en 'groepsmaatschappij' bestaat nauwe verwantschap. Een dochtermaatschappij is echter niet per definitie tevens een groepsmaatschappij. Bij de behandeling van het begrip dochtermaatschappij zagen we bijvoorbeeld dat een vennootschap onder firma, waarin de rechtspersoon optreedt als vennoot, wordt aangemerkt als een dochtermaatschappij. Een vennootschap onder firma is echter normaliter geen groepsmaatschappij, omdat geen beslissende zeggenschap uitgeoefend kan worden: er zijn immers meerdere vennoten die in principe gelijke zeggenschap hebben.
- De wet eist in de toelichting op de geconsolideerde jaarrekening een lijst met vermelding van de naam, vestigingsplaats en het aandeel in het verstrekte kapitaal van de volgende ondernemingen (artikel 414.1 en 414.2d):
  1 Groepsmaatschappijen die in de geconsolideerde jaarrekening zijn geconsolideerd.

2   Deelnemingen die in de geconsolideerde jaarrekening worden verwerkt volgens de vermogensmutatiemethode.
3   Dochtermaatschappijen zonder rechtspersoonlijkheid, voor zover zij
niet vallen onder 1 en 2.
4   Overige kapitaalbelangen van 20% of meer, voor zover zij niet vallen
onder 1, 2 of 3.

In de praktijk wordt de hier bedoelde lijst vrijwel altijd gecombineerd met de
in paragraaf 16.7 genoemde lijst van kapitaalbelangen. De wet geeft hiertoe
de mogelijkheid (artikel 379.5).
Deze lijst van kapitaalbelangen mag – zoals in paragraaf 16.7 aangegeven –
als onderdeel van de toelichting ook afzonderlijk worden gedeponeerd bij
het Handelsregister, mits beide delen van de toelichting naar elkaar verwijzen (artikel 379.5).

HES Beheer nv is een holding waarvan de concernonderdelen zich bezig-
houden met stuwadoorsactiviteiten, de opslag en overslag van 'droge' en
'natte' bulkproducten. Bij de droge bulk gaat het om kolen, mineralen en
landbouwproducten, bij de natte bulk om olie en biobrandstoffen.
In Nederland opereert HES vanuit haveninstallaties in Rotterdam, Amsterdam en Vlissingen, maar het concern is ook actief in Engeland en andere
Europese landen. Jaarlijks wordt bijna 70 miljoen ton aangevoerd naar de
terminals.
De beursgenoteerde onderneming geeft in haar jaarrapport over 2012 het
volgende overzicht van haar kapitaalbelangen. Ze heeft ervoor gekozen om
de 50%-belangen proportioneel te consolideren (zie paragraaf 17.4). De *ge-
associeerde deelnemingen* worden conform de IFRS in de geconsolideerde
balans op basis van de equitymethode gewaardeerd (zie paragraaf 16.3).

BELANGRIJKSTE GROEPSMAATSCHAPPIJEN EN DEELNEMINGEN		
Vennootschap	**Vestigingsplaats**	**Aandeel in geplaatste kapitaal**
Geconsolideerde maatschappijen		
European Bulk Services (E.B.S.) bv	Europoort/Rotterdam	100%
H.E.S. UK Limited	North Lincolnshire	100%
Proportioneel geconsolideerde maatschappijen		
OBA Group bv	Amsterdam	50%
Rotterdam Bulk Terminal (R.B.T.) bv	Vlaardingen	50%
Botlek Tank Terminal bv	Rotterdam	50%
Andere deelnemingen (gewaardeerd volgens de equitymethode)		
OVET Holding bv	Terneuzen	33,3%
Europees Massagoed Overslagbedrijf (EMO) bv en Erts- en Kolen Overslag- bedrijf Maasvlakte (EKOM) bv	Rotterdam	31,0%
ATIC Services S.A.	Parijs	22,2%
Vulcaanhaven Storage bv	Vlaardingen	15,0%

17.2.3   Fiscale eenheid

Ook fiscaal is er een wettelijke regeling inzake consolidatie. In artikel 15 van de Wet op de vennootschapsbelasting is de faciliteit van de *fiscale eenheid* opgenomen. In dit artikel is bepaald dat op verzoek de regel kan worden doorbroken dat elke rechtspersoon afzonderlijk belastingplichtig is voor de vennootschapsbelasting. Indien de fiscale eenheid wordt aangevraagd is voortaan het concern als geheel belastingplichtig. Voorwaarde voor de vorming van een fiscale eenheid is dat de moedermaatschappij ten minste 95% van de aandelen van de dochtermaatschappij(en) bezit.

Fiscale eenheid

Het grootste voordeel van de fiscale eenheid is gelegen in de mogelijkheid tot snellere verliescompensatie (zie paragraaf 19.1).

17.3   De consolidatietechniek

Een geconsolideerde jaarrekening geeft de financiële positie van het concern weer. De afzonderlijke juridische entiteiten van de ondernemingen die tot het concern behoren spelen geen rol meer, de economische entiteit 'concern' is het uitgangspunt. Activa en verplichtingen, opbrengsten en kosten die slechts betrekking hebben op de onderlinge relatie tussen de concernonderdelen, komen niet voor in de geconsolideerde jaarrekening; deze geeft

een beeld van het concern ten opzichte van derden. We zullen in deze paragraaf nader ingaan op de volgende punten:
- de geconsolideerde balans als mix van waardes (paragraaf 17.3.1);
- de aansluiting tussen enkelvoudige en geconsolideerde jaarrekening (paragraaf 17.3.2);
- de problematiek van onderlinge leveringen (paragraaf 17.3.3).

17.3.1   De geconsolideerde balans als mix van waardes

Een concern ontstaat op het moment dat een onderneming beslissende zeggenschap ('control') gaat uitoefenen over een andere onderneming. Meestal vindt dit plaats door het nemen van een kapitaalbelang door de overnemer in de overgenomene.

Als op het overnamemoment een geconsolideerde balans wordt opgemaakt, worden daarin alle tot het concern behorende activa en verplichtingen opgenomen. Daarbij is het belangrijk op te merken dat de waarderingsgrondslagen verschillend zijn voor de activa van de overnemer en de overgenomene. De balansposten van de eerste worden voor de *boekwaarde* overgenomen in de geconsolideerde balans, die van de tweede tegen *reële waarde* ('fair value'). Dit is immers het bedrag dat betaald is op het moment dat de overgenomene deel uit gaat maken van het concern. Als de overnemer niet de aandelen had gekocht, maar rechtstreeks de activa en de verplichtingen, had hij deze ook opgenomen voor de werkelijk door hem betaalde prijs. We zullen dit toelichten aan de hand van voorbeeld 17.2.

Boekwaarde en reële waardes

VOORBEELD 17.2
Op 1 januari 2013 zijn de balansen van bv Groot en bv Klein als volgt:

Balans bv Groot per 1 januari 2013 (bedragen × €1)

Gebouwen	15.000.000	Aandelenkapitaal	1.000.000
Voorraden	8.000.000	Winstreserve	14.000.000
Liquide middelen	7.000.000	Schulden	15.000.000
	30.000.000		30.000.000

Balans bv Klein per 1 januari 2013 (bedragen × €1)

Gebouwen	3.000.000	Aandelenkapitaal	100.000
Voorraden	1.000.000	Winstreserve	2.800.000
Liquide middelen	500.000	Schulden	1.600.000
	4.500.000		4.500.000

De gebouwen hebben een resterende levensduur van tien jaar en een restwaarde van nihil.

Op 1 januari 2013 neemt Groot alle aandelen van Klein over voor €4 mln. Deze prijs is als volgt tot stand gekomen:
- Zichtbaar eigen vermogen Klein   €2.900.000
- Meerwaarde gebouwen   € 500.000
- Goodwill Klein   € 600.000

                                            €4.000.000

De geconsolideerde balans van de Groot-Klein Groep per 1 januari 2013 is dan als volgt uit de afzonderlijke activa en schulden af te leiden (bedragen $\times$ €1):

	Groot	Klein	Geconsolideerd
	Boekwaarde	*Werkelijke waarde*	
Goodwill	600.000	600.000	
Gebouwen	15.000.000	3.500.000	18.500.000
Voorraden	8.000.000	1.000.000	9.000.000
Liquide middelen	7.000.000	500.000	7.500.000
			35.600.000
Eigen vermogen			19.000.000
Schulden	15.000.000	1.600.000	16.600.000
			35.600.000

Zoals uit voorbeeld 17.2 blijkt, bevat de geconsolideerde balans op het overnametijdstip zowel boekwaardes als werkelijke waardes. Als de op moment van overname verkregen activa van de overgenomene na verloop van tijd (door afschrijving of verkoop) het concern hebben verlaten, verdwijnt het hybride karakter van de geconsolideerde balans en zullen daar alleen boekwaardes op voorkomen.

We merken nog op dat het eigen vermogen van het concern niet naar componenten is opgedeeld. De splitsing in aandelenkapitaal en reserves heeft een juridisch karakter en heeft alleen betekenis op het niveau van de enkelvoudige jaarrekening. Zo vervult bijvoorbeeld een wettelijke reserve alleen een beschermingsfunctie ten behoeve van de schuldeisers van de afzonderlijke vennootschap en kent het concern als geheel geen aandelenkapitaal.

17.3.2   De aansluiting tussen enkelvoudige en geconsolideerde jaarrekening

Voor het opstellen van de geconsolideerde jaarrekening wordt gebruikgemaakt van de enkelvoudige jaarrekeningen van de concernmaatschappijen. In principe worden de verschillende jaarrekeningposten opgeteld, maar er zijn ook enige correcties nodig. Allereerst zullen er aanpassingen plaats dienen te vinden, zoals de verwerking in voorbeeld 17.2 van de meerwaarde van de gebouwen van Klein. Daarnaast moeten alle onderlinge financiële relaties worden geëlimineerd: de te consolideren ondernemingen worden immers als een eenheid beschouwd.

Een jaarrekening geeft de positie van de onderneming ten opzichte van 'derden' weer. Als een geconsolideerde jaarrekening wordt opgesteld, zijn de andere concernonderdelen geen derden meer. Zie ook figuur 17.1.

FIGUUR 17.1 Relatie tussen de jaarrekening van de afzonderlijke concernonderdelen en de geconsolideerde jaarrekening

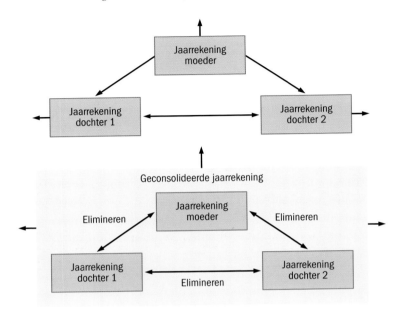

Bij onderlinge financiële relaties kan worden gedacht aan:
- de deelname van de moedermaatschappij in het kapitaal van de dochter-maatschappijen
- onderlinge vorderingen en schulden
- onderlinge leveranties van goederen en diensten

Correctie-boekingen

Extra-comptabel

Voor het doorvoeren van eerdergenoemde aanpassingen en het elimineren van de onderlinge relaties worden *correctieboekingen* gemaakt die de vorm hebben van journaalposten.
Overigens vindt consolidatie *extracomptabel* plaats, dat wil zeggen dat de boekhouding van de afzonderlijke concernonderdelen intact blijft. Met behulp van deze boekhoudingen wordt de geconsolideerde jaarrekening vervaardigd.

Welke correctieboekingen gemaakt moeten worden, is mede afhankelijk van de wijze waarop de concernholding haar kapitaalbelangen in de enkelvou-dige jaarrekening waardeert. We hebben in hoofdstuk 16 gezien dat daar-voor verschillende grondslagen in aanmerking komen. We zullen voor twee van die grondslagen aan de hand van voorbeeld 17.3 de aansluiting bespre-ken tussen enkelvoudige en geconsolideerde jaarrekening:
1 waardering tegen aanschafprijs
2 waardering tegen nettovermogenswaarde

Ad 1 Waardering tegen aanschafprijs

VOORBEELD 17.3

De enkelvoudige jaarrekeningen van Groot en Klein uit voorbeeld 17.2 luiden
per 31 december 2013 als volgt:

Balans Groot per 31 december 2013 (bedragen × €1)

Gebouwen	14.000.000	Aandelenkapitaal	1.000.000
Kapitaalbelang Klein	4.000.000	Winstreserve	14.000.000
Vordering Klein	500.000	Winst 2013	2.000.000
Voorraden	5.000.000	Schulden	14.000.000
Liquide middelen	7.500.000		
	31.000.000		31.000.000

Resultatenrekening Groot over 2013 (bedragen × €1 mln)

Omzet		30.000.000
Kostprijs verkopen	18.600.000	
Loonkosten	6.100.000	
Afschrijvingskosten	1.000.000	
Overige kosten	2.300.000	
		28.000.000
Nettowinst		2.000.000

Balans Klein per 31 december 2013 (bedragen × €1)

Gebouwen	2.700.000	Aandelenkapitaal	100.000
Voorraden	1.600.000	Winstreserve	2.800.000
Liquide middelen	200.000	Winst 2013	400.000
		Schulden	1.200.000
	4.500.000		4.500.000

Resultatenrekening Klein over 2013 (bedragen × €1)

Omzet		8.000.000
Kostprijs verkopen	4.700.000	
Loonkosten	1.800.000	
Afschrijvingskosten	300.000	
Overige kosten	800.000	
		7.600.000
Nettowinst		400.000

Verder is het volgende gegeven:
- De grondslagen voor de waardering en winstbepaling van Groot en Klein zijn aan elkaar gelijk.
- In de loop van 2013 heeft Groot een renteloze vijfjarige lening ad €500.000 aan Klein verstrekt.
- Klein heeft in 2013 geen dividend gedeclareerd.
- Tussen Groot en Klein hebben in 2013 geen onderlinge leveringen plaatsgevonden.

De geconsolideerde balans

Voor de geconsolideerde balans per 31 december 2013 dienen de volgende correcties gemaakt te worden:
- Het in de balans van Groot opgenomen kapitaalbelang in Klein mag niet voorkomen in de geconsolideerde balans; dit geeft immers niet een positie ten opzichte van derden weer. Hetzelfde geldt voor de posten van het eigen vermogen in de balans van Klein; hierop rusten geen eigenaarsrechten van derden.
- De goodwill die door Groot bij de overname betaald is, dient afzonderlijk te verschijnen in de geconsolideerde balans. We nemen aan dat hierop geen systematische afschrijving wordt toegepast en dat er geen aanleiding is tot een boeking van waardevermindering uit hoofde van impairment.
- De meerwaarde van de gebouwen van Klein dient te verschijnen in de geconsolideerde balans. Eind 2013 bedraagt deze nog (uitgaande van afschrijving met gelijke bedragen per jaar) $9/10 \times €500.000 = €450.000$. De afschrijving op de meerwaarde ad $1/10 \times €500.000 = €50.000$ komt ten laste van de geconsolideerde winst.
- De vordering van Groot ad €500.000 op Klein heeft betrekking op een intraconcernrelatie en mag niet in de geconsolideerde balans verschijnen. Datzelfde geldt voor het bedrag van €500.000 dat bij Klein onder de schulden is geboekt.

Dit leidt tot de volgende correctieboekingen (in euro's):

Goodwill	600.000	
Gebouwen	450.000	
Aandelenkapitaal	100.000	
Winstreserve	2.800.000	
Winst 2013	50.000	
Aan Kapitaalbelang Klein		4.000.000
Schulden	500.000	
Aan Vordering Klein		500.000

De geconsolideerde balans van de Groot-Klein Groep wordt dan:

Geconsolideerde balans per 31 december 2013 Groot-Klein Groep (bedragen × €1)

Goodwill	600.000	Aandelenkapitaal	1.000.000
Gebouwen	17.150.000	Winstreserve	14.000.000
Voorraden	6.600.000	Winst 2013	2.350.000
Liquide middelen	7.700.000	Schulden	14.700.000
	32.050.000		32.050.000

We herhalen de in paragraaf 17.3.1 gemaakte opmerking: de onderverdeling van het eigen vermogen in de geconsolideerde balans heeft geen materiële betekenis. Slechts het totaalbedrag van het eigen vermogen (in ons voorbeeld €17.350.000) is relevant.

- -
VOORBEELD 17.3 (VERVOLG)
De geconsolideerde resultatenrekening
Van alle balanscorrecties heeft slechts één post betrekking op de winst. Voor de geconsolideerde resultatenrekening behoeft dan ook slechts één correctie gemaakt te worden: de afschrijvingskosten moeten met €50.000 verhoogd worden ten laste van de geconsolideerde winst.

Correctieboeking (in euro's):

Afschrijvingskosten	50.000	
aan Nettowinst		50.000

Dit levert de volgende geconsolideerde resultatenrekening op:

Geconsolideerde resultatenrekening Groot-Klein Groep over 2013 (bedragen × €1)

Omzet		38.000.000
Kostprijs verkopen	23.300.000	
Loonkosten	7.900.000	
Afschrijvingskosten	1.350.000	
Overige kosten	3.100.000	
		35.650.000
Nettowinst		2.350.000

We constateren dat de geconsolideerde winst (en daarmee het eigen vermogen) afwijkt van de enkelvoudige winst van Groot. De volgende aansluiting is te maken:

Enkelvoudige winst Groot	€2.000.000
Bij: Enkelvoudige winst Klein	€ 400.000
Af: Correctie afschrijvingen	€ 50.000
Geconsolideerde winst	€2.350.000

- -

Als het kapitaalbelang in de enkelvoudige balans gewaardeerd wordt op aanschafprijs, komt er pas een resultaat uit dat belang tot uiting als er dividend wordt gedeclareerd (of als het belang wordt verkocht). In de geconsolideerde jaarrekening telt het resultaat van het belang uiteraard onmiddellijk mee.

Ad 2 Waardering tegen nettovermogenswaarde

- -

VOORBEELD 17.3 (VERVOLG)
Indien Groot het kapitaalbelang in Klein in haar enkelvoudige balans tegen nettovermogenswaarde opneemt, is de waardering van dit belang per 1 januari 2013:

Zichtbaar eigen vermogen van Klein	€2.900.000
Meerwaarde gebouwen	€ 500.000
	€3.400.000

De betaalde goodwill ad €600.000 verschijnt dan apart in de balans van Groot.

De enkelvoudige jaarrekening over 2013 van Groot is dan als volgt:

Balans Groot per 31 december 2013 (bedragen × €1)

Goodwill	600.000	Aandelenkapitaal	1.000.000
Gebouwen	14.000.000	Winstreserve	14.000.000
Kapitaalbelang Klein [1]	3.750.000	Winst 2013	2.350.000
Vordering Klein	500.000	(zie resultatenrekening)	
Voorraden	5.000.000	Schulden	14.000.000
Liquide middelen	7.500.000		
	31.350.000		31.350.000

1 Zichtbaar eigen vermogen Klein	€3.300.000
Meerwaarde gebouwen	€ 450.000
	€3.750.000

Resultatenrekening Groot over 2013 (bedragen × €1)

Omzet		30.000.000
Kostprijs verkopen	18.600.000	
Loonkosten	6.100.000	
Afschrijvingskosten	1.000.000	
Overige kosten	2.300.000	
		28.000.000
Resultaat uit eigen activiteiten		2.000.000
Resultaat uit kapitaalbelang Klein [1]		350.000
Nettowinst		2.350.000

1 Zichtbare winst Klein	€400.000
Afschrijving meerwaarde gebouwen	€ 50.000
	€350.000

Om tot de eerder gegeven geconsolideerde jaarrekening van de Groot-Klein Groep te komen, zijn de volgende correctieboekingen nodig (in euro's):

Voor de geconsolideerde balans:

Gebouwen	450.000	
Aandelenkapitaal	100.000	
Winstreserve	2.800.000	
Winst 2013	400.000	
Aan Kapitaalbelang Klein		3.750.000
Schulden	500.000	
Aan Vordering Klein		500.000

Voor de geconsolideerde resultatenrekening:

Afschrijvingskosten	50.000	
Resultaat uit kapitaalbelang Klein	350.000	
aan Nettowinst		400.000

- -

Bij toepassing van de methode van nettovermogenswaarde is de enkelvoudige winst van de holding in principe gelijk aan de geconsolideerde winst, en derhalve is er ook gelijkheid tussen enkelvoudig en geconsolideerd eigen vermogen. De winst van de concernmaatschappijen komt immers onmiddellijk tot uiting in de resultatenrekening van de moedermaatschappij. We gebruiken hier de relativering 'in principe', omdat onderlinge leveringen tussen concernonderdelen roet in het eten kunnen gooien, tenzij intercompany-winsten al via de waardering van het kapitaalbelang in de jaarrekening van de deelnemer zijn geneutraliseerd (zie paragraaf 16.2). Op de problematiek van de onderlinge leveringen gaan we in paragraaf 17.3.3 nader in.

Verslaggevingsalternatieven
In paragraaf 16.3 hebben we gezien dat volgens de IASB *subsidiaries* kapitaalbelangen zijn waarin beslissende zeggenschap ('control') uitgeoefend kan worden. Het zijn deze kapitaalbelangen die in de consolidatie zullen worden betrokken. Subsidiaries worden gewaardeerd (zie eveneens paragraaf 16.3) tegen aanschafprijs of reële waarde. De holding die de IASB-standards integraal – dat wil zeggen voor zowel de enkelvoudige als de geconsolideerde jaarrekening – toepast, krijgt dus te maken met verschillende winsten en eigen vermogens al naar gelang deze bekeken worden vanuit enkelvoudig, dan wel geconsolideerd standpunt.
Indien de Nederlandse wettelijke regels worden gevolgd, doen deze verschillen zich niet voor: *groepsmaatschappijen* zijn normaliter deelnemingen waarop invloed van betekenis kan worden uitgeoefend, en deze moeten tegen nettovermogenswaarde worden gewaardeerd. Deze methode bewerkstelligt dat er in principe gelijkheid is tussen resultaat en eigen vermogen op enkelvoudige en geconsolideerde basis.
In paragraaf 4.1 hebben we gezien dat er – naast de hiervoor genoemde opties – nog twee mogelijke combinaties van toe te passen grondslagen voor het opstellen van de enkelvoudige en geconsolideerde jaarrekening zijn toegelaten:

1 Voor de enkelvoudige jaarrekening wordt de Nederlandse wet gevolgd en de geconsolideerde jaarrekening wordt opgesteld op basis van IFRS.
Bij deze combinatie zullen de winsten en de eigen vermogens normaliter niet aan elkaar gelijk zijn; er zijn immers diverse verschillen tussen beide sets van voorschriften.

2 In de enkelvoudige jaarrekening wordt de Nederlandse wet gevolgd met toepassing van de waarderingsgrondslagen die worden gehanteerd in de geconsolideerde jaarrekening, terwijl voor de geconsolideerde jaarrekening uitgegaan wordt van IFRS.
In paragraaf 16.3 hebben we gezien dat de IASB voorschrijft dat associates in de geconsolideerde balans worden gewaardeerd volgens de equitymethode. Dit betekent dat in de enkelvoudige jaarrekening – waar de waarderingsgrondslag voor associates wordt doorgetrokken naar subsidiaries – deze beide groepen kapitaalbelangen worden gewaardeerd volgens de equitymethode. In paragraaf 16.1.5 hebben we gezien dat de waardering volgens de equitymethode overeenkomt met de nettovermogenswaarde, met dien verstande dat de betaalde goodwill niet afzonderlijk in de balans wordt gepresenteerd, maar onderdeel uitmaakt van de post Kapitaalbelang. Aangezien voor de presentatie de Nederlandse wet wordt gevolgd, betekent dit dat in de enkelvoudige jaarrekening de te consolideren deelnemingen worden verwerkt volgens de nettovermogenswaarde. Toepassing van deze combinatie heeft dan ook tot gevolg dat de winst en het eigen vermogen volgens de geconsolideerde jaarrekening gelijk zijn aan die volgens de enkelvoudige jaarrekening.

Het voorgaande leidt tot de in tabel 17.1 weergegeven mogelijkheden; bij elke mogelijke combinatie is aangegeven of er in principe gelijkheid bestaat tussen de winst en het eigen vermogen volgens de geconsolideerde en die volgens de enkelvoudige jaarrekening.

TABEL 17.1 Keuzemogelijkheden bij het opstellen van de geconsolideerde jaarrekening en enkelvoudige jaarrekening

Geconsolideerde jaarrekening	Enkelvoudige jaarrekening	Winst/eigen vermogen geconsolideerd = winst/eigen vermogen enkelvoudig
IFRS	IFRS	Nee
Wet	Wet	Ja
IFRS	Wet	Nee
IFRS	Wet met hantering van de waarderingsgrondslagen als in de geconsolideerde jaarrekening	Ja

Het Groothandelsgebouw in Rotterdam, gelegen aan het stationsplein van Rotterdam, werd geopend in 1953 en heeft inmiddels de status van Rijksmonument.
De nv Groothandelsgebouwen, een beursgenoteerde onderneming, is eigenaar en treedt op als verhuurder van de kantoorruimtes.

De nv heeft drie deelnemingen, allemaal 100%-belangen: Groothandelsgebouwen Parking bv, Ghg Facilitair bv en R.E.P. Groot Goed bv.
Groothandelsgebouwen heeft ervoor gekozen om de enkelvoudige (of vennootschappelijke) jaarrekening op te stellen op basis van de IFRS-grondslagen en waardeert de drie genoemde *subsidiaries* tegen aanschafprijs.
Aangezien in de geconsolideerde balans de afzonderlijke activa, voorzieningen en schulden van deze kapitaalbelangen worden opgenomen, is er geen
gelijkheid tussen het geconsolideerde eigen vermogen en het vennootschappelijke eigen vermogen.
Groothandelsgebouwen geeft in haar jaarrapport over 2012 het volgende
aansluitingsoverzicht, met daaronder de verklaring voor het verschil tussen
de beide eigen vermogens.

	31-12-2012	31-12-2011
Geconsolideerd eigen vermogen	68.258	67.246
Cumulatief niet-uitgekeerde resultaten deelnemingen	9.228	8.140
Vennootschappelijk eigen vermogen	**59.030**	**59.106**

Onder IFRS worden de deelnemingen in groepsmaatschappijen tegen de
kostprijs gewaardeerd. In de enkelvoudige jaarrekening worden daarom alleen resultaten uit deelnemingen verantwoord bij daadwerkelijke uitkering
van dividend.

17.3.3   Onderlinge leveranties

Binnen een concern vinden vaak transacties plaats tussen de verschillende concernonderdelen. Vooral bij concerns waarbinnen diverse schakels van de bedrijfskolom geïntegreerd zijn, is dit een veel voorkomend fenomeen. De grote oliemaatschappijen bijvoorbeeld verzorgen de winning, transport, bewerking en verkoop van aardolieproducten ('van put tot pomp'). De verschillende werkmaatschappijen verrichten een belangrijk deel van hun in- en verkopen bij 'familieleden' binnen het concern.

In het kader van de geconsolideerde verslaggeving maken deze *intercompanytransacties* correctieboekingen noodzakelijk.

Intercompany-transacties

Deze correcties vinden hun oorzaak in de eerste plaats in het feit dat het realisatieprincipe kan leiden tot een verschillend moment van winstneming op deze transacties. In paragraaf 3.3 hebben we gezien dat het realisatieprincipe inhoudt dat de transactiewinst normaliter genomen wordt als er aan derden verkocht en afgeleverd is. Voor de enkelvoudige jaarrekening van een concernonderdeel worden de andere concernonderdelen beschouwd als derden. Voor de geconsolideerde jaarrekening geldt dat er pas van levering aan derden sprake is als er buiten het concern is verkocht (zie ook figuur 17.1 uit paragraaf 17.3.2).

Ook al is er geen verschillend moment van winstneming, dan nog zullen in de geconsolideerde resultatenrekening correcties noodzakelijk zijn om dubbeltellingen van omzet en kostprijs van de omzet te voorkomen.

We zullen de problematiek verduidelijken door middel van voorbeeld 17.4.

VOORBEELD 17.4

BV Zwart houdt alle aandelen van bv Wit.

Zwart houdt zich bezig met productieactiviteiten, terwijl Wit een handelsonderneming is. Een deel van de productie van Zwart wordt aan Wit geleverd. Volgens de concernregels verkoopt Zwart haar producten aan Wit met een winstopslag van 25%.

Voor het jaar 2013 is het volgende gegeven:
- Op 1 januari bestond de voorraad van Wit voor een bedrag van €300.000 uit leveranties van Zwart. Op 31 december was dit €400.000.
- Gedurende het jaar heeft Zwart voor €2 mln aan Wit verkocht.

Ten behoeve van het opstellen van de geconsolideerde jaarrekening over 2013 dienen nu drie groepen correcties plaats te vinden:
1. Voor de voorraad begin boekjaar.
2. Voor de voorraad ultimo boekjaar.
3. Voor de leveranties in het boekjaar binnen het concern, die dat jaar ook aan derden geleverd zijn (de doorverkochte goederen).

Ad 1 Correcties beginvoorraad

Op deze voorraad heeft Zwart in 2012 een transactiewinst geboekt van €60.000 (25/125 × €300.000). Vanuit het concern gezien is deze voorraad pas in 2013 aan derden geleverd en zal deze €60.000 winst (die zich inmiddels in de winstreserve van Zwart bevindt) dan ook moeten worden overgeheveld van 2012 naar 2013.

Dit leidt tot de volgende correctieboeking voor de geconsolideerde balans:

Winstreserve	€60.000	
Aan Winst 2013		€60.000

Voor de geconsolideerde resultatenrekening dient de kostprijs verkopen over 2013 verlaagd te worden; de door Wit geboekte kostprijs ad €300.000 is niet de concernkostprijs; om die te verkrijgen, moet de winstopslag van Zwart hier uit worden geëlimineerd.

Correctieboeking:

Nettowinst	€60.000	
Aan Kostprijs verkopen		€60.000

Ad 2 Correcties eindvoorraad
Op deze voorraad is door Zwart in 2013 omzet en winst genomen; voor het concern is er pas van een voltooide transactie sprake als Wit de goederen (in 2014) heeft verkocht buiten de groep. De door Zwart inzake deze leverantie gemaakte boeking moet daarom worden teruggedraaid.

Correctieboeking voor de geconsolideerde balans:

Winst 2013	€80.000 (25/125 × €400.000)	
Aan Voorraden		€80.000

Correctieboeking geconsolideerde resultatenrekening:

Omzet	€400.000	
Aan Kostprijs verkopen		€320.000 (100/125 × €400.000)
Aan Nettowinst		€ 80.000

Ad 3 Correcties doorverkochte goederen
Bij deze transacties doet zich geen winstverschuiving over de boekjaren voor. Wel dient een *dubbeltelling* uit de omzet en de kostprijs verkopen geëlimineerd te worden: zowel Zwart als Wit hebben van deze goederen in hun enkelvoudige resultatenrekening een verkooptransactie geboekt. De geconsolideerde omzet is de omzet van Wit, de geconsolideerde kostprijs verkopen is die van Zwart.

Dubbeltellingen

Correctieboeking geconsolideerde resultatenrekening:

Omzet	€1.600.000 (€2.000.000 – €400.000)	
Aan Kostprijs verkopen	€1.600.000	

In figuur 17.2 zijn de correctieboekingen van de onderlinge leveranties schematisch weergegeven.

FIGUUR 17.2 Correctieboekingen onderlinge leveranties

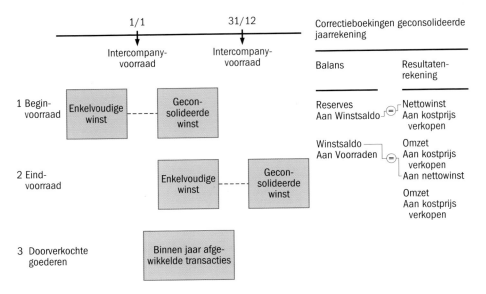

17.4 De consolidatie van niet-100%-kapitaalbelangen

Tot nu toe zijn we ervan uitgegaan dat er sprake is van een concern, waarbij alleen 100%-kapitaalbelangen zijn. In geval van te consolideren kapitaalbelangen van minder dan 100%, doet zich de vraag voor hoe deze in de consolidatie dienen te worden betrokken.

Hiervoor zijn twee verwerkingstechnieken:

Proportionele consolidatie

Op het eerste gezicht lijkt *proportionele consolidatie* het meest voor de hand te liggen. Hierbij worden de activa, verplichtingen, opbrengsten en kosten van het betreffende concernonderdeel voor een evenredig deel (gelijk aan het deelnemingspercentage) opgenomen in de geconsolideerde jaarrekening.

Het bezwaar van deze methode is dat bijvoorbeeld een 60%-kapitaalbelang leidt tot volledige zeggenschap over de productiemiddelen van de betreffende onderneming. De niet-concernaandeelhouders (de outsideaandeelhouders) kunnen geen recht doen gelden op 40% van de machines of van de voorraad. Zij hebben slechts het recht op 40% van het eigen vermogen bij liquidatie en op 40% van het dividend.

Integrale consolidatie

Om hieraan recht te doen is de techniek van *integrale consolidatie* ontwikkeld: de posten van het kapitaalbelang worden voor 100% opgenomen in de geconsolideerde jaarrekening, terwijl daarnaast rekening wordt gehouden met het recht van de niet-concernaandeelhouders.

Belang derden

Winstaandeel derden

Dit laatste wordt bewerkstelligd door opname van een post Belang derden in de geconsolideerde balans en een post Winstaandeel derden in de geconsolideerde resultatenrekening, die de rechten van de outsideaandeelhouders belichamen.

Voorbeeld 17.5 illustreert een en ander.

VOORBEELD 17.5

De (verkorte) enkelvoudige balansen van bv Noord en bv Zuid zijn op 1 januari als volgt:

Balans bv Noord per 1 januari (bedragen × €1)			
Diverse activa	10.000.000	Aandelenkapitaal	500.000
		Winstreserve	6.000.000
		Diverse schulden	3.500.000
	10.000.000		10.000.000

Balans bv Zuid per 1 januari (bedragen × €1)			
Diverse activa	2.900.000	Aandelenkapitaal	20.000
		Winstreserve	1.480.000
		Diverse schulden	1.400.000
	2.900.000		2.900.000

Noord neemt op 1 januari 70% van de aandelen van Zuid over voor €1.050.000. De werkelijke waarden van Zuid stemmen overeen met de boekwaardes. Er is geen goodwill.

Geconsolideerde balans per 1 januari bij proportionele consolidatie (× €1)

	Noord (100%)	**Zuid (70%)**	**Totaal**
Diverse activa	8.950.000[1]	2.030.000	10.980.000
Eigen vermogen			6.500.000
Diverse schulden	3.500.000	980.000	4.480.000
			10.980.000

1 €10.000.000 – €1.050.000 = €8.950.000

Geconsolideerde balans per 1 januari bij integrale consolidatie (× €1)

	Noord (100%)	**Zuid (100%)**	**Totaal**
Diverse activa	8.950.000[1]	2.900.000	11.850.000
Eigen vermogen			6.500.000
Belang derden			450.000
Diverse schulden	3.500.000	1.400.000	4.900.000
			11.850.000

1 €10.000.000 – €1.050.000 = €8.950.000

De post Belang derden stelt het recht voor van de outside-aandeelhouders op het eigen vermogen van Zuid: 30% × (€20.000 + €1.480.000) = €450.000.

**Groepsver-
mogen**

De som van het eigen vermogen en het belang derden wordt meestal aangeduid als *groepsvermogen*, in voorbeeld 17.5: €6.500.000 + €450.000 =
€6.950.000.

Bij integrale consolidatie zal in de geconsolideerde resultatenrekening – indien de geconsolideerde groepsmaatschappij in dat boekjaar winst heeft behaald – een aftrekpost Winstaandeel derden voorkomen ter grootte van een
percentage van de winst dat overeenkomt met het belang van de niet-concernaandeelhouders. Een positief bedrag van de post Winstaandeel derden
in de geconsolideerde resultatenrekening geeft dus aan dat de geconsolideerde groepsmaatschappijen per saldo negatief hebben bijgedragen aan
het concernresultaat.

Zowel de IASB (IAS 27.18) als de RJ (RJ 217.503) schrijven integrale consolidatie voor. De wet doet geen uitspraak inzake de te gebruiken consolidatie-
techniek voor groepsmaatschappijen.

Joint venture

Voor maatschappijen waarin krachtens een regeling tot samenwerking met
andere aandeelhouders samen overheersende zeggenschap kan worden uitgeoefend (*joint venture*) is in zowel de IASB als de wet (nagevolgd door de RJ)
een specifieke bepaling opgenomen: hoewel zij in zijn algemeenheid geen
subsidiary c.q. groepsmaatschappij zijn van een van de aandeelhouders,
mogen zij proportioneel worden geconsolideerd (IAS 31.30 / artikel 409). Als
alternatief voor proportionele consolidatie schrijft de IASB verwerking in de
geconsolideerde jaarrekening voor volgens de equitymethode, zoals uitgewerkt in paragraaf 16.1.5 (IAS 31.38). Dit betekent dat een joint venture dan
in de geconsolideerde balans voor een ander bedrag wordt opgenomen dan
in de enkelvoudige balans; in de enkelvoudige balans geldt voor een joint
venture namelijk dezelfde waarderingsgrondslag als voor subsidiaries en
associates (zie paragraaf 16.3): aanschafprijs of reële waarde (IAS 31.46). De
Nederlandse regelgeving laat dit laatste niet toe: indien niet wordt geconsolideerd, dient de joint venture in de geconsolideerde balans – net als in de enkelvoudige balans – te worden gewaardeerd tegen nettovermogenswaarde.

CONSOLIDATIE
De geconsolideerde jaarrekening omvat de financiële gegevens van TBI Holdings bv, van de groepsmaatschappijen waarin TBI Holdings bv meer dan de
helft van het stemgerechtigde kapitaal houdt of waarin TBI Holdings bv op
grond van aanvullende regelingen beschikt over de beslissende zeggenschap
inzake het bestuur en het financiële beleid en andere rechtspersonen waarop TBI Holdings bv een overheersende zeggenschap kan uitoefenen of waarover zij de centrale leiding heeft. In het algemeen betreft het deelnemingen
waarin het belang meer dan 50 procent bedraagt. De activa en passiva, alsook de resultaten van deze ondernemingen worden voor honderd procent in
de consolidatie opgenomen. Het belang van derden in het groepsvermogen
en in het groepsresultaat wordt afzonderlijk vermeld.

Deelnemingen in combinaties – dat zijn deelnemingen waarin op basis van
een samenwerkingsovereenkomst de zeggenschap gezamenlijk met derden
wordt uitgeoefend – worden proportioneel in de consolidatie opgenomen.

Bron: Jaarrapport TBI, 2012

Nogmaals: intercompany-transacties

Bij niet-100%-kapitaalbelangen doet zich ook een complicatie voor indien er sprake is van onderlinge leveringen.

We dienen daarbij een onderscheid te maken tussen *downstream-* en *up-streamleveringen*. Bij de eerste gaat het om verkopen van de holding aan een onderliggende onderneming, bij de tweede om verkopen van een onderliggende onderneming aan de holding.

Downstream- en upstream- leveringen

VOORBEELD 17.6

BV West heeft 60% van de aandelen van bv Oost.

Downstream

Eind december 2013 verkoopt West een van haar panden aan Oost voor de taxatiewaarde van €500.000. De boekwaarde bedraagt per die datum €350.000.

Bij de samenstelling van de geconsolideerde jaarrekening dient er een correctie plaats te vinden voor deze intercompany-transactie. In het geval van een 100%-kapitaalbelang, is er geen discussie: de door West gemaakte winst is geen concernwinst en dient derhalve geëlimineerd te worden. De correctieboekingen zouden dan (conform de uitwerking in paragraaf 17.3.3) als volgt geweest zijn:

Voor de geconsolideerde balans:

Winst 2013	€150.000	
Aan Panden		€150.000

Voor de geconsolideerde resultatenrekening:

Resultaat verkoop pand	€150.000	
Aan Nettowinst		€150.000

Bij een 60%-kapitaalbelang ware het wellicht te verdedigen om te stellen dat het concern 40% van de verkoopwinst van €150.000 heeft gerealiseerd, omdat het pand voor dat gedeelte aan 'derden' is geleverd. Deze benadering staat bekend als de *belangentheorie*.

In het kader van de filosofie van de integrale consolidatie schrijven de IASB (IAS 27.20) en de RJ (RJ 260.201) in deze situatie echter de *eenheidstheorie* voor: de groep wordt gezien als een eenheid, ook wanneer een deel in handen is van derden, zodat ook in die situatie de gehele winst geëlimineerd dient te worden. Daarmee is de uitwerking van niet-100%-kapitaalbelangen gelijk aan die van 100%-kapitaalbelangen.

Belangen-theorie

Eenheids-theorie

VOORBEELD 17.6 (VERVOLG)

Upstream

We veronderstellen nu dezelfde verkoop, maar in dit geval is Oost de verkoper en West de koper.

Voor deze situatie schrijven de IASB en de RJ voor dat de winst niet voor €150.000, maar voor een evenredig gedeelte (in ons voorbeeld voor 60% ×

€150.000 = €90.000) dient te worden geëlimineerd. Dit is ook logisch, omdat (in tegenstelling tot een downstreamleverantie, waar de boekwinst geheel in de enkelvoudige jaarrekening van de moeder wordt verantwoord) bij een upstreamlevering de boekwinst van het kapitaalbelang voor slechts het deelnamepercentage (als resultaat uit kapitaalbelang) in de enkelvoudige jaarrekening van de moeder tot uiting komt. Het restant (in ons voorbeeld 40% × €150.000 = €60.000) wordt dan gecorrigeerd op het belang derden c.q. winstaandeel derden.
De correctieboekingen zijn dan:

Voor de geconsolideerde balans:

Winst 2013	€90.000	
Belang derden	€60.000	
Aan Panden		€150.000

Voor de geconsolideerde resultatenrekening:

Resultaat verkoop pand	€150.000	
Aan Nettowinst		€90.000
Aan Winstaandeel derden		€60.000

Theorie van Bödeker

Deze boekingstechiek – een combinatie van de eenheids- en belangentheorie – staat bekend als de *theorie van Bödeker*.
Voor een verdere uiteenzetting van de eenheidstheorie, belangentheorie en theorie van Bödeker verwijzen we naar de literatuur op het gebied van de bedrijfsadministratie.

17.5 Omgekeerde overnames

In paragraaf 17.3.1 hebben we gesteld dat een geconsolideerde balans die wordt opgemaakt vlak na een overname, een mix is van twee waardes: de boekwaardes van de overnemer en de reële waardes van de overgenomene. In de meeste gevallen is duidelijk wie de overnemer is: de koper van de aandelen. In geval van een aandelenruil is dit soms minder duidelijk. Voorbeeld 17.7 illustreert dit.

VOORBEELD 17.7
De (verkorte) enkelvoudige balansen van bv Harderwijk en bv Zwolle zijn als volgt:

Balans bv Harderwijk (bedragen × €1)			
Diverse activa	5.000.000	Aandelenkapitaal	50.000
		Winstreserve	4.950.000
	5.000.000		5.000.000

Balans bv Zwolle (bedragen × €1)			
Diverse activa	11.000.000	Aandelenkapitaal	400.000
		Winstreserve	10.600.000
	11.000.000		11.000.000

De aandelen van Harderwijk en Zwolle zijn €10 nominaal. De werkelijke waarde van de activa van Harderwijk bedraagt €6 mln en die van Zwolle €12 mln.
Er is geen goodwill.

Op balansdatum vindt er een fusie tussen beide ondernemingen plaats, door middel van een aandelenruil. De aandeelhouders van Zwolle leveren hun aandelen in en krijgen daarvoor aandelen Harderwijk terug. De ruilverhouding wordt als volgt berekend:

Reële waarde per aandeel Harderwijk: $\dfrac{€\,6.000.000}{5.000} = €1.200$

Reële waarde per aandeel Zwolle: $\dfrac{€\,12.000.000}{40.000} = €300$

De aandeelhouders van Zwolle krijgen per ingeleverd aandeel dus 0,25 aandelen Harderwijk.

De aandelen van Zwolle zijn na de fusie in handen van Harderwijk, Zwolle is een kapitaalbelang van Harderwijk geworden. Op het eerste gezicht lijkt Harderwijk de overnemer en Zwolle de overgenomene.
Echter, als we naar de zeggenschapsverhoudingen in de Algemene vergadering van Aandeelhouders van Harderwijk na de fusie kijken, dan geldt dat de 'oude' aandeelhouders van Harderwijk 5.000 aandelen en de 'oude' aandeelhouders van Zwolle 40.000 × 0,25 = 10.000 aandelen bezitten.
De oude aandeelhouders van Zwolle hebben het in de nieuwe situatie dus voor het zeggen in de Algemene vergadering van Aandeelhouders. Zwolle wordt daarom als overnemer beschouwd. Er is hier sprake van een *omgekeerde overname* ('reverse acquisition').

Reverse acquisition

Voor de geconsolideerde balans betekent dit dat verdergegaan wordt met de boekwaardes van Zwolle en de werkelijke waardes van Harderwijk.
De geconsolideerde balans van de Zwolle-Harderwijk Groep ziet er direct na de fusie dan ook als volgt uit:

Geconsolideerde balans Zwolle-Harderwijk Groep			
Diverse activa	€17.000.000[1]	Eigen vermogen	€17.000.000

1 Boekwaarde diverse activa Zwolle	€ 11.000.000
Werkelijke waarde diverse activa Harderwijk	€ 6.000.000
	€ 17.000.000

DEEL 5

Overige onderwerpen

© Noordhoff Uitgevers bv

18

Vreemde valuta

18.1   **Valutarisico**
18.2   **Transacties in vreemde valuta**
18.3   **Afdekking van valutarisico's**
18.4   **Bedrijfsuitoefening in het buitenland**

Veel Nederlandse bedrijven zijn internationaal georiënteerd: zij doen zaken met buitenlandse bedrijven of hebben zelf dochterondernemingen in het buitenland.

De valutarisico's die hieruit kunnen voortvloeien, worden ingeleid in paragraaf 18.1, waarna in paragraaf 18.2 uitgebreider wordt ingegaan op de consequenties van leveringen aan of door het buitenland.

De (vaak zeer aanzienlijke) valutarisico's die voortvloeien uit internationale transacties, kunnen afgedekt worden, bijvoorbeeld door termijnmarkttransacties of het kopen van opties. Paragraaf 18.3 gaat in op de verwerking van deze dekkingsoperaties in de jaarrekening.

Paragraaf 18.4 bespreekt de gevolgen van bedrijfsuitoefening in het buitenland. De verwerking hiervan is afhankelijk van de vraag of de functionele valuta (de valuta waarin normaliter de transacties worden afgewikkeld) van de buitenlandse bedrijfsuitoefening al of niet dezelfde is als die van het Nederlandse moederbedrijf.

18

18.1 Valutarisico

De Nederlandse economie heeft een open karakter: er is veel verkeer met het buitenland. Voor ondernemingen betekent dit dat activa en passiva kunnen ontstaan die in *vreemde valuta* luiden, dat wil zeggen valuta's die afwijken van de valuta waarin de cijfers in de jaarrekening worden uitgedrukt (de *rapporteringsvaluta*).

Rapporteringsvaluta

De IASB laat de onderneming vrij in de keuze van de rapporteringsvaluta (IAS 21.38). De Nederlandse wet (artikel 362.7, gevolgd door de RJ) staat deze keuzevrijheid niet toe: zoals we in paragraaf 5.2.1 gezien hebben, moet de jaarrekening opgesteld worden in de nationale geldeenheid, tenzij de werkzaamheid van de rechtspersoon of de internationale vertakking van de groep het rechtvaardigt dat een vreemde geldeenheid als rapporteringsvaluta wordt gehanteerd.

Dit betekent dat op balansmoment de posten luidende in vreemde valuta omgerekend dienen te worden naar de eigen rapporteringsvaluta; indien de valutakoersen zich in de loop van het boekjaar wijzigen, kunnen er valutaresultaten optreden. De onderneming loopt dus valutarisico.

Voor de verwerking van vreemde valuta in de jaarrekening wordt onderscheid gemaakt tussen:

a transacties in vreemde valuta
b bedrijfsuitoefening in het buitenland

Ad a Transacties in vreemde valuta
Het gaat hier om transacties die ertoe leiden dat er posities ontstaan in vreemde valuta. Te denken valt aan:
- het kopen of verkopen van goederen die in vreemde valuta worden afgerekend;
- het financieren van vermogensbehoefte via een in vreemde valuta luidende lening.

Transactierisico

Het valutarisico dat de onderneming hier loopt, wordt *transactierisico* (*transaction exposure*) genoemd.

Ad b Bedrijfsuitoefening in het buitenland
Bij multinationals vindt bedrijfsuitoefening mede plaats door middel van buitenlandse deelnemingen die hun jaarrekeningen opstellen in lokale valuta. Indien deze valuta afwijkt van de rapporteringsvaluta van de onderneming waarvan de betreffende deelneming onderdeel uitmaakt, dienen de jaarrekeningen van de buitenlandse deelnemingen omgerekend te worden.

Vertaalrisico

Het hier optredende valutarisico wordt aangeduid met *vertaalrisico* (*translation exposure*).

Strategisch risico

Naast genoemde valutarisico's kennen we nog een derde: het *strategisch risico* (*economic exposure*). Dit is het risico dat voortvloeit uit het feit dat de onderneming opereert in een markt waarin haar eigen valuta niet dominerend is. De vliegtuigindustrie bijvoorbeeld wordt zozeer beheerst door fabrikanten en afnemers uit de Verenigde Staten, dat de dollar bepalend is in die branche. De dollar is in dat geval de *functionele valuta*, door de IASB gedefinieerd als de valuta in de primaire economische omgeving waarin de onderneming actief is (IAS 21.8). Vliegtuigbouwers buiten de Verenigde Staten hebben dus een strategisch risico in dollars.

Functionele valuta

Het strategisch risico komt niet tot uiting in een afzonderlijke post in de jaarrekening. Wel is het gebruikelijk hierover informatie op te nemen in het jaarverslag: de wet eist immers in het jaarverslag mededelingen omtrent de verwachte gang van zaken, waarin onder andere aandacht moet worden besteed aan de 'omstandigheden waarvan de ontwikkeling van de omzet en van de rentabiliteit afhankelijk is' (artikel 391.2, zie ook paragraaf 5.2.2).

18.2 Transacties in vreemde valuta

Bij de verwerking van transacties in vreemde valuta maken we een onderscheid tussen op balansdatum reeds afgewikkelde transacties (paragraaf 18.2.1) en nog niet afgewikkelde transacties (paragraaf 18.2.2).

18.2.1   Afgewikkelde transacties

Transacties in vreemde valuta die voor het einde van de verslagperiode zijn afgewikkeld, leveren voor de jaarrekening weinig problemen op: de opbrengsten en kosten worden omgerekend tegen de koersen die gelden op het transactiemoment. Verschillen tussen deze koersen en die op het moment van financiële afwikkeling leiden tot valutaresultaten.
Voorbeeld 18.1 illustreert een en ander.

VOORBEELD 18.1

Een onderneming koopt op 15 juli van jaar 1 van een Japanse leverancier 100.000 kg grondstoffen à JPY 300 per kg; de koers van JPY 100 is op dat moment €0,68.
Conform afspraak wordt de transactie op 15 oktober jaar 1 afgerekend; de koers van JPY 100 is dan €0,70.
Op 15 juli worden de grondstoffen geactiveerd en wordt op de post Crediteuren een bedrag geboekt van €204.000 (100.000 kg × JPY 300 × €0,68).
Om haar schuld aan de Japanse leverancier op 15 oktober te voldoen, heeft de onderneming €210.000 (100.000 kg × JPY 300 × €0,70) nodig. In jaar 1 wordt in de resultatenrekening een valutaverlies als gevolg van koerswijzigingen verantwoord van €6.000.

18.2.2   Niet-afgewikkelde transacties

Indien per het einde van een verslagperiode posities luidende in vreemde valuta aanwezig zijn, ontstaat er een verslaggevingsprobleem; de volgende vragen moeten dan worden beantwoord:
- Tegen welke koers dienen de posities te worden omgerekend?
- Op welke wijze worden valutaresultaten die optreden als gevolg van koerswijzigingen, verwerkt?

De IASB en de RJ schrijven de volgende verwerking in de jaarrekening voor:
- De per balansdatum aanwezige posities dienen omgerekend te worden tegen de actuele koers per balansdatum (IAS 21.23a / RJ 122.203a).
- De door omrekening ontstane koersresultaten worden ten gunste of ten laste van het resultaat gebracht in die periode waarin zij zich voordoen (IAS 21.28 / RJ 122.207).

18

VOORBEELD 18.2

Een ondernemer verkoopt op 30 november jaar 1 (als de dollarkoers €0,80 is) goederen aan een Amerikaanse afnemer voor $ 100.000, af te rekenen op 28 februari jaar 2.
Op 31 december jaar 1 is de koers van de dollar opgelopen tot €0,90.

Van de verkooptransactie wordt op 30 november jaar 1 de volgende journaalpost gemaakt:

1 Debiteuren	€80.000 ($ 100.000 × €0,80/$ 1)	
Aan 8 Opbrengst verkopen		€80.000

Volgens de voorschriften van de IASB en de RJ moet de vordering per 31 december jaar 1 gewaardeerd worden voor €90.000 ($ 100.000 × €0,90/$ 1).

Op 31 december jaar 1 ontstaat dan de volgende balansmutatie:

Balans per 31 december jaar 1			
Debiteuren $ 100.000 × €0,10/$ 1	+ €10.000	Winst	+ €10.000

De consequentie van omrekening tegen eindkoers, zoals in voorbeeld 18.2, is dat er in jaar 1 een koerswinst wordt verantwoord van €10.000. Net als bij langlopende werken (zie paragraaf 7.3) en tijdelijke beleggingen in beursgenoteerde aandelen (zie paragraaf 7.4.2), wordt door de IASB en de RJ ook in deze situatie het realisatieprincipe losgelaten. De verantwoorde koerswinst van €10.000 is immers nog niet gerealiseerd; dit is pas op het moment van afrekening het geval. Voor hetzelfde geld daalt de koers vóór het afrekenmoment en moet er dan een koersverlies worden genomen.
De argumentatie van de IASB en de RJ voor deze verwerkingswijze is dat koersresultaten op in vreemde valuta luidende vorderingen en schulden op ieder moment kunnen worden afgedekt (bijvoorbeeld via een termijnmarkttransactie, zie paragraaf 18.3), waardoor het onderscheid tussen ongerealiseerd en gerealiseerd zijn betekenis verliest.
Het buitenwerkingstellen van het realisatieprincipe vindt niet alleen plaats bij transacties die op korte termijn afgewikkeld zullen gaan worden (zoals in voorbeeld 18.2), maar ook bij langlopende transacties in vreemde valuta, zoals een obligatielening in dollars die wordt afgesloten door een Nederlandse onderneming. Koerswinsten worden dan niet alleen onmiddellijk genomen op de aflossingen, maar ook op de nog uitstaande hoofdsom.

De Nederlandse wet geeft geen voorschriften voor de verwerking van (niet afgedekte) vreemde valuta in de jaarrekening; er is slechts bepaald dat de grondslagen die voor de omrekening worden gehanteerd en de wijze waarop koersverschillen zijn verwerkt, in de toelichting worden vermeld (artikel 384.5).

Fiscaal dient omgerekend te worden tegen historische koersen; dit vloeit voort uit het feit dat de fiscus alleen historische kosten als waarderingsgrondslag toelaat.

18.3 Afdekking van valutarisico's

Fluctuerende valutakoersen brengen (zoals we in paragraaf 18.1 gezien hebben) risico's voor de onderneming met zich mee. Deze risico's kunnen geëlimineerd worden door het afdekken van valutaposities door middel van bijvoorbeeld het afsluiten van termijnmarkttransacties of door het kopen van opties.

Bij een *termijnmarkttransactie* wordt nu al een prijs afgesproken voor een in de toekomst te leveren onderliggende waarde. Op het moment van afsluiten is de waarde van het contract nihil. Al naar gelang de koersontwikkeling zal het contract later een positieve of negatieve waarde krijgen. Normaliter wordt een termijncontract gesloten door een tegengestelde transactie, en niet door daadwerkelijke levering van de onderliggende waarde.

Termijnmarkt-transactie

Bij de *aankoop van valutaopties* wordt de prijs voor een in de toekomst door de koper van de optie (putoptie) of aan de koper van de optie (calloptie) te leveren waarde eveneens nu al vastgelegd, maar het verschil met de termijn-markt is dat de koper van de optie slechts een leverings*recht* verwerft, en niet een verplichting. Als de koersontwikkeling zodanig is, dat het voordeli-ger is om de optie niet te gebruiken, oefent hij deze niet uit. Een gekochte optie kan dus geen negatieve waarde hebben. Voor de aanschaf van een op-tie zal dan ook een prijs moeten worden betaald. Afdekkingsinstrumenten als termijncontracten en valutaopties, worden wel aangeduid als 'hedge-in-strumenten'.

Valutaopties

Hedge-instru-menten

In het kader van dit boek is vooral de vraag interessant hoe het risicoafdek-kingskarakter van genoemde secundaire financiële instrumenten in de jaar-rekening tot uiting komt. Bij waardering van deze derivaten op reële waarde (marktwaarde) wordt dit vanzelf verwezenlijkt, aangezien het primaire fi-nanciële instrument (zoals een vordering in vreemde valuta) eveneens ge-waardeerd wordt tegen reële waarde (de contante koers op balansdatum). Een waardestijging van het primaire financiële instrument gaat dan automa-tisch gepaard met een waardedaling van het derivaat en omgekeerd. We zullen dit toelichten aan de hand van voorbeeld 18.3.

VOORBEELD 18.3
Een Nederlandse machinefabrikant heeft op 1 november onderdelen ge-kocht van een Amerikaanse leverancier. Er zal afgerekend worden in dollars. Op 1 februari volgend jaar zal de fabrikant $5 mln betalen. Verder is het vol-gende gegeven:

	Koersverhouding	Marktwaarde termijncontract	Marktwaarde callopties
1 november	$ 1 = €0,80	–	€ 50.000
31 december	$ 1 = €0,85	€250.000	€270.000
1 februari	$ 1 = €0,75	– €250.000	€ 0

Dit leidt tot de volgende journaalposten op genoemde data (bedragen lui-den in euro's):

	Termijnmarkttransactie		Aankoop callopties	
1 november				
3 Voorraden	4.000.000		4.000.000	
Aan 1 Crediteuren		4.000.000		4.000.000
1 Effecten			50.000	
Aan 1 Liquide middelen				50.000
31 december				
9 Financiële lasten	250.000		250.000	
Aan 1 Crediteuren		250.000		250.000
1 Effecten	250.000		220.000	
Aan 9 Financiële baten		250.000		220.000
1 februari				
1 Crediteuren	4.250.000		4.250.000	
Aan 9 Financiële baten		500.000		500.000
Aan 1 Liquide midelen		3.750.000		3.750.000
9 Financiële lasten	500.000		270.000	
Aan 1 Effecten		250.000		270.000
Aan 1 Liquide middelen		250.000		–

De hiervoor besproken verwerking van zowel primair als secundair financieel instrument is conform de regelgeving van de IASB (IAS 39).

Zoals uit voorbeeld 18.3 blijkt, vindt er – als primair en secundair financieel instrument gelijktijdig bestaan – een automatische compensatie van winsten en verliezen plaats; in dit geval wordt gesproken van een *fair value hedge*.

Fair value hedge

Het is ook mogelijk dat een afdekkingsinstrument wordt aangekocht voordat het primaire financiële instrument bestaat:

Cashflow hedge

de *cashflow hedge*. In dat geval worden waardeveranderingen van het derivaat voorlopig verwerkt in het eigen vermogen; vervolgens vindt er overboeking naar het resultaat plaats, naarmate er waardeveranderingen in het primaire instrument genomen worden.

We lichten dit toe aan de hand van voorbeeld 18.4.

VOORBEELD 18.4

Een Nederlandse groothandel weet op 1 maart al dat hij op 1 september een bedrag van $1 mln nodig zal hebben, wegens een grote inkoop bij een Amerikaans bedrijf.

Op 1 maart worden voor €15.000 callopties gekocht met een uitoefenprijs van €0,78.

Verder is het volgende gegeven:

	Koersverhouding	Marktwaarde callopties
1 maart	$1 = €0,78	€15.000
1 september	$1 = €0,82	€40.000

De volgende boekingen (luidende in euro's) worden gemaakt:

1 maart
| 1 Effecten | 15.000 | |
| Aan 1 Liquide middelen | | 15.000 |

1 september
| 1 Effecten | 25.000 | |
| Aan 0 Herwaarderingsreserve | | 25.000 |

7 Voorraden	795.000 (820.000 – 25.000)	
0 Herwaarderingsreserve	25.000	
Aan 1 Liquide middelen		820.000

| 1 Liquide middelen | 40.000 | |
| Aan 1 Effecten | | 40.000 |

Als de voorraden verkocht worden, valt de bate uit hoofde van de optie vrij ten gunste van het resultaat.

Een meer verfijnde variant van voorgaande verwerkingswijze is gebaseerd op een splitsing tussen de intrinsieke waarde en de tijdswaarde van de optie. De *intrinsieke waarde* is de waarde die de optie heeft als zij op dit moment uitgeoefend wordt. De *tijdswaarde* is het verschil tussen de beurswaarde van de optie en de intrinsieke waarde.

Intrinsieke waarde

Tijdswaarde

In voorbeeld 18.4 bestaat de beurswaarde van de optie op 1 maart (€15.000) geheel uit tijdswaarde en op 1 september (€40.000) geheel uit intrinsieke waarde.
De variant bestaat erin dat alleen de verandering in de intrinsieke waarde van de optie in het eigen vermogen wordt opgenomen, terwijl de verandering in tijdswaarde direct in het resultaat van de betreffende periode wordt opgenomen.
Toepassing van deze variant leidt in voorbeeld 18.4 tot de volgende boekingen (in euro's):

1 maart
| 1 Effecten | 15.000 | |
| Aan 1 Liquide middelen | | 15.000 |

1 september
1 Effecten	25.000	
9 Financiële lasten	15.000	
Aan 0 Herwaarderingsreserve		40.000

7 Voorraden   780.000 (820.000 – 40.000)
0 Herwaarderingsreserve   40.000
Aan 1 Liquide middelen   820.000

1 Liquide middelen   40.000
Aan 1 Effecten   40.000

Hedging en speculatie

Het is ook mogelijk dat een onderneming termijnmarkt- of optietransacties aangaat zonder dat risicoafdekking (*hedging*) daaraan ten grondslag ligt. In dat geval is er sprake van *speculatie*. De winsten of verliezen op het termijn-contract of de opties worden dan niet gecompenseerd door tegengestelde resultaten op een primair financieel instrument.

In het voorgaande is de regelgeving van de IASB uiteengezet.
De Nederlandse wet verplicht niet tot waardering van de afgeleide financiële instrumenten tegen marktwaarde; in paragraaf 7.4.2 hebben we immers al gezien dat voor tot de vlottende activa behorende effecten zowel waardering op historische kosten als op actuele waarde is toegestaan (artikel 384.1). Ook hebben we in genoemde paragraaf gezien dat – indien gewaardeerd wordt op marktwaarde – de waardeveranderingen naar keuze kunnen worden op-genomen in de resultatenrekening of verwerkt in een herwaarderingsreserve (artikelen 384.7 en 390.1). Wel is expliciet bepaald dat waardeveranderingen van financiële instrumenten die als cashflow hedge zijn aangewezen, recht-streeks ten gunste dan wel ten laste van de herwaarderingsreserve worden gebracht (artikel 384.8). Zoals in paragraaf 8.3.1 aangegeven, wordt in deze situatie in plaats van herwaarderingsreserve ook wel gebruikgemaakt van de benaming 'hedgingreserve'.

Hedging-reserve

AFGELEIDE FINANCIËLE INSTRUMENTEN (DERIVATEN)
De Groep maakt gebruik van afgeleide financiële instrumenten om de valu-tarisico's af te dekken. In overeenstemming met het risicobeheerbeleid houdt de Groep geen materiële derivaten aan voor handelsdoeleinden en geeft de Groep deze ook niet uit.

Afgeleide financiële instrumenten worden gewaardeerd tegen reële waarde. De winst of het verlies uit herwaardering naar reële waarde wordt onmiddel-lijk in de winst- en verliesrekening opgenomen.

Wanneer een afgeleid financieel instrument wordt aangewezen als een hedge voor de veranderlijkheid van de kasstromen van een opgenomen ac-tief, verplichting, of een verwachte transactie die zeer waarschijnlijk zal plaatsvinden, dan wordt het effectieve deel van een winst of verlies op het afgeleide financiële instrument rechtstreeks in het eigen vermogen verwerkt.

Indien de verwachte transactie vervolgens leidt tot de opname van een niet-financieel actief of niet-financiële verplichting, wordt de hiermee verband houdende cumulatieve winst of het hiermee verband houdende cumulatie-ve verlies verwijderd uit het eigen vermogen en opgenomen in de kostprijs bij eerste opname of een andere boekwaarde van het niet-financiële actief of de niet-financiële verplichting.

Leidt een afdekking van een verwachte transactie tot de opname van een financieel actief of een financiële verplichting, dan dienen de daarmee verbonden winsten of verliezen die rechtstreeks in het eigen vermogen werden opgenomen, overgeboekt te worden naar de winst- en verliesrekening, in dezelfde periode of perioden waarin het verkregen actief of de aangegane verplichting van invloed is op de winst of het verlies.

Bron: Jaarrapport Draka, 2012

18.4 Bedrijfsuitoefening in het buitenland

In paragraaf 18.4.1 wordt uiteengezet dat het antwoord op de vraag of de functionele valuta van de onderneming in het buitenland gelijk is aan die van de Nederlandse moeder, bepalend is voor de wijze waarop de verwerking in de jaarrekening plaatsvindt: via het 'temporal principle' (paragraaf 18.4.2) of via de 'closing-rate method' (paragraaf 18.4.3).
Indien er bedrijfsactiviteiten plaatsvinden in landen waar hyperinflatie heerst, zorgt dat voor extra problemen; deze worden in paragraaf 18.4.4 besproken. Paragraaf 18.4.5 gaat in op de manier waarop de verslaggevingspraktijk omgaat met de valutaproblematiek.

18.4.1 Wijze van bedrijfsuitoefening

Bij de omrekening van een in vreemde valuta luidende jaarrekening van een buitenlandse deelneming dienen zich – net als bij transacties in vreemde valuta – de volgende vragen aan:
- Tegen welke koers moeten de afzonderlijke posten van de jaarrekening worden omgerekend?
- Op welke wijze worden omrekeningsverschillen die optreden als gevolg van koerswijzigingen verwerkt?

In de wet zijn geen voorschriften opgenomen voor de omrekening van in vreemde valuta luidende jaarrekeningen van buitenlandse deelnemingen; er is slechts bepaald dat de grondslagen die voor de omrekening worden gehanteerd en de wijze waarop koersverschillen zijn verwerkt, in de toelichting worden vermeld (artikel 384.5).
De IASB heeft wel voorzien in voorschriften voor omrekening van in vreemde valuta luidende deelnemingen, deze zijn opgenomen in IAS 21; de RJ heeft zijn regels hiervan afgeleid en opgenomen in RJ 122.
Voor de in de rest van dit hoofdstuk te beschrijven wijze van omrekening van buitenlandse deelnemingen, worden dan ook de door de IASB en RJ voorgeschreven regels gevolgd.

De manier waarop de jaarrekening van een buitenlandse deelneming volgens de IASB en de RJ dient te worden omgerekend, hangt af van het antwoord op de vraag of de functionele valuta van de buitenlandse deelneming gelijk is aan die van de Nederlandse moeder. Dit is normaliter het geval als de buitenlandse activiteit door de deelnemer wordt beschouwd als een verlengstuk van zijn eigen activiteiten; hij ziet de activa, verplichtingen, baten en lasten van de buitenlandse deelneming dan als die van hemzelf. Dit is bijvoorbeeld het geval als een buitenlandse deelneming uitsluitend dienst doet als verkoopkantoor van de producten van de moeder. We spreken dan van *rechtstreekse buitenlandse activiteiten.*

Rechtstreekse buitenlandse activiteiten

Daarnaast kennen we *zelfstandige buitenlandse eenheden*, waarbij het aangaan van verplichtingen, de financiering en de verkoop met name plaatsvinden in de lokale valuta. De functionele valuta van de buitenlandse deelneming is dan een andere dan die van de Nederlandse moeder. De bedrijfsuitoefening in het buitenland vindt dan zelfstandig plaats en de geldstromen tussen de moeder en de buitenlandse eenheid zullen van ondergeschikte betekenis zijn en derhalve voornamelijk bestaan uit dividenden.

Zelfstandige buitenlandse eenheden

Functionele valuta

Voor de situatie dat de functionele valuta van de buitenlandse deelneming gelijk is aan die van de Nederlandse moeder, schrijven de IASB en de RJ een set omrekeningsregels voor, waarvan het geheel bekend staat als het *temporal principle* (ook wel 'tijdstipmethode' genoemd). Het totaal van de omrekeningsvoorschriften van de IASB en de RJ dat gehanteerd moet worden in geval de functionele valuta van de buitenlandse deelneming verschilt van die van de Nederlandse moeder, wordt gewoonlijk aangeduid als de *closing-rate method.*

Temporal principle en closing-rate method

In figuur 18.1 is het voorgaande schematisch weergegeven.

FIGUUR 18.1 Omrekeningsmethoden buitenlandse deelnemingen

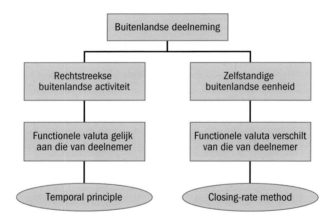

We zullen de omrekeningsmethoden die door de IASB en de RJ voorgeschreven worden, bespreken aan de hand van voorbeeld 18.5.

VOORBEELD 18.5

Een Nederlandse onderneming richt op 1 januari 2013 een buitenlandse dochter op. De oprichtingsbalans is als volgt:

Balans per 1 januari 2013 (bedragen × VRV 1)

Pand	5.000.000	Aandelenkapitaal	10.000.000
Liquide middelen	5.000.000		
	10.000.000		10.000.000

Over 2013 maakt de dochtermaatschappij de volgende jaarrekening op:

Balans per 31 december 2013 (bedragen × VRV 1)

Pand	4.500.000	Aandelenkapitaal	10.000.000
Voorraad goederen	6.000.000	Crediteuren	1.000.000
Liquide middelen	8.000.000	Winst 2013	7.500.000
	18.500.000		18.500.000

Resultatenrekening over 2013 (bedragen × VRV 1)

Opbrengst verkopen		25.000.000
Kostprijs verkopen	15.000.000	
Afschrijvingen	500.000	
Overige kosten	2.000.000	
		17.500.000
Winst		7.500.000

Toelichting en gegevens over 2013:
- Zowel de Nederlandse moeder als de dochtermaatschappij gaan voor de waardering en winstbepaling uit van historische kosten.
- De inkopen hebben in de eerste helft van het jaar plaatsgevonden, de verkopen in de tweede helft.
- De overige kosten zijn gelijkmatig over het jaar ontstaan en direct betaald.
- De koers van de betreffende buitenlandse valuta ten opzichte van de euro is in 2013 als volgt:
  - 1e helft 2013: 1 VRV = €0,20
  - 2e helft 2013: 1 VRV = €0,15

18.4.2   Gelijke functionele valuta: 'temporal principle'

Bij rechtstreekse buitenlandse activiteiten worden de werkzaamheden van de buitenlandse deelneming als verlengstuk gezien van die van de deelnemer; de functionele valuta van de buitenlandse bedrijfsuitoefening zal dan normaliter gelijk zijn aan die van de deelnemer. Dit betekent dat de posten moeten worden omgerekend alsof deze rechtstreeks deel uitmaken van de jaarrekening van de moeder. Ofwel: voor wat betreft de jaarrekening van de deelnemer mag het geen verschil uitmaken of zij de activiteiten in het buitenland rechtstreeks vanuit Nederland zou hebben verricht of dat zij een buitenlandse deelneming inschakelt.

Dit leidt tot de volgende omrekeningsvoorschriften (IAS 21.23, 21.28 en 21.30 / RJ 122.203,122.207 en 122.209, het temporal principle):
Balans:
- Monetaire activa (vorderingen en liquide middelen) en monetaire passiva (voorzieningen en schulden) worden omgerekend tegen de koers op balansdatum; zie het behandelde in paragraaf 18.2.
- Voor de materiële activa (vaste activa en voorraden) is de omrekening afhankelijk van de toegepaste grondslag van waardering en winstbepaling van die activa:

– Gaat de moeder uit van historische kosten, dan moet in het verlengde daarvan voor de omrekening uitgegaan worden van de koers die gold op moment van aankoop van het activum.
– Hanteert de moeder de actuele waarde als grondslag, dan dient voor de omrekening gebruikgemaakt te worden van de koers op balansdatum.

Resultatenrekening:
• De posten in de resultatenrekening die samenhangen met de materiële activa (afschrijvingen en kostprijs verkopen), worden omgerekend tegen de koersen die golden op moment van aankoop van de betreffende activa (in geval van historische kosten) of tegen de koers per balansdatum (bij actuele waarde).
• De overige posten van de resultatenrekening worden omgerekend tegen de koers die gold op het moment waarop de transactie zich voordeed.

De omrekeningsverschillen die optreden als gevolg van koerswijzigingen, worden in de resultatenrekening opgenomen. Een uitzondering hierop wordt gevormd door koersresultaten die ontstaan op posten die tegen actuele waarde worden gewaardeerd; deze worden in de herwaarderingsreserve verwerkt.

Als de Nederlandse moeder uit voorbeeld 18.5 de jaarrekening van de buitenlandse dochter omrekent in euro's ten behoeve van de opstelling van haar eigen (enkelvoudige en geconsolideerde) jaarrekening, levert toepassing van het temporal principle de volgende uitkomst op.

Balans per 31 december 2013 (bedragen × €1)

Pand			Aandelenkapitaal[1]		
4.500.000 × 0,20 =	900.000		10.000.000 × 0,20 =	2.000.000	
Voorraad goederen			Crediteuren		
6.000.000 × 0,20 =	1.200.000		1.000.000 × 0,15 =	150.000	
Liquide middelen			Winst 2013		
8.000.000 × 0,15 =	1.200.000		(saldopost)	1.150.000	
	3.300.000			3.300.000	

1 15.000.000 (kostprijs verkopen) + 6.000.000 (eindvoorraad)

1 Het aandelenkapitaal (het begin eigen vermogen) wordt omgerekend tegen de koers die gold op het moment van oprichting; het geeft de waarde weer die de moeder op dat moment in de deelneming heeft geïnvesteerd.

Resultatenrekening over 2013 (bedragen × €1)

Opbrengst verkopen	25.000.000 × 0,15 =		3.750.000
Kostprijs verkopen	15.000.000 × 0,20 =	3.000.000	
Afschrijvingen	500.000 × 0,20 =	100.000	
Overige kosten	1.000.000 × 0,20 =	200.000	
	1.000.000 × 0,15 =	150.000	
			3.450.000
Winst vóór omrekeningsverschillen			300.000
Omrekeningsverschillen[1]			850.000 +
Winst			1.150.000

1 Het totaal van de omrekeningsverschillen is het saldo van de winst, zoals die op de balans voorkomt en de winst vóór omrekeningsverschillen.

Omrekeningsverschillen ontstaan – bij wijziging van de koers – op die balansposten die tegen de koers op balansdatum worden omgerekend: in ons
voorbeeld op de monetaire posten Liquide middelen en Crediteuren. De
materiële posten Pand en Voorraad goederen brengen geen omrekeningsverschillen met zich mee; deze worden immers omgerekend tegen historische koersen.

Om de grootte van de omrekeningsverschillen te specificeren, kunnen we
gebruikmaken van het begrip netto monetaire positie (NMP), het saldo van   Netto mone-
de monetaire posten in de balans. Indien we, uitgaande van de NMP per be-   taire positie
gin van het boekjaar, alle wijzigingen in de NMP gedurende het boekjaar
omrekenen tegen de koersen zoals die zich op moment van wijziging voordeden, levert dit een *fictieve* NMP in euro's per het einde van het boekjaar op
waarbij er geen omrekeningsverschillen zouden zijn:

Stand 1 januari:		VRV	5.000.000	×	€0,20	=	€1.000.000	
Verkopen:	+	VRV	25.000.000	×	€0,15	=	€3.750.000	+
Inkopen:	−	VRV	21.000.000	×	€0,20	=	€4.200.000	−
Overige kosten:	−	VRV	1.000.000	×	€0,20	=	200.000	−
	−	VRV	1.000.000	×	€0,15	=	150.000	−
	+	VRV	7.000.000				€ 200.000	+

1 15.000.000 (kostprijs verkopen) + 600.000 (eindvoorraad)

De *werkelijke* NMP in euro's per 31 december 2013 is ontstaan door omrekening van VRV 7.000.000 (VRV 8.000.000 liquide middelen – VRV 1.000.000
crediteuren) tegen de koers op balansdatum (€0,15) en heeft een waarde
van €1.050.000. Het omrekeningsverschil is dan €1.050.000 – €200.000 =
€850.000 positief.

In voorbeeld 18.5 gebruikt de Nederlandse moeder historische kosten bij het
opstellen van haar jaarrekening. Vandaar dat bijvoorbeeld het pand op 31
december 2013 is omgerekend tegen €0,20. Immers, als zijzelf (zonder tus-
senschakeling van de buitenlandse dochter) het pand had gekocht, lag op 1
januari 2013 de aanschafprijs in euro's vast (VRV 5.000.000 × €0,20 =
€1.000.000) en deden latere koersveranderingen niet ter zake.

Indien het Nederlandse bedrijf – in afwijking van de gegevens uit het voorbeeld – actuele waarde zou hebben toegepast, dan had het het pand bij
rechtstreekse aanschaf in het buitenland per 31 december 2013 gewaardeerd
op het bedrag dat het op dat moment zou moeten betalen om het te vervangen: VRV 4.500.000 × €0,15 = €675.000. In dat geval zou volgens het temporal
principle de koers op balansdatum voor de omrekening gebruikt dienen te
worden en zou er ook op het pand een omrekeningsverschil zijn ontstaan;
dit omrekeningsverschil zou dan niet in de resultatenrekening zijn verantwoord, maar in de herwaarderingsreserve.

In de enkelvoudige jaarrekening van de Nederlandse moeder wordt het resultaat uit de buitenlandse deelneming – indien de deelneming wordt gewaardeerd volgens de vermogensmutatiemethode – door middel van de volgende journaalpost verwerkt:

0 Deelneming	€1.150.000	
aan 9 Resultaat uit deelneming		€1.150.000

Het mutatieoverzicht van de balanspost Deelneming ziet er over 2013 als volgt uit:

Stand deelneming 1 januari	€2.000.000	
Resultaat uit deelneming:		
– Resultaat vóór omrekeningsverschillen	€ 300.000 +	
– Omrekeningsverschillen	€ 850.000 +	
Stand deelneming 31 december	€3.150.000	

Het sterke punt van het temporal principle is dat het neutraal werkt ten opzichte van de gekozen grondslagen van waardering en winstbepaling; dit betekent een consistente toepassing van de gekozen grondslagen. De consequentie is wel dat – afhankelijk van de monetaire positie en de ontwikkeling van de valutakoersen – in de resultatenrekening omrekeningswinsten kunnen zijn opgenomen, die nog niet gerealiseerd zijn.

18.4.3 Verschillende functionele valuta's: 'closing-rate method'

Net-invest-
ment concept

We hebben in paragraaf 18.4.1 gezien dat bij buitenlandse eenheden de bedrijfsuitoefening in het buitenland zelfstandig plaatsvindt. Daarom wordt in die situatie uitgegaan van het 'net-investment concept': de moeder loopt alleen koersrisico over haar netto-investering (het aandeel in het eigen vermogen van de deelneming), ongeacht de activa waarin deze investering is omgezet. De functionele valuta van de buitenlandse bedrijfsuitoefening zal dan (ervan uitgaande dat de buitenlandse bedrijfsuitoefening buiten de eurozone plaatsvindt) normaliter een andere zijn dan die van de deelnemer. Dit leidt tot de volgende omrekeningsvoorschriften (IAS 21.39 en 21.40 / RJ 122.302 en 122.303, de closing-rate method):
- Activa en verplichtingen worden omgerekend tegen de actuele koers per balansdatum.
- De posten van de resultatenrekening worden omgerekend tegen de koersen op moment van transactie. In de praktijk wordt als benadering hiervan veelal de gemiddelde koers over de verslagperiode genomen; dit wordt door de IASB en de RJ toegestaan, mits dit niet leidt tot grote verschillen ten opzichte van de verwerking tegen de koers op het moment van het aangaan van de transacties.
- De omrekeningsverschillen worden rechtstreeks in het eigen vermogen verwerkt.

We zullen nu voorbeeld 18.5 uitwerken volgens de closing-rate method.

Balans per 31 december 2013 (bedragen × €1)

Pand		Aandelenkapitaal	
4.500.000 × 0,15 =	675.000	10.000.000 × 0,20 =	2.000.000
Voorraad goederen		Omrekeningsverschillen	
6.000.000 × 0,15 =	900.000	(saldopost)	325.000
Liquide middelen		Crediteuren	
8.000.000 × 0,15 =	1.200.000	1.000.000 × 0,15 =	150.000
		Winst 2013	
		(zie resultatenrekening)	300.000
	2.775.000		2.775.000

Resultatenrekening over 2013 (bedragen × €1)

Opbrengst verkopen	25.000.000 × 0,15 =		3.750.000
Kostprijs verkopen	15.000.000 × 0,20 =	3.000.000	
Afschrijvingen	500.000 × 0,20 =	100.000	
Overige kosten	1.000.000 × 0,20 =	200.000	
	1.000.000 × 0,15 =	150.000	
			3.450.000
Winst			300.000

Alle posten (uitgezonderd het eigen vermogen) zijn omgerekend tegen eind-koersen, zodat op al deze posten (dus per saldo over het eigen vermogen) omrekeningsverschillen kunnen ontstaan.

Verder ontstaat er een omrekeningsverschil op de posten in de resultatenre-kening waarvan de omrekenkoers afwijkt van de in de balans gebruikte eindkoers (de posten Kostprijs verkopen, Afschrijvingen en Overige kosten eerste halfjaar).

Op de balans is de grootte van de post Omrekeningsverschillen als sluitpost genomen. We kunnen de volgende controle op de juistheid van deze post uitvoeren:

- Omrekeningsverschil op het begin eigen vermogen:
  VRV 10.000.000 × (€0,15 − €0,20) =   €500.000 −
- Omrekeningsverschil op de posten van de resultatenrekening:
  VRV 16.500.000 × (€0,20 − €0,15) =   €825.000 +

                                                        €325.000 +

Zoals hiervoor aangegeven, wordt in de praktijk voor de omrekening van de posten van de resultatenrekening veelal gebruikgemaakt van de gemiddelde koers als benadering van de transactiekoersen. In dat geval leidt de omreke-ning tot de volgende cijfers.

Balans per 31 december 2013 (bedragen × €1)

Pand			Aandelenkapitaal	
4.500.000 × 0,15 =	675.000		10.000.000 × 0,20 =	2.000.000
Voorraad goederen			Omrekeningsverschillen	
6.000.000 × 0,15 =	900.000		(saldopost)	− 687.500
Liquide middelen			Crediteuren	
8.000.000 × 0,15 =	1.200.000		1.000.000 × 0,15 =	150.000
			Winst 2013	
			7.500.000 × 0,175 =	1.312.500
	2.775.000			2.775.000

Resultatenrekening over 2013 (bedragen × €1)

Opbrengst verkopen	25.000.000 × 0,175 =		4.375.000
Kostprijs verkopen	15.000.000 × 0,175 =	2.625.000	
Afschrijvingen	500.000 × 0,175 =	87.500	
Overige kosten	2.000.000 × 0,175 =	350.000	
			3.062.500
Winst			1.312.500

Op de balans is de grootte van de post Omrekeningsverschillen weer als sluitpost genomen; de juistheid van deze post is als volgt te controleren:
- Omrekeningsverschil op het begin eigen vermogen:
  VRV 10.000.000 × (€0,15 – €0,20) =   €500.000 –
- Omrekeningsverschil op het resultaat over het boekjaar als gevolg van verschil in omrekening tussen balans en resultatenrekening:
  VRV 7.500.000 × (€0,15 – €0,175) =   €187.500 –
                                                        €687.500 –

Per 31 december 2013 zal de moeder (weer uitgaande van waardering van de deelneming volgens de vermogensmutatiemethode) de volgende journaalpost maken ten behoeve van de opstelling van haar enkelvoudige jaarrekening:

0 Deelneming	€625.000	
0 Eigen vermogen (omrekeningsverschillen)	€687.500	
Aan 9 Resultaat uit deelneming		€1.312.500

Van de deelneming is over 2013 het volgende mutatieoverzicht op te stellen:

Stand deelneming 1 januari	€2.000.000
Resultaat uit deelneming	€1.312.500 +
Omrekeningsverschillen	€ 687.500 –
Stand deelneming 31 december	€2.625.000

In voorbeeld 18.5 vinden de inkopen plaats in het eerste halfjaar en de verkopen in het tweede halfjaar. Daardoor is er een groot verschil tussen de winst, bepaald op transactiekoersbasis en die op basis van gemiddelde koersen. Omrekening van de posten van de resultatenrekening op basis van gemiddelde koers zou hier dan ook niet toegestaan zijn. In de praktijk zijn in- en verkopen normaliter regelmatig over het jaar gespreid, en zullen de verschillen derhalve kleiner zijn.

De omrekeningsverschillen worden bij toepassing van de closing-rate method dus rechtstreeks in het eigen vermogen verwerkt. Hiervoor worden wel de volgende argumenten aangevoerd:
- Als er omrekeningswinsten optreden, zijn deze op balansdatum nog ongerealiseerd; het zou in strijd zijn met het voorzichtigheids- en realisatieprincipe deze tot het resultaat te rekenen.
- Omrekeningsverschillen treden louter op als gevolg van wijzigingen in valutakoersen en dragen daarom een incidenteel karakter. Opname in de resultatenrekening zou misleidend zijn, omdat aan het resultaat dan geen voorspellende waarde kan worden ontleend.
- Het is geen echt resultaat, maar een 'papieren' omrekeningsverschil.

De vraag die zich vervolgens aandient, is in *welke post* van het eigen vermogen omrekeningsverschillen dienen te worden verwerkt. De Nederlandse wet (en in het verlengde daarvan de RJ) geven aan dat dit moet geschieden in de post Reserve omrekeningsverschillen (artikel 389.8 / RJ 122.404). Hierbij dient bedacht te worden dat – indien de omrekeningsverschillen per saldo positief zijn – dit saldo (zoals hiervoor aangegeven) nog ongerealiseerd is: er is derhalve sprake van een *wettelijke* reserve, ofwel van een *niet-uit-keerbare* reserve. In de wet is bepaald dat de reserve omrekeningsverschillen een negatief saldo kan hebben; in dat geval mogen ter hoogte van dat saldo geen uitkeringen worden gedaan ten laste van de vrije reserves.

Niet-uitkeer-bare reserve

Ook indien de jaarrekening is opgesteld op basis van IFRS, geldt het hiervoor vermelde inzake verwerking van omrekeningsverschillen. In paragraaf 4.1 hebben we immers al gezien dat artikel 362.9 bepaalt dat, indien de jaarrekening is opgesteld op basis van IFRS, onder meer artikel 389.8 van toepassing blijft.

Voordeel van de closing-rate method is de betrekkelijke eenvoud van het systeem.
We kunnen echter de volgende kritische kanttekening plaatsen: bij toepassing van historische kosten sluit de omrekeningskoers (*actuele* koers) niet aan bij de waarderingsgrondslag voor de materiële activa (*historische* kosten); deze combinatie leidt tot een fictieve waarde: noch de historische kosten, noch de actuele waarde wordt weergegeven. Op dit punt is het temporal principle conceptueel sterker: materiële activa worden op consistente wijze gewaardeerd. Bij toepassing van historische kosten wordt omgerekend tegen historische koersen, bij toepassing van actuele waarde wordt omgerekend tegen koersen op balansdatum.

In tabel 18.1 vatten we de voorschriften van de IASB en de RJ voor de omrekening van in vreemde valuta luidende jaarrekeningen van buitenlandse deelnemingen schematisch samen.

TABEL 18.1 De voorschriften van de IASB en de RJ voor de omrekening van in vreemde valuta luidende jaarrekeningen van buitenlandse deelnemingen

Balans

	Temporal*	Closing-rate		Temporal*	Closing-rate
Materiële activa	*Historische koers*	*Actuele koers*	Eigen vermogen	*Historische koers*	*Histori-sche koers*
Monetaire activa	*Actuele koers*	*Actuele koers*	Reserve omreke-ningsverschillen	*Nee*	*Ja*
			Vreemd vermogen	*Actuele koers*	*Actuele koers*
			Winst	*xxx*	*yyy*

Resultatenrekening

	Temporal*	Closing-rate
Omzet	*Historische koers*	*Historische koers (of gemiddelde koers)*
Bedrijfskosten	*Historische koers*	*Historische koers (of gemiddelde koers)*
Omrekeningsverschillen	*Ja*	*Nee*
Winst	*xxx*	*yyy*

* Bij toepassing van historische kosten

18.4.4 Hyperinflatie

Indien voor de waardering en winstbepaling uitgegaan wordt van historische kosten, kan zich bij toepassing van de closing-rate method een merkwaardige situatie voordoen. We zullen dit illustreren met voorbeeld 18.6.

VOORBEELD 18.6

Een Nederlandse onderneming bezit een zelfstandig opererende deelneming in een land waar de laatste jaren sprake is van hyperinflatie.
De deelneming bezit een fabrieksterrein, een aantal jaren geleden gekocht in de lokale valuta voor V.V. 500.000. De koers van 100 V.V.'s was op dat moment €100.
Door de inflatie bedraagt op balansdatum de koers van 100 V.V.'s nog slechts €1.
De Nederlandse moeder gaat voor de waardering en winstbepaling uit van historische kosten met toepassing van de closing-rate method voor de omrekening van buitenlandse deelnemingen.

Op moment van aankoop van het fabrieksterrein komt deze in de geconsolideerde balans ten bedrage van V.V. 500.000 × €100 / V.V. 100 = €500.000 voor.
Op balansdatum wordt het fabrieksterrein echter nog slechts opgenomen voor V.V. 500.000 × €1 / V.V. 100 = €5.000; optisch is de waarde 'verdampt'.
Het zal duidelijk zijn dat deze boekwaarde sterk afwijkt van de werkelijke waarde;
het feit dat het terrein in de lokale valuta sterk in waarde is gestegen, wordt niet in de balans meegenomen. Indien de actuele waarde van het terrein even sterk is gestegen als de daling van de lokale valuta, is de werkelijke waarde van het terrein nog steeds €500.000.

De IASB en de RJ schrijven daarom voor dat de jaarrekeningen in landen met hyperinflatie dienen te worden aangepast aan de invloed van prijswijzigingen, voordat omrekening plaatsvindt (IAS 29.8 / RJ 122.312). Men spreekt dan van 'first restate, then translate'.

First restate, then translate

Het terrein in voorbeeld 18.6 wordt eerst geherwaardeerd (ten gunste van de herwaarderingsreserve) en vervolgens omgerekend tegen de koers per balansdatum (het koersverlies wordt dan weer afgeboekt van de herwaarderingsreserve); het terrein komt dan voor de werkelijke waarde in de geconsolideerde balans.
Overigens is er volgens de IASB en de RJ in ieder geval van hyperinflatie sprake als de inflatie over een periode van drie jaar in totaal 100% of meer heeft bedragen (IAS 29.3e / RJ 122.312).

18.4.5 Toepassing in de praktijk

In de praktijk is de functionele valuta van buitenlandse deelnemingen veelal een andere dan die van de Nederlandse moeder en worden buitenlandse deelnemingen derhalve veelal beschouwd als zelfstandige buitenlandse eenheden. Dit leidt op grote schaal tot toepassing van de closing-rate method: uitgegaan wordt van de actuele koers per balansdatum met rechtstreekse verwerking van de omrekeningsverschillen in het eigen vermogen.

Holland Colours nv maakt producten voor het inkleuren van kunststoffen. In
de bouw worden deze producten bijvoorbeeld gebruikt voor het kleuren van
buizen, gevelbedekkingen en raamprofielen. Ook de verpakkingsindustrie is
een grote afnemer: frisdrankflesjes en levensmiddelenverpakkingen krijgen
de gewenste kleur dankzij Holland Colours. De holding heeft werkmaatschappijen in onder andere het Verenigd Koninkrijk, de Verenigde Staten,
Indonesië, Hongarije en Mexico.

Valutaomrekeningsverschillen ontstaan door twee oorzaken.

In de *eerste* plaats door het verkopen van producten of het inkopen van
grondstoffen in een valuta die afwijkt van de functionele valuta van Holland
Colours (de euro). De toelichting op de jaarrekening over 2012-2013 (Holland Colours werkt met een gebroken boekjaar dat loopt van 1 april tot en
met 31 maart) meldt hierover:

'Transacties in buitenlandse valuta worden omgerekend naar de functionele
valuta, tegen de geldende wisselkoersen op het moment van afsluiten van de
transacties. Alle monetaire activa en verplichtingen in buitenlandse valuta
worden omgerekend tegen de per balansdatum geldende wisselkoers.
Koersverschillen uit hoofde van omrekening en afwikkeling worden in de
winst- en verliesrekening opgenomen.' In het boekjaar 2012-2013 bedroeg
het koersresultaat per saldo €2.000 negatief.

Daarnaast ontstaan omrekeningsverschillen vanwege het feit dat een groot
deel van de werkmaatschappijen rapporteert in een valuta die niet de euro
is. De toelichting op de jaarrekening 2012-2013 meldt daarover het volgende:
'Activa en verplichtingen van groepsmaatschappijen met een functionele valuta anders dan de euro, worden omgerekend tegen de per balansdatum geldende wisselkoers. De winst- en verliesrekeningen van deze groepsmaatschappijen worden omgerekend tegen de gemiddelde wisselkoersen
gedurende het boekjaar. De hieruit voortvloeiende omrekeningsverschillen
worden verwerkt in de niet-gerealiseerde resultaten en de reserve omrekeningsverschillen.' Uit deze passage blijkt dat Holland Colours de closing-rate
method hanteert voor de omrekening van haar in vreemde valuta luidende
deelnemingen. Per 31 maart 2013 bedroeg de balanspost Reserve omrekeningsverschillen €1.408.000 negatief.

© Noordhoff Uitgevers bv

Eerder hebben we gezien dat voor het buiten het resultaat houden van omrekeningsverschillen onder andere als argument wordt aangevoerd dat deze
op balansdatum nog ongerealiseerd zijn. De IASB schrijft daarom voor dat,
indien een deelneming wordt afgestoten, de in het eigen vermogen gemu-
teerde omrekeningsverschillen alsnog als resultaat moeten worden aangemerkt (IAS 21.48). De RJ beveelt deze verwerkingswijze aan, al is het eveneens toegestaan het totaal van de omrekeningsverschillen bij verkoop van de
deelneming over te boeken naar de post Overige reserves (RJ 122.311). In de
Nederlandse praktijk wordt deze laatste gedragslijn vaak gevolgd. Bij ons
leeft veelal de gedachte: 'één keer rechtstreeks in het eigen vermogen geboekt, kan later niet alsnog leiden tot winst of verlies'.

© Noordhoff Uitgevers bv

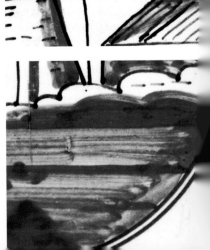

19
Winstbelasting

In de externe jaarrekening vormt de winstbelasting een kostenpost. De berekening van de belastinglast kan problemen opleveren indien bedrijfseconomische en fiscale winst van elkaar verschillen.

Paragraaf 19.1 bespreekt de verwerking van de belastingen in de externe jaarrekening als fiscale en bedrijfseconomische winst aan elkaar gelijk zijn. Indien dat niet het geval is, kan de oorzaak een tijdelijk of een definitief winstverschil zijn. Paragraaf 19.2 gaat op deze oorzaken in.

Paragraaf 19.3 heeft de tijdelijke winstverschillen als onderwerp en introduceert de voorziening voor latente belastingverplichtingen. In paragraaf 19.4 komen de definitieve winstverschillen aan bod; hier wordt ook ingegaan op een bijzonder definitief winstverschil dat veroorzaakt wordt doordat bedrijfseconomisch het vervangingswaardestelsel wordt toegepast.

In paragraaf 19.5 wordt aandacht besteed aan latente belastingen die ontstaan bij een overname van een kapitaalbelang.

Paragraaf 19.6 stelt de vraag aan de orde welke waarderingsgrondslag voor de voorziening voor latente belastingverplichtingen in aanmerking komt: nominale of contante waarde.

Paragraaf 19.7 bespreekt de gevolgen van een wijziging in het belastingtarief. Bij de behandeling van de belastingproblematiek gaan we in dit hoofdstuk uit van een benadering vanuit de resultatenrekening. De IASB en de RJ hanteren echter een benadering vanuit de balans; in paragraaf 19.8 gaan we in op de controverse tussen deze twee benaderingen.

Het hoofdstuk wordt afgesloten (paragraaf 19.9) met enkele opmerkingen over de naamgeving voorziening voor latente belastingverplichtingen en latente belastingvorderingen.

19.1 Fiscale versus bedrijfseconomische winstbepaling

Rechtspersonen die een onderneming drijven, zijn onderworpen aan vennootschapsbelasting: over de winst moet belasting worden betaald.
Bij de bepaling van de belastinglast in de externe resultatenrekening staat toepassing van het matchingprincipe centraal. Volgens dit principe dienen de kosten te worden toegerekend aan de jaren waarin de oorzaak van die kosten is gelegen. Ten aanzien van de winstbelasting betekent dit dat de belastinglast dient aan te sluiten op het geldend belastingpercentage dat is toegepast op de winst vóór aftrek van belasting. De berekening verloopt derhalve in principe als volgt:

Winst vóór belasting   €......
Belastinglast   % €......

Winst na belasting   €......

Zoals we in paragraaf 1.1.3 hebben gezien, is niet de externe resultatenrekening bepalend voor de verschuldigde belasting, maar de *fiscale*.
In de paragrafen 4.2.2 en 4.2.4 hebben we aangegeven dat de externe jaarrekening (hierna te noemen: de *bedrijfseconomische* jaarrekening) moet worden opgesteld volgens 'maatschappelijk aanvaardbare normen' en de fiscale jaarrekening volgens 'goed koopmansgebruik'. In paragraaf 4.2.4 hebben we ook gezien dat de fiscale rechter heeft bepaald dat als goed koopmansgebruik geldt hetgeen wordt voorgeschreven door de bedrijfseconomie (dus volgens maatschappelijk aanvaardbare normen), tenzij de belastingwet anders bepaalt. De bedrijfseconomische en de fiscale jaarrekening kunnen in principe dan ook dezelfde winst opleveren. Het belastingbedrag dat als kostenpost in de bedrijfseconomische resultatenrekening dient te worden opgenomen, levert dan geen stof tot discussie op: het is het belastingtarief toegepast op de bedrijfseconomische winst vóór aftrek van belasting, hetgeen overeenkomt met de over het boekjaar verschuldigde belasting.

In dit geval zal de belasting over de winst in de bedrijfseconomische jaarrekening worden verwerkt als weergegeven in figuur 19.1.

FIGUUR 19.1 De verwerking van de belasting over de winst in de bedrijfseconomische jaarrekening als fiscale en bedrijfseconomische winst aan elkaar gelijk zijn

Saldo fiscale winst, belastbare winst en belastbaar bedrag
In het voorgaande is gebruikgemaakt van de term fiscale winst. Dit is fiscaal echter geen geëigende term. De fiscus hanteert de begrippen saldo fiscale winst, belastbare winst en belastbaar bedrag.

Het *saldo fiscale winst* is de winst op basis van de fiscale grondslagen voor de waardering en winstbepaling, zonder rekening te houden met de geldende fiscale faciliteiten (zoals de investeringsaftrek, zie paragraaf 19.2) en het feit dat bepaalde kostenposten fiscaal geheel of gedeeltelijk niet worden erkend.

Saldo fiscale winst

De *belastbare winst* is de winst waarover belasting verschuldigd is en wordt (in de aangifte vennootschapsbelasting) berekend door het saldo fiscale winst te corrigeren voor de van toepassing zijnde bedragen van de fiscale faciliteiten en de fiscaal niet-aftrekbare kosten.

Belastbare winst

Het *belastbaar bedrag* is de in een boekjaar genoten belastbare winst verminderd met te verrekenen verliezen (zie hierna in deze paragraaf). Naar het belastbaar bedrag wordt vennootschapsbelasting geheven.

Belastbaar bedrag

Spreken wij van *fiscale winst*, dan bedoelen we daar de belastbare winst mee. Deze door ons genoemde fiscale winst kan als maatstaf dienen ter vergelijking met de bedrijfseconomische winst vóór aftrek van belasting; in de paragrafen 19.2 tot en met 19.4 analyseren we de verschillen tussen deze twee winstbegrippen in tijdelijke en definitieve winstverschillen. Overigens wordt de bedrijfseconomische winst ook wel vennootschappelijke of commerciële winst genoemd.

Het tarief van de vennootschapsbelasting is (voor 2013) als volgt:
- 20% over de eerste €200.000 winst
- 25% over de rest van de winst

Eenvoudigheidshalve zullen we in dit hoofdstuk steeds uitgaan van een tarief van 25% over de gehele fiscale winst.

We merken hierbij op dat winsten worden belast in het land waar deze winsten worden behaald. Dit betekent dat internationaal opererende ondernemingen met verschillende (lokale) tarieven worden geconfronteerd. De belastingdruk in de resultatenrekening is dan een gewogen gemiddelde van de onder de verschillende fiscale regimes behaalde winsten. Multinationals zullen in het kader van hun 'tax planning' proberen de meest gunstige resultaten zo veel mogelijk te laten neerslaan in landen waar relatief lage belastingtarieven gelden.

Tax planning

Verlies

Indien er sprake is van een verlies, treedt de fiscale verliescompensatie in werking (artikel 20.2 Wet op de vennootschapsbelasting): ondernemingsverliezen kunnen worden gecompenseerd met de winst uit het laatste voorafgaande jaar (achterwaartse verliescompensatie of *carry back*) en daarna met de winsten die in de volgende negen jaren behaald zullen worden (voorwaartse verliescompensatie of *carry forward*). Zie ook figuur 19.2.

Verliescompensatie

Carry back

Carry forward

FIGUUR 19.2 Fiscale verliescompensatie

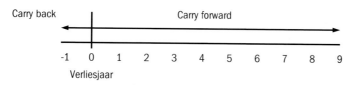

- -

VOORBEELD 19.1

Een onderneming heeft in 2012 €450.000 winst behaald (in dit voorbeeld zijn de bedrijfseconomische en de fiscale winsten aan elkaar gelijk).
Het belastingtarief is 25%.
In 2013 wordt een verlies geleden van €700.000.

Dit verlies mag gecompenseerd worden met de winst van 2012. De belasting over dit jaar (voor zover al betaald) wordt gerestitueerd.

In 2013 resteert dan een nog niet-gecompenseerd verlies van €700.000 – €450.000 = €250.000.
Dit bedrag zal worden gecompenseerd in 2014 of de daaropvolgende jaren tot en met 2022 afhankelijk van de grootte van de winst in die jaren.
Het nog niet-gecompenseerde verlies van 2013 heeft een (nominale) waarde van 25% van €250.000 = €62.500, in de vorm van een toekomstige vermindering van de belastingschuld.

De onderneming heeft ultimo 2013 als vordering op de fiscus:
- Uit hoofde van carry back:
  25% van €450.000   =   €112.500
- Uit hoofde van carry forward:
  25% van €250.000   =   € 62.500
  _____
                                               €175.000

De vordering uit hoofde van carry back is een 'zekere' vordering: deze dient zonder meer in de balans te worden opgenomen.
De vordering wegens carry forward is een voorwaardelijke vordering: zij wordt pas opeisbaar indien er in de komende negen jaren voldoende fiscale winst wordt behaald.
Indien verwacht wordt dat de onderneming in die jaren voldoende fiscale winst zal behalen om het geleden verlies te compenseren, zal ook de vordering uit hoofde van carry forward in de balans moeten worden opgenomen.
Daarnaast leidt opname van de toekomstige belastingbate in het jaar waarin het verlies optreedt, tot een juiste toepassing van het matchingprincipe.

Het laatste stuk van de bedrijfseconomische resultatenrekening over 2013 ziet er dan als volgt uit:

Winst vóór aftrek van belasting		– €700.000
Belastingbate:	25% van €700.000 =	€175.000
		_____
Nettowinst		– €525.000

- -

Alleen indien niet te verwachten valt dat de onderneming in de komende negen jaren voldoende fiscale winsten zal behalen, is opname van de carry forward-vordering niet aanvaardbaar. Dit laatste doet zich bijvoorbeeld voor als ernstig aan de continuïteit van de onderneming getwijfeld moet worden. In dat geval wordt het matchingprincipe losgelaten en voorrang verleend aan het voorzichtigheidsprincipe; alleen de vordering wegens carry back wordt in de balans opgenomen (in voorbeeld 19.1 €112.500): de belastingbate – negatieve belastinglast – wordt dan eveneens €112.500, waardoor het nettoverlies op €587.500 uitkomt. Het verband tussen de belastinglast en de winst vóór aftrek van belasting is dan verbroken. Dit kan zich later nog een keer voordoen, indien te zijner tijd blijkt dat het verlies toch kan worden gecompenseerd; er ontstaat dan immers een belastingbate die destijds niet in de balans tot waardering is gekomen.

De IASB en de RJ schrijven in deze voor dat vorderingen uit hoofde van carry forward in de balans dienen te worden opgenomen, voor zover het waarschijnlijk is dat er toekomstige fiscale winst beschikbaar zal zijn waarmee de verliezen kunnen worden verrekend (IAS 12.34 / RJ 272.311). Verder moeten de bedragen van de verliezen die voor voorwaartse verliescompensatie in aanmerking komen, in de toelichting worden vermeld voor zover deze bedragen niet in de balans zijn opgenomen (IAS 12.81e / RJ 272.707).
In de Nederlandse wet zijn geen bepalingen opgenomen inzake de verwerking van winstbelasting in de jaarrekening; slechts in een enkel geval geeft de wet voorschriften inzake de presentatie, deze komen we verderop in dit hoofdstuk nog tegen.

De latente belastingvordering voor voorwaartse verliescompensatie van ongebruikte verrekenbare verliezen, heffingskortingen en verrekenbare tijdelijke verschillen wordt in de balans opgenomen voor zover het waarschijnlijk is, dat in de toekomst belastbare winsten beschikbaar zullen zijn waarmee de verrekenbare verliezen en ongebruikte belastingtegoeden kunnen worden verrekend.
De Groep heeft niet-gewaardeerde fiscaal verrekenbare verliezen voor een bedrag van ongeveer €19 mln. De betreffende latente belastingvordering is niet in de balans opgenomen, aangezien toekomstige aanwending met name afhankelijk is van de nog onzekere lokale winstcapaciteit.

Bron: Jaarrapport Aalberts Industries, 2012

19.2 Verschillen tussen fiscale en bedrijfseconomische winst

Ondernemingen zullen in het algemeen (binnen het kader van 'goed koopmansgebruik') kiezen voor het verslaggevingsalternatief dat leidt tot een zo laag mogelijke fiscale winst. Bij de externe verslaggeving zal veeleer de neiging bestaan om het resultaat zo rooskleurig mogelijk voor te stellen. Dit zal tot verschillen leiden tussen fiscale en bedrijfseconomische winst.
Bovendien zijn in de belastingwetgeving specifieke bepalingen opgenomen (vaak in de vorm van faciliteiten) die fiscaal wél, maar bedrijfseconomisch geen invloed op de winst hebben.
Uit een onderzoek in 1997 van de Belastingdienst bleek dat bij driekwart van de onderzochte ondernemingen de bedrijfseconomische en de fiscale jaarrekening van elkaar verschilden. Belangrijke oorzaken van deze verschillen zijn onder andere de deelnemingsvrijstelling en de investeringsaftrek (zie hierna).

Bij verschillen tussen bedrijfseconomische en fiscale winst is het de vraag welk belastingbedrag als belastinglast in de bedrijfseconomische resultaten-rekening vermeld dient te worden. De beantwoording van die vraag is af-hankelijk van het soort verschil. In dit kader maken we onderscheid tussen tijdelijke en definitieve (of permanente) winstverschillen.

Tijdelijke winstverschillen

Van een tijdelijk winstverschil is sprake als het totale resultaat over de 'le-vensduur' van de onderneming bedrijfseconomisch en fiscaal gelijk is, maar verschillend over de jaren wordt verdeeld; tijdelijke verschillen worden dus later gecompenseerd door een tegengesteld verschil.

Ondernemers zullen zo veel mogelijk proberen een belastinglast naar de toekomst te verschuiven, zij streven naar 'uitstel' van belastingbetaling.

Uitstel van belasting-betaling

Dit uitstel is echter geen 'afstel' omdat over het winstbedrag dat naar de toekomst is verschoven, uiteindelijk toch belasting betaald moet worden. Uitstel betekent een rentevoordeel, bovendien geeft het speelruimte in de financiering.

Enige voorbeelden van tijdelijke winstverschillen:
- Fiscaal wordt op een duurzaam productiemiddel volgens de sum-of-the-year's-digitsmethode (zie paragraaf 6.3.4) afgeschreven en bedrijfsecono-misch met gelijke bedragen per jaar.
- Fiscaal wordt een duurzaam productiemiddel afgeschreven op basis van een kortere levensduur dan bedrijfseconomisch.
- Uitgaven voor ontwikkeling worden fiscaal direct als kosten verantwoord, terwijl ze bedrijfseconomisch worden geactiveerd en vervolgens afge-schreven.
- Waardestijgingen van tijdelijke beleggingen worden bedrijfseconomisch direct in de resultatenrekening verantwoord, terwijl ze fiscaal pas na ver-koop worden genomen.

Definitieve winstverschillen

Bij een definitief of permanent winstverschil wordt het verschil in een later jaar niet meer opgeheven; er is dus een verschil in het totale resultaat over de levensduur van de onderneming.

Bij definitieve verschillen kan het zijn dat de fiscale winst lager is dan de be-drijfseconomische (verlichtingen), maar ook het omgekeerde kan zich voor-doen (verzwaringen).

Voorbeelden van definitieve verlichtingen:
- Bedrijfseconomisch vormen (uitgekeerde) winsten van kapitaalbelangen ook een winst voor de deelnemer (zie paragraaf 16.1); fiscaal worden deze

Deelnemings-vrijstelling

  bedragen – voor zover vallend onder de deelnemingsvrijstelling – bij de deelnemer niet tot de winst gerekend, zie paragraaf 16.4.3. (Verliezen zijn dan overigens bij de deelnemer niet aftrekbaar.)

Investerings-aftrek

- Fiscaal is er de faciliteit van de 'investeringsaftrek': om het doen van in-vesteringen aan te moedigen, mag jaarlijks een bepaald bedrag of percen-tage van het investeringsbedrag in mindering op de winst worden ge-bracht.

Voorbeelden van definitieve verzwaringen:
- Fiscaal zijn boetes, opgelopen in de uitoefening van het bedrijf (bijvoor-beeld wegens het overtreden van het Rijtijdenbesluit), niet aftrekbaar van de winst. Bedrijfseconomisch vormen ze een kostenpost.

- Bedrijfseconomisch kan voor de waardering en winstbepaling in een aantal gevallen uitgegaan worden van actuele waarde; fiscaal moeten deze echter worden bepaald op basis van historische kosten. Dit betekent dat bijvoorbeeld in tijden van prijsstijging van materiële activa de afschrijvingen en kostprijs van de verkopen bedrijfseconomisch hoger uitkomen dan fiscaal, hetgeen leidt tot een bedrijfseconomisch lagere winst dan fiscaal.

Het onderscheid tussen tijdelijke en definitieve winstverschillen is voor de bedrijfseconomische jaarrekening van belang, omdat ze leiden tot een verschillende verwerkingswijze van de belastinglast. In paragraaf 19.3 bespreken we de tijdelijke winstverschillen en in 19.4 de definitieve.

19.3 Tijdelijke winstverschillen

Bij de verwerking van tijdelijke verschillen tussen bedrijfseconomische en fiscale winst speelt de voorziening voor latente belastingverplichtingen een belangrijke rol; paragraaf 19.3.1 zet de betekenis van deze voorziening uiteen. Paragraaf 19.3.2 gaat in op de vraag hoe permanente componenten in tijdelijke winstverschillen behandeld kunnen worden.

19.3.1 De voorziening latente belastingverplichtingen

Zoals in paragraaf 19.2 is aangegeven, gaat het bij tijdelijke verschillen tussen fiscaal en bedrijfseconomisch resultaat om winstverschillen die later door een tegengesteld verschil worden opgeheven; over de gehele levensduur van een onderneming wijkt het fiscale resultaat niet af van het bedrijfseconomische resultaat.

Tijdelijke winstverschillen ontstaan doordat baten of lasten in de bedrijfseconomische jaarrekening niet in hetzelfde boekjaar worden verantwoord als in de fiscale jaarrekening.

Voor de bepaling van de in de bedrijfseconomische resultatenrekening op te nemen belastinglast zijn er dan twee mogelijkheden:

1 Er wordt uitgegaan van de *fiscale* winst ('taxes payable method'): als belastinglast wordt dan het bedrag van de (vermoedelijke) aanslag vennootschapsbelasting genomen. **Taxes payable method**

2 Er wordt uitgegaan van de *bedrijfseconomische* winst, waarop vervolgens het geldend belastingpercentage wordt losgelaten ('interperiod tax allocation method'). **Interperiod tax allocation method**

De IASB en de RJ laten alleen methode 2 toe; de keuze voor methode 2 vloeit voort uit de toepassing van het matchingprincipe: aan jaren met een gelijke (bedrijfseconomische) winst dient ook eenzelfde fiscaal kostenbedrag toegerekend te worden; de belastinglast sluit dan aan bij het bedrijfseconomisch resultaat.

Dit betekent dat in een boekjaar waarin zich tijdelijke winstverschillen voordoen, de berekende belastinglast niet overeenkomt met de over dat jaar verschuldigde belasting, hetgeen leidt tot *belastinglatenties*. We zullen dit toelichten aan de hand van een voorbeeld. **Belastinglatenties**

VOORBEELD 19.2

Een onderneming heeft in de jaren 1 tot en met 3 zowel fiscaal als bedrijfseconomisch een winst vóór aftrek van afschrijving en belasting van €500.000.
Op 1 januari jaar 1 wordt een machine aangeschaft voor €600.000; deze
wordt zowel fiscaal als bedrijfseconomisch met gelijke bedragen per jaar afgeschreven tot een restwaarde van nihil.
Fiscaal wordt in twee jaar afgeschreven, bedrijfseconomisch in drie jaar. Het
verschil in afschrijving op de machine is het enige verschil tussen de fiscale
en de bedrijfseconomische winst. Het belastingtarief is 25%.

De belastinglast in de bedrijfseconomische resultatenrekening wordt berekend door het belastingpercentage toe te passen op het bedrijfseconomisch
resultaat vóór aftrek van belasting. De bedrijfseconomische resultatenrekening vanaf de winst vóór aftrek van afschrijving en belasting ziet er over elk
van de jaren 1, 2 en 3 als volgt uit:

Winst vóór aftrek van afschrijving en belasting		€500.000
Afschrijving:	$\dfrac{€600.000}{3} =$	€200.000
Winst vóór aftrek van belasting		€300.000
Belastinglast:	25% van €300.000 =	€ 75.000
Nettowinst		€225.000

Fiscaal wordt de investering ad €600.000 afgeschreven in jaar 1 en 2 (elk jaar
€300.000); in jaar 3 is de fiscale afschrijving nihil (de machine is dan fiscaal
immers al afgeschreven).

Belastingverplichting jaar 1
Over jaar 1 wordt de belastingaanslag 25% × €200.000 (€500.000 – €300.000) =
€50.000.

De in de bedrijfseconomische resultatenrekening opgenomen belastinglast
ad €75.000 is als volgt te splitsen:
- de acuut verschuldigde belasting ter grootte van €50.000;
- een toevoeging aan de voorziening voor latente belastingverplichtingen
  van €25.000. Deze toevoeging is afgeleid uit het verschil tussen de bedrijfseconomische winst vóór aftrek van belasting en de fiscale winst, namelijk 25% van (€300.000 – €200.000). Wordt de voorziening bepaald aan
  de hand van het verschil tussen bedrijfseconomisch en fiscaal resultaat,
  Dynamische   dan spreekt men van de 'dynamische' methode. Daarnaast kan de stand
  methode   van de voorziening per balansdatum berekend worden uit het verschil
  tussen de bedrijfseconomische en fiscale waardering van de machine: op
  Statische   31 december jaar 1 is de stand van de voorziening 25% van (€400.000 –
  methode   €300.000) = €25.000. Dit is de 'statische' methode.

De belasting over de winst wordt in de bedrijfseconomische jaarrekening
verwerkt aan de hand van de volgende journaalpost:

9 Belastinglast	€75.000	
Aan 0 Voorziening latente belastingverplichtingen		€25.000
Aan 1 Te betalen belasting		€50.000

Belastingverplichting jaar 2
Over jaar 2 is de fiscale winst, net als in jaar 1, €200.000; er wordt dan wederom €25.000 aan de voorziening voor latente belastingverplichtingen toegevoegd. De journaalpost van de verwerking van de belasting is gelijk aan die
in jaar 1.

Belastingverplichting jaar 3
Over jaar 3 dient 25% van €500.000 (de machine is fiscaal volledig afgeschreven) = €125.000 aan belasting over de winst te worden betaald, terwijl als belastinglast €75.000 wordt verantwoord. De opgebouwde voorziening voor
latente belastingverplichtingen ter grootte van €50.000 wordt nu volledig
aangesproken.
Journaalpost:

9 Belastinglast	€75.000	
0 Voorziening latente belastingverplichtingen	€50.000	
Aan 1 Te betalen belasting		€125.000

Ter afsluiting van het voorbeeld geven we de berekening van de voorziening
voor latente belastingverplichtingen (zowel statisch als dynamisch) in de
volgende figuur nog eens weer.

**Statische en dynamische bepaling van de voorziening voor latente belasting-
verplichtingen (bedragen in euro's)**

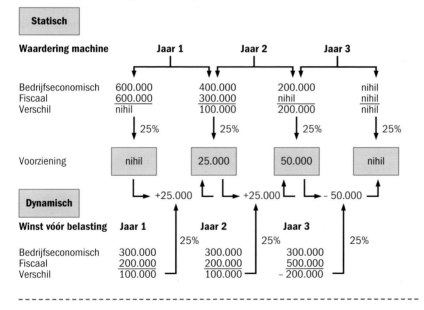

De voorziening voor latente belastingverplichtingen is blijkens de figuur
in voorbeeld 19.2 de schakel die ervoor zorgt dat de belastinglast in de resultatenrekening aansluit bij de bedrijfseconomische winst vóór aftrek van
belasting. Zij geeft het bedrag weer van de belastingverplichtingen die na

het boekjaar kunnen ontstaan, maar worden toegerekend aan het boekjaar of aan een voorafgaand boekjaar.

Indien een voorziening voor latente belastingverplichtingen wordt gevormd, moet deze volgens de IASB en de Nederlandse wet afzonderlijk in de balans worden opgenomen (IAS 1.54o / artikel 374.4a). De RJ stelt in deze dat afzonderlijke vermelding van de latente belastingverplichting in de balans of in de toelichting dient plaats te vinden (RJ 272.601).

In figuur 19.3 is de verwerking van de belasting over de winst in geval van tijdelijke verschillen tussen fiscaal en bedrijfseconomisch resultaat nog eens weergegeven.

FIGUUR 19.3 Verwerking van de belasting over de winst in de jaarrekening
             bij tijdelijke verschillen tussen fiscaal en bedrijfseconomisch resultaat

Balans		Resultatenrekening	
Mutatie voorziening latente belastingverplichtingen	=	Winst vóór belasting Belastinglast %	... ...
+			---
Te betalen belasting		Winst na belasting	...

Passieve belastinglatenties

Omdat men fiscaal naar een zo laag mogelijke winst zal streven, zal de 'normale' situatie zijn dat er sprake is van *passieve belastinglatenties*, dat wil zeggen: een latentie die aan de passiefzijde van de balans wordt opgenomen en aangeeft dat er sprake is van uitstel van belastingbetaling. Soms kunnen zich tijdelijke winstverschillen voordoen, waarbij in de eerste jaren de fiscale winst hoger is dan de bedrijfseconomische winst. Dit kan zich bijvoorbeeld voordoen indien bedrijfseconomisch een bepaalde voorziening wordt gevormd die fiscaal niet erkend wordt. Ook is het mogelijk dat een duurzaam productiemiddel bedrijfseconomisch tot nihil wordt afgeschreven, terwijl fiscaal een restwaarde in acht moet worden genomen.

- -
VOORBEELD 19.3

In 2012 besluit een onderneming een omvangrijke reorganisatie door te voeren, die in 2013 volledig zal worden uitgevoerd. De directie verwacht dat de reorganisatie €20 mln zal gaan kosten. Zij vormt hiervoor in 2012 bedrijfseconomisch een voorziening. De belastinginspecteur accepteert hiervan in 2012 slechts €15 mln.

Bedrijfseconomisch bedraagt de winst vóór aftrek van belasting over 2012 €50 mln en fiscaal €55 mln; er zijn geen andere verschillen tussen de bedrijfseconomische en fiscale winst dan de gevormde reorganisatievoorziening. Het belastingtarief is 25%.

Actieve belastinglatentie

Als de reorganisatie in 2013 daadwerkelijk plaatsvindt zal het verschil van €5 mln opgeheven worden: de fiscale winst zal dan ter grootte van dit bedrag lager zijn dan de bedrijfseconomische. Er ontstaat daarom in 2012 een *actieve belastinglatentie*, een vordering op de fiscus die in beginsel in 2013 via een lagere belastingaanslag zal worden verrekend.

De journaalpost van de verwerking van de belasting over de winst over 2012 is als volgt:

9 Belastinglast	€12,50 mln (25% × €50 mln)
0/1 Latente belastingvorderingen	€ 1,25 mln (25% × €5 mln)
Aan 1 Te betalen belasting	€13,75 mln (25% × €55 mln)

- -

Actieve latenties zijn voorwaardelijke vorderingen; indien de onderneming in ons voorbeeld in 2013 fiscaal verlies lijdt, wordt de vordering dan – afgezien van achterwaartse verliescompensatie – niet (volledig) verrekend.

Stel dat de bedrijfseconomische winst vóór aftrek van belasting over 2013 nihil is, dan is in dat jaar het fiscaal resultaat – afgezien van andere verschillen dan die in verband met de reorganisatie – €5 mln negatief.
Dit leidt tot de volgende journaalpost van de verwerking van de belasting over de winst over 2013:

9 Belastinglast	nihil	
1 Vordering op de fiscus uit hoofde		
van carry back/carry forward	€1,25 mln	
Aan 0/1 Latente belastingvorderingen		€1,25 mln

De actieve latentie is omgezet in een vordering op de fiscus wegens verliescompensatie (zie paragraaf 19.1).
In ons voorbeeld wordt de actieve latentie in 2013 verrekend dankzij voldoende fiscale winst in 2012 (ervan uitgaande dat die fiscale winst niet is gebruikt ter compensatie van verliezen uit voorgaande jaren). Indien de mogelijkheden tot achterwaartse verliescompensatie zouden zijn uitgeput, zou er een vordering op de fiscus uit hoofde van carry forward zijn ontstaan en zou de in 2012 ontstane actieve latentie pas verrekend worden als er in de toekomst voldoende fiscale winst wordt behaald.

Dit betekent dat de verrekening van een actieve belastinglatentie – net als die van een vordering uit hoofde van voorwaartse verliescompensatie (zie paragraaf 19.1) – afhankelijk is van de beschikbaarheid van toekomstige fiscale winst. De IASB en de RJ stellen daarom opname van actieve belastinglatenties in de balans verplicht tot het bedrag waarvan het waarschijnlijk is dat er fiscale winst beschikbaar zal zijn voor verrekening (IAS 12.24 / RJ 272.306). De bedragen die niet in de balans zijn opgenomen, moeten in de toelichting worden vermeld (IAS 12.81e / RJ 272.707).

Volgens de voorschriften van de IASB en de RJ dient verder jaarlijks per balansdatum een toetsing plaats te vinden in hoeverre bestaande actieve latenties en vorderingen uit hoofde van voorwaartse verliescompensatie naar verwachting kunnen worden verrekend:
- *Enerzijds* (IAS 12.56 / RJ 272.406) dient de boekwaarde van in de balans opgenomen actieve latenties en vorderingen uit hoofde van voorwaartse verliescompensatie neerwaarts te worden bijgesteld, voor zover het niet langer waarschijnlijk is dat voldoende fiscale winst beschikbaar zal zijn voor gehele of gedeeltelijke verrekening. In feite is hierbij sprake van een 'impairment'. **Impairment**
- *Anderzijds* (IAS 12.37 / RJ 272.314) dienen de in het voorgaand boekjaar niet in de balans opgenomen actieve latenties en vorderingen uit hoofde

van voorwaartse verliescompensatie alsnog te worden opgenomen, voor zover het waarschijnlijk is geworden dat toekomstige fiscale winst verrekening mogelijk maakt.

Hiervoor is aangegeven dat verrekening van actieve latenties afhankelijk is van toekomstige fiscale winsten. Dit geldt echter niet, indien er tegenover een actieve latentie passieve latenties staan met een gelijke looptijd. Indien er immers in de toekomst geen fiscale winsten meer zouden worden behaald, waardoor de actieve latentie niet meer verrekend wordt, hoeft over de daar tegenoverstaande passieve latenties ook niet meer te worden afgerekend. Hetzelfde geldt voor actieve latenties waar passieve latenties tegenover staan met een afwijkende looptijd, waarvan de looptijd niet langer is dan de geldende voorwaartse verliescompensatietermijn. Ook dan is er zekerheid ten aanzien van de verrekening van de betreffende actieve latentie en zal deze volledig in de balans moeten worden opgenomen. Het voorgaande geldt onverkort voor de enkelvoudige jaarrekening, omdat daar sprake is van één rechtspersoon, die dus te maken heeft met één belastingdienst. In de geconsolideerde jaarrekening van een internationaal concern ligt dit anders: een actieve latentie van een rechtspersoon in land A kan niet zomaar 'weggestreept' worden tegen een passieve latentie van een andere rechtspersoon in land B, omdat de rechtspersoon in land A met een andere belastingdienst te maken heeft dan de rechtspersoon in land B.

Verdamping fiscale verliezen

Vindt uiteindelijk geen verrekening plaats van actieve latenties of vorderingen uit hoofde van voorwaartse verliescompensatie, dan spreken we van 'verdamping' van fiscale verliezen.

In de praktijk van de jaarverslaggeving worden actieve belastinglatenties en vorderingen uit hoofde van voorwaartse verliescompensatie heel verschillend gewaardeerd: volledig, gedeeltelijk (in allerlei gradaties) en in het geheel niet. Uit onderzoek onder de Nederlandse beursgenoteerde ondernemingen blijkt dat deze balansposten (achteraf gezien) te laag en dus zeer voorzichtig worden gewaardeerd.

Dezelfde conclusies zijn getrokken uit onderzoek in de Verenigde Staten. Of deze achteraf gebleken voorzichtige waardering nu het gevolg is van (onbewuste) schattingsfouten of van winststuring, feit is dat in beide gevallen winsten zijn toegerekend aan boekjaren waarin zij niet thuishoren.

Uit het genoemde onderzoek in de Verenigde Staten is eveneens naar voren gekomen dat er voldoende aanwijzingen waren om te kunnen concluderen dat er bij het te laag waarderen van actieve belastinglatenties en vorderingen uit hoofde van voorwaartse verliescompensatie sprake was van winststuring.

Saldering

De IASB en de RJ schrijven voor dat actieve latenties – voor zover zij kunnen worden verrekend met passieve latenties – in de balans *gesaldeerd* worden opgenomen met die passieve latenties (IAS 12.74 / RJ 272.607/115.305). Ten aanzien van de afzonderlijk in de balans opgenomen actieve latenties geeft de RJ aan dat deze dienen te worden opgenomen als vordering onder de financiële vaste activa of onder de vlottende activa, terwijl in de toelichting het bedrag dat vermoedelijk binnen één jaar verrekend zal worden, vermeld dient te worden (RJ 272.602). De IASB staat niet toe dat actieve latenties onder de vlottende activa worden opgenomen (introduction 11, IAS 12).

NV Koninklijke Delftsch Aardewerkfabriek 'De Porceleyne Fles Anno 1653',
tegenwoordig bekend als de Royal Delft Groep, is de oudste Nederlandse
beursgenoteerde onderneming. Het bedrijf vervaardigt en verkoopt het bekende Delfts Blauw, dat vooral bij toeristen geliefd is als souvenir. Royal
Delft heeft in het recente verleden BK Cookware en Koninklijke Van Kempen
& Begeer overgenomen.

De crisis is aan Royal Delft niet ongemerkt voorbijgegaan. Als gevolg daarvan beschikt het concern per 31 december 2012 over compensabele verliezen ter grootte van €3.216.000. In de toelichting op de jaarrekening over 2012
valt te lezen: 'Gezien de te verwachten toekomstige resultaten achten wij het
waarschijnlijk deze verliezen binnen de wettelijke termijn van 9 jaar te kunnen verrekenen.' Derhalve is een latente belastingvordering in de balans opgenomen van 25% van €3.216.000 = €804.000.

Door tijdelijke verschillen tussen de bedrijfseconomische en de fiscale winst
is er ook een latente belastingverplichting ter grootte van €633.000. Deze
vindt zijn oorzaak in verschillen tussen bedrijfseconomische en fiscale
waarderingsgrondslagen met betrekking tot het pand, de geactiveerde merken, de voorraad en de pensioenvoorziening.

Hieronder volgt een in de toelichting gegeven overzicht (bedragen × €1.000):

De latente belastingpositie, per saldo een vordering, is als volgt opgebouwd:

	2012	**2011**
Latente belastingvordering	804	898
Latente belastingverplichting	633 –	684 –
Balans per 31 december	171	214

De mutatie in de latente belastingvordering gedurende 2012 is als volgt:

Stand per 1 januari 2012	898
Als gevolg van fiscale winst in 2012	94 –
Stand per 31 december 2012	**804**

De mutatie in de latente belastingverplichting gedurende 2012 is als volgt:

Stand per 1 januari 2012	684
Naar winst- en verliesrekening in 2012	51 –
Stand per 31 december 2012	**633**

Omdat Royal Delft in 2012 fiscaal winst maakte, is de latente belastingvorde-ring uit hoofde van compensabele verliezen afgenomen. Ook de passieve la-tentie is verminderd, doordat vooral uit hoofde van afschrijving het verschil tussen de bedrijfseconomische en de fiscale waardering kleiner is geworden.

19.3.2   Permanente component in tijdelijke winstverschillen

Er doen zich situaties voor waarbij het niet op voorhand te zeggen is wan-neer een tijdelijk verschil tussen fiscaal en bedrijfseconomisch resultaat door een tegengesteld verschil wordt opgeheven. In voorbeeld 19.4 wordt dit geïllustreerd.

- -
VOORBEELD 19.4
Een handelsonderneming gaat voor de waardering en winstbepaling uit van historische kosten; fiscaal wordt het ijzerenvoorraadstelsel toegepast (de ij-zeren voorraad is gesteld op 10.000 stuks), in de bedrijfseconomische jaar-rekening wordt uitgegaan van de fifo-volgorde.
Ultimo boekjaar wordt de voorraad als volgt gewaardeerd:

Fiscaal:	$10.000 \times €10 = €100.000$
Bedrijfseconomisch:	$10.000 \times €20 = €200.000$

In paragraaf 13.5 hebben we gezien dat het ijzerenvoorraadstelsel fiscaal aantrekkelijk is, omdat dit stelsel in tijden van prijsstijging leidt tot relatief lage winsten; de prijsstijging van de ijzeren voorraad wordt buiten de winst-berekening gehouden.

Bij de handelsonderneming is in het verleden uit hoofde van verkopen de fiscale winst voor in totaal €100.000 (€200.000 – €100.000) lager berekend

dan de bedrijfseconomische (een lagere voorraadwaardering betekent immers een hogere kostprijs verkopen en dus een lagere winst).
Dit betreft een tijdelijk winstverschil, want eens zal over de zich in de fiscale voorraad bevindende stille reserve ad €100.000 moeten worden afgerekend. Bij een belastingtarief van 25% zal er een voorziening voor latente belasting-verplichtingen opgenomen zijn van 25% × €100.000 = €25.000.

Probleem is dat in deze situatie niet bekend is wanneer de stille reserve vrijvalt; dit zal zich voordoen uiterlijk op het moment van staking van de onderneming of eerder bij inkrimping van de ijzeren voorraad of bij overgang naar een ander soort handelsgoederen. De voorziening voor latente belastingver-plichtingen heeft in dit geval dan ook een tamelijk permanent karakter. Uitgaande van het continuïteitsprincipe (bij de waardering en winstbepaling wordt voortgang van de onderneming verondersteld) valt het te verdedigen voor de stille reserve geen voorziening voor latente belastingverplichtingen te vormen: in geval van continuïteit hoeft immers normaliter niet te worden afgerekend.

Het zich voordoen van situaties als in voorbeeld 19.4 heeft geleid tot de gedachte van *partial allocation*: voor tijdelijke winstverschillen waarvan een tegengesteld verschil niet in de voorzienbare toekomst ligt, hoeft geen voorziening te worden opgenomen. Consequentie is dan dat als belastinglast in de bedrijfseconomische resultatenrekening de over het boekjaar verschul-digde belasting wordt genomen, zodat het verband tussen de belastinglast en het resultaat vóór aftrek van belasting wordt verbroken. De belasting over de winst wordt dan verwerkt alsof er sprake is van een definitief winstver-schil (zie paragraaf 19.4).

Partial allocation

Men dient echter wel te bedenken dat de latente belastingverplichtingen als gevolg van bepaalde beslissingen of gebeurtenissen acuut kunnen worden. Denk bijvoorbeeld aan het doorvoeren van een reorganisatie waarbij voor-raden – waarin grote stille reserves schuilen – worden afgestoten. Er dient dan afgerekend te worden, terwijl daar geen voorziening voor is gevormd. De IASB en de RJ bieden daarom de mogelijkheid voor het toepassen van partial allocation niet: *alle* tijdelijke winstverschillen dienen bij de bereke-ning van de belastinglatenties te worden betrokken (IAS 12.15 / RJ 272.301); het voorzichtigheidsprincipe (en het matchingprincipe) wegen kennelijk zwaarder dan het continuïteitsprincipe.

We besluiten deze paragraaf met de opmerking dat bij kleine rechtsperso-nen die hun jaarrekening opstellen op fiscale grondslag, zich uiteraard geen tijdelijke verschillen tussen bedrijfseconomische en fiscale winst voordoen met als gevolg dat actieve en/of passieve latenties dan niet aan de orde zijn.

19.4 Definitieve winstverschillen

Bij definitieve winstverschillen ontstaat er onderdruk of overdruk; dit staat centraal in paragraaf 19.4.1. In paragraaf 19.4.2 wordt de problematiek be-sproken van een bijzondere vorm van een definitief verschil: het in de be-drijfseconomische jaarrekening toepassen van het vervangingswaardestelsel.

19.4.1 Onderdruk en overdruk

In paragraaf 19.2 hebben we gezien dat er bij definitieve verschillen tussen fiscaal en bedrijfseconomisch resultaat sprake is van verschillen die in een later jaar niet meer zullen worden opgeheven; over de gehele levensduur van de onderneming zal het fiscale resultaat afwijken van het bedrijfseconomisch resultaat.

Deze verschillen ontstaan voornamelijk als gevolg van fiscale faciliteiten (lagere belastingdruk) en fiscale verzwaringen (hogere belastingdruk).
Definitieve winstverschillen worden direct verrekend; ze leiden dan ook niet tot het opnemen van belastinglatenties. Het belastingvoordeel of -nadeel dient in het jaar waarin het verschil in resultaat zich voordoet in de resultatenrekening tot uiting te komen, omdat in dat jaar de oorzaak ligt.

VOORBEELD 19.5

Een onderneming heeft in een bepaald jaar bedrijfseconomisch een winst vóór aftrek van belasting behaald van €100.000.
De fiscale winst wijkt hiervan op de volgende punten af:
- Van de op de bedrijfseconomische winst in mindering gebrachte kosten is een bedrag van €10.000 fiscaal niet aftrekbaar.
- Op grond van gepleegde investeringen heeft de onderneming recht op een investeringsaftrek van €20.000.

Het belastingtarief is 25%.

De over dit jaar verschuldigde belasting bedraagt 25% van €90.000 (€100.000 + €10.000 − €20.000) = €22.500. Dit is tevens de belastinglast die in de bedrijfseconomische resultatenrekening wordt opgenomen. Er wordt nu geen voorziening voor latente belastingverplichtingen opgenomen voor het verschil tussen de fiscale en bedrijfseconomische winst; het verschil is immers definitief. Het voordeel dat van de bedrijfseconomische winst per saldo over €10.000 geen belasting hoeft te worden betaald, komt tot uiting in een relatief lage belastinglast.

Het sluitstuk van de bedrijfseconomische resultatenrekening ziet er als volgt uit:

Winst vóór aftrek van belasting	€100.000
Belastinglast	€ 22.500
Winst na belasting	€ 77.500

Als gevolg van definitieve verschillen kan de belastinglast afwijken van het geldende belastingpercentage toegepast op de bedrijfseconomische winst vóór aftrek van belasting: het verband tussen de belastinglast en de winst vóór aftrek van belasting wordt dan verbroken.

In dit voorbeeld is de 'effectieve' belastingdruk $\dfrac{€22.500}{€100.000} \times 100\% = 22,5\%$.

Omdat de effectieve belastingdruk lager is dan 25% (het toepasselijk, geldend of nominaal tarief), is er sprake van *onderdruk*. Is de effectieve belastingdruk hoger dan het toepasselijk tarief, dan spreken we van *overdruk*.

De IASB (IAS 12.81c) eist in de toelichting een cijfermatige aansluiting
tussen het toepasselijk belastingtarief (het gewogen gemiddelde van
de in de verschillende landen geldende tarieven) en de effectieve belastingdruk.
De RJ beveelt deze informatieverstrekking aan, waarbij deze informatie
beperkt mag blijven tot de geconsolideerde jaarrekening (RJ 272.704).

WINSTBELASTINGEN
De operationele bedrijfsactiviteiten van de Groep zijn onderworpen aan
verschillende winstbelastingregimes met wettelijke belastingtarieven die
variëren van 0% tot 42% (2011: 0% tot 42%). Deze verschillende tarieven,
niet-aftrekbare posten, de behandeling van fiscale verliezen, bijzondere
fiscale regimes in diverse landen, correcties voorgaande jaren alsmede
effecten van resultaten vrij van belastingheffing, leidden in het verslagjaar
tot een gemiddelde effectieve belastingdruk van 16,4% (2011: 17,3%).

De aansluiting tussen het Nederlandse nominale belastingtarief en de
effectieve belastingdruk is als volgt:

	2012	2011
Nominaal belastingtarief in Nederland	25,0%	25,0%
Toepassing van lokale nominale belastingtarieven	–7,3%	–9,3%
Fiscaal niet-aftrekbare posten	3,6%	1,0%
Effect van niet-gewaardeerde fiscale verliezen en tijdelijke verschillen	3,2%	4,6%
Effect van niet eerder gewaardeerde verrekenbare fiscale verliezen	–3,6%	–0,3%
Bijzondere fiscale regimes	–1,3%	–0,5%
Aanpassingen met betrekking tot voorgaande boekjaren	–3,2%	–3,1%
Effect van aandeel in resultaat van geassocieerde deelnemingen	0,0%	–0,1%
Effectieve belastingdruk	16,4%	17,3%

Bron: Jaarrapport Koninklijke Boskalis Westminster nv, 2012

In figuur 19.4 is de verwerking van de belasting over de winst in geval van
definitieve verschillen tussen fiscaal en bedrijfseconomisch resultaat samengevat.

FIGUUR 19.4 Verwerking van de belasting over de winst in de jaarrekening bij definitieve verschillen tussen fiscaal en bedrijfseconomisch resultaat

Balans		Resultatenrekening	
		Winst vóór belasting	...
Te betalen belasting	=	Belastinglast [1]	...

		Winst na belasting	...

1 Als gevolg van definitieve verlichtingen (onderdruk) of verzwaringen (overdruk) wijkt de effectieve belastingdruk af van het geldend belastingpercentage.

We sluiten deze paragraaf af met tabel 19.1 waarin enerzijds de aansluiting wordt gegeven tussen de bedrijfseconomische en fiscale winst en anderzijds de ontstane belastingpositie wordt weergegeven; tevens is de journaalpost opgenomen van de verwerking van de winstbelasting in de bedrijfseconomische jaarrekening.

TABEL 19.1 Aansluiting bedrijfseconomische en fiscale winst en de daaruit voortvloeiende belastingpositie

Aansluiting jaarwinst				Belastingpositie
Bedrijfseconomische winst	€...		→	Nominale belastingdruk
Definitieve verschillen	+/− €...		→	Over- en onderdruk
	€...		→	Effectieve belastingdruk
Tijdelijke verschillen	+/− €...		→	Passieve en actieve belastinglatenties
Fiscale winst	€...		→	Verschuldigde belasting

Journaalpost verwerking winstbelasting

9   Belastinglast
      (belastingtarief over de bedrijfseconomische winst gecorrigeerd voor definitieve winstverschillen)
0/1   Latente belastingvorderingen (belastingtarief over tijdelijke winstverschillen waarbij de fiscale winst hoger is dan de bedrijfseconomische winst)
Aan 0 Voorziening latente belastingverplichtingen (belastingtarief over tijdelijke winstverschillen waarbij de fiscale winst lager is dan de bedrijfseconomische winst)
Aan 1 Te betalen belasting
      (belastingtarief over de fiscale winst)

19.4.2   Toepassing van het vervangingswaardestelsel
Een speciale vorm van een definitief verschil tussen fiscaal en bedrijfseconomisch resultaat doet zich voor in geval van toepassing van het vervangingswaardestelsel (zie hoofdstuk 14) in de bedrijfseconomische jaarrekening. Fiscaal is dit stelsel niet toegestaan.

Bij gebruik van het vervangingswaardestelsel in de bedrijfseconomische jaarrekening zijn de afschrijvingen op de vaste activa en de kostprijs van de verkopen gebaseerd op actuele prijzen, terwijl fiscaal uitgegaan wordt van in het verleden betaalde prijzen; in tijden van prijsstijgingen zal het bedrijfseconomisch resultaat dan lager zijn, zodat er sprake is van overdruk.
Dit betekent dat op het moment van realisatie van de waardestijgingen, zich definitieve verschillen tussen bedrijfseconomisch en fiscaal resultaat voordoen. Deze wijken echter in die zin af van de verschillen zoals behandeld in paragraaf 19.4.1 dat zij zich al in een eerder stadium aandienen. Op het moment dat er een waardestijging plaatsvindt, worden de materiële activa in de bedrijfseconomische jaarrekening opgewaardeerd; deze verhoging geeft de toekomstige definitieve winstverschillen (bedrijfseconomisch hogere afschrijvingen of kostprijs verkopen) aan.
We zullen de problematiek uitwerken aan de hand van voorbeeld 19.6.

VOORBEELD 19.6
Als uitgangspunt nemen we het centrale voorbeeld dat we bij het onderwerp 'winstbepaling in geval van prijsfluctuaties' hebben gebruikt.
De gegevens zijn opgenomen in paragraaf 12.3, alsmede op de plastic insteekkaart.

Als aanvulling op die gegevens geldt verder:
- Het tarief van de belasting over de winst is 25%.
- Fiscaal gaat de onderneming uit van het historischekostenstelsel, met toepassing van de fifo-volgorde voor de voorraden.
  De fiscale winst over februari is dus €3.800 (zie paragraaf 13.2.1); de verschuldigde belasting hierover is dan 25% van €3.800 = €950.
- Bedrijfseconomisch wordt voor de waardering en winstbepaling het vervangingswaardestelsel toegepast, zonder normalevoorraadgedachte.
  De bedrijfseconomische winst (vóór aftrek van belasting) over februari is derhalve €1.150 (zie paragraaf 14.1).

Op het moment van prijsstijging van de materiële activa wordt de boekwaarde in de bedrijfseconomische jaarrekening aangepast aan het actuele prijspeil; de waardestijging wordt aan de passiefzijde van de balans verwerkt in een herwaarderingsreserve.

Bestelauto
Begin februari stijgt de inkoopprijs van de bestelauto met 25%. De boekwaarde (op dat moment €39.000) wordt dus verhoogd met 25% van €39.000 = €9.750.
Dit geeft de volgende journaalpost:

0 Machine	€9.750	
Aan 0 (Ongerealiseerde) Herwaarderingsreserve		€9.750

Voorraad Q
De inkoopprijs van de handelsgoederen is in februari driemaal gestegen; als gevolg hiervan wordt de boekwaarde van voorraad Q aangepast op:

- 6 februari: $800 \times €3$ =   €2.400
- 17 februari: $400 \times €1,50 =$ € 600
- 28 februari: $700 \times €0,50 =$ €   350

  Totaal   €3.350

Van het totaal van de prijsstijgingen wordt de volgende journaalpost gemaakt:

7 Voorraad Q   €3.350
Aan 0 (Ongerealiseerde) Herwaarderingsreserve   €3.350

- -

Het bedrag op de herwaarderingsreserve geeft het bedrag aan dat extra (dat wil zeggen boven de historische kosten) via afschrijvingen en kostprijs verkopen ten laste van het resultaat zal worden gebracht. Fiscaal worden deze extra kosten niet op de winst in mindering gebracht.
In de in de bedrijfseconomische balans opgenomen (ongerealiseerde) herwaarderingsreserve schuilt dan ook een belastingclaim ter grootte van 25% × (€9.750 + €3.350) = €3.275.
Op grond van een juiste vermogenspresentatie dient deze fiscale claim, die drukt op de herwaarderingsreserve, in de balans tot uiting te komen; zou de claim niet afzonderlijk worden opgenomen, dan wordt het eigen vermogen geflatteerd weergegeven.
In aanvulling op de eerdergegeven journaalposten wordt daarom nog geboekt:

0 (Ongerealiseerde) Herwaarderingsreserve   €3.275
Aan 0 Voorziening latente belastingverplichtingen   €3.275

De regelgevers zijn inzake opneming van een voorziening voor latente belastingverplichtingen uit hoofde van herwaardering niet eenduidig.
De IASB is het duidelijkst in haar opvatting: zij schrijft opneming voor (IAS 12.20).
De Nederlandse wet gaat niet in op de opname van een voorziening ter zake, er is alleen voorgeschreven dat in de toelichting uiteengezet wordt of en op welke wijze in samenhang met de herwaarderingsreserve rekening wordt gehouden met de invloed van belastingen op vermogen en resultaat (artikel 390.5).
De RJ heeft een sterke voorkeur voor het vormen van een voorziening (RJ 272.304), maar stelt dit – aangezien hij geen wettelijke opties kan beperken – niet verplicht.
Uit jurisprudentie blijkt dat de Ondernemingskamer het standpunt inneemt dat de voorziening dient te worden gevormd: in 1991 heeft zij inzake de jaarrekening 1987 van de 'Coöperatieve Tuinbouwveiling Kampen-Zwolle-IJsselmeerpolders' geoordeeld dat de met de herwaardering van het veilingencomplex 'Twello' verband houdende latente belastingverplichtingen in mindering gebracht dienden te worden op de herwaarderingsreserve.

De voorziening voor latente belastingverplichtingen als gevolg van herwaardering geeft de overdruk aan belastingen (de belasting over de gerealiseerde waardestijging) weer die in de toekomst moet worden betaald.
Voor de verwerking van de overdruk zijn er twee mogelijkheden:

1 Deze wordt ten laste van het resultaat gebracht.
2 Deze komt ten laste van het (eigen) vermogen.

Hierna zullen we beide mogelijkheden aan de hand van ons voorbeeld uitwerken, waarbij ervan uitgegaan wordt dat op het moment van herwaardering een voorziening voor latente belastingverplichtingen is gevormd.

- -

VOORBEELD 19.6 (VERVOLG)
Op het moment dat de waardestijging wordt gerealiseerd via afschrijvingen
(bestelauto) en verkopen (voorraad Q), wordt de belastingclaim opeisbaar.
- In februari wordt bedrijfseconomisch op de bestelauto op basis van nieuwe prijzen €1.250 (€48.750/39) afgeschreven, dit is €250 meer dan fiscaal
op basis van historische kosten. De gerealiseerde waardestijging over februari bedraagt dan ook €250.
- Van de voorraad Q worden er op 15 februari 800 stuks verkocht. De kostprijs op basis van vervangingswaarde is dan €10.400 (800 × €13); de historische kostprijs (uitgaande van fifo) van de verkochte voorraad is €10. Er
wordt aan waardestijging 800 × (€13 – €10) = €2.400 gerealiseerd.

De overdruk bedraagt in februari 25% × (€250 + €2.400) = €662,50.
We hebben al gezien dat de verschuldigde belasting over februari 25% van
€3.800 = €950 bedraagt; dit bedrag is te verdelen in:
- Nominale druk: €1.150 × 25% = €287,50
- Overdruk: €2.650 × 25% = €662,50

Gevraagd
Geef de verwerking van de belasting over de winst in de bedrijfseconomische jaarrekening ingeval de overdruk:
a ten laste van het resultaat wordt gebracht;
b ten laste van het vermogen komt.

a Overdruk ten laste van het resultaat
Als de overdruk ten laste van het resultaat wordt gebracht, is de belastinglast
in de bedrijfseconomische resultatenrekening gelijk aan de over de verslagperiode verschuldigde belasting. De op het moment van herwaardering gevormde voorziening valt nu vrij en kan worden teruggeboekt naar de herwaarderingsreserve.
Ultimo februari worden van de realisatie van de waardestijging de volgende
journaalposten gemaakt:

9 Belastinglast	€ 950	
Aan 1 Te betalen belasting		€ 950

0 (Ongerealiseerde) Herwaarderingsreserve:		
€2.650 × 75% =	€1.987,50	
0 Voorziening latente belastingverplichtingen	€ 662,50	
Aan 0 (Gerealiseerde) Herwaarderingsreserve		€2.650

De balans ultimo februari en de resultatenrekening over februari zien er dan
als volgt uit (vergelijk hierbij de uitwerking van paragraaf 14.1):

Balans ultimo februari (bedragen × €1)

Bestelauto	47.500	Aandelenkapitaal	40.000
Voorraad Q	10.500	Herwaarderingsreserve	
Kas	6.250	• Gerealiseerd:	
		– Bestelauto	250
		– Voorraad Q	2.400
		• Ongerealiseerd:	
		– Bestelauto:	
		€9.500 × 75% =	7.125
		– Voorraad Q:	
		€950 × 75% =	712,50
		Voorziening latente	
		belastingverplichtingen:	
		• Bestelauto: €9.500 × 25% =	2.375
		• Voorraad Q: €950 × 25% =	237,50
		Lening	10.000
		Te betalen belasting	950
		Winst februari	200
	64.250		64.250

Resultatenrekening over februari (bedragen × €1)

Opbrengst verkopen	12.800
Kostprijs verkopen	10.400
Transactieresultaat	2.400
Afschrijvingskosten	1.250
Winst vóór belasting	1.150
Belastinglast	950
Nettowinst	200

Deze methode van verwerking van de overdruk aan belastingen sluit aan bij de substantialistische winstopvatting, die aan het vervangingswaardestelsel ten grondslag ligt. Het vervangingswaardestelsel elimineert voorraadresultaten uit de winst om vervanging van de materiële activa te waarborgen. Door naast de voorraadresultaten ook de overdruk aan belastingen ten laste van het resultaat te brengen, blijft in de herwaarderingsreserve de volledige waardestijging van de materiële activa aan de onderneming gebonden.

b Overdruk ten laste van het vermogen
Wordt de overdruk ten laste van het vermogen geboekt, dan wordt de resultatenrekening niet belast met de overdruk. In de bedrijfseconomische resultatenrekening wordt in de belastinglast alleen de nominale druk opgenomen: de belastinglast sluit dan aan bij het bedrijfseconomisch resultaat. De overdruk wordt gehaald uit de voorziening die op moment van waardestijging ten laste van het vermogen is gevormd.

De journaalposten luiden nu:

9 Belastinglast	€ 287,50	
0 Voorziening latente belastingverplichtingen	€ 662,50	
Aan 1 Te betalen belasting		€ 950
0 (Ongerealiseerde) Herwaarderingsreserve	€1.987,50	
Aan 0 (Gerealiseerde) Herwaarderingsreserve		€1.987,50

Vergeleken met de methode van verwerking van de overdruk ten laste van het resultaat doen zich op de balans ultimo februari en resultatenrekening over februari de volgende afwijkingen voor:

Op de balans:
* Gerealiseerde herwaarderingsreserve:
  - Bestelauto: 75% × €250   =   € 187,50
  - Voorraad Q: 75% × €2.400 =   € 1.800
* Winst februari Saldopost   € 862,50

Op de resultatenrekening:
* Belastinglast: 25% × €1.150 =   € 287,50
* Nettowinst: 75% × €1.150 =   € 862,50

De herwaarderingsreserve blijft nu netto (dat wil zeggen exclusief belasting) op de balans. Op moment van vervanging is er onvoldoende vermogen aan de onderneming gebonden om vervanging te verwezenlijken: de substantialistische instandhoudingsdoelstelling wordt nu geweld aangedaan.

We herhalen de opmerking die we in de paragrafen 8.3.1 en 14.5 hebben gemaakt, dat in de jaarrekening geen gerealiseerde herwaarderingsreserve mag worden gepresenteerd, maar dat deze moet worden overgeboekt naar bijvoorbeeld de overige reserves.

In paragraaf 19.3.1 hebben we gezien dat actieve latenties in een aantal gevallen gesaldeerd dienen te worden opgenomen met passieve latenties. Saldering van een actieve latentie met een passieve latentie uit hoofde van herwaardering is echter niet toegestaan. Deze latentie vormt tezamen met de ongerealiseerde herwaarderingsreserve de ongerealiseerde waardestijging van de activa. Indien nu de passieve latentie wordt gebruikt voor het salderen met een actieve latentie, is dit in strijd met het realisatieprincipe. Vanwege de in de Nederlandse wet neergelegde regels inzake kapitaalbescherming ten behoeve van de schuldeisers van de onderneming, is er nóg een reden aan te voeren op grond waarvan saldering van een actieve latentie met een passieve latentie uit hoofde van herwaardering niet toelaatbaar is. In paragraaf 8.3.1 hebben we gezien dat (op grond van artikel 390.3) het saldo van de post Herwaarderingsreserve gelijk is aan de waardestijging van de nog in de onderneming aanwezige activa en dat daarmee deze *ongerealiseerde* herwaarderingsreserve een *wettelijke reserve* is, dat wil zeggen een reserve waarvan de wetgever bepaalt dat deze niet uitgekeerd mag worden. Iedere vermindering van de passieve latentie uit hoofde van herwaardering is dan ook een schending van artikel 390.3.

De IASB heeft geen bepalingen inzake kapitaalbescherming en kent derhalve geen 'legal reserves'. We wijzen erop dat de herwaarderingsreserve niet alleen een wettelijke reserve is voor de Nederlandse ondernemingen die voor het opstellen van hun jaarrekening de Nederlandse verslaggevingsvoorschriften hanteren, maar ook voor die ondernemingen die daarvoor uitgaan van IFRS. In paragraaf 4.1 hebben we immers gezien dat artikel 390 ook toegepast moet worden door die ondernemingen die hun jaarrekening opstellen op basis van IFRS.

De IASB en de RJ geven aan dat de te betalen winstbelasting die bij rechtstreekse vermogensmutaties ontstaat (het opnemen van een waardestijging in de herwaarderingsreserve is daar een voorbeeld van), eveneens rechtstreeks in het eigen vermogen dient te worden verwerkt (IAS 12.61A / RJ 272.506). Dit zou betekenen dat de overdruk uit hoofde van herwaardering van duurzame productiemiddelen en voorraden ten laste van het (eigen) vermogen dient te worden verwerkt. De Nederlandse wet doet in deze geen uitspraak.

We sluiten deze paragraaf af met tabel 19.2, waarin we een samenvatting geven van de verwerking in de jaarrekening van de verschillen tussen bedrijfseconomische en fiscale winst.

TABEL 19.2 Verwerking in de jaarrekening van de verschillen tussen bedrijfseconomische en fiscale winst

Soort winstverschil	Ontstaan voorziening latente belastingen	Ontstaan over- of onderdruk
Tijdelijk	Ja, ten laste van het resultaat	Nee
Definitief: • Toepassing vervangingswaardestelsel	Ja, ten laste van de herwaarderingsreserve (IASB verplicht) (RJ sterke voorkeur)	Ja, ten laste van het resultaat of van het (eigen) vermogen (IASB en RJ: ten laste van het (eigen) vermogen)
• Overig	Nee	Ja, ten laste van het resultaat

19.5 Latente belastingen in het kader van een overname

Indien een kapitaalbelang wordt verworven dat gewaardeerd wordt op nettovermogenswaarde (zie paragraaf 16.1.4), zal de koper bij de bepaling van de nettovermogenswaarde op het moment van aankoop uitgaan van de werkelijke waarde van de activa en passiva van de onderneming waarin het belang gehouden wordt. Als die waarde afwijkt van de door de betreffende onderneming gehanteerde boekwaarde, dient er bij de waardering van het kapitaalbelang rekening mee te worden gehouden dat het door de overgenomen onderneming te betalen belastingbedrag niet verandert als gevolg van de afwijkende waardering door de koper. We zullen dit toelichten aan de hand van voorbeeld 19.7.

VOORBEELD 19.7

De balans van bv X ziet er per 1 januari 2013 als volgt uit:

Balans bv X per 1 januari 2013 (bedragen × €1)

Pand	1.000.000	Aandelenkapitaal	18.000
Voorraad	500.000	Winstreserve	1.530.000
Liquide middelen	200.000	Winst 2012	152.000
	1.700.000		1.700.000

Op 1 januari 2013 neemt bv Y alle aandelen van X over voor €2,45 mln. Y kent aan het pand een waarde toe van €1,5 mln. De waarde van de voorraad is gelijk aan de boekwaarde.

Zonder rekening te houden met de invloed van belastingheffing, wordt de nettovermogenswaarde van het kapitaalbelang in X als volgt berekend (bedragen in euro's):

Pand	1.500.000
Voorraad	500.000
Liquide middelen	200.000
	2.200.000

Y maakt van de verwerving van het belang in X dan de volgende journaalpost:

0 Goodwill	€ 250.000	
0 Kapitaalbelang X	€2.200.000	
Aan 1 Liquide middelen		€2.450.000

Als we wel rekening houden met de invloed van belastingheffing, geeft voorgaande waardering de nettovermogenswaarde geflatteerd weer. Immers, X blijft voor zijn fiscale winstberekening een boekwaarde voor het pand van €1 mln hanteren; zijn afschrijvingen zijn daar ook op gebaseerd. De opwaardering door Y wordt door de belastinginspecteur niet erkend: er ligt een fiscale claim op de stille reserve. Deze fiscale claim heeft hetzelfde karakter als de latente belastingverplichting uit hoofde van herwaardering, zoals besproken in paragraaf 19.4.2. Op grond van een juiste vermogenspresentatie dient deze fiscale claim tot uiting te komen. Dit wordt verwezenlijkt door (uitgaande van een belastingtarief van 25%) op de berekende nettovermogenswaarde een bedrag van 25% van €500.000 = €125.000 in mindering te brengen. Het kapitaalbelang wordt dan gewaardeerd op €2.200.000 – €125.000 = €2.075.000.

De juiste boeking is:

0 Goodwill	€ 375.000	
0 Kapitaalbelang X	€2.075.000	
Aan 1 Liquide middelen		€2.450.000

Zoals uit deze journaalpost blijkt, komt de latente belastingverplichting in de *enkelvoudige* balans van Y niet expliciet voor, maar is deze verwerkt in de nettovermogenswaarde.

In de *geconsolideerde* balans van het YX-concern – waar de post Kapitaalbelang X is vervangen door de achterliggende activa en passiva van X – komt de voorziening voor latente belastingverplichtingen wel als afzonderlijke post tot uiting.

Per 31 december 2013 maakt X de volgende balans op:

Balans bv X per 31 december 2013 (bedragen × €1)

Pand	900.000	Aandelenkapitaal	18.000
Voorraad	600.000	Winstreserve	1.682.000
Liquide middelen	350.000	Winst 2013	150.000
	1.850.000		1.850.000

De nettovermogenswaarde van het kapitaalbelang in X is nu per 31 december 2013 als volgt te berekenen (ervan uitgaande dat de grondslagen voor waardering en winstbepaling van X en Y aan elkaar gelijk zijn):

Pand	€1.500.000 × 9/10 =	€1.350.000
Voorraad		€ 600.000
Liquide middelen		€ 350.000
		€2.300.000
Latente belasting	25% × (€1.350.000 – €900.000) =	€ 112.500 −
		€2.187.500

De toename van het kapitaalbelang ad €112.500 (€2.187.500 – €2.075.000) geeft het resultaat uit het kapitaalbelang weer; hiervan maakt Y eind 2013 de volgende journaalpost:

0 Kapitaalbelang X	€112.500	
Aan 9 Resultaat uit kapitaalbelang X		€112.500

Dit resultaat is als volgt af te leiden uit de door X gepresenteerde winst:

Winst volgens de balans van X		€150.000
Afschrijving over meerwaarde van het pand	€500.000 × 1/10 =	€ 50.000 −
Lagere belastinglast als gevolg van hogere afschrijving	25% × €50.000 =	€ 12.500 +
		€112.500

19.6 Waarderingsgrondslag

Tot dusver zijn we bij de opname van passieve en actieve belastinglatenties steeds uitgegaan van waardering tegen *nominale waarde*. Dit betekent dat geen rekening wordt gehouden met de looptijd van de latenties. Aangezien passieve en actieve belastinglatenties niet rentedragend zijn, zal de werkelijke waarde lager zijn dan de nominale waarde.

Nominale waarde

Naarmate de looptijd langer is, zal dit verschil groter zijn. Door te waarderen op *contante waarde*, wordt met de looptijd rekening gehouden.

Contante waarde

Waardering tegen contante waarde betekent dat het rentevoordeel (bij een passieve belastinglatentie) of rentenadeel (bij een actieve belastinglatentie) wordt genomen in het jaar waarin de betreffende post ontstaat. Vervolgens wordt de post jaarlijks opgerent om uiteindelijk op het nominaal te betalen c.q. te verrekenen belastingbedrag uit te komen.

Als bezwaar tegen waardering op contante waarde is aan te voeren dat deze waardering voor een belangrijk deel berust op schattingen (de hoogte van het interestpercentage en in sommige gevallen de looptijd). Het gevaar van winststuring komt dan om de hoek kijken. Bovendien dient bij wijziging van de marktrente de belastinglatentie te worden aangepast, hetgeen tot een grillig verloop van het resultaat kan leiden.

De IASB laat alleen waardering op nominale waarde toe (IAS 12.53).

De RJ acht zowel waardering op nominale als op contante waarde acceptabel (RJ 272.404). Bij waardering tegen contante waarde dient discontering plaats te vinden op basis van de *nettorente*, dat wil zeggen: de voor de rechtspersoon geldende rente voor langlopende leningen onder aftrek van belasting op basis van het effectieve belastingtarief (RJ 272.405). De RJ schrijft hantering van de nettorente voor, omdat de jaarlijkse rentetoevoeging fiscaal niet in aanmerking wordt genomen. Indien latenties worden opgenomen tegen contante waarde, dienen grote rechtspersonen de volgende gegevens in de toelichting te vermelden (RJ 272.712):

Nettorente

- de nominale waarde van de latenties die in het boekjaar zijn ontstaan en van de stand ultimo boekjaar;
- het bij de discontering toegepaste percentage nettorente;
- een toelichting op de gemiddelde looptijd van de latenties.

In de praktijk wordt vrijwel altijd gewaardeerd op nominale waarde.

19.7 Wijziging belastingtarief

Als op balansdatum bekend is dat het belastingtarief voor de komende jaren gewijzigd gaat worden, achten de IASB en de RJ het noodzakelijk dat de hoogte van de latenties hierop aangepast wordt. Dit geldt zowel voor tariefswijzigingen die op balansdatum reeds formeel vastgesteld zijn, als voor wijzigingen waartoe op balansdatum reeds materieel is besloten (IAS 12.47 / RJ 272.401).

De aanpassing van een latentie levert een resultaat op; dit resultaat kan in beginsel op twee manieren worden verwerkt: via de resultatenrekening of rechtstreeks in het eigen vermogen. Van belang hierbij is na te gaan op welke wijze de latentie is ontstaan.

In de voorgaande paragrafen hebben we gezien dat een voorziening wegens tijdelijke verschillen tussen fiscaal en bedrijfseconomisch resultaat ten laste

van het resultaat wordt gevormd en die als gevolg van het toepassen van het vervangingswaardestelsel ten laste van de ongerealiseerde herwaarderings-reserve (dus ten laste van het eigen vermogen) komt. De vrijval dient dan ook op dezelfde wijze te geschieden.
We zullen deze problematiek behandelen aan de hand van voorbeeld 19.8.

- -

VOORBEELD 19.8
Een onderneming schaft op 1 januari van jaar 1 een gebouw aan voor €1 mln. Het gebouw wordt bedrijfseconomisch in vijftig jaar afgeschreven, fiscaal in veertig jaar. Afschrijving geschiedt zowel bedrijfseconomisch als fiscaal tijds-evenredig tot nihil. Verder gaat de onderneming uit van het vervangingswaardestelsel; fiscaal wordt het historischekostenstelsel toegepast. Het belastingtarief is 30%. Voor verschillen tussen bedrijfseconomische en fiscale waardering neemt de onderneming in haar balans een voorziening voor latente belastingverplich-tingen op.

Ultimo jaar 10 wordt het belastingtarief verlaagd van 30% naar 25%. Op dat moment is de vervangingswaarde van een nieuw gebouw €1,5 mln.

Eind jaar 10 wordt het gebouw als volgt gewaardeerd:
- Bedrijfseconomisch: $€1.500.000 \times \frac{40}{50} =$ €1.200.000
- Fiscaal: $€1.000.000 \times \frac{30}{40} =$ € 750.000

Het verschil in bedrijfseconomische en fiscale waardering heeft de volgende oorzaken:
- Fiscaal wordt afgeschreven op basis van een kortere levensduur dan bedrijfseconomisch; dit leidt tot tijdelijke verschillen tussen bedrijfseco-nomisch en fiscaal resultaat.
  Ultimo jaar 10 is het verschil in waardering uit hoofde hiervan:
  $€1.000.000 \times \frac{40}{50} =$ €800.000

  $€1.000.000 \times \frac{30}{40} =$ €750.000 (fiscale waardering)
  _____
  € 50.000

- Bedrijfseconomisch wordt het vervangingswaardestelsel toegepast, fis-caal het historischekostenstelsel; dit veroorzaakt definitieve winstver-schillen.
  Ultimo jaar 10 is het verschil in waardering als gevolg hiervan:
  €500.000 (waardestijging) $\times \frac{40}{50} = €400.000$

Net vóór de tariefswijziging bedraagt de voorziening voor latente belasting-verplichtingen 30% van [€1.200.000 (waardering gebouw bedrijfsecono-misch) – €750.000 (waardering gebouw fiscaal)] = €135.000.
De totale voorziening is dus als volgt gevormd:
- Ten laste van het resultaat: 30% van € 50.000 =   € 15.000
- Ten laste van de ongerealiseerde
  herwaarderingsreserve   30% van €400.000 =   €120.000
  _____
  €135.000

Door de tariefsverlaging wordt de voorziening verminderd met
$\frac{5}{30} \times €135.000 = €22.500$.

De verlaging wordt dan verwerkt ten gunste van:
- het resultaat (in casu: de belastinglast)
  ten bedrage van: $\frac{5}{30} \times €15.000 \ = \ $ € 2.500

- de ongerealiseerde herwaarderings-
  reserve ten bedrage van: $\frac{5}{30} \times €120.000 = \ $ €20.000

  _____

  €22.500

19.8 # Resultaatbenadering versus balansbenadering

In dit hoofdstuk hebben we de belastingposities (passieve en actieve latenties en over- en onderdruk) benaderd vanuit de resultatenrekening door
de verschillen tussen bedrijfseconomisch en fiscaal resultaat te analyseren
naar tijdelijke en definitieve winstverschillen. Dit was ook de benadering die
de IASB en de RJ in het verleden hanteerden. Aan het eind van de vorige
eeuw zijn de IASB en de RJ overgestapt van deze *resultatenrekening*benadering naar de *balans*benadering: er vindt nu vergelijking plaats van de bedrijfseconomische en fiscale boekwaarden van activa en vreemd vermogen.
De IASB en de RJ spreken daarom alleen nog maar over tijdelijke verschillen
('temporary differences'), omdat verschillen tussen bedrijfseconomische en
fiscale boekwaarde eens (vroeg of laat) zullen verdwijnen. De volgende soorten tijdelijke verschillen worden onderscheiden (IAS 12.5 / RJ 272.102).

Temporary differences

1 *Belastbare tijdelijke verschillen (taxable temporary differences)*, zijnde verschillen die bij toekomstige realisatie of afwikkeling van de betreffende
  post leiden tot te betalen belasting.
2 *Verrekenbare tijdelijke verschillen (deductible temporary differences)*, zijnde verschillen die bij toekomstige realisatie of afwikkeling van de betreffende post leiden tot te verrekenen belasting.
3 *Overige tijdelijke verschillen*, zijnde verschillen die bij toekomstige realisatie of afwikkeling van de betreffende post niet leiden tot te betalen of te
  verrekenen belasting.

Belastbare en verrekenbare tijdelijke ver-schillen

De onder 1 respectievelijk 2 genoemde verschillen hebben betrekking op de
in paragraaf 19.3 behandelde tijdelijke verschillen tussen bedrijfseconomisch en fiscaal resultaat, die leiden tot passieve respectievelijk actieve belastinglatenties. De onder 3 genoemde verschillen betreffen de in paragraaf
19.4.1 behandelde definitieve verschillen tussen bedrijfseconomisch en fiscaal resultaat waarvoor geen latentie wordt opgenomen, maar leiden tot
over- of onderdruk. De in paragraaf 19.4.2 besproken verschillen als gevolg
van herwaardering van activa kunnen worden gerangschikt onder 1.

De overgang van de IASB en de RJ naar de balansbenadering vinden wij
geen gelukkige keuze. De oorzaak van het ontstaan van een bepaalde belastingpositie is gelegen in een verschil tussen bedrijfseconomisch en fiscaal
resultaat en niet in eerste instantie in een verschil tussen de bedrijfseconomische en de fiscale boekwaarde. Bij toepassing van de balansbenadering
zal in geval van verschil tussen bedrijfseconomische en fiscale waardering
van een actief- of vreemdvermogenpost toch nog nader geanalyseerd moeten worden of het waarderingsverschil wordt veroorzaakt door een tijdelijk
winstverschil (leidend tot een belastinglatentie) of door een definitief winst-

verschil (leidend tot onder- of overdruk). Onze keuze om in dit hoofdstuk de belastingproblematiek te benaderen vanuit de resultatenrekening is dan ook gestoeld op didactische overwegingen.

19.9 Naamgeving voorziening voor latente belastingverplichtingen en latente belastingvorderingen

Voorziening voor latente belastingver- plichtingen Latente belas- tingvorderin- gen

De in dit hoofdstuk gebruikte naamgeving *voorziening voor latente belasting- verplichtingen* (passieve latenties) en *latente belastingvorderingen* (actieve latenties) is ook de in Nederland in de praktijk gebruikelijke terminologie. Bij deze terminologie – die is ingegeven door de regelgeving – plaatsen we de volgende kanttekeningen:

- In voorbeeld 19.2 hebben we gezien dat het onder de *voorziening* voor latente belastingverplichtingen opgenomen bedrag het deel van de in de bedrijfseconomische resultatenrekening opgenomen belastinglast aan- geeft, dat pas in een volgend boekjaar verschuldigd wordt. Aan het eind van het huidige boekjaar is er dan ook nog geen sprake van een in rechte afdwingbare of feitelijke verplichting, een voorwaarde die door de IASB en de RJ wordt gesteld om als voorziening te kunnen worden aangemerkt (zie paragraaf 9.2.2). De term voorziening is daarmee onjuist. De 'voor- ziening' is in de balans opgenomen om te komen tot een juiste winstbe- paling over de jaren: er is daarom sprake van een overloopposst (zie para- graaf 3.2). De in de Angelsaksische literatuur gebruikelijke term *deferred taxation* geeft daarom beter aan waar het om gaat. Dit laatste geldt ook voor de omschrijving *uitgestelde belastingen*, die verscheidene onderne- mingen in hun gepubliceerde jaarrapporten gebruiken.

Deferred taxation

Uitgestelde belastingen

- In voorbeeld 19.3 hebben we gezien dat het onder de latente belasting- *vorderingen* opgenomen bedrag het deel van de over het huidige (of een voorgaand) boekjaar verschuldigde belasting aangeeft, dat pas in een ko- mend boekjaar als belastinglast zal worden verantwoord. Dit betekent dat er aan het eind van het huidige boekjaar geen sprake is van een vorde- ring. Ook in dit geval is de 'vordering' in de balans opgenomen om tot een juiste toerekening van de belastinglast over de jaren te komen, zodat er wederom sprake is van een overloopposst. Als naamgeving zou bijvoor- beeld de term *vervroegde belastingen* de lading beter dekken.

Vervroegde belastingen

- In de gebruikelijke naamgeving van beide posten komt de term *latent* voor. In beide gevallen is dit misleidend. Latent betekent 'verborgen'. In paragraaf 19.3.1 hebben we gezien dat de IASB en de wet voorschrijven dat een 'voorziening voor latente belastingverplichtingen' afzonderlijk in de balans moet worden opgenomen, terwijl de RJ stelt dat afzonderlijke vermelding in de balans of in de toelichting dient plaats te vinden. Dit be- tekent dat er geen sprake is van een verborgen 'verplichting'. Voor 'latente belastingvorderingen' gelden dezelfde IASB- en RJ-voorschriften; boven- dien hebben we eveneens in paragraaf 19.3.1 gezien dat de IASB en de RJ voorschrijven dat de bedragen van de niet in de balans opgenomen 'la- tente belastingvorderingen' in de balans of in de toelichting dienen te worden vermeld. Ook deze bedragen zijn derhalve voor de gebruikers van het jaarrapport te beoordelen en daarmee niet 'verborgen'.

© Noordhoff Uitgevers bv

Appendices

Appendix 1 Wetteksten
Titel 9, Boek 2 BW De jaarrekening en het jaarverslag
artikel 360 tot en met 414
Titel 1, Boek 2 BW Algemene bepalingen
artikel 24a tot en met 24d
Titel 2, Boek 2 BW Verenigingen
artikel 49
Titel 3, Boek 2 BW Coöperaties en onderlinge waarborgmaatschappijen
artikel 58
Titel 4, Boek 2 BW Naamloze vennootschappen
artikel 67, 94a, 98, 101, 105
Titel 5, Boek 2 BW Besloten vennootschappen met beperkte aansprakelijkheid
artikel 207, 210, 216
Titel 6, Boek 2 BW Stichtingen
artikel 300

Appendix 2 Algemene Maatregel van Bestuur inzake Modellen (Besluit modellen jaarrekening)

Appendix 3 Algemene Maatregel van Bestuur inzake Actuele waarde (Besluit actuele waarde)

Appendix 1
Wetteksten

- -

TITEL 9, Boek 2 BW De jaarrekening en het jaarverslag

Afdeling 1 Algemene bepaling

Artikel 360

1 Deze titel is van toepassing op de coöperatie, de onderlinge waarborg-maatschappij, de naamloze vennootschap en de besloten vennootschap met beperkte aansprakelijkheid. Ongeacht hun rechtsvorm is deze titel op banken als bedoeld in artikel 415 van toepassing.

2 Deze titel is eveneens van toepassing op een commanditaire vennoot-schap of een vennootschap onder firma waarvan alle vennoten die vol-ledig jegens schuldeisers aansprakelijk zijn voor de schulden, kapitaal-vennootschappen naar buitenlands recht zijn.

3 Deze titel is eveneens van toepassing op de stichting en de vereniging die een of meer ondernemingen in stand houden welke ingevolge de wet in het handelsregister moeten worden ingeschreven, indien de netto-omzet van deze ondernemingen gedurende twee opeenvolgende boekjaren zon-der onderbreking nadien gedurende twee opeenvolgende boekjaren, de helft of meer bedraagt van het in artikel 396 lid 1, onder *b*, bedoelde be-drag, zoals gewijzigd op grond van artikel 398 lid 4. Indien de stichting of vereniging bij of krachtens de wet verplicht is een financiële verantwoor-ding op te stellen die gelijkwaardig is aan een jaarrekening als bedoeld in deze titel en indien deze openbaar wordt gemaakt, blijft de eerste volzin buiten toepassing.

Afdeling 2 Algemene bepalingen omtrent de jaarrekening

Artikel 361

1 Onder jaarrekening wordt verstaan: de enkelvoudige jaarrekening die be-staat uit de balans en de winst- en verliesrekening met de toelichting, en de geconsolideerde jaarrekening indien de rechtspersoon een geconsoli-deerde jaarrekening opstelt.

2 Coöperaties en de in artikel 360 lid 3 bedoelde stichtingen en verenigin-gen vervangen de winst- en verliesrekening door een exploitatierekening, indien het in artikel 362 lid 1 bedoelde inzicht daardoor wordt gediend; op deze rekening zijn de bepalingen omtrent de winst- en verliesrekening zo veel mogelijk van overeenkomstige toepassing. Bepalingen omtrent winst en verlies zijn zo veel mogelijk van overeenkomstige toepassing op het exploitatiesaldo.

3 De bepalingen van deze titel gelden voor jaarrekeningen en hun onder-delen, zowel in de vorm waarin zij door het bestuur zijn opgemaakt als in

© Noordhoff Uitgevers bv

de vorm waarin zij door het bevoegde orgaan van de rechtspersoon zijn vastgesteld.

4 Bij de toepassing van de artikelen 367, 370 lid 1, 375, 376, 377 lid 5 en 381 moeten overeenkomstige vermeldingen als met betrekking tot groepsmaatschappijen worden opgenomen met betrekking tot andere maatschappijen:

   a die op voet van de leden 1, 3 en 4 van artikel 24a rechten in de rechtspersoon kunnen uitoefenen, ongeacht of zij rechtspersoonlijkheid hebben, of

   b die dochtermaatschappij zijn van de rechtspersoon, van een groepsmaatschappij of van een maatschappij als bedoeld in onderdeel *a*.

Artikel 362

1 De jaarrekening geeft volgens normen die in het maatschappelijk verkeer als aanvaardbaar worden beschouwd een zodanig inzicht dat een verantwoord oordeel kan worden gevormd omtrent het vermogen en het resultaat, alsmede voor zover de aard van een jaarrekening dat toelaat, omtrent de solvabiliteit en de liquiditeit van de rechtspersoon. Indien de internationale vertakking van zijn groep dit rechtvaardigt kan de rechtspersoon de jaarrekening opstellen naar de normen die in het maatschappelijk verkeer in een van de andere lidstaten van de Europese Gemeenschappen als aanvaardbaar worden beschouwd en het in de eerste volzin bedoelde inzicht geven.

2 De balans met de toelichting geeft getrouw, duidelijk en stelselmatig de grootte van het vermogen en zijn samenstelling in actief- en passiefposten op het einde van het boekjaar weer. De balans mag het vermogen weergeven, zoals het wordt samengesteld met inachtneming van de bestemming van de winst of de verwerking van het verlies, of, zolang deze niet vaststaat, met inachtneming van het voorstel daartoe. Bovenaan de balans wordt aangegeven of daarin de bestemming van het resultaat is verwerkt.

3 De winst- en verliesrekening met de toelichting geeft getrouw, duidelijk en stelselmatig de grootte van het resultaat van het boekjaar en zijn afleiding uit de posten van baten en lasten weer.

4 Indien het verschaffen van het in lid 1 bedoelde inzicht dit vereist, verstrekt de rechtspersoon in de jaarrekening gegevens ter aanvulling van hetgeen in de bijzondere voorschriften van en krachtens deze titel wordt verlangd. Indien dit noodzakelijk is voor het verschaffen van dat inzicht, wijkt de rechtspersoon van die voorschriften af; de reden van deze afwijking wordt in de toelichting uiteengezet, voor zover nodig onder opgaaf van de invloed ervan op vermogen en resultaat.

5 De baten en lasten van het boekjaar worden in de jaarrekening opgenomen, onverschillig of zij tot ontvangsten of uitgaven in dat boekjaar hebben geleid.

6 De jaarrekening wordt vastgesteld met inachtneming van hetgeen omtrent de financiële toestand op de balansdatum is gebleken tussen het opmaken van de jaarrekening en de algemene vergadering waarin zij wordt behandeld, voor zover dat onontbeerlijk is voor het in lid 1 bedoelde inzicht. Blijkt nadien dat de jaarrekening in ernstige mate tekortschiet in het geven van dit inzicht, dan bericht het bestuur daaromtrent onverwijld aan de leden of aandeelhouders en legt het een mededeling daaromtrent neder ten kantore van het handelsregister; bij de mededeling wordt een accountantsverklaring gevoegd, indien de jaarrekening overeenkomstig artikel 393 is onderzocht.

7 Indien de werkzaamheid van de rechtspersoon of de internationale vertakking van zijn groep dat rechtvaardigt, mag de jaarrekening of alleen
   de geconsolideerde jaarrekening worden opgesteld in een vreemde geldeenheid. De posten worden in de Nederlandse taal omschreven, tenzij de
   algemene vergadering tot het gebruik van een andere taal heeft besloten.
8 Een rechtspersoon kan de jaarrekening opstellen volgens de door de International Accounting Standards Board vastgestelde en door de Europese
   Commissie goedgekeurde standaarden, mits de rechtspersoon daarbij alle
   voor hem van toepassing zijnde vastgestelde en goedgekeurde standaarden toepast. Een rechtspersoon die de geconsolideerde jaarrekening opstelt volgens deze titel, kan niet de enkelvoudige jaarrekening opstellen
   volgens de vastgestelde en goedgekeurde standaarden. Een rechtspersoon
   die de geconsolideerde jaarrekening opstelt volgens de in de eerste zin
   van dit lid genoemde standaarden, kan in de enkelvoudige jaarrekening
   de waarderingsgrondslagen toepassen die hij ook in de geconsolideerde
   jaarrekening heeft toegepast.
9 De rechtspersoon die de jaarrekening opstelt volgens de in lid 8 bedoelde
   standaarden, past van deze titel slechts de afdelingen 7 tot en met 10 en
   de artikelen 365 lid 2, 373, 382, 382a, 383, 383b tot en met 383e, 389 leden
   8 en 10, en 390 toe. Banken passen tevens artikel 421 lid 5 toe.
10 De rechtspersoon vermeldt in de toelichting volgens welke standaarden
   de jaarrekening is opgesteld.

Artikel 363
1 De samenvoeging, de ontleding en de rangschikking van de gegevens in
   de jaarrekening en de toelichting op die gegevens zijn gericht op het inzicht dat de jaarrekening krachtens artikel 362 lid 1 beoogt te geven.
   Daarbij worden de voorschriften krachtens lid 6 en de andere afdelingen
   van deze titel in acht genomen.
2 Het is niet geoorloofd in de jaarrekening activa en passiva of baten en lasten tegen elkaar te laten wegvallen, indien zij ingevolge deze titel in afzonderlijke posten moeten worden opgenomen.
3 Een post behoeft niet afzonderlijk te worden vermeld, indien deze in het
   geheel van de jaarrekening van te verwaarlozen betekenis is voor het wettelijk vereiste inzicht. Krachtens deze titel vereiste vermeldingen mogen
   achterwege blijven voor zover zij op zichzelf genomen en tezamen met
   soortgelijke vermeldingen voor dit inzicht van te verwaarlozen betekenis
   zouden zijn. Vermeldingen krachtens de artikelen 378, 382 en 383 mogen
   evenwel niet achterwege blijven.
4 De indeling van de balans en van de winst- en verliesrekening mag
   slechts wegens gegronde redenen afwijken van die van het voorafgaande
   jaar; in de toelichting worden de verschillen aangegeven en worden de
   redenen die tot afwijking hebben geleid, uiteengezet.
5 Zo veel mogelijk wordt bij iedere post van de jaarrekening het bedrag van
   het voorafgaande boekjaar vermeld; voor zover nodig, wordt dit bedrag
   ter wille van de vergelijkbaarheid herzien en wordt de afwijking ten ge-
   volge van de herziening toegelicht.
6 Wij kunnen voor de indeling van de jaarrekening bij algemene maatregel
   van bestuur modellen en nadere voorschriften vaststellen, die gelden
   voor de daarbij omschreven rechtspersonen. Bij de toepassing daarvan
   worden de indeling, benaming en omschrijving van de daarin voorkomende posten aangepast aan de aard van het bedrijf van de rechtspersoon, voor zover dat krachtens de algemene maatregel is toegelaten.

Afdeling 3 Voorschriften omtrent de balans en de toelichting daarop

§ 1 Hoofdindeling van de balans

Artikel 364

1 Op de balans worden de activa onderscheiden in vaste en vlottende activa, al naar gelang zij zijn bestemd om de uitoefening van de werkzaamheid van de rechtspersoon al of niet duurzaam te dienen.
2 Onder de vaste activa worden afzonderlijk opgenomen de immateriële, materiële en financiële vaste activa.
3 Onder de vlottende activa worden afzonderlijk opgenomen de voorraden, vorderingen, effecten, liquide middelen, en, voor zover zij niet onder de vorderingen zijn vermeld, de overlopende activa.
4 Onder de passiva worden afzonderlijk opgenomen het eigen vermogen, de voorzieningen, de schulden en, voor zover zij niet onder de schulden zijn vermeld, de overlopende passiva.

§ 2 Activa

Artikel 365

1 Onder de immateriële vaste activa worden afzonderlijk opgenomen:
   a kosten die verband houden met de oprichting en met de uitgifte van aandelen;
   b kosten van onderzoek en ontwikkeling;
   c kosten van verwerving ter zake van concessies, vergunningen en rechten van intellectuele eigendom;
   d kosten van goodwill die van derden is verkregen;
   e vooruitbetalingen op immateriële vaste activa.
2 Voor zover de rechtspersoon de kosten, vermeld in de onderdelen *a* en *b* van lid 1, activeert, moet hij deze toelichten en moet hij ter hoogte daarvan een reserve aanhouden.

Artikel 366

1 Onder de materiële vaste activa worden afzonderlijk opgenomen:
   a bedrijfsgebouwen en -terreinen;
   b machines en installaties;
   c andere vaste bedrijfsmiddelen, zoals technische en administratieve uitrusting;
   d materiële vaste bedrijfsactiva in uitvoering en vooruitbetalingen op materiële vaste activa;
   e niet aan het productieproces dienstbare materiële vaste activa.
2 Indien de rechtspersoon op of met betrekking tot materiële vaste activa slechts een beperkt zakelijk of persoonlijk duurzaam genotsrecht heeft, wordt dit vermeld.

Artikel 367

Onder de financiële vaste activa worden afzonderlijk opgenomen:
a aandelen, certificaten van aandelen en andere vormen van deelneming in groepsmaatschappijen;
b andere deelnemingen;
c vorderingen op groepsmaatschappijen;

d vorderingen op andere rechtspersonen en vennootschappen die een deelneming hebben in de rechtspersoon of waarin de rechtspersoon een deelneming heeft;

e overige effecten;

f overige vorderingen, met afzonderlijke vermelding van de vorderingen uit leningen en voorschotten aan leden of houders van aandelen op naam.

Artikel 368

1 Het verloop van elk der posten, behorende tot de vaste activa, gedurende het boekjaar wordt in een sluitend overzicht weergegeven. Daaruit blijken:

  a de boekwaarde aan het begin van het boekjaar;

  b de som van de waarden waartegen de in het boekjaar verkregen activa zijn te boek gesteld, en de som van de boekwaarden der activa waarover de rechtspersoon aan het einde van het boekjaar niet meer beschikt;

  c de herwaarderingen over het boekjaar overeenkomstig artikel 390 lid 1;

  d de afschrijvingen, de waardeverminderingen en de terugneming daarvan over het boekjaar;

  e de boekwaarde aan het einde van het boekjaar.

2 Voorts worden voor elk der posten behorende tot de vaste activa opgegeven:

  a de som der herwaarderingen die betrekking hebben op de activa welke op de balansdatum aanwezig zijn;

  b de som der afschrijvingen en waardeverminderingen op de balansdatum.

Artikel 369

Onder de tot de vlottende activa behorende voorraden worden afzonderlijk opgenomen:

a grond- en hulpstoffen;

b onderhanden werk;

c gereed product en handelsgoederen;

d vooruitbetalingen op voorraden.

Artikel 370

1 Onder de tot de vlottende activa behorende vorderingen worden afzonderlijk opgenomen:

  a vorderingen op handelsdebiteuren;

  b vorderingen op groepsmaatschappijen;

  c vorderingen op andere rechtspersonen en vennootschappen die een deelneming hebben in de rechtspersoon of waarin de rechtspersoon een deelneming heeft;

  d opgevraagde stortingen van geplaatst kapitaal;

  e overige vorderingen, met uitzondering van die waarop de artikelen 371 en 372 van toepassing zijn, en met afzonderlijke vermelding van de vorderingen uit leningen en voorschotten aan leden of houders van aandelen op naam.

2 Bij elk van de in lid 1 vermelde groepen van vorderingen wordt aangegeven tot welk bedrag de resterende looptijd langer is dan een jaar.

© Noordhoff Uitgevers bv

Artikel 371

1 Behoren tot de vlottende activa aandelen en andere vormen van belangen in niet in de consolidatie betrokken maatschappijen als bedoeld in artikel 361 lid 4, dan worden deze afzonderlijk onder de effecten opgenomen. Vermeld wordt de gezamenlijke waarde van de overige tot de vlottende activa behorende effecten die zijn toegelaten tot de handel op een gereglementeerde markt of een multilaterale handelsfaciliteit, als bedoeld in artikel 1:1 van de Wet op het financieel toezicht of een met een gereglementeerde markt of multilaterale handelsfaciliteit vergelijkbaar systeem uit een staat die geen lidstaat is.
2 Omtrent de effecten wordt vermeld, in hoeverre deze niet ter vrije beschikking van de rechtspersoon staan.

Artikel 372

1 Onder de liquide middelen worden opgenomen de kasmiddelen, de tegoeden op bank- en girorekeningen, alsmede de wissels en cheques.
2 Omtrent de tegoeden wordt vermeld, in hoeverre deze niet ter vrije beschikking van de rechtspersoon staan.

§ 3 Passiva

Artikel 373

1 Onder het eigen vermogen worden afzonderlijk opgenomen:
   a het geplaatste kapitaal;
   b agio;
   c herwaarderingsreserves;
   d andere wettelijke reserves, onderscheiden naar hun aard;
   e statutaire reserves;
   f overige reserves;
   g niet-verdeelde winsten, met afzonderlijke vermelding van het resultaat na belastingen van het boekjaar, voor zover de bestemming daarvan niet in de balans is verwerkt.
2 Is het geplaatste kapitaal niet volgestort, dan wordt in plaats daarvan het gestorte kapitaal vermeld of, indien stortingen zijn uitgeschreven, het gestorte en opgevraagde kapitaal. Het geplaatste kapitaal wordt in deze gevallen vermeld.
3 Het kapitaal wordt niet verminderd met het bedrag van eigen aandelen of certificaten daarvan die de rechtspersoon of een dochtermaatschappij houdt.
4 Wettelijke reserves zijn de reserves die moeten worden aangehouden ingevolge de artikelen 67a leden 2 en 3, 94a lid 6 onderdeel *f*, 98c lid 4, 365 lid 2, 389 leden 6 en 8, 390, 401 lid 2, en 423 lid 4.
5 In een jaarrekening die in een vreemde geldeenheid wordt opgesteld, wordt de in lid 1 onderdeel *a* bedoelde post opgenomen in die geldeenheid, naar de koers op de balansdatum. Vermelden de statuten het geplaatste kapitaal in een andere geldeenheid dan de geldeenheid waarin de jaarrekening is opgesteld, dan worden in de in lid 1 onderdeel *a* bedoelde post tevens deze koers en het bedrag in die andere geldeenheid vermeld.

Artikel 374

1 Op de balans worden voorzieningen opgenomen tegen naar hun aard duidelijk omschreven verplichtingen die op de balansdatum als waar-

schijnlijk of als vaststaand worden beschouwd, maar waarvan niet bekend is in welke omvang of wanneer zij zullen ontstaan. Tevens kunnen voorzieningen worden opgenomen tegen uitgaven die in een volgend boekjaar zullen worden gedaan, voor zover het doen van die uitgaven zijn oorsprong mede vindt voor het einde van het boekjaar en de voorziening strekt tot gelijkmatige verdeling van lasten over een aantal boekjaren.

2 Waardevermindering van een actief wordt niet door vorming van een voorziening tot uitdrukking gebracht.

3 De voorzieningen worden gesplitst naar de aard der verplichtingen, verliezen en kosten waartegen zij worden getroffen; zij worden overeenkomstig de aard nauwkeurig omschreven. In de toelichting wordt zo veel mogelijk aangegeven in welke mate de voorzieningen als langlopend moeten worden beschouwd.

4 In ieder geval worden afzonderlijk opgenomen:
   a de voorziening voor belastingverplichtingen, die na het boekjaar kunnen ontstaan, doch aan het boekjaar of een voorafgaand boekjaar moeten worden toegerekend, met inbegrip van de voorziening voor belastingen die uit waardering boven de verkrijgings- of vervaardigingsprijs kan voortvloeien;
   b de voorziening voor pensioenverplichtingen.

Artikel 375

1 Onder de schulden worden afzonderlijk opgenomen:
   a obligatieleningen, pandbrieven en andere leningen met afzonderlijke vermelding van de converteerbare leningen;
   b schulden aan banken;
   c ontvangen vooruitbetalingen op bestellingen voor zover niet reeds op actiefposten in mindering gebracht;
   d schulden aan leveranciers en handelskredieten;
   e te betalen wissels en cheques;
   f schulden aan groepsmaatschappijen;
   g schulden aan rechtspersonen en vennootschappen die een deelneming hebben in de rechtspersoon of waarin de rechtspersoon een deelneming heeft, voor zover niet reeds onder f vermeld;
   h schulden ter zake van belastingen en premiën van sociale verzekering;
   i schulden ter zake van pensioenen;
   j overige schulden.

2 Bij elke in lid 1 vermelde groep van schulden wordt aangegeven tot welk bedrag de resterende looptijd langer is dan een jaar, met aanduiding van de rentevoet daarover en met afzonderlijke vermelding tot welk bedrag de resterende looptijd langer is dan vijf jaar.

3 Onderscheiden naar de in lid 1 genoemde groepen, wordt aangegeven voor welke schulden zakelijke zekerheid is gesteld en in welke vorm dat is geschied. Voorts wordt medegedeeld ten aanzien van welke schulden de rechtspersoon zich, al dan niet voorwaardelijk, heeft verbonden tot het bezwaren of niet bezwaren van goederen, voor zover dat noodzakelijk is voor het verschaffen van het in artikel 362 lid 1 bedoelde inzicht.

4 Aangegeven wordt tot welk bedrag schulden in rang zijn achtergesteld bij de andere schulden; de aard van deze achterstelling wordt toegelicht.

5 Is het bedrag waarmee de schuld moet worden afgelost hoger dan het ontvangen bedrag, dan mag het verschil, mits afzonderlijk vermeld, uiterlijk tot de aflossing worden geactiveerd.

6 Het bedrag wordt vermeld dat de rechtspersoon op leningen die zijn opgenomen onder de schulden met een resterende looptijd van meer dan
een jaar, moet aflossen tijdens het boekjaar, volgend op dat waarop de
jaarrekening betrekking heeft.
7 Bij converteerbare leningen worden de voorwaarden van conversie medegedeeld.

Artikel 376
Heeft de rechtspersoon zich aansprakelijk gesteld voor schulden van anderen
of loopt hij nog risico voor verdisconteerde wissels of cheques, dan worden
de daaruit voortvloeiende verplichtingen, voor zover daarvoor op de balans
geen voorzieningen zijn opgenomen, vermeld en ingedeeld naar de vorm der
geboden zekerheid. Afzonderlijk worden vermeld de verplichtingen die ten
behoeve van groepsmaatschappijen zijn aangegaan.

Afdeling 4 Voorschriften omtrent de winst- en verliesrekening en de toelichting daarop

Artikel 377
1 Op de winst- en verliesrekening worden afzonderlijk opgenomen:
   a De baten en lasten uit de gewone bedrijfsuitoefening, de belastingen
      daarover en het resultaat uit de gewone bedrijfsuitoefening na belas-
      tingen;
   b De buitengewone baten en lasten, de belastingen daarover en het bui-
      tengewone resultaat na belastingen;
   c De overige belastingen;
   d het resultaat na belastingen.
2 De baten en lasten uit de gewone bedrijfsuitoefening worden hetzij overeenkomstig lid 3, hetzij overeenkomstig lid 4 gesplitst.
3 Afzonderlijk worden opgenomen:
   a de netto-omzet;
   b de toe- of afneming van de voorraad gereed product en onderhanden
      werk ten opzichte van de voorafgaande balansdatum;
   c de geactiveerde productie ten behoeve van het eigen bedrijf;
   d de overige bedrijfsopbrengsten;
   e de lonen;
   f de sociale lasten met afzonderlijke vermelding van de pensioenlasten;
   g de kosten van grond- en hulpstoffen en de overige externe kosten;
   h de afschrijvingen en de waardeverminderingen ten laste van de
      immateriële en de materiële vaste activa, gesplitst naar die groepen
      activa;
   i waardeverminderingen van vlottende activa, voor zover zij de bij de
      rechtspersoon gebruikelijke waardeverminderingen overtreffen;
   j de overige bedrijfskosten;
   k het resultaat uit deelnemingen;
   l opbrengsten van andere effecten en vorderingen, die tot de vaste ac-
      tiva behoren;
   m de overige rentebaten en soortgelijke opbrengsten;
   n de wijzigingen in de waarde van de financiële vaste activa en van de
      effecten die tot de vlottende activa behoren;
   o de rentelasten en soortgelijke kosten.
4 Afzonderlijk worden opgenomen:
   a de netto-omzet;

b de kostprijs van de omzet, met uitzondering van de daarin opgenomen rentelasten, doch met inbegrip van de afschrijvingen en waardever-minderingen;

c het bruto-omzetresultaat als saldo van de posten *a* en *b*;

d de verkoopkosten, met inbegrip van de afschrijvingen en buitengewo-ne waardeverminderingen;

e de algemene beheerskosten, met inbegrip van de afschrijvingen en waardeverminderingen;

f de overige bedrijfsopbrengsten;

g het resultaat uit deelnemingen;

h opbrengsten uit andere effecten en vorderingen die tot de vaste activa behoren;

i de overige rentebaten en soortgelijke opbrengsten;

j de wijzigingen in de waarde van de financiële vaste activa en van de effecten die tot de vlottende activa behoren;

k de rentelasten en soortgelijke kosten.

5 Bij de posten *k-o* van lid 3 en de posten *g-k* van lid 4 worden afzonderlijk vermeld de baten en lasten uit de verhouding met groepsmaatschappijen.

6 Onder de netto-omzet wordt verstaan de opbrengst uit levering van goe-deren en diensten uit het bedrijf van de rechtspersoon, onder aftrek van kortingen en dergelijke en van over de omzet geheven belastingen.

7 Als buitengewone baten en lasten worden aangemerkt de baten en lasten die niet uit de gewone uitoefening van het bedrijf van de rechtspersoon voortvloeien. Tenzij deze baten en lasten van ondergeschikte betekenis zijn voor de beoordeling van het resultaat, worden zij naar aard en om-vang toegelicht; hetzelfde geldt voor de baten en lasten welke aan een an-der boekjaar moeten worden toegerekend, voor zover zij niet tot de bui-tengewone baten en lasten zijn gerekend.

Afdeling 5 Bijzondere voorschriften omtrent de toelichting

Artikel 378

1 Het verloop van het eigen vermogen gedurende het boekjaar wordt weer-gegeven in een overzicht. Daaruit blijken:

a het bedrag van elke post aan het begin van het boekjaar;

b de toevoegingen en de verminderingen van elke post over het boek-jaar, gesplitst naar hun aard;

c het bedrag van elke post aan het einde van het boekjaar.

2 In het overzicht wordt de post Gestort en opgevraagd kapitaal uitgesplitst naar de soorten aandelen. Afzonderlijk worden vermeld de eindstand en de gegevens over het verloop van de aandelen in het kapitaal van de rechtspersoon en van de certificaten daarvan, die deze zelf of een doch-termaatschappij voor eigen rekening houdt of doet houden. Vermeld wordt op welke post van het eigen vermogen de verkrijgingsprijs of boek-waarde daarvan in mindering is gebracht.

3 Opgegeven wordt op welke wijze stortingen op aandelen zijn verricht die in het boekjaar opeisbaar werden of vrijwillig zijn verricht, met de zake-lijke inhoud van de in het boekjaar verrichte rechtshandelingen, waarop een der artikelen 94, 94c of 204 van toepassing is. Een naamloze vennoot-schap vermeldt iedere verwerving en vervreemding voor haar rekening van eigen aandelen en certificaten daarvan; daarbij worden medegedeeld de redenen van verwerving, het aantal, het nominale bedrag en de over-eengekomen prijs van de bij elke handeling betrokken aandelen en certi-ficaten en het gedeelte van het kapitaal dat zij vertegenwoordigen.

© Noordhoff Uitgevers bv

4 Een naamloze vennootschap vermeldt de gegevens omtrent het aantal, de soort en het nominale bedrag van de eigen aandelen of de certificaten daarvan:
   a die zij of een ander voor haar rekening op de balansdatum in pand heeft;
   b die zij of een dochtermaatschappij op de balansdatum houdt op grond van verkrijging met toepassing van artikel 98 lid 5.

Artikel 379

1 De rechtspersoon vermeldt naam, woonplaats en het verschafte aandeel in het geplaatste kapitaal van elke maatschappij:
   a waaraan hij alleen of samen met een of meer dochtermaatschappijen voor eigen rekening ten minste een vijfde van het geplaatste kapitaal verschaft of doet verschaffen, of
   b waarin hij als vennoot jegens de schuldeisers volledig aansprakelijk is voor de schulden.
2 Van elke in onderdeel a van lid 1 bedoelde maatschappij vermeldt de rechtspersoon ook het bedrag van het eigen vermogen en resultaat volgens haar laatst vastgestelde jaarrekening, tenzij:
   a de rechtspersoon de financiële gegevens van de maatschappij consolideert;
   b de rechtspersoon de maatschappij op zijn balans of geconsolideerde balans overeenkomstig artikel 389 leden 1 tot en met 7 verantwoordt;
   c de rechtspersoon de financiële gegevens van de maatschappij wegens te verwaarlozen belang dan wel op grond van artikel 408 niet consolideert; of
   d minder dan de helft van het kapitaal van de maatschappij voor rekening van de rechtspersoon wordt verschaft en de maatschappij wettig haar balans niet openbaar maakt.
3 Tenzij zulk een maatschappij haar belang in de rechtspersoon wettig niet pleegt te vermelden, vermeldt de rechtspersoon:
   a naam en woonplaats van de maatschappij die aan het hoofd van zijn groep staat, en
   b naam en woonplaats van elke maatschappij die zijn financiële gegevens consolideert in haar openbaar gemaakte geconsolideerde jaarrekening, alsmede de plaats waar afschriften daarvan tegen niet meer dan de kostprijs zijn te verkrijgen.
4 Onze Minister van Economische Zaken kan van de verplichtingen, bedoeld in de leden 1, 2 en 3, desverzocht ontheffing verlenen, indien gegronde vrees bestaat dat door de vermelding ernstig nadeel kan ontstaan. Deze ontheffing kan telkens voor ten hoogste vijf jaren worden gegeven. In de toelichting wordt vermeld dat ontheffing is verleend of aangevraagd. Hangende de aanvraag is openbaarmaking niet vereist.
5 De vermeldingen, vereist in dit artikel en in artikel 414 mogen gezamenlijk worden opgenomen. De rechtspersoon mag het deel van de toelichting dat deze vermeldingen bevat afzonderlijk ter inzage van ieder neerleggen ten kantore van het handelsregister, mits beide delen van de toelichting naar elkaar verwijzen.

Artikel 380

1 Indien de inrichting van het bedrijf van de rechtspersoon is afgestemd op werkzaamheden in verschillende bedrijfstakken, wordt met behulp van cijfers inzicht gegeven in de mate waarin elk van de soorten van die werkzaamheden tot de netto-omzet heeft bijgedragen.

2 De netto-omzet wordt op overeenkomstige wijze gesplitst naar de onderscheiden gebieden waarin de rechtspersoon goederen en diensten levert.
3 Artikel 379 lid 4 is van overeenkomstige toepassing.

Artikel 381

1 Vermeld wordt tot welke belangrijke, niet in de balans opgenomen, financiële verplichtingen de rechtspersoon voor een aantal toekomstige jaren is verbonden, zoals die welke uit langlopende overeenkomsten voortvloeien. Daarbij worden afzonderlijk vermeld de verplichtingen jegens groepsmaatschappijen. Artikel 375 lid 3 is van overeenkomstige toepassing.
2 Tevens wordt vermeld wat de aard, het zakelijk doel en de financiële gevolgen van niet in de balans opgenomen regelingen van de rechtspersoon zijn, indien de risico's of voordelen die uit deze regelingen voortvloeien van betekenis zijn en voor zover de openbaarmaking van dergelijke risico's of voordelen noodzakelijk is voor de beoordeling van de financiële positie van de rechtspersoon.
3 Vermeld wordt welke van betekenis zijnde transacties door de rechtspersoon niet onder normale marktvoorwaarden met verbonden partijen als bedoeld in de door de International Accounting Standard Board vastgestelde en door de Europese Commissie goedgekeurde standaarden zijn aangegaan, de omvang van die transacties, de aard van de betrekking met de verbonden partij, alsmede andere informatie over die transacties die nodig is voor het verschaffen van inzicht in de financiële positie van de rechtspersoon. Informatie over individuele transacties kan overeenkomstig de aard ervan worden samengevoegd, tenzij gescheiden informatie nodig is om inzicht te verschaffen in de gevolgen van transacties met verbonden partijen als bedoeld in de door de International Accounting Standard Board vastgestelde en door de Europese Commissie goedgekeurde standaarden voor de financiële positie van de rechtspersoon. Vermelding van transacties tussen twee of meer leden van een groep kan achterwege blijven, mits dochtermaatschappijen die partij zijn bij de transactie geheel in eigendom zijn van een of meer leden van de groep.

Artikel 381a

Indien financiële instrumenten tegen de actuele waarde worden gewaardeerd, vermeldt de rechtspersoon:
a indien de actuele waarde met behulp van waarderingsmodellen en -technieken is bepaald, de aannames die daaraan ten grondslag liggen;
b per categorie van financiële instrumenten, de actuele waarde, de waardeveranderingen die in de winst- en verliesrekening zijn opgenomen, de waardeveranderingen die op grond van artikel 390 lid 1 in de herwaarderingsreserve zijn opgenomen, en de waardeveranderingen die op de vrije reserves in mindering zijn gebracht; en
c per categorie van afgeleide financiële instrumenten, informatie over de omvang en de aard van de instrumenten, alsmede de voorwaarden die op het bedrag, het tijdstip en de zekerheid van toekomstige kasstromen van invloed kunnen zijn.

Artikel 381b

Indien financiële instrumenten niet tegen de actuele waarde worden gewaardeerd, vermeldt de rechtspersoon:
a voor iedere categorie afgeleide financiële instrumenten:

1 de actuele waarde van de instrumenten, indien deze kan worden bepaald door middel van een van de krachtens artikel 384 lid 4 voorgeschreven methoden;

2 informatie over de omvang en de aard van de instrumenten; en

b voor financiële vaste activa die zijn gewaardeerd tegen een hoger bedrag dan de actuele waarde en zonder dat uitvoering is gegeven aan de tweede zin van artikel 387 lid 4:

1 de boekwaarde en de actuele waarde van de afzonderlijke activa of van passende groepen van de afzonderlijke activa;

2 de reden waarom de boekwaarde niet is verminderd, alsmede de aard van de aanwijzingen die ten grondslag liggen aan de overtuiging dat de boekwaarde zal kunnen worden gerealiseerd.

Artikel 382

Medegedeeld wordt het gemiddelde aantal gedurende het boekjaar bij de rechtspersoon werkzame werknemers, ingedeeld op een wijze die is afgestemd op de inrichting van het bedrijf. De vennootschap doet daarbij opgave van het aantal werknemers dat buiten Nederland werkzaam is. Heeft artikel 377 lid 3 geen toepassing in de winst- en verliesrekening gevonden, dan worden de aldaar onder *e* en *f* verlangde gegevens vermeld.

Artikel 382a

1 Opgegeven worden de in het boekjaar ten laste van de rechtspersoon gebrachte totale honoraria voor het onderzoek van de jaarrekening, totale honoraria voor andere controleopdrachten, totale honoraria voor adviesdiensten op fiscaal terrein en totale honoraria voor andere niet-controlediensten, uitgevoerd door de externe accountant en de accountantsorganisatie, genoemd in artikel 1, eerste lid, onder *a* en *e*, van de Wet toezicht accountantsorganisaties.

2 Indien de rechtspersoon dochtermaatschappijen heeft of de financiële gegevens van andere maatschappijen consolideert, worden de honoraria die in het boekjaar te hunnen laste zijn gebracht, in de opgave begrepen.

3 De honoraria hoeven niet opgegeven te worden door een rechtspersoon waarvan de financiële gegevens zijn geconsolideerd in een geconsolideerde jaarrekening waarop krachtens het toepasselijke recht de verordening van het Europees Parlement en de Raad betreffende de toepassing van internationale standaarden voor jaarrekeningen of de zevende richtlijn van de Raad van de Europese Gemeenschappen inzake het vennootschapsrecht van toepassing is, mits de in lid 1 bedoelde honoraria in de toelichting van die geconsolideerde jaarrekening worden vermeld.

Artikel 383

1 Opgegeven worden het bedrag van de bezoldigingen, met inbegrip van de pensioenlasten, en van de andere uitkeringen voor de gezamenlijke bestuurders en gewezen bestuurders en, afzonderlijk, voor de gezamenlijke commissarissen en gewezen commissarissen. De vorige zin heeft betrekking op de bedragen die in het boekjaar ten laste van de rechtspersoon zijn gekomen. Indien de rechtspersoon dochtermaatschappijen heeft of de financiële gegevens van andere maatschappijen consolideert, worden de bedragen die in het boekjaar te hunnen laste zijn gekomen, in de opgave begrepen. Een opgave die herleid kan worden tot een enkele natuurlijke persoon mag achterwege blijven.

2 Met uitzondering van de laatste zin is lid 1 tevens van toepassing op het bedrag van de leningen, voorschotten en garanties, ten behoeve van bestuurders en commissarissen van de rechtspersoon verstrekt door de rechtspersoon, zijn dochtermaatschappijen en de maatschappijen waarvan hij de gegevens consolideert. Opgegeven worden de nog openstaande bedragen, de rentevoet, de belangrijkste overige bepalingen en de aflossingen gedurende het boekjaar.

Artikel 383a
De in artikel 360 lid 3 bedoelde stichtingen en verenigingen vermelden zowel de statutaire regeling omtrent de bestemming van het resultaat als de wijze waarop het resultaat na belastingen wordt bestemd.

Artikel 383b
In afwijking van artikel 383 gelden de artikelen 383c tot en met 383e voor de naamloze vennootschap, met uitzondering van de naamloze vennootschap waarvan de statuten uitsluitend aandelen op naam kennen, een blokkeringsregeling bevatten en niet toelaten dat met medewerking van de vennootschap certificaten aan toonder worden uitgegeven.

Artikel 383c
1 De vennootschap doet opgave van het bedrag van de bezoldiging voor iedere bestuurder. Dit bedrag wordt uitgesplitst naar
   a periodiek betaalde beloningen,
   b beloningen betaalbaar op termijn,
   c uitkeringen bij beëindiging van het dienstverband,
   d winstdelingen en bonusbetalingen,
   voor zover deze bedragen in het boekjaar ten laste van de vennootschap zijn gekomen. Indien de vennootschap een bezoldiging in de vorm van bonus heeft betaald die geheel of gedeeltelijk is gebaseerd op het bereiken van de door of vanwege de vennootschap gestelde doelen, doet zij hiervan mededeling. Daarbij vermeldt de vennootschap of deze doelen in het verslagjaar zijn bereikt.
2 De vennootschap doet opgave van het bedrag van de bezoldiging voor iedere gewezen bestuurder, uitgesplitst naar beloningen betaalbaar op termijn en uitkeringen bij beëindiging van het dienstverband, voor zover deze bedragen in het boekjaar ten laste van de vennootschap zijn gekomen.
3 De vennootschap doet opgave van het bedrag van de bezoldiging voor iedere commissaris, voor zover deze bedragen in het boekjaar ten laste van de vennootschap zijn gekomen. Indien de vennootschap een bezoldiging in de vorm van winstdeling of bonus heeft toegekend, vermeldt zij deze afzonderlijk onder opgave van de redenen die ten grondslag liggen aan het besluit tot het toekennen van bezoldiging in deze vorm aan een commissaris. De laatste twee volzinnen van lid 1 zijn van overeenkomstige toepassing.
4 De vennootschap doet opgave van het bedrag van de bezoldiging van iedere gewezen commissaris, voor zover dit bedrag in het boekjaar ten laste van de vennootschap is gekomen.
5 Indien de vennootschap dochtermaatschappijen heeft of de financiële gegevens van andere maatschappijen consolideert, worden de bedragen die in het boekjaar te hunnen laste zijn gekomen, in de opgaven begrepen, toegerekend naar de betreffende categorie van bezoldiging bedoeld in de leden 1 tot en met 4.

Artikel 383d

1 De vennootschap die bestuurders of werknemers rechten toekent om aandelen in het kapitaal van de vennootschap of een dochtermaatschappij te nemen of te verkrijgen, doet voor iedere bestuurder en voor de werknemers gezamenlijk opgave van:
   a de uitoefenprijs van de rechten en de prijs van de onderliggende aandelen in het kapitaal van de vennootschap indien die uitoefenprijs lager ligt dan de prijs van die aandelen op het moment van toekenning van de rechten;
   b het aantal aan het begin van het boekjaar nog niet uitgeoefende rechten;
   c het aantal door de vennootschap in het boekjaar verleende rechten met de daarbij behorende voorwaarden; indien dergelijke voorwaarden gedurende het boekjaar worden gewijzigd, dienen deze wijzigingen afzonderlijk te worden vermeld;
   d het aantal gedurende het boekjaar uitgeoefende rechten, waarbij in ieder geval worden vermeld het bij die uitoefening behorende aantal aandelen en de uitoefenprijzen;
   e het aantal aan het einde van het boekjaar nog niet uitgeoefende rechten, waarbij worden vermeld:
   - de uitoefenprijs van de verleende rechten;
   - de resterende looptijd van de nog niet uitgeoefende rechten;
   - de belangrijkste voorwaarden die voor uitoefening van de rechten gelden;
   - een financieringsregeling die in verband met de toekenning van de rechten is getroffen; en
   - andere gegevens die voor de beoordeling van de waarde van de rechten van belang zijn;
   f indien van toepassing: de door de vennootschap gehanteerde criteria die gelden voor de toekenning of uitoefening van de rechten.
2 De vennootschap die commissarissen rechten toekent om aandelen in het kapitaal van de vennootschap of een dochtermaatschappij te verkrijgen, doet voorts voor iedere commissaris opgave van deze rechten, alsmede van de redenen die ten grondslag liggen aan het besluit tot het toekennen van deze rechten aan de commissaris. Lid 1 is van overeenkomstige toepassing.
3 De vennootschap vermeldt hoeveel aandelen in het kapitaal van de vennootschap per balansdatum zijn ingekocht of na balansdatum zullen worden ingekocht dan wel hoeveel nieuwe aandelen per balansdatum zijn geplaatst of na balansdatum zullen worden geplaatst ten behoeve van de uitoefening van de rechten bedoeld in lid 1 en lid 2.
4 Voor de toepassing van dit artikel wordt onder aandelen tevens verstaan de certificaten van aandelen welke met medewerking van de vennootschap zijn uitgegeven.

Artikel 383e

De vennootschap doet opgave van het bedrag van de leningen, voorschotten en garanties, ten behoeve van iedere bestuurder en iedere commissaris van de vennootschap verstrekt door de vennootschap, haar dochtermaatschappijen en de maatschappijen waarvan zij de gegevens consolideert. Opgegeven worden de nog openstaande bedragen, de rentevoet, de belangrijkste overige bepalingen, en de aflossingen gedurende het boekjaar.

Afdeling 6 Voorschriften omtrent de grondslagen van waardering en van bepaling van het resultaat

Artikel 384

1 Bij de keuze van een grondslag voor de waardering van een actief en van een passief en voor de bepaling van het resultaat laat de rechtspersoon zich leiden door de voorschriften van artikel 362 leden 1-4. Als grondslag komen in aanmerking de verkrijgings- of vervaardigingsprijs en de actuele waarde.

2 Bij de toepassing van de grondslagen wordt voorzichtigheid betracht. Winsten worden slechts opgenomen, voor zover zij op de balansdatum zijn verwezenlijkt. Verplichtingen die hun oorsprong vinden vóór het einde van het boekjaar, worden in acht genomen, indien zij vóór het opmaken van de jaarrekening zijn bekend geworden. Voorzienbare verplichtingen en mogelijke verliezen die hun oorsprong vinden vóór het einde van het boekjaar kunnen in acht worden genomen indien zij vóór het opmaken van de jaarrekening bekend zijn geworden.

3 Bij de waardering van activa en passiva wordt uitgegaan van de veronderstelling dat het geheel der werkzaamheden van de rechtspersoon waaraan die activa en passiva dienstbaar zijn, wordt voortgezet, tenzij die veronderstelling onjuist is of haar juistheid aan gerede twijfel onderhevig is; alsdan wordt dit onder mededeling van de invloed op vermogen en resultaat in de toelichting uiteengezet.

4 Bij algemene maatregel van bestuur kunnen regels worden gesteld omtrent de inhoud, de grenzen en de wijze van toepassing van waardering tegen actuele waarden.

5 De grondslagen van de waardering van de activa en de passiva en de bepaling van het resultaat worden met betrekking tot elk der posten uiteengezet. De grondslagen voor de omrekening van in vreemde valuta luidende bedragen worden uiteengezet; tevens wordt vermeld op welke wijze koersverschillen zijn verwerkt.

6 Slechts wegens gegronde redenen mogen de waardering van activa en passiva en de bepaling van het resultaat geschieden op andere grondslagen dan die welke in het voorafgaande boekjaar zijn toegepast. De reden der verandering wordt in de toelichting uiteengezet. Tevens wordt inzicht gegeven in haar betekenis voor vermogen en resultaat, aan de hand van aangepaste cijfers voor het boekjaar of voor het voorafgaande boekjaar.

7 Waardeveranderingen van:
   a financiële instrumenten;
   b andere beleggingen; en
   c agrarische voorraden waarvoor frequente marktnoteringen bestaan die op grond van lid 1 tegen de actuele waarde worden gewaardeerd, kunnen in afwijking van de tweede zin van lid 2 onmiddellijk in het resultaat worden opgenomen, tenzij in deze afdeling anders is bepaald.
   Waardeveranderingen van afgeleide financiële instrumenten, voor zover niet bedoeld in lid 8, worden, zo nodig in afwijking van lid 2, onmiddellijk ten gunste of ten laste van het resultaat gebracht.

8 Waardeveranderingen van financiële instrumenten die dienen en effectief zijn ter dekking van risico's inzake activa, activa in bestelling en andere nog niet op de balans opgenomen verplichtingen, dan wel inzake voorgenomen transacties worden rechtstreeks ten gunste dan wel ten laste van de herwaarderingsreserve gebracht, voor zover dat noodzakelijk is

om te bereiken dat deze waardeveranderingen in dezelfde periode in het resultaat worden verwerkt als de waardeveranderingen die zij beogen af te dekken.

Artikel 385

1   De activa en passiva worden, voor zover zij in hun betekenis voor het in artikel 362 lid 1 bedoelde inzicht verschillen, afzonderlijk gewaardeerd.
2   De waardering van gelijksoortige bestanddelen van voorraden en effecten mag geschieden met toepassing van gewogen gemiddelde prijzen, van de regels 'eerst-in, eerst-uit' (Fifo), 'laatst-in, eerst-uit' (Lifo), of van soortgelijke regels.
3   Materiële vaste activa en voorraden van grond- en hulpstoffen die geregeld worden vervangen en waarvan de gezamenlijke waarde van ondergeschikte betekenis is, mogen tegen een vaste hoeveelheid en waarde worden opgenomen, indien de hoeveelheid, samenstelling en waarde slechts aan geringe veranderingen onderhevig zijn.
4   De in artikel 365 lid 1 onder *d* en *e* genoemde activa worden opgenomen tot ten hoogste de daarvoor gedane uitgaven, verminderd met de afschrijvingen.
5   Eigen aandelen of certificaten daarvan die de rechtspersoon houdt of doet houden, mogen niet worden geactiveerd. De aan het belang in een dochtermaatschappij toegekende waarde wordt, al dan niet evenredig aan het belang, verminderd met de verkrijgingsprijs van aandelen in de rechtspersoon en van certificaten daarvan, die de dochtermaatschappij voor eigen rekening houdt of doet houden; heeft zij deze aandelen of certificaten verkregen voor het tijdstip waarop zij dochtermaatschappij werd, dan komt evenwel hun boekwaarde op dat tijdstip in mindering of een evenredig deel daarvan.

Artikel 386

1   De afschrijvingen geschieden onafhankelijk van het resultaat van het boekjaar.
2   De methoden volgens welke de afschrijvingen zijn berekend, worden in de toelichting uiteengezet.
3   De geactiveerde kosten in verband met de oprichting en met de uitgifte van aandelen worden afgeschreven in ten hoogste vijf jaren. De kosten van onderzoek en ontwikkeling voor zover geactiveerd en de geactiveerde kosten van goodwill worden afgeschreven naar gelang van de verwachte gebruiksduur. De afschrijvingsduur mag vijf jaren slechts te boven gaan, indien de goodwill aan een aanzienlijk langer tijdvak kan worden toegerekend; alsdan moet de afschrijvingsduur met de redenen hiervoor worden opgegeven.
4   Op vaste activa met beperkte gebruiksduur wordt jaarlijks afgeschreven volgens een stelsel dat op de verwachte toekomstige gebruiksduur is afgestemd.
5   Op het overeenkomstig artikel 375 lid 5 geactiveerde deel van een schuld wordt tot de aflossing jaarlijks een redelijk deel afgeschreven.

Artikel 387

1   Waardeverminderingen van activa worden onafhankelijk van het resultaat van het boekjaar in aanmerking genomen.
2   Vlottende activa worden gewaardeerd tegen actuele waarde, indien deze op de balansdatum lager is dan de verkrijgings- of vervaardigingsprijs. De

waardering geschiedt tegen een andere lagere waarde, indien het in artikel 362 lid 1 bedoelde inzicht daardoor wordt gediend.
3 Indien redelijkerwijs een buitengewone waardevermindering van vlottende activa op korte termijn valt te voorzien, mag bij de waardering hier-
mede rekening worden gehouden.
4 Bij de waardering van de vaste activa wordt rekening gehouden met een
vermindering van hun waarde, indien deze naar verwachting duurzaam
is. Bij de waardering van de financiële vaste activa mag in ieder geval met
op de balansdatum opgetreden waardevermindering rekening worden
gehouden.
5 De afboeking overeenkomstig de voorgaande leden wordt, voor zover zij
niet krachtens artikel 390 lid 3 aan de herwaarderingsreserve wordt onttrokken, ten laste van de winst- en verliesrekening gebracht. De afboeking
wordt ongedaan gemaakt, zodra de waardevermindering heeft opgehou-
den te bestaan. De afboekingen ingevolge lid 3 en die ingevolge lid 4, alsmede de terugnemingen, worden afzonderlijk in de winst- en verliesrekening of in de toelichting opgenomen.

Artikel 388
1 De verkrijgingsprijs waartegen een actief wordt gewaardeerd, omvat de
inkoopprijs en de bijkomende kosten.
2 De vervaardigingsprijs waartegen een actief wordt gewaardeerd, omvat
de aanschaffingskosten van de gebruikte grond- en hulpstoffen en de
overige kosten, welke rechtstreeks aan de vervaardiging kunnen worden
toegerekend. In de vervaardigingsprijs kunnen voorts worden opgenomen een redelijk deel van de indirecte kosten en de rente op schulden
over het tijdvak dat aan de vervaardiging van het actief kan worden toegerekend; in dat geval vermeldt de toelichting dat deze rente is geactiveerd.

Artikel 389
1 De deelnemingen in maatschappijen waarin de rechtspersoon invloed
van betekenis uitoefent op het zakelijke en financiële beleid, worden verantwoord overeenkomstig de leden 2 en 3. Indien de rechtspersoon of
een of meer van zijn dochtermaatschappijen alleen of samen een vijfde of
meer van de stemmen van de leden, vennoten of aandeelhouders naar
eigen inzicht kunnen uitbrengen of doen uitbrengen, wordt vermoed dat
de rechtspersoon invloed van betekenis uitoefent.
2 De rechtspersoon bepaalt de nettovermogenswaarde van de deelneming
door de activa, voorzieningen en schulden van de maatschappij waarin
hij deelneemt te waarderen en haar resultaat te berekenen op de zelfde
grondslagen als zijn eigen activa, voorzieningen, schulden en resultaat.
Deze wijze van waardering moet worden vermeld.
3 Wanneer de rechtspersoon onvoldoende gegevens ter beschikking staan
om de nettovermogenswaarde te bepalen, mag hij uitgaan van een waarde die op andere wijze overeenkomstig deze titel is bepaald en wijzigt hij
deze waarde met het bedrag van zijn aandeel in het resultaat en in de uitkeringen van de maatschappij waarin hij deelneemt. Deze wijze van
waardering moet worden vermeld.
4 In de jaarrekening van een rechtspersoon die geen bank is als bedoeld in
artikel 415 mag de verantwoording van een deelneming in een bank overeenkomstig afdeling 14 van deze titel geschieden. In de jaarrekening van
een bank als bedoeld in artikel 415 wordt een deelneming in een rechtspersoon die geen bank is, verantwoord overeenkomstig de voorschriften

voor banken met uitzondering van artikel 424 en onverminderd de eerste zin van lid 5. Deze uitzondering behoeft niet te worden toegepast ten aanzien van deelnemingen, waarin werkzaamheden worden verricht, die rechtstreeks liggen in het verlengde van het bankbedrijf.

5 In de jaarrekening van een rechtspersoon die geen verzekeringsmaatschappij is als bedoeld in artikel 427 mag de verantwoording van een deelneming in een verzekeringsmaatschappij overeenkomstig afdeling 15 van deze titel geschieden. In de jaarrekening van een verzekeringsmaatschappij als bedoeld in artikel 427 wordt een deelneming in een rechtspersoon die geen verzekeringsmaatschappij is, verantwoord overeenkomstig de voorschriften voor verzekeringsmaatschappijen, onverminderd de eerste zin van lid 4 van dit artikel.

6 De rechtspersoon houdt een reserve aan ter hoogte van zijn aandeel in het positieve resultaat uit deelnemingen en in rechtstreekse vermogensvermeerderingen sedert de eerste waardering overeenkomstig lid 2 of lid 3. Deelnemingen waarvan het cumulatief resultaat sedert die eerste waardering niet positief is, worden daarbij niet in aanmerking genomen. De reserve wordt verminderd met de uitkeringen waarop de rechtspersoon sedertdien tot het moment van het vaststellen van de jaarrekening recht heeft verkregen, alsmede met rechtstreekse vermogensverminderingen bij de deelneming; uitkeringen die hij zonder beperkingen kan bewerkstelligen, worden eveneens in mindering gebracht. Deze reserve kan in kapitaal worden omgezet. Onder de in dit lid bedoelde uitkeringen worden niet begrepen uitkeringen in aandelen.

7 Indien de waarde bij de eerste waardering overeenkomstig lid 2 of lid 3 lager is dan de verkrijgingsprijs of de voorafgaande boekwaarde van de deelneming, wordt het verschil zichtbaar ten laste van de winst- en verliesrekening of van het eigen vermogen gebracht, dan wel als goodwill geactiveerd. Voor deze berekening wordt ook de verkrijgingsprijs verminderd overeenkomstig artikel 385 lid 5.

8 Waardevermeerderingen of waardeverminderingen van deelnemingen wegens omrekening van het daarin geïnvesteerde vermogen en het resultaat vanuit de valuta van de deelneming naar de valuta waarin de rechtspersoon zijn jaarrekening opmaakt, komen ten gunste respectievelijk ten laste van een reserve omrekeningsverschillen. Valutakoersverschillen op leningen aangegaan ter dekking van valutakoersrisico van buitenlandse deelnemingen, komen eveneens ten gunste respectievelijk ten laste van deze reserve. De reserve kan een negatief saldo hebben. Bij gehele of gedeeltelijke vervreemding van het belang in de desbetreffende deelneming wordt het gedeelte van de reserve dat op het vervreemde deel van die deelneming betrekking heeft aan deze reserve onttrokken. Indien de reserve omrekeningsverschillen een negatief saldo heeft, kunnen ter hoogte van dit saldo geen uitkeringen worden gedaan ten laste van de reserves.

9 Wegens in de toelichting te vermelden gegronde redenen mag worden afgeweken van toepassing van lid 1.

10 Verschillen in het eigen vermogen en het resultaat volgens de enkelvoudige jaarrekening en volgens de geconsolideerde jaarrekening van de rechtspersoon worden in de toelichting bij de enkelvoudige jaarrekening vermeld.

Artikel 390

1 Waardevermeerderingen van materiële vaste activa, immateriële vaste activa en voorraden die geen agrarische voorraden zijn, worden opgeno-

men in een herwaarderingsreserve. Waardevermeerderingen van andere activa die tegen actuele waarde worden gewaardeerd, worden opgenomen in een herwaarderingsreserve, tenzij ze krachtens artikel 384 ten gunste van het resultaat worden gebracht. Voorts vormt de rechtspersoon een herwaarderingsreserve ten laste van de vrije reserves of uit het resultaat van het boekjaar, voor zover in het boekjaar waardevermeerderingen van activa die op de balansdatum nog aanwezig zijn, ten gunste van het resultaat van het boekjaar zijn gebracht. Een herwaarderingsreserve wordt niet gevormd voor activa bedoeld in de vorige zin waarvoor frequente marktnoteringen bestaan. Ter hoogte van het bedrag van ten laste van de herwaarderingsreserve gebrachte uitgestelde verliezen op financiële instrumenten als bedoeld in artikel 384 lid 8, kunnen geen uitkeringen ten laste van de reserves worden gedaan. De herwaarderingsreserve kan worden verminderd met latente belastingverplichtingen met betrekking tot activa die zijn geherwaardeerd op een hoger bedrag.

2 De herwaarderingsreserve kan in kapitaal worden omgezet.
3 De herwaarderingsreserve is niet hoger dan het verschil tussen de boekwaarde op basis van de verkrijgings- of vervaardigingsprijs en de boekwaarde op basis van de bij de waardering gehanteerde actuele waarde van de activa waarop de herwaarderingsreserve betrekking heeft. Deze reserve wordt verminderd met het uit hoofde van een bepaald actief in de reserve opgenomen bedrag als het desbetreffende actief wordt vervreemd. Een waardevermindering van een activum, gewaardeerd tegen actuele waarde, wordt ten laste van de herwaarderingsreserve gebracht voor zover dit activum hieraan voorafgaande ten gunste van de herwaarderingsreserve is opgewaardeerd.
4 De verminderingen van de herwaarderingsreserve die ten gunste van de winst- en verliesrekening worden gebracht, worden in een afzonderlijke post opgenomen.
5 In de toelichting wordt uiteengezet, of en op welke wijze in samenhang met de herwaardering rekening wordt gehouden met de invloed van belastingen op vermogen en resultaat.

Afdeling 7 Jaarverslag

Artikel 391
1 Het jaarverslag geeft een getrouw beeld van de toestand op de balansdatum, de ontwikkeling gedurende het boekjaar en de resultaten van de rechtspersoon en van de groepsmaatschappijen waarvan de financiële gegevens in zijn jaarrekening zijn opgenomen. Het jaarverslag bevat, in overeenstemming met de omvang en de complexiteit van de rechtspersoon en groepsmaatschappijen, een evenwichtige en volledige analyse van de toestand op de balansdatum, de ontwikkeling gedurende het boekjaar en de resultaten. Indien noodzakelijk voor een goed begrip van de ontwikkeling, de resultaten of de positie van de rechtspersoon en groepsmaatschappijen, omvat de analyse zowel financiële als niet-financiële prestatie-indicatoren, met inbegrip van milieu- en personeelsaangelegenheden. Het jaarverslag geeft tevens een beschrijving van de voornaamste risico's en onzekerheden waarmee de rechtspersoon wordt geconfronteerd. Het jaarverslag wordt in de Nederlandse taal gesteld, tenzij de algemene vergadering tot het gebruik van een andere taal heeft besloten.
2 In het jaarverslag worden mededelingen gedaan omtrent de verwachte gang van zaken; daarbij wordt, voor zover gewichtige belangen zich hier-

© Noordhoff Uitgevers bv

tegen niet verzetten, in het bijzonder aandacht besteed aan de investeringen, de financiering en de personeelsbezetting en aan de omstandigheden waarvan de ontwikkeling van de omzet en van de rentabiliteit afhankelijk is. Mededelingen worden gedaan omtrent de werkzaamheden op het gebied van onderzoek en ontwikkeling. Vermeld wordt hoe bijzondere gebeurtenissen waarmee in de jaarrekening geen rekening behoeft te worden gehouden, de verwachtingen hebben beïnvloed. De naamloze vennootschap waarop artikel 383b van toepassing is, doet voorts mededeling van het beleid van de vennootschap aangaande de bezoldiging van haar bestuurders en commissarissen en de wijze waarop dit beleid in het verslagjaar in de praktijk is gebracht.

3 Ten aanzien van het gebruik van financiële instrumenten door de rechtspersoon en voor zover zulks van betekenis is voor de beoordeling van zijn activa, passiva, financiële toestand en resultaat, worden de doelstellingen en het beleid van de rechtspersoon inzake risicobeheer vermeld. Daarbij wordt aandacht besteed aan het beleid inzake de afdekking van risico's verbonden aan alle belangrijke soorten voorgenomen transacties. Voorts wordt aandacht besteed aan de door de rechtspersoon gelopen prijs-, krediet-, liquiditeits- en kasstroomrisico's.

4 Het jaarverslag mag niet in strijd zijn met de jaarrekening. Indien het verschaffen van het in lid 1 bedoelde overzicht dit vereist, bevat het jaarverslag verwijzingen naar en aanvullende uitleg over posten in de jaarrekening.

5 Bij algemene maatregel van bestuur kunnen nadere voorschriften worden gesteld omtrent de inhoud van het jaarverslag. Deze voorschriften kunnen in het bijzonder betrekking hebben op naleving van een in de algemene maatregel van bestuur aan te wijzen gedragscode en op de inhoud, de openbaarmaking en het accountantsonderzoek van een verklaring inzake corporate governance.

6 De voordracht voor een krachtens lid 5 vast te stellen algemene maatregel van bestuur wordt niet eerder gedaan dan vier weken nadat het ontwerp aan beide kamers der Staten-Generaal is overgelegd.

7 In het geval de artikelen 166 en 276 op een vennootschap van toepassing zijn en in die vennootschap de zetels in het bestuur of de raad van commissarissen, voor zover deze zetels zijn verdeeld over natuurlijke personen, niet evenwichtig zijn verdeeld over vrouwen en mannen als bedoeld in de artikelen 166 en 276, wordt in het jaarverslag uiteengezet:

   a waarom de zetels niet evenwichtig zijn verdeeld;

   b op welke wijze de vennootschap heeft getracht tot een evenwichtige verdeling van de zetels te komen; en

   c op welke wijze de vennootschap beoogt in de toekomst een evenwichtige verdeling van de zetels te realiseren.

Afdeling 8 Overige gegevens

Artikel 392

1 Het bestuur voegt de volgende gegevens toe aan de jaarrekening en het jaarverslag:

   a de accountantsverklaring, bedoeld in artikel 393 lid 5 of een mededeling waarom deze ontbreekt;

   b een weergave van de statutaire regeling omtrent de bestemming van de winst;

   c een opgave van de bestemming van de winst of de verwerking van het verlies, of, zolang deze niet vaststaat, het voorstel daartoe;

d een weergave van de statutaire regeling omtrent de bijdrage in een te-kort van een coöperatie of onderlinge waarborgmaatschappij, voor zo-ver deze van de wettelijke bepalingen afwijkt;

e een lijst van namen van degenen aan wie een bijzonder statutair recht inzake de zeggenschap in de rechtspersoon toekomt, met een om-schrijving van de aard van dat recht, tenzij omtrent deze gegevens me-dedeling is gedaan in het jaarverslag op grond van artikel 391 lid 5;

f een opgave van het aantal winstbewijzen en soortgelijke rechten, het aantal stemrechtloze aandelen en het aantal aandelen dat geen of slechts een beperkt recht geeft tot deling in de winst of reserves van de vennootschap, met vermelding van de bevoegdheden die zij geven;

g een opgave van de gebeurtenissen na de balansdatum met belangrijke financiële gevolgen voor de rechtspersoon en de in zijn geconsolideer-de jaarrekening betrokken maatschappijen tezamen, onder medede-ling van de omvang van die gevolgen;

h opgave van het bestaan van nevenvestigingen en van de landen waar nevenvestigingen zijn, alsmede van hun handelsnaam indien deze af-wijkt van die van de rechtspersoon.

2 De gegevens mogen niet in strijd zijn met de jaarrekening en met het jaarverslag.

3 Is een recht als bedoeld in lid 1 onder *e* in een aandeel belichaamd, dan wordt vermeld hoeveel zodanige aandelen elk der rechthebbenden houdt. Komt een zodanig recht aan een vennootschap, vereniging, coö-peratie, onderlinge waarborgmaatschappij of stichting toe, dan worden tevens de namen van de bestuurders daarvan medegedeeld.

4 Het bepaalde in lid 1 onder *e* en in lid 3 is niet van toepassing, voor zover Onze Minister van Economische Zaken desverzocht aan de rechtsper-soon wegens gewichtige redenen ontheffing heeft verleend; deze onthef-fing kan telkens voor ten hoogste vijf jaren worden verleend. Geen ont-heffing kan worden verleend van het bepaalde in lid 1 onder *e* wanneer omtrent deze gegevens mededeling moet worden gedaan in het jaarver-slag op grond van artikel 391 lid 5.

5 Het bestuur van een stichting of een vereniging als bedoeld in artikel 360 lid 3 behoeft de gegevens, bedoeld in lid 1, onder *b* en *c*, niet aan de jaar-rekening en het jaarverslag toe te voegen.

Afdeling 9 Deskundigenonderzoek

Artikel 393

1 De rechtspersoon verleent opdracht tot onderzoek van de jaarrekening aan een registeraccountant of aan een Accountant-Administratieconsu-lent ten aanzien van wie bij de inschrijving in het in artikel 36, eerste lid, van de Wet op de Accountants-Administratieconsulenten bedoelde regis-ter een aantekening is geplaatst als bedoeld in artikel 36, derde lid, van die wet. De opdracht kan worden verleend aan een organisatie waarin ac-countants die mogen worden aangewezen, samenwerken.

2 Tot het verlenen van de opdracht is de algemene vergadering bevoegd. Gaat deze daartoe niet over, dan is de raad van commissarissen bevoegd of, zo deze ontbreekt of in gebreke blijft, het bestuur. De aanwijzing van een accountant wordt door generlei voordracht beperkt. De opdracht kan worden ingetrokken door de algemene vergadering en door degene die haar heeft verleend; de door het bestuur verleende opdracht kan boven-dien door de raad van commissarissen worden ingetrokken. De opdracht

kan enkel worden ingetrokken om gegronde redenen; daartoe behoort niet een meningsverschil over methoden van verslaggeving of controle-werkzaamheden. De algemene vergadering hoort de accountant op diens verlangen omtrent de intrekking van een hem verleende opdracht of om-trent het hem kenbaar gemaakte voornemen daartoe. Het bestuur en de accountant stellen de Stichting Autoriteit Financiële Markten onverwijld in kennis van de intrekking van de opdracht door de rechtspersoon of tussentijdse beëindiging ervan door de accountant en geven hiervoor een afdoende motivering.

3 De accountant onderzoekt of de jaarrekening het in artikel 362 lid 1 ver-eiste inzicht geeft. Hij gaat voorts na, of de jaarrekening aan de bij en krachtens de wet gestelde voorschriften voldoet, of het jaarverslag, voor zover hij dat kan beoordelen, overeenkomstig deze titel is opgesteld en met de jaarrekening verenigbaar is, en of de in artikel 392 lid 1, onderde-len *b* tot en met *h* vereiste gegevens zijn toegevoegd.

4 De accountant brengt omtrent zijn onderzoek verslag uit aan de raad van commissarissen en aan het bestuur. Hij maakt daarbij ten minste melding van zijn bevindingen met betrekking tot de betrouwbaarheid en continuï-teit van de geautomatiseerde gegevensverwerking.

5 De accountant geeft de uitslag van zijn onderzoek weer in een verklaring omtrent de getrouwheid van de jaarrekening. De accountant kan een af-zonderlijke verklaring afgeven voor de enkelvoudige jaarrekening en voor de geconsolideerde jaarrekening. De accountantsverklaring omvat ten minste:

a een vermelding op welke jaarrekening het onderzoek betrekking heeft en welke wettelijke voorschriften op de jaarrekening toepasselijk zijn;

b een beschrijving van de reikwijdte van het onderzoek, waarin ten min-ste wordt vermeld welke richtlijnen voor de accountantscontrole in acht zijn genomen;

c een oordeel of de jaarrekening het vereiste inzicht geeft en aan de bij en krachtens de wet gestelde regels voldoet;

d een verwijzing naar bepaalde zaken waarop de accountant in het bij-zonder de aandacht vestigt, zonder een verklaring als bedoeld in lid 6, onderdeel *b*, af te geven;

e een vermelding van de gebleken tekortkomingen naar aanleiding van het onderzoek overeenkomstig lid 3 of het jaarverslag overeenkomstig deze titel is opgesteld en of de in artikel 392 lid 1, onder *b* tot en met *h*, vereiste gegevens zijn toegevoegd;

f een oordeel over de verenigbaarheid van het jaarverslag met de jaar-rekening.

6 De accountantsverklaring, bedoeld in lid 5, heeft de vorm van:

a een goedkeurende verklaring;

b een verklaring met beperking;

c een afkeurende verklaring; of

d een verklaring van oordeelonthouding.

De accountant ondertekent en dagtekent de accountantsverklaring.

7 De jaarrekening kan niet worden vastgesteld, indien het daartoe bevoeg-de orgaan geen kennis heeft kunnen nemen van de verklaring van de ac-countant, die aan de jaarrekening moest zijn toegevoegd, tenzij onder de overige gegevens een wettige grond wordt medegedeeld waarom de ver-klaring ontbreekt.

8 Iedere belanghebbende kan van de rechtspersoon nakoming van de in lid 1 omschreven verplichting vorderen.

Afdeling 10 Openbaarmaking

Artikel 394

1 De rechtspersoon is verplicht tot openbaarmaking van de jaarrekening binnen acht dagen na de vaststelling. De openbaarmaking geschiedt door nederlegging van een volledig in de Nederlandse taal gesteld exemplaar of, als dat niet is vervaardigd, een exemplaar in het Frans, Duits of Engels, ten kantore van het handelsregister dat wordt gehouden door de Kamer van Koophandel en Fabrieken die overeenkomstig artikel 18, zesde en zevende lid van de Handelsregisterwet 2007 bevoegd is tot inschrijving. Op het exemplaar moet de dag van vaststelling en goedkeuring zijn aangetekend.

2 Is de jaarrekening niet binnen twee maanden na afloop van de voor het opmaken voorgeschreven termijn overeenkomstig de wettelijke voorschriften vastgesteld, dan maakt het bestuur onverwijld de opgemaakte jaarrekening op de in lid 1 voorgeschreven wijze openbaar; op de jaarrekening wordt vermeld dat zij nog niet is vastgesteld. Binnen twee maanden na gerechtelijke vernietiging van een jaarrekening moet de rechtspersoon een afschrift van de in de uitspraak opgenomen bevelen met betrekking tot de jaarrekening neerleggen ten kantore van het handelsregister, met vermelding van de uitspraak.

3 Uiterlijk dertien maanden na afloop van het boekjaar moet de rechtspersoon de jaarrekening op de in lid 1 voorgeschreven wijze openbaar hebben gemaakt.

4 Gelijktijdig met en op dezelfde wijze als de jaarrekening wordt een in de zelfde taal of in het Nederlands gesteld exemplaar van het jaarverslag en van de overige in artikel 392 bedoelde gegevens openbaar gemaakt. Het voorafgaande geldt, behalve voor de in artikel 392 lid 1 onder *a*, *c*, *g* en *h* genoemde gegevens, niet, indien de stukken ten kantore van de rechtspersoon ter inzage van een ieder worden gehouden en op verzoek een volledig of gedeeltelijk afschrift daarvan ten hoogste tegen de kostprijs wordt verstrekt; hiervan doet de rechtspersoon opgaaf ter inschrijving in het handelsregister.

5 De vorige leden gelden niet, indien Onze Minister van Economische Zaken de in artikel 58, artikel 101 of artikel 210 genoemde ontheffing heeft verleend; alsdan wordt een afschrift van die ontheffing ten kantore van het handelsregister nedergelegd.

6 De in de vorige leden bedoelde bescheiden worden gedurende zeven jaren bewaard. De Kamer van Koophandel en Fabrieken mag de op deze bescheiden geplaatste gegevens overbrengen op andere gegevensdragers, die zij in hun plaats in het handelsregister bewaart, mits die overbrenging geschiedt met juiste en volledige weergave der gegevens en deze gegevens gedurende de volledige bewaartijd beschikbaar zijn en binnen redelijke tijd leesbaar kunnen worden gemaakt.

7 Iedere belanghebbende kan van de rechtspersoon nakoming van de in de leden 1-5 omschreven verplichtingen vorderen.

8 Een vennootschap waarvan effecten zijn toegelaten tot de handel op een gereglementeerde markt als bedoeld in de Wet op het financieel toezicht wordt geacht te hebben voldaan aan:

   a lid 1, indien zij de vastgestelde jaarrekening op grond van artikel 5:25o, eerste lid, van die wet heeft toegezonden aan de Stichting Autoriteit Financiële Markten;

   b lid 2, eerste volzin, indien zij mededeling heeft gedaan op grond van
artikel 5:25o, tweede lid, van die wet aan de Stichting Autoriteit Financiële Markten;

   c vierde lid, eerste volzin, indien zij het jaarverslag en de overige in artikel 392 bedoelde gegevens op grond van artikel 5:25o, vierde lid, van
de Wet op het financieel toezicht heeft toegezonden aan de Stichting
Autoriteit Financiële Markten.

Artikel 395

1 Wordt de jaarrekening op andere wijze dan ingevolge het vorige artikel
openbaar gemaakt, dan wordt daaraan in ieder geval de in artikel 393 lid
5 bedoelde accountantsverklaring toegevoegd. Voor de toepassing van de
vorige zin geldt als de jaarrekening van een rechtspersoon waarop artikel
397 van toepassing is, mede de jaarrekening in de vorm waarin zij ingevolge dat artikel openbaar mag worden gemaakt. Is de verklaring niet afgelegd, dan wordt de reden daarvan vermeld.

2 Wordt slechts de balans of de winst- en verliesrekening, al dan niet met
toelichting, of wordt de jaarrekening in beknopte vorm op andere wijze
dan ingevolge het vorige artikel openbaar gemaakt, dan wordt dit ondub-
belzinnig vermeld onder verwijzing naar de openbaarmaking krachtens
wettelijk voorschrift, of, zo deze niet is geschied, onder mededeling van
dit feit. De in artikel 393 lid 5 bedoelde accountantsverklaring mag alsdan
niet worden toegevoegd. Bij de openbaarmaking wordt medegedeeld of
de accountant deze verklaring heeft afgelegd. Is de verklaring afgelegd,
dan wordt vermeld welke strekking als bedoeld in artikel 393 lid 6 de accountantsverklaring heeft en wordt tevens vermeld of de accountant in de
verklaring in het bijzonder de aandacht heeft gevestigd op bepaalde zaken, zonder een verklaring als bedoeld in artikel 393 lid 6, onderdeel b, af
te geven. Is de verklaring niet afgelegd, dan wordt de reden daarvan vermeld.

3 Is de jaarrekening nog niet vastgesteld, dan wordt dit bij de in lid 1 en lid
2 bedoelde stukken vermeld. Indien een mededeling als bedoeld in de
laatste zin van artikel 362 lid 6 is gedaan, wordt dit eveneens vermeld.

Afdeling 11 Vrijstellingen op grond van de omvang van het bedrijf van de rechtspersoon

Artikel 396

1 De leden 3 tot en met 9 gelden voor een rechtspersoon die op twee opeenvolgende balansdata, zonder onderbreking nadien op twee opeenvolgende balansdata, heeft voldaan aan twee of drie van de volgende vereisten:

   a de waarde van de activa volgens de balans met toelichting bedraagt,
op de grondslag van verkrijgings- en vervaardigingsprijs, niet meer
dan €4.400.000;

   b de netto-omzet over het boekjaar bedraagt niet meer dan €8.800.000;

   c het gemiddeld aantal werknemers over het boekjaar bedraagt minder
dan 50.

2 Voor de toepassing van lid 1 worden meegeteld de waarde van de activa,
de netto-omzet en het getal der werknemers van groepsmaatschappijen,
die in de consolidatie zouden moeten worden betrokken als de rechtspersoon een geconsolideerde jaarrekening zou moeten opmaken. Dit geldt
niet, indien de rechtspersoon artikel 408 toepast.

3 Van de ingevolge afdeling 3 voorgeschreven opgaven behoeft geen andere te worden gedaan dan voorgeschreven in de artikelen 364, 373, 375 lid 3 en 376, alsmede, zonder uitsplitsing naar soort schuld of vordering, in de artikelen 370 lid 2 en 375 lid 2 en de opgave van het ingehouden deel van het resultaat.

4 In de winst- en verliesrekening worden de posten genoemd in artikel 377 lid 3 onder *a-d* en *g*, onderscheidenlijk lid 4 onder *a-c* en *f*, samengetrokken tot een post bruto-bedrijfsresultaat; de rechtspersoon vermeldt in een verhoudingscijfer in welke mate de netto-omzet ten opzichte van die van het vorige jaar is gestegen of gedaald.

5 Het in artikel 378 lid 1 genoemde overzicht wordt slechts gegeven voor de herwaarderingsreserve, behoudens de tweede zin van artikel 378 lid 3; opgegeven worden het aantal geplaatste aandelen en het bedrag per soort, aantal en bedrag van de in het boekjaar uitgegeven aandelen en van de aandelen en certificaten daarvan die de rechtspersoon of een dochtermaatschappij voor eigen rekening houdt. De artikelen 380, 381 leden 2 en 3, 381b, aanhef en onder *a*, 382a en 383 lid 1 zijn niet van toepassing.

6 In afwijking van afdeling 6 van deze titel komen voor de waardering van de activa en passiva en voor de bepaling van het resultaat ook in aanmerking de grondslagen voor de bepaling van de belastbare winst, bedoeld in hoofdstuk II van de Wet op de vennootschapsbelasting 1969, mits de rechtspersoon daarbij alle voor hem van toepassing zijnde fiscale grondslagen toepast. Indien de rechtspersoon deze grondslagen toepast, maakt zij daarvan melding in de toelichting. Bij algemene maatregel van bestuur kunnen nadere regels worden gesteld omtrent het gebruik van deze grondslagen en de toelichting die daarbij gegeven wordt.

7 De artikelen 383b tot en met 383e, 391 en 393 lid 1 zijn niet van toepassing.

8 Artikel 394 is slechts van toepassing met betrekking tot een overeenkomstig lid 3 beperkte balans en de toelichting. In de openbaar gemaakte toelichting blijven achterwege de nadere gegevens omtrent de winst- en verliesrekening, alsmede de gegevens bedoeld in artikel 378 lid 3, tweede zin.

9 Indien de rechtspersoon geen winst beoogt, behoeft hij artikel 394 niet toe te passen, mits hij

a de in lid 8 bedoelde stukken aan schuldeisers en houders van aandelen in zijn kapitaal of van certificaten daarvan of anderen aan wie het vergaderrecht toekomt op hun verzoek onmiddellijk kosteloos toezendt of ten kantore van de rechtspersoon ter inzage geeft; en

b ten kantore van het handelsregister een verklaring van een accountant heeft neergelegd, inhoudende dat de rechtspersoon in het boekjaar geen werkzaamheden heeft verricht buiten de doelomschrijving en dat dit artikel op hem van toepassing is.

Artikel 397

1 Behoudens artikel 396 gelden de leden 3 tot en met 8 voor een rechtspersoon die op twee opeenvolgende balansdata, zonder onderbreking nadien op twee opeenvolgende balansdata, heeft voldaan aan twee of drie van de volgende vereisten:

a de waarde van de activa volgens de balans met toelichting, bedraagt, op de grondslag van verkrijgings- en vervaardigingsprijs, niet meer dan € 17.500.000;

   b de netto-omzet over het boekjaar bedraagt niet meer dan €35.000.000;

   c het gemiddeld aantal werknemers over het boekjaar bedraagt minder dan 250.

2 Voor de toepassing van lid 1 worden meegeteld de waarde van de activa, de netto-omzet en het getal der werknemers van groepsmaatschappijen, die in de consolidatie zouden moeten worden betrokken als de rechtspersoon een geconsolideerde jaarrekening zou moeten opmaken. Dit geldt niet, indien de rechtspersoon artikel 408 toepast.

3 In de winst- en verliesrekening worden de posten genoemd in artikel 377 lid 3, onder *a-d* en *g*, onderscheidenlijk lid 4, onder *a-c* en *f*, samengetrokken tot een post bruto-bedrijfsresultaat; de rechtspersoon vermeldt in een verhoudingscijfer, in welke mate de netto-omzet ten opzichte van die van het vorige jaar is gestegen of gedaald.

4 Artikel 380 is niet van toepassing. Artikel 382a is niet van toepassing, mits de in dat artikel bedoelde gegevens aan de Stichting Autoriteit Financiële Markten op diens verzoek worden verstrekt.

5 Van de in afdeling 3 voorgeschreven opgaven behoeven in de openbaar gemaakte balans met toelichting slechts vermelding die welke voorkomen in de artikelen 364, 365 lid 1 onder *d*, 366, 367 onder *a-d*, 370 lid 1 onder *b* en *c*, 373, 374 leden 3 en 4, 375 lid 1 onder *a*, *b*, *f* en *g* en lid 3, alsmede 376 en de overlopende posten. De leden 2 van de artikelen 370 en 375 vinden toepassing zowel op het totaal van de vorderingen en schulden als op de posten uit lid 1 van die artikelen welke afzonderlijke vermelding behoeven. De openbaar te maken winst- en verliesrekening en de toelichting mogen worden beperkt overeenkomstig lid 3 en lid 4.

6 De informatie die ingevolge artikel 381 lid 2 moet worden vermeld, wordt beperkt tot informatie over de aard en het zakelijke doel van de aldaar genoemde regelingen. Artikel 381 lid 3 is niet van toepassing, tenzij de rechtspersoon een naamloze vennootschap is, in welk geval de vermelding als bedoeld in artikel 381 lid 3 beperkt is tot transacties die direct of indirect zijn aangegaan tussen de vennootschap en haar voornaamste aandeelhouders en tussen de vennootschap en haar leden van het bestuur en van de raad van commissarissen.

7 De gegevens, bedoeld in artikel 392 lid 1, onderdelen *e* en *f*, en lid 3, worden niet openbaar gemaakt.

8 In het jaarverslag behoeft geen aandacht te worden besteed aan nietfinanciële prestatie-indicatoren als bedoeld in artikel 391 lid 1.

Artikel 398

1 Artikel 396 of artikel 397 geldt voor het eerste en tweede boekjaar ook voor een rechtspersoon die op de balansdatum van het eerste boekjaar aan de desbetreffende vereisten heeft voldaan.

2 Artikel 396 leden 3 tot en met 8 en artikel 397 leden 3 tot en met 7 zijn van toepassing voor zover de algemene vergadering uiterlijk zes maanden na het begin van het boekjaar niet anders heeft besloten.

3 De artikelen 396 en 397 zijn niet van toepassing op:

   a een rechtspersoon die effecten heeft uitstaan die zijn toegelaten tot de handel op een gereglementeerde markt of een multilaterale handelsfaciliteit, als bedoeld in artikel 1:1 van de Wet op het financieel toezicht of een met een gereglementeerde markt of multilaterale handelsfaciliteit vergelijkbaar systeem uit een staat die geen lidstaat is; of

   b een beleggingsmaatschappij waarvoor artikel 401 lid 1 geldt.

4   Bij algemene maatregel van bestuur worden de in artikel 396 lid 1 en arti-
    kel 397 lid 1 genoemde bedragen verlaagd, indien het recht van de Euro-
    pese Gemeenschappen daartoe verplicht, en kunnen zij worden ver-
    hoogd, voor zover geoorloofd.
5   Voor de toepassing van de artikelen 396 lid 1 en 397 lid 1 op een stichting
    of een vereniging als bedoeld in artikel 360 lid 3 wordt uitgegaan van het
    totaal van de activa van de stichting of vereniging en, met inachtneming
    van artikel 396 lid 2, van de netto-omzet en het gemiddeld aantal werkne-
    mers van de onderneming of ondernemingen die deze stichting of vereni-
    ging in stand houdt.

Afdeling 12 Bepalingen omtrent rechtspersonen van onderscheiden aard

Artikel 399
Vervallen.

Artikel 400
Onze Minister van Financiën kan financiële instellingen die geen bank als
bedoeld in artikel 415 zijn, op haar verzoek al dan niet onder voorwaarden
toestaan afdeling 14, met uitzondering van artikel 424, toe te passen.

Artikel 401
1   Een beheerder en een beleggingsmaatschappij waarop het Deel Gedrags-
    toezicht financiële ondernemingen van de Wet op het financieel toezicht
    van toepassing is, moeten in aanvulling op de bepalingen van deze titel
    tevens voldoen aan de vereisten voor zijn onderscheidenlijk haar jaarre-
    kening, gesteld bij of krachtens die wet. Voor deze beheerder en beleg-
    gingsmaatschappij kan bij of krachtens de wet van de artikelen 394, lid 2,
    3 of 4, en 403 worden afgeweken.
2   De beleggingen van een beleggingsmaatschappij als bedoeld in artikel 1:1
    van de Wet op het financieel toezicht mogen tegen marktwaarde worden
    gewaardeerd. Nadelige koersverschillen ten opzichte van de voorafgaan-
    de balansdatum behoeven niet ten laste van de winst- en verliesrekening
    te worden gebracht, mits zij op de reserves worden afgeboekt; voordelige
    koersverschillen mogen op de reserves worden bijgeboekt. De bedragen
    worden in de balans of in de toelichting vermeld.
3   Op een beleggingsmaatschappij met veranderlijk kapitaal is artikel 378 lid
    3, tweede zin, niet van toepassing.

Artikel 402
Zijn de financiële gegevens van een rechtspersoon verwerkt in zijn geconsolideerde jaarrekening, dan behoeft in de eigen winst- en verliesrekening
slechts het resultaat uit deelnemingen na aftrek van de belastingen daarover
als afzonderlijke post te worden vermeld. In de toelichting van de geconsolideerde jaarrekening wordt de toepassing van de vorige zin meegedeeld.

Artikel 403
1   Een tot een groep behorende rechtspersoon behoeft de jaarrekening niet
    overeenkomstig de voorschriften van deze titel in te richten, mits:
    a de balans in elk geval vermeldt de som van de vaste activa, de som van
        de vlottende activa, en het bedrag van het eigen vermogen, van de

© Noordhoff Uitgevers bv

voorzieningen en van de schulden, en de winst- en verliesrekening in elk geval vermeldt het resultaat uit de gewone bedrijfsuitoefening en het saldo der overige baten en lasten, een en ander na belastingen;

b de leden of aandeelhouders na de aanvang van het boekjaar en voor de vaststelling van de jaarrekening schriftelijk hebben verklaard met afwijking van de voorschriften in te stemmen;

c de financiële gegevens van de rechtspersoon door een andere rechtspersoon of vennootschap zijn geconsolideerd in een geconsolideerde jaarrekening waarop krachtens het toepasselijke recht de verordening van het Europees Parlement en de Raad betreffende de toepassing van internationale standaarden voor jaarrekeningen, de zevende richtlijn van de Raad van de Europese Gemeenschappen inzake het vennootschapsrecht of een der beide richtlijnen van de Raad van de Europese Gemeenschappen betreffende de jaarrekening en de geconsolideerde jaarrekening van banken en andere financiële instellingen dan wel van verzekeringsondernemingen van toepassing is;

d de geconsolideerde jaarrekening, voor zover niet gesteld of vertaald in het Nederlands, is gesteld of vertaald in het Frans, Duits of Engels;

e de accountantsverklaring en het jaarverslag, zijn gesteld of vertaald in dezelfde taal als de geconsolideerde jaarrekening;

f de onder c bedoelde rechtspersoon of vennootschap schriftelijk heeft verklaard zich hoofdelijk aansprakelijk te stellen voor de uit rechtshandelingen van de rechtspersoon voortvloeiende schulden; en g de verklaringen, bedoeld in de onderdelen b en f zijn neergelegd ten kantore van het handelsregister waar de rechtspersoon is ingeschreven alsmede, telkens binnen zes maanden na de balansdatum of binnen een maand na een geoorloofde latere openbaarmaking, de stukken of vertalingen, genoemd in de onderdelen d en e dan wel een verwijzing naar het kantoor van het handelsregister waar zij liggen.

2 Zijn in de groep of het groepsdeel waarvan de gegevens in de geconsolideerde jaarrekening zijn opgenomen, de in lid 1 onder f bedoelde rechtspersoon of vennootschap en een andere nevengeschikt, dan is lid 1 slechts van toepassing, indien ook deze andere rechtspersoon of vennootschap een verklaring van aansprakelijkstelling heeft afgelegd; in dat geval zijn lid 1 onder g en artikel 404 van overeenkomstige toepassing.

3 Voor een rechtspersoon waarop lid 1 van toepassing is, gelden de artikelen 391 tot en met 394 niet.

4 Indien de tot de groep behorende rechtspersoon een bank als bedoeld in artikel 415 is, vermeldt de balans in afwijking van lid 1, onder a, in elk geval de som van de activa en van de passiva en het bedrag van het eigen vermogen en vermeldt de winst- en verliesrekening in elk geval het resultaat uit de gewone bedrijfsuitoefening, het bedrag der belastingen en het saldo der overige baten en lasten.

5 Indien de tot de groep behorende rechtspersoon een verzekeringsmaatschappij als bedoeld in artikel 427 is, vermeldt de balans in afwijking van lid 1, onder a, in elk geval de som van de beleggingen en van de vorderingen, en het bedrag van het eigen vermogen, van de technische voorzieningen en van de schulden, en bestaat de winst- en verliesrekening in elk geval uit de niet-technische rekening, waarop ten minste worden vermeld de resultaten voor belastingen uit de gewone uitoefening van het schadeen levensverzekeringsbedrijf, het saldo der overige baten en lasten en het resultaat uit de gewone bedrijfsuitoefening na belastingen.

Artikel 404

1 Een in artikel 403 bedoelde aansprakelijkstelling kan worden ingetrokken door nederlegging van een daartoe strekkende verklaring ten kantore van het handelsregister.

2 Niettemin blijft de aansprakelijkheid bestaan voor schulden die voortvloeien uit rechtshandelingen welke zijn verricht voordat jegens de schuldeiser een beroep op de intrekking kan worden gedaan.

3 De overblijvende aansprakelijkheid wordt ten opzichte van de schuldeiser beëindigd, indien de volgende voorwaarden zijn vervuld:

   a de rechtspersoon behoort niet meer tot de groep;

   b een mededeling van het voornemen tot beëindiging heeft ten minste twee maanden lang ter inzage gelegen ten kantore van het handelsregister waar de rechtspersoon is ingeschreven;

   c ten minste twee maanden zijn verlopen na de aankondiging in een landelijk verspreid dagblad dat en waar de mededeling ter inzage ligt;

   d tegen het voornemen heeft de schuldeiser niet tijdig verzet gedaan of zijn verzet is ingetrokken dan wel bij onherroepelijke rechterlijke uitspraak ongegrond verklaard.

4 Indien de schuldeiser dit verlangt moet, op straffe van gegrondverklaring van een verzet als bedoeld in lid 5, voor hem zekerheid worden gesteld of hem een andere waarborg worden gegeven voor de voldoening van zijn vorderingen waarvoor nog aansprakelijkheid loopt. Dit geldt niet, indien hij na het beëindigen van de aansprakelijkheid, gezien de vermogenstoestand van de rechtspersoon of uit anderen hoofde, voldoende waarborgen heeft dat deze vorderingen zullen worden voldaan.

5 Tot twee maanden na de aankondiging kan de schuldeiser voor wiens vordering nog aansprakelijkheid loopt, tegen het voornemen tot beëindiging verzet doen door een verzoekschrift aan de rechtbank van de woonplaats van de rechtspersoon die hoofdschuldenaar is.

6 De rechter verklaart het verzet slechts gegrond nadat een door hem omschreven termijn om een door hem omschreven waarborg te geven is verlopen, zonder dat deze is gegeven.

Artikel 404a

Vervallen.

Afdeling 13 Geconsolideerde jaarrekening

Artikel 405

1 Een geconsolideerde jaarrekening is de jaarrekening waarin de activa, passiva, baten en lasten van de rechtspersonen en vennootschappen die een groep of groepsdeel vormen en andere in de consolidatie meegenomen rechtspersonen en vennootschappen, als één geheel worden opgenomen.

2 De geconsolideerde jaarrekening moet overeenkomstig artikel 362 lid 1 inzicht geven betreffende het geheel van de in de consolidatie opgenomen rechtspersonen en vennootschappen.

Artikel 406

1 De rechtspersoon die, alleen of samen met een andere groepsmaatschappij, aan het hoofd staat van zijn groep, stelt een geconsolideerde jaarrekening op, waarin opgenomen de eigen financiële gegevens met die van zijn

© Noordhoff Uitgevers bv

dochtermaatschappijen in de groep, andere groepsmaatschappijen en andere rechtspersonen waarop hij een overheersende zeggenschap kan uitoefenen of waarover hij de centrale leiding heeft.

2 Een rechtspersoon waarop lid 1 niet van toepassing is, maar die in zijn groep een of meer dochtermaatschappijen heeft of andere rechtspersonen waarop hij een overheersende zeggenschap kan uitoefenen of waarover hij de centrale leiding heeft, stelt een geconsolideerde jaarrekening op. Deze omvat de financiële gegevens van het groepsdeel, bestaande uit de rechtspersoon, zijn dochtermaatschappijen in de groep, andere groepsmaatschappijen die onder de rechtspersoon vallen en andere rechtspersonen waarop hij een overheersende zeggenschap kan uitoefenen of waarover hij de centrale leiding heeft.

3 De rechtspersoon die geen bank als bedoeld in artikel 415 is, en waarvan de geconsolideerde jaarrekening voor een belangrijk deel de financiële gegevens van één of meer banken bevat, geeft in de toelichting ten minste inzicht in de solvabiliteit van de banken als één geheel.

4 De rechtspersoon die geen verzekeringsmaatschappij als bedoeld in artikel 427 lid 1 is, en waarvan de geconsolideerde jaarrekening voor een belangrijk deel de financiële gegevens van één of meer verzekeringsmaatschappijen bevat, geeft in de toelichting ten minste inzicht in de solvabiliteit van de verzekeringsmaatschappijen als één geheel.

5 In de geconsolideerde jaarrekening van een rechtspersoon, die geen bank als bedoeld in artikel 415 is, mag ten aanzien van in de consolidatie te betrekken maatschappijen die bank zijn, tezamen met de in artikel 426 lid 1, tweede zin, bedoelde maatschappijen, artikel 424 worden toegepast.

Artikel 407

1 De verplichting tot consolidatie geldt niet voor gegevens:
   a van in de consolidatie te betrekken maatschappijen wier gezamenlijke betekenis te verwaarlozen is op het geheel,
   b van in de consolidatie te betrekken maatschappijen waarvan de nodige gegevens slechts tegen onevenredige kosten of met grote vertraging te verkrijgen of te ramen zijn,
   c van in de consolidatie te betrekken maatschappijen waarin het belang slechts wordt gehouden om het te vervreemden.

2 Consolidatie mag achterwege blijven, indien
   a bij consolidatie de grenzen van artikel 396 niet zouden worden overschreden;
   b geen in de consolidatie te betrekken maatschappij effecten heeft uitstaan die zijn toegelaten tot de handel op een gereglementeerde markt of een multilaterale handelsfaciliteit, als bedoeld in artikel 1:1 van de Wet op het financieel toezicht of een met een gereglementeerde markt of multilaterale handelsfaciliteit vergelijkbaar systeem uit een staat die geen lidstaat is; en
   c niet binnen zes maanden na de aanvang van het boekjaar daartegen schriftelijk bezwaar bij de rechtspersoon is gemaakt door ten minste een tiende der leden of door houders van ten minste een tiende van het geplaatste kapitaal.

3 Indien de rechtspersoon groepsmaatschappijen beheert krachtens een regeling tot samenwerking met een rechtspersoon waarvan de financiële gegevens niet in zijn geconsolideerde jaarrekening worden opgenomen, mag hij zijn eigen financiële gegevens buiten de geconsolideerde jaarrekening houden. Dit geldt slechts, indien de rechtspersoon geen andere

werkzaamheden heeft dan het beheren en financieren van groepsmaatschappijen en deelnemingen, en indien hij in zijn balans artikel
389 toepast.

Artikel 408

1 Consolidatie van een groepsdeel mag achterwege blijven, mits:
   a niet binnen zes maanden na de aanvang van het boekjaar daartegen
     schriftelijk bezwaar bij de rechtspersoon is gemaakt door ten minste
     een tiende der leden of door houders van ten minste een tiende van
     het geplaatste kapitaal;
   b de financiële gegevens die de rechtspersoon zou moeten consolideren
     zijn opgenomen in de geconsolideerde jaarrekening van een groter
     geheel;
   c de geconsolideerde jaarrekening en het jaarverslag zijn opgesteld
     overeenkomstig de voorschriften van de zevende richtlijn van de Raad
     van de Europese Gemeenschappen inzake het vennootschapsrecht of
     overeenkomstig de voorschriften van een der richtlijnen van de Raad
     van de Europese Gemeenschappen betreffende de jaarrekening en de
     geconsolideerde jaarrekening van banken en andere financiële instel-
     lingen dan wel van verzekeringsondernemingen dan wel, indien deze
     voorschriften niet behoeven te zijn gevolgd, op gelijkwaardige wijze;
   d de geconsolideerde jaarrekening met accountantsverklaring en jaarver-
     slag, voor zover niet gesteld of vertaald in het Nederlands, zijn gesteld
     of vertaald in het Frans, Duits of Engels, en wel in de zelfde taal; en
   e telkens binnen zes maanden na de balansdatum of binnen een maand
     na een geoorloofde latere openbaarmaking ten kantore van het han-
     delsregister waar de rechtspersoon is ingeschreven de in onderdeel *d*
     genoemde stukken of vertalingen zijn neergelegd dan wel een verwij-
     zing is neergelegd naar het kantoor van het handelsregister waar zij
     liggen.
2 Onze Minister van Justitie kan voorschriften voor de jaarrekening aanwij-
   zen die, zo nodig aangevuld met door hem gegeven voorschriften, als gelijkwaardig zullen gelden aan voorschriften overeenkomstig de zevende
   richtlijn. Intrekking van een aanwijzing kan slechts boekjaren betreffen
   die nog niet zijn begonnen.
3 De rechtspersoon moet de toepassing van lid 1 in de toelichting vermelden.

Artikel 409

De financiële gegevens van een rechtspersoon of vennootschap mogen in de
geconsolideerde jaarrekening worden opgenomen naar evenredigheid tot
het daarin gehouden belang, indien:
a in die rechtspersoon of vennootschap een of meer in de consolidatie opgenomen maatschappijen krachtens een regeling tot samenwerking met
  andere aandeelhouders, leden of vennoten samen de rechten of bevoegdheden kunnen uitoefenen als bedoeld in artikel 24a, lid 1; en
b hiermee voldaan wordt aan het wettelijke inzichtvereiste.

Artikel 410

1 De bepalingen van deze titel over de jaarrekening en onderdelen daarvan, uitgezonderd de artikelen 365 lid 2, 378, 379, 382a, 383, 383*b* tot en
   met 383*e,* 389 leden 6 en 8, en 390, zijn van overeenkomstige toepassing
   op de geconsolideerde jaarrekening.

2 Voorraden hoeven niet te worden uitgesplitst, indien dat wegens bijzondere omstandigheden onevenredige kosten zou vergen.
3 Wegens gegronde, in de toelichting te vermelden redenen mogen andere waarderingsmethoden en grondslagen voor de berekening van het resultaat worden toegepast dan in de eigen jaarrekening van de rechtspersoon.
4 Staat een buitenlandse rechtspersoon mede aan het hoofd van de groep, dan mag het groepsdeel waarvan hij aan het hoofd staat, in de consolidatie worden opgenomen overeenkomstig zijn recht, met een uiteenzetting van de invloed daarvan op het vermogen en resultaat.
5 De in artikel 382 bedoelde gegevens worden voor het geheel van de volledig in de consolidatie betrokken maatschappijen vermeld; afzonderlijk worden de in de eerste zin van artikel 382 bedoelde gegevens vermeld voor het geheel van de naar evenredigheid in de consolidatie betrokken maatschappijen.

Artikel 411
1 In de geconsolideerde jaarrekening behoeft het eigen vermogen niet te worden uitgesplitst.
2 Het aandeel in het groepsvermogen en in het geconsolideerde resultaat dat niet aan de rechtspersoon toekomt, wordt vermeld.

Artikel 412
1 De balansdatum voor de geconsolideerde jaarrekening is dezelfde als voor de jaarrekening van de rechtspersoon zelf.
2 In geen geval mag de geconsolideerde jaarrekening worden opgemaakt aan de hand van gegevens, opgenomen meer dan drie maanden voor of na de balansdatum.

Artikel 413
Indien de gegevens van een maatschappij voor het eerst in de consolidatie worden opgenomen en daarbij een waardeverschil ontstaat ten opzichte van de daaraan voorafgaande waardering van het belang daarin, moeten dit verschil en de berekeningswijze worden vermeld. Is de waarde lager, dan is artikel 389 lid 7 van toepassing op het verschil; is de waarde hoger, dan wordt het verschil opgenomen in het groepsvermogen, voor zover het geen nadelen weerspiegelt die aan de deelneming zijn verbonden.

Artikel 414
1 De rechtspersoon vermeldt, onderscheiden naar de hierna volgende categorieën, de naam en woonplaats van rechtspersonen en vennootschappen:
 a die hij volledig in zijn geconsolideerde jaarrekening betrekt;
 b waarvan de financiële gegevens in de geconsolideerde jaarrekening worden opgenomen voor een deel, evenredig aan het belang daarin;
 c waarin een deelneming wordt gehouden die in de geconsolideerde jaarrekening overeenkomstig artikel 389 wordt verantwoord;
 d die dochtermaatschappij zijn zonder rechtspersoonlijkheid en niet ingevolge de onderdelen a, b of c zijn vermeld;
 e waaraan een of meer volledig in de consolidatie betrokken maatschappijen of dochtermaatschappijen daarvan alleen of samen voor eigen rekening ten minste een vijfde van het geplaatste kapitaal verschaffen of doen verschaffen, en die niet ingevolge de onderdelen a, b of c zijn vermeld.

2 Tevens wordt vermeld:
   a op grond van welke omstandigheid elke maatschappij volledig in de consolidatie wordt betrokken, tenzij deze bestaat in het kunnen uitoefenen van het merendeel van de stemrechten en het verschaffen van een daaraan evenredig deel van het kapitaal;
   b waaruit blijkt dat een rechtspersoon of vennootschap waarvan financiële gegevens overeenkomstig artikel 409 in de geconsolideerde jaarrekening zijn opgenomen, daarvoor in aanmerking komt;
   c in voorkomend geval de reden voor het niet consolideren van een dochtermaatschappij, vermeld ingevolge lid 1 onder *c, d* of *e*;
   d het deel van het geplaatste kapitaal dat wordt verschaft;
   e het bedrag van het eigen vermogen en resultaat van elke krachtens onderdeel *e* van lid 1 vermelde maatschappij volgens haar laatst vastgestelde jaarrekening.

3 Indien vermelding van naam, woonplaats en het gehouden deel van het geplaatste kapitaal van een dochtermaatschappij waarop onderdeel *c* van lid 1 van toepassing is, dienstig is voor het wettelijk vereiste inzicht, mag zij niet achterwege blijven, al is de deelneming van te verwaarlozen betekenis. Onderdeel *e* van lid 2 geldt niet ten aanzien van maatschappijen waarin een belang van minder dan de helft wordt gehouden en die wettig de balans niet openbaar maken.

4 Artikel 379 lid 4 is van overeenkomstige toepassing op de vermeldingen op grond van de leden 1 en 2.

5 Vermeld wordt ten aanzien van welke rechtspersonen de rechtspersoon een aansprakelijkstelling overeenkomstig artikel 403 heeft afgegeven.

© Noordhoff Uitgevers bv

TITEL 1, Boek 2 BW Algemene bepalingen

Artikel 24a

1 Dochtermaatschappij van een rechtspersoon is:
   a een rechtspersoon waarin de rechtspersoon of een of meer van zijn dochtermaatschappijen, al dan niet krachtens overeenkomst met andere stemgerechtigden, alleen of samen meer dan de helft van de stemrechten in de algemene vergadering kunnen uitoefenen;
   b een rechtspersoon waarvan de rechtspersoon of een of meer van zijn dochtermaatschappijen lid of aandeelhouder zijn en, al dan niet krachtens overeenkomst met andere stemgerechtigden, alleen of samen meer dan de helft van de bestuurders of van de commissarissen kunnen benoemen of ontslaan, ook indien alle stemgerechtigden stemmen.
2 Met een dochtermaatschappij wordt gelijk gesteld een onder eigen naam optredende vennootschap waarin de rechtspersoon of een of meer dochtermaatschappijen als vennoot volledig jegens schuldeisers aansprakelijk is voor de schulden.
3 Voor de toepassing van lid 1 worden aan aandelen verbonden rechten niet toegerekend aan degene die de aandelen voor rekening van anderen houdt. Aan aandelen verbonden rechten worden toegerekend aan degene voor wiens rekening de aandelen worden gehouden, indien deze bevoegd is te bepalen hoe de rechten worden uitgeoefend dan wel zich de aandelen te verschaffen.
4 Voor de toepassing van lid 1 worden stemrechten, verbonden aan verpande aandelen, toegerekend aan de pandhouder, indien hij mag bepalen hoe de rechten worden uitgeoefend. Zijn de aandelen evenwel verpand voor een lening die de pandhouder heeft verstrekt in de gewone uitoefening van zijn bedrijf, dan worden de stemrechten hem slechts toegerekend, indien hij deze in eigen belang heeft uitgeoefend.

Artikel 24b

Een groep is een economische eenheid waarin rechtspersonen en vennootschappen organisatorisch zijn verbonden. Groepsmaatschappijen zijn rechtspersonen en vennootschappen die met elkaar in een groep zijn verbonden.

Artikel 24c

1 Een rechtspersoon of vennootschap heeft een deelneming in een rechtspersoon, indien hij of een of meer van zijn dochtermaatschappijen alleen of samen voor eigen rekening aan die rechtspersoon kapitaal verschaffen of doen verschaffen teneinde met die rechtspersoon duurzaam verbonden te zijn ten dienste van de eigen werkzaamheid. Indien een vijfde of meer van het geplaatste kapitaal wordt verschaft, wordt het bestaan van een deelneming vermoed.
2 Een rechtspersoon heeft een deelneming in een vennootschap, indien hij of een dochtermaatschappij:
   a daarin als vennoot jegens schuldeisers volledig aansprakelijk is voor de schulden; of
   b daarin anderszins vennoot is teneinde met die vennootschap duurzaam verbonden te zijn ten dienste van de eigen werkzaamheid.

Artikel 24d

1 Bij de vaststelling in hoeverre de leden of aandeelhouders stemmen, aanwezig of vertegenwoordigd zijn, of in hoeverre het aandelenkapitaal verschaft wordt of vertegenwoordigd is, wordt geen rekening gehouden met lidmaatschappen of aandelen waarvan de wet of een statutaire regeling als bedoeld in artikel 228 lid 5 bepaalt dat daarvoor geen stem kan worden uitgebracht.

2 In afwijking van lid 1 wordt voor de toepassing van de artikelen 24c, 63a, 152, 201a, 220, 224a, 262, 265a, 333a lid 2, 334ii lid 2, 336 lid 1, 346, 379 leden 1 en 2, 407 lid 2, 408 lid 1 en 414 ten aanzien van een besloten vennootschap met beperkte aansprakelijkheid tevens rekening gehouden met aandelen waarvan een statutaire regeling als bedoeld in artikel 228 lid 5 bepaalt dat daarvoor geen stem kan worden uitgebracht.

© Noordhoff Uitgevers bv

TITEL 2, Boek 2 BW Verenigingen

Artikel 49

1 Jaarlijks binnen zes maanden na afloop van het boekjaar van een vereniging als bedoeld in artikel 360 lid 3, behoudens verlenging van deze termijn met ten hoogste vijf maanden door de algemene vergadering op grond van bijzondere omstandigheden, maakt het bestuur een jaarrekening op en legt het deze voor de leden ter inzage ten kantore van de vereniging. Binnen deze termijn legt het bestuur ook het jaarverslag ter inzage voor de leden, tenzij de artikelen 396 lid 7 of 403 voor de vereniging gelden.

2 De jaarrekening wordt ondertekend door de bestuurders en door de commissarissen; ontbreekt de ondertekening van een of meer hunner, dan wordt daarvan onder opgave van reden melding gemaakt.

3 De jaarrekening wordt vastgesteld door de algemene vergadering die het bestuur uiterlijk een maand na afloop van de termijn doet houden. Vaststelling van de jaarrekening strekt niet tot kwijting aan een bestuurder onderscheidenlijk commissaris.

4 Artikel 48 lid 1 is niet van toepassing op de vereniging bedoeld in artikel 360 lid 3. Artikel 48 lid 2 is hierop van toepassing met dien verstande dat onder stukken wordt verstaan de stukken die ingevolge lid 1 worden overgelegd.

5 Een vereniging als bedoeld in artikel 360 lid 3 mag ten laste van de door de wet voorgeschreven reserves een tekort slechts delgen voor zover de wet dat toestaat.

6 Onze Minister van Economische Zaken kan desverzocht om gewichtige redenen ontheffing verlenen van de verplichting tot het opmaken, het overleggen en het vaststellen van de jaarrekening.

TITEL 3, Boek 2 BW Coöperaties en onderlinge waarborgmaatschappijen

Artikel 58

1 Jaarlijks binnen zes maanden na afloop van het boekjaar, behoudens verlenging van deze termijn met ten hoogste vijf maanden door de algemene vergadering op grond van bijzondere omstandigheden, maakt het bestuur een jaarrekening op en legt het deze voor de leden ter inzage ten kantore van de rechtspersoon. Binnen deze termijn legt het bestuur ook het jaarverslag ter inzage voor de leden, tenzij de artikelen 396 lid 7 of 403 voor de rechtspersoon gelden. De jaarrekening wordt vastgesteld door de algemene vergadering die het bestuur uiterlijk een maand na afloop van de termijn doet houden. Artikel 48 lid 2 is van overeenkomstige toepassing. Vaststelling van de jaarrekening strekt niet tot kwijting aan een bestuurder onderscheidenlijk commissaris.

2 De opgemaakte jaarrekening wordt ondertekend door de bestuurders en door de commissarissen; ontbreekt de ondertekening van een of meer hunner, dan wordt daarvan onder opgave van reden melding gemaakt.

3 De rechtspersoon zorgt dat de opgemaakte jaarrekening, het jaarverslag en de krachtens artikel 392 lid 1 toe te voegen gegevens vanaf de oproep voor de algemene vergadering, bestemd tot behandeling van de jaarrekening, te zijnen kantore aanwezig zijn. De leden kunnen de stukken aldaar inzien en er kosteloos een afschrift van verkrijgen.

4 Ten laste van de door de wet voorgeschreven reserves mag een tekort slechts worden gedelgd voor zover de wet dat toestaat.

5 Onze Minister van Economische Zaken kan desverzocht om gewichtige redenen ontheffing verlenen van de verplichting tot het opmaken, het overleggen en het vaststellen van de jaarrekening.

© Noordhoff Uitgevers bv

TITEL 4, Boek 2 BW Naamloze vennootschappen

Artikel 67

1 De statuten vermelden het bedrag van het maatschappelijke kapitaal en het aantal en het bedrag van de aandelen in euro tot ten hoogste twee cijfers achter de komma. Zijn er verschillende soorten aandelen, dan vermelden de statuten het aantal en het bedrag van elk soort. De akte van oprichting vermeldt het bedrag van het geplaatste kapitaal en van het gestorte deel daarvan. Zijn er verschillende soorten aandelen dan worden de bedragen van het geplaatste en van het gestorte kapitaal uitgesplitst per soort. De akte vermeldt voorts van ieder die bij de oprichting aandelen neemt de in artikel 86 lid 2 onder *b* en *c* bedoelde gegevens met het aantal en de soort van de door hem genomen aandelen en het daarop gestorte bedrag.

2 Het maatschappelijke en geplaatste kapitaal moeten ten minste het minimumkapitaal bedragen. Het minimumkapitaal bedraagt vijfenveertigduizend euro. Bij algemene maatregel van bestuur wordt dit bedrag verhoogd, indien het recht van de Europese Gemeenschappen verplicht tot verhoging van het geplaatste kapitaal. Voor naamloze vennootschappen die bestaan op de dag voordat deze verhoging in werking treedt, wordt zij eerst achttien maanden na die dag van kracht.

3 Het gestorte deel van het geplaatste kapitaal moet ten minste vijfenveertigduizend euro bedragen.

4 Van het maatschappelijke kapitaal moet ten minste een vijfde gedeelte zijn geplaatst.

5 Een naamloze vennootschap die is ontstaan vóór 1 januari 2002, kan het bedrag van het maatschappelijk kapitaal en het bedrag van de aandelen in gulden vermelden tot ten hoogste twee cijfers achter de komma.

Artikel 94a

1 Indien bij de oprichting inbreng op aandelen anders dan in geld wordt overeengekomen, maken de oprichters een beschrijving op van hetgeen wordt ingebracht met vermelding van de daaraan toegekende waarde en van de toegepaste waarderingsmethoden. Deze methoden moeten voldoen aan de normen die in het maatschappelijke verkeer als aanvaardbaar worden beschouwd. De beschrijving heeft betrekking op de toestand van hetgeen wordt ingebracht op een dag die niet eerder dan zes maanden voor de oprichting ligt. De beschrijving wordt door alle oprichters ondertekend en aan de akte van oprichting gehecht.

2 Over de beschrijving van hetgeen wordt ingebracht moet een accountant als bedoeld in artikel 393 eerste lid een verklaring afleggen, die aan de akte van oprichting moet worden gehecht. Hierin verklaart hij dat de waarde van hetgeen wordt ingebracht, bij toepassing van in het maatschappelijke verkeer als aanvaardbaar beschouwde waarderingsmethoden, ten minste beloopt het bedrag van de stortingsplicht, in geld uitgedrukt, waaraan met de inbreng moet worden voldaan. Indien bekend is dat de waarde na de beschrijving aanzienlijk is gedaald, is een tweede verklaring vereist.

....

....

6 De beschrijving en accountantsverklaring zijn niet vereist, indien aan de volgende voorwaarden is voldaan:

a alle oprichters hebben besloten af te zien van opstelling van de deskundigenverklaring;

b een of meer rechtspersonen op wier jaarrekening titel 9 van toepassing is, of die krachtens de toepasselijke wet voldoen aan de eisen van de vierde richtlijn van de Raad van de Europese Gemeenschappen inzake het vennootschapsrecht, nemen alle uit te geven aandelen tegen inbreng anders dan in geld;

c elke inbrengende rechtspersoon beschikt ten tijde van de inbreng over niet-uitkeerbare reserves, voor zover nodig door het bestuur hiertoe afgezonderd uit de uitkeerbare reserves, ter grootte van het nominale bedrag der door de rechtspersoon genomen aandelen;

d elke inbrengende rechtspersoon verklaart dat hij een bedrag van ten minste de nominale waarde der door hem genomen aandelen ter beschikking zal stellen voor voldoening van de schulden van de vennootschap aan derden die ontstaan in het tijdvak tussen de plaatsing van de aandelen en een jaar nadat de vastgestelde jaarrekening van de vennootschap over het boekjaar van de inbreng is neergelegd ten kantore van het handelsregister, voor zover de vennootschap deze niet kan voldoen en de schuldeisers hun vordering binnen twee jaren na deze nederlegging schriftelijk aan een van de inbrengende rechtspersonen hebben opgegeven;

e elke inbrengende rechtspersoon heeft zijn laatste vastgestelde balans met toelichting, met accountantsverklaring daarbij neergelegd ten kantore van het handelsregister en sedert de balansdatum zijn er nog geen achttien maanden verstreken;

f elke inbrengende rechtspersoon zondert een reserve af ter grootte van het nominale bedrag der door hem genomen aandelen en kan dit doen uit de reserves waarvan de aard dit niet belet;

g de vennootschap doet ten kantore van het handelsregister opgave van onder *a* bedoelde besluit en elke inbrengende rechtspersoon doet aan hetzelfde kantoor opgave van zijn onder *d* vermelde verklaring;

7 Indien het vorige lid is toegepast, mag een inbrengende rechtspersoon zijn tegen de inbreng genomen aandelen niet vervreemden in het tijdvak genoemd in dat lid en onder *d* en moet hij de reserve, genoemd in dat lid onder *f* aanhouden tot twee jaar na dat tijdvak. Nadien moet een reserve worden aangehouden tot het bedrag van de nog openstaande opgegeven vordering als bedoeld in het vorige lid onder *d*. De oorspronkelijke reserve wordt verminderd met de betalingen op de opgegeven vorderingen.

8 De inbrengende rechtspersoon en alle in lid 6 onder *d* bedoelde schuldeisers kunnen de kantonrechter van de woonplaats van de vennootschap verzoeken, een bewind over de vorderingen in te stellen, strekkende tot hun voldoening daarvan uit krachtens lid 6 onder *d* ter beschikking gestelde bedragen. Voor zover nodig zijn de bepalingen van de Faillissementswet omtrent verificatie van de vorderingen en vereffening van overeenkomstige toepassing. Een schuldeiser kan zijn vordering niet met schuld aan de inbrengende rechtspersoon verrekenen. Over de vorderingen kan slechts onder de last van het bewind worden beschikt en zij kunnen slechts onder die last worden uitgewonnen, behalve voor schulden die voortspruiten uit handelingen welke door de bewindvoerder in zijn hoedanigheid zijn verricht. De kantonrechter regelt de bevoegdheden en de beloning van de bewindvoerder; hij kan zijn beschikking te allen tijde wijzigen.

© Noordhoff Uitgevers bv

Artikel 98

1 Verkrijging door de naamloze vennootschap van niet volgestorte aandelen in haar kapitaal is nietig.
2 Volgestorte eigen aandelen mag de vennootschap slechts verkrijgen om niet of indien het eigen vermogen, verminderd met de verkrijgingsprijs, niet kleiner is dan het gestorte en opgevraagde deel van het kapitaal, vermeerderd met de reserves die krachtens de wet of de statuten moeten worden aangehouden. Onverminderd het bepaalde in de vorige zin beloopt, indien de aandelen van de vennootschap zijn toegelaten tot de handel op een gereglementeerde markt of op een multilaterale handelsfaciliteit, als bedoeld in artikel 1:1 van de Wet op het financieel toezicht of een met een gereglementeerde markt of multilaterale handelsfaciliteit vergelijkbaar systeem uit een staat die geen lidstaat is, het nominale bedrag van de aandelen in haar kapitaal die de vennootschap verkrijgt, houdt of in pand houdt of die worden gehouden door een dochtermaatschappij, niet meer dan de helft van het geplaatste kapitaal.
3 Voor het vereiste in lid 2 is bepalend de grootte van het eigen vermogen volgens de laatst vastgestelde balans, verminderd met de verkrijgingsprijs voor aandelen in het kapitaal van de vennootschap, het bedrag van leningen als bedoeld in artikel 98c lid 2 en uitkeringen uit winst of reserves aan anderen die zij en haar dochtermaatschappijen na de balansdatum verschuldigd werden. Is een boekjaar meer dan zes maanden verstreken zonder dat de jaarrekening is vastgesteld, dan is verkrijging overeenkomstig lid 2 niet toegestaan.
4 Verkrijging anders dan om niet kan slechts plaatsvinden indien en voor zover de algemene vergadering het bestuur daartoe heeft gemachtigd. Deze machtiging geldt voor ten hoogste vijf jaar. In afwijking van de vorige volzin geldt, in het geval de aandelen van een vennootschap zijn toegelaten tot de handel op een gereglementeerde markt of op een multilaterale handelsfaciliteit, als bedoeld in artikel 1:1 van de Wet op het financieel toezicht of een met een gereglementeerde markt of multilaterale handelsfaciliteit vergelijkbaar systeem uit een staat die geen lidstaat is, deze machtiging voor ten hoogste achttien maanden.
De algemene vergadering bepaalt in de machtiging hoeveel aandelen mogen worden verkregen, hoe zij mogen worden verkregen en tussen welke grenzen de prijs moet liggen. De statuten kunnen de verkrijging door de vennootschap van eigen aandelen uitsluiten of beperken.
5 De machtiging is niet vereist, voor zover de statuten toestaan dat de vennootschap eigen aandelen verkrijgt om, krachtens een voor hen geldende regeling, over te dragen aan werknemers in dienst van de vennootschap of van een groepsmaatschappij. Deze aandelen moeten zijn opgenomen in de prijscourant van een beurs.
6 De leden 1-4 gelden niet voor aandelen die de vennootschap onder algemene titel verkrijgt.
7 De leden 2-4 gelden niet voor aandelen die een financiële onderneming die ingevolge de Wet op het financieel toezicht in Nederland het bedrijf van bank mag uitoefenen, in opdracht en voor rekening van een ander verkrijgt.
8 De leden 2-4 gelden niet voor een beleggingsmaatschappij met veranderlijk kapitaal. Het geplaatste kapitaal van zulk een beleggingsmaatschappij, verminderd met het bedrag van de aandelen die zij zelf houdt, moet ten minste een tiende van het maatschappelijke kapitaal bedragen.
9 Onder het begrip aandelen in dit artikel zijn certificaten daarvan begrepen.

Artikel 101

1 Jaarlijks binnen vijf maanden na afloop van het boekjaar der vennoot-schap, behoudens verlenging van deze termijn met ten hoogste zes maanden door de algemene vergadering op grond van bijzondere om-standigheden, maakt het bestuur een jaarrekening op en legt het deze voor de aandeelhouders ter inzage ten kantore van de vennootschap. In-dien van de vennootschap effecten zijn toegelaten tot de handel op een gereglementeerde markt als bedoeld in de Wet op het financieel toezicht, bedraagt de termijn vier maanden. Deze termijn kan niet worden ver-lengd. Binnen deze termijn legt het bestuur ook het jaarverslag ter inzage voor de aandeelhouders, tenzij de artikelen 396 lid 7 of 403 voor de ven-nootschap gelden. Het bestuur van de vennootschap, waarop de artikelen 158 tot en met 161 en 164 van toepassing zijn, zendt de jaarrekening ook toe aan de in artikel 158 lid 11 bedoelde ondernemingsraad.
2 De jaarrekening wordt ondertekend door de bestuurders en door de com-missarissen; ontbreekt de ondertekening van een of meer hunner, dan wordt daarvan onder opgave van reden melding gemaakt.
3 De jaarrekening wordt vastgesteld door de algemene vergadering. Vast-stelling van de jaarrekening strekt niet tot kwijting aan een bestuurder onderscheidenlijk commissaris.
4 Besluiten waarbij de jaarrekening wordt vastgesteld, worden in de statu-ten niet onderworpen aan de goedkeuring van een orgaan van de ven-nootschap of van derden.
5 De statuten bevatten geen bepalingen die toelaten dat voorschriften of bindende voorstellen voor de jaarrekening of enige post daarvan worden gegeven.
6 De statuten kunnen bepalen dat een ander orgaan van de vennootschap dan de algemene vergadering van aandeelhouders de bevoegdheid heeft te bepalen welk deel van het resultaat van het boekjaar wordt gereser-veerd of hoe het verlies zal worden verwerkt.
7 Onze Minister van Economische Zaken kan desverzocht om gewichtige redenen ontheffing verlenen van de verplichting tot het opmaken, het overleggen en het vaststellen van de jaarrekening. Geen ontheffing kan worden verleend ten aanzien van het opmaken van de jaarrekening van een vennootschap waarvan effecten zijn toegelaten tot de handel op een gereglementeerde markt als bedoeld in de Wet op het financieel toezicht.

Artikel 105

1 Voor zover bij de statuten niet anders is bepaald, komt de winst de aan-deelhouders ten goede.
2 De naamloze vennootschap kan aan de aandeelhouders en andere ge-rechtigden tot de voor uitkering vatbare winst slechts uitkeringen doen voor zover haar eigen vermogen groter is dan het bedrag van het gestorte en opgevraagde deel van het kapitaal vermeerderd met de reserves die krachtens de wet of de statuten moeten worden aangehouden.
3 Uitkering van winst geschiedt na de vaststelling van de jaarrekening waaruit blijkt dat zij geoorloofd is.
4 De vennootschap mag tussentijds slechts uitkeringen doen, indien de sta-tuten dit toelaten en aan het vereiste van het tweede lid is voldaan blijkens een tussentijdse vermogensopstelling. Deze heeft betrekking op de stand van het vermogen op ten vroegste de eerste dag van de derde maand voor de maand waarin het besluit tot uitkering bekend wordt gemaakt. Zij wordt opgemaakt met inachtneming van in het maatschappelijke verkeer

© Noordhoff Uitgevers bv

als aanvaardbaar beschouwde waarderingsmethoden. In de vermogens-opstelling worden de krachtens de wet of de statuten te reserveren bedragen opgenomen. Zij wordt ondertekend door de bestuurders; ontbreekt de handtekening van een of meer hunner, dan wordt daarvan onder opgave van reden melding gemaakt. De vennootschap legt de vermogens-opstelling ten kantore van het handelsregister neer binnen acht dagen na de dag waarop het besluit tot uitkering wordt bekend gemaakt.

5 Bij de berekening van de winstverdeling tellen de aandelen die de vennootschap in haar kapitaal houdt, mede, tenzij bij de statuten anders is bepaald.

6 Bij de berekening van het winstbedrag, dat op ieder aandeel zal worden uitgekeerd, komt slechts het bedrag van de verplichte stortingen op het nominale bedrag van de aandelen in aanmerking, tenzij bij de statuten anders is bepaald.

7 De statuten kunnen bepalen dat de vordering van een aandeelhouder niet door verloop van vijf jaren verjaart, doch eerst na een langere termijn vervalt. Een zodanige bepaling is alsdan van overeenkomstige toepassing op de vordering van een houder van een certificaat van een aandeel op de aandeelhouder.

8 Een uitkering in strijd met het tweede of vierde lid moet worden terugbetaald door de aandeelhouder of andere winstgerechtigde die wist of behoorde te weten dat de uitkering niet geoorloofd was.

9 Geen van de aandeelhouders kan geheel worden uitgesloten van het delen in de winst.

10 De statuten kunnen bepalen dat de winst waartoe houders van aandelen van een bepaalde soort gerechtigd zijn, geheel of gedeeltelijk te hunnen behoeve wordt gereserveerd.

TITEL 5, Boek 2 BW Besloten vennootschappen met beperkte aansprakelijkheid

Artikel 207

1 Het bestuur beslist over de verkrijging van aandelen in het kapitaal van de vennootschap. Verkrijging door de vennootschap van niet volgestorte aandelen in haar kapitaal is nietig.

2 De vennootschap mag, behalve om niet, geen volgestorte eigen aandelen verkrijgen indien het eigen vermogen, verminderd met de verkrijgings-prijs, kleiner is dan de reserves die krachtens de wet of de statuten moe-ten worden aangehouden of indien het bestuur weet of redelijkerwijs be-hoort te voorzien dat de vennootschap na de verkrijging niet zal kunnen blijven voortgaan met het betalen van haar opeisbare schulden.

3 Indien de vennootschap na een verkrijging anders dan om niet niet kan voortgaan met het betalen van haar opeisbare schulden, zijn de bestuur-ders die dat ten tijde van de verkrijging wisten of redelijkerwijs behoorden te voorzien, jegens de vennootschap hoofdelijk verbonden tot vergoeding van het tekort dat door de verkrijging is ontstaan, met de wettelijke rente vanaf de dag van de verkrijging. Artikel 248 lid 5 is van overeenkomstige toepassing. Niet verbonden is de bestuurder die bewijst dat het niet aan hem te wijten is dat de vennootschap de aandelen heeft verkregen en dat hij niet nalatig is geweest in het treffen van maatregelen om de gevolgen daarvan af te wenden. Met een bestuurder wordt voor de toepassing van dit artikellid gelijkgesteld degene die het beleid van de vennootschap heeft bepaald of mede heeft bepaald, als ware hij bestuurder. De vordering kan niet worden ingesteld tegen de door de rechter benoemde bewind-voerder. De vervreemder van de aandelen die wist of redelijkerwijs be-hoorde te voorzien dat de vennootschap na de verkrijging niet zou kunnen voortgaan met het betalen van haar opeisbare schulden is jegens de ven-nootschap gehouden tot vergoeding van het tekort dat door de verkrijging van zijn aandelen is ontstaan, voor ten hoogste de verkrijgingsprijs van de door hem vervreemde aandelen, met de wettelijke rente vanaf de dag van de verkrijging. Indien de bestuurders de vordering uit hoofde van de eer-ste zin hebben voldaan, geschiedt de in de vorige zin bedoelde vergoeding aan de bestuurders, naar evenredigheid van het gedeelte dat door ieder der bestuurders is voldaan. De bestuurders en de vervreemder zijn niet bevoegd tot verrekening van hun schuld uit hoofde van dit artikel.

4 De statuten kunnen de verkrijging door de vennootschap van eigen aandelen uitsluiten of beperken.

5 De vorige leden gelden niet voor aandelen die de vennootschap onder algemene titel verkrijgt.

6 Onder het begrip aandelen in dit artikel zijn certificaten daarvan begre-pen.

Artikel 210

1 Jaarlijks binnen vijf maanden na afloop van het boekjaar der vennoot-schap, behoudens verlenging van deze termijn met ten hoogste zes maanden door de algemene vergadering op grond van bijzondere om-standigheden, maakt het bestuur een jaarrekening op en legt het deze voor de aandeelhouders ter inzage ten kantore van de vennootschap. Binnen deze termijn legt het bestuur ook het jaarverslag ter inzage voor

© Noordhoff Uitgevers bv

de aandeelhouders, tenzij de artikelen 396 lid 7 of 403 voor de vennootschap gelden. Het bestuur van de vennootschap, waarop de artikelen 268 tot en met 271 en 274 van toepassing zijn, zendt de jaarrekening ook toe aan de in artikel 268 lid 11 bedoelde ondernemingsraad.

2 De jaarrekening wordt ondertekend door de bestuurders en door de commissarissen; ontbreekt de ondertekening van een of meer hunner, dan wordt daarvan onder opgave van reden melding gemaakt.

3 De jaarrekening wordt vastgesteld door de algemene vergadering. Vaststelling van de jaarrekening strekt niet tot kwijting aan een bestuurder onderscheidenlijk commissaris.

4 Besluiten waarbij de jaarrekening wordt vastgesteld, worden in de statuten niet onderworpen aan de goedkeuring van een orgaan van de vennootschap of van derden.

5 Indien alle aandeelhouders tevens bestuurder van de vennootschap zijn, geldt ondertekening van de jaarrekening door alle bestuurders en commissarissen tevens als vaststelling in de zin van lid 3, mits alle overige vergadergerechtigden in de gelegenheid zijn gesteld om kennis te nemen van de opgemaakte jaarrekening en met deze wijze van vaststelling hebben ingestemd zoals bedoeld in artikel 238 lid 1. In afwijking van lid 3 strekt deze vaststelling tevens tot kwijting aan de bestuurders en commissarissen. De statuten kunnen de in de eerste zin bedoelde wijze van vaststelling van de jaarrekening uitsluiten.

6 De statuten bevatten geen bepalingen die toelaten dat voorschriften of bindende voorstellen voor de jaarrekening of enige post daarvan worden gegeven.

7 De statuten kunnen bepalen dat een ander orgaan van de vennootschap dan de algemene vergadering van aandeelhouders de bevoegdheid heeft te bepalen welk deel van het resultaat van het boekjaar wordt gereserveerd of hoe het verlies wordt verwerkt.

8 Onze Minister van Economische Zaken kan desverzocht om gewichtige redenen ontheffing verlenen van de verplichting tot het opmaken, het overleggen en het vaststellen van de jaarrekening.

Artikel 216

1 De algemene vergadering is bevoegd tot bestemming van de winst die door de vaststelling van de jaarrekening is bepaald en tot vaststelling van uitkeringen, voor zover het eigen vermogen groter is dan de reserves die krachtens de wet of de statuten moeten worden aangehouden. De statuten kunnen de bevoegdheden, bedoeld in de eerste zin, beperken of toekennen aan een ander orgaan.

2 Een besluit dat strekt tot uitkering heeft geen gevolgen zolang het bestuur geen goedkeuring heeft verleend. Het bestuur weigert slechts de goedkeuring indien het weet of redelijkerwijs behoort te voorzien dat de vennootschap na de uitkering niet zal kunnen blijven voortgaan met het betalen van haar opeisbare schulden.

TITEL 6, Boek 2 BW Stichtingen

Artikel 300

1 Jaarlijks binnen zes maanden na afloop van het boekjaar van een stichting als bedoeld in artikel 360 lid 3, behoudens verlenging van deze termijn met ten hoogste vijf maanden door het in lid 3 bedoelde orgaan op grond van bijzondere omstandigheden, maakt het bestuur een jaarrekening op en legt het deze voor hen die deel uitmaken van het in lid 3 bedoelde orgaan ter inzage ten kantore van de stichting. Binnen deze termijn legt het bestuur ook de krachtens artikel 392 lid 1 toe te voegen gegevens ter inzage voor hen die deel uitmaken van het in lid 3 bedoelde orgaan en het jaarverslag, tenzij artikel 396 lid 7, voor zover het betreft het jaarverslag, of artikel 403 voor de stichting gelden. Zij die deel uitmaken van het in lid 3 bedoelde orgaan kunnen kosteloos een afschrift van deze stukken verkrijgen.

2 De jaarrekening wordt ondertekend door de bestuurders en door hen die deel uitmaken van het toezicht houdende orgaan; ontbreekt de ondertekening van een of meer hunner, dan wordt daarvan onder opgave van reden melding gemaakt.

3 De jaarrekening wordt uiterlijk een maand na afloop van de termijn vastgesteld door het daartoe volgens de statuten bevoegde orgaan. Indien de statuten deze bevoegdheid niet aan enig orgaan verlenen, komt deze bevoegdheid toe aan het toezicht houdende orgaan en bij gebreke daarvan aan het bestuur.

4 Een stichting als bedoeld in artikel 360 lid 3 mag ten laste van de door de wet voorgeschreven reserves een tekort slechts delgen voor zover de wet dat toestaat.

5 Onze Minister van Economische Zaken kan desverzocht om gewichtige redenen ontheffing verlenen van de verplichting tot het opmaken, het overleggen en het vaststellen van de jaarrekening.

Appendix 2
Algemene Maatregel van Bestuur inzake Modellen (Besluit modellen jaarrekening)

Besluit van 23 december 1983 tot vaststelling van modelschema's voor de inrichting van jaarrekeningen (Besluit modellen jaarrekening), als gewijzigd bij Besluiten van 19 maart 1985, 10 mei 1993, 30 november 1993, 18 juli 1995 en 1 januari 2006

Artikel 1
1 De balans van een naamloze of besloten vennootschap moet zijn ingericht overeenkomstig model A of model B, de winst- en verliesrekening overeenkomstig een der modellen E-H. Deze modellen zijn als bijlage bij dit besluit gevoegd.
2 Is artikel 396 van Boek 2 van het Burgerlijk Wetboek van toepassing, dan kan de vennootschap voor de balans ook model C of model D kiezen en voor de winst- en verliesrekening model I of model J. Deze modellen zijn bij dit besluit gevoegd.

Artikel 3
De posten worden afzonderlijk, overzichtelijk in een of meer kolommen ingevuld. Zo veel mogelijk worden daarnaast de bedragen voor het voorafgaande boekjaar gegeven. Boven de kolommen wordt in de balans de balansdatum en in de winst- en verliesrekening het boekjaar vermeld waarop zij betrekking hebben.

Artikel 4
1 De aanduiding van het gekozen model mag worden weggelaten; het lettertype is vrij.
2 De letters en cijfers voor de posten mogen worden weggelaten of vervangen.
3 Posten zonder bedrag worden weggelaten, tenzij een bedrag voor het voorafgaande jaar moet worden vermeld. De aanwezigheid van een post in een model laat de bevoegdheid open geen bedrag in te vullen, wanneer de wet dat toestaat.

Artikel 5
1 Van de benamingen Vaste activa, Vlottende activa, Kortlopende schulden, Langlopende schulden, Voorzieningen en Eigen vermogen mag niet worden afgeweken.
2 Andere benamingen mogen slechts worden vervangen door benamingen die in het gegeven geval op ten minste even duidelijke wijze de inhoud van de post of telling aanduiden.
3 De uitkomsten van tussentellingen mogen worden ingevoegd en benoemd.
4 Tussentellingen en eindtellingen in de modellen die niet worden genoemd in de artikelen 364-377 van Boek 2 van het Burgerlijk Wetboek of,

voor zover het betreft banken dan wel, voor zover het betreft verzekeringsmaatschappijen, in de artikelen 429-440 van dat boek, in het Besluit
jaarrekening banken mogen onbenoemd blijven. Opeenvolgende tussentellingen, die onderling niet verschillen wegens het ontbreken van tus-
senliggende posten, mogen worden samengevoegd.

Artikel 6

1 De volgorde van de posten is die van het gekozen model. De post 'Aandeel in winst/verlies van ondernemingen waarin wordt deelgenomen'
mag ook aan alle financiële baten en lasten voorafgaan.
2 Participatiemaatschappijen mogen de volgorde van de posten wijzigen in
overeenstemming met het gebruik in hun bedrijfstak.
3 Onder participatiemaatschappij wordt in dit artikel verstaan een rechtspersoon of vennootschap waarvan de werkzaamheid is beperkt tot uitsluitend of nagenoeg uitsluitend het deelnemen in andere rechtspersonen of
vennootschappen zonder zich in te laten met de bedrijfsvoering daarvan,
tenzij door het uitoefenen van aandeelhoudersrechten.

Artikel 7

1 Aan de posten van de modellen mag een splitsing worden toegevoegd; zij
mogen door een uitsplitsing worden vervangen.
2 Posten mogen worden ingevoegd, voor zover hun inhoud niet wordt ge-
dekt door een in het gekozen model vermelde post die niet als 'overige' is
aangeduid.
3 De in artikel 377 lid 1 onder *c* en 437 lid 5 onder *c* van Boek 2 van het Burgerlijk Wetboek en lid 9 lid 1 onder *c* van het Besluit jaarrekening banken
bedoelde overige belastingen moeten in de winst- en verliesrekening
worden opgenomen onmiddellijk voor de post Resultaat na belastingen
of onmiddellijk voor de post, bedoeld in artikel 10 lid 3.
4 Indien opbrengsten moeten worden verantwoord uit deelnemingen die
niet overeenkomstig artikel 389 van Boek 2 van het Burgerlijk Wetboek
zijn gewaardeerd, moeten deze afzonderlijk als eerste post van de financiële baten worden opgenomen onder de benaming: Uitkeringen uit niet
op nettovermogenswaarde e.d. gewaardeerde deelnemingen. Waardeveranderingen op deze deelnemingen worden hetzij afzonderlijk opgenomen onmiddellijk na de waardeveranderingen van vorderingen die tot de
vaste activa behoren en van effecten, hetzij met die post samengevoegd;
in het laatste geval wordt de benaming zo nodig aangepast.

Artikel 8

1 Elke ononderbroken reeks met Arabische cijfers genummerde posten in
een model kan geheel of ten dele in de toelichting worden opgenomen, in
plaats van op de balans, met herhaling van de som.
2 Elke ononderbroken reeks niet met hoofdletters gedrukte posten in de
winst- en verliesrekening kan geheel of ten dele in de toelichting worden
opgenomen, in plaats van op de winst- en verliesrekening, met herhaling
van de som.
3 Voor zover dit artikel wordt toegepast, worden de reeksen in de toelichting opgenomen in de volgorde van het gekozen model.

Artikel 9

Wanneer een bedrag onder meer dan één post zou kunnen worden opgenomen, moet in de toelichting worden vermeld onder welke andere post of

posten het bedrag kon worden opgenomen, hoe groot het bedrag is en waarop het betrekking heeft, een en ander indien het in artikel 362 lid 1 van Boek
2 van het Burgerlijk Wetboek bedoelde inzicht daardoor wordt gediend.

Artikel 10

1 In een geconsolideerde jaarrekening mogen alle benamingen worden
  aangepast om het groepskarakter aan te geven.
2 In een geconsolideerde balans wordt het aandeel van derden in groepsmaatschappijen afzonderlijk als onderdeel van het groepsvermogen opgenomen. Overigens is onderverdeling van het eigen vermogen in een
  groepsjaarrekening niet vereist.
3 In een geconsolideerde winst- en verliesrekening wordt het aandeel van
  derden in het geconsolideerde resultaat na belastingen afzonderlijk gegeven; indien het gesplitst wordt gegeven, moet dit geschieden na het resultaat uit gewone bedrijfsuitoefening na belastingen en na het buitengewone
  resultaat na belastingen.

Artikel 11

Bovenaan de balans wordt aangegeven of daarin de bestemming van het
resultaat is verwerkt. Is de bestemming van het resultaat niet verwerkt, dan
moet op de balans het resultaat na belastingen afzonderlijk worden vermeld
als laatste post van het eigen vermogen.

Artikel 12

1 In de modellen A, B, C en D mag de post 'Overlopende activa' ook na de
  liquide middelen zelfstandig worden opgenomen.
2 In de modellen B en D mag de post 'Overlopende passiva' ook na de
  schulden en in de modellen A en C na de voorzieningen zelfstandig worden opgenomen.
3 In de toelichting en in model B mogen de uitsplitsing van de kortlopende
  en die van de langlopende schulden gezamenlijk worden gegeven, mits
  de onderverdeling weer uit de toelichting blijkt.

Artikel 14

1 In model F mogen de posten Som der kosten en Netto-omzetresultaat
  achterwege blijven.
2 In de modellen G, H, I en J mag van de kolomindeling worden afgeweken.

Artikel 15

Voor zover de wettelijke vereiste handtekeningen op het oorspronkelijke
exemplaar van de jaarrekening zijn gesteld, mag op andere exemplaren
daarvan worden volstaan met vermelding van de namen der ondertekena-
ren. Indien een handtekening op het oorspronkelijke exemplaar ontbreekt,
wordt de reden daarvan op de andere exemplaren vermeld.

Artikel 17

Dit besluit kan worden aangehaald als 'Besluit modellen jaarrekening'.

Artikel 18

1 Dit besluit treedt in werking met ingang van de dag waarop Titel 8 van
  Boek 2 van het Burgerlijk Wetboek kracht van wet krijgt.
2 Het is van toepassing op jaarrekeningen waarop Titel 9 (was 8) van Boek 2
  van het Burgerlijk Wetboek van toepassing is.

NB De artikelen 2 en 13 zijn vervallen.

Artikel 16 gaat over banken, verzekeringsmaatschappijen en beleggings-maatschappijen. Dit artikel is weggelaten omdat financiële instellingen in dit boek niet aan de orde komen.

© Noordhoff Uitgevers bv

MODEL A

Balans per

A Vaste activa

I *Immateriële vaste activa*
1 kosten van oprichting en van uitgifte van aandelen
2 kosten van onderzoek en ontwikkeling
3 concessies, vergunningen en intellectuele eigendom
4 goodwill
5 vooruitbetaald op immateriële vaste activa

II *Materiële vaste activa*
1 bedrijfsgebouwen en –terreinen
2 machines en installaties
3 andere vaste bedrijfsmiddelen
4 vaste bedrijfsmiddelen in uitvoering en vooruitbetaald op materiële vaste activa
5 niet aan de bedrijfsuitoefening dienstbaar

III *Financiële vaste activa*
1 deelnemingen in groepsmaatschappijen
2 vorderingen op groepsmaatschappijen
3 andere deelnemingen
4 vorderingen op participanten en op maatschappijen waarin wordt deelgenomen
5 overige effecten
6 overige vorderingen

IV *Som der vaste activa*

B Vlottende activa

I *Voorraden*
1 grond- en hulpstoffen
2 onderhanden werk
3 gereed product en handelsgoederen
4 vooruitbetaald op voorraden

II *Vorderingen*
1 op handelsdebiteuren
2 op groepsmaatschappijen
3 op participanten en op maatschappijen waarin wordt deelgenomen
4 overige vorderingen

5 van aandeelhouders opgevraagde stortingen
6 overlopende activa

III *Effecten*

IV *Liquide middelen*

V *Som der vlottende activa*

C Kortlopende schulden (ten hoogste 1 jaar)
1 converteerbare leningen
2 andere obligaties en onderhandse leningen
3 schulden aan kredietinstellingen
4 vooruitontvangen op bestellingen
5 schulden aan leveranciers en handelskredieten
6 te betalen wissels en cheques
7 schulden aan groepsmaatschappijen
8 schulden aan participanten en aan maatschappijen waarin wordt
   deelgenomen
9 belastingen en premies sociale verzekeringen
10 schulden ter zake van pensioenen
11 overige schulden
12 overlopende passiva

D Uitkomst van vlottende activa min kortlopende schulden

E Uitkomst van activa min kortlopende schulden

F Langlopende schulden (nog voor meer dan een jaar)
1 converteerbare leningen
2 andere obligatieleningen en onderhandse leningen
3 schulden aan kredietinstellingen
4 vooruitontvangen op bestellingen
5 schulden aan leveranciers en handelskredieten
6 te betalen wissels en cheques
7 schulden aan groepsmaatschappijen
8 schulden aan participanten en maatschappijen waarin wordt deelgenomen
9 belastingen en premies sociale verzekeringen
10 schulden ter zake van pensioenen
11 overige stukken
12 overlopende passiva

G Voorzieningen
1 voor pensioenen
2 voor belastingen
3 overige

H Eigen vermogen

I *Gestort en opgevraagd kapitaal*

II *Agio*

© Noordhoff Uitgevers bv

III *Herwaarderingsreserve*

IV *Wettelijke en statutaire reserves*
    1 wettelijke
    2 statutaire

V *Overige reserves*

VI *Onverdeelde winst*

MODEL B

Balans per

Actief

A Vaste activa

I *Immateriële vaste activa*
    1 kosten van oprichting en van uitgifte van aandelen
    2 kosten van onderzoek en ontwikkeling
    3 concessies, vergunningen en intellectuele eigendom
    4 goodwill
    5 vooruitbetaald op immateriële vaste activa

II *Materiële vaste activa*
    1 bedrijfsgebouwen en –terreinen
    2 machines en installaties
    3 andere vaste bedrijfsmiddelen
    4 vaste bedrijfsmiddelen in uitvoering en vooruitbetaald op materiële vaste activa
    5 niet aan de bedrijfsuitoefening dienstbaar

III *Financiële vaste activa*
    1 deelneming in groepsmaatschappijen
    2 vorderingen op groepsmaatschappijen
    3 andere deelnemingen
    4 vorderingen op participanten en op maatschappijen waarin wordt deelgenomen
    5 overige effecten
    6 overige vorderingen

B Vlottende activa

I *Voorraden*
    1 grond- en hulpstoffen
    2 onderhanden werk
    3 gereed product en handelsgoederen
    4 vooruitbetaald op voorraden

II *Vorderingen*
    1 op handelsdebiteuren
    2 op groepsmaatschappijen
    3 op participanten en op maatschappijen waarin wordt deelgenomen
    4 overige vorderingen

© Noordhoff Uitgevers bv

   5 van aandeelhouders opgevraagde stortingen
   6 overlopende activa

III *Effecten*

IV *Liquide middelen*

Totaal

Passief

A Eigen vermogen

I *Gestort en opgevraagd kapitaal*

II *Agio*

III *Herwaarderingsreserve*

IV *Wettelijke en statutaire reserves*
   1 wettelijke
   2 statutaire

V *Overige reserves*

VI *Onverdeelde winst*

B Voorzieningen
   1 voor pensioenen
   2 voor belastingen
   3 overige

C Langlopende schulden (nog voor meer dan een jaar)
   1 converteerbare leningen
   2 andere obligaties en onderhandse leningen
   3 schulden aan kredietinstellingen
   4 vooruitontvangen op bestellingen
   5 schulden aan leveranciers en handelskredieten
   6 te betalen wissels en cheques
   7 schulden aan groepsmaatschappijen
   8 schulden aan participanten en aan maatschappijen waarin wordt
      deelgenomen
   9 belastingen en premies sociale verzekeringen
 10 schulden ter zake van pensioenen
 11 overige schulden
 12 overlopende passiva

D Kortlopende schulden (ten hoogste 1 jaar)
   1 converteerbare leningen
   2 andere obligaties en onderhandse leningen
   3 schulden aan kredietinstellingen
   4 vooruitontvangen op bestellingen
   5 schulden aan leveranciers en handelskredieten

6 te betalen wissels en cheques
7 schulden aan groepsmaatschappijen
8 schulden aan participanten en aan maatschappijen waarin wordt
   deelgenomen
9 belastingen en premies sociale verzekeringen
10 schulden ter zake van pensioenen
11 overige schulden
12 overlopende passiva

Totaal

© Noordhoff Uitgevers bv

MODEL C

Balans per

A *Vaste activa*
I   immateriële vaste activa
II materiële vaste activa
III financiële vaste activa
IV som der vaste activa

B *Vlottende activa*
I   voorraden
II vorderingen en overlopende activa
III effecten
IV liquide middelen
V som der vlottende activa

C *Kortlopende schulden (ten hoogste 1 jaar) en overlopende passiva*

D *Uitkomst vlottende activa min kortlopende schulden*

E *Uitkomst activa min kortlopende schulden*

F *Langlopende schulden (nog voor meer dan een jaar)*

G *Voorzieningen*

H *Eigen vermogen*
I   gestort en opgevraagd kapitaal
II agio
III herwaarderingsreserve
IV wettelijke en statutaire reserves
V overige reserves
VI onverdeelde winst

MODEL D

Balans per

Actief				Passief
A	*Vaste activa*	A	*Eigen vermogen*	
I	immateriële vaste activa	I	gestort en opgevraagd kapitaal	
II	materiële vaste activa	II	agio	
III	financiële vaste activa	III	herwaarderingsreserve	
		IV	wettelijke en statutaire reserves	
B	*Vlottende activa*	V	overige reserves	
I	voorraden	VI	onverdeelde winst	
II	vorderingen en overlopende activa			
III	effecten	B	*Voorzieningen*	
IV	liquide middelen			
		C	*Langlopende schulden (nog voor meer dan een jaar)*	
		D	*Kortlopende schulden (ten hoogste 1 jaar) en overlopende passiva*	
Totaal		Totaal		

© Noordhoff Uitgevers bv

MODEL E

Winst- en verliesrekening over

Netto-omzet ———
  wijziging in voorraden gereed product en
  onderhanden werk ———
  geactiveerde productie voor het eigen bedrijf ———
  overige bedrijfsopbrengsten ———

Som der bedrijfsopbrengsten x
  kosten van grond- en hulpstoffen ———
  kosten uitbesteed werk en andere externe kosten ———
  lonen en salarissen ———
  sociale lasten ———
  afschrijvingen op immateriële en materiële
  vaste activa ———
  overige waardeveranderingen van immateriële
  en materiële vaste activa ———
  bijzondere waardevermindering van vlottende
  activa ———
  overige bedrijfskosten ———

Som der bedrijfslasten x

 x

  opbrengst van vorderingen die tot de vaste activa
  behoren en van effecten ———
  andere rentebaten en soortgelijke opbrengsten ———
  waardeveranderingen van vorderingen die tot de
  vaste activa behoren en van effecten ———
  rentelasten en soortgelijke kosten ———

 x

Resultaat uit gewone bedrijfsuitoefening
voor belastingen x
  belastingen resultaat uit gewone bedrijfsuitoefening ———
  aandeel in winst/verlies van ondernemingen waarin
  wordt deelgenomen ———

© Noordhoff Uitgevers bv

**Resultaat uit gewone bedrijfsuitoefening
na belastingen**   x

    buitengewone baten   _____

    buitengewone lasten   _____

    belastingen buitengewoon resultaat   _____

Buitengewoon resultaat na belastingen   x

Resultaat na belastingen   x

© Noordhoff Uitgevers bv

MODEL F

Winst- en verliesrekening over

Netto-omzet _____
kostprijs van de omzet _____

Bruto-omzetresultaat x
  verkoopkosten _____
  algemene beheerskosten _____

Som der kosten x

Netto-omzetresultaat x
  overige bedrijfsopbrengsten _____

     x

opbrengsten van vorderingen die tot de vaste activa
behoren en van effecten _____
andere rentebaten en soortgelijke opbrengsten _____
waardeveranderingen van vorderingen die tot de
vaste activa behoren en van effecten _____
rentelasten en soortgelijke kosten _____

     x

**Resultaat uit gewone bedrijfsuitoefening
voor belastingen** x
  belastingen resultaat uit gewone bedrijfsuitoefening _____
  aandeel in winst/verlies van ondernemingen waarin
  wordt deelgenomen _____

**Resultaat uit gewone bedrijfsuitoefening
na belastingen** x
  buitengewone baten _____
  buitengewone lasten _____
  belastingen buitengewoon resultaat _____

Buitengewoon resultaat na belastingen x

Resultaat na belastingen x

MODEL G

Winst- en verliesrekening over

Lasten
   vermindering van voorraden gereed product en
   onderhanden werk   ———
   kosten van grond- en hulpstoffen   ———
   kosten van uitbesteed werk en overige externe
   kosten   ———
   lonen en salarissen   ———
   sociale lasten   ———
   afschrijvingen op immateriële en materiële vaste
   activa   ———
   overige waardeveranderingen van immateriële en
   materiële vaste activa   ———
   bijzondere waardevermindering van vlottende
   activa   ———
   overige bedrijfskosten   ———

Bedrijfslasten   x
   waardeveranderingen van vorderingen die tot de
   vaste activa behoren en van effecten rentelasten   ———
   en soortgelijke kosten   ———

Financiële lasten   x
   belastingen resultaat uit gewone bedrijfsuitoefening   ———
   aandeel in winst/verlies van ondernemingen
   waarin wordt deelgenomen   ———
   buitengewone lasten   ———
   belastingen buitengewoon resultaat   ———
   resultaat uit gewone bedrijfsuitoefening na
   belastingen   ———
   buitengewoon resultaat na belastingen   ———

Winst na belastingen   x

Totaal   x

                                         Baten

Netto-omzet   ———
   toeneming van voorraden gereed product en
   onderhanden werk   ———
   geactiveerde productie voor het eigen bedrijf   ———
   overige bedrijfsopbrengsten   ———

© Noordhoff Uitgevers bv

Bedrijfsopbrengsten   x

opbrengst van vorderingen die tot de vaste activa
behoren en van effecten   ———

andere rentebaten en soortgelijke opbrengsten   ———

waardeveranderingen van vorderingen die tot de
vaste activa behoren en van effecten   ———

              ———

Financiële baten   x

belastingen resultaat uit gewone bedrijfsuitoefening   ———

aandeel in winst/verlies van ondernemingen
waarin wordt deelgenomen   ———

buitengewone baten   ———

belastingen buitengewoon resultaat   ———

resultaat uit gewone bedrijfsuitoefening na
belastingen   ———

buitengewoon resultaat na belastingen   ———

              ———

Verlies na belastingen   x

Totaal   x

MODEL H

Winst- en verliesrekening over

Lasten		**Baten**	
Lasten		**Netto-omzet**	
kostprijs van de omzet		overige bedrijfsopbrengsten	
verkoopkosten			
algemene beheerskosten		**Bedrijfsopbrengsten**	
Som der kosten	x	opbrengst van vorderingen die tot de vaste activa behoren en van effecten	
Bedrijfslasten		andere rentebaten en soortgelijke opbrengsten	
waardeveranderingen van vorderingen die tot de vaste activa behoren en van effecten		waardeveranderingen van vorderingen die tot de vaste activa behoren en van effecten	x
rentelasten en soortgelijke kosten	x		
Financiële lasten		**Financiële baten**	
belastingen resultaat uit gewone bedrijfsuitoefening		belastingen resultaat uit gewone bedrijfsuitoefening	
aandeel in winst/verlies van ondernemingen waarin wordt deelgenomen		bedrijfsuitoefening	
buitengewone lasten		aandeel in winst/verlies van ondernemingen waarin wordt deelgenomen	
belastingen buitengewoon resultaat		buitengewone baten	
resultaat uit gewone bedrijfsuitoefening na belastingen		belastingen buitengewoon resultaat	
buitengewoon resultaat na belastingen	x	resultaat uit gewone bedrijfsuitoefening na belastingen	
		buitengewoon resultaat na belastingen	x
Winst na belastingen	x	**Verlies na belastingen**	x
Totaal	x	Totaal	x

© Noordhoff Uitgevers bv

MODEL I

Winst- en verliesrekening over

Brutomarge _____
   lonen en salarissen _____
   sociale lasten _____
   afschrijvingen op immateriële en materiële
   vaste activa _____
   overige waardeveranderingen van immateriële en
   materiële vaste activa _____
   bijzondere waardevermindering van
   vlottende activa _____
   overige bedrijfskosten _____

Som der kosten x _____

                                                       x _____

   opbrengst van vorderingen die tot de
   vaste activa behoren en van effecten _____
   andere rentebaten en soortgelijke opbrengsten _____
   waardeveranderingen van vorderingen die tot de
   vaste activa behoren en van effecten _____
   rentelasten en soortgelijke kosten _____

                                                       x _____

Resultaat uit gewone bedrijfsuitoefening voor belastingen x
   belastingen resultaat uit gewone
   bedrijfsuitoefening _____

                                                       x

   aandeel winst/verlies van ondernemingen waarin
   wordt deelgenomen _____

Resultaat uit gewone bedrijfsuitoefening na belastingen x
   buitengewone baten _____
   buitengewone lasten _____
   belastingen buitengewoon resultaat _____

Buitengewoon resultaat na belastingen x

Resultaat na belastingen x

MODEL J

- -

Winst- en verliesrekening over

Brutomarge ⎯⎯⎯⎯
   verkoopkosten ⎯⎯⎯
   algemene beheerkosten ⎯⎯⎯
⎯⎯⎯

Som der kosten x
⎯⎯⎯
x

   opbrengst van vorderingen die tot de vaste activa
   behoren en van effecten ⎯⎯⎯
   andere rentebaten en soortgelijke opbrengsten ⎯⎯⎯
   waardeveranderingen van vorderingen die tot de
   vaste activa behoren en van effecten ⎯⎯⎯
   rentelasten en soortgelijke kosten ⎯⎯⎯
⎯⎯⎯

x
⎯⎯⎯

Resultaat uit gewone bedrijfsuitoefening
voor belastingen x
   belastingen resultaat uit gewone bedrijfsuitoefening ⎯⎯⎯
⎯⎯⎯

x

   aandeel winst/verlies van ondernemingen waarin
   wordt deelgenomen ⎯⎯⎯
⎯⎯⎯

Resultaat uit gewone bedrijfsuitoefening na belastingen x
   buitengewone baten ⎯⎯⎯
   buitengewone lasten ⎯⎯⎯
   belastingen buitengewoon resultaat ⎯⎯⎯
⎯⎯⎯

Buitengewoon resultaat na belastingen x
⎯⎯⎯

Resultaat na belastingen x

NB De overige modellen hebben betrekking op banken, verzekeringsmaatschappijen en beleggingsmaatschappijen en zijn in deze appendix niet opgenomen.

- -

© Noordhoff Uitgevers bv

Appendix 3
Algemene Maatregel van Bestuur inzake Actuele waarde (Besluit actuele waarde)

Besluit van 14 juni 2005, houdende regels over de inhoud, de grenzen en de wijze van toepassing in de jaarrekening van waardering tegen actuele waarde (Besluit actuele waarde)

Artikel 1
1 Onder de actuele waarde van activa of passiva wordt verstaan de waarde die is gebaseerd op actuele marktprijzen of op gegevens die op de datum van waardering geacht kunnen worden relevant te zijn voor de waarde.
2 Als actuele waarde waartegen activa en passiva in de jaarrekening kunnen worden gewaardeerd, komt, afhankelijk van de soort activa of passiva dan wel van de omstandigheden, in aanmerking de vervangingswaarde, bedrijfswaarde, marktwaarde of opbrengstwaarde.

Artikel 2
Onder de vervangingswaarde wordt verstaan het bedrag dat nodig zou zijn om in de plaats van een actief dat bij de bedrijfsuitoefening is of wordt gebruikt, verbruikt of voortgebracht, een ander actief te verkrijgen of te vervaardigen dat voor de bedrijfsuitoefening een in economisch opzicht gelijke betekenis heeft.

Artikel 3
Onder de bedrijfswaarde wordt verstaan de contante waarde van de aan een actief of samenstel van activa toe te rekenen geschatte toekomstige kasstromen die kunnen worden verkregen met de uitoefening van het bedrijf.

Artikel 4
Onder de marktwaarde wordt verstaan het bedrag waarvoor een actief kan worden verhandeld of een passief kan worden afgewikkeld tussen terzake goed geïnformeerde partijen, die tot een transactie bereid en onafhankelijk van elkaar zijn.

Artikel 5
Onder de opbrengstwaarde wordt verstaan het bedrag waartegen een actief maximaal kan worden verkocht, onder aftrek van de nog te maken kosten.

Artikel 6
Een immaterieel vast actief kan slechts tegen de actuele waarde worden gewaardeerd, indien:
a het actief vanaf het moment van verkrijgen op de balans was opgenomen tegen kostprijs;
b voor het actief een liquide markt bestaat.

Artikel 7

Indien materiële vaste activa of immateriële vaste activa, niet zijnde beleggingen, worden gewaardeerd tegen de actuele waarde, komt daarvoor in aanmerking de vervangingswaarde. Waardering geschiedt tegen de bedrijfswaarde indien en zolang deze lager is dan de vervangingswaarde. Waardering geschiedt tegen de opbrengstwaarde indien de rechtspersoon heeft besloten de materiële of immateriële vaste activa, niet zijnde beleggingen, te verkopen.

Artikel 8

Indien voorraden, niet zijnde agrarische voorraden, worden gewaardeerd tegen de actuele waarde, komt daarvoor in aanmerking de vervangingswaarde. Waardering geschiedt tegen de opbrengstwaarde indien deze lager is dan de vervangingswaarde. Indien niet mag worden aangenomen dat voorraden zullen worden vervangen, worden zij tegen de opbrengstwaarde gewaardeerd. Indien agrarische voorraden worden gewaardeerd tegen de actuele waarde, komt daarvoor in aanmerking de opbrengstwaarde.

Artikel 9

In de toelichting wordt uiteengezet hoe de vervangingswaarde, bedrijfswaarde of opbrengstwaarde, bedoeld in de artikelen 7 en 8, is bepaald.

Artikel 10

1 Indien financiële instrumenten worden gewaardeerd tegen de actuele waarde, komt daarvoor in aanmerking de marktwaarde. Indien niet direct een betrouwbare marktwaarde voor de financiële instrumenten is aan te wijzen, wordt de marktwaarde benaderd door deze:
   a af te leiden uit de marktwaarde van zijn bestanddelen of van een soortgelijk instrument indien voor de bestanddelen ervan of voor een soortgelijk instrument wel een betrouwbare markt is aan te wijzen; of
   b te benaderen met behulp van algemeen aanvaarde waarderingsmodellen en waarderingstechnieken.
2 Passiva wordt slechts tegen de actuele waarde gewaardeerd indien zij:
   a financiële instrumenten zijn die deel uitmaken van de handelsportefeuille;
   b afgeleide financiële instrumenten zijn; of c verzekeringsverplichtingen of pensioenverplichtingen zijn.
3 Waardering tegen actuele waarde is niet toegestaan voor:
   a tot de vervaldag aangehouden niet-afgeleide financiële instrumenten, behoudens beleggingen van verzekeringsmaatschappijen als bedoeld in artikel 442 van Boek 2 van het Burgerlijk Wetboek;
   b door de rechtspersoon verstrekte leningen of te innen vorderingen die geen deel uitmaken van de handelsportefeuille of van de beleggingen van verzekeringsmaatschappijen, bedoeld in artikel 442 van Boek 2 van het Burgerlijk Wetboek;
   c belangen in dochtermaatschappijen, in deelnemingen als bedoeld in artikel 389 lid 1 van Boek 2 van het Burgerlijk Wetboek en in rechtspersonen waarin wordt deelgenomen volgens een onderlinge regeling tot samenwerking, door de rechtspersoon uitgegeven eigen-vermogensinstrumenten, overeenkomsten die een eventuele inbreng in het kader van een samenwerking tussen ondernemingen behelzen, en andere financiële instrumenten met zodanig specifieke kenmerken dat verslaggeving over deze instrumenten volgens de algemeen aanvaarde praktijk niet tegen de actuele waarde dient te geschieden; en

    d financiële instrumenten waarvan de actuele waarde met toepassing van het eerste lid niet betrouwbaar kan worden vastgesteld; zij worden tegen de verkrijgingsprijs gewaardeerd.

4 Een grondstoffencontract dat elk der partijen het recht geeft op afwikkeling in contanten of in enig ander financieel instrument, wordt als afgeleid financieel instrument beschouwd, tenzij:

    a het grondstoffencontract werd gesloten en duurzaam dient ten behoeve van de verwachte inkoopbehoeften, verkoopbehoeften of gebruiksbehoeften van de rechtspersoon;

    b het grondstoffencontract bij het sluiten voor het in onderdeel *a* bedoelde doel werd bestemd; en

    c aangenomen mag worden dat de afwikkeling van het grondstoffencontract zal geschieden door levering van de grondstof.

5 Activa of passiva waarvan de risico's afgedekt zijn of zijn geweest door transacties als bedoeld in artikel 384 lid 8 van Boek 2 van het Burgerlijk Wetboek, kunnen worden gewaardeerd met inbegrip van de waardeveranderingen als bedoeld in dat lid.

Artikel 11

1 Indien activa, niet zijnde financiële instrumenten, die opbrengsten kunnen opleveren als belegging, worden gewaardeerd tegen de actuele waarde, komt daarvoor in aanmerking de marktwaarde. Als benadering van de marktwaarde kan de contante waarde van de geschatte toekomstige kasstromen worden gehanteerd.

2 Indien de waarde van de in het eerste lid bedoelde activa wordt benaderd, wordt in de toelichting vermeld:

    a welke benaderingsmethode is toegepast; en

    b indien de waarde is geschat op basis van de contante waarde van de verwachte toekomstige kasstromen, de aannames waarop de verwachtingen zijn gebaseerd en de gehanteerde rentevoet.

Artikel 12

Indien een deelneming tegen de nettovermogenswaarde wordt gewaardeerd, zijn de artikelen 6 tot en met 11 van toepassing op de waardering van de activa van de rechtspersoon of vennootschap waarin wordt deelgenomen.

Artikel 13

Het Besluit waardering activa wordt ingetrokken.

Artikel 14

De artikelen van dit besluit zijn van toepassing op jaarrekeningen die worden opgesteld over de boekjaren die zijn aangevangen op of na 1 januari 2005.

Artikel 15

Indien het bij koninklijke boodschap van 7 september 2004 ingediende voorstel van wet tot wijziging van Boek 2 van het Burgerlijk Wetboek ter uitvoering van Verordening (EG) nr. 1606/2002 van het Europees Parlement en de Raad van 19 juli 2002 betreffende de toepassing van internationale standaarden voor jaarrekeningen (PbEG L 243), van Richtlijn nr. 2001/65/EG van het Europees Parlement en de Raad van 27 september 2001 tot wijziging van de Richtlijnen 78/660/EEG, 83/349/EEG en 86/635/EEG met betrekking tot de waarderingsregels voor de jaarrekening en de geconsolideerde jaarrekening van bepaalde vennootschapsvormen evenals van banken en andere financiële instellingen (PbEG L 283), en van Richtlijn 2003/51/EG van het Europees Parlement en de Raad van 18 juni 2003 tot wijziging van de Richtlijnen 78/660/EEG, 83/349/EEG, 86/635/EEG en 91/674/EEG van de Raad betreffende de jaarrekening en de geconsolideerde jaarrekening van bepaalde vennootschapsvormen, banken en andere financiële instellingen, en verzekeringsondernemingen (PbEG L 178) (Wet uitvoering IAS-verordening, IAS 39-richtlijn en moderniseringsrichtlijn), Kamerstukken II 2003/04, 29 737, nadat het tot wet is verheven, in werking treedt, treedt dit besluit op hetzelfde tijdstip in werking.

Artikel 16
Dit besluit wordt aangehaald als 'Besluit actuele waarde'.

© Noordhoff Uitgevers bv

Literatuuroverzicht

Backhuijs, J. (2001). Verslaggeving over optieregelingen voor personeel. *De Accountant*, februari.

Beest, F. van, Braam, G. & Boelens, S. (2008). Nieuwe koers Conceptual Framework uitgezet. *Accountancynieuws*, juli.

Belastingdienst (1997). *Verschillen tussen de fiscale en vennootschappelijke jaarrekening – resultaten van een onderzoek naar de verschillen die in de praktijk voorkomen*. Den Haag: Ministerie van Financiën.

Bissessur, S.W. & Langendijk, H.P.A.J. (2005). Earnings management: de stand van zaken ten aanzien van het onderzoeksontwerp. *Accounting*, mei.

Blommaert, A.M.M. (1992). Hoofdlijnen van de geschiedenis van (management)accounting. *Tijdschrift voor bedrijfsadministratie*, december.

Böhmer, S. e.a. (2013). *Handboek Jaarrekening 2013*. Deventer: Kluwer.

Dechow, P.M. & Skinner, D. (2000). Earnings management: reconciling the views of accounting academics, practitioners, and regulators. *Accounting Horizons*, Vol. 14, No. 2.

Documentatie rond de jaarrekening. (1981 en later). Deventer.

Duffhues, P.J.W. (Red.) (1990). *Financiële instrumenten*. Deventer: Kluwer Bedrijfswetenschappen.

Edwards, E.O. & Bell, P.W. (1961). *The Theory and Measurement of Business Income*. Berkeley.

Epe, P. (2010). *Winstbelasting in de bedrijfseconomische jaarrekening*. Dissertatie Nyenrode Business Universiteit.

Hoepen, M.A. van (1990). Stelselwijziging en foutenherstel. *Vergelijkbaarheid van jaarrekeningen*. Deventer: Jaarrekeningencongres 1989.

Holland, K. & Jackson, R.H.G. (2004). Earnings management and deferred tax. *Accounting and Business Research,* Vol. 34, No. 2.

Hoogendoorn, M.N. (Red.) (2004). *Externe verslaggeving in theorie en praktijk*. 's-Gravenhage: Delwel.

Hoogendoorn, M.N. & Bruin, S.M.M. de (2000). De kloof tussen aandeelhouderswaarde en eigen vermogen: omvang, oorzaken en oplossingen. *Tijdschrift voor bedrijfsadministratie*, juni.

Hulle, K. van (2000). De strategie van de EU inzake financiële verslaglegging. *De Accountant*, december.

International Accounting Standards Board (2013). *International Financial Reporting Standards 2013*. London.

Krens, F. (1991). *Immateriële vaste activa*. 's-Gravenhage: Delwel.

Langendijk, H.P.A.J. (1998). *De kwaliteit van de winst*. Nijenrode University Press.

Langendijk, H.P.A.J. (2000). De rapportage over prestaties van ondernemingen. *Tijdschrift voor bedrijfsadministratie*, juni.

Mertens, G. & Scheepers, K.W.M. (2000). Waardebepaling van het eigen vermogen: tijd voor een 'multi-purpose' benadering? *Tijdschrift voor bedrijfsadministratie*, juni.

Metzemaekers, L.A.V.M. (1983). *Een eeuw in balans*.

Raad voor de Jaarverslaggeving (2013). *Richtlijnen voor de jaarverslaggeving 2013*. Deventer.

Schmalenbach, E. (1931). *Dynamische Bilanz*. Leipzig.

Scott, W.R. (2008). *Financial Accounting Theory*. Toronto: Prentice Hall.

Smittenberg, R.A.H. e.a. (2013). *Handboek externe verslaggeving 2013*. Deventer: Kluwer.

Stevens, L.M.G. (2006). *Elementair belastingrecht voor economen en bedrijfsjuristen*. Deventer: Wolters Kluwer.

Tas, L.G. van der & Wal, R. van der (Red.) (1994). *Jaar in – jaar uit; Financiële verslaggeving 1993 theorie en praktijk*. Deventer: Kluwer Bedrijfswetenschappen.

Tel, M. & With, E. de (1993). Staat van herkomst en besteding van middelen. *Tijdschrift voor bedrijfsadministratie*, januari/februari.

Vergoossen, R. (2001). IASC-board draagt werkzaamheden over aan IASB. *De Accountant*, mei.

Vijge, G.W.A. (1999). *Winstbepalingsstelsels c.a.*. Groningen: Wolters-Noordhoff.

Wallenburg, M. van (1988). *Theorie en praktijk van de winstbepaling*. Alphen aan den Rijn.

Westra-de Jong, J. (2000). Voorzieningen in de jaarrekening: terug naar af! *Tijdschrift voor bedrijfsadministratie*, januari/februari.

© Noordhoff Uitgevers bv

Register

© Noordhoff Uitgevers bv

© Noordhoff Uitgevers bv

© Noordhoff Uitgevers bv

Illustratieverantwoording

Koninklijke Reesink N.V., Apeldoorn p. 12, 19
Foto Limperg p. 32
Jaarverslag Beter Bed Holding N.V., 2012, Uden p. 36, 46
Shutterstock, New York p. 50, 63, 70, 86, 112, 140, 150, 170, 236, 248, 252, 256, 300, 314, 332, 352, 374, 393, 396, 409
Anheuser-Busch InBev /Stella Artois p. 72
Piet den Blanken/Hollandse Hoogte, Amsterdam p. 90, 98
iStock, Calgary p. 93
Toniflap / Shutterstock.com , Calgary p. 176, 191
Nationale Beeldbank, Amsterdam p. 196, 209
Ten Cate Nederland B.V. p. 216, 227
KAMONRAT / Shutterstock, New York p. 264, 275
Radu Razvan / Shutterstock, New York p. 278, 285
Robert Kneschke / Shutterstock, New York p. 352
pcruciatti / Shutterstock, New York p. 344, 363

© Noordhoff Uitgevers bv

Over de auteurs

Dr. Peter Epe RA (1962) is als lector/docent verbonden aan de Hogeschool Windesheim te Zwolle en aan de opleiding Accountancy, de opleiding Master of Science in Controlling en de post-master controllersopleiding van Nyenrode Business Universiteit. Binnen de opleiding Accountancy van Nyenrode is hij tevens voorzitter van de kerngroep Financial Accounting.
Hij is gepromoveerd op het onderwerp *Winstbelasting in de bedrijfseconomische jaarrekening.*

Drs. Wim Koetzier (1958) is docent bedrijfseconomie aan de Hogeschool Windesheim te Zwolle en aan de opleiding Master of Science in Controlling van Nyenrode Business Universiteit. Daarnaast doceert hij aan de onder Nyenrode vallende Post-HBO opleiding Managerial Controlling.

Van de hand van beide auteurs zijn tevens boeken verschenen op het gebied van management accounting en financiering. Wim Koetzier publiceert daarnaast over belastingrecht en Peter Epe over boekhouden.